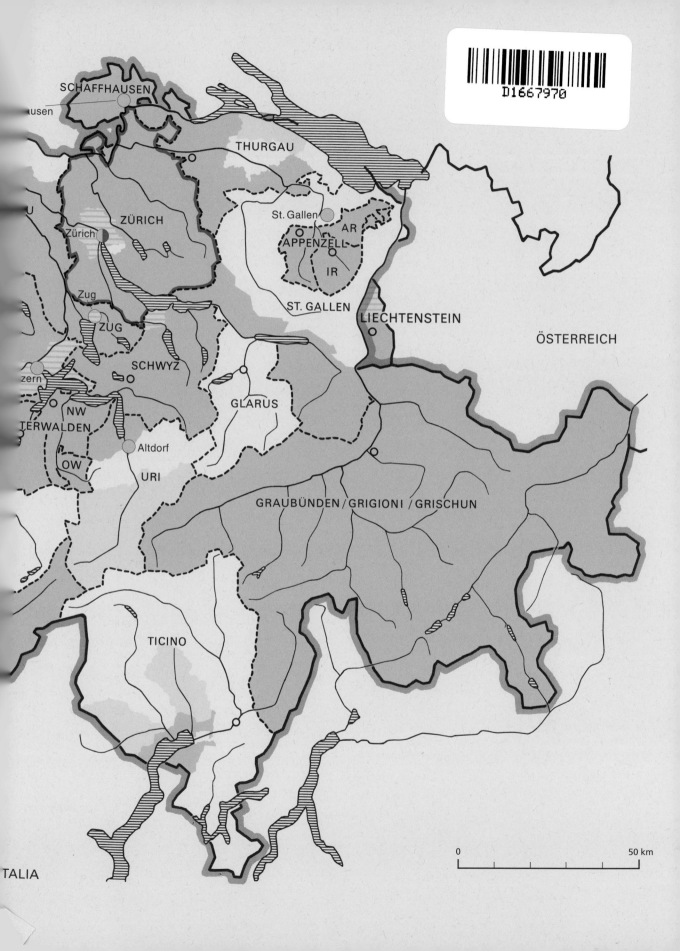

DIESER BAND IST DER HUNDERTZEHNTE DES GESAMTWERKES

DIE KUNSTDENKMÄLER DER SCHWEIZ

HERAUSGEGEBEN VON DER
GESELLSCHAFT FÜR SCHWEIZERISCHE KUNSTGESCHICHTE GSK
MIT EIDGENÖSSISCHEN, KANTONALEN,
KOMMUNALEN UND PRIVATEN SUBVENTIONEN

GESELLSCHAFT FÜR SCHWEIZERISCHE KUNSTGESCHICHTE GSK, BERN

2007

DIE KUNSTDENKMÄLER DES KANTONS ZÜRICH

NEUE AUSGABE BAND III.I

DIE STADT ZÜRICH III.I
ALTSTADT RECHTS DER LIMMAT
SAKRALBAUTEN

VON

REGINE ABEGG, CHRISTINE BARRAUD WIENER,
KARL GRUNDER

GESELLSCHAFT FÜR SCHWEIZERISCHE KUNSTGESCHICHTE GSK, BERN

2007

REDAKTION
GESELLSCHAFT FÜR SCHWEIZERISCHE KUNSTGESCHICHTE GSK
BENNO MUTTER

Die Erarbeitung des Manuskriptes sowie die Herstellung der Abbildungsvorlagen wurden durch den Kanton und die Stadt Zürich finanziert.

Die Herausgabe dieses Kunstdenkmälerbandes wurde von folgenden Institutionen und Gönnern unterstützt:

Schweizerische Akademie der Geistes- und Sozialwissenschaften, Bern

sowie
Evangelisch-reformierte Landeskirche Kanton Zürich
Grossmünster Kirchenpflege, Zürich
Kirchgemeinde zu Predigern, Zürich
Verband der stadtzürcherischen evangelisch-reformierten Kirchgemeinden

Unterstützt durch die Schweizerische Akademie
der Geistes- und Sozialwissenschaften
www.sagw.ch

Kanton Zürich   Stadt Zürich

Die Deutsche Bibliothek verzeichnet diese Publikation in der Deutschen Nationalbibliografie: http://dnb.ddb.de

© 2007 Gesellschaft für Schweizerische Kunstgeschichte GSK, Bern
Satz und Gestaltung: Philipp Kirchner, Gesellschaft für Schweizerische Kunstgeschichte, Bern
Korrektorat: Brigitte Frey, Kaiseraugst
Fotolithos/Druck: Birkhäuser+GBC AG, Grafische Unternehmen, Reinach BL
Einband: Grollimund AG, Reinach BL
Papier: Satimatt Club 115gm^2, Biber Papier AG, Regensdorf
ISBN 978-3-906131-86-3

INHALTSVERZEICHNIS

	Seite
Vorwort der Gesellschaft für Schweizerische Kunstgeschichte	13
Vorwort der Kunstdenkmälerinventarisation des Kantons Zürich	14

EINLEITUNG

Die mittelalterliche Sakraltopografie	17
Die neue Sakral- und Herrschaftstopografie	22
Kirchliche Bauaktivitäten und Stadtentwicklung	22
Ort der Erinnerung	24
Der Weg zum Denkmal: Memorabilia, «Merckwürdigkeiten» und Monumente	27
Bedrohte Monumente oder die Anfänge der Kunstdenkmälerinventarisation	30

DAS GROSSMÜNSTER VOR DER REFORMATION

DIE KIRCHE	35
Lage und Umfang des Stifts	35
Gründung	37
Grundherrschaft und Gerichtsbarkeit	39
Der vorromanische Bau	40
Voraussetzungen zum romanischen Bau	41
Der romanische Bau	44
Erste Bauetappe: Krypta, Altarhaus und Chor	44
Zweite Bauetappe: Fundation der Umfassungsmauern des Langhauses	50
Dritte Bauetappe: Zwölfbotenkapelle, Umfassungsmauern des Langhauses	50
Einordnung des ersten Münsterplans (Bauetappen 1–3)	51
Vierte Bauetappe: Doppelturmfront, Emporen	52
Fünfte Bauetappe: Mittelschiffpfeiler, Emporen nach neuem Plan, Nordturm	57
Sechste Bauetappe: Erhöhung des Obergadens und der Chorpartie	58
Die Portale	60
Nordportal 60 – Südportal 63 – Funktion der Portale 64	
Die Bauskulptur	65
Krypta 67 – Chor- und Altarhaus 67 – Zwölfbotenkapelle und Langhaus 68 – Ältere Emporenkapitelle 77 – Jüngere Emporenkapitelle und Schlusssteine der Emporengewölbe 77 – Kapitelle und Gewölbeschlusssteine des Mittelschiffs und Schlusssteine des Chors 78 – Die Monumentalskulpturen an den Türmen 79 – Die Skulpturen an der Westfassade 82	

Die Liturgie des Grossmünsters	83
Die Prozessionen	83
Die Prozessionen zur Wasserkirche 84 – Die Prozessionen um Kirche und Stift und durch den Kreuzgang 84 – Prozessionen durch den Kreuzgang 84 – Besuch der Krypta 84 – Prozessionsachsen in der Kirche 85	
Exkurs: Die Osterliturgie nach dem Liber Ordinarius	85
Kreuzverehrung und Grablegung 87 – Auferstehung und Grabbesuch 87	
Die Kirche vom 13. Jahrhundert bis zur Reformation	87
Die Kirche des Stadtadels und der Stadt	87
Ausbau des Karlskults 88 – Exuperantius 88 – Ausbau der Wasserkirche 89	
Das Grossmünster als Grabkirche	89
14. Jahrhundert: Voraussetzungen für den Ausbau der Kirche bis zur Reformation	90
Vergrösserung der Westempore 1319/1321	91
Ein nicht realisiertes Projekt zum Ausbau der Türme 1377	91
14. oder 15. Jahrhundert: Emporentreppe beim Nordportal	91
15. Jahrhundert	91
Ausbau der Türme 1487–1491	92
Baugeschichte, Finanzierung und beteiligte Meister 93 – Beschreibung 93	
16. Jahrhundert	94
Neuer Dachreiter für die Chorglocke 1501/02	94
Altäre in der Kirche	95
Altäre in der Krypta	95
Altäre im Altarhaus	95
Altäre im Chor	97
Altäre im Langhaus	98
Altäre auf den Emporen	100
Sakristeien und Schatzkammer	102
Stiftsschatz	103
Kapellen	104
Zwölfbotenkapelle	104
Altäre 105 – Wandmalereien 105 – Gedächtnisinschriften 106 – Kultanlage der hll. Felix und Regula 106	
Der Komplex der Marien- und Michaelskapelle	108
Die Marienkapelle	109
Wandmalereien 110 – Altäre 112 – Grabstätten 112	
Michaelskapelle	112
Altäre 113	
Die St. Jakobskapelle (Göldli-Kapelle)	113
Erhaltene Ausstattung	114
Wandmalereien	114
Das mittelalterliche Taufbecken	121
Relieffragmente (Chorschranken?)	121
Im Schweizerischen Landesmuseum, mit unsicherer Provenienz	122
Abgegangene Ausstattung	122
Altarhau	122
Chor	123
Zwölfbotenkapelle	123
Langhaus	124
Emporen	124
Glocken	124
Unbestimmter oder kein fester Standort	125
Siegel	126
Friedhof	127
Die Reformation	129

KREUZGANG UND STIFTSGEBÄUDE 131

Der Kreuzgang 131
    Architektur 131
    Bauskulptur 133
        Bestand 133 – Skulpturen im Schweizerischen Landesmuseum 135 – Ikonografie 135 – Zum Stil 139
    Datierung 140
    Spätere Umbauten 140
    Funktionen und Nutzungen 140
        Liturgische Nutzungen 140 – Friedhof der Kanoniker 140 – Weitere Nutzungen 140
Stiftsgebäude 141
    Anlage und zeitliche Stellung 141
    Die Stiftsräumlichkeiten 142
        Kapitelsaal 142 – Refektorium, Chorherrenstube und Sommerlaube 142 – Dormitorium 143 – Bibliothek 144 – Skriptorium 144 – «Schenkhof» und Kornkammern 145 – Schule 145

DAS GROSSMÜNSTER NACH DER REFORMATION

DIE KIRCHE 146
    Einrichtungen für den reformierten Gottesdienst 146
    Die obere Sakristei als Urkundenarchiv 147
    Die Ausstattung der Türme durch die Stadt 1534–1538 148
    Der Brand des Glockenturms 1572 148
    Treppe über dem Nordportal 1580 149
    Baumassnahmen im 17. Jahrhundert 149
        Entfernen vorreformatorischer Ausstattung 149 – Gewölbesanierung und neuer Dachstuhl 1646 149 – Reparaturen an den Türmen nach der Geissturmexplosion 1652 150
    Barockisierung des Innern und Neubau der Türme im 18. Jahrhundert 150
        Der Brand des Glockenturms 1763 150 – Erneuerung der Türme 1763–1769 151 – Planung der Turmbauten 1765–1770 153 – Barockisierung des Innern und Veränderung der Portale 1766–1768 154 – Planung und Bau der neuen Turmhelme 1778–1786 154 – Einrichtung eines Observatoriums im Karlsturm 157
Restaurierungen und Umbauten im 19. und 20. Jahrhundert 159
    19. Jahrhundert 159
        «Reromanisierung» des Nordportals 1843–1846 159 – Neue Emporenzugänge 1848–1849 160 – Wiederherstellung des romanischen Chors 1851–1853 160 – «Wiederherstellung» des romanischen Raums 1897 162
    20. Jahrhundert 162
        Restaurierung des Nordportals 1907 162 – Wiederherstellung der romanischen Krypta und Innenrenovation 1913–1915 162 – Gesamtrestaurierung 1931–1941 164 – Innenrestaurierung des Chors 1969–1974 165 – Sanierungsarbeiten Äusseres und Inneres 1978–1982 166
Nicht erhaltene Ausstattung 166
    Der Kanzellettner von 1526 166 – Der Abendmahlstisch von 1862 167 – Die Orgel von 1876 168
Erhaltene Ausstattung 168
    Der Taufstein von 1598 168 – Das barocke Gestühl von 1766/1768 168 – Ausstattung von 1853 168 – Ausstattung von 1913/1915 168 – Ausstattung der 1930er Jahre 169 – Spätere Ausstattung 170 – Glocken 170
Der Friedhof 172
    Ausstattung 173

STIFTSGEBÄUDE UND KREUZGANG 174

Stiftsgebäude von der Reformation bis zur Aufhebung des Stifts 1832 174
    Die Chorherrenstube 174
        Die Gesellschaft der Gelehrten auf der Chorherrenstube 174 – Weitere Gesellschaften auf der Chorherrenstube 176
    Die Bibliothek 176
    Die Schulen am Grossmünster 177
        Obere Schule («schola Carolina»), Lateinschule 178 – Lectorium, Carolinum, Collegium publicum 179
Das Stiftsgebäude nach der Aufhebung des Stifts 1832 180
    Das Grossmünsterschulhaus von Gustav Albert Wegmann 180
        Die Zürcher Töchterschule 180 – Planungs- und Baugeschichte 182 – Beschreibung 183
Der Kreuzgang 183
    Nutzung und bauliche Veränderungen nach der Reformation 183
        Reparaturarbeiten am Kreuzgang 183 – Friedhof im Kreuzgang 184
    19./20. Jahrhundert: Wiederaufbau und Restaurierungen 185
        1830er Jahre: Vom Abbruch bedroht 185 – Der Kreuzgang in Bild und Text 1841 185 – Abbruch und Wiederaufbau 1850/51 186 – Exkurs: Kreuzgang gegen Kirche. Eine denkmalpflegerische Diskussion 188 – Die Restaurierung von 1914 187 – Die Restaurierung von 1962/63 188 – Der Brunnen im Hof 189

DOKUMENTATION GROSSMÜNSTER 189

BARFÜSSERKLOSTER

DAS KLOSTER BIS ZUR REFORMATION 192

    Lage und Umfang 192
    Gründung und Standortwahl 193
    Der Konvent und seine Beziehungen 194
    Bestattungen 197
    Stiftungen 197
        Bruderschaften 198
    Frauenseelsorge 198
    Reformation 199
Die Klosterkirche 199
    Äusseres 199
        Regulakapelle 200
    Inneres 200
    Bautypus und Datierung 200
    Sakristei 200
    Ausstattung 202
        Altäre 202 – Chorgestühl 202 – Kirchengestühl 202 – Wandmalereien 202 – Grabplatte des Freiherrn Ulrich von Regensberg 202 – Orgel 203 – Im Schweizerischen Landesmuseum 203 – Siegel 203
Die Klosteranlage 203
    Der Längstrakt («Konventhaus») 204
    Der Quertrakt 206
    Der Kreuzgang 206
    «Geschichte» der Masswerkarkaden 208
    Bibliothek und Archiv 209
    Friedhof 210
    Garten 210
    Wasserversorgung 210

DAS KLOSTERAREAL NACH DER REFORMATION 210

Die Konventgebäude 210
    Von der Reformation bis zum Ende des Ancien Régime 210
    Die Druckerei Froschauer in den Klostergebäuden 1528–1551 212
    Das Obmannamt im Barfüsserkloster 212
        Die Umgebung: Alter Krautgarten, äusserer Garten und ehemaliger Friedhof 213 – Der Brunnen im ehemaligen Friedhof 213 – Brunnen im Hof (Fischbrunnen) 214
    Neue Nutzungen im 19. Jahrhundert: Casino, Kanzlei und Gericht 214
        Das Casino von 1806/07 214 – Umbauten für die Eidgenössische Kanzlei 1812–1824/25 215 – Umbauten für das Obergericht 1833–1840 216 – Umbauten 1853–1856 und 1880 218 – Umbau des Casinos zum Obergericht 1874–1876 218
    Überbauungsprojekte und Umbauten ab 1898 219
Die ehemalige Klosterkirche 221
    Von der Kirche zum «Keller» des Obmannamts 221
        Ehemalige Sakristei 221
    Das Aktientheater 1833/34–1890 222
        Theater in Zürich 222 – Das «Actientheater» in der ehemaligen Barfüsserkirche 222

DOKUMENTATION BARFÜSSERKLOSTER 225

DAS PREDIGERKLOSTER

DIE PREDIGERKIRCHE BIS ZUR REFORMATION 228

    Lage 228
    Gründung und Niederlassung 228
    Vom «oratorium» der Wanderprediger zur «ecclesia» in der Stadt 231
    Ausbau von Seelsorge, Besitz und «ecclesia» 232
    Die Stadt und die Predigerkirche 233
        Bruderschaften 234
    Die Frauenseelsorge 234
    Der Friedhof 235
    Die Reformation 235
Der Bau der Predigerkirche 235
    Der Bauplatz 235
    Hypothetische Bauabfolge 236
        Bau 1: Kapelle, erstes Oratorium 236 – Bau 2: Die zweite Predigerkirche 237 – Bau 3: Die dritte Predigerkirche 240 – Bau 4: Der gotische Langchor 243
Die Modernisierung um 1500 250
Ausstattung 251
    Nicht erhaltene Ausstattung 251
        Altäre 251 – Orgel 252
    Erhaltene Ausstattung 252
        Glocken 252 – Grabplatten 253
    Siegel 253
Typologische Einordnung der Predigerkirche 253

KONVENTBAUTEN UND KREUZGANG
BIS ZUR REFORMATION 255

    Konventangehörige und Funktionen der Konventbauten 255
        Die «Freiheit» 256 – Studium, Bibliothek und Skriptorium 256
    Der Kreuzgang 257
    Südflügel 258

    Ostflügel 259
    Nordflügel 261
    Westflügel 261
Baugeschichte der Konventgebäude 262
    Osttrakt 263
    Nordtrakt 264
    Westtrakt 264
    Wirtschaftsgebäude 264

DIE PREDIGERKIRCHE NACH DER REFORMATION 265

    Der Weg zur reformierten Pfarrkirche 265
Der Umbau der Predigerkirche 1609–1614 267
    Die Planung des Umbaus 267
    Bauablauf 268
    Die künstlerische Ausstattung der reformierten Kirche 270
        Der Stuckateur Ulrich Oeri 270
    Das Äussere nach dem Umbau 1609–1614 271
        Das Südportal von 1611–1614 271
    Inneres 273
        Chor 273 – Langhaus 274
    Der Umbau im Licht der zeitgenössischen Kirchenbautheorie
    und der Stilfrage 277
Der Umbau von 1663 280
Baumassnahmen Ende 18. und 19. Jahrhundert 280
    Einbau der Kantonsbibliothek 1871–1873 280
    Die neugotische Westfassade von 1877–1879 281
    Der Kirchturm von 1899/1900 282
Ausstattung 282
    Kanzel 282 – Taufstein 284 – Orgel 284 – Glocken 284 – Abendmahlsgerät 284
    – Opferstöcke 284 – Grabsteine aus der Zeit nach der Reformation 284
Der Friedhof nach der Reformation 285

DOKUMENTATION PREDIGERKLOSTER 286

DAS HEILIGGEIST-SPITAL

DAS SPITAL BIS ZUR REFORMATION 288

    Lage 288
    Das Spital und seine Funktionen 288
    Gründung 288
    Das Heiliggeist-Spital im städtischen Kontext 289
    Stiftungen an das Spital 291
        Die Spitalgemeinschaft 291
Die Spitalbauten 292
    Spitalkapelle 293
    Friedhof 293
    Wasserversorgung 294
    Spitalmühle 294
    Marstall im Spital 1519 294
Die Reformation 294
Siegel 295

SPITAL UND EHEMALIGES PREDIGERKLOSTER
NACH DER REFORMATION 295
    Die neue Spitallandschaft 295
        Konzepte für die Krankenpflege 297
    Organisation 298
        Verwaltungspersonal 298 – Ärzte, Pflegepersonal 299 – Seelsorge 299 – Insassen 299
    Reorganisationen des Spitalbetriebs 300
Die Spitalbauten nach der Reformation 301
    Die ehemaligen Konventgebäude 301
        Die Raumfunktion nach PD 1784 Müller 303 – Südflügel 303 – Westflügel 303 – Nordflügel 304 – Ostflügel 304
    Die alten Spitalgebäude 305
        Die Spitalkapelle 306
    Die neue «Sammlung» von 1551–1553 306
        Das Raumprogramm der «Sammlung» nach den Plänen von 1784 307
    Prestenberg oder Unterhaus 308
    Die Anatomie von 1741 309
        Prestenberg und Anatomie nach den Plänen von 1784 309
    Neuhaus 310
    Die Wirtschaftsgebäude 312
        Trotten 312 – Spitalkornschütte 313 – Tischmacherwerkstatt 314 – Bäckerei 314 – «Metzg» 315
Baumassnahmen nach 1803 315
    Das «Irrenhaus» von 1813/1816 315
Das Spital nach 1830 316
    Die Gebäranstalt von 1833 316
    Friedhof 317
    Die Auflösung des Spitals 317
Die Zentralbibliothek von 1914–1917 318
    Planungs- und Baugeschichte – Baubeschreibung 320
        Der Lesesaal 322 – Ausstattung 322
    Neubauprojekte 322

DOKUMENTATION 323

DER KONVENT ST. VERENA

DER KONVENT BIS ZUR REFORMATION 325
    Lage 325
    Anfänge des Konvents 325
    Status und Besitz 326
    Tätigkeiten der Konventsangehörigen 327
    Bibliothek 328
Die Konventgebäude 328
    Der Ostflügel der Konventbauten 328
    Der Südflügel der Konventbauten 329
        Die spätgotische Balkendecke 329 – Die Kapelle 330
    Siegel 332
    Friedhof 332
    Ökonomiegebäude und Garten 332
Reformation 332

GESCHICHTE UND BAUGESCHICHTE NACH
DER REFORMATION 332

    Die ehemaligen Konventgebäude als Teil des Spitals 1525–1551 332
    Der Übergang in Privatbesitz 333

DOKUMENTATION 333

SYNAGOGE

    Lage 334
    Juden in Zürich 334
    Die «Schul» an der Judengasse 335
    Die endgültige Vertreibung der Juden aus Zürich 335
    Die Befunde 337
    Friedhof 339
    Dokumentation 339

ANMERKUNGEN

    Anmerkungen zu den einzelnen Kapiteln 340

ANHANG

Verzeichnis der Abkürzungen 375
    Gedruckte Quellen, Literatur, allgemeine Abkürzungen 375
    Häufig zitierte Bild- und Plandokumente 389
Register 390
Abbildungsnachweis 398
Die Autorinnen, der Autor 400

VORWORT DER GESELLSCHAFT FÜR SCHWEIZERISCHE KUNSTGESCHICHTE

Unsere Reihe «Die Kunstdenkmäler der Schweiz» erfreut sich in diesen Jahren eines dichten Erscheinungsrhythmus'. Der Kanton Zürich hat einen wesentlichen Anteil daran, steuert er doch zwischen 1997 und 2007 nicht weniger als sieben Bände bei. Diese hohe Produktivität belegt nicht zuletzt die Schaffenskraft des Teams der Zürcher Autorinnen und Autoren.

Auch dieser Band bildet Teil eines umfassenden Neubearbeitungskonzepts früherer Inventarbände zur Stadt Zürich. Massgebliche Partien darin sind dem Grossmünster gewidmet. Mit der Behandlung dieses ehemaligen Chorherrenstifts gelangt nicht nur eine der bedeutendsten romanischen Sakralbauten unsers Landes zur Darstellung, sondern auch ein Baudenkmal, das eng mit Ulrich Zwinglis Reformation verbunden ist. Ein architektonisches und historisches Monument ersten Ranges findet hier mitsamt seiner Ausstattung, seiner Liturgiegeschichte und seines Kreuzgangs eine angemessene Würdigung. Wichtige Bestandteile der rechtsufrigen Sakrallandschaft Zürichs bilden sodann das Barfüsserkloster und das Predigerkloster: Während vom Konvent der Franziskaner bloss noch Teile des Kreuzgangs und der Klostergebäude bestehen, ist die ehemalige Klosterkirche der Dominikaner mit ihrem spätgotischen Chor und ihrem in nachreformatorischer Zeit ausstuckierten Langhaus noch sehr stark im kirchlichen und kulturellen Leben der Stadt präsent. Eine weitere interessante Facette von Zürichs Religions- und Architekturgeschichte bilden schliesslich die Spuren der früheren Synagoge im Froschauquartier.

Diese bedeutende Publikation ist das Werk dreier Autorinnen und Autoren, die hier ihre reiche Erfahrung einbringen konnten. Kunsttopografie in städtischem Umfeld bedeutet anforderungsreichen Umgang mit grossen Archivbeständen und Literaturmengen. Es ist Dr. Regine Abegg, Dr. Christine Barraud Wiener und Dr. Karl Grunder durch ihre Forschungen und mit Hilfe der Kunst der synthetischen Darstellung ein sehr überzeugendes Werk gelungen, wofür die GSK den drei Wissenschaftlern herzlich dankt. Ein weiterer Dank gilt der kantonalen Fachkommission unter der Leitung von Regierungsrat Dr. Markus Notter sowie dem Wissenschaftlichen Begutachter dieses Bandes, Prof. Dr. Georges Descœudres.

«Die Kunstdenkmäler der Schweiz» können nur dank der Zusammenarbeit unserer Gesellschaft mit der öffentlichen Hand erscheinen. Die Finanzierung der Forschungsarbeit verdanken wir sowohl dem Kanton Zürich als auch der Stadt Zürich. Eine bedeutende Rolle bei der Mittelbeschaffung kommt der Schweizerischen Akademie der Geistes- und Sozialwissenschaften SAGW zu, welche die GSK im Rahmen einer mehrjährigen Kooperation unterstützt. Spezielle Beiträge für diesen Band leisteten sodann die evangelisch-reformierte Landeskirche des Kantons Zürich, der Verband der stadtzürcherischen evangelisch-reformierten Kirchgemeinden sowie die Kirchgemeinde zu Predigern und die Grossmünster Kirchenpflege. Allen diesen Geldgebern spricht unsere Gesellschaft den herzlichen Dank aus.

Prof. Dr. Rainer J. Schweizer
Präsident der GSK

Dr. Benno Schubiger
Vizepräsident und
Präsident der Redaktionskommission

VORWORT DER KUNSTDENKMÄLER-INVENTARISATION DES KANTONS ZÜRICH

Drei Namen, drei verschiedene Wege, sich den Sakralbauten der «mehreren» Stadt zu nähern. Eine Fährte führte Christine Barraud Wiener durch die Schriftquellen, zwei Pfade winden sich durch den Baubestand sowie durch den Fundus von historischen Bild- und Plandokumenten, beschritten von Regine Abegg und Karl Grunder.

Einmal mehr wäre das Werk nicht gelungen, hätten nicht die Direktion der Justiz und des Innern, Regierungsrat Markus Notter, und vor allem das Staatsarchiv mit den Staatsarchivaren Otto Sigg und Beat Gnädinger für gute Arbeitsbedingungen gesorgt. Die Stadt Zürich, konkret das Baudepartement, Stadträtin Kathrin Martelli, ermöglichte dank finanzieller Unterstützung die Arbeit im Team. Die Mitglieder der Kantonalen Kunstdenkmälerkommission liessen uns beim Erstellen des Konzepts grösste Freiheit und begleiteten unsere Arbeit stets wohlwollend, was den Fortschritt des Bandes ungemein erleichterte. Mancherlei Hinweise erhielten wir von unsern Kunstdenkmälerkolleginnen und -kollegen.

Ohne die Unterstützung der folgenden Institutionen und Personen wäre der Band wohl kaum in so kurzer Zeit entstanden. Zu nennen sind: das Baugeschichtliche Archiv mit Thomas Meyer, Esther Fuchs, Andreas Casagrande und Rudolf Vögele; das Stadtarchiv mit Anna Pia Maissen, Ruth Fink, Karin Beck, Christian Casanova, Nicola Behrens, Max Schultheiss, Robert Dünki, Eduard Bietenholz und Marianne Härri; die städtische Denkmalpflege mit Jan Capol, Urs Baur und Myrtha Rüedi; die Stadtarchäologie mit Dölf Wild, Andreas Motschi und Urs Jäggin; die kantonale Denkmalpflege, besonders Roland Böhmer und Thomas Müller; die Zentralbibliothek Zürich mit Christoph Eggenberger, Marlis Stähli, Ruth Häusler, Aniko Ladanyi und Christian Aliverti; das Staatsarchiv des Kantons Zürich mit Christian Sieber, Karin Brönnimann, Monika Bach und Meinrad Suter; das Schweizerische Landesmuseum, Fototek, mit Angelika Condrau; das Institut gta der ETHZ; das Kirchgemeindearchiv Grossmünster mit Regula Helbling und dem Sigristen Franco Gargiulo, der uns stets die Türen seiner Kirche offen hielt, und schliesslich das Kirchgemeindearchiv Prediger mit Silvia Rüdin-Bader.

Hans Rudolf Sennhauser (Zurzach), Heidi Leuppi (Zürich), Peter Hoegger (Aarau), P. Roman Bannwart (Einsiedeln), Peter Niederhäuser (Winterthur) sowie Gaby Meier (Zürich), Daniel Gutscher (Bern) und Hannes Steiner (Frauenfeld) danken wir, da sie uns ihr Wissen zu Einzelfragen grosszügig zur Verfügung gestellt haben. Traditionell ausgezeichnet war die Zusammenarbeit mit Redaktor Benno Mutter und Grafiker Philipp Kirchner von der GSK.

Dieser Band ist unter neuen Vorzeichen entstanden, da Regine Abegg das Team verliess und Karl Grunder ihre Arbeit übernahm. Autorenwechsel gehört zu den anforderungsreicheren Situationen, mit denen ein Projekt konfrontiert werden kann. Wir sind dankbar, dass es uns gelungen ist, auch diese Hürde zu nehmen.

Karl Grunder

DIE STADT ZÜRICH III.I

ALTSTADT RECHTS DER LIMMAT
SAKRALBAUTEN

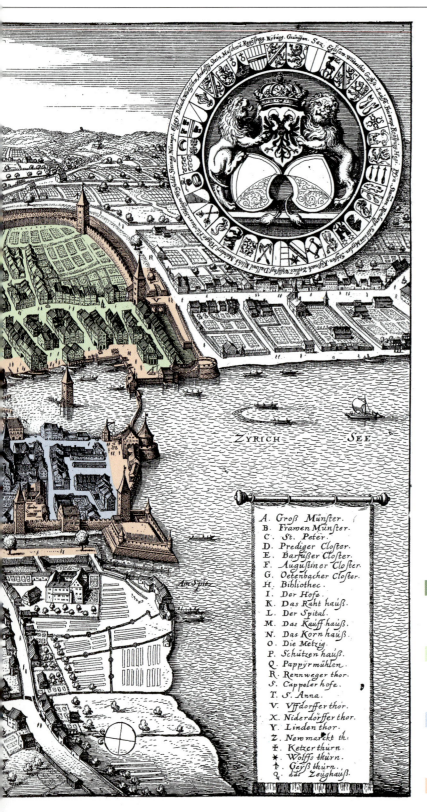

1
Matthäus Merian. Vogelschau der Stadt Zürich von Westen. Kupferstich, 1638 (BD 1638 Merian). Farbig unterlegt die in der Neuen Ausgabe der Kunstdenkmäler der Stadt Zürich behandelten Stadtteile und Bauten.

■ Vorliegender Band III.I: Sakralbauten der rechtsufrigen Altstadt (Abegg / Barraud Wiener / Grunder, KdmZH 2007).

■ Band III.II: Profanbauten der rechtsufrigen Altstadt (Abegg / Barraud Wiener / Grunder / Stäheli, KdmZH 2007).

■ Band II.I (Abegg / Barraud Wiener, KdmZH 2002) und Band II.II (Abegg / Barraud Wiener, KdmZH 2003).

■ Band I (Barraud Wiener / Jezler, KdmZH 1999).

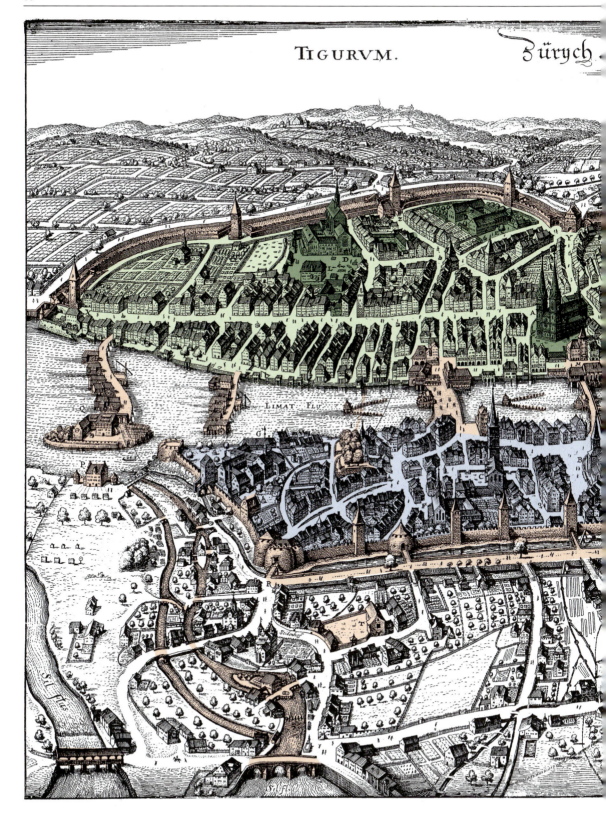

EINLEITUNG

«Wie man uns sagt, war hier in diesen Mauern
In alter Zeit ein Schauplatz höh'rer Art;
Die bunte Leinwand uns'rer Scene birgt
Die Pfeiler eines Gotteshauses, d'rin
Das knie'nde Volk in priesterlichem Pomp
Das hehre Spiel der Wandlung Gottes sah.

Verschollen sind und Asche längst die Priester!
Doch seht, hier dicht am Kreuzgang, der noch steht,
Und eingebaut in seine got'schen Bogen,
Der nächste Nachbar klangerfüllter Bühne
Ist das Theater der Gerechtigkeit!»

(GOTTFRIED KELLER, Prolog zu einer Aufführung im Stadttheater in der ehemaligen Barfüsserkirche, 1864)

Mit dem vorliegenden Band werden Betrachtung und Würdigung der Zürcher Sakralbauten in der Altstadt im Rahmen des Inventars der Schweizerischen Kunstdenkmäler abgeschlossen. Damit liegt das Bild einer Kirchenlandschaft vor, deren Elemente sich in gegenseitiger Abhängigkeit beziehungsweise in Konkurrenz oder Ergänzung zueinander in ständigem Wandel befanden. Dabei wurden sie zu dem, was heute sie sind – oder sie gingen unter.

Im ersten Teil dieser Einleitung soll die Entstehung und der Wandel der Zürcher Sakrallandschaft skizziert werden, wobei der Blick auch Elemente der Herrschaftstopografie mit einschliesst. Kirchen und Klöster hatten von Anfang an herrschaftliche Funktionen, und Herrschaftsorte wie die Pfalz auf dem Lindenhof und später das Rathaus wiesen neben der profanen Bestimmung auch sakrale Aspekte auf. Mit der Reformation, Zürichs grösstem Kulturwandel, erhielten alle Sakralbauten teilweise oder zur Gänze herrschaftliche Funktionen. Knappe Schlaglichter auf die kirchlichen Bauaktivitäten und die Stadtentwicklung folgen in einem zweiten Teil. Im abschliessenden dritten Teil sollen die Bauwerke – und zwar schwergewichtig jene der rechtsufrigen Altstadt – nach ihrer Rolle für die individuelle und die kollektive Erinnerung befragt werden.

DIE MITTELALTERLICHE SAKRALTOPOGRAFIE

Der Blick auf die Anfänge der Sakraltopografie in und um Zürich ist mangels Schriftquellen noch immer weitgehend verstellt. Als ältestes sakrales Zentrum innerhalb der Stadtmauern gilt die Pfarrkirche St. Peter, im 8. oder im frühen 9. Jahrhundert vielleicht über einer römerzeitlichen Kultanlage errich-

2
Ansicht der Stadt Zürich von Süden. Brand des Glockenturms des Grossmünsters 1763. – Anonymus. Kupferstich.

tet. Möglicherweise ist die ausserhalb der Altstadt im Gebiet der heutigen St. Annagasse (westlich der Bahnhofstrasse) gelegene Kirche St. Stephan noch vor St. Peter entstanden und bildet, an der Verbindungslinie zwischen Weinplatz, Lindenhof und dem frühmittelalterlichen Gräberfeld an der Bäckerstrasse gelegen, den Mittelpunkt einer Ursprungspfarrei.

Wie bei St. Peter reichen auch die Anfänge der Fraumünsterabtei und des Grossmünster-Chorherrenstifts, die zu den wichtigsten sakralen Brennpunkten der Siedlung wurden, in karolingische Zeit zurück. Der präzise Kontext der Gründung des Fraumünsters ist nicht bekannt; hier wird jene Urkunde beansprucht, mit der Ludwig der Deutsche 853 die Ausstattung eines bestehenden Klosters mit dem Hof Zürich, den zugehörigen Gütern in Uri und dem Albisforst bestätigte. Für das Grossmünster, dessen erster Bau ebenfalls in karolingischer Zeit in der Nähe eines archäologisch nachgewiesenen alemannischen Gräberfelds errichtet wurde, liegen keine vergleichbaren frühen Schriftzeugen vor. Hier dürften die Anfänge vor Ludwig den Deutschen zurückreichen, eine Funktion als erste Pfarrkirche rechts der Limmat ist in Betracht zu ziehen.

Für die Fraumünsterabtei war die Verbindung mit dem Königtum das zentrale Motiv. Die Töchter Ludwigs des Deutschen erscheinen als erste Äbtissinnen, und in der späteren Tradition als Gründerinnen. Auch auf baulicher Ebene und in der Liturgie gibt es Hinweise auf die Verbindung mit der königlichen Pfalz auf dem Lindenhof. Bis zur Reformation fungierte die Äbtissin – seit 1218 Reichsfürstin – formal als Stadtherrin. Zu ihrer näheren Umgebung verharrte die Fraumünsterabtei indes fast unberührt oder doch in merkwürdiger Distanz.

Anders das Grossmünster, das seinerseits im 11. Jahrhundert Karl den Grossen als königlichen Stifter etablierte: Es bot gerade mit dieser Figur sowohl dem regionalen Adel als auch den Vertretern des lokalen Patriziats und letztlich der Stadt eine Identifikationsmöglichkeit, die seine ganze Entwicklung prägen sollte.

Nicht nur das Königtum, auch der Adel war an der Entwicklung der Sakrallandschaft beteiligt. So werden die Anfänge der auf einer kleinen Limmatinsel gelegenen Wasserkirche, die gemäss neuesten Erkenntnissen ins 10. Jahrhundert zurückreichen, mit den Herzögen von Schwaben, vielleicht in ihrer Eigenschaft als Vertreter des Königtums, in Verbindung gebracht. 1127 gründete Graf Werner von Lenzburg-Baden, im Zuge der religiösen Neuorientierung eines Teils der Grossmünster-Chorherren und unterstützt durch Stiftungen einflussreicher ansässiger Familien, das Augustiner-Chorherrenstift St. Martin auf dem Zürichberg. In den Jahren vor 1200 dürfte ein Zähringer Herzog das Heiliggeist-Spital – ebenfalls ein «locus pius» – gestiftet haben. Es war als Fremdenspital auf die Durchgangsstrasse ausgerichtet und lag in der Nordhälfte der rechtsufrigen Altstadt an der heutigen Niederdorfstrasse. In die Zeit um 1200 ist aufgrund der frühesten überlieferten Wandgemälde in seiner nicht mehr bestehenden Kapelle auch das etwa 600 m westlich vor der linksufrigen Altstadt an der Sihl gelegene Siechenhaus St. Jakob (zuvor St. Lazarus) zu datieren.

Seit der 1. Hälfte des 13. Jahrhunderts wird die Stadt als politischer Akteur fassbar. Die Bedingungen zum Prozess ihrer Etablierung sind nur teilweise zu erkennen: Die Umwälzungen im ostschweizerischen Adelsgefüge dürften dazugehört haben – ausgelöst zuerst durch das Aussterben der Lenzburger 1172 und dann der Zähringer 1218, aber auch der letztlich wenig erfolgreiche Versuch der Kyburger, das entstandene Vakuum zu nutzen. Andere Voraussetzungen, wie etwa das Verhältnis zur Entwicklung der Pfarreiorganisationen, sind unbekannt und ungeklärt. Hier sei lediglich festgehalten, dass fortan die Stadt beziehungsweise ihr Rat in der nicht genau zu fassenden Konkurrenz zwischen der Fraumünsterabtei und dem Chorherrenstift am Grossmünster eine Rolle spielen und in die Gestaltung der Sakral- und Herrschaftstopografie eingreifen sollte.

Der Abgang der kaiserlichen Pfalz nach dem Aussterben der Zähringer 1218 lässt sich weder genau datieren noch eindeutig als Folge einer frühen politischen Äusserung der Stadt interpretieren, obschon die 1271 einsetzende schriftliche Überlieferung deutlich von einem Akt der Zerstörung sprechen wird. Mit dem 1251 erstmals erwähnten Rathaus («domus nostrae universitatis») – vielleicht bereits wie sein Nachfolgebau von 1398–1401 in der Stadtmitte auf Gewölben über der Limmat errichtet – erscheint ein neues Herrschaftszentrum. Dass dessen Lage zwischen den beiden Stadthälften über dem Wasser Programm gewesen wäre, ist nicht explizit bezeugt, aber als wahrscheinlich anzunehmen. Der Lindenhof, in der Liturgie zum Palmsonntag weiterhin als königlicher Platz interpretiert, wurde zum städtischen Festplatz, blieb aber auch weiterhin politisch hoch besetztes Terrain.

SAKRALTOPOGRAFIE 19

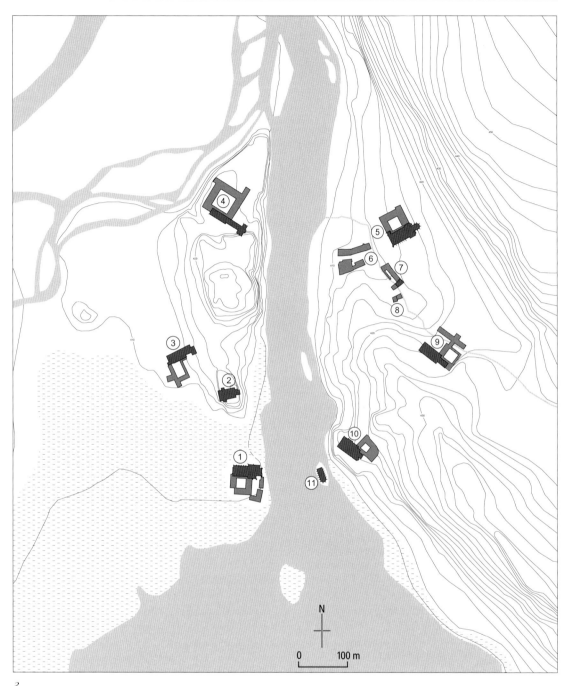

3
Sakraltopografie der Altstadt von Zürich auf der rekonstruierten Topografie, 1:7500. Vgl. Abb. 4. Zeichnung Urs Jäggin.
1 Fraumünsterabtei. – 2 St. Peter. – 3 Augustinerkloster. – 4 Oetenbachkloster. – 5 Predigerkloster. – 6 Spital . – 7 Konvent St. Verena. – 8 Synagoge. – 9 Barfüsserkloster. – 10 Grossmünster. – 11 Wasserkirche.

Von der Stadtmitte zum Stadtrand: Ab 1230 errichteten als Erste die Dominikaner in der rechtsufrigen Stadt das Predigerkloster, das östlich an das Areal des Heiliggeist-Spitals grenzte. Ihnen folgten rund fünfzehn Jahre später die Barfüsser, die sich gut 300 m südlich davon jenseits des bereits mit Häusern und Hofstätten belegten Neumarkts am Stadtrand etablierten. In den frühen 1230er Jahren entstand aus dem Zusammenschluss zweier Schwesternhäuser in der Stadt ein erster Konvent von Dominikanerinnen, der wohl von 1237 bis um 1274 eine erste, ausserhalb der Stadt am Oetenbach (am heutigen Zürichhorn) errichtete Klosteranlage belegte. Ab 1262 lassen sich die Anfänge des ebenfalls den Dominikanern angeschlossenen Frauenkonvents St. Verena in der Nähe des Predigerklosters an der heutigen Froschaugasse fassen. In unmittelbarer Nachbarschaft davon muss sich spätestens um die Mitte des 13. Jahrhunderts, möglicherweise auch früher, eine der mittelalterlichen Zürcher Synagogen befunden haben. Links der Limmat sind 1270 mit dem Erwerb von zehn Hofstätten und Obstgärten – am Fusse des Hügels von St. Peter und direkt an die Stadtmauer grenzend – die Anfänge des Augustinerklosters zu erkennen. Während in allen übrigen Fällen eine Beteiligung der Stadt bei der Wahl des Bauplatzes für die Bettelorden zwar denkbar, aber letztlich nicht zu belegen ist, wird sie beim Prozess der Verlegung des Dominikanerinnenkonvents vom Oetenbach auf den Sihlbühl, einen Ausläufer des Lindenhofhügels, in den 1280er Jahren deutlich: Diese Klosteranlage wurde programmatisch in die Stadtbefestigung einbezogen.

Rund einen halben Kilometer vor der Stadt, am nördlichen Fuss eines Moränenzugs an der Sihl, gründeten 1256 Zisterzienserinnen von Neuenkirch LU das Kloster «in der Selnau». Die dem Kloster Wettingen unterstellte Anlage, von der in jüngster Zeit Mauerzüge gefasst werden konnten, gehörte, ebenso wie die bereits erwähnte Kirche St. Stephan, die Niederlassung der Augustinerchorherren auf dem Zürichberg, das Siechenhaus St. Jakob und das frühere kleine Kloster am Oetenbach, zu jenem Kranz von Sakralbauten (bzw. «loca pia»), der um die heutige Altstadt lag. Teil des Kranzes war auch die 1240 erstmals in einem Flurnamen zu fassende und vermutlich um 1200 erstellte Kapelle St. Leonhard vor dem Niederdorftor, deren Patrozinium auf die vorstädtische Situation im Allmend- beziehungsweise Viehweidebereich hinweist, ausserdem die St. Stephan gegenüberliegende, von diesem durch eine römerzeitliche Strasse getrennte Kapelle St. Johannes und Paul, zwischen 1260 und 1338 bezeugt und möglicherweise Vorgängerin der 1385 erstmals erwähnten Kapelle St. Anna, und schliesslich die kurz vor ihrem Untergang fassbare Kapelle St. Barbara vor dem Oberdorftor. Seit 1350/1360 kam noch ein zweites Siechenhaus dazu, St. Moritz an der Spanweid, wie St. Jakob an einer Hauptverkehrsader, doch nun rechts der Limmat gelegen. Wie jenes hatte es als kirchliche Sonderstiftung eine eigene Kapelle, einen Friedhof und eigene Geistliche. St. Jakob und St. Moritz waren gleichzeitig Teil der Zürcher Spitallandschaft, deren Zentrum das Heiliggeist-Spital mit seiner um 1260 erwähnten Kapelle bildete.

Die wichtigsten Referenzpunkte innerhalb dieses Gefüges blieben das Fraumünster und das Grossmünster sowie – wahrscheinlich schon vor deren Schenkung durch die Kyburger an das Letztere im Jahr 1256 und der Inkorporation im Jahr danach – die 1274 als «Ursprung der Stadt und des Heils» bezeichnete Wasserkirche. Im Grossmünster halten seit dem ausgehenden 13. Jahrhundert die Schriftquellen Versammlungen der «universitas civium», das heisst der Gesamtheit der Bürger, fest. Diese Kirche erscheint nun als wichtiger Repräsentativraum der Stadt, alternativ oder ergänzend zum Rathaus. Versammlungen, teils von überregionaler Bedeutung, sah ferner das Barfüsserkloster, wenn es auch nicht wie das Franziskanerkloster in Luzern regelmässig als Rathaus fungiert haben dürfte. Für das spätere Mittelalter sind überdies Versammlungen in der Predigerkirche bezeugt.

Auch für die Konvente spielte die Stadt zunehmend eine wichtige Rolle, indem sie einen Teil der Angehörigen stellte. Beim Chorherrenstift am Grossmünster oder im Oetenbachkloster stammten diese aus dem städtischen Meliorat, beim Augustinerkloster aus ansässigen Handwerkerfamilien; das Dominikanerinnenkloster Oetenbach wurde zu einem Versorgungsinstitut für Zürichs «höhere» Töchter.

Die Inanspruchnahme der Klöster und Kirchen durch die Stadt erreichte ein paar Jahrzehnte vor der Reformation mit der Teilnahme an der Bauherrschaft durch den Rat beim Neubau der spätgotischen Wasserkirche (1479–1486) und bei der Übernahme der Bauherrschaft anlässlich des Ausbaus der Grossmünstertürme (1488/89) einen ersten Höhepunkt.

Christine Barraud Wiener, Karl Grunder

SAKRALTOPOGRAFIE 21

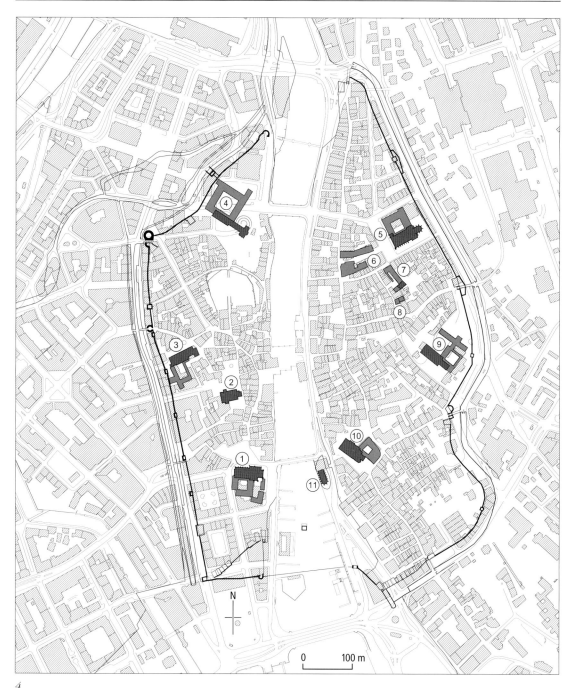

4
*Sakraltopografie der Altstadt von Zürich auf dem aktuellen Stadtplan, 1:7500. Vgl. Abb. 3. Zeichnung Urs Jäggin.
1 Fraumünsterabtei. – 2 St. Peter. – 3 Augustinerkloster. – 4 Oetenbachkloster. – 5 Predigerkloster. – 6 Spital. – 7 Konvent St. Verena. – 8 Synagoge. – 9 Barfüsserkloster. – 10 Grossmünster. – 11 Wasserkirche.*

EINE NEUE SAKRAL- UND HERRSCHAFTSTOPOGRAFIE

Ihren Gipfel erreichte die «Kommunalisierung» in der Reformation. In einem weitgehend organisierten Bildersturm wurden die drei Hauptkirchen Fraumünster, St. Peter und Grossmünster von allen Bildwerken befreit und dem neuen Konzept, welches nun das Wort ins Zentrum stellte, angepasst. In allen Kirchen wurden Altäre und Sakramentshäuschen abgetragen und für den Bau des mächtigen Kanzellettners ins Grossmünster verbracht. Mit der Reformation fiel der Vorrang dahin, den bisher das Fraumünster mit seiner als Stadtherrin amtierenden Äbtissin vor den anderen Kirchen gehabt hatte. Das Grossmünster, neben der wenig bedeutenden Spitalkirche der einzige Sakralbau rechts der Limmat, wurde nun zur Hauptkirche der Stadt und als solche baulich favorisiert. Das Fraumünster blieb fast zwei Jahrzehnte verwahrlost, während St. Peter, die alte Stadtkirche links der Limmat, 1538/39 mit einer neuen Schlaguhr, einem astronomischen Werk und riesigen Zifferblättern ausgezeichnet wurde.

Alle Bettelordensklöster mit ihren Kirchen und die Wasserkirche wurden umgenutzt. In die Gebäude der Bettelordensklöster zogen obrigkeitliche Ämter, wobei bauliche Massnahmen zunächst aufs Notwendigste beschränkt blieben. Der Spitalbetrieb, wo man den Dienst am Nächsten auch nach der Reformation als Gottesdienst verstand, belegte die Gebäude des benachbarten Predigerklosters und des Frauenkonvents St. Verena in der Froschau sowie jenseits der Limmat Teile des Oetenbachklosters. Die Gebäude des Barfüsserklosters nahmen das Obmannamt, ein neu geschaffenes zentrales Amt der staatlichen Verwaltung, auf. Ihre neuen Funktionen behielten die meisten profanisierten Gebäude bis über das Ende des Ancien Régime hinaus bei. Einige erfuhren weitere Funktionsänderungen, so etwa die Augustinerkirche, die im ausgehenden 16. Jahrhundert mit dem Einbau der obrigkeitlichen Münzstätte im Chor und in den Chorkapellen – insbesondere wegen des Schmiedebetriebs in der ehemaligen Liebfrauenkapelle – einen der härtesten Brüche in der Geschichte eines Zürcher Bauwerks erlebte, oder die ehemalige Kirche des Barfüsserklosters, in welcher in den 1830er Jahren ein Theater eingerichtet wurde.

Bauliche Veränderungen erfuhr die Sakral- und die übrige Herrschaftstopografie vor allem im 17. und in der 1. Hälfte des 18. Jahrhunderts, obschon die Bedrohung des 30-jährigen Krieges und die damit zusammenhängenden Massnahmen im militärischen Bereich den Finanzfluss in eine andere Richtung lenkten (1618 Bau des Venezianischen Zeughauses als Waffenarsenal, 1642–1677 Bau der barocken Stadtbefestigung, 1693 Bau des Leuenhofs, 1699 Restaurierung des grossen Zeughauses sowie die Kosten für den Villmergerkrieg und die Reorganisation der Artillerie). So fand 1609–1614 der Umbau der Predigerkirche zur protestantischen Pfarrkirche statt, 1633 folgte der Einbau der Bürgerbibliothek in der Wasserkirche, 1694 der Neubau des Rathauses. 1706 wurde St. Peter wegen Baufälligkeit und vermehrtem Platzbedarf «am sparsamsten nuzlichsten und anständigsten» und um «mehr Luft und Licht zu gewinnen» neu gebaut. 1713/14 erhöhte man das Mittelschiff des Fraumünsters und wölbte es ein, 1717 erneuerten Bibliotheksgesellschaft und Stadt das Innere der Wasserkirche, die mit der Einrichtung einer Galeriebibliothek – leider nur vorübergehend – zu einem der ersten grösseren Bibliotheksräume im süddeutschen Gebiet wurde. 1728–1732 folgten schliesslich der Ausbau des Nordturms und die Kappung des Südturms beim Fraumünster, wodurch dieses weitgehend sein mittelalterliches Gepräge verlor. Durch diese Massnahmen entstand neben einer neuen, militärisch akzentuierten Herrschaftstopografie eine neue protestantische Sakraltopografie, die bis heute Bestand hat.

Christine Barraud Wiener

KIRCHLICHE BAUAKTIVITÄTEN UND STADTENTWICKLUNG

Bis ins 13. Jahrhundert wurde die Sakrallandschaft der Stadt vorrangig durch die beiden Stifte links und rechts der Limmat sowie die Wasserkirche und St. Peter bestimmt und geprägt. Sie bildeten im architektonisch-sakralen Orientierungssystem die zentralen Fixpunkte eines jeden Zürchers. Mit dem 13. Jahrhundert begann eine Zeit des Umbruchs, aus der – in Bezug auf die Bettelorden und ihre Klöster – ein Ausbau der Sakraltopografie resultierte. Neue und zusätzliche religiöse Brennpunkte entstanden, nahmen ihren Platz im Bild der Stadt ein und wirkten sich auf Quartierbildung – denken wir nur an die Beginen im Froschauquartier – und Sozialstruktur aus.

SAKRALTOPOGRAFIE / KIRCHLICHE BAUAKTIVITÄT 23

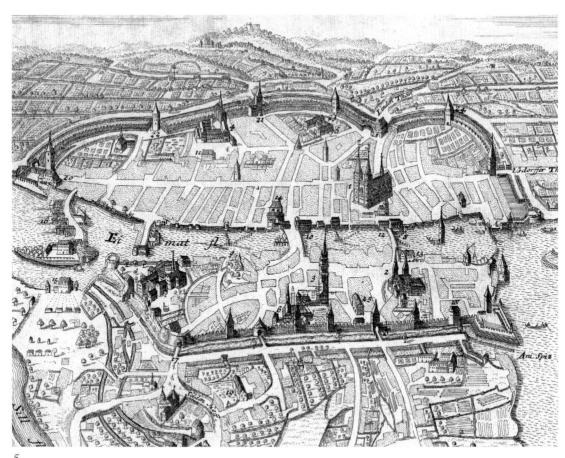

5
Gabriel Bodenebr. Zürich von Westen (Ausschnitt). Ansicht nach Matthäus Merian, reduziert auf die mittelalterliche Stadtbefestigung, die Sakral- und die obrigkeitlichen Bauten. Kupferstich um 1730.

Sucht man jedoch vor dem Hintergrund der politischen und kirchlichen Entwicklungen seit dem 13. Jahrhundert nach Koinzidenzen mit dem Bau und Ausbau von Kirchen, so scheinen vordergründig wohl Zusammenhänge zu bestehen. Wirklich belegen lassen sie sich jedoch nur in den wenigsten Fällen. Ob der im frühen 14. Jahrhundert erbaute gotische Chor der Predigerkirche mit dem gestiegenen Selbstbewusstsein der klerikalisierten Prediger in Verbindung zu bringen ist, muss dahingestellt bleiben. Eher beizupflichten ist der These, welche die zweite, billiger ausgeführte Bauetappe des Chors mit der seit der Brun'schen Umwälzung schlechteren politischen und wirtschaftlichen Positionierung der Prediger in der Stadt begründet.

Ähnlich vage müssen wir auch beim Ausbau des Fraumünsters bleiben. Hier macht die relativ lange und etappierte Bauzeit an Chor, Querhaus und Nordturm (ca. 1230 – um 1280) eine monokausale Begründung des Bauvorhabens schier unmöglich, zumal der Neubau des Schiffs ab dem 14. Jahrhundert auf eine grundsätzliche und langfristig geplante, sich pragmatisch nach den finanziellen Möglichkeiten richtende Gesamterneuerung der Kirche schliessen lässt. Immerhin dürfte zusammen mit der Intensivierung der Gründungstradition ab dem letzten Viertel des 13. Jahrhunderts hinter den Bau- und Modernisierungsbestrebungen die Absicht des Stifts gestanden haben, sich bei realem Machtverlust innerhalb der Stadt wenigstens mittels architektonischer Zeichensprache – hier ist besonders an die massive Vergrösserung des Chors und die Anpassung des Querhauses zu denken – eine gewisse formale Autorität zu bewahren.

Ähnliche Vorgänge lassen sich auch beim Grossmünster feststellen. Die Intensivierung des Karlskultes setzte mit der Reliquientranslation von 1233 einen ersten Höhepunkt und festigte das Bild des Kaisers als Stifter. Die Funktion des Grossmünsters auch als Stadtkirche und Kirche des Meliorats ging mit einer zunehmenden Abhängigkeit von der Stadt einher, ohne dass dies zu Um- oder Ausbauten geführt hätte. Wohl zu sehr (und in der Reformation bestätigt) war die Stiftskirche Bild des Alters und des Ansehens der Stadt und der Bürgerschaft, als dass «Modernisierungen» als valide Option einen Bedeutungszuwachs ergeben hätten. Dieser wurde gewissermassen ausgelagert, kam doch das Grossmünsterstift 1256 mit der Schenkung und der 1257 erfolgten Inkorporation der Wasserkirche in den Besitz einer Kapelle, die schon zuvor im Selbstverständnis der Stadt eine wichtige Rolle gespielt haben muss. Seit 1218 bestand der zentrale städtische Zugriff wohl in der an Zürcher Bürger verliehenen Reichsvogtei. Bedeutend sind der Aufbau des Stadtheiligen Exuperantius und seine Verknüpfung mit Felix und Regula sowie wiederum die Wasserkirche als «in der Nähe der Hinrichtungsstätte gelegen» (1257) und 1284 erstmals explizit genannte, angebliche Hinrichtungsstätte der Stadtheiligen. Der Übergang der Kapelle an das Grossmünster und nachfolgend der Aufbau der Legende, die die Kirche als Kapelle über der Hinrichtungsstätte der Stadtheiligen nennt, sowie der zeitgleiche hochgotische Neubau lassen das Verhältnis von Grossmünster und Wasserkirche über das einer gängigen Filialbeziehung hinausreichen. Aus architektonischer Sicht lässt sich vermuten, dass hier in den Jahren vor 1288 ein äusserst bedeutungsgeladener Bau entstand. Neben der 1274 erfolgten Bezeichnung der Wasserkirche als «Ursprung und Grundlage unserer Stadt und unseres Heils» ist es besonders die Hoheit des Grossmünsters über die Wasserkirche, die den hochgotischen Bau in einem neuen Licht erscheinen lässt. Der mit reicher Bauplastik ausgestattete Neubau wurde als prestigeträchtiger Nebenkultraum an städtebaulich überaus repräsentativer Lage erstellt und muss wohl als Stein gewordenes Selbstbewusstsein des Grossmünsterstifts interpretiert werden. Ob im Neubau der Wasserkirche allenfalls die Antwort des Grossmünsterstifts auf die Bauanstrengungen der fürstlichen Fraumünsterabtei (Chor, Querhaus) sowie auf die Neubauten der Bettelorden (Prediger, Barfüsser) zu suchen ist, muss dahingestellt bleiben. Mit der Wasserkirche verfügte das Grossmünsterstift jedoch neben der Grabes- auch über die «Märtyrerkirche» der Stadtheiligen und etablierte sich so wohl endgültig als Hüterin und Verwalterin der städtischen Heiltümer. Das Primat des Grossmünsterstifts über die Bürgerschaft und ihr Seelenheil wurde so gerade gegenüber den Bettelorden und der Bürgerschaft behauptet und in Stein gehauen. Dem sakraltopografischen Orientierungssystem, das durch die Bettelordenskirchen erneuert und erweitert wurde, fügte das Grossmünsterstift einen herausragenden Akzent hinzu, der in seiner Modernität und seinem Reichtum geradezu als Kontrapost zu den kargen Bettelordensbauten zu verstehen ist.

Karl Grunder

ORT DER ERINNERUNG

Beim vorangehenden Blick auf die Entstehung und die Entwicklung der Zürcher Sakral- und Herrschaftstopografie zeigte sich bereits, dass sakrale Bauwerke oder die Plätze, auf denen sie errichtet wurden, Orte der Erinnerung sein konnten. Im Falle einer wachsenden Stadt mit ihren Klöstern, Kirchen und Kapellen, mit Spitälern und Bibliotheken reicht diese von der persönlichen «Memoria» eines Stifters bis zur gemeinsamen Erinnerung an die Ursprünge, vom Bewahren einer Merk-Würdigkeit (im Sinn von erinnerungswürdig und eigenartig) bis zur Errichtung eines Denkmals und schliesslich bis zum vorliegenden Band. Auch er ist ein Ort der Erinnerung, denn in ihn sind in Wort und Bild auch Bauwerke eingegangen, welche längst aus dem Stadtbild verschwunden sind, oder solche, die während langer Zeit sozusagen nur am Rand von der Erinnerung gestreift wurden, wie die Zürcher Synagoge an der Froschaugasse.

Im Folgenden soll die Kirchenlandschaft mit Hilfe der kollektiven und der persönlichen Erinnerungsstränge nochmals begangen werden, wobei wir uns, dem Inhalt des Bands entsprechend, vorwiegend auf dem rechten Flussufer bewegen. Da sich Erinnerung zu Knoten oder gar zu Verstrickungen schürzen kann, wird der Gang auch über die Limmat und aus der Stadt hinaus führen.

Zur kollektiven Erinnerung wären viele Gemeinplätze vorauszuschicken. Hier sei lediglich festgehalten, dass wir es weit über jenen Zeitraum hinaus, in dem sich diese Kirchenlandschaft herausbildete, mit einer Gesellschaft zu tun haben, von der nur ein sehr begrenzter Teil schreiben und lesen konnte und wo ihr weitaus grösserer Teil zur Fixierung von Erinnerung noch lange auf die Möglichkeit angewiesen war, die Inhalte im Bild und im Ritual zu erleben. Als Verwalter und Vermittler dieser Inhalte traten im Fall von Zürich der Klerus der Fraumünsterabtei und die Angehörigen des Chorherrenstifts am Grossmünster auf, wahrscheinlich auch jene der Bettelordenskonvente, später auch die Stadt und die von ihr beauftragten Chronisten. Dass daneben eine private orale Vermittlung von erinnerter Geschichte stattfand, ist unbestritten, aufgespürt werden kann diese aber kaum.

Zu den ersten Schriftstücken, die uns hinter die bekannten baulichen Anfänge der Zürcher Kirchen zurückführen, gehört jene frühe Urkunde aus dem Jahr 853, in welcher Ludwig der Deutsche «pro senerissimi imperatoris avi nostri Karoli et praestantissimi Hludowici [...] genitoris nostri necnon et nostra sempiterna remuneratione», also als Seelgerät für Grossvater, Vater und für sich selbst, ein bestehendes Kloster im «vicus Turegum» beschenkte. Der König nahm darin Bezug auf Zürich als jenen Ort, an dem sich die Gräber der Märtyrer Felix und Regula befanden, und verband so eine bereits legendäre Erinnerung mit dem persönlichen Andenken an seine Vorfahren. Das komplexe Dokument, dem für uns Heutige auch etwas Vages anhaftet, löste in den 1950er Jahren eine Debatte darüber aus, auf welchen Platz es sich denn nun konkret beziehe und wo die Anfänge der institutionalisierten Erinnerung an die Könige zu suchen seien, ob links oder rechts der Limmat; heute wird das Schriftstück in der Regel für die Anfänge des Fraumünsters beansprucht.

Im Fall des Grossmünsters liegen keine vergleichbaren frühen Urkunden vor. Der älteste Schriftzeuge ist hier jene 1,74 m lange Pergamentrolle aus dem ehemaligen Stiftsarchiv, der so genannte Grossmünster-Rotulus, der im 2. und 3. Drittel des 10. Jahrhunderts entstand und die ältesten Ansprüche des Chorherrenstifts festhält. Dabei blickt er auch auf die frühe Geschichte der Kirche zurück und bringt den ersten, in der Nähe eines archäologisch nachgewiesenen alemannischen Gräberfelds errichteten Bau mit den Gräbern von Felix und Regula in Zusammenhang. Deren Viten waren ihrerseits schon in karolingischer Zeit im Anschluss an den thebäischen Legendenkreis um St-Maurice entstanden. Seit seinen Anfängen gestaltete und unterhielt demnach das Chorherrenstift mit der Kirche, ihrer Ausstattung, mit der Liturgie und dem Ausbau der Legenden die Erinnerung an das adelige Geschwisterpaar. Nachdem 1257 die Wasserkirche dem Grossmünster inkorporiert wurde, war auch der Ort, an dem (bzw. bei dem: «circa locum») die Stadtpatrone hingerichtet worden sein sollen, Teil der Gesamtanlage. Entsprechend hiess die von hier zum Grossmünster, also zu den Gräbern der Heiligen führende Treppe in der 1260 festgeschriebenen Liturgie des Grossmünsters «Martertreppe» («gradus torturae»). Die Wasserkirche selber wird unseres Wissens erstmals 1284, im Vorfeld ihres hochgotischen Neubaus (1288), als Ort der Enthauptung («ubi decollati sunt») bezeichnet, doch orientieren sich offenbar schon die ältesten Grablegen auf jene Steinplatte, auf der den Stadtheiligen die Häupter abgeschlagen worden sein sollen. Die Treppe, die vom Limmatufer zum Grossmünster führte, war auf dessen Südportal gerichtet. Dieses wird im vorliegenden Band als Festportal dem Alltagsportal auf der Nordseite gegenübergestellt. Es ist anzunehmen, dass auch die Könige bei ihren Besuchen in Zürich das Grossmünster durch das Südportal betraten und so jenen Weg, den die Heiligen Felix und Regula als Kephalophoren von der Hinrichtungsstätte zum Ort ihrer zukünftigen Gräber gingen, nachvollzogen.

Bereits im zeitlichen Umfeld der Heiligsprechung Karls des Grossen im Jahr 1165 dürfte der Kaiser, der sich wahrscheinlich selbst nie in Zürich aufhielt, in die Legenden eingebunden und als Gründer und Bauherr beansprucht worden sein: Auf einer Hirschjagd von Aachen herkommend, so eine OTTO VON FREISING zugeschriebene und in die Statutenbücher des Grossmünsters von 1346 aufgenommene Sage, sei Karl der Grosse auf die Gräber gestossen und habe hier die Kirche errichtet. So wurde er zum Zeugen und Gewährsmann für die Existenz der Heiligengräber. Mit dem Kaiser stand dem Grossmünster eine Figur zur Verfügung, die einen direkten Bezug zum Reich erlaubte und gleichzeitig eine Abgrenzung gegenüber dem Fraumünster, wo die Gründung auf Ludwig den Deutschen und seine Töchter, die Äbtissinnen Hildegard und Berta, zurückging. Als sich im letzten Viertel des 13. Jahrhunderts zwischen den beiden grossen Kirchen geradezu eine Konkurrenz hinsichtlich der Gründungsgeschichten entwickelte, erhielten die Königstöchter im südlichen Querhaus des Fraumünsters neue Grablegen, und die Chronistik verlieh ihnen den Status von Heiligen.

6
Hans Leu d. Ä. Stadtansicht, um 1500. Das Grossmünster von Nordwesten mit einem Teil der zugehörigen Uferzone, den beiden aus der 1. Hälfte des 13. Jh. stammenden späteren Wettingerhäusern und dem älteren Zunfthaus zur Zimmerleuten. Ausschnitt aus BD 1497/ 1502 Leu.

Karl der Grosse bot zur gleichen Zeit im Grossmünster einem grossen, mehrheitlich männlichen Personenkreis die Möglichkeit zur ideellen Nachfolge und Identifikation. Seine Nähe und die zu den Gräbern von Felix und Regula suchten sowohl Adelige aus Zürichs Umgebung als auch Angehörige des Stadtadels – das jeweilige Meliorat –, einzelne Bürger und die Stadt selber. Hier liess man sich vorzugsweise taufen und begraben, und hier stellte später die Stadt die im Grinauer Feldzug 1337 erbeuteten Fahnen zur Schau. Im ausgehenden 15. Jahrhundert trat die Stadt, das heisst der Rat, beim Ausbau der beiden Türme als Bauherr auf; die damals angebrachte neue, heute noch existierende Skulptur Karls des Grossen kann durchaus als Zeichen für eine Erneuerung der Verbindung zwischen dem Chorherrenstift und der Stadt gesehen werden. Als zusätzliches Bindeglied erscheint um 1500 in HEINRICH BRENNWALDS (1478–1551) Schweizerchronik – auch sie ein Ort der Erinnerung – die Person des Exuperantius, der in der Gründungslegende des Grossmünsters als Begleiter und Diener der beiden adeligen Geschwister Felix und Regula auftrat. Mit ihm konnte sich insbesondere die Bürgerschaft identifizieren. In der gleichen Chronik schrieb BRENNWALD unter Einbezug einer früher nicht bekannten Legende nun auch den Bau der ersten Wasserkirche Karl dem Grossen zu, der ihn «zů ewiger gedächtnis Gott zů lob» veranlasst hätte. Mit BRENNWALD war die Arbeit an den Legenden um die Anfänge der Sakralbauten und damit auch der Stadt vorerst abgeschlossen. Weder St. Peter als älteste Zürcher Kirche noch die im 13. Jahrhundert angesiedelten Bettelordensklöster hatten darin Platz gefunden, ebensowenig das Heiliggeist-Spital und selbstverständlich auch nicht die Synagoge.

Als Ort der persönlichen «Memoria» beansprucht wahrscheinlich das Grossmünster am meisten Gewicht. Kirche und Kreuzgang bargen Grabmäler, teilweise kunstvolle Objekte, die nicht nur die Grablegen verschlossen und kennzeichneten, sondern als steinerne Urkunden auch Vergabungen bezeugten und an deren Stifter erinnerten. Die Gräber wurden als Erinnerungsorte in dem Ausmass bedeutender, als sie Bestattungen mehrerer Familienmitglieder aufnahmen. In der Krypta erhielten 1396 die damals noch bürgerlichen, später zu Rittern aufgestiegenen Schwend, wohl aufgrund der Stiftung einer Pfründe an den dortigen Mauritiusaltar, eine Familiengrablege; 1413 liessen der Ritter Heinrich Göldli und seine Frau im Kreuzgang eine Kapelle errichten und dort einen eigenen Begräbnisplatz anlegen. Für die vornehmste Kapelle des Grossmünsters, die Wasserkirche, zeichnet sich seit den jüngsten archäologischen Untersuchungen ab, dass sich hier schon im 10. Jahrhundert Angehörige einer Schicht, die einen Bezug zum Reich gehabt haben könnte, bestatten liessen. Ihre Gräber waren, wie oben bereits angemerkt, auf jenen Findling ausgerichtet, der als Hinrichtungsort von Felix und Regula galt. Auch die übrigen Kirchen wurden zu Grabkirchen und somit auch zu privaten Erinnerungsstätten. Neben dem Grossmünster natürlich das Fraumünster, wo sich im Südquerhaus ein Memorialbezirk für Äbtissinnen, angefangen bei den beiden königlichen Gründerinnen, zeigt. Im Nordquerhaus, der Stadt zugewandt, liessen sich Angehörige einer gehobenen Bürgerschicht bestatten. Hier sicherte sich auch Hans Waldmann († 1489) eine Grablege. In der Pfarrkirche St. Peter, in der seit dem 7. Jahrhundert bestattet wurde, wurde Rudolf Brun, der Kollator der Kirche gewesen war, vor dem Hochaltar begraben. Auch die Bettelordenskirchen waren Grabkirchen: In der Augustinerkirche erinnert noch die Grabplatte von Vigilius Gradner († 1467) an einen Ritter, dessen Beziehung zum Kloster sonst ungeklärt ist. Das Kloster Oetenbach verfügte mit der «Goldenen Kapelle» an der Nordseite des Chors nach 1320 über eine bedeutende Grab- oder Memorialkapelle für Graf Wernher II. von Homberg (1283–1320), dessen Schwester Caecilia seit 1317 Priorin war. Bei den Barfüssern wurde Ulrich I. von Regensberg (vor 1230 – wahrscheinlich 28. Januar 1281) bestattet, 1450 erwarb der Ritter Gotfried Escher hier eine Familiengrablege. In der Predigerkirche wird eine Begräbniskapelle vermutet, doch sind die Namen der dort bestatteten Adeligen nicht bekannt.

Der kurze Rückblick zeigt, wie die kollektive und individuelle Erinnerung ein zunehmend dichter werdendes Netz über die Stadt legte. Bis zur Reformation leistete auch die Liturgie der Kirchen einen Beitrag dazu – gut bekannt ist vor allem die des Grossmünsters. Das wohl in ottonische Zeit zu datierende Formular für die Palmprozession beanspruchte den Lindenhof, auf dem das augusteische Kastell und danach die kaiserliche Pfalz standen, als Jerusalem, in das Christus auf dem Palmesel einzog. Der Prozessionszug nahm so den Weg, den auch die weltlichen Herrscher bei ihren Zürcher Aufenthalten, vom Fraumünster her kommend, zur Pfalz gewählt haben dürften. So liess ein Herrscherempfang an das Geschehen in Jerusalem denken, was dem Herrscher sozusagen eine göttliche Rolle verlieh, und die Palmprozession erinnerte ihrerseits an die im Übrigen eher seltenen Königsbesuche. Die Prozession bewahrte ausserdem bis zu ihrer Abschaffung in der Reformation auch dreihundert Jahre lang nach dem Verschwinden der Pfalz die Erinnerung an deren Existenz auf dem Lindenhof.

In dieser Zusammenfassung der vorreformatorischen Kirchen- und Herrschaftstopografie unter dem Blickwinkel der Erinnerung fehlen die mittelalterlichen Synagogen nicht von ungefähr. Zürichs jüdische Geschichte riss mit dem Pogrom von 1348 ein erstes Mal ab, im 15. Jahrhundert löste sich eine zweite jüdische Gemeinde endgültig auf, und mit ihr ging das zugehörige Schrifttum praktisch vollständig unter. 1484 war der jüdische Friedhof vor dem Lindentor nur noch Wiese, im 17. Jahrhundert wurden die letzten verbliebenen Grabsteine in die Stadtbefestigung eingemauert. Nur von einer Synagoge kennen wir mit einiger Sicherheit den Standort und – falls dieser zutrifft – einen winzigen Rest ihrer ehemaligen Ausstattung. Wir wissen nichts von den Bedingungen ihrer Standortwahl und kaum etwas über den Anspruch der Bauten. Der allerjüngsten Bauforschung ist zu verdanken, dass die Synagoge an der Froschaugasse im Zürcher Kirchenbild im vorliegenden Band ihren Platz gefunden hat.

DER WEG ZUM DENKMAL: MEMORABILIA, «MERCKWÜRDIGKEITEN» UND MONUMENTE

«So wie es überall Liebhabere von Neuheiten und Neuerungen giebt […], trift man auch hier und dort, wiewol in weit geringerer Anzahl, eiferige Verehrer und Bewunderer des Alterthums an, welche die sonst verachteten, bestäubten, und mit der Verwesung ringenden Ueberbleibsel desselben nicht nur zu schätzen wissen, sondern würklich mit vieler Mühe aufsuchen, nach Vermögen sammeln […] und der Vergessenheit zu entreissen trachten» (JOHANNES MÜLLER, 1773).

Am Grossmünster bewährte sich die Schule und, trotz einiger materieller Verluste, auch die Bibliothek über die Reformation hinaus als Orte der Erin-

7
Titelblatt zum ersten Teil von Johannes Müllers «Merkwürdige Ueberbleibsel von AlterThümmeren an verschiedenen Orthen der Eydgenosschaft» (1773) mit der Sitzfigur Karls des Grossen in der Mitte unten rechts.

nerung. 1601 erhielt hier die Auseinandersetzung mit der Vergangenheit einen neuen Impuls, indem eine Schulreform dem Fach Geschichte am Carolinum mehr Gewicht zugestand. 1642 übernahm JOHANN HEINRICH HOTTINGER (1620–1667), Theologe und Orientalist, im Alter von zweiundzwanzig Jahren die Professur für Kirchengeschichte. Er wurde unter anderem als Verfasser einer Einführung in die Schweizer Geschichte und einer Geschichte des Carolinums bekannt. 1665 erschien sein «Speculum Helvetico-Tigurinum» bei Johann Wilhelm Simler in Zürich mit einem wichtigen Annex zur Zürcher Geschichte. In dessen erstem, mit «Politicum» betitelten Teil beschreibt er die «Monumenta sepulcharia» der verschwundenen jüdischen Gemeinde: die Grabsteine, die in der Stadtmauer beim Fröschengraben eingemauert waren. 1713 kam schliesslich am Carolinum dank eines Legats die Einrichtung einer Professur für «Vaterländische Geschichte» zustande.

Eine wichtige Rolle für diese Entwicklung spielte die 1629 gegründete Bibliotheksgesellschaft, die 1633 die Wasserkirche bezog. Die Gesellschaft ermöglichte erstmals einer grösseren Öffentlichkeit die Beschäftigung mit Geschichte und hatte wie das jüngere, mit ihr in engem Kontakt stehende «Collegium insulanum» (1679–1709) den Anspruch, die Diskussion politischer und historischer Fragen in Ergänzung zum damaligen Lehrangebot am Carolinum zu fördern. Die Bibliothek der Gesellschaft enthielt neben theologischen, philosophischen und naturwissenschaftlichen Büchern auch solche aus Geschichte, Kunst und Architektur. Auf diesen Fundus griff JOHANN HEINRICH HOTTINGER für seinen Unterricht und seine Publikationen zurück.

Zur Bibliothek gehörte eine Kunstkammer mit zahlreichen Objekten, die ebenfalls Erinnerungsstücke und mögliche Träger von Geschichte waren. In den Inventaren erscheinen sie allerdings unter ganz anderen Kategorien. Gemälde, Büsten oder Landkarten gehörten zu den Artefakten («Artificalia»), antike Münzen und Gedächtnismünzen mit den fremden Münzen zur Numismatik. Als eigene Kategorie innerhalb der Artefakte führte der Polyhistor JOHANN JAKOB SCHEUCHZER (1672–1733) ein paar «Monumenta Iudaica» auf, darunter fünf Gebetsriemen, von denen zwei aus der Sakristei des Fraumünsters stammen sollten. Römerzeitliche Funde wurden als «Antiquitäten» bezeichnet, darunter auch der 1747 auf dem Lindenhof gefundene Grabstein, den die Eltern des kleinen Lucius Aelius Urbicus zur Erinnerung an ihr Söhnchen errichten liessen. Die verstärkte Beschäftigung mit «Antiquitäten» führte 1761 zur Wahl von JOHANN HEINRICH SCHINZ (1725–1800) als «Antiquarius». Ihm ist das Engagement der Gesellschaft bei archäologischen Grabungen in Neftenbach im Jahr 1779 zu verdanken. In dieser Phase entstanden auch JOHANNES MÜLLERS zweibändige «Merkwürdige Ueberbleibsel von Alterthümen an verschiedenen Orten der Eydgenosschaft» (1773–1783). Sie sind Zeugnisse der privaten Beschäftigung mit Geschichte, wie sie sich auch in zahlreichen Konvoluten mit Turicensia und in einer Reihe von Regimentsbüchern niederschlug, die zwar erhalten sind, aber mehrheitlich unveröffentlicht blieben.

Anders die seit dem ausgehenden 17. Jahrhundert zwar ebenfalls aus privater Initiative entstandenen, aber dann im Druck erschienenen Zürcher «Memorabilia» oder «Merckwürdigkeiten»: Systematisch geordnet wie die Sammlungen auf der Wasserkirche,

*8
Die Titelvignette von Johann Caspar Morf zu den «Memorabilia Tigurina» von Hans Heinrich Bluntschli aus dem Jahr 1704 erinnert an das Freischiessen 200 Jahre zuvor.*

machten sie einem grösseren Publikum merk- oder erinnerungswürdige Objekte, Bauten oder Ereignisse zugänglich. Die Reihe setzt ein mit der 1689 verfassten, 1691 posthum erschienenen «Beschreibung des Zürich=Sees samt der daran gelegenen Orthen etc» von Hans Erhard Escher. Seine Gesamtschau der wichtigsten sakralen und obrigkeitlichen Bauten der Stadt lässt sich wie ein Spaziergang durch eine Wunderkammer lesen: Nach der Würdigung Zürichs als einer der ältesten und wichtigsten Städte der damaligen Eidgenossenschaft, nach der Zusammenfassung der Geschichte Zürichs in der Art und aufgrund der alten Chroniken widmet er sich dem Baubestand der Stadt, den er teilweise sehr präzise beschreibt. Er erwähnt die Befestigungen, nennt Alter und Daten zur Baugeschichte der Kirchen, spricht aber auch vom Neubau der Predigerkirche als von einem der «schönsten und kunstlichsten gebäuen». Er führt den Leser in die Wasserkirche, ergreift in einem Regal «eine alte Bibel mit kostlich illuminirten Figuren», zeigt ihm in der Kunstkammer die «Wunderen der Natur samt vielen Antiquiteten». Er besucht auch die «uralte Bibliothec» im Chorherrengebäude beim Grossmünster, den grossen Keller des Barfüsserklosters, würdigt den «schönen Kreuzgang» im Kloster Oetenbach, das dortige Waisenhaus und das Zuchthaus sowie das Spital mit seinen verschiedenen Einrichtungen und dem gesamten Personal. Einer solchen Wunderkammer würdig ist denn auch der grosse und schwere Ochse, der ein paar Jahre zuvor in der Scheune des Spitals gemästet worden war; für ihn rückt Escher sogar ein Gedicht ein.

Wie Escher sah sich auch Hans Heinrich Bluntschli in der Tradition jener «Vatterländischen Historien Liebhaber», die zunächst nur privatim «zum behilf der gedichtnuß» aufgrund der alten Chroniken und aus eigener Anschauung, alles Wissenswerte über das Vaterland zusammenstellten. 1704 liess er seine «Memorabilia Tigurina» bei Johann Heinrich Lindinner erscheinen. An der Basis des von Johann Caspar Morf gestalteten Titelkupfers ist, relativ bescheiden, das Schützenhaus mit den Scheiben dargestellt – eine Erinnerung an das Zürcher Freischiessen, das 200 Jahre zuvor stattgefunden hatte. In dem handlichen Buch, das Bluntschli selber als «Memorial» bezeichnete, bot er dem Leser die Möglichkeit, sich Zürichs Geschichte und die Geschichte seiner Bauwerke, alphabetisch von «Abend=Gebätt=Stunden» bis «Zürich= See» geordnet, wiederum in einer Art Wunderkammer zu Gemüte zu führen. Man findet hier den «Carls=thurn» des Grossmünsters mit seiner Baugeschichte vor dem «Catechismus» und den «Chorherren», die Predigerkirche unter dem Artikel «Prediger=Mönchen». Nicht nur Ereignisse aus Zürichs Geschichte und Zürcher Institutionen, sondern auch die alten Bauwerke werden hier zu «Merckwürdigkeiten» im doppelten Wortsinn. Dem Text beigegeben sind mehrere Kupferstiche, bei denen sich der Blick aber ausschliesslich auf die Zürcher Landschaft richtet. Für die 1742 erschienene dritte Auflage des Buches steuerte Johann Melchior Füssli mehrere in Kupfer gestochene Ansichten bei, die dem Leser ein sehr genaues Bild der wichtigsten Elemente von Zürichs Sakral- und Herrschaftstopografie um die Mitte des 18. Jahrhunderts vermitteln.

BEDROHTE MONUMENTE ODER DIE ANFÄNGE DER KUNSTDENKMÄLER-INVENTARISATION

1763, nachdem der Blitz den Glockenturm des Grossmünsters getroffen hatte, entstand eine breite Diskussion darüber, ob diese Kirche, bei der man bereits 1646 teils aus ökonomischen Gründen, teils weil man befürchtete, sie würde «Zierd und Ansächen» verlieren, auf den Abbruch der Gewölbe und deren Ersatz durch eine stuckierte Decke verzichtet hatte, nicht vollständig abzubrechen sei. Leider sind die Argumente der Befürworter nicht vollständig bekannt. Im Wesentlichen führte man Bedenken gegenüber der Bausubstanz ins Feld, die sich aber offenbar ausräumen liessen. Welche Rolle der Umstand spielte, dass man in Solothurn im Vorjahr die alte St.-Ursen-Kathedrale abgerissen und durch den Neubau von GAETANO MATTEO PISONI ersetzt hatte, liess sich hier nicht klären. Eindeutiger waren die von JOHANN JAKOB BREITINGER (1701–1776), einem Gegner des Abbruchs, vorgebrachten Argumente: In einer Streitschrift, mit der er sich vehement und letztlich erfolgreich für die Erhaltung des Gebäudes einsetzte, bezeichnete er das Grossmünster als «prächtiges Monumentum Antiquitatis Ecclesiae et Urbis Turicensis» und als einzig übrig gebliebenes «Monument des Althertums und der Größe in der Baukunst, welches in alten Topographien und Reisebeschreibungen unter die vornehmsten Merkwürdigkeiten der Stadt gerechnet wird». Nach BREITINGER hatten seit dem in seinen Augen misslungenen Umbau der Predigerkirche von 1611–1614 und dem unbefriedigenden Neubau der Kirche von St. Peter von 1705/06 nur das Fraumünster – trotz der Beeinträchtigung durch die Erhöhung seines Nordturms und Kappung des Südturms 1728–1732 – und vor allem das Grossmünster «etwas Grosses von der alten Baukunst» bewahrt. Auch die Lage des Grossmünsters «präzis auf dem äußersten Rand einer abhangenden Gähe oder Präcipice» entsprach in seinen Augen ganz dem Prinzip einer «Dom- oder Münsterkirche», bei der alles auf Grösse und Erhabenheit zielte. Gleichzeitig schloss BREITINGER mit dieser Definition die naturgegebene Umgebung der Kirche ein und stellte Letztere fast schon als ein in eine Naturidylle gesetztes Denkmal dar.

Der Einmarsch der Franzosen und die Belagerung der Stadt ab Januar 1798 konfrontierte Zürich mit einer anderen Dimension der Bedrohung als die Blitzschläge in das Grossmünster, die noch im 18. Jahrhundert als Dialog zwischen Gott und der Stadt verstanden wurden. Seit der Anordnung, alle Symbole des Despotismus zu entfernen, war die Sorge um die Gebäude durchaus berechtigt, fand aber kaum eine Stimme. 1798 erging vom Minister für Wissenschaft und Künste die Anweisung, öffentliche Denkmäler vor Zerstörung zu schützen, und im April 1799 wurde beschlossen, dass Kunstwerke in öffentlichen Gebäuden nicht zerstört werden dürften; da ausdrücklich «Gemälde, Zeichnungen, Kupferstiche, kostbare architektonische Modelle [...] sowie überhaupt alle tragbaren Kunstwerke» entfernt werden sollten, blieben die Gebäude selbst offenbar gefährdet. Dem pfleglichen Umgang mit historischer Bausubstanz war sicher auch keine Priorität zugekommen, als im April 1798 zuerst im Zuchthaus im ehemaligen Oetenbachkloster, im März 1799 in der dortigen Waisenhauskirche und im Juni desselben Jahres in der Predigerkirche Lazarette eingerichtet wurden.

In den Jahren bis 1830 folgte der Umgang mit alten Gebäuden keinem klaren Programm; ökonomische, politische, zunehmend auch hygienische Diskussionen besetzten das Feld. In erster Linie stand der Abbruch der mittelalterlichen und der barocken Befestigungsanlagen zur Debatte, deren militärische Bedeutung obsolet geworden war und die nur noch den Verkehrsfluss behinderten.

Noch weitgehend unter dem Eindruck der «Franzosenzeit» entstand JOHANN HEINRICH ERNIS «für Stadt= und Landbürger möglichst brauchbares Hand= und Hausbuch», das 1820 unter dem Titel «Memorabilia Tigurina. Neue Chronik oder fortgesetzte Merkwürdigkeiten der Stadt und Landschaft Zürich» in der Nachfolge der älteren «Memorabilia» erschien. Unter «Kirchen=Gebäude» listet ERNI die Neueinweihungen der während der Franzosenzeit als Magazine und Lazarette genutzten Kirchen auf, unter «Kriegsgeschichten und politische Veränderungen» die Belagerung durch die Franzosen seit Januar 1798; in diesem Abschnitt finden sich Vermerke zu Schäden, die Gebäude im Verlauf der kriegerischen Handlungen erlitten. Unter «Bauten, öffentliche» verfolgt der Autor die Abbrucharbeiten an der mittelalterlichen Befestigung von 1806 bis 1817. Unter «Fraumünster» und «Groß=Münster» bietet er eine Geschichte der beiden Stifte bis zur Reformation, im Falle des Grossmünsters darüber

9
Die «Denkmäler» aus der Feder von Georg Christoph Friedrich Oberkogler auf dem Titelkupfer der 1820 erschienenen «Memorabilia» von Johann Heinrich Erni.

hinaus. Bemerkenswert an ERNIS Handbuch ist der Titelkupfer von GEORG CHRISTOPH FRIEDRICH OBERKOGLER (1774–1850). Er zeigt «vier sehr genaue und richtige Abbildungen von alten Denkmälern, und ebenso viele von alten Siegeln». Dargestellt werden die Sitzfigur Karls des Grossen am Südturm des Grossmünsters, ihm gegenüber Hildegard «wie solche […] an der Decke der dortigen Kirche befindlich» und zwei prominente Pfeilerreliefs, ebenfalls aus dem Grossmünster. Beim einen handelt es sich um das Kapitell, das den Moment zeigt, in dem Karl der Grosse die Gräber der Märtyrer auffindet, beim anderen um das so genannte Guido-Kapitell, dessen Bedeutung bis heute ein Rätsel blieb.

Etwas später, aber vor dem gleichen Hintergrund wie JOHANN HEINRICH ERNI, beschloss SALOMON VÖGELIN 1828, seine private Erinnerungsarbeit zu veröffentlichen: «Es dünkte mich auch für solche Forschungen und ihre Mittheilung wirklich hohe Zeit, wofern man anders noch einen klaren Begriff von der Vorzeit soll gewinnen können, da unsere Zeit höchst geschäftig ist, überall Altes zu zerstören und Neues zu schaffen, und daher namenlich auch der alten Thürme, Mauern und burgähnlichen Gebäude des Turikum der Vorzeit und mit ihnen der anschaulichen Erinnerungen an Zürichs ins graue Alterthum hinauf reichenden Ursprung immer weniger werden.» VÖGELIN hatte gleichzeitig den Anspruch, das Interesse für Kunstgeschichte, das sich in Deutschland regte, auch hier zu wecken, und sah sich damit in der Nachfolge von JOHANN JAKOB BREITINGER. In der Einleitung zum 1829 publizierten «Alten Zürich» regte er an, einen «Verein zur Erforschung vaterländischer Alterthümer im weitesten Sinne des Wortes, so wie zur Erhaltung aller seiner Denkmäler, der beweglichen und unbeweglichen, der Schrift- und Kunstwerke» zu gründen. Dieses Projekt sollte unter den Bedingungen des jungen liberalen Staats realisiert werden: 1832, gleichzeitig mit der Gründung der Universität, entstand die Antiquarische Gesellschaft.

VÖGELIN legte seinen Text in einer Zeit grosser Veränderungen an. Aus der Übergangszeit um 1504, als «gerade das sogenannte Mittelalter sich schliesst und mit der Reformation die neuere Zeit beginnt», lag ihm zudem besonders schönes Quellenmaterial vor; neben den Schriftquellen zum Zürcher Freischiessen von 1504 und GEROLD EDLIBACHS Chronik war dies die kurz zuvor wieder entdeckte Stadtansicht von HANS LEU d. J. (Abb. 6). Deshalb konzentrierte sich VÖGELIN ganz auf diesen Moment, blendete die nachreformatorischen Veränderungen aus und verfasste seine als Stadtführung für einen Zuger Geistlichen angelegte «Wanderung durch Zürich im Jahr 1504» sogar in einer Sprache mit Anklängen an jene Epoche. Der an der Schwelle zu den 1830er Jahren entstandene Text mit den Illustrationen von JULIUS ARTER und FRANZ HEGI hat eine ähnliche Funktion wie ein Schatz- und Güterverzeichnis aus der Reformationszeit, welches den vom Untergang bedrohten Bestand nochmals festhält.

VÖGELINS Befürchtungen, dass alte Türme und Mauern verschwinden würden, sollte sich in den folgenden Jahrzehnten bewahrheiten. In verschiedene Phasen fielen grosse Teile des mittelalterlichen Zürich, und wiederum wurden Bauten vor oder während ihres Abbruchs in Wort und Bild festgehalten. Zwischen 1833 und 1859 fand der Abbruch der Schanzen und verschiedener mittelalterlicher Stadttore statt: Ihnen widmete VÖGELIN 1840 seine Beschreibung «Zürich's ehemalige Stadttore»; 1840–1845 entstanden FRANZ HEGIS Kupferstiche

*10
Der Zuger Geistliche aus Salomon Vögelins «Wanderung durch Zürich im Jahr 1504» wird von seinen beiden Zürcher Stadtführern Jakob Werdmüller und Diethelm Röist in die Wasserkirche geführt (Johannes Arter, Bilder aus dem Alten Zürich 1874, Tafel 30).*

der Tore und Porten der Stadt. 1836 drohte der Abbruch des Kreuzgangs im Grossmünster, worauf FRANZ HEGI von der Antiquarischen Gesellschaft den Auftrag erhielt, ihn in einer Reihe von Aufnahmen zu dokumentieren; 1841 erschienen sechzehn Aquatintablätter im ersten Band der «Mitteilungen der Antiquarischen Gesellschaft in Zürich». Dort publizierte SALOMON VÖGELIN auch die Geschichte des Grossmünsters und einen präzis beschreibenden Text zum Kreuzgang. 1842–1848 veröffentlichte er in den Neujahrsblättern der Stadtbibliothek eine grundlegende Geschichte der Wasserkirche und der Stadtbibliothek, zu der ebenfalls HEGI die Illustrationen beisteuerte. 1850–1853 entstand anstelle der alten Chorherrengebäude der Neubau der Töchterschule von GUSTAV WEGMANN, und vor diesem Hintergrund publizierte VÖGELINS Sohn ANTON SALOMON VÖGELIN, der sich für den Erhalt des dortigen Kreuzgangs mit dem Hinweis auf dessen «kunstgeschichtliches Interesse» eingesetzt hatte, 1853/54 eine Geschichte des ehemaligen Chorherrengebäudes. 1865 folgte die Geschichte des Grossmünsters aus der Feder des damaligen Staatsarchivars HEINRICH HOTZ. Als in den 1870er Jahren Pläne für den Abbruch der Wasserkirche vorlagen, publizierte SALOMON VÖGELINS Enkel FRIEDRICH SALOMON 1872/73 die Geschichte der Kunstkammer. 1874 legte JULIUS ARTER seine «Bilder aus dem Alten Zürich» vor, ihrerseits begleitet von Texten ANTON SALOMON VÖGELINS. 1877 begann der Abbruch des ehemaligen Predigerklosters und der Spitalbauten. Im Jahr darauf erschien die neue, leicht überarbeitete Auflage von SALOMON VÖGELINS «Altem Zürich», ergänzt um einen grossen Kommentarteil. Dieser war nun nicht mehr das Werk eines Einzelnen, sondern verstand sich als «gemeinsame Arbeit der Zürcherischen Geschichts-, Kunst- und Althertumsfreunde», wobei neben Friedrich Salomon Vögelin vor allem Arnold Nüscheler wesentliche Beiträge verfasste. In der Neuauflage von 1883 wurden die ab 1879 entstandenen fotografischen Studien von Jean Gut zwar nicht abgebildet, jedoch in den Kommentar einbezogen. 1898 begann der Abbruch der Konventgebäude beim Fraumünster, und gleichzeitig entstanden die Aufnahmen und Texte von Johann Rudolf Rahn und Heinrich Zeller-Werdmüller zur Geschichte der Abtei.

Im 20. Jahrhundert erhielt die Predigerkirche die Funktion als Ort der «Memoria» wieder: An der Stelle der ehemaligen Konventgebäude steht hier seit 1917 die Zentralbibliothek, die unter anderem die Bestände der Bibliothek des Grossmünsterstifts und der ehemaligen Bürgerbibliothek auf der Wasserkirche birgt. Im Predigerchor – bis 1982 Sitz des Staatsarchivs und damit Hort des staatlichen Gedächtnisses – befindet sich heute die Musikabteilung der Zentralbibliothek.

1939 und 1949 – dazwischen lag der Zweite Weltkrieg, und die Projekte eines radikalen Umbaus der Zürcher Altstadt waren noch nicht vom Tisch – legte Konrad Escher die beiden Zürcher Bände des schweizerischen Kunstdenkmälerinventars vor: Ort für eine zukünftige Erinnerung in Schrift, Grundriss und Bild. In ihre Nachfolge treten die Bände der Neuen Ausgabe: derjenige über Limmatraum, mittelalterliche Stadtbefestigung und Stadt vor den Mauern, die beiden Bände zum Baubestand der linksufrigen Altstadt und schliesslich, zusammen mit seinem gleichzeitig erscheinenden Pendant über die Profanbauten rechts der Limmat, der vorliegende Band. Er bietet neue Blicke auf die alten Orte der Erinnerung, zum Beispiel auf die Predigerkirche, auf das Areal des Predigerklosters und auf die Synagoge. Hier wurde – zeitgleich mit der Aufarbeitung der Rolle, die die Schweiz gegenüber den Opfern des Holocausts spielte – 1999 am Haus Froschaugasse 2 eine Tafel in Erinnerung an das im Mittelalter untergegangene jüdische Zürich angebracht und eine schmale Gasse neu «Synagogengasse» benannt.

Christine Barraud Wiener

11
Grossmünster. Gesamtansicht von Westen. Foto nach der Restaurierung von 1989/90.

DAS GROSSMÜNSTER VOR DER REFORMATION

Um 1000	Erster Bau, nicht datiert, karolingisch.
1100–1220/1230	Romanischer Bau und Zwölfbotenkapelle.
1150	Erstmals sind Glocken (und damit der Nordturm) erwähnt.
Letztes Viertel 12. Jh.	Bau des Kreuzgangs.
Spätes 12. Jh.	Nordflügel des Chorherrengebäudes.
12./13. Jh.	Ostflügel des Chorherrengebäudes.
1260	Ersterwähnung von Marien- und Michaelskapelle, die aber älter sind.
1413	Stiftung der St. Jakobskapelle im Kreuzgang.
1487–1491	Ausbau der Türme.
1522–1524	Reformation und Bildersturm.

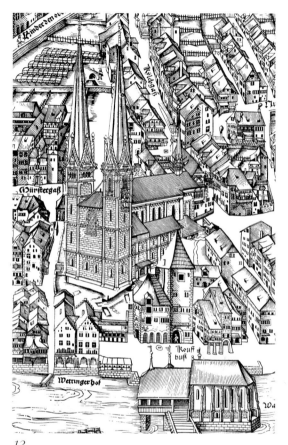

12
Grossmünster. Kirche und Stiftsgebäude von Westen. Ausschnitt aus BD 1576 Murer.

DIE KIRCHE

LAGE UND UMFANG DES STIFTS

Das Grossmünster liegt auf einem Geländesporn etwa 15 m über der Limmat gegenüber dem Fraumünster am jenseitigen Ufer. Die Passio aus dem 8. Jahrhundert gibt die Distanz zur Wasserkirche beziehungsweise den Weg, den die hll. Felix und Regula als Kephalophoren von der Stätte ihrer Hinrichtung bis auf die Höhe über dem Limmatufer zurücklegten, mit 40 Ellen («dextri») an. Über ihren Gräbern soll das Grossmünster errichtet worden sein. 1765 beschrieb JOHANN JAKOB BREITINGER (1701–1776) als besondere Qualität der Kirche ihre Lage auf einer «gähen precipize» (Abb. 12). Seit dem Bau der Münsterhäuser und der Budenzeile von ALOIS NEGRELLI (1799–1858) ist dieser Steilhang endgültig gezähmt (Abb. 11).

Kirche, Stiftsgebäude und Friedhof bildeten das Zentrum einer grossen Anlage, einer eigentlichen «Chorherrenstadt», zu der auch die Wasserkirche, eine Anlegestelle an der Limmat, die Stiftsbäckerei am heutigen Limmatquai, die Leutpriesterei und weitere Chorherrenhöfe sowie Kaplaneihäuser in der unmittelbaren Umgebung, namentlich an der Kirchgasse, gehörten (Abb. 13).

Der «Felix-und-Regula-Platz»

Am Fuss des Grossmünsters dehnte sich zwischen Wasserkirche, Hottingerturm, Kirchhofmauer, dem Hof des Klosters Wettingen und dem Limmatufer ein Platz aus, den wichtige Funktionen als einen der alten Hauptplätze des rechtsufrigen Zürich auszeichneten. Die Wasserkirche, seit dem späten 13. Jahrhundert als Hinrichtungsstätte der hll. Felix und Regula bezeichnet, und der Weg dieses adeligen Geschwisterpaars als Kephalophoren zu ihrer

13
Grossmünster. Kirche, Stiftsgebäude und Chorherrenhöfe auf dem aktuellen Stadtplan, 1:2000. Zeichnung Urs Jäggin. – 1 Kirche mit Chorherrenstift. – 2 Friedhof. – 3 Salzhaustreppe. – 4 Wasserkirche. – 5 Anlegeplatz des Grossmünsters. – 6 Obere Brücke. – 7 Wettingerhäuser. – 8 Haus zum Loch. – 9 Chorherrenhof zur Weinleiter. – 10 Chorherrenhof zur Blauen Fahne. – 11 Pfarrhaus Grossmünster. – 12 Helferei. – 13 Ehemalige Stiftsverwaltung. – 14 Pfrundhaus Sankt Michael. – 15 Haus des Kantors Conrad von Mure. – 16 Ehemaliges Leutpriesterhaus. – 17 Ehemalige Stiftsbäckerei. – 18 Hottingerturm.

zukünftigen Grabstelle auf dem Grossmünsterhügel verliehen ihm höchsten sakralen Sinngehalt. Mit der Schenkung der Wasserkirche ans Grossmünster durch die Kyburger 1256 kamen die Stätte des Martyriums und diejenige der Gräber in eine Hand. Das Patrozinium Felix und Regula fand sich rings um den Platz: im Grossmünster, in der Wasserkirche und in der Kapelle des wettingischen Klosterhofs. Durch das von 1250 bis 1414 vor der Wasserkirche nachweisbare Gericht und durch den höchst wahrscheinlichen Umstand, dass der Propst bei Herrscherbesuchen den vom Fraumünster über die

Obere Brücke herkommenden König oder dessen Stellvertreter hier erwartete,[1] um sie dann auf den Spuren der Stadtheiligen zum Grossmünster hinaufzubegleiten, erhielt der Platz politische Bedeutung. Schliesslich hatte er wegen der Anlegeplätze und der Landstrasse an der Limmat eine zentrale ökonomische Funktion.

Zunächst beanspruchte das Grossmünster diesen Platz, ganz ausdrücklich beispielsweise 1274, kurz vor dem Neubau der Wasserkirche im Jahr 1279. Seit dem 13. Jahrhundert ist immer mehr auch ein Anspruch der Stadt auszumachen. So richtete diese 1412 im ehemaligen Hottingerturm ihr erstes zentrales Kaufhaus ein und trat beim spätgotischen Neubau der Wasserkirche 1486 «federführend» in Erscheinung.[2]

GRÜNDUNG

Zur frühen Geschichte des Grossmünsterstifts und seiner Kirche liegen, anders als beim Fraumünster, keine Originalquellen mehr vor. Das älteste bekannte Dokument ist der so genannte erste oder grosse Grossmünster-Rotulus, eine Pergamentrolle aus dem ehemaligen Stiftsarchiv.[3] Die Quelle, welche die frühe Geschichte und die ältesten Ansprüche des Grossmünsters dokumentiert, ist als nicht kontinuierlich beschriebenes Gefäss für zeitgleiche oder zeitnahe Einträge, aber teilweise auch als nachzeitiges Kopialbuch für inzwischen verlorene Urkunden schwergewichtig im 2. und 3. Drittel des 10. Jahrhunderts entstanden und gilt seit der sorgfältigen Analyse von HANNES STEINER als solider Schriftzeuge.[4] Er enthält in nicht chronologischer Reihenfolge undatierte, widersprüchlich datierte oder ungenügend datierte Teile, von denen einige der jüngeren auch anstelle älterer, offenbar unwichtigerer, eingetragen worden sind. Die Logik, nach welcher der 1,74 m lange Rotulus beschrieben wurde, ist eine Mischung aus dem Versuch, Themen zu ordnen, eine Chronologie zu zeigen und Platz zu nutzen.[5] Die Quelle, die auch wichtige Informationen zu Wirtschaft und Gesellschaft des 9. und 10. Jahrhunderts enthält, geriet in den 1940er und 1950er Jahren als nachträgliche Kompilation von Ansprüchen der Grossmünster-Chorherren gegenüber dem Fraumünster aus der Zeit um 1000 in Misskredit.[6] Die heutige Sichtweise auf den Rotulus dürfte vorerst auch der früheren Vorstellung eines Abhängigkeitsverhältnisses des Grossmünsters vom

Zwei Legendenkreise zur Gründung des Grossmünsters[7]

Zu Vorgeschichte und Gründung des Grossmünsters existieren zwei Legendenkreise, die beide an die Existenz eines alemannischen Gräberfelds anknüpfen. Der eine ist die Legende vom Weg des enthaupteten Geschwisterpaars Felix und Regula als Kephalophoren vom Ort ihrer Hinrichtung bis zu ihrem zukünftigen Grab, an dessen Stelle die Kirche zu stehen kam. Die Legende und der Kult der beiden Heiligen sind im ausgehenden 8. Jahrhundert zu fassen.[8] Der schlichte Text schöpft aus der Vulgata, einer (west)fränkisch geprägten Liturgie und aus Märtyrerakten und hängt vermutlich auch mit Kephalophorenlegenden aus dem fränkischen Raum zusammen.[9] Die durch HEINRICH BRENNWALD in den Jahren vor der Reformation in seine Schweizerchronik aufgenommene Version der Legende ist um die Figur des Exuperantius («ir knecht Exuperancius») ergänzt und mit zahlreichen Details angereichert, die von den baulichen Gegebenheiten und den Rechtspraktiken der Stadt um 1500 ausgehen.[10]

Der zweite Legendenkreis beinhaltet die so genannte Hirschlegende, wonach Karl dem Grossen während einer Jagd die Gräber der Heiligen gezeigt worden waren. Nach der jüngeren Erzählung von HEINRICH BRENNWALD soll ihn ein prächtiger Hirsch von Köln bis Zürich gelockt haben und dort bei den Gräbern der Heiligen in die Knie gesunken sein – und mit ihm des Königs Hundemeute. Karl liess darauf die Gebeine der Heiligen bergen und diejenigen von Felix und Regula zuerst ins Fraumünster bringen und nach dem Bau des Grossmünsters wieder dorthin zurückführen. Die Gebeine von Exuperantius brachte er selber nach Aachen. In Zürich – so BRENNWALD – soll er sie später durch diejenigen des hl. Placidus ersetzt haben.[11] Die Legende über die Stiftung und den Bau der Kirche durch Karl, der persönlich den Grundstein gelegt haben soll, entwickelte sich, angeregt durch seine Nennung im ersten Rotulus, im Umfeld seiner Heiligsprechung 1165.[12] Die Statutenbücher des Grossmünsters von 1346 nahmen unter dem Titel «De quibusdam gestis Karoli magni imperatoribus» OTTO VON FREISINGS Erzählung über diesen Aufenthalt Karls in Zürich auf.[13]

An diese Legende, namentlich an Karls Aufenthalt während der Bauarbeiten im Haus zum Loch (Römergasse 13 / Zwingliplatz 1), das er für sich selber habe errichten lassen, schliesst die Legende von der Schlange an. Diese hatte dem Kaiser zum Dank für das gerechte Urteil, das er für ein ihr zugefügtes Unrecht gefällt hatte, einen Edelstein geschenkt, worauf Karl auf der Hinrichtungsstätte der Stadtheiligen den Bau der Wasserkirche veranlasste.[14]

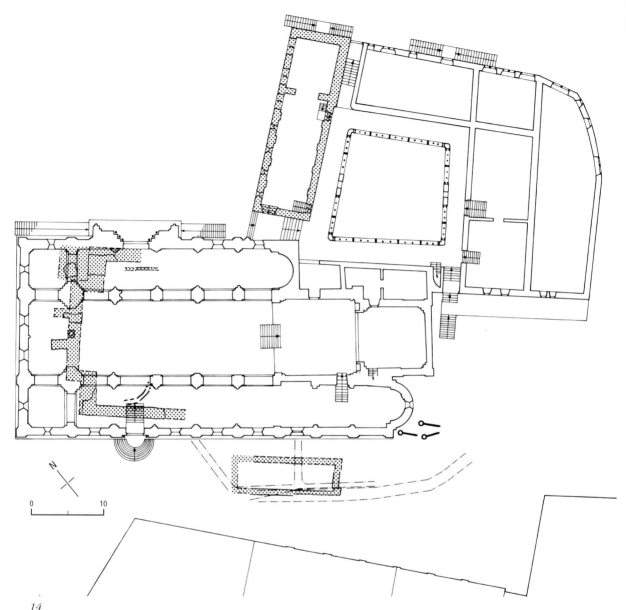

14
Grossmünster. Grundriss Kirche und Stiftsgebäude vor Abbruch des Letzteren, 1:500. – Gerastert: Bauteile, die älter sind als das romanische Münster (nach Gutscher 1983).

Fraumünster, insbesondere derjenigen von einem ursprünglichen Doppelkloster,[15] die Grundlage entzogen haben.

Die Anfänge, auf welche der Rotulus zurückblickt, liegen vor Ludwig dem Deutschen und Karl III., wobei Karl der Grosse bereits kultisch erhöht erscheint, was zumindest die Darstellung seines Namens an einer Stelle nahe legt.[16]

Ganz am Anfang zitiert der Rotulus den für das Grossmünster zentralen Teil der Legende von Felix und Regula, ihren Gang als Kephalophoren von der Hinrichtungsstätte zur zukünftigen Grabstelle.[17] Er erwähnt mehrfach eine Klerikergemeinschaft («congregatio canonicorum», «fratres»), die hier in klösterlicher Art («disciplina regularis») zusammenlebte, um den Kult der beiden Heiligen zu pflegen, und er betont das Alter der zugehörigen Kirche, die er als «matri ecclesiæ» bezeichnet.[18] Weder das genaue Alter der Kirche noch ihre Funktion – zum Beispiel als alte Pfarrkirche rechts der Limmat – liessen sich bis heute feststellen.[19] Bei der auf die Gründung und die alten Ansprüche folgenden Aufzählung von Schenkungen, die immer religiös motiviert sind und so direkt an die Gründungsnarratio anschliessen (924/931 bzw. 976 datiert), wird in dieser Kirche ein Felix und Regula geweihter Altar genannt, auf dem sich Reliquien der Heiligen befanden.[20]

Als Stifter der Kirche wird das Grossmünster vom 12. Jahrhundert an mit aller Deutlichkeit Karl den Grossen beanspruchen.[21] Karls des Grossen realer Beitrag an die Ausgestaltung des Grabheiligtums beziehungsweise des Grossmünsters, das immerhin an einem bedeutenden Verbindungsweg nach Italien lag, bleibt aber ungeklärt. Eine persönliche Anwesenheit des Kaisers ist nicht bekannt, doch unbestrittenermassen hat er die sakrale und politische Bedeutung Zürichs während seiner Herrschaft gefördert.

Aufenthalte seiner Nachfolger in der hiesigen Pfalz lassen sich im 10. und vor allem im 11. Jahrhundert zwischen 1025 und 1061 nachweisen.[22] Im 10. Jahrhundert nahmen die Herzöge von Schwaben in Zürich eine königsgleiche Position ein.[23] Sie erscheinen in ihrer Beziehung zum Grossmünster im Rotulus dreimal als «senior noster», also mit dem gleichen Ehrentitel, der zu dieser Zeit auch Felix und Regula zukam.[24]

GRUNDHERRSCHAFT UND GERICHTSBARKEIT

Das Grossmünster war schon im 9./10. Jahrhundert in der Gegend von Zürich reich begütert. Der Rotulus, der den Besitz und die Ansprüche der Propstei beschreibt, geht vielleicht auf den Wunsch der Chorherren zurück, sich so gegenüber dem Fraumünster abzusichern.[25] Die Statutenbücher des Grossmünsters von 1346 führen Güter und Ansprüche unmittelbar im Anschluss und im Zusammenhang mit der Stiftung des Grossmünsters durch Karl den Grossen auf.[26]

Das Grossmünster besass Höfe in Albisrieden, Fluntern, Höngg, Meilen, Schwamendingen, Wallisellen, Rüschlikon und Rüfers (abgegangen). Während Albisrieden und Schwamendingen als geschlossene Güter ans Grossmünster kamen und in Höngg und Fluntern der Grossmünsterbesitz dominierte, spielten in Meilen das Fraumünster und das Kloster Einsiedeln als Grundherren eine grosse Rolle.[27] Vereinzelte Güter, teilweise aufgrund der Pfarreizugehörigkeit, besass das Stift unter anderem in Stadelhofen, Wipkingen, Fällanden und Maur.[28] Klösterliche Eigenwirtschaft ist nirgends nachzuweisen. In und bei den Stiftsgebäuden lagen die Amtsräume des vom Kapitel gewählten (weltlichen) Kellners, des eigentlichen Verwalters. Hier wurden die Einkünfte für den Bedarf der Stiftsangehörigen verwaltet beziehungsweise untergebracht. Das 1256 erstmals erwähnte Amt des Kellners[29] bedingte das Halten eines Pferdes, weil dieses den Propst oder dessen Stellvertreter jeweils bei den Mai- und Herbstgerichten begleitete; auch sonst war der Kellner dem Propst eng zugeordnet. Die Lage des 1256 als «granarium capituli» bezeichneten stiftseigenen Kornhauses[30] ist nicht bekannt, während der Schenkhof mit seinen Trotten, wo der dem Stift zukommende Wein gekeltert wurde, sich im Ostflügel befand.[31] Dort lagen auch die Amtsräume des Kammerers, eines weltlichen Beamten, der das Einziehen und Verteilen des Getreides besorgte.[32] In der Nähe des Grossmünsters (Laternengasse 4 / Limmatquai 22) stand die Bäckerei, ein vom Stift gebauter und privilegierter Betrieb, in dem der vom Kapitel gewählte Bäcker ausschliesslich für den Bedarf des Stifts und dessen Angestellter nach genau festgehaltenen Vorschriften wirkten.[33] Die 1253 erwähnte, dem Grossmünster gehörende Mühle am unteren Mühlesteg war dem Spital weiterverliehen; hier musste der Müller mit dem besseren Mühlerad («meliori rota») das Getreide für die Chorherren mahlen, mit dem anderen dasjenige für das Spital.[34]

Die grundherrschaftlichen Bindungen des Grossmünsters hatten ihren Reflex in der Totenliturgie: Die Rebleute des Stifts von St. Leonhard und von Fluntern waren sowohl bei den Begräbnissen der Chorherren als auch bei den nachfolgenden Gedächtnistagen zugegen.[35]

Die Einkünfte, die sich aus dem ständig anwachsenden Pfrundbesitz des Grossmünsters ergaben, betrugen um 1275 hochgerechnet mindestens 9000 Mark, was dem Wert von 300 bis 500 Bauernhöfen entsprach.[36]

In Fluntern, Albisrieden, Meilen, Rüschlikon und Rüfers hatte das Grossmünster wohl seit der Auflösung der Reichsvogtei 1218 – laut stiftseigener Tradition des 13. Jahrhunderts aufgrund der Stiftung durch

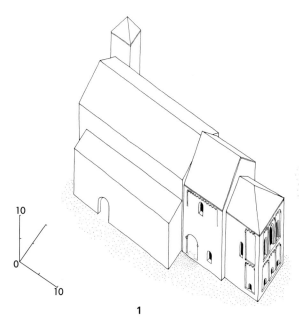
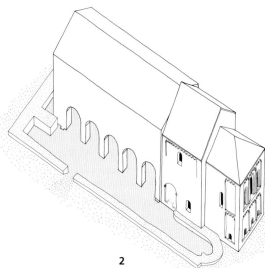

1 **2**

Karl den Grossen – die hohe Gerichtsbarkeit inne, in den meisten seiner Gutshöfe die niedere.[37]

In Fluntern, auf der ursprünglich zum Kehlhof gehörenden «Witingers Hofstatt», der so genannten Weibelhube[38] (an der Kreuzung der heutigen Zürichbergstrasse mit der Freiestrasse), wurde im Mai und im Herbst zu grundherrlichen Fragen für die dem Stift zustehenden Gemeinden Gericht gehalten.[39] Dort hingen «bart und slegel» (Instrumente zum Abschlagen der Hände bzw. zum Enthaupten),[40] und der Inhaber der Hofstatt verrichtete die Henkersdienste. Auf der Hube stand auch eine grundherrliche Taverne.[41] Die Richtstätte befand sich «im Loch»[42] unterhalb des Susenbergs (Freudenbergstrasse 92/94). 1525 wurde der Galgen umgehauen, der Flurname «Galgenrain» existierte aber noch bis Anfang des 20. Jahrhunderts. Leichtere Vergehen wurden mit dem Pranger bestraft (1474 erwähnt), der an der heutigen Künstlergasse (PD 1788–1793 MÜLLER: «Halsysengasse») stand.[43] Auch er wurde 1525 entfernt und, nachdem das Stift der Stadt Ende des Jahres 1526 die entsprechenden Rechte endgültig abgetreten hatte, beim Rathaus aufgestellt.[44]

15
Grossmünster. Romanischer Bau, Bauphasen, Isometrien 1:800. Rekonstruktionsversuche (nach Gutscher 1983). – Text S. 44–60.

1 *Nach Abschluss der ersten Bauetappe, Schlussweihe 1117.*
2 *Zweite Bauetappe, um 1125.*
3 *Dritte Bauetappe, um 1135.*
4 *Nach Abschluss der vierten Bauetappe, um 1150.*
5 *Fünfte Bauetappe, um 1150–1200.*
6 *Der vollendete Bau, um 1220/1230.*

DER VORROMANISCHE BAU

Die Achse der heutigen romanischen Kirche weicht deutlich von der West-Ost-Orientierung ab; noch um 4–6 Grad stärker war dies beim einzigen fassbaren Vorgängerbau. In erster Linie dürfte dies durch die Topografie begründet sein. Eher unwahrscheinlich scheint uns eine bewusste Ausrichtung der Westfassade zum Kastell auf dem Lindenhof.[45]

Anlässlich der Restaurierung in den 1930er Jahren konnten unter Leitung von Kantonsbaumeister HANS WIESMANN im westlichen Langhausbereich

ROMANISCHE KIRCHE, BAUPHASEN 41

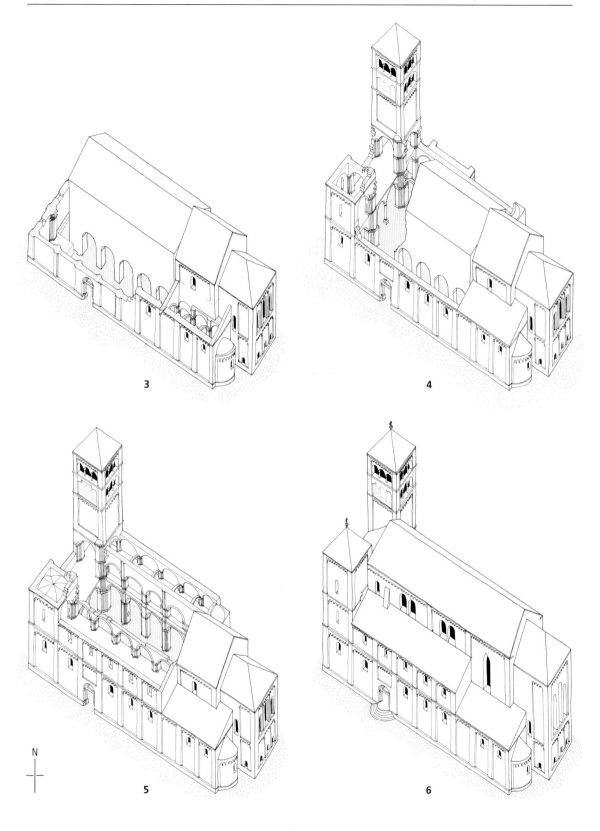

3

4

5

6

16–17
Grossmünster. Chorherrensiegel: Siegel des Kantors (1293). – Siegel des Scholasticus Rüdger Manesse (1298 und 1299) – Text S. 127.

und in der Zwölfbotenkapelle Mauerzüge beobachtet werden, die älter als der romanische Bau sind (Abb. 14).[46] Die spärlichen Befunde lassen an der Stelle des heutigen Baus einen oder mehrere Vorgängerbauten vermuten. Endgültige Schlüsse über deren Ausmass und Form sind daraus aber nicht abzuleiten. Freigelegt wurde – unter der Voraussetzung, dass die entsprechenden Mauerzüge zum selben Grundriss gehören – der Westbereich einer Umfassungsmauer. WIESMANN und nach ihm GUTSCHER deuteten sie als Umfassung einer dreischiffigen Basilika, deren Mittelschiff nach Westen über die Seitenschiffe vorkragte. Als weitere Beispiele mit dieser Grundrissdisposition führt GUTSCHER in unserem Gebiet die ebenfalls querschifflosen Basiliken von St. Blasien, Zurzach, Moutier sowie Schänis mit Querhaus an; auf dieser Grundlage würde der Bau «kaum vor das 11. Jahrhundert» zurückreichen.[47]

Deutet man den Mauerblock westlich des nördlichen Mauerwinkels als Turmfundierung, die auf der Südseite ein Pendant besass, wiese die Westpartie im Grundriss Ähnlichkeit mit dem unter Bischof Haito (805–823) errichteten karolingischen Basler Münsterbau auf. Die bisherigen Grabungsbefunde reichen für eine Aussage über den Grundriss jedoch nicht aus; jeder Rekonstruktionsversuch muss hypothetisch bleiben.[48] Für die zeitliche Stellung des Baus gibt es bislang keine zuverlässigen Hinweise. Reste von Wandmalereien auf einer grösseren Menge kleinteiliger Verputzfragmente, die vom Vorgängerbau, vielleicht von den Mittelschiffwänden, stammen, machen nach GUTSCHER auch eine Entstehung der Vorgängerkirche in karolingischer Zeit denkbar.[49] Solange die Malschichten jedoch keiner farbtechnologischen Untersuchung unterzogen werden, bleibt dies Spekulation. Das in den westlichen Fundamenten des romanischen Baus wiederverwendete Abbruchmaterial legt den Schluss nahe, dass der Vorgängerbau aus regelmässig und fein bearbeiteten Quadern bestand. Daraus leitete WIESMANN vorsichtig eine Datierung ins ausgehende 11. Jahrhundert ab.[50] SENNHAUSER vermutet eine Entstehung um 1000. Als Ostabschluss ist für ihn, in der Nachfolge des Konstanzer Lambert-Baus (ab 995), ein Langchor mit Seitenkapellen denkbar, mit dem Unterschied, dass die Seitenkapellen beim Grossmünster nicht über die Flucht der Seitenschiffe hinausgriffen.[51] Das heisst, der Vorgängerbau wäre zumindest in den Ostteilen dem romanischen Neubau ähnlich gewesen.

Während die ältere Forschung davon ausging, dass ein Brand 1077/78 den Neubau nötig gemacht hatte, wird dies heute wegen fehlender Brandspuren bezweifelt.[52] Die für das Jahr 1104 überlieferten Weihen eines Pankratiusaltars und eines Altars beim Grab der hll. Felix und Regula[53] beziehen sich wahrscheinlich auf die Standorte im Vorgängerbau. Möglicherweise hingen sie mit der Verschiebung der Altäre im Hinblick auf den Abbruch der Ostteile der vorromanischen Kirche zusammen.[54]

Die Kirche stand nicht allein. An der Südseite stiess man 1932 und 1977 auf lagig aus Bollen- und Lesesteinen gefügte Mauerreste, aus denen sich ein mindestens 11 m langes, korridorartiges Gebäude mit einer lichten Breite von 3,4 m erschliessen lässt, dessen Bedeutung unbekannt ist.[55] Es ist sicher jünger als der Friedhof und gehört nicht zum romanischen Münster, da es sich nach dem Achsensystem des Vorgängerbaus orientiert. Es muss also vor 1100 entstanden und vermutlich zusammen mit der vorromanischen Kirche abgebrochen worden sein.[56] Im Nordosten schloss das «claustrum» des Stifts an. Von diesem kennen wir baulich nur die in vorromanischer Zeit, vielleicht um 1000 entstandene doppelgeschossige Marien-/Michaelskapelle, die den westlichen Abschluss des Klosters gegen den Kirch- und Friedhof bildete.

VORAUSSETZUNGEN ZUM ROMANISCHEN BAU

Die wichtigsten Voraussetzungen zum Bau der romanischen Kirche liegen in der Differenzierung, Intensivierung und Erweiterung des Besitzes, des liturgischen Betriebs und in der Strukturierung des Chorherrenkapitels. Sie bündelten sich zu Anforderungen an einen Neubau beziehungsweise zu dessen Bedingungen.

Vom 9. bis 11. Jahrhundert mehrten sich, vor allem im Austausch mit Disentis, wo sich von 950 bis 1150 ebenfalls Gruppen neuer Patrozinien entwickelten,[57] Patrozinien und Reliquienbesitz – hier ist vor allem an Mauritius zu denken –, und es erfolgte eine Bereicherung der Liturgie (S. 83–87). Diese Vorgänge müssen nach neuen baulichen und räumlichen Strukturen verlangt haben. Gleichzeitig wurden in den Legenden sowie beim stiftsinternen Verzeichnen von Besitz und Ansprüchen der Status der Kirche und insbesondere die Bedeutung der für ihre Geschichte in Anspruch genommenen Figuren festgeschrieben. Dies gilt vor allem für die Rolle der Könige: So sehen sich etwa Heinrich V. und Lothar III. in zwei Privilegien von 1114 und 1130 in der Folge Karls des Grossen, wenn sie der Propstei «ob salutem animæ nostræ» Rechte, Gesetze und Privilegien bestätigen.[58]

Die Kanonisation Karls des Grossen, der Ausbau der Karlslegende und die Aufnahme des Kaisers in die Liturgie sicherten nicht nur diesem einen Platz in der Nachfolge der Märtyrer, sondern auch den auf ihn folgenden Herrschern und deren Stellvertretern. Sie erscheinen im Schrifttum zum Grossmünster als dessen «seniores». Diese Vorstellung dürfte sich in der baulichen Festigung der Verbindung zwischen dem Hinrichtungsort der Märtyrer auf der Wasserkirchen-Insel in der Limmat und dem Grabheiligtum im Grossmünster spiegeln: Den legendären Gang der Märtyrer von der Hinrichtungsstätte zu den zukünftigen Grabstellen werden die späteren Könige bei ihren Besuchen in Zürich nachvollziehen. Diesem Weg entsprach die ältere Bedeutung des Südportals als liturgisches Hauptportal oder eben «Königsportal». Die Kirche war Sakralbau und zugleich, unabhängig von der Anwesenheit eines Königs, Bühne für königliche Auftritte. Obwohl die Könige während des 10. und 11. Jahrhunderts Zürich praktisch fernblieben und die Herzoge von Schwaben ihre Rolle übernahmen, scheint hier wie anderswo zu gelten: je grösser die reale Distanz zum Königtum, desto intensiver dessen Inanspruchnahme.

Als materielle Voraussetzung für den Vollzug der Liturgie und den Bau des entsprechenden Raums ist schliesslich auch die vom 10. bis ins 12. Jahrhundert stattfindende Aufteilung des Stiftsguts in einzelne Chorherrenstellen zu nennen, denen seit dem 11. Jahrhundert Ämter entsprachen. Neben dem Amt des Leutpriesters waren die wichtigsten dasjenige des Kustos oder Thesaurars (Abb. 93), der für den Stiftsschatz verantwortlich war, weiter die Ämter des Kantors (Abb. 16) und des Scholasticus (Abb. 17), aber auch die von Laien bekleideten Ämter des Siegrists, der die materiellen Voraussetzungen für den Vollzug der Liturgie organisierte, des Kammerers und des Kellners.

18
Grossmünster. Ansicht von Südosten. Foto um 1910. – Text S. 44–46.

In Rudolf II. von Homberg († 1122) dürfte die Person zu sehen sein, die diese Ansprüche und Voraussetzungen in der romanischen Kirche baulich umsetzen liess. Der Angehörige des hochadeligen Geschlechts der (Alt-)Homberger ist 1097–1103 als Propst des Klosters St. Alban in Basel belegt, danach als Bischof von Basel. In Zürich dürfte er bereits gewirkt haben, bevor er als möglicherweise erster Propst 1114 erwähnt wird. Rudolf stand in einer engen Beziehung zum Reich, insbesondere erscheint er nach 1111 mehrfach in unmittelbarer Nähe zu Heinrich V.[59]

DER ROMANISCHE BAU

Die Grossmünsterkirche präsentiert sich heute mit Ausnahme der später in verschiedenen Etappen erneuerten Türme im spätromanischen Zustand. Trotz über hundertjähriger, von ungefähr 1100 bis in die 1220er Jahre dauernder Bauzeit und mehrerer Planwechsel präsentiert sie sich im Äusseren als einheitlicher Sandsteinquaderbau. Der Verzicht auf ein ausladendes Querschiff, die doppelgeschossigen Seitenschiffe, die in den Baukörper integrierte Doppelturmfront und die zweiteilige, mit gleicher Trauf- und Firsthöhe an das Langhaus schliessende Ostpartie mit geradem Abschluss verleihen dem Bau ein kompaktes und geschlossenes Aussehen. Die Ostpartie setzt sich aus dem quadratischen Chorjoch und dem etwas kleineren, gerade schliessenden Altarhaus zusammen, auf dem der spätgotische Dachreiter sitzt (Abb. 18, 19, 22). Ihre Südseite wird von der dreijochigen Zwölfbotenkapelle flankiert, ihre Nordseite ist vom massiven Baukubus des ehemaligen Grossmünster-Schulhauses verdeckt, das 1850/51 an der Stelle der mittelalterlichen Stiftsbauten errichtet wurde.

Die Aussengliederung der romanischen Bauteile bilden breite, von viertelrunden Eckdiensten begleitete Lisenen, an denen sich die innere Jocheinteilung ablesen lässt. Am Obergaden und an den Seitenschiffen ist die Vertikalgliederung durch Blendbogenfriese auf skulptierten Konsolen verbunden. Die paarweise zusammengerückten Rundbogenfenster im Obergaden lassen auf drei gewölbte Mittelschiffjoche schliessen, denen in den Seitenschiffen und Emporen je zwei quadratische Joche entsprechen (gebundenes System). Den Eindruck des Innern bestimmen die wuchtigen Pfeilerarkaden und die darauf ruhenden, etwas niedrigeren Arkadenreihen der Emporen.[60] Die Verlängerung der Westempore auf zwei Joche im 14. Jahrhundert erzeugte eine optische Verkürzung des Langhauses. Der tief liegende, noch mit einer älteren Bauhöhe rechnende Triumphbogen bewirkt eine starke Abschnürung des Chor- und Altarhauses.

ERSTE BAUETAPPE: KRYPTA, ALTARHAUS UND CHOR
(Abb. 15, Nr. 1)

Daten zum Bau

Wahrscheinlich um dem natürlichen Hügelverlauf besser zu folgen und damit den Aufwand an Aushub- und Fundierungsarbeiten zu vermindern, drehte man den Neubau gegenüber dem Vorgänger um 4–6 Grad nach Osten ab und setzte ihn günstiger ins Gelände.[61] Im Unterschied zu den späteren Bauetappen ist der Neubau der Krypta und der Choranlage durch Schriftquellen belegt. Der Bau-

19
Grossmünster. Aufriss Südfassade, 1:400. Aufnahme vor der Renovation von 1931/1941 (nach Gutscher 1983).

beginn lässt sich durch zwei Weihedaten um 1100 ansetzen: Am 18. August 1107 vollzog der Konstanzer Bischof Gebhard III. eine Weihe in der Krypta («in cripta»), die mit deren Fertigstellung in Zusammenhang gebracht wird.[62] Es muss sich um die Weihe des Mauritiusaltars, des einzigen nachgewiesenen Altars der Krypta, handeln, da für diesen auch der Liber Ordinarius (siehe S. 95) das Weihefest am 18. August bringt.[63] Knapp einen Monat später weihte derselbe Bischof am 13. September 1107 den Marienaltar im Chor («in choro»),[64] und am 9. Mai 1117 erfolgte die Weihe des Martinaltars im Chor durch Erzbischof Bruno von Trier (1102–1124).[65] Diese beiden Altäre waren in die Nischen der Wandpfeiler des Altarhausbogens eingelassen. Da die Weihe im Beisein eines Erzbischofs erfolgte, ist anzunehmen, dass damals Altarhaus und Chor vollendet waren. Der Hochaltar wird in diesem Zusammenhang nicht erwähnt, von ihm ist kein Weihedatum überliefert.

Äusseres

Die neue Choranlage bestand aus einer zweiteiligen Hallenkrypta, über der sich, in Höhe und Breite gestaffelt, das kastenförmige Altarhaus mit geradem Abschluss und der Chor erhoben (Abb. 18, 20). Der Aufriss liess sich anlässlich der Aussenrestaurierung 1931/32 sichern.[66] Die Mauern der Krypta waren bis auf Bankhöhe der östlichen und südlichen Fenster aus lagigen Bollensteinen gefügt und als verputzter Sockel konzipiert (durch Heizungseinbau von 1914 stark verändert). Darüber erhob sich bis an die Gesimse der Altarhausfenster eine aus Hausteinen gefügte Partie, die durch Ecklisenen mit eingestellten Viertelsäulchen, Halbsäulen und einem Blendbogenfries in regelmässige, hochrechteckige Felder gegliedert ist, auf der Ostseite drei, auf der Süd- und Nordseite je eines. In deren Mitte öffnet sich je ein gedrungenes Rundbogenfenster mit einfach abgestuftem Gewände zur Krypta. Nach der Entfernung des Verputzes 1931/32 konnte man an klaren Bauetappengrenzen erkennen, dass Altarhaus und Chor anfänglich um 6,5 m niedriger waren und erst in der letzten Etappe (Abb. 26) auf die heutige Höhe aufgemauert und neu eingewölbt wurden.[67] An der südlichen Chorwand gaben vier abgeschrotete Bogenfriessteine die ursprüngliche Höhe an, an der Nordseite konnte der entsprechende Blendbogenfries im Apsisgewölbe der nördlichen Empore unverletzt ausgegraben werden.[68] Das Fenstergeschoss des Altarhauses muss man sich im ersten Zustand annähernd gleich hoch wie das Sockelgeschoss und mit einer Fortsetzung der Gliederelemente aus Haustein vorstellen, die Mauerfüllungen jedoch in deckend verputztem Bruch- und Kieselbollenmauerwerk.[69] Den oberen Wandabschluss von Altarhaus und Chor bildeten der Blendbogen- und der Schachbrettfries, die bei der Erhöhung im frühen 13. Jahrhundert nach oben versetzt wurden. Das mittlere Fenster in der Ostwand des Altarhauses war etwa halb so hoch wie heute und besass bereits die reiche Laibungsprofilierung. Sein Bogen wurde nach der Erhöhung wieder eingesetzt.[70] Die beiden seitlichen Fenster lassen sich wahrscheinlich in gleicher Form und

20
Grossmünster. Querschnitt gegen Osten durch Krypta, Chor, ehemalige Zwölfbotenkapelle und Südflügel des Kreuzgangs, 1833 (StAZH, Plan R 1844.35). – Text S. 44–50.

Grösse wie die Rundbogenfenster in der Nord- und Südwand des Altarhauses rekonstruieren.[71] Damit ist schon für das ursprüngliche Konzept das Motiv der drei gestaffelten Fenster anzunehmen, das in der Folge an mehreren spätromanischen und frühgotischen Bauten im Zürcher Gebiet aufgenommen wird (Zürich, Fraumünster; Winterthur, Stadtkirche; Oberwinterthur, St. Arbogast; Pfyn, St. Bartholomäus[72]). Der Chor besass auf beiden Seiten ein Rundbogenfenster, das bei der Erhöhung bis unter den neuen Bogenscheitel verlängert und mit einem Spitzbogen versehen wurde (siehe S. 59).

Das Altarhaus stand ursprünglich dreiseitig frei, worauf auch das vermauerte Fenster auf der Nordseite verweist. Das Pendant in der Südmauer ist nach WIESMANN nachträglich nach unten verlängert worden.[73] Da eindeutige Indizien am Mauerwerk dafür fehlen, ist es naheliegender, anzunehmen, dass das Fenster von Anfang an auf dem Gurtgesims ansetzte und somit grösser als das Nordfenster war.[74]

Krypta

Die heutige Zugangssituation geht auf den Umbau von 1913–1915 zurück. Damals wurden die beiden rundbogigen Zugänge aus der Bauzeit, die nach der Reformation zugemauert worden war, wieder geöffnet und durch abgewinkelte Treppenabgänge, die aus den Seitenschiffen herabführen, erschlossen. Da der Umbau unzulänglich dokumentiert ist und allfällige archäologische Spuren verwischt beziehungsweise nicht mehr sichtbar sind, ist nicht zu entscheiden, ob dies der mittelalterlichen Situation entspricht. Ebenso gut können die beiden Treppenabgänge neben der Chortreppe aus dem Mittelschiff hinuntergeführt haben.[75] Dafür spricht auch die Standortbezeichnung des Karls- und des Maria-Magdalena-Altars «in gradibus sub cancellis», da die beiden Altäre dann unmittelbar unter den Chorschranken gestanden hätten. Auf diese Weise waren auch die Abgänge in die Krypta im Dom von Speyer angelegt, die eine gewisse Vorbildfunktion für das Grossmünster ausgeübt zu haben scheint. Wir bevorzugen in unserer Rekonstruktion diese Lösung, ohne den Beweis für deren Richtigkeit erbringen zu können (Abb. 89).

Die Hallenkrypta, im Spätmittelalter auch als «grotta» bezeichnet,[76] erstreckt sich unter dem Altarhaus und dem Chor. Sie besteht aus zwei Vierstützenräumen, die mit je neun kreuzgratgewölbten Jochen versehen sind. Die zwei Raumteile sind durch drei tiefe, tonnengewölbte Arkaden verbunden, wobei die in die seitlichen Durchgänge vortretenden Zungenmauern eine starke Abschnürung bewirken (Abb. 21). In einer bemerkenswert eleganten Konstruktion sind die Bogen in der Mitte auf zwei Säulenpaaren abgestützt, die auf der breiten Stufe zwischen der westlichen und der östlichen Krypta stehen. Die Säulenpaare tragen kämpferartige Architrave mit bemerkenswert feinen Profilierungen. Auf diesen muss einst ein mächtiger Holzbalken quer über dem mittleren Durchgang gelegen haben, für den im Mauerwerk der Bogenwölbung auf beiden Seiten eine Öffnung ausgespart ist.[77] Auf einer die ganze Krypta umziehenden niedrigen Sockelbank fussen Halbsäulen und Eckdienste, die zusammen mit den frei stehenden glatten Säulen die halbkreisförmigen Gurtbogen und die Kreuzgratgewölbe aufnehmen. Die frei stehenden Säulen stehen auf attischen Basen mit Ecksporen, die zu ungegliederten quadratischen Plinthen überleiten.

21
Grossmünster. Blick aus der westlichen Krypta gegen Osten. Im Vordergrund die südliche Zungenmauer und die Säulenstellung, welche die beiden Kryptenräume voneinander abgrenzen. Foto 1981. – Text nebenan.

Typus und Funktion der Krypta

Das Zürcher Grossmünster verfügt über die ausgedehnteste Hallenkrypta der Schweiz.[78] Die zweiteilige Krypta vertritt einen Typus, der in unseren Gebieten im späten 11. und bis ins 12. Jahrhundert hinein verbreitet ist. Bereits im frühen 11. Jahrhundert kommt er im 1019 geweihten Basler Heinrichsmünster vor, dann in den Stiftskirchen St. Leonhard in Basel (spätes 11. Jh.) und St. Ursus in Solothurn (um 1100).[79] Am engsten verwandt ist die Anlage des Grossmünsters mit der wahrscheinlich in der 2. Hälfte des 11. Jahrhunderts entstandenen, ebenfalls aus zwei Vierstützenräumen bestehenden Krypta der Damenstiftskirche in Andlau im Elsass.[80] Beide Anlagen stehen letztlich in der Nachfolge der 1041 geweihten Hallenkrypta des Doms von Speyer. Vielleicht zitieren die Rundbogennischen, die sich auf Brusthöhe in den Zungenmauern zur Westkrypta öffnen, die ähnlichen, jedoch bis zum Boden reichenden Konchen in der Speyrer Krypta.[81] Dort waren sie mit Blockaltären verbunden.[82] In der Grossmünster-Krypta ist ihre Funktion unklar, ebenso die Bedeutung der quadratischen, etwa ellentiefen Maueröffnungen in der Aussenwand neben den Nischen.

Ein- oder zweiteilige Hallenkrypten kommen auf Schweizer Gebiet vor allem an Chorherrenstiften (inkl. Domstifte und Prämonstratenserklöster) vor.[83] Die Funktion geräumiger Hallenkrypten und damit auch die Gründe für ihr Aufkommen sind noch weitgehend ungeklärt.[84] Die Vermehrung der Altarstellen kann nicht ausschlaggebend gewesen sein, da gerade Hallenkrypten in salischer Zeit meist nur einen Altarplatz aufwiesen.[85] Auch in der Krypta des Grossmünsters ist als einziger der dem hl. Mauritius geweihte Altar belegt. Seit dem ausgehenden 10. Jahrhundert dienten Krypten in deutschen Gebieten vornehmlich als Grablegen hoch gestellter

22
Grossmünster. Längsschnitt durch das Mittelschiff gegen Norden, 1:400. Aufnahme vor der Renovation von 1931/ 1941 (nach Gutscher 1983).

*23
Grossmünster. Nordwand des Altarhauses, von Südosten. In der westlichsten Blendarkade die Tür zur Sakristei. Neben dem Nordfenster eine Rundbogenöffnung zu einem ehemaligen Raum über der Sakristei. In der Mitte der Chornordwand im Hintergrund die Tür zum Kreuzgang (in der heutigen Form von 1915). Foto 1978. – Text unten.*

geistlicher und weltlicher Adeliger.[86] Für das Grossmünster gibt es für die Frühzeit weder schriftliche noch archäologische Nachweise. Die Krypta war, wie aus dem Liber Ordinarius hervorgeht, ein liturgisch viel begangener Teil der Stiftskirche.

Altarhaus und Chor: Inneres

Das Mauerwerk ist wie in der Krypta verputzt; nur der Chor- und Altarhausbogen, die Gewölbedienste, die Fenster und die Blendarkaden im Altarhaus sind aus Hausteinen gefügt.[87] Das ursprüngliche, niedriger sitzende Chorgewölbe mit einer Scheitelhöhe von knapp 12 m lässt sich aufgrund von Beobachtungen am Bau rekonstruieren.[88] Das Gewölbe des Altarhauses muss um dasselbe Mass, entsprechend dem Aussengesims, tiefer gelegen haben, was sich am Wechsel der Steinfarbe der Dienste und dem tiefsten Einsetzen der erst in der sechsten Bauetappe erscheinenden Steinmetzzeichen bestätigt.[89]

Den drei Wandflächen unter der Fensterzone des Altarhauses ist eine je fünf Bogen umfassende Arkatur aus Eckpfeilern, Vollsäulen, Rundbogen und profilierten Gesimsen über niedrigem Sockel vorgeblendet (Abb. 22, 23). Die Tür in der westlichsten Blendarkade der Nordseite ist sicher sekundär und soll im 16. Jahrhundert eingebrochen worden sein.[90] Ihr gegenüber auf der Südseite wurden noch im 13. Jahrhundert drei Bogen zerstört beziehungsweise für den Eingang in die gegen 1270 in die Zwölfbotenkapelle eingebaute obere Sakristei zurückgearbeitet; zwei sind 1969–1974 rekonstruiert

worden.[91] Das Nordfenster wurde nach RAHN schon im Mittelalter mit Quadern ausgemauert.[92] Links neben diesem Fenster ist knapp 6 m über dem Boden eine vermauerte Rundbogenöffnung (B. ca. 120, H. ca. 120 cm im Licht) sichtbar (Abb. 23). Weder im heutigen verputzten Zustand noch aufgrund älterer Aufnahmepläne lässt sich entscheiden, ob sie im ursprünglichen Verband war oder nachträglich eingebrochen wurde. RAHN ging von einem sekundären Einbau in spätgotischer Zeit aus und schloss aus Löchern in der Laibung, dass die Öffnung einst vergittert war.[93] Zu bezweifeln ist jedoch seine Deutung als Sichtverbindung zwischen Kapitelsaal und Altarhaus. Eine solche könnte man sich allenfalls zu einem Krankensaal vorstellen, was jedoch zum Zeitpunkt nach der Aufgabe des Zusammenlebens im Konvent, der «vita communis», wenig Sinn machen würde.

Das Altarhaus und der um zwei Stufen tiefer gelegene Chor sind durch vortretende Pfeiler voneinander geschieden, in denen sich gegen den Chor je eine bis zum Boden reichende, rund 60 cm tiefe rundbogige Altarnische öffnet. Der Scheidbogen, der die beiden Wandpfeiler verbindet, wird im Liber Ordinarius als «arcus Florini» bezeichnet, da hier das «Florinuskreuz» hing.[94]

In der Nordwand des Chors ist eine im Liber Ordinarius häufig erwähnte Tür zum Kreuzgang eingelassen (neugotisches Türgericht von 1915, vgl. Abb. 23). Die Tür, die in der Südwand des Chors über eine Treppe ins mittlere Joch der Zwölfbotenkapelle führt, steht im Mauerverband, was darauf hinweist, dass der Anbau der Kapelle beim Chorbau

24
Grossmünster. Blick aus dem Langhaus gegen Altarhaus und Chor. Foto 1990.

geplant war (Abb. 90).[95] Zu welchem Zeitpunkt die untere Hälfte des Nordfensters vermauert wurde, lässt sich nicht mehr genau feststellen. Auf BD 1710 ESCHER (Abb. 176) ist gut zu erkennen, dass die Stiftsbauten für das Chorfenster eine Lücke frei liessen, was auf eine späte Vermauerung, vielleicht sogar erst anlässlich des Schulhaus-Neubaus von GUSTAV ALBERT WEGMANN 1850/51 schliessen lässt.

ZWEITE BAUETAPPE: FUNDATION DER UMFASSUNGSMAUERN DES LANGHAUSES
(Abb. 15, Nr. 2)

Nach der Fertigstellung der Krypta und der Choranlage folgten die Fundationsarbeiten um die alte Basilika herum. Ein sicherer Terminus post quem für diese Etappe ist die Altarweihe im Chor 1117.[96] Die Arbeiten müssen als zeitaufwendig eingeschätzt werden, da das neue Fundament eine Gesamtlänge von 130 m und eine Mauerstärke von 2,5 m (Bauplatzniveau) bis 3,7 m (Unterkante der Westmauer) aufweist. Zudem greift der nördliche Mauerzug rund 4,5 m unter das Bauniveau, der westliche gar 7,5 m.[97] Während der Fundamentierung der Umfassungsmauern wurden die Seitenschiffe des Vorgängers abgebrochen und deren Mauermaterial in den oberen Fundamentlagen der Westpartie wiederverwendet.[98]

DRITTE BAUETAPPE: ZWÖLFBOTENKAPELLE, UMFASSUNGSMAUERN DES LANGHAUSES
(Abb. 15, Nr. 3)

Während dieser Bauphase, in welcher die Umfassungsmauern des Erdgeschosses des Langhauses hochgezogen wurden, blieb das Mittelschiff der Vorgängerkirche bestehen und diente als Notkirche. Vielleicht noch während der letzten Fundierungsarbeiten oder unmittelbar danach begann man mit dem Bau der Zwölfbotenkapelle an der Südseite des Chors und des Erdgeschosses des südlichen Seitenschiffs.[99] Die äussere Südwand rhythmisieren Lisenen, sekundiert von viertelsrunden Eckdiensten, die mit dem Bogenfriesabschluss Wandfelder unterschiedlicher Breite bilden, der Jocheinteilung im Innern folgend (Abb. 26). Die den drei Jochen der Zwölfbotenkapelle entsprechenden Wandfelder sind etwas schmaler als diejenigen des Schiffs, das westliche Turmjoch wegen des geplanten Westbaus etwas breiter. Im Innern ist die dreijochige Kapelle vom Seitenschiff durch zwei doppelte Wandvorlagen ausgeschieden. Die Wandvorlagen im Seitenschiff sind als doppelt abgetreppte Wandpfeiler ausgebildet, denen alternierend Halbsäulen und Pilaster vorgesetzt sind. Unterbrochen wird dieser Rhythmus beim westlichsten Wandpfeiler. Er ist deutlich breiter, weist statt einer Halbsäulen- eine stark vorkragende Pilastervorlage auf und bewirkt deshalb eine deutliche Abschnürung des westlichsten Jochs.

25
Grossmünster. Kapitell der Aussenseite der Zwölfbotenkapelle, dritte Bauetappe. Foto 1931.

26
Grossmünster. Blick an die Südfassade. Rechts die dreijochige Zwölfbotenkapelle mit (angeschnittener) Apsis, dem Spitzbogenfenster des 15. Jh. und dem Zugang zum 1932/33 eingebauten Treppenhaus im westlichsten Joch. Die zwei Rechteckfenster in den östlichen Jochen gehören zum Sakristeieinbau des 13. Jh. Foto 1984. – Text S. 50f.

In die Spätzeit dieser Bauphase fällt die Errichtung der nördlichen Umfassungmauer, des Hauptportals und der nördlichen Seitenschiffapsis bis auf die Höhe der ersten Bogensteine über den Kapitellen. Der Vorlagenwechsel der südlichen Seitenschiffmauer wurde zugunsten eines gleichmässigen Rhythmus von Halbsäulenvorlagen aufgegeben.

An der Gliederung der Aussen- und Innenwände sowie aus dem Grundriss ist zu erkennen, dass in dieser Bauphase eine stärker betonte, in allen drei Schiffen durch Gurtbogen vom restlichen Langhaus ausgeschiedene Westpartie, wahrscheinlich mit Empore, geplant war.[100] Anstelle der späteren Turmtreppenpfeiler waren normale Pfeiler geplant. Sie lassen sich rekonstruieren, wenn man die bestehenden, sich auf die Turmtreppenpfeiler stark verbreiternden Gurten durch parallele Gurtbogen ersetzt (Abb. 28).[101]

Anhaltspunkte für die Datierung dieser Bauetappe fehlen. Nach der relativen Bauchronologie und der stilistischen Einordnung der Bauskulptur (siehe S. 68ff.) dürfte sie sich von den 1120er bis in die späten 1140er Jahre erstreckt haben.[102]

EINORDNUNG DES ERSTEN MÜNSTERPLANS (BAUETAPPEN 1–3)

Der für die drei ersten Bauphasen gültige Plan umfasst im Grundriss zwei hintereinander gefügte Chorquadrate über zweiteiliger Hallenkrypta. Nach Westen hätte ein dreischiffiges, wohl basilikales, sicher gewölbtes Langhaus mit apsidial abschliessenden Seitenschiffen und einem im Grundriss nicht ausgeschiedenen Westbau folgen sollen. Ausgeführt wurden die südliche, westliche und nördliche Umfassungsmauer und die Einwölbung der dreijochigen Chorflankenkapelle in der Verlängerung des südlichen Seitenschiffs. Nach den alternierend als Pilaster und Halbsäulen ausgebildeten Wandvorlagen im südlichen Seitenschiff sah der Plan ein gebundenes System, wohl mit Stützenwechsel der Mittelschiffarkaden, vor. Vermutlich waren keine Seitenemporen geplant; allerdings beruht diese Annahme auf schwachen Indizien.[103]

Der Grundrisstyp ohne Querhaus und mit straff in den kompakten Grundriss einbezogener, mit den Seitenschiffmauern fluchtender Chorflankenkapelle zeigt Verwandtschaft beispielsweise mit der Stiftskirche St. Martin auf dem Zürichberg (früheres 12. Jh.?), den Benediktiner Klosterkirchen Wagenhausen (nach 1083 – um 1089) und St. Georgen in Stein am Rhein (Ende 11. Jh. / Anfang 12. Jh.).[104] Oberrheinische Elemente bilden auch die zweiteilige Hallenkrypta und der gerade Chorabschluss, der auf das Konstanzer Münster, die Mutterkirche der Diözese, Bezug nimmt.

Der Westbau muss ohne Türme geplant gewesen sein, da solche in den Fundamenten nicht vorbereitet sind. Sein Einbezug in den Gesamtgrundriss lässt an einen kofferartigen Westbau in der Art von Maursmünster (um 1140/1150) denken, der auf Speyer II zurückzuführen ist.[105]

VIERTE BAUETAPPE: DOPPELTURMFRONT, EMPOREN
(Abb. 15, Nr. 4)

Nach der Errichtung der Umfassungsmauern des Langhauses musste mit dem Abbruch der Arkadenwände der Vorgängerkirche begonnen werden, um mit der Fundamentierung und dem Bau der Mittelschiffarkaden beginnen zu können; DANIEL GUTSCHER setzt diesen Zeitpunkt um 1140 an.[106] Der Plan für den Weiterbau wurde in zwei wichtigen Punkten abgeändert. An die Stelle des vorgesehenen Westbaus sollte eine Doppelturmfassade treten. Vielleicht hat man auf das Westwerk verzichtet, da man ihm letztlich keine Funktion zuordnen konnte. Für die Doppelturmfassade war eine Verstärkung der Fundamente des Vorgängerbaus nötig.[107] Darauf errichtete man das westlichste Stützenpaar als mächtige kreuzförmige Pfeiler mit einem gewendelten Zugang im Innern zu den Obergeschossen dieser Türme (Abb. 89: 5 und 5'). Die Wendeltreppen besitzen eine freie Spindel aus hohen Trommeln.[108] Die Stufen binden nur in die Aussenwand tiefer ein. Schichthöhe und Steigung besitzen das gleiche Mass. Die Tragkonstruktion des Laufes bildet ein flaches Tonnengewölbe, das in die Spindel und in die Aussenmauer eingenutet ist. Beide Treppen verlaufen im gleichen Sinn. Aus dem Plan der Fundamente zu schliessen, wurde auch das erste Pfeilerpaar östlich der Treppenpfeiler (Abb. 89: 4 und 4') in dieser Phase bis auf die Höhe der Kapitelle errichtet und durch Bogen mit den Turmpfeilern verbunden; sie dienten so als Widerlager für die Türme.[109] Im Pfeilerquerschnitt unterscheiden sie sich von den spä-

27–29
Grossmünster. Grundrisse Krypta, Erdgeschoss und Emporengeschoss, 1:400, aktueller Zustand, mit Nummerierung der Bauskulptur (nach Gutscher 1983).

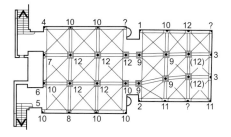

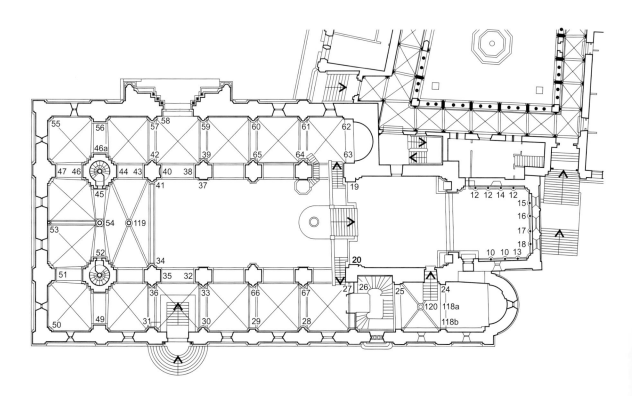

teren gewölbetragenden Pfeilern durch die kräftigen Halbsäulenvorlagen gegen das Mittelschiff und durch eine Querschnittform, bei der ein Glied, das den Gewölbegrat oder die Gewölberippe vorbereiten sollte, fehlt (Abb. 87).[110]

Weiter plante man die Anlage eines Emporengeschosses, das in den Formen und Arkaden der Gestaltung des Erdgeschosses entsprechen sollte, jedoch mit auf 85 % reduzierter Geschosshöhe. Die Seitenemporen sollten an der Westseite brückenartig miteinander verbunden werden. Das Erdgeschoss der Turmjoche und die beiden Joche unter der Westempore wurden unverzüglich eingewölbt, die Treppenpfeiler mit gleichem Querschnitt weiter hochgezogen und die beiden Turmjoche des Emporengeschosses ausgeführt. Dabei wurden die Bogenanfänger für die Emporenarkaden und einzelne Quader für die Verzahnung der Mittelschiffwand bereits im Turmkörper versetzt. An diesen und an der Höhe der Gurtbogen der Turmjoche ist die anfänglich projektierte Emporenhöhe noch ablesbar (Abb. 22, 33).

Den Südturm errichtete man bis auf die Höhe des zweiten Blendbogenfrieses, also bis zur Oberkante des Emporengeschosses, und liess ihn bis zur fünften Bauetappe ruhen. Die Arbeiten am Nordturm wurden dagegen zügig vorangetrieben. Das

30
Grossmünster. Blick von der Westempore ins Mittelschiff und in den Chor. Foto 2006.

aus grossen, im Verhältnis zu späteren Bauperioden roh bearbeiteten Quadern gefügte Mauerwerk zieht ohne Unterbruch durch das ganze dritte Geschoss bis zum Abschluss mit Blendbogenfries unter dem Gurtgesims auf einer Höhe von 24 m (Abb. 31).[111] An der Stelle des neugotischen Glockengeschosses des

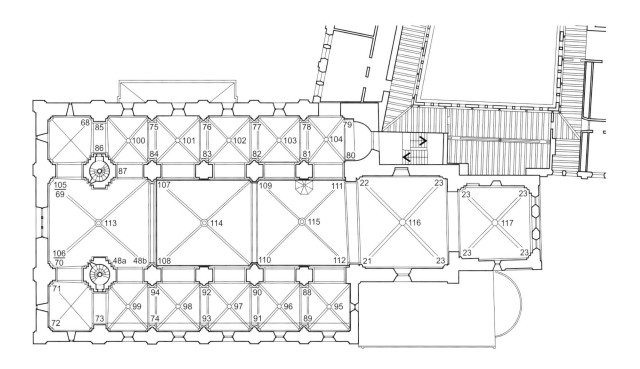

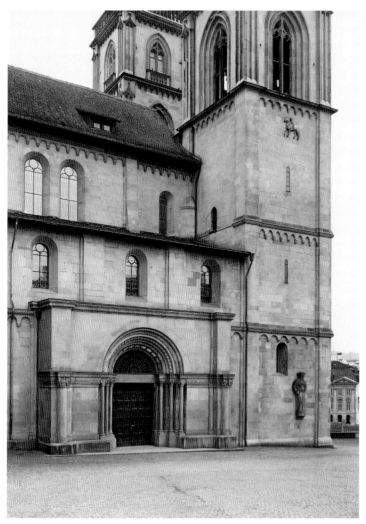

31
Grossmünster. Ansicht des Nordturms und des westlichen Langhauses mit dem Nordportal im aktuellen Zustand. Foto 1986.

18. Jahrhunderts sass ursprünglich das romanische Glockengeschoss, bestehend aus zwei übereinander gestellten Geschossen mit Schallarkaden und wohl mit Pyramidendach (BD 1497/1502 Leu; BD um 1300 Translationsfresko). Die Gesamthöhe der beiden Glockengeschosse entsprach der Höhe des heutigen gotischen Geschosses des Südturms. Aus der in zwei um 1150 ausgestellten Jahrzeitstiftungen festgehaltenen Forderung, vor der Jahrzeitmesse jeweils die Glocken zu läuten, ist nicht zwingend auf die Vollendung des Turms zum Zeitpunkt der Urkundenausstellung zu schliessen,[112] aber vielleicht lag sie damals nicht mehr fern.

Noch in dieser Bauphase wurde die Apsis der Nordempore begonnen und bis 3,77 m über dem Fussbodenniveau aufgeführt. Sie rechnete mit der am westlichen Treppenpfeiler angeschlagenen Emporenhöhe,[113] was heute noch gut am unorganischen Anschluss der niedrigeren Emporengewölbe sichtbar ist. Die geplante alte Emporenhöhe gibt auch ein auf dem Dachboden über dem südlichen Seitenschiff noch erhaltener Gewölbeanfänger an.[114]

Für die Rekonstruktion des inneren Aufrisses bietet das zweite Obergeschoss des Nordturms Anhaltspunkte (Abb. 33).[115] 8,75 m über dem Emporenboden beginnt eine Wandgliederung mit Ecklisene, sekundiert von einer Viertelsäule und einem zurückspringenden Wandfeld. Sie ist identisch mit derjenigen der drei Aussenseiten dieses Turmgeschosses, setzt aber erst 2,2 m über diesen an. Direkt unter ihr mündet der Wendelstein unter einem kuppeligen Abschluss ins Turminnere. Folglich muss

ROMANISCHE KIRCHE, ARCHITEKTUR 55

32
Grossmünster. Blick aus dem Chor ins Langhaus. Foto 1983.

33
Grossmünster. Blick von der Südempore gegen Nordwesten. Erkennbar sind der abgetreppte Nordturmpfeiler mit dem kuppeligen Abschluss der Wendeltreppe der vierten Bauetappe und der Anschluss der niedrigeren Emporenarkaden nach dem Planwechsel in der fünften Bauetappe. Foto 1959. – Text S. 53 und 57.

hier der Wechsel vom Innen- zum Aussenraum vorgesehen gewesen sein. Unterhalb dieses Wandfeldes ist der Ansatz des Mittelschiffdachs anzunehmen. Für das Mittelschiff sind Kreuzgewölbe zu rekonstruieren, deren Scheitelhöhe man sich unmittelbar über dem kuppeligen Abschluss der Wendeltreppe im Turmpfeiler vorzustellen hat.[116] Im westlichsten Mittelschiffjoch ist gut zu erkennen, wo sie ansetzten: Die Eckdienste an der Westwand reichten ursprünglich nur bis auf Kämpferhöhe der Bogenöffnung des Turmjochs und wurden später auf die Höhe des heutigen Gewölbes verlängert. Dabei wurden die ursprünglichen Kapitelle belassen, die sich von den jüngeren stilistisch deutlich unterscheiden.[117] Die Trauflinie des über den Gewölben anzunehmenden Satteldachs liegt genau dort, wo die erwähnte gegliederte Aussenwand des Nordturms beginnt.

Diese Baumassnahmen dürften die 1140er und vielleicht die beginnenden 1150er Jahre umfassen.[118] In dieser Etappe wurde an den Chortreppen, mitten in einer Baustelle, an der Nahtstelle zwischen altem Notschiff und neuem Chor, 1146 der Maria-Magdalena-Altar geweiht. Neu war in dieser Etappe ein Hallenquerschnitt anstelle des basilikalen Plans getreten, und der Westbau wurde als Zweiturmfront ausgebildet. Bemerkenswert ist die Anlage der hohen Emporen. Während bei anderen Emporenkirchen, so bei Sant'Ambrogio in Mailand, San Michele in Pavia, dem Dom von Parma oder dem Basler Münster sich die Proportionen der Emporen- zu den Arkadenhöhen zwischen 33% und 50% bewegen, liegt Zürich mit 85% ausgesprochen hoch und zeigt ein Verhältnis, das sich demjenigen von St-Etienne in Caen annähert (1064–1077).[119]

Indem der geplante Westbau zugunsten einer Zweiturmfront aufgegeben wurde, folgt das Grossmünster einer im oberrheinischen Gebiet längst verbreiteten Lösung.[120] Als Beispiele zu nennen sind das Heinrichsmünster in Basel (das, zunächst nur mit Chorflankentürmen versehen, Ende des 11. Jahrhunderts an der Westseite einen Turm erhielt), der Wernher-Bau des Strassburger Münsters (begonnen 1015), die Damenstiftskirche St. Fridolin in Säckingen (gegen 1100), St. Georgen in Stein am Rhein (frühes 12. Jh.), Allerheiligen in Schaffhausen (Bau I, Weihe 1064), das Konstanzer Münster, Muri AG (Weihe 1064), St. Ursus in Solothurn (Ende 11. Jh.) oder die Stiftskirchen in Schönenwerd und Zofingen. In Zurzach ist die Zweiturmfassade nachträglich vor die Westfassade des romanischen Baus gesetzt worden und markiert vielleicht den Übergang vom Benediktinerkloster zum Chorherrenstift.[121] Zweitürmigkeit zeigten auch die Prämonstratenserkirchen von Rüti ZH und Churwalden, beide aber in Form von Osttürmen. Nach SENNHAUSER gehören seit dem 11. Jahrhundert Front- oder Ostturmpaare am Oberrhein zu den verbreiteten Repräsentationsmotiven und treten auf Schweizer Gebiet am häufigsten bei Kanonikerkirchen (inkl. Bischofs- und Prämonstratenserkirchen) auf.[122] Beim Grossmünster ist das spätere Auftreten eine Folge des Planwechsels vom Westwerk zur «zeitgemässeren» Doppelturmfassade. Zum doch eingreifenden Planwechsel um 1140 bieten die Schriftquellen zum Grossmünster oder zum Umfeld eines der bekannten Pröpste[123] keine unmittelbaren Erklärungen.

FÜNFTE BAUETAPPE: MITTELSCHIFFPFEILER, EMPOREN NACH NEUEM PLAN, NORDTURM
(Abb. 15, Nr. 5)

Nach dem Abbruch der letzten Teile des alten Münsters in den späten 1150er Jahren konnten die drei östlichen Pfeilerpaare des Mittelschiffs fundamentiert und errichtet werden.[124] An den mittleren Pfeilern (Abb. 89: 3 und 3') wurden nun die schon früher zusammen mit der Skulptur an den westlichen Pfeilern gearbeiteten Kapitelle versetzt: am Pfeiler auf der Südseite die ganze Kapitellzone, am Pfeiler der Nordseite das «Stifterrelief». Ein neuer Trupp fertigte die übrigen Teile dieser Kapitellzone und die Kapitelle der beiden östlichsten Pfeilerpaare.

Spätestens nach der Übermauerung der vier östlichsten Arkadenbogen auf beiden Seiten entschied man sich für niedrigere Emporenbogen und baute sie mit nur 60% der Arkadenhöhe des Erdgeschosses. Damit gewann man nebst einer statischen Optimierung die Möglichkeit einer direkten Lichtquelle ins Mittelschiff durch höhere Obergadenmauern. Anstelle einer Emporenhalle plante man nun eine Emporenbasilika (Abb. 30).

Die Pfeiler der Empore ruhten auf einer ursprünglich über dem Schachbrettfries durchlaufenden Mauerbank, die 1766 zwischen den Pfeilern herausgebrochen und durch die heutigen Holzbrüstungen ersetzt wurde. Die Arkadenbogen der Emporen zeigen denselben zurückgestuften Unterzugsbogen wie die Erdgeschossarkaden. Zu Unregelmässigkeiten kam es wegen des Planwechsels beim Anschluss der westlichsten Bogen an den Turmpfeiler. Danach erfolgte die Übermauerung der Arkadenbogen, wobei die südliche Mittelschiffmauer direkt über den Bogen ihren vorläufigen Abschluss fand, während die nördliche rund 2 m höher aufgemauert wurde.[125] Die Emporen wurden mit Rippengewölben überspannt (Abb. 34). Die Rippen haben wechselweise runde, eckige und polygonale Querschnitte.

In die Spätzeit der fünften Bauetappe datiert GUTSCHER die Errichtung der Westwand des Mittelschiffs mit dem grossen Fenster und des dritten Geschosses des Südturms, da hier teilweise die gleichen Steinmetzzeichen wie an den Gewölben der Nordempore auftauchen (Abb. 11, 33).[126] Die Arbeiten am Südturm zogen sich aber bis in die sechste Bauetappe hinein. Entgegen älteren Forschungsmeinungen, das Rautenmasswerk des Westfensters sei spätmittelalterlich, konnte GUTSCHER es aufgrund von übereinstimmenden Steinmetzzeichen an den Rauten und der anschliessenden Wand sowie am dritten Geschoss des Südturms dieser Bauphase zuweisen.[127] Das Fenster war allerdings um ein Rautenfeld niedriger und wurde in der letzten Bauetappe erhöht. Zum Vergleich des Motivs der diagonalen Steingitter erinnerte REINLE an die Giebeldekorationen von St. Leodegar in Guebwiller im Elsass und St-Etienne in Beauvais.[128]

Als letzte Massnahme dieser Etappe passte man die südliche Mittelschiffwand der knapp 2 m höher stehen gebliebenen Mauerkrone der Nordwand an.

34
Grossmünster. Südempore, gegen Osten. Foto 1983.

Offenbar beabsichtigte man, auf dieser Höhe die Mittelschiffgewölbe anzusetzen, was auch die Aussparungen für Kämpfer für Gewölbedienste auf beiden Seiten nahe legen. Dies unterblieb aber infolge einer erneuten Planänderung.[129]

Nach GUTSCHER dauerte diese lange Bauetappe von den 1150er Jahren bis kurz nach 1200. Die obere zeitliche Grenze leitet er von den zum Teil gleichen Steinmetzzeichen an diesen Bauteilen wie an der Stütz- oder Friedhofmauer der St. Peterskirche her.[130] Dieselben Zeichen sind auch an dem um 1230 begonnenen Chor der Fraumünsterkirche und an der nach 1230 begonnenen romanischen Predigerkirche nachgewiesen.[131] Problematisch ist, dass keiner dieser Vergleichsbauten genauer datiert ist und die Zeitspanne des Vorkommens der gleichen Steinmetzzeichen nach bisherigen Kenntnissen immerhin das ganze 1. Drittel des 13. Jahrhunderts umfasst. Die Bauskulptur hilft zur Präzisierung der zeitlichen Einordnung kaum weiter, da enger verwandte Werke fehlen. Eine eindeutige Erklärung für die lange Bauzeit gibt es nicht. Wenn die vermuteten zeitlichen Einordnungen zutreffen sollten, würde diese Bauetappe teilweise mit der Errichtung des Kreuzgangs und Bauten im Stiftsgeviert zusammenfallen. Denkbar ist, dass man die Bauaktivitäten an der Kirche verlangsamen musste, wenn allenfalls ein Teil der Bauhütte zum Bau der Stiftsgebäude abgezogen worden wäre. Doch lässt sich dies so aus den überlieferten Schriftquellen nicht ablesen.

Neu am dritten Bauplan ist die auf das in der Lombardei übliche Mass reduzierte Emporenhöhe, womit sich das Grossmünster in Schnitt und Aufriss noch stärker San Michele in Pavia annäherte. Damit war die Möglichkeit für Obergadenfenster gegeben, vielleicht wie in Pavia hoch sitzende kleine Fensterpaare (dort im 15. Jh. vermauert). Dass keine Hallenkirche geplant war, wie die ältere Forschung annahm, sondern eine gewölbte Emporenbasilika, konnte GUTSCHER überzeugend nachweisen.[132]

SECHSTE BAUETAPPE:
ERHÖHUNG DES OBERGADENS
UND DER CHORPARTIE
(Abb. 15, Nr. 6)

Da an der südlichen Obergadenwand dieselben Steinmetzzeichen wiederkehren wie an der oben erwähnten Ausgleichslage, ist anzunehmen, dass die letzte Bauetappe ohne grosse Verzögerung im frühen 13. Jahrhundert an die vorhergehende anschloss.[133] Der Wechsel von der fünften zur sechsten Bauetappe lässt sich deutlich an der nördlichen Obergadenwand ablesen, wo über einem Rücksprung, einer Vermessungskorrektur, beim Ansatz der steilen Sohlbänke der Fenster das grossquadrige Mauerwerk der fünften Etappe zu kleinteiligerem, sauber gearbeitetem Quaderwerk mit fein überglätteten Spiegeln wechselt.[134] In dieser letzten Bauetappe korrigierte man den Plan nochmals zugunsten eines höheren Obergadens mit hohen schlanken Fensterpaaren. Einige der Obergadenkapitelle der Wandpfeiler und -dienste für die Gewölbe sind mit ihren stark plastischen, fleischigen Blattformen den jüngeren Emporenkapitellen stilistisch eng verwandt (Abb. 75). Zweifelsohne sind sie zusammen mit jenen gefertigt worden und waren für die niedrigeren Gewölbe der vorangehenden Etappe bestimmt. Sie wurden nun ungefähr 1 m höher versetzt und mit neuen Kämpfern aufgedoppelt, die übrigen neu erstellt. Die jüngeren Werkstücke, zu denen auch die Gewölbeschlusssteine gehören, unterscheiden sich stilistisch durch ihre wie auf den Reliefgrund aufgelegten, flach ausgeschnittenen Muster.[135] Das Mittelschiffgewölbe setzt sich aus drei quadratischen, stark gebusten, kuppeligen Rippengewölben mit doppelten Gurten zusammen. Die Rippen wechseln jochweise zwischen runden und polygonalen Profilen. Die Gewölbekappen sind in der Barockzeit durch leichtere Konstruktionen ersetzt worden.

Noch bis in diese letzte Bauetappe zogen sich die Arbeiten am dritten, dem obersten Geschoss des Karlsturms hin. Dies belegt ausser den Steinmetzzeichen der geschlossene Mauerverband der Turmwände über dem kuppeligen Abschluss des Treppenturms mit der südlichen Obergadenmauer. Darüber hinaus weist die gegen das Mittelschiff gerichtete Wand des dritten Turmgeschosses keine Gliederung wie an der entsprechenden Nordwand auf, da sie auf Innensicht angelegt war.

Mit den höheren Mittelschiffgewölben war auch eine Erhöhung der ganzen Chorpartie geplant,[136] die aus liturgischen Gründen wohl nach Vollendung der Mittelschiffgewölbe in Angriff genommen wurde (Abb. 18). Das äussere Erscheinungsbild von Altarhaus und Chor blieb dadurch unverändert, die Erhöhung wurde wie die älteren Teile in Bruchsteinmauerwerk ausgeführt, wohl um danach wieder einen einheitlichen Verputz aufzutragen. Die

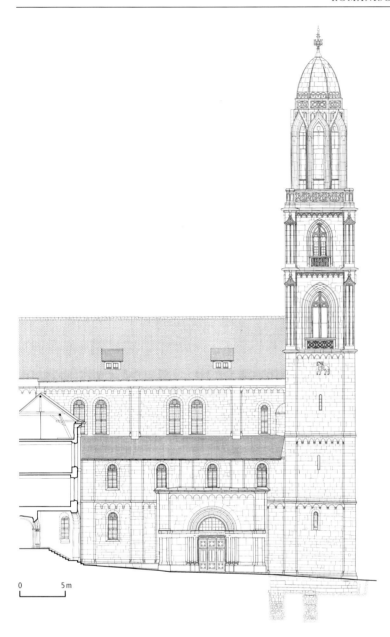

*35
Grossmünster. Aufriss Nordfassade,
1:400. Aufnahme vor der Renovation von 1931/1941 (nach Gutscher 1983).*

Gewändesteine des mittleren Altarhausfensters wurden nach Einfügen neuer Laibungssteine wiederverwendet, ebenso der Blendbogen- und der Schachbrettfries. Nach den Beobachtungen WIESMANNS sollte damals in der Südwand des Chors ein den Obergadenfenstern im Schiff entsprechendes Fensterpaar eingesetzt werden.[137] Ausgeführt wurden jedoch auf beiden Seiten, durch Verlängerung der vorhandenen Rundbogenfenster, hohe schlanke, masswerklose Spitzbogenfenster (Abb. 26). Den Chorbogen liess man unverändert auf der Höhe des ersten Plans.

Der Bau dürfte um 1220/1230 vollendet worden sein,[138] doch gibt es dafür keine genauen Anhaltspunkte; die Steinmetzzeichen sind im Vergleich zu anderen Zürcher Sakralbauten, wie erwähnt, kein zuverlässiges Datierungsindiz. Da die Aussengliederung bei der Chorerhöhung auch auf der Nordseite nachgezogen wurde (Abb. 176), ist davon auszugehen, dass diese noch frei stand und dass der Bau über dem Südflügel des Kreuzgangs noch nicht bestand. Bislang ist nicht daran gezweifelt worden, dass es sich hierbei um den Kapitelsaal handelt. Dessen urkundliche Ersterwähnung 1243 lieferte folglich einen Terminus ante quem für die Chorerhöhung und damit für den Bauabschluss.[139] Die Lokalisierung des Kapitelsaals an dieser Stelle ist jedoch durch keine Quelle gesichert. Allerdings weist die durch Bilddokumente belegte spitzbogige Fensterreihe dieses Baus gegen den Kreuzgang tatsächlich auf dessen Entstehung noch im 13. Jahrhundert.

Die Planänderungen in der letzten Bauetappe bewirkten vor allem eine Verschlankung der Proportionen, sowohl derjenigen des gesamten Baukörpers als auch der Einzelformen.

DIE PORTALE

Nordportal
(Abb. 31, 36–41)

Architektur

Das Nordportal wird im Liber Ordinarius in Abgrenzung zum kleineren Eingang an der Südseite als «grosses» oder «grösseres» Portal bezeichnet[140] und entstand nach GUTSCHER in der dritten Bauetappe in den 1140er Jahren.[141] Es liegt in der Achse des etwas älteren Südportals und genau in der Mitte der gegen den damaligen Friedhof gerichteten Nordfassade, deren Ausdehnung nach Osten die ältere Bauflucht des Kreuzgangwesttrakts bestimmt. Die von HOMBURGER erstmals geäusserte und dann von WIESMANN wieder aufgegriffene Hypothese, das Portal sei ursprünglich für die Westfas-

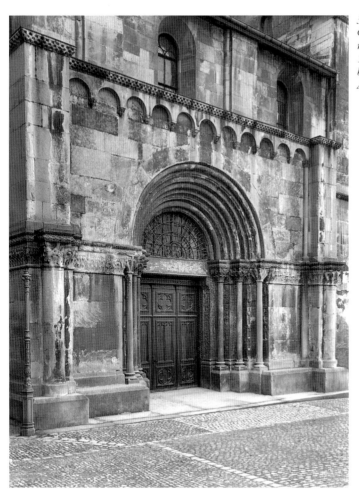

*36
Grossmünster. Nordportal nach der neuromanischen Rekonstruktion von 1843–1846 mit horizontalem, von einem Blendbogen- und Schachbrettfries begleitetem Abschluss. Foto 1907.*

sade bestimmt gewesen, konnte GUTSCHER klar widerlegen.[142] Das rundbogige Stufenportal ist in einen kastenförmigen Vorbau eingefügt, der an den Aussenseiten von kräftig vortretenden Wandpfeilern eingefasst wird (obere Hälfte 1845–1847). Der horizontale Abschluss, der auf die Restaurierung von 1845–1847 zurückgeht, ist nicht sicher belegt. In dieser Form erinnert es an das Schottenportal in Regensburg, die Basler Galluspforte, das Nordportal in Rosheim oder die Ostportale des Mainzer Doms. Den seitlichen Wandpfeilern sind im unteren Teil stämmige Halbsäulen vorgelagert, deren Kapitelle und Kämpfer sich als Fries über die Stirnseite des Portalvorbaus in die Kapitellzone des Gewändes fortsetzen. In das dreifach abgestufte Gewände sind schlanke Vollsäulen auf eine ebenfalls gestufte, gefaste Sockelzone gestellt. Die Säulen sind so weit vorgerückt, dass die Gewändestufen dahinter als Pfeiler gesehen wurden und eine eigene Kapitellzone erhielten. Diese Zweischichtigkeit ist bei den Nachfolgeportalen (siehe unten) zum Teil noch ausgeprägter. Die Archivolten sind alternierend als Rundstäbe, eckige Stufungen und schmale rosettenbesetzte Kehlungen ausgeformt. WIESMANN konnte an den Archivolten noch Spuren einer Bemalung beobachten, unter anderem einer Vergoldung in den Kehlen.[143] Die heutige Bemalung der Rundstäbe mit schwarzem Spiralband geht auf die Restaurierung von 1940 zurück.[144] Als Vorstufe und gleichzeitig als Bindeglied zum schlichteren Südportal macht GUTSCHER oberitalienische Portale geltend, in der Art des einfachen Stufenportals in der Südfassade von San Siro in Cemmo in Capo di Ponte, das sich in einem flachen Kasten mit flankierenden Halbsäulen öffnet.[145] Typologisch eng verwandt mit dem Zürcher Portal und vielleicht in direkter Nachfolge im ausgehenden 12. Jahrhundert entstanden sind die Westportale der Pfarrkirchen in Sigolsheim (3. Viertel 12. Jh. / um 1200) und Guebwiller (letztes Viertel 12. Jh.).[146]

Im Spätmittelalter, spätestens im 15. Jahrhundert, ist das romanische Portal durch zwei seitlich über das Portal zur Empore hochführende Treppenläufe und ein weit ausladendes Vordach verbaut worden (vgl. Abb. 149 und 176).

Skulptur

Die überwiegend ornamentalen Skulpturen konzentrieren sich in der Kapitellzone des Gewändes und in deren Fortsetzung als Fries, der sich in der

37–38
Grossmünster. Nordportal. Kapitell mit König (David?) zwischen kauernden Löwen am westlichen Wandpfeiler. Aktueller Zustand. – Dasselbe Kapitell, vor der Restaurierung. Foto 1907. – Text unten.

Art einer kostbaren Bordüre um den ganzen Portalvorbau herumzieht, sowie an den Türlaibungen und Gewändepfosten.[147] Die meisten Werkstücke sind im Laufe der Zeit durch Kopien ersetzt worden, die wenigen verbliebenen Originale sind stark überarbeitet, doch sind keine wesentlichen Änderungen oder Ergänzungen des ikonografischen Programms bekannt. Der Fries besteht aus zwei Reihen von Blattwerk; auf der unteren laufen frei eingestreut verschiedene Tiere, darunter eine Katze, ein Fuchs und Hunde, die einen Hasen verfolgen.

Die Halbsäulenkapitelle an den Wandpfeilern wurden 1907 nach den Zeichnungen von HEGI erneuert.[148] Am östlichen thront, dem Portal zugewandt, ein König (Abb. 37, 38). Er trägt das Haar schulterlang, ist mit langem Gewand und Mantel bekleidet und streicht die Viole. Er wird meist als König David interpretiert.[149] Seine leichte, elegante Erscheinung kontrastiert mit den mächtigen Löwen, die ihn flankieren. Sie hocken, an Affen gemahnend, mit grimmig verzerrten Gesichtern und aufge-

39–40
Grossmünster. Nordportal. Löwenkapitell am östlichen Wandpfeiler. Foto 1956. – Rechte Türlaibung. Relief eines das Horn blasenden Jägers mit Speer. Aktueller Zustand. – Text unten.

41
Grossmünster. Nordportal. Rechtes Gewände. Foto 1980. – Text nebenan.

rissenen Schnauzen unter der Last des Kämpfers gebeugt.[150] Das entsprechende Kapitell an der westlichen Säule zeigt zwei elegant aufgebäumte, sich in ihre Schwänze verbeissende zweileibige Löwen, deren nach aussen gewendete Köpfe die Stelle der Eckvoluten markieren (Abb. 39). Motivisch gleiche Löwenpaare finden sich am Grossmünster an einem Kapitell im südlichen Seitenschiff (Abb. 44), in ähnlicher Form erscheinen sie aber auch an Portalen, die in der Nachfolge des Zürcher Portals entstanden sind. Die Kapitelle der äussersten Gewändesäulen sind von Adlern und Harpyien mit ausgebreiteten Schwingen und die Ecken des Kapitells betonenden vorgewölbten Körpern besetzt (Abb. 41). Die übrigen vier Säulen bekrönen stilisierte Blattkapitelle, in der Art derjenigen im nördlichen Seitenschiff. Löwen kombiniert mit Adlern, die den Kircheneingang bewachen, begegnen häufig an Portalsäulen. Insbesondere an Kirchenportalen in der weiteren Nachfolge des Zürcher Portals gehören sie zum Programm: An der Galluspforte des Basler Münsters und in Sigolsheim treten sie wie in Zürich paarweise auf, in St-Ursanne einzeln.[151] Die Frage, ob sie am Zürcher Portal in der Zusammenstellung mit König David einen Herrscher-Anspruch der Stiftskirche und eine entsprechende Funktion des Portals dokumentieren, lässt sich nicht eindeutig beantworten (siehe S. 39, 43 und 64f.).

Die Ikonografie der Reliefs am Türsturz und im Tympanon ist nicht gesichert. FERDINAND KELLER schloss aus «Spuren von zehn Heiligenscheinen» abgemeisselter Figuren, dass im Türsturz die zwölf Apostel und im Tympanon eine Majestas Domini dargestellt waren oder analog zum späteren Portal der Abteikirche Petershausen bei Konstanz (1173/ 1180) ein «triumphirender Heiland», das heisst eine Himmelfahrt Christi.[152]

Die Gewände sind teppichartig mit Flachreliefs überzogen:[153] Die Türpfosten sind an den Laibungen von je einer dreisträhnigen Kreisranke mit eingefügten Trauben, Weinblättern, Palmetten und Tieren (Vögel, Uhu, Löwe, Greif, Steinbock, Kranich) bedeckt, an den Stirnseiten von gewellten Blattranken. Den nächsten Gewändepfeiler ziert ein weitmaschiges Bandgeflecht, in dessen viereckige Zwischenräume Rosetten gesetzt sind, und ein weiteres Kreisgeflecht, das Blattmotive und ährenartige Blüten umschliesst. Die Vorderkanten des nächsten glatten Gewändpfeilers sind flach ausgekehlt und mit kleinen plastischen Köpfchen und flach reliefierten, stilisierten Blättern besetzt. Die Laibungen der äussersten Einstufung sind in je drei übereinander stehende rechteckige Kästen mit figürlichen Reliefs unterteilt. Im obersten Feld auf jeder Seite eine stehende, nimbierte, bärtige Figur in langem Gewand mit Schriftbändern, möglicherweise Propheten. In den unteren Feldern ist auf der rechten Seite ein Jäger mit Speer und Horn (Abb. 40) und ein Mann mit Steinschleuder (?) und mantelartigem Überwurf dargestellt, auf der linken Seite im mittleren Feld eine Frau mit langem Rock und darunter ein Engel, die Seele eines Toten tragend. Ein inhaltliches Programm ist nicht ersichtlich.[154]

In der strengen Stilisierung und der serienmässig anmutenden Aneinanderreihung der ornamentalen Motive und des Blattwerks, in den eng geriefelten und scharf geschnittenen Blättern wird der stilistische Zusammenhang mit der Kapitellskulptur im nördlichen Bereich des Langhauses deutlich. Von diesem starren Formgefüge heben sich die figürlichen Motive, auf die im Innern weitgehend verzichtet wird, durch ihre lebendige Gestaltung und Bewegtheit, die Kapitelllöwen an den Frontseiten zudem durch ihre starke Plastizität ab. Diese wiederum erinnern an die früheren, mit norditalienischer Skulptur in Verbindung gebrachten Arbeiten im südlichen Langhaus.

Im SLM. 1907 ersetzte Originalskulpturen (Kapitelle und Friesteile): LM, 9842–9849, 9878.

Südportal
(Abb. 42, 43)

Wesentlich schlichter als das Nord- ist das etwas ältere, um 1130 datierte Südportal.[155] In der heutigen Form ist es eine vollständige Rekonstruktion von 1933. Die Originale der beiden Kapitelle und der Blattkonsolen, die den Türsturz trugen, befinden sich im Lapidarium in der Zwölfbotenkapelle. Das Kastenportal mit horizontalem Abschluss ist zwischen zwei Strebepfeiler eingefügt, mit denen es schon im ursprünglichen Zustand im Verband stand (BAZ, Foto um 1930). Das Gewände ist einfach gestuft und umfasst auf jeder Seite eine schlanke, vollrunde Säule. Von herausragender bildhauerischer Qualität sind die antikisierenden Kompositkapitelle. Sie sind zweizonig aufgebaut: Aus einem Kranz stilisierter krautiger Akanthusblätter erhebt

42
Grossmünster. Südportal vor der Rekonstruktion 1933. Foto 1927. – Text S. 63f.

43
Grossmünster. Südportal nach der Rekonstruktion und der freien Ergänzung von Tympanon und Türsturz 1933, mit der 1939 eingesetzten Bronzetür von Otto Münch. – Text S. 63f.

sich ein korbartiger, senkrecht geriefelter Kelch, aus dem dreisträhnige Volutenbänder zu den Ecken aufsteigen. Eine Rosette sitzt anstelle der Abakusblüte. Die Kapitelle sind stilistisch solchen in Santa Maria del Popolo und in der Krypta von San Michele in Pavia eng verwandt.[156] Die Kämpfer sind mit einem rechtwinklig gebrochenen, mäanderartigen Band verziert, das auch an einem Kämpfer des nördlichen Treppenpfeilers im Langhaus vorkommt. Sie bilden das Auflager für einen kräftigen Rundstab, der das 1766 ausgebrochene Tympanon einfasste. Von einem Figurenfries auf dem romanischen Türsturz, der auf der Höhe der Kapitelle lag, war bis 1933 noch eine verstümmelte männliche Figur mit langem Rock und bortenbesetztem Mantel (ein Bischof?) erhalten. Den spätmittelalterlichen Zustand des Portals vermittelt BD 1497/1502 Leu (Abb. 6): Seitlich standen unter dem Vordächlein plastische Bildwerke auf Konsolen, die wahrscheinlich in der Reformation entfernt wurden (vgl. BD 1560 Thomann). Rechts des Portals war ein Weihwasserbecken angebracht, links davon stand zwischen der rundgeführten Treppe und dem Turm vielleicht ein Beinhaus.[157]

Funktion der Portale

Der Liber Ordinarius unterscheidet das «grosse Portal» («magna porta», «maior porta») an der Nordseite von der «Tür» («hostium») an der Südseite.[158] In der Prozessionsliturgie ist Letztere jedoch dem grossen Portal nicht untergeordnet: An Hochfesten («summis festis»), an welchen nach der Terz eine Prozession um die Kirche und durch den Kreuzgang vorgesehen war, verliessen und betraten die Chorherren die Kirche durch das Südportal («per hostium versus Aquaticam ecclesiam»).[159] Dieses fungierte auch als Stadttor Jerusalems, wenn die Palmprozession in abgekürzter Form auf dem Stiftsareal stattfinden musste:[160] Vor diesem Portal fand die Huldigungsstatio mit dem Hymnus «Gloria laus» statt. Danach zogen der Propst und die Chorherren mit dem Palmesel, mit dem sie auf der Nordseite der Kirche auf dem Friedhof gewartet hatten, zum Südportal, während ihm die Anwesenden mit Palmzweigen entgegeneilten. Mit dem Responsorium «Ingrediente Domino» den Einzug in die Stadt Jerusalem kommemorierend, wurde der Esel im Gemenge der Kleriker und Laien in den Chor der Kirche geführt. Zweifellos war das Südportal einerseits vor diesem Hintergrund und andererseits als Teil des Wegs der Stadtheiligen zu ihren Gräbern auch für Besuche der Könige und ihrer Stellvertreter im Grossmünster vorgesehen. Das Südportal benutzten sicher auch die Äbtissin, die Klosterfrauen und das Chorherrenkapitel des Fraumünsters, wenn sie zu Kanonikerbegräbnissen oder zur Feier der Himmelfahrtsvigil ins Grossmünster kamen.[161]

Durch das Nordportal kehrte der Klerus immer dann in die Kirche zurück, wenn die Prozession an Sonntagen und an Festtagen (sofern diese auf einen Sonntag fielen) im nördlichen Bereich des Stiftsareals stattfand, das heisst vom Chor in den Kreuzgang und neben der Michaelskapelle auf den Friedhof hinausführte.[162] Durch das Nordportal hinaus führten die Prozession an Allerseelen zum Besuch der Gräber auf den Friedhof[163] und die Vesperprozession zur Wasserkirche, mit der am Vorabend des

44
Grossmünster. Südliches Seitenschiff. Kapitell mit menschlicher Figur zwischen Löwen am Mittelschiffpfeiler. Vgl. Abb. 58 (Gutscher, Kat.-Nr. 33). Foto um 1981. – Text S. 71f.

Festtags der hll. Felix und Regula am 11. September die Feierlichkeiten begannen.[164] Durch welches Portal die beiden ersten Bittprozessionen zu den Kirchen der Stadt vor Christi Himmelfahrt in die Kirche zurückführten, gibt der Liber Ordinarius nicht an.[165] Durch das Nordportal wurden die Toten (Kleriker und Laien) für die Exequien, das heisst für alle Handlungen, die die Liturgie in Zusammenhang mit Tod und Begräbnis vorsah, in die Kirche hineingetragen.

Anders als man es sich von der Gestaltung der Portale, in der sie sich nach den massiven Eingriffen und der Zerstörung der zentralen Teile der Bildprogramme präsentieren, denken könnte, war demnach nicht das Nordportal mit seiner Triumphbogenarchitektur der «zeremonielle» Eingang in die Kirche, sondern das Südportal. Es nahm mit seiner Funktion bei Königsempfängen und bei der abgekürzten Variante der Palmprozession, dem heilsgeschichtlichen Vorbild für den Herrscher-Adventus, eindeutig die wichtigere Stellung ein. Das Nordportal war dagegen eher der «Werktagseingang» beziehungsweise der Stadt- oder Dorfeingang, da er alltäglicher und wohl vornehmlich von den Kirchgängern benutzt wurde.

DIE BAUSKULPTUR

Forschungsstand. Als erste Skulpturen wurden das «Guido-Kapitell» und das «Stifter-Kapitell» (Abb. 59, 61) in der 1841 in den Mitteilungen der Antiquarischen Gesellschaft Zürich erschienenen ersten Monografie über das Grossmünster beschrieben und mit Aquatintablättern von FRANZ HEGI bebildert.[166] 1844 publizierte dieser weitere Tafeln mit Skulpturen am Aussenbau und im Innern, doch verkannte FERDINAND KELLER mit seinem «antikengewohnten» Blick deren Qualität.[167] Erst die Entfernung der barocken Übertünchung 1897 erlaubte eine eingehendere Betrachtung und die Verfeine-

*45–46
Grossmünster. Krypta. Eckkapitell in der Südwestecke des Ostteils (Gutscher, Kat.-Nr. 2). Foto 1982. – Wandkapitell an der Südwand des Westteils (Gutscher, Kat.-Nr. 8). Foto 1982. – Text S. 67.*

rung kunsthistorischer Methodik eine angemessene stilgeschichtliche Würdigung, die 1899 ARTHUR LINDNER versuchte. Er stellte «eine umfangreiche Mitarbeiterschaft» von «Comasken», Steinmetzen- und Bildhauerequipen aus Oberitalien, fest,[168] wobei seine Darstellung auf das Nordportal und die beiden oben genannten figürlichen Kapitelle beschränkt blieb. 1928 verfasste OTTO HOMBURGER die erste umfassende Analyse einiger Hauptgruppen der Kapitell- und Portalskulptur.[169] Er gliederte den Gesamtbestand nach stilgeschichtlichen Kriterien in drei Gruppen: Die ältesten Werkstücke in Krypta, Altarhaus und Chor sah er eng verwandt mit der Bauplastik in Schänis SG und Muralto TI, die er ihrerseits von Sant'Abbondio in Como ableitete. Die zweite Gruppe in der Zwölfbotenkapelle brachte er in einen direkten Zusammenhang mit Werken in Pavia. Die stilistische Verortung dieser beiden Gruppen hält auch heutigen Kriterien noch weitgehend stand. Hingegen ist seiner These, dass die gesamte Skulptur im Langhaus und an den Portalen «einer Schar von Bildhauern» aus dem Roussillon und Nordkatalonien übertragen worden sei, kritisch zu begegnen. HOMBURGER relativiert die stilistischen Verbindungen dieser Werkgruppen zur gleichzeitigen lombardischen Skulptur und stellt die seines Erachtens evidenteren Verwandtschaften mit Skulpturen an Kirchenbauten im Roussillon und in Nordkatalonien in den Vordergrund. Schon aufgrund der heute früheren Datierung des Langhauses sind

manche der postulierten Stilverwandtschaften ins Wanken geraten. So tragen die Vergleiche mit den erheblich später entstandenen Kreuzgängen von Ripoll (älteste Teile letztes Viertel 12. Jh.) und Elne (nach 1172) nichts zur Klärung der Herkunft der Bildhauerequipen im Grossmünster bei. Die Datierung des von HOMBURGER mehrfach beigezogenen reich skulptierten Westportals der Abteikirche Ripoll ist nach wie vor umstritten (2. Viertel 12. Jh. oder nach 1146). Er argumentiert zudem unscharf mit stilistischen und rein motivischen Ähnlichkeiten.[170] KONRAD ESCHER relativierte den direkten Zusammenhang mit dem Roussillon und Katalonien und sah ihn eher über Italien oder Deutschland vermittelt.[171] Trotz der Skepsis ist es nicht einfach – und hier nicht zu leisten –, HOMBURGERS teilweise fragwürdigen Stilbezügen überzeugendere entgegenzusetzen. Auf seinen Kategorien basiert die 1971 publizierte Darstellung von FRANÇOIS MAURER-KUHN im Rahmen der Kapitellplastik in der Schweiz, der sie aber verfeinert und erstmals auch die Emporenkapitelle einbezieht.[172] DANIEL GUTSCHER kommt das Verdienst zu, den Gesamtbestand der Skulpturen im Innern der Kirche erstmals in einem Katalog erfasst und eine differenziertere Gruppierung und teils Neudatierung im Kontext der Baugeschichte vorgenommen zu haben.[173] Eine vertiefte und vergleichende Analyse bleibt aber vorläufig ein Desiderat.

Wir übernehmen im Folgenden die Katalognummern der Monografie GUTSCHERS (vgl. Abb. 27). Ein

47–48
Schänis. Stiftskirche St. Sebastian. Fragment eines romanischen Kämpferkapitells am chornahen Nordpfeiler des Schiffs. Zustand vor der Ergänzung 1911. – Grossmünster. Krypta. Würfelkapitelle und Kämpfer am nördlichen Gewände des Südeingangs (Gutscher, Kat.-Nrn. 6 und 10). Foto 1982. – Text unten.

vollständiger Satz der von der Kantonalen Denkmalpflege veranlassten fotografischen Dokumentation (Fotos: KUNO GYGAX) befindet sich im Baugeschichtlichen Archiv der Stadt Zürich.

Krypta
(Abb. 45, 46, 48 / GUTSCHER,
Kat.-Nrn. 2, 6, 8, 10)

Die Frei- und Wandsäulen weisen Würfelkapitelle in verschiedenen Variationen auf. Ihre Deckplatten sind unterschiedlich profiliert oder mit gitterartigem Flechtwerk, stilisierten Blattranken oder Spiralmotiven skulptiert. Vorherrschend ist das einfache Würfelkapitell mit glatten Schildflächen. Nur drei Würfelkapitelle in den westlichen Ecken der beiden Kryptenräume sind mit Tier- und Pflanzenmotiven in den vertieften Schildflächen skulptiert: Die zwei Kapitelle in den Nordwestecken der östlichen und westlichen Halle sind identisch und zeigen Vögel, die ihre Köpfe zurückwenden und sich ins Gefieder picken, das dritte Kapitell einen Hasen und ein Blattmotiv (Abb. 45). Schlingbänder zieren die Deckplatten der drei figürlichen Kapitelle, Flecht- oder Zickzackbänder schmücken zwei Basen an der Nordwand (Abb. 46). Schlingbänder und Spiralornamente finden sich auch an Werkstücken in der ehemaligen Stiftskirche Schänis SG,[174] doch bestehen eher motivische als stilistische Übereinstimmungen (Abb. 47, 48). Stilbeziehungen zu Schäniser Werkstücken sind jedoch nicht von der Hand zu weisen bei den wellenförmig verlaufenden Stielranken an den Kämpfergesimsen am nördlichen und südlichen Gewände des Südeingangs in die Krypta sowie am Kämpfer über einem Würfelkapitell an der Westwand: Sie sind mit einem romanischen Kämpferkapitell des östlichsten Nordpfeilers des Langhauses von Schänis (frühes 12. Jh.) eng verwandt[175] und leiten stilistisch zu den Ranken an den Kämpfern der Wandpfeiler im südlichen Seitenschiff über.

Chor- und Altarhaus
(Abb. 49–51, 90 / GUTSCHER, Kat.-Nrn. 12–23)

Obschon zeitlich nur wenig auseinander liegend, sind die Kapitelle im Altarhaus und die Kämpfer am Choreingang stilistisch sehr unterschiedlich. Die Kapitelle der Blendarkaden an der Nord- und Südwand des Altarhauses weisen schlichte Würfelformen auf, die vier an der Ostwand hingegen sind besonders aufwendig gestaltet.[176] Sie setzen sich in zwei verschiedenen, originellen Spielarten des korinthischen Kapitells aus stilisierten Palmetten, Voluten und Flechtband in weichem Kerbschnitt zusammen (Abb. 108).[177] Engere Vergleichsstücke lassen sich bislang nicht beibringen.[178]

Die Gewölbedienste im Altarhaus enden in unverzierten Würfelkapitellen, ebenso die beiden östlichen im Chor. Die westlichen Dienstkapitelle im

49
Grossmünster. Chor. Kapitell mit Musikanten in der Südwestecke (Gutscher, Kat.-Nr. 21). Foto 1983. – Text unten.

Chor sind dagegen reicher geformt: Das mit einem Viertelkapitell gekoppelte Halbkapitell in der Nordwestecke ist ein Blattkapitell mit lang gestreckten Zungenblättern, von deren Spitzen tropfenförmige Knospen (?) herunterhängen; zwischen den Blättern steigen zweisträhnige, in den Ecken zu Voluten eingerollte Helices auf. Das Pendant in der Südwestecke zeigt vor Palmettenstielen drei kurzberockte Männchen (Abb. 49). Eines spielt die Fiedel, ein anderes eine Art Klarinette, und das dritte singt oder lauscht – passend zum Psallierchor der Stiftskanoniker, dem sie zugewandt sind. Die kleine zerstörte Stelle an der Seite der beiden Kapitele, deren Negativ genau in die Fehlstelle des Chorbogenkämpfers passt, verweist auf deren Versatzort vor der Erhöhung des Gewölbes.

Die Kämpfer der Chorpfeiler werden von prallen Weinranken geziert (Abb. 50, 51); an den Ecken zum Chor sitzen Vögel (Adler?) mit geöffneten Flügeln; derjenige auf der Südseite pickt an einer Weintraube. Zum Schiff hin wenden sich Löwen: Die beiden auf der Nordseite mit zottigen Mähnen und zwischen den Hinterbeinen durchgezogenen Schwänzen umklammern mit ihren Tatzen den Rundstab und stecken ihre Köpfe in der Ecke zusammen. Ihre Pendants auf der Südseite stehen in ähnlicher Haltung, den Nacken jedoch grimmig gebuckelt und die Zähne bleckend; der Kopf einer dritten Raubkatze nimmt die Position der Eckvolute ein. Wächtern gleich stehen die Löwenpaare an der Nahtstelle zwischen Laien- und Klerikerbereich. Die nach Osten zum Hochaltar hingewendeten Vögel in Kombination mit den ebenfalls dahin wachsenden Weinranken sind hier wohl als Sinnbilder der Auferstehung und des Paradieses zu verstehen.

Die Kapitelle und Kämpfer im Chor und an den Chorpfeilern zeichnen sich durch eine kräftige Modellierung aus, die vom weichen Kerbschnitt der Krypta- und Altarhauskapitelle weit entfernt ist. Die fülligen Blatt- und Fruchtranken sind nicht mit dem Grund verbunden, sondern scheinen von diesem gelöst. Die Tiere zeichnen sich durch das volle, prall gerundete Volumen ihrer Körper aus und strahlen eine ausgeprägte körperliche Präsenz aus. Die Forschung hat eine enge stilistische Verwandtschaft mit Kapitellen in der Krypta von San Vittore in Muralto-Locarno und Werkstücken in der Stiftskirche Schänis (um 1100) postuliert und die Werke lombardischen Steinmetzen zugeschrieben.[179] Die Ähnlichkeiten sind jedoch motivischer Art, stilistisch bestehen augenfällige Unterschiede: So kommt beispielsweise in Muralto auch der Vogel mit den tief ansetzenden Flügeln und dem pickend zurückgewendeten Kopf vor, in Muralto und Schänis die Blattranke mit den leicht gebogenen und ausgehöhlten löffelförmigen Blättern und den knotenförmigen Abschnürungen an den Kreuzungsstellen. Die Kämpfer am Chorbogen und die Kapitelle des Chorgewölbes leiten stilistisch zu den Skulpturen in der Zwölfbotenkapelle und im südlichen Seitenschiff über und bestätigen, dass dieser Bauabschnitt ohne Unterbruch auf den Chorbau folgte.[180]

Zwölfbotenkapelle und Langhaus

Zwölfbotenkapelle und südliche Seitenschiffwand (um 1120/1130)
(Abb. 52–56 / GUTSCHER, Kat.-Nrn. 24–31)

Die in der dritten Bauetappe versetzten Werkstücke stellen die stilistisch geschlossenste Gruppe im Langhaus dar. Sie stehen, insbesondere in den Tiermotiven, den Skulpturen im Chor und den Kämpferfriesen beim Eingang in die Krypta nahe. Figürliche Motive wechseln mit Ranken- und Palmettendekor ab. Letzterer setzt sich aus gewellten dreisträhnigen oder kantigen Stielranken und Bandkreisen mit verschiedenen palmettenartigen Blättern zusammen, weich geformt und ausgelegt auf glattem Grund, wie auf einer Folie. Motivisch und

50–51
Grossmünster. Kämpfer des nördlichen Chorbogenpfeilers (Gutscher, Kat.-Nr. 19). Foto 1981. – Kämpfer des südlichen Chorbogenpfeilers (Gutscher, Kat.-Nr. 20). Foto um 1981. – Text S. 68.

formal stehen diese Werkstücke Kapitellen aus verschiedenen, sicher im 12. Jahrhundert entstandenen Kirchen in Pavia so nahe, dass Bildhauer von dort oder zumindest enge künstlerische Beziehungen zur Lombardei vorauszusetzen sind.[181] Klar belegen lässt sich dies auch an den Kapitellen des Südportals.

Zwölfbotenkapelle. Die drei ganz oder teilweise erhaltenen Kämpfer der Pilaster der Nordwand sind von symmetrisch angeordneten Tierpaaren geziert. Den östlichsten, heute von der Sakristei aus zu sehenden, nehmen zwei Drachen mit ineinander verschlungenen Schwänzen ein (Abb. 52). Sie verbeissen sich in die Ohren menschlicher Köpfe an den Ecken, diese Köpfe ihrerseits beissen in die Drachenschwänze. Die Körper der Drachen, teils in Aufsicht, teils in Profilansicht, sind in die Fläche gedrückt. Das Ornamentale wird durch ein auffälliges Perlband betont, das entlang der Rückgrate und Schwänze verläuft. Bis in einzelne Motive aufs Engste vergleichbar ist ein Drachenpaar auf einem Kapitell aus San Giovanni in Borgo in Pavia.[182] Der Kämpfer zwischen dem mittleren und dem westlichen Joch ist durch den Einzug der Wand zum Treppenhaus nur teilweise sichtbar (Abb. 53). Er zeigt ein gegenständiges Löwenpaar, das sich in die wellenförmig verlaufende Blattranke verbeisst. Den westlichsten Kämpfer, ursprünglich am Eingang der Zwölfbotenkapelle, nehmen zwei frontale Adler ein (Abb. 54); der rechte ist durch die 1848/49 eingezogene Trennwand beschnitten, der linke vom Seitenschiff aus zu sehen. Sie klammern sich am Rundstab der Gurtbogenkonsole fest und wölben ihre fülligen und mit einem schuppenartigen Federkleid reliefierten Körper kräftig vor. Die Schräge des Kämpfers darüber wird von einer in der Mitte gespaltenen, in dreisträhnige Bandkreise eingeschlos-

52–53
Grossmünster. Zwölfbotenkapelle. Kämpfer des östlichen Pilasters der Nordwand mit ineinander verschlungenen Drachen und Köpfen (Gutscher, Kat.-Nr. 24). Foto 1931. – Kämpfer des mittleren Pilasters der Nordwand mit Löwenpaar in Rankengeschlinge (Gutscher, Kat.-Nr. 25). Foto 1936. – Text oben.

54
Grossmünster. Zwölfbotenkapelle. Kämpfer an der Nordseite des ursprünglichen Eingangs vom südlichen Seitenschiff (Gutscher, Kat.-Nr. 27). Foto um 1981. – Text S. 69f.

senen sechsblättrigen Palmette geziert, zwischen deren gesprengte Hälften sich von oben her ein dreiteiliges Blatt einschiebt. Exakt dasselbe, sonst nicht sehr häufige Motiv findet sich auch in San Michele in Pavia über einem der Kryptenabgänge und hoch oben an der Ostwand des Südquerschiffs.[183]

Südliche Seitenschiffwand. Von den Wandpfeilervorlagen im südlichen Seitenschiff sind die Kapitelle der beiden Halbsäulen figürlich ausgestaltet. Dasjenige neben dem Portaleingang zeigt in Frontalansicht eine zweischwänzige Sirene zwischen menschenverschlingenden Löwen (Abb. 56), das andere zwei Menschen in den Fängen von Löwenpaaren. Die Darstellungen fügen sich symmetrisch in den Kapitellkörper ein. Das Sirenenkapitell folgt dem Aufbau des korinthischen Kapitells: Wie dort ist die Abakusplatte an den Seiten konkav eingezogen; der Kopf der Sirene nimmt die Stelle der Abakusblüte ein, die mächtigen Löwenhäupter sitzen an der Stelle der Eckvoluten. Das Löwenkapitell hat die Grundform eines Würfelkapitells (Abb. 55). Die unter den Löwen gebogenen Menschenkörper, unterstützt durch die geschwungenen Rücken der Tiere, zeichnen die korbartige Rundung der Schild-

55–56
Grossmünster. Südliches Seitenschiff. Kapitell mit menschenbezwingenden Löwen an der Südwand (Gutscher, Kat.-Nr. 30). Foto um 1981. – Sirenenkapitell an der Südwand (Gutscher, Kat.-Nr. 28). Foto um 1981. – Text oben.

front nach. Stilistisch zeichnen sich die beiden Kapitelle durch grosse Lebendigkeit und Ausdruckskraft aus. Schamlos undistanziert präsentiert sich die Sirene mit ihren hochgehaltenen Schuppenschwänzen, Palmettenschurz und dem üppigen entblössten Oberkörper, dessen hängende Brüste durch das über die Schultern herunterfallende Haar noch betont werden. In eng vergleichbarer Gestalt und an ähnlich exponierten Stellen begegnen uns Sirenen in der Kapitellzone der Portalgewände von San Michele und San Pietro in Ciel d'Oro (vor 1132) in Pavia.[184] Selbstbewusst hält sich die Zürcher Sirene zwischen den furchterregend aus den Ecken vordrängenden Löwen mit ihren wilden Zottenmähnen, weit aufgerissenen Schnauzen und riesigen Pranken, die sie über die kleinen, gummihaftkraftlosen Körper ihrer Opfer halten. Beim anderen Kapitell erscheinen die Löwen, obschon die Hände der hochgerissenen Arme der Männergestalten unter sich verschlingend, beruhigter, krallen ihre Pranken eher sanft in ihre Opfer. Dennoch wird den Betrachtern auch hier buchstäblich «plastisch» das Ausgeliefertsein des Menschen an die bösen Mächte vor Augen geführt.

Die ältesten Pfeilerreliefs
(Abb. 44, 57–62 / GUTSCHER, Kat.-Nrn. 32–36, 37, 39, 42, 44–47, 48a)

Nach GUTSCHER schliessen die ältesten Pfeilerkapitelle direkt an die «pavesische» Gruppe und sind «sicher von wandernden Oberitalienern geschaffen».[185] Dazu gehören die Kapitelle der südlichen Langhauspfeiler 3' und 4', die Kapitell- und Kämpferzonen des nördlichen Treppenpfeilers 5 und des Wandpfeilers 6 und wohl auch die Kapitelle an den nördlichen Langhauspfeilern 3 und 4 (vgl. Grundriss, Abb. 89). Einige Stücke wurden jedoch erst in einer späteren Bauphase versetzt. Sicher eine spezielle Meisterhand schuf das «Stifter-Kapitell» am nördlichen Langhauspfeiler 3. GUTSCHER ordnet dieser Gruppe auch das reizende Mädchenköpfchen zu (Abb. 57), das konsolartig in der Südwestecke des Mittelschiffs über dem Schachbrettfries angebracht ist und vor der Emporenverlängerung 1319/1321 ins Mittelschiff hinunterblickte.

Im Figürlichen gibt es, in unterschiedlich feiner Ausarbeitung, gemeinsame Stilmerkmale, beispielsweise das leichtfüssige Tänzeln oder Schweben über den Halsringen, die etwas feisten, rundlichen

57
Grossmünster. Südlicher Treppenpfeiler. Mädchenköpfchen an der Pfeilerbasis auf Emporenhöhe an der Südwestecke des Mittelschiffs (Gutscher, Kat.-Nr. 48a). Das Köpfchen blickte bis zur Verlängerung der Westempore 1319/1321 ins Mittelschiff und war von da an bis zur Freilegung 1958 unter dem Fussboden verborgen. Foto 1959. – Text unten.

Köpfe mit vortretenden Augäpfeln und gebohrten, zum Teil mit Blei ausgegossenen Pupillen, das fein gesträhnte Haupt- und Barthaar oder die flach gepressten Tütenfalten und die wabenartigen oder gerillten Schub- und Knitterfalten an Oberarmen und Bauch. Die Pflanzenornamente zeigen einen antikisierenden Stilmodus, der auf Pavia verweist. Im Unterschied zur Werkgruppe in der Zwölfbotenkapelle und an der Südwand sind sie aber strenger durchorganisiert, gestraffter, und die Blätter mit dem Bohrer eng gerieft, das Akanthusblattwerk scharf gezackt. Die reinen Pflanzenkapitelle folgen dem antiken Kapitellaufbau (z.B. GUTSCHER, Kat.-Nrn. 34, 41, 42), den auch die zwei figürlichen Kapitelle gegenüber dem Südportal (GUTSCHER, Kat.-Nrn. 33, 36) nachzeichnen. Es ist unter anderem diese Gruppe, die HOMBURGER katalanischen Truppen zugeschrieben hat (siehe oben). Die Übereinstimmungen sind aber motivischer Art und nicht auf diese Kunstlandschaft beschränkt. Stilistisch steht diese Gruppe pavesischen Werken eindeutig näher.

Die zwei figürlichen Kapitelle beim Südportal
(Abb. 44, 58). Sie sind streng symmetrisch aufgebaut mit einer von Tieren flankierten Figur auf der Frontseite. Diejenige auf dem östlichen Kapitell (Abb. 44) hockt frontal mit gespreizten Beinen und hält sich mit beiden Händen an zwei Pflanzenbüscheln fest.

58
Grossmünster. Südliches Seitenschiff. Kapitell mit menschlicher Figur zwischen Vögeln am Mittelschiffpfeiler. Vgl. Abb. 44. (Gutscher, Kat.-Nr. 36). Foto um 1981. – Text S. 71f.

Sie ist bärtig, trägt eine Reifkrone und einen kurzen, am Oberkörper eng anliegenden Rock. Flankiert wird sie von an der Ecke zusammengewachsenen Löwenpaaren mit kräftig vorgewölbten Leibern und sich in die Schwanzenden verbeissenden, aus den Ecken herunterfauchenden Köpfen. Das Kapitell am westlichen Pfeiler (Abb. 58) zeigt eine ähnliche Figur, die aber anstelle der Krone eine Narrenkappe trägt. Ihr Rock fällt vorne über einen Blattkranz, der den Unterkörper verdeckt. In den Ecken sitzt je eine Begleitfigur in gleicher Pose. Mit beiden Armen halten die drei Figuren übers Kreuz Vögel umfangen, die auf dem Blattkranz sitzen. Die Mittelfigur erinnert an Darstellungen der Greifenfahrt Alexanders,[186] doch ist sie ebenso wenig ein Alexander wie ihr Pendant am anderen Kapitell, trotz Kronreif, ein König. Beiden Gestalten haften burleske Züge an, und sie mögen an dieser Stelle, gegenüber dem liturgischen Haupt- und «Königs»-Portal, befremdend anmuten – aber vielleicht gerade hier ihren Sinn haben.

«Guido-Kapitell» (Abb. 59). Das Kapitell zeigt in friesartiger Abfolge sechs in knielange Tuniken gekleidete Männer. Sie sind in zwei scheinbar voneinander unabhängige Szenen verwickelt. In der Mitte tragen zwei mit Nasalhelmen und mandelförmigen Schilden Bewaffnete einen Zweikampf aus.[187] Während der rechte, bärtige, seinem Gegner soeben einen Dolch in die Schulter stösst, wird der Angegriffene von einem hinter ihm stehenden, von einem Schwertträger begleiteten Mann am Arm zurückgehalten und so am Schwertschlag gehindert. Rechts schliesst sich eine Gruppe von zwei gestikulierenden Männern an. Die Ikonografie des Kapitells bleibt rätselhaft. Sie ist verschieden, bislang aber nicht befriedigend interpretiert worden. Schon die Deutung des Namenszugs «GVIDO» auf der Schwertklinge des unterlegenen Kämpfers gibt Probleme auf. Ist er eine Bildhauersignatur, oder bezeichnet er eine der dargestellten Figuren? Ungewiss bleibt auch, ob es sich um ein Ereignis der Zeitgeschichte oder eine Szene aus der Mythologie, Bibel oder Epik handelt.[188] Die älteren Auslegungen[189] versuchen die Darstellung meist auf mögliche historische Ereignisse zu beziehen. Friedrich Salomon Vögelin bezog als Erster die Inschrift auf einen Bildhauer oder Baumeister und deutete die Szene als «eine einfache Kampf- oder Turnierszene».[190] Die neuere Forschung bringt die Inschrift ebenfalls eher mit dem Bildhauer in Verbindung.[191] Maurer-Kuhn interpretiert die Szene biblisch als Meuchelmord Joabs an Abner (2 Sam 3, 22–27).[192] Sein hinterlisti-

59
Grossmünster. Südlicher Mittelschiffpfeiler. «Guido-Kapitell» (Gutscher, Kat.-Nr. 32), Ansicht der Westseite. Foto um 1981. – Text S. 72f.

60
Grossmünster. «Guido-Kapitell», Schmalseite gegen das Mittelschiff. – Text S. 72f.

ges Vorgehen machte Joab in der spätmittelalterlichen Typologie zum alttestamentlichen Vorgänger Judas.[193] Es ist möglich, dass hier eine Geschichte aus dem Alten Testament dargestellt ist – gemeint als Helden- oder eher Antiheldengeschichte oder als Exemplum niederträchtigen Handelns – oder eine Szene aus einer (lokalen?) Heldensage, die heute nicht mehr bekannt ist. Nicht erklärt werden damit aber die zwei Figuren rechts. Ihre eigenartigen Gebärden sind für heutige Betrachter kaum mehr zu dechiffrieren.[194] Die vorgeschlagenen Deutungen als «lebhafte Unterhaltung»[195], als «eine Art Siegestanz» anlässlich der Niederlage des einen Kämpfers[196] oder als Faustkampf[197] überzeugen nicht. Beide Männer heben einen Fuss in hüpfender oder tänzelnder Pose ab. Der eine zupft den anderen am Kinn – oft eine Geste boshaften Neckens. Dieser stützt einen Arm in die Hüfte ein und zeigt mit dem anderen nach unten. Auf jeden Fall scheinen beide Szenen als «unritterliches» Handeln eher negativ konnotiert und mögen an der Stelle nahe beim Südportal, das für die Empfänge von Königen und anderen hoch gestellten Personen vorgesehen war, auch mahnenden Charakter haben.

«*Stifter-Kapitell*» (Abb. 61). Das einzige figürliche Kapitell auf der Mittelschiffseite zeigt rechts zwei

61
Grossmünster. Nördlicher Mittelschiffpfeiler, Südseite. «Stifter-Kapitell» (Gutscher, Kat.-Nr. 37). Foto 1981. – Text S. 73f.

einander im Viertelprofil zugewandte nimbierte Heilige.[198] Die weibliche Figur rechts ist beschuht und bekleidet mit langem Rock, über die Knie reichendem Obergewand und am Hals geschlossenem Mantel und einem Kopfschleier. In der linken Hand hält sie eine Märtyrerpalme, die rechte hat sie erhoben. Die männliche Figur links, mit schulterlangem Haar und Bart, trägt im Unterschied zur weiblichen einen offenen Mantel, der bis zum Boden reicht und sich hier in einem bewegten Faltenbausch aufwirft. In der rechten Hand hält sie ein geschlossenes Buch, in der andern eine Märtyrerpalme. Auf das Figurenpaar reitet von links ein König oder Kaiser mit einem Lilienszepter in der Hand zu. Das Pferd knickt mit den Vorderbeinen ein, als ob es vor den Heiligen in die Knie sinken würde. Die Szene wird traditionellerweise und zweifellos zu Recht mit der legendären Auffindung der Gebeine der hll. Felix und Regula durch Kaiser Karl den Grossen identifiziert. Auf die Jagd, die nach der Legende zur Auffindung der Heiligengräber und zur Stiftung und zum Bau des Grossmünsters geführt hat, deutet der hinter dem Kaiser auf einer Stange sitzende Falke. Es handelt sich um das älteste Zürcher Karlsdenkmal. Aus dieser für das Selbstverständnis des Kanonikerstifts bedeutsamen Thematik erklären sich einerseits die herausragende bildhauerische Qualität und andererseits der Standort des Kapitells. Es ist im Vergleich mit den anderen Kapitellen dieser Werkgruppe elaborierter und edler. Die fein gemeisselten Figuren bewegen sich auf glattem Reliefgrund, den man sich als Goldgrund vorstellen möchte. Das Kapitell ist dort angebracht, wo die liturgische Statio «in medio ecclesiae» anzunehmen ist, die bei Prozessionen eine wichtige Rolle spielte (siehe S. 85).

Kämpfer- und Kapitellzone des nördlichen Treppenpfeilers (Abb. 62). Im Unterschied zur schlichten, profilierten Kämpfer- und Kapitellzone des südlichen Turmpfeilers ist diejenige des nördlichen reicher mit Bauschmuck ausgestaltet. Die «Schauseite» gegen Osten nimmt ein besonders reiches, friesartiges Kapitell ein (GUTSCHER, Kat.-Nr. 44). Wie am Abakus und an den Blattmotiven des Hintergrunds deutlich wird, ist es eigentlich aus drei korinthischen Blattkapitellen zusammengewachsen, von denen die beiden linken ein symmetrisches, voneinander abgewandtes Greifenpaar, das rechte einen Reiter zeigen; Letzterer eine schlichtere Variante des reitenden Kaisers Karl auf dem «Stifter-

62
Grossmünster. Nördlicher Treppenpfeiler. Kämpfer- und Kapitellzone mit Greifenpaar, Reiter und Vögeln (Gutscher, Kat.-Nrn. 44, 46a). Foto um 1981. – Text unten.

kapitell». Die Schmalseiten des Kapitellfrieses sind mit Greifen besetzt, die Nebenkapitelle mit Adlerpaaren.

Ornamentale Kapitelle im westlichsten Joch

Eine Reihe von Wandkapitellen in den beiden Turmjochen und im Joch unter der Westempore (GUTSCHER, Kat.-Nrn. 49–51, 53, 55, 56) setzt sich im groben und flach gemeisselten Behau deutlich von allen anderen Werkgruppen ab (Abb. 63). Die Stücke sind offensichtlich rasch und ohne künstlerischen Ehrgeiz ausgeführt und teilweise wie unfertig belassen worden. Offenbar konzentrierte man den bildhauerischen Aufwand auf die liturgisch wichtigeren und mehr begangenen Raumteile, zu denen in der dritten und vierten Bauetappe die Seitenschiffe, die Portale und die westlichen Langhauspfeiler gehören. Allein auf das exponierte Kapitell der Emporenstütze zwischen den Treppenpfeilern, das auch den Standort des Taufsteins bezeichnete, wurde grössere Sorgfalt verwendet (Abb. 64). Das korinthisierende, zweizonige Blattkapitell zeigt stilisierte, gerippte Blätter mit überfallenden Spitzen und weist die Stilmerkmale der folgenden Gruppe im nördlichen Seitenschiff auf.

Die Wandpfeilerkapitelle im nördlichen Seitenschiff
(Abb. 65 / GUTSCHER, Kat.-Nrn. 57–61)

Die bildhauerischen Arbeiten dieser Werkgruppe, die ihren Höhepunkt im Nordportal finden, schliessen zum Teil direkt an die «pavesische» Gruppe an (z.B. GUTSCHER, Kat.-Nr. 59). Bezeichnend ist, ausser am Portal, der Verzicht auf alles Figürliche, die Reduktion auf breitlappige, eng gerippte Palmetten und Voluten und eine noch strengere Stilisierung. Im Unterschied zur «pavesischen» Gruppe sind die Rippen nicht mit dem Bohrer gearbeitet und wirken deshalb stereotyper und flächiger.

Kapitelle der beiden östlichsten Pfeilerpaare des Mittelschiffs
(Abb. 66 / GUTSCHER, Kat.-Nrn. 64–67)

Gemäss der Bauchronologie entstand diese stilistisch geschlossene Werkgruppe korinthisierender Kapitelle gegen die Seitenschiffe zu Beginn der fünften Bauetappe kurz nach der Mitte des 12. Jahrhunderts. Im Anschluss an die Nordportal- und Nordwandgruppe wird deren Tendenz zur Stilisierung, Verflächung und Standardisierung fortgesetzt, Haupt-

und Nebenkapitelle werden vereinheitlicht. Man kann sich des Eindrucks einer gewissen Spannungslosigkeit und Sprödheit nicht erwehren. Nach GUTSCHER geht der Meister dieser Kapitelle «direkt aus dem Kreis der Hauptportalmeister» hervor und arbeitet «in souveräner Beherrschung der Blattzonen und des Steinmetzwerkzeugs».[199] Wir tendieren eher zur Ansicht, die Kapitelle seien mit einer gewissen Eile und in Kopie der bereits vorhandenen geschaffen worden.[200]

Ältere Emporenkapitelle
(Abb. 67–69 / GUTSCHER, Kat.-Nrn. 75–78)

Unter den Bauskulpturen des Emporengeschosses heben sich die vier Halbsäulenkapitelle der nördlichen Wandvorlagen durch ihre grösseren Masse und ihre altertümliche Ausformung ab. Sie sind aber auch unter sich ganz verschieden und lassen sich stilistisch an keine der älteren und jüngeren Werkgruppen anschliessen.[201] Es sind dies ein Würfelkapitell mit stern- und blattförmigen Kerbschnittmotiven und einer archaischen Hasenjagd auf den Schildflächen (Abb. 67), ein Kelchkapitell mit aus der Mitte gedrehtem, an den Ecken zu Voluten eingerolltem Taustab auf dem glatten Kalathos und Rosettchen als Abakusblüten (Abb. 68) sowie zwei grob stilisierte korinthisierende Blattkapitelle, eines teilweise in Bosse belassen (GUTSCHER, Kat.-Nrn. 76, 78). Sie müssen älter sein als die übrigen Emporenkapitelle, denn zwei der südlichen Wandpfeilerkapitelle (Abb. 69) hatten ursprünglich, wie bereits GUTSCHER beobachtete, zwar die für die jüngere Gruppe gültige Normhöhe von 36 cm, aber die Breite der Kapitelle auf der Nordseite und mussten nachträglich auf 62 cm zurückgearbeitet werden.[202] Dies entspricht auch der Bauabfolge von Norden nach Süden in der fünften Etappe.

69
Grossmünster. Südempore. Wandpfeiler (Gutscher, Kat.-Nr. 74). Foto 1980. – Text nebenan.

Jüngere Emporenkapitelle
und Schlusssteine der Emporengewölbe

Die jüngeren Kapitelle (GUTSCHER, Kat.-Nrn. 80–84, 88–92, 94) und die Gewölbeschlusssteine der Emporen (Abb. 70–73 / GUTSCHER, Kat.-Nrn. 95–104) bilden eine stilistisch geschlossene Gruppe. Die Halbsäulen werden von gedrungen proportionierten, kräftig durchmodellierten, mehrschichtigen Blattkapitellen mit eng gerippten, fleischigen Blättern und schwer überfallenden Eckblättern gekrönt. Noch quellender ist die Plastizität bei den Schlusssteinen, wo «eine wilde Fabeltier- und Fratzenwelt einen letzten Höhepunkt feiert».[203] Sie sind ringförmig mit Menschen- und Tierköpfen in den Winkeln der Rippenansätze oder als Abhänglinge (die ältesten ihrer Art!)[204] gebildet, als fantastische ornamentale Gebilde oder Tierfratzen in schwellenden Formen. Nach der Bauchronologie sind diese Kapitelle und Schlusssteine ins letzte Viertel des 12. Jahrhunderts zu setzen, ungefähr in die gleiche Zeit wie die Skulpturen im Kreuzgang. Aus dem Fratzengewirr hebt sich ein Abhängling in Form

63–68
Grossmünster. Wandpfeilerkapitell an der Westwand (Gutscher, Kat.-Nr. 51). Foto um 1981. – Kapitell der Säule unter der Westempore (Gutscher, Kat.-Nr. 54). Foto um 1981. – Nördliches Seitenschiff. Wandpfeilerkapitelle (Gutscher, Kat.-Nrn. 57, 58). Foto um 1981. – Südliches Seitenschiff. Kapitelle am östlichsten Mittelschiffpfeiler (Gutscher, Kat.-Nr. 67). Foto um 1981. – Nordempore. Wandpfeilerkapitell (Gutscher, Kat.-Nr. 75). Foto 1980. – Nordempore. Wandpfeilerkapitell (Gutscher, Kat.-Nr. 77). Foto 1980. – Text S. 75–77.

einer menschlichen Büste in der Südempore ab (Abb. 72). Von der älteren Forschung und noch von GUTSCHER durchwegs als Mädchenbildnis interpretiert,[205] konnte ADOLF REINLE die Figur, die durch einen ausgeprägten Adamsapfel, die Stirnfalten und die fehlende Kopfbedeckung oder -bekrönung eindeutig männlich charakterisiert ist, völlig überzeugend als Samson deuten.[206] Kennzeichnend für die Samson-Ikonografie sind auch die gebündelten Haarsträhnen. Nach REINLE zugehörig ist der in seiner Gestalt ungewohnte Schlussstein im westlich anschliessenden Gewölbe (Abb. 73), ein von einem Dach in Form einer vierblättrigen Blume bedecktes architektonisches Gebilde, möglicherweise eine Architekturabbreviatur der Stadttore von Gaza oder des Dagontempels.[207] Den Sinn einer Darstellung Samsons an dieser Stelle sieht REINLE in seiner Bedeutung als alttestamentlicher Typus Christi und als «starker Mann», der die Tore von Gaza aushob und den Dagontempel zum Einsturz brachte und somit «ein Beschützer der kunstvoll gewölbten Zürcher Kirche sein konnte».[208]

Kapitelle und Gewölbeschlusssteine des Mittelschiffs und Schlusssteine des Chors

Die Kapitelle und Schlusssteine der Mittelschiffgewölbe heben sich von der prallen Plastizität der jüngeren Kapitelle und der Schlusssteine der Emporen ab. Die flachen Unterseiten der ringförmigen Schlusssteine sind mit schlichten Ornamenten in scharf geschnittenem, flächigem Relief belegt, das in gleicher Art auch an den Kapitellen der Dienste auftritt (Abb. 74). Diese Gruppe gehört zeitlich in die Jahre des Bauabschlusses um 1220/1230. Daneben gibt es drei Kapitelle, die zur Gruppe der jüngeren Emporenkapitelle gehören (Abb. 75 / GUTSCHER, Kat.-Nrn. 110–112). Sie sind für den dritten Plan geschaffen und wurden bei der Erhöhung der Gewölbe für den vierten Plan übernommen und mit neuen Kämpfern aufgedoppelt.[209]

70–73

Grossmünster. Südempore. Schlussstein (Gutscher, Kat.-Nr. 98). Foto 1980. – Nordempore. Schlussstein (Gutscher, Kat.-Nr. 102). Foto 1980. – Südempore. Schlussstein mit Samson (Gutscher, Kat.-Nr. 96). Foto 1980. – Südempore. Schlussstein mit einer Architekturabbreviatur der Stadttore von Gaza oder des Dagontempels (Gutscher, Kat.-Nr. 97), zugehörig zum Samson-Schlussstein. Foto 1980. – Text S. 77–78.

74–75
Grossmünster. Schlussstein im Chor (Kat.-Nr. 116). Foto 1983. – Mittelschiff. Gewölbedienstkapitell (Gutscher, Kat.-Nr. 110). Foto 1980/1983. – Text S. 78.

Die Monumentalskulpturen an den Türmen

Das Reiterbild am Nordturm[210]
(Abb. 76, 77)

An der Nordseite ist im dritten Turmgeschoss, rund 21 m über Boden, ein Reiterrelief eingelassen. Es ist ungefähr 140 cm hoch, 142 cm breit, bei einer maximalen Relieftiefe von 23 cm. Wie das übrige Quaderwerk besteht es aus grauem Bolliger Sandstein, einem granitischen Sandstein. Es ist aus drei übereinander geschichteten Blöcken zusammengesetzt und sicher gleichzeitig mit der Aufmauerung des dritten Turmgeschosses versetzt worden. Der erstaunlich gute Erhaltungszustand gibt bis heute Rätsel auf.[211] Es ist nie überarbeitet oder restauriert worden; die einzigen Beschädigungen sind die abgeschlagene Nase und die fehlende Spitze des Schwertes sowie eine fehlende Ohrenspitze und eine Bruchstelle an der vordersten Konsole des Pferdes. Der Reiter ist nach Osten, zum Chor hin gewandt. Jugendlich und bartlos, modisch gekleidet, mit unbedecktem Haupt und gelocktem Haar, scheint er mit auffallend verkürztem Rumpf im Pferderücken einzusinken. Den rechten Arm streckt er mit flach geöffneter Hand im Gruss- oder Redegestus aus, mit der linken Hand hält er die Zügel. Über dem Untergewand trägt er einen auf der linken Schulter mit einer Agraffe zusammengehaltenen Mantel. Von der linken Hüfte hängt ein Langschwert herab. Mit der schmächtigen Gestalt kontrastiert der massige Körper des kräftigen Hengstes. Er geht, den rechten Vorderfuss leicht anhebend, im Passgang. Die Füsse sind auf vier kleine Konsolen gestellt, was der Reitergruppe einen denkmalartigen Charakter verleiht.

Als typologisches Vorbild für den Zürcher Reiter kommt das wohl aus dem 6. Jahrhundert stammende Reiterbild des «Regisole» in Pavia in Frage.[212] Eine auffällige Gemeinsamkeit der beiden Reiterfiguren ist der zum Gruss ausgestreckte Arm mit geöffneter Hand (Allokutionsgestus). Zur Zeit, die uns hier interessiert, stand der «Regisole» auf einer Säule vor dem Dom, als «Palladium» der langobardischen Königsstadt, als Stadtzeichen und, da vor ihm auch Gericht gehalten wurde, insbesondere auch als Zeichen der kaiserlichen Gerichtshoheit.[213] Das ursprüngliche Aussehen des 1796 zerstörten Monumentes ist durch Bilddokumente und Beschreibungen gut belegt. Das stilistische Vorbild hat ADOLF REINLE überzeugend im Frühwerk von BENEDETTO ANTELAMI in Parma nachweisen können,[214] im Relief der Kreuzabnahme Christi (signiert und datiert 1178) und in den Kapitellen des Domlettners sowie am wenig später entstandenen Bischofsthron mit Reiterreliefs in der Domapsis: Dort finden sich dieselben schmächtigen, puppenhaften Gestalten, die kappenartigen Haartrachten mit parallelen, gewellten Strähnen, die weichen, schwellenden Lippen, bei den Gewändern die wabenförmigen Knitterfalten am Oberarm und der Pferdetyp des kräftigen Streitrosses im Passgang mit leicht angehobenem Vorderfuss. Die stilistischen Bezüge sind so eng, dass REINLE für den Zürcher Reiter zu Recht «einen engsten Mitarbeiter [ANTELAMIS] in Parma aus der Zeit um 1178» vermutet.[215] Diese stilistisch völlig überzeugende Einordnung steht allerdings im Wi-

76–79
Grossmünster. Nordturm. Reiterrelief an der Nordseite des 3. Turmgeschosses, nach der Restaurierung. Foto 1937. – Das Reiterrelief vor der Restaurierung 1936. – Text S. 79f. Rechte Seite: Südturm. Sitzstatue Karls des Grossen an der Südseite des 3. Turmgeschosses. Foto 1880. – Die Sitzstatue Karls des Grossen während der Restaurierung. Foto 1934. – Text S. 81f.

derspruch mit der Datierung der Obergeschosse des Nordturms (1140er/1150er Jahre). Auf Fotografien vor der Restaurierung der 1930er Jahre ist gut zu erkennen, dass die Reliefblöcke fast ohne Fugenverschiebung sauber ins Mauerwerk einbinden. Eine nachträgliche Versetzung der Reiterskulptur ist folglich schwer vorstellbar. Zudem liesse sich der grosse technische Aufwand dafür nur mit einem entsprechend wichtigen Anlass erklären. Darüber sind letztlich nur Spekulationen möglich. Geht man von einer früheren Datierung aus, kämen als Auftraggeber ein Lenzburger als Inhaber der Vogtei über die beiden Stifte in Frage oder – wohl vor der Eroberung Zürichs durch den Staufer Friedrich I.

1146 – der Zähringerherzog Konrad, der damals in Zürich eine wichtige Position innehatte, die man als Hochvogtei deuten konnte,[216] oder vielleicht Friedrich I. selber.[217] Bei einer späteren Datierung ist primär an Berthold IV. zu denken, der nicht nur als Zähringer seit dem Aussterben der Lenzburger 1172 nun auch die Vogtei über das Fraumünster und das Grossmünster und damit eine Position von bisher unbekannter Machtfülle in Zürich innehatte, sondern sich im Gefolge Friedrich Barbarossas auch nachweislich mehrmals in Pavia aufgehalten hatte und den «Regisole» gekannt haben musste.[218] Die Frage allerdings, welches Zeichen der Zähringer, dessen Siegel übrigens einen Behelmten auf einem galoppierenden Pferd zeigte, oder ein anderer Auftraggeber mit dem Standbild in Zürich setzten, bleibt noch immer unbeantwortet.

Der Reiter blieb und bleibt rätselhaft, Projektionsfläche und im Fall des zehnjährigen, späteren Historikers Ludwig Meyer von Knonau auch Identifikationsfigur: 1779 bat dieser, man möge den «netten Knaben» stehen lassen, und verhinderte damit damals offenbar, dass das Bild abgeschrotet wurde.[219]

Südturm: Die Sitzstatue Karls des Grossen[220]
(Abb. 11, 78, 79)

An analoger Stelle wie der Reiter am Nordturm ist an höchster Stelle des romanischen Südturms, zur Limmat orientiert, eine überlebensgrosse steinerne Sitzstatue angebracht, die traditionellerweise mit Kaiser Karl dem Grossen identifiziert wird. Das stark beschädigte Original wurde 1935 durch eine Kopie von OTTO MÜNCH ersetzt und in der Krypta aufgestellt.[221] Der Kaiser, von gedrungener Gestalt, mit mächtigem Haupt und starr in die Ferne gerichtetem Blick, thront streng frontal. Er trägt einen Plattenharnisch und einen nach vorn über die Beine gelegten Mantel. Mit beiden Händen hält er ein blankes Schwert auf den Knien. BD 1497/1502 LEU (vgl. Abb. 6) gibt die Statue vergoldet wieder. Aufgrund der eher groben Ausführung und unharmonischen Proportionierung scheint sie auf Fernsicht konzipiert. Typologisch gehört die Statue in den Bereich der thronenden herrscherlichen Repräsentationsfiguren.[222] Stilistisch, vor allem wegen der Form des Harnischs, wird die Figur ins 3. Viertel des 15. Jahrhunderts datiert;[223] eine Entstehung anlässlich des Ausbaus und der Erhöhung des Südturms 1490/91 ist unseres Erachtens jedoch näher liegend. Eine Karlsfigur muss aber bereits vor der Turm-

*80–81
Grossmünster. Westfassade. Hornbläser an der Nordseite des Westfensters. Kopie von 1933/1935. Foto 1935. – Monumentalskulptur eines aus der Mauer vortretenden Pferdes an der Südseite des Westfensters. Kopie von 1933/1935. Foto 1937. – Text S. 82f.*

erhöhung vorhanden gewesen sein, denn eine bleierne Inschrift im Helmknopf besagt, dass 1490 «dieser turn von Kaiser Karlis bild hinuff gemuret und der helm gemacht» worden sei.[224] Ab welchem Zeitpunkt sie bestand, lässt sich nicht sagen. Es ist durchaus denkbar, dass sie bereits beim Bau des zweiten Turmobergeschosses im späten 12. Jahrhundert oder kurz danach, als Pendant zur Reiterfigur am Nordturm und allenfalls als Reaktion auf sie, versetzt wurde.[225] Vielleicht besitzen wir in der thronenden Kaiserfigur, die ab 1259 in den Propstsiegeln geführt wird, ein Abbild dieser älteren Statue.[226] Der Kaiser hält jedoch hier im Unterschied zur spätgotischen Figur nicht das blanke, sondern das halb aus der Scheide gezogene Schwert waagerecht über den Knien. Die erste Nachricht über eine Statue Karls des Grossen an dieser Stelle gibt HANS VON WALDHEIM 1474.[227] Er vermerkt ausdrücklich, dass Karl das halb aus der Scheide gezogene Schwert auf den Knien hält, woraus zu vermuten ist, dass damals noch die ältere Figur vorhanden war.

Die Skulpturen an der Westfassade
(Abb. 11, 80, 81)

Zu beiden Seiten des grossen Westfensters sind ungefähr auf halber Höhe die monumentalen Skulpturen eines Hornbläsers mit geschulterter Keule auf der Nord- und eines frontal aus der Mauer tretenden Pferdes auf der Südseite angebracht.[228] Aus baugeschichtlichen Gründen müssen sie im letzten Viertel des 12. Jahrhunderts versetzt worden sein. 1933–1935 sind die stark abgewitterten Originale durch Kunststeinkopien von OTTO MÜNCH ersetzt worden, nach Gipsabgüssen von 1907 und um 1840 gefertigten Zeichnungen von FRANZ HEGI. Beide Originale, praktisch nur noch Fragmente, befinden sich im Lapidarium unter der Zwölfbotenkapelle, ebenso der Gipsabguss des Hornbläsers von 1907, der noch einen wesentlich besseren Zustand mit Kopf und noch teilweise erhaltenem Oberflächenrelief aufweist.

Hornbläser kommen in der Regel als Jagdtreiber vor, beispielsweise am Basler Münster oder am Querhaus des Münsters von Rufach im Elsass.[229] Doch hier, wie auch beim zweiten Hornbläser im Kreuzgang, fehlt ein solcher Zusammenhang. Eigenartige Motive bei beiden Zürcher Hornbläsern sind das Hochstellen des einen Fusses und das Schultern der Keule. Einzigartig ist das frontale, ungefähr lebensgrosse Pferd ohne Reiter, für das kein zeitlicher Parallelfall bekannt ist.[230] Ob die Aufnahme eines Pferdes in Vorderansicht mit aufsteigendem Reiter im Zeichnungsbuch von VILLARD DE HONNECOURT um 1235 die Beliebtheit des Themas belegt[231] oder gerade dessen Ausgefallenheit, lässt sich nicht entscheiden. HAHNLOSER interpretierte sie als «eine Art Bravourstücklein» und erfasste damit vielleicht einen Sinn der Darstellung, die auch dem Zürcher Pferd innewohnen mag.[232] Die ikonografische Bedeutung des Skulpturenpaars am Grossmünster bleibt weiterhin rätselhaft, ebenso ist unklar, ob eine, und wenn ja, welche Beziehung zum Reiter besteht.

DIE LITURGIE DES GROSSMÜNSTERS

Für die Liturgie des Grossmünsters liegen zwei besonders reiche Quellen vor. Die eine ist eine um 1260 abgefasste Handschrift, redigiert vom damaligen Kantor KONRAD VON MURE, ein «Liber Ordinarius», der das gottesdienstliche Geschehen für das ganze Jahr beschreibt, die Stundengebete, die Messen, die Prozessionen und weitere liturgische Handlungen.[233] Bei der anderen handelt es sich um die Statutenbücher des Stifts aus dem Jahr 1346. Es sind zwei aufwendig gestaltete, ursprünglich gleich lautende Codices – einer für den Propst und einer für das Kammer- und Kelleramt, welche die damals gültigen Beschlüsse des Kapitels enthalten. Das dem Propst zugeschriebene Exemplar wurde im 15. Jahrhundert weitergeführt und bis zur Reformation benutzt.[234] Als Quellen für die Geschichte des Grossmünsters und darüber hinaus sind beide bisher noch wenig ausgewertet worden.[235] Dabei bieten sie wichtige Hinweise zum Verständnis sowohl der Bauten als auch der Stiftsangehörigen. Sie reichen über ein weites Spektrum, von den Anweisungen für die hohen Festtage bis zu den alltäglichen Verrichtungen, vom selbstverständlich festgehaltenen Anspruch auf Königsbesuche[236] bis zur Vorbereitung der in der Liturgie vorgesehenen Abläufe wie dem Schmücken der Altäre, dem Läuten der Glocken, dem Bewachen des Kirchenschatzes und dem Wärmen des Taufwassers.[237]

DIE PROZESSIONEN

Der Liber Ordinarius ist auch hinsichtlich der Prozessionen die wichtigste Quelle. Er leistet mit seiner Beschreibung einen wichtigen Beitrag zum Verständnis der Grossmünsteranlage selber, aber auch der mittelalterlichen Sakraltopografie Zürichs beziehungsweise der Beziehungen des Grossmünsters zu verschiedenen Kirchen und Kapellen.[238]

Palmprozession. Die Palmprozession, die den Einzug Christi in Jerusalem abbildet und die Zürcher Topografie entsprechend interpretiert,[239] begann mit der Weihe der Palmzweige im Grossmünster.[240] Von hier aus setzte sie sich in Gang und führte dann wahrscheinlich via Münstergasse, Marktgasse und Untere Brücke (heute Rathausbrücke) zum Weinplatz, wo sie mit dem Prozessionszug des Fraumünsters zusammengetroffen sein dürfte. An der Strehlgasse stiess noch die Prozession von St. Peter her dazu. Auf dem Weg zum Lindenhof, der die Rolle des Ölbergs mit dem Kastell spielte, sangen die Chorherren die Antiphon «Cum appropinquaret dominus» («als [?] sich der Herr näherte»). Auf dem Lindenhof stimmten sie in das von den Frauen der Fraumünsterabtei gesungene Responsorium «Collegerunt pontifices» ein, um zuletzt mit ihnen zusammen «Gloria laus» und «Israel tu es rex» zu singen. Wenn die Frauen nicht anwesend waren, übernahm ein Teil der Kanoniker ihren Part. Nach dem Bewerfen des Palmesels mit den kleinen (Palm-)Zweigen kehrte man ins Grossmünster zurück, wo die Messe gelesen wurde.

Aus dem Jahr 1256 datiert eine Vereinbarung, wonach die Chorherren für die gemeinsame Feier von der Fraumünsterabtei bezahlt wurden.[241] Diesem Umstand ist zu entnehmen, dass das Fraumünster wohl die eigentliche Veranstalterin der Palmprozession war. Für den Fall, dass der Übergang über die Limmat nicht möglich war, fand die Prozession auf dem Friedhof statt.[242]

Bitttagsprozessionen vor Christi Himmelfahrt.[243] Die erste der beiden Bitttagsprozessionen am Montag vor Christi Himmelfahrt blieb auf dem rechten Limmatufer und führte über die Münstergasse, Marktgasse und Niederdorfstrasse zur Stadt hinaus bis zur St. Leonhardskapelle. Beim Rückweg wurden am Stadttor der hl. Felix, auf dem Markt («in medio foro») der hl. Karl der Grosse und beim Wiederbetreten der Kirche die hl. Regula angerufen.[244] Am Dienstag bewegte sich die Prozession zum Fraumünster, wo merkwürdigerweise den hll. Fides und Stefan, nicht aber Felix und Regula die Reverenz erwiesen wurde.[245] Danach ging man zu St. Peter und von dort zur Stadt hinaus zu den Kapellen St. Stephan und St. Johannes und Paul. Auch hier rief man beim Rückweg beim Stadttor den hl. Felix an, auf dem Markt Karl den Grossen und beim Betreten des Grossmünsters die hl. Regula.[246]

Pfingstmittwochsprozession. Bei der Pfingstmittwochsprozession, die übrigens ganz in den Händen der Bettelorden lag, spielte das Grossmünster keine grosse Rolle – zumindest in den Anfängen nicht; es stellte lediglich seine Reliquienschreine zur Verfügung. Erst im Spätmittelalter kam es bei diesem Anlass mehr zur Geltung.[247]

Die Prozessionen zur Wasserkirche

Mit der Vesperprozession am 10. September[248] begann das Fest von Felix und Regula im Grossmünster. Die Prozession verliess durch das grössere Portal («per maiorem portam») die Kirche und ging über die Treppe der Märtyrer («gradus torture») zur Wasserkirche und von dort zurück ins Grossmünster. Am Vortag von Christi Himmelfahrt ging die Prozession auf der gleichen Route zur Kapelle, die nur die Kanoniker und die älteren Schüler betraten. War der Gang zur Wasserkirche an den Bitttagsprozessionen nicht möglich, hielt man sie auf dem Areal des Grossmünsters ab.[249]

Die Prozessionen um Kirche und Stift und durch den Kreuzgang («per circuitum ecclesie et ambitum»)

An den folgenden Festtagen hielt man die Prozessionen auf dem engeren Grossmünsterareal ab: Mariä Lichtmess (2. Februar), Fest des hl. Pankratius (12. Mai), Fest der hll. Placidus und Sigisbert (11. Juli), Kreuzerhöhung (14. September), Allerheiligen (1. November), Allerseelen (2. November), Fest des hl. Florinus (17. November).

Die Prozession verliess jeweils die Kirche durch das Nordportal, umging vom Kirchhof aus das Stiftsgebäude und betrat den Kreuzgang durch den Eingang an der Ostseite des Altarhauses. Im Kreuzgang waren zwei Stationen vorgeschrieben, die erste im Ostflügel bei der Trotte («versus cellaria seu torcularia»), die zweite im Südflügel an der Aussenwand des Chors («versus parietem seu ambitum chori»). Zur Allerseelenprozession bringt der Liber Ordinarius als Nachtrag aus dem Jahr 1278 eine Variante. Der Text spricht im Zusammenhang mit deren sechster Statio im Kreuzgang ein (Wand-)Gemälde mit der Darstellung des hl. Andreas («picturam sancti Andree») an, das sonst nicht bekannt ist.[250]

Prozessionen durch den Kreuzgang («per ambitum claustri»)

An den Sonntagen, am Aschermittwoch oder als «Abkürzungsvariante» in den Bitttagen fanden Prozessionen durch den Kreuzgang statt.[251]

Die Prozession trat aus dem Chor durch die Pforte zwischen den nördlichen Chorstallen in den Kreuzgang («per hostium chori») und machte Station im Südflügel («in ambitu ad exteriorem parietem chori»). Durch das Portal im Westflügel verliess sie den Kreuzgang und ging über den Kirchhof (Friedhof) durch das Nordportal in die Kirche zurück.[252]

Als kürzester und zugleich wettergeschützter Prozessionsweg wurde der Kreuzgang dann benutzt, wenn längere Prozessionen durch die Stadt (z.B. Palmprozession und Bittprozessionen an den Rogationstagen) oder um das Stift (z.B. Allerheiligen) abgekürzt und wie eine Sonntagsprozession durchgeführt werden mussten.[253]

Besuch der Krypta

Die Krypta spielt im Liber Ordinarius eine nicht unbedeutende Rolle.[254] So besuchten die Chorherren an Summus- und Duplex-Festen sowie an der Weihnachtsvigil nach der Vesper zuerst die Märtyrergräber in der Zwölfbotenkapelle, anschliessend die Krypta und dann meist noch den Karlsaltar.[255] An den Vigilien des Mauritiusfestes[256] und des Altarweihefestes[257] führten die Vesperprozessionen in die Krypta.[258] Am Altarweihefest wurde in der Krypta eine «missa popularis» gelesen. Und schliesslich bot die Krypta eine Ausweichvariante, wenn die Bittprozessionen zu anderen Kirchen nicht stattfinden konnten.259

Prozessionsachsen in der Kirche

Hartnäckig wird in der Literatur eine liturgische «Hauptachse zwischen den beiden Portalen», das heisst dem Süd- und dem Nordportal, sozusagen als Verlängerung einer Prozessionsachse zwischen Fraumünster, Wasserkirche und Grossmünster postuliert.260 Demgegenüber bieten die liturgischen Quellen ein völlig anderes Bild: Keine einzige Prozession des Stiftsklerus führte von Portal zu Portal. Der Zug der Chorherren betrat die Kirche entweder durch das Süd- oder das Nordportal, bog ins Mittelschiff ein und kehrte in den Chor zurück und nahm den umgekehrten Weg beim Verlassen des Chors. Das Mittelschiff war folglich keineswegs von untergeordneter Bedeutung,261 sondern eine der meistbegangenen Prozessionsachsen in der Kirche. Die Bedeutung der Achse wird durch die mehrfache Erwähnung einer Stelle «in medio ecclesiae» (in der Kirchenmitte) unterstrichen.262 Der Liber Ordinarius von 1260 schreibt für verschiedene Prozessionen eine Statio «in medio ecclesiae» vor. Die Vesperprozessionen der Chorherren führten an bestimmten «summis festis» zu einer Statio «in medium ecclesiae» und von hier zum Märtyrergrab in der Zwölfbotenkapelle.263 Die Prozession, die an «summis festis» zwischen Terz und Messe vom Chor durch das Südportal aus der Kirche hinaus und durch den Kreuzgang und den Friedhof führte, machte nach der Rückkehr durch dasselbe Portal ebenfalls eine Statio «in medio ecclesiae», bevor sie in den Chor zurückkehrte.264 Die Bezeichnung als «locus stacionis» für jene Stelle im Schiff, an der die Palmsonntagsprozession nach dem Einzug der Volksmenge mit dem Palmesel durch das Südportal innehielt,265 deutet darauf hin, dass der Ort genau festgelegt war. Topografisch wird sie in den liturgischen Quellen nicht präziser bezeichnet, doch kommt wohl nur eine Stelle in der Nähe des «Stifterkapitells» am dritten Arkadenpfeiler auf der Südseite in Frage. Es ist das einzige zum Mittelschiff gerichtete Kapitell mit einer figürlichen Szene, die ausserdem für das Selbstverständnis des Stifts zentral ist. Es befindet sich genau in der Mitte der Gesamtlänge des Schiffs und am Kreuzungspunkt dieser

82
Grossmünster. Nördlicher Mittelschiffpfeiler, Südseite. «Stifter-Kapitell» (Gutscher, Kat.-Nr. 37). Foto 1981. – Text S. 73f. und nebenan.

Längs- und der durch die beiden Portale bezeichneten Querachse.

Nach den Angaben im Statutenbuch war diese Stelle auch bei den Bestattungsfeierlichkeiten für Chorherren von Bedeutung:266 Starb ein Chorherr, wurde sein Leichnam, vom Propst und von den übrigen Kanonikern begleitet, durch das Nordportal in die Kirche getragen und «in medio ecclesiae» für die Totenwache aufgebahrt,267 bevor man ihn am nächsten Tag für die Feier der Totenmessen in den Chor überführte. An anderer Stelle hält das Statutenbuch fest, dass wegen Missbräuchen während der Totenwache diese im Haus des verstorbenen Kanonikers abzuhalten sei.268 Der Leichnam wurde erst am Tag der Bestattung zum Totenoffizium in die Kirche überführt und dort «am üblichen Ort der Toten» (?) oder, wenn sie eine Anniversarstiftung getätigt hatten, «in der Mitte der Kirche» aufgebahrt.269 Auch Kleriker, die nicht dem Kapitel angehörten, und Laien wurden, wenn sie eine Jahrzeit gestiftet hatten, am Tag der Beisetzung «in medio ecclesiae» aufgebahrt, blieben aber während der ganzen Totenfeier da.270

EXKURS: DIE OSTERLITURGIE NACH DEM LIBER ORDINARIUS

Die Osterliturgie besteht aus einer Folge von vier Feiern von Karfreitag bis Ostersonntag, welche die Hauptereignisse von der Kreuzigung bis zur Verkündigung der Auferstehung durch den Grabesengel zeichenhaft nachbilden: Kreuzverehrung (Adoratio Crucis), Grablegung (Depositio Crucis), Auferstehung (Elevatio Crucis) und eigentliches Osterspiel (Visitatio Sepulchri), um das die Elevatio Crucis seit Ende des 10. Jahrhunderts, spätestens im 11. Jahrhundert, erweitert wurde.

83
Grossmünster. Blick über den Zwingliplatz an die Nordfassade. Foto 1995.

Auch im Grossmünster wurden diese Feiern begangen. Sie spielten sich im Chor und in der angrenzenden Zwölfbotenkapelle ab, wo das Heiliggrab aufgestellt war. Im Folgenden die Beschreibung nach dem Liber Ordinarius.

Kreuzverehrung und Grablegung[271]

Adoratio und Depositio Crucis werden am Karfreitag zwischen Sext oder Non und der Vesper gefeiert. Zu Beginn wird das verhüllte «Herrenkreuz» («dominica crux»)[272] zusammen mit zwei Kerzen auf den Marienaltar im Chor gestellt und ein Teppich vom Hochaltar bis in die Mitte des Chors ausgerollt. Nach dem Wortgottesdienst mit der Lesung der Passion nach Johannes und den «Orationes Solemnes» (Grosse Fürbitten) folgt die Kreuzverehrung: Der Subdiakon, dem Scholaren mit Kerzen und Weihrauch vorangehen, trägt das Kreuz vom Marienaltar im Chor zum unteren Märtyreraltar in der Zwölfbotenkapelle und geht zum Priester zurück. Nach verschiedenen Orationen stellen sich zwei des Gesanges kundige Kanoniker auf der rechten Seite des Hochaltars und gegen den Chor gerichtet auf. Mit dem Gesang «Quia eduxi te» begrüssen sie das verhüllte Kreuz, das inzwischen vom Priester, einem Diakon, zwei Subdiakonen und drei Scholaren vom unteren Märtyreraltar zum Marienaltar getragen wird. Klerus und Volk knien dabei nieder. Während des Trishagions, der dreimaligen Anrufung Gottes, die die Kanoniker im Chor und die vor dem Magdalenenaltar aufgestellten Scholaren im Wechselgesang vortragen, wird das Kreuz in langsamer Prozession vom Priester und von seinem Gefolge bis zur obersten Stufe der Chortreppe getragen, enthüllt und vorgezeigt. Währenddessen singen alle Anwesenden die Antiphon «Ecce lignum crucis» und die Kreuz-Gesänge. Darauf wird das Kreuz auf die Stufen des Altarhausbogens («arcus Florini») gestellt und verehrt. Klerus und Volk werfen sich mindestens dreimal nieder und küssen unter Gesängen die Füsse des am Kreuz befestigten Kruzifixus («de ymagine crucis pedes tantummodo osculantur»).[273] An die Kreuzverehrung schliesst sich die Kommunion an, gefolgt von der Depositio Crucis: Der Priester trägt ein verhülltes Kreuz («aliquam crucem velatam»)[274], dem alle Kanoniker mit Kerzen und Weihrauchfässern vorangehen, vom Chor durch die Tür beim Marienaltar zum unteren Märtyreraltar. Dort wird das «erwähnte kleine Kreuz» gesegnet und in die das Christusgrab darstellende Truhe eingeschlossen, die in einem Grabzelt hinter dem Märtyreraltar aufgestellt ist.[275] Der Zürcher Liber Ordinarius ist die früheste bisher bekannte Quelle zu den Anfängen der Verehrung des Herrenleibes im 13. Jahrhundert, die den Gebrauch von Ostergrabtruhen nennt.[276]

Auferstehung und Grabbesuch[277]

In der Osternacht versammeln sich die Kanoniker vor der Matutin im Chor und ziehen mit Weihrauchfässern und Kerzen, unter dem Gesang des «Cum rex glorie», durch die Tür beim Marienaltar zum Heiliggrab. Der Priester betritt mit seinen «ministri» das Grabzelt und den Ort des Grabes («intrat testudinem et locum sepulchri»)[278], hebt das Leinentuch weg und trifft die übrigen Vorbereitungen zur Darstellung der Auferstehung. Durch das Schiff und über die Chortreppen kehrt er in den Chor zurück. Dann geht ein Kanoniker, der, mit verhülltem Haupt und mit einer weissen Dalmatik bekleidet, den Grabengel darstellt, durch die Tür beim Marienaltar und setzt sich auf die rechte Seite des Märtyreraltars. Der Klerus schreitet in Prozession mit Weihrauchfass und Kreuz die Chortreppe hinunter und stellt sich zwischen und vor dem Karls- und dem Magdalenenaltar auf. Zwei Chorherren, die Frauen darstellend, die das Grab besuchen, treten in Kapuzenmänteln und mit Weihrauchfässern vor den Märtyreraltar, dem Engel gegenüber. Es folgt der gesungene «Quem-queritis»-Dialog zwischen Engel und «Frauen», die danach zu den übrigen Kanonikern zurückkehren. Dann folgt der so genannte Jüngerlauf, der Grabes-Lauf der Apostel Petrus und Johannes:[279] Zur Antiphon «Currebant duo simul» eilen zwei ältere Chorherren, Petrus und Johannes darstellend, zum Märtyreraltar. Nachdem sie dort vom Engel zwei weisse Leinentüchlein erhalten haben, tragen sie diese zu den übrigen Kanonikern zurück und weisen sie unter dem Gesang von «Cernitis o socii» als Zeichen der Auferstehung vor. Das ‹Te deum laudamus› singend, ziehen die Kanoniker dann in den Chor zurück, die erwähnten Leinentüchlein über die Arme des Vortragekreuzes gelegt. Diese Tüchlein in Form einer Stola werden in den Osterprozessionen über den Armen des Stabkreuzes mitgetragen. Andere werden über die Arme des hinter dem Hochaltar zwischen den beiden Reliquienschreinen stehenden grossen Kreuzes gelegt und bleiben da bis zur Himmelfahrtsvigil.

DIE KIRCHE VOM 13. JAHRHUNDERT BIS ZUR REFORMATION

DIE KIRCHE DES STADTADELS UND DER STADT

Im Grossmünster konnten sich nicht nur die Angehörigen des Hochadels, sondern alle, die sich je in ihrer Zeit als «Adel» verstanden – also auch Vertreter der Stadt –, repräsentiert sehen und sich in der Förderung der Kulte der hll. Felix und Regula und Karls des Grossen gewissermassen in die Nachfolge des Kaisers stellen. Das Kapitel seinerseits sah sich als Vertreter der «universitas civium», der Stadt. Beide Ansprüche kommen in jenem Schreiben zum Ausdruck, welches das Kapitel 1252 an den Bischof von Konstanz richtete, um gegen den vom Papst vorgesehenen Leutpriester Friedrich («F. notarius de Kiburch») zu protestieren:[280] Der Protest erfolgte in

84
Siegel des Propsts Heinrich Manesse (1259–1264). – Text S. 127.

«saluti et honori nostre ecclesie et universitati civium» (zum Heil und zur Ehre sowohl der Kirche als auch der Stadt), weil das Kapitel befürchtete, dass Friedrich seine wesentlichen Pflichten nicht erfüllen konnte. Zu diesen Pflichten gehörte neben der Residenz am Stift und dem Einziehen der Zehnten insbesondere auch die persönliche Taufe der Söhne der «meliores» und «honestiores», die Entgegennahme ihrer Beichte, ihre letzte Ölung und ihr Begräbnis sowie das Verkünden der «citationes, sententias et alia mandata», welches die Bürger vom Leutpriester verlangten.[281] Das Schreiben charakterisiert das Grossmünster damit nicht nur als Kirche eines «Meliorats»[282], sondern eindeutig auch als Stadtkirche. Wenn die Quellen um 1300 festhalten, dass die Stadt über die Türme (S. 124) verfügte und die Glocken zur Einberufung ihrer Versammlungen im Grossmünster läuten liess, erscheint das Grossmünster als Repräsentationsraum der Stadt, alternativ oder ergänzend zum Rathaus. Der sakrale Raum «sanktionierte» den Rat und dessen Beschlüsse. Auch die Tatsache, dass die im Grinauer Feldzug 1337 erbeuteten Fahnen ins Grossmünster gebracht wurden,[283] zeichnete dieses als Stadtkirche aus. Zur oberen Sakristei hatte die Stadt seit dem ausgehenden 14. Jahrhundert Zutritt (siehe S. 102).

Fast noch eindeutiger als das Grossmünster wurde dessen vornehmste Kapelle, die zwischen beiden Stadthälften in der Limmat liegende Wasserkirche, zu einem kommunalen Heiligtum. Hier wurden ebenfalls Fahnentrophäen aufbewahrt und Versammlungen abgehalten, hier wurde zudem von 1250 bis 1414 Gericht gehalten, an dem die Stadt neben dem Bischof von Konstanz und den beiden Stiften eine Rolle spielte.[284]

Ausbau des Karlskults

Die Translation von Karlsreliquien im Jahr 1233 festigte des Bild des Kaisers als Stifter der Kirche und vor allem der zugehörigen Schule. Karls Präsenz in Liturgie und Ausstattung wurde – bei aller realen Distanz zum Königstum[285] – zu einem der wichtigen Attribute des Grossmünsters. Dabei entbehrte die Inanspruchnahme Karls nicht eines Momentes der Konkurrenz zum Fraumünster, welches seine enge Verbindung mit dem Königstum ja ebenfalls manifestierte. Karls Fest wurde im Grossmünster am 28. Januar als «festum plenum» mit einer Prozession und dem Hymnus «Urbs Thuregum, urbs famosa» nach dem Vorbild des Aachener Hymnus begangen.[286] Seit 1259 «begleitete» der thronende Kaiser die hll. Felix und Regula auf dem Propstsiegel.[287] 1329 wurde sein Kult mit demjenigen von Felix und Regula durch die Installation des Festes von der «Relevatio» der Heiligengräber (3. November) verbunden (s. unten).

Exuperantius

In der Figur von Exuperantius, dem Diener von Felix und Regula, stand dem Kaiser seit 1225 wohl weniger ein Vertreter des «Volks» als einer der Stadt gegenüber. Diese führte ihn zuerst vorübergehend und seit 1347 immer in ihrem Siegel.[288] Auch die Schenkung der Hofstatt, auf der die Wasserkirche steht, durch die Grafen von Kyburg und durch Burkhard von Hottingen an die Propstei erfolgte 1256 «ad honorem [...] Felicis et Regule ac Exuperancii».[289] 1264 bat der damalige Meier des Grossmünsters in Albisrieden im Rahmen einer Jahrzeitstiftung, Exuperantius in allen Messen und Gebeten, in denen Felix und Regula angerufen wurden, auch zu erwähnen.²⁹⁰

Für das Selbstverständnis des Stifts ist es bezeichnend, dass Exuperantius hier nur vorübergehend und erst im Siegel des Chorherrn Manulus 1381²⁹¹ in Erscheinung trat. Erst im Spätmittelalter steht Exuperantius gleichberechtigt neben Felix und Regula auf den Wandmalereien in der Krypta und im Altarhaus, auf der «neuen» grossen Glocke von 1451 und schliesslich auf der Altartafel von HANS LEU (1497/1502).

Ausbau der Wasserkirche

1274 bündeln sich die Ansprüche des Grossmünsters und der Stadt auf die Wasserkirche in einer Urkunde, welche diese als «sacratissima capella» des Stifts und als «totius nostre civitatis et salutis origo […] et fundamentum» (Ursprung und Grundlage der ganzen Stadt) bezeichnet.²⁹² In den 1280er Jahren veranlasste das Grossmünster den hochgotischen Neubau dieser Kapelle, die dem Bautyp nach als reicher Nebenkultraum oder Palastkapelle zu interpretieren ist.²⁹³ Der Neubau beinhaltete vor allem den Ausbau des Hinrichtungsplatzes als Kultanlage in der Unterkirche.²⁹⁴ Damit erfuhr der Felix-und-Regula-Kult eine erhebliche Intensivierung. Ein direktes finanzielles Engagement der Stadt bei diesem Ausbau ist nicht nachzuweisen.

DAS GROSSMÜNSTER ALS GRABKIRCHE

Das Grossmünster war Grabkirche für die Chorherren und Kapläne der Kirche und für die «meliores», die mit ihren Stiftungen den liturgischen Betrieb bereicherten und unterhielten. Bei den Laien besiegelte ein Grabplatz im Grossmünster sozusagen den alten oder den neu erworbenen Status und bedeutete, endgültig bei Felix, Regula und dem in ihrer Nachfolge stehenden Adel angekommen zu sein. Der damit verbundene Aufwand – die im Grossmünster angebotenen feierlichen Exequien waren teuer und grenzten so die Zahl derer, die sie beanspruchten, ein²⁹⁵ – unterstand allerdings einer gewissen Reglementierung. So regelte der Rat beispielsweise 1332, dass die grosse Glocke nur beim Tod von «rechten fürsten und herre, graven und

85
Grossmünster. Grabplatte des Chorherrn Heinrich Martini (†1355). Lavierte Federzeichnung und Text von Emil Schulthess (StAZH, Zeichnungsbücher AGZ). – Text S. 90.

grevinnen» läuten sollte. 1488 präzisierte er, dies habe nur noch bei Äbtissin und Propst sowie bei Bürgermeistern und deren Ehefrauen zu geschehen.

Welche Begräbnisplätze die vorreformatorischen Bestattungen beanspruchten –, sie sind 1497 erstmals festgehalten worden – lässt sich nur in Ansätzen feststellen. Die vorliegenden Inventare unterscheiden weder zuverlässig zwischen Kirche und Kreuzgang noch eindeutig zwischen Grab- und Erinnerungsschriften, wobei dem zweiten Punkt nur relative Bedeutung zukommt.²⁹⁶

Für die Chorherren galt in der Regel offenbar die Bestattung im Kreuzgang («in ambitum claustri sine omni sarcofago tumulandus»).²⁹⁷ Alte Grablegen von Pröpsten befanden sich jedoch in der Kirche: diejenige von Heinrich Madella (†1175) im nördlichen Seitenschiff und die von Heinrich II. Manesse (†1271) an der Schwelle zur Zwölfbotenkapelle. In der Zwölfbotenkapelle lag 1260 das Grab des sonst nicht weiter bekannten «Gomeli». Diese Grablegen erscheinen alle um 1260 als Stationen der Allerseelenprozession.²⁹⁸

Die Bestattung «ad tumbas», in der gesuchten Nähe zu den Heiligengräbern, scheint im 15. Jahrhundert eingeschränkt worden zu sein. Um die Mitte des Jahrhunderts erhielt der Chorherr Heinrich Brun als einer der Letzten die Zusicherung, im Grab seiner Eltern in der Zwölfbotenkapelle (siehe unten) bestattet zu werden.²⁹⁹ Seit Beginn des 15. Jahrhun-

86
Grossmünster. Krypta. Blick auf ein gemauertes Grab im westlichsten Mitteljoch der östlichen Krypta, entdeckt 1913. Das Grab befindet sich unter dem mit den Wappen der Familie Schwend bemalten Gewölbe, hinter dem Standort des ehemaligen Mauritiusaltars. Foto 1913. – Text nebenan und S. 95.

derts scheinen hier vermehrt reine Erinnerungsschriften die «körperliche» Nähe verstorbener Kleriker zu den Heiligengräbern zu ersetzen. So bestellte sich der tatsächlich dort bestattete Chorherr Johans Störi ein mit seinem Wappen gekennzeichnetes Grab bei der Treppe am «Herrengrab», wo man «ad tumbas» gehe, selbst wenn dort nicht bestattet werden sollte.[300] Zu den reinen Erinnerungsschriften gehören die für den 1467 verstorbenen Propst Swederus de Göttlickon[301], der «Zwischen beyden grossen Thüren» im Schiff begraben lag, und für den 1518 verstorbenen Heinrich Maler, dessen Grab sich im Chorherrenstift St. Martin auf dem Zürichberg befand.[302]

In der Marienkapelle waren der erste Kantor Konrad von Mure (†1281), Stifter des Marienaltars, Heinrich Martini (†1355), der demselben Altar eine zweite Pfrund gestiftet hatte, sowie Bernhard von Lunkhofen (†1365) bestattet (S. 112).

Unter den Laien, die im Grossmünster eine Grablege fanden, erscheinen sowohl Angehörige alter Familien als auch Zugewanderte oder Aufsteiger. Gemeinsamer Nenner dürfte hier weniger die Herkunft als der Status als Stifter sein, der die Verstorbenen zu «meliores» ihrer Zeit machte. Prominent bezüglich Lage und Ausstattung ihrer Grablege erscheinen die Schwend, ein führendes Geschlecht des 14. Jahrhunderts, dem es gelang, seine Stellung auch im 15. Jahrhundert zu behaupten. 1306 erwarben sie, möglicherweise im Zusammenhang mit der Stiftung einer Pfründe am Mauritiusaltar durch den Chorherrn Rüdiger Schwend und dessen Mutter, eine Grablege in der Krypta.[303] Das Datum 1306 steht in auffallender Nähe zu einem markanten Schritt im Aufstieg des Geschlechts, nämlich der Übernahme von Reichslehen durch die damals noch bürgerlichen, aber über grosse Mittel verfügenden Jakob und Berchtold Schwend.[304] 1312 erwarben Heinrich Manesse am Stad und seine Frau Adelheid aufgrund einer Schenkung an den Marienaltar das Recht auf eine Grablege «ante gradus, per quos de […] altare sancte Marie descenditur».[305] Seit einem unbekannten Zeitpunkt besassen Angehörige der Familie Brun das oben erwähnte Familiengrab in der Zwölfbotenkapelle.[306] Offenbar bestand 1476 in der Kirche auch ein aufwendiges Familiengrab der 1384/85 ins Bürgerrecht der Stadt aufgenommenen Escher.[307] 1427 wurde Bürgermeister Heinrich Meiss in der von ihm errichteten Familiengruft in der Marienkapelle bestattet.[308] 1413 liess der kurz zuvor in Zürich zugewanderte Kaufmann und Bankier Heinrich Göldli (†1435) die runde Jakobskapelle im Kreuzgang mit einer Familiengrablege anlegen.

14. JAHRHUNDERT: VORAUSSETZUNGEN FÜR DEN AUSBAU DER KIRCHE BIS ZUR REFORMATION

1282 setzen die Stiftungen von Altarpfründen ein, die in einer ersten Phase in vielen Fällen auf die Chorherren selbst zurückgehen und in der 1. Hälfte des 14. Jahrhunderts ihren Höhepunkt erreichen. Die damit einhergehende Bereicherung des liturgischen Betriebes steigerte neben mehreren Ablässen[309] zweifellos die Anziehungskraft der Kirche als Besuchsziel – eine Ablassurkunde von 1332 nennt als Besuchszweck «devocio, oracio aut peregrionacio»[310] – sowie wiederum als Adressatin von Jahrzeitstiftungen und Legaten. Ausserdem wurde die

Attraktivität erhöht durch die Erweiterung des Felix-und-Regula-Kultplatzes um die neu gebaute und 1288 neu geweihte Wasserkirche, Ort der Hinrichtung von Felix und Regula, und durch die Ergänzung der Liturgie um die Feier der «relevatio sanctorum martyrum», des Festes von der Entdeckung der Heiligengräber durch Karl den Grossen (3. November) im Jahr 1329. Seither war der Kult des Kaisers unmittelbar mit demjenigen von Felix und Regula verknüpft.[311]

Die Zunahme von Besuchern des Grossmünsters war eine der Voraussetzungen für dessen bauliche Entwicklung, die solide Verbindung mit der Stadt eine weitere. Hier kam zu den bestehenden Verpflichtungen[312] eine engere personelle Bindung, da nun immer mehr Chorherren aus der Stadt stammten. Während der Reformation hiess es, dass Angehörige des Rats und des Stifts miteinander befreundet, verschwägert oder verwandt seien. Auch andere Spuren dieser Bindung in der Kirche werden sichtbar: 1312 ist erstmals das Grab eines Stadtbürgers in der Kirche überliefert, dasjenige von Heinrich Manesse am Stad. Reste spätmittelalterlicher heraldischer Malereien in der Kirche bezeugen, dass unter anderem die Constaffelangehörigen Röist, Rordorf und wahrscheinlich auch Thya[313] hier feste Plätze hatten. Leistungen von Laien an die Kirche, die nicht mehr im Rahmen von Stiftungen stattfanden, sind erst im Zusammenhang mit dem Ausbau der beiden Türme 1488/89 nachzuweisen.

VERGRÖSSERUNG DER WESTEMPORE 1319/1321

Um 1319/1321 wurde wahrscheinlich im Zusammenhang mit der Errichtung des Fronleichnamaltars (S. 100) die Westempore durch ein brückenartiges Joch, das sich in flachem Stichbogen über das Mittelschiff spannt, um Arkadenbreite nach Osten verlängert (Abb. 87).[314] Die Emporenverlängerung ruht auf einem Kreuzgewölbe mit gekehlten Rippen und einem Schlussstein, der die Motive von zwei romanischen Schlusssteinen der Nordempore und des Mittelschiffgewölbes kombiniert (GUTSCHER, Kat.-Nrn. 114 und 103).[315] Der Schachbrettfries der romanischen Emporenfront ist stellenweise hinter dem Gewölbeansatz noch sichtbar; er wurde nicht auf die Stirnseite des neuen Bogens übertragen. Der Schachbrettfries, den wir heute hier sehen, ist eine Ergänzung in Holz von 1897.

EIN NICHT REALISIERTES PROJEKT ZUM AUSBAU DER TÜRME 1377

Es gibt Hinweise auf ein Projekt zu grösseren Massnahmen an einem der Türme – wahrscheinlich am Südturm – im Jahr 1377: Die beiden Meier des Grossmünstermeierhofes in Höngg, die wegen eines umstrittenen Zinsanspruchs statt bei Propst und Kapitel beim Rat der Stadt Recht gesucht hatten, wurden wegen dieses «Verfahrensfehlers» gebüsst. Die Busse bestand unter anderem darin, dass sie auf ihre Rechnung 100 Steine hauen lassen mussten, und zwar für den «turn unser kirchen den man buwen wil».[316]

14. ODER 15. JAHRHUNDERT: EMPORENTREPPE BEIM NORDPORTAL

Seit dem 16. Jahrhundert überliefern Bildquellen eine Doppeltreppe über dem Nordportal zum Eingang der Empore (BD 1581 Wickiana, BD 17. Jh. MEYER, BD um 1710 ESCHER, Abb. 176). Schriftquellen dazu setzen 1480 mit mehreren Einträgen zur «langen Stegen» in den Fabrikrechnungen ein.[317] 1515 erhielt sie ein neues Geländer («lennen»).[318] Der Zeitpunkt des Treppenbaus lässt sich nicht bestimmen. Aufgrund der Stiftung von zwei neuen Altären auf der Empore (Fronleichnamsaltar 1320, Dreikönigsaltar 1359) vermutet HOFFMANN den Bau am ehesten im 14. Jahrhundert. Nach den Bildquellen (BD 17. Jh. MEYER, BD um 1710 ESCHER, BD 1763 WERDMÜLLER) lag sie geschützt unter einem mächtigen Vordach in der Verlängerung des Emporendachs. Auf die Holzstützen des Vordachs bezieht sich wahrscheinlich ein Rechnungseintrag von 1515.[319] Die Treppenanlage wurde mehrfach umgebaut und 1844 abgebrochen.

15. JAHRHUNDERT

Von den für das 15. Jahrhundert in den Fabrikrechnungen des Stifts erwähnten Baumassnahmen an der Kirche seien hier die Erneuerung des (alten) Dachreiters und der Glocke auf dem Chor sowie das Umdecken des Kirchendachs 1468/69 erwähnt.[320] 1482 führen die Fabrikrechnungen ausserdem einen grossen Ausgabeposten über die Neuverglasung oder Erneuerung der Verglasung des Westfensters

87
Grossmünster. Blick aus dem Mittelschiff gegen die Westempore. In den beiden Rundbogenfenstern der Westwand seit 1933 die Apostel Petrus und Paulus von der neugotischen Altarhausverglasung Johann Jakob Röttingers von 1853. Orgel von 1960. Foto 1974.

auf: «Item dedi dem Funcken glaser xvii lb. und xii ß von dem grossen fenster circa altare corporis Christi».[321] Das grösste und aufwendigste Unternehmen war der Ausbau der Türme 1487–1491 (siehe unten). In den letzten Jahren des Jahrhunderts erfolgten nur noch geringfügige Bauten, darunter die Erneuerungen der Chorfenster 1489 (LUX ZEINER) und 1497/98.[322]

Am 15. Juni 1498 brannte der Dachreiter auf dem Altarhaus bei Reparaturarbeiten durch den Kannengiesser CONRAD RECHBERGER ab.[323] Propst und Kapitel beschlossen einen Neubau, der 1501/02 realisiert wurde.

AUSBAU DER TÜRME 1487–1491[324]

Nordturm (1488): Johannes Meiss («bumeister»). Bemalung Helm, Vergoldung des Knopfs: ZEINER (PETER, HANS oder LUX).

Südturm (1490/91): (Stein-?)Werkmeister: STEFAN RÜTZENSTORFER aus Konstanz. – (Holz-?)Werkmeister: RUDOLF KUNZ (Zunftmeister Zimmerleuten). Zimmermeister: WIDERKEHR. Schindelunterzug: Meister WALTER SAGER aus Bremgarten.

Die Verfügung der Stadt über die Türme, eigentlich schon seit 1300 ein Faktum, manifestiert sich in deren Ausbau unter städtischer Leitung. Es ist das erste selbst errichtete Zeichen städtischer Repräsentation an diesem Bau, ähnlich wie dies bei Kirchturmbauten in anderen Städten, so etwa den Münstern in Bern, Freiburg i. Ü. und Basel, der Fall war. Mit den Arbeiten am Glockenturm korrespondiert auch der bereits erwähnte Entscheid des Rats, die grosse Glocke nur noch bei Begräbnissen einer Äbtissin, eines Propsts oder eines Bürgermeisters beziehungsweise dessen Frau läuten zu lassen. Die Stadt erscheint hier gleichberechtigt neben den beiden Stiften.[325]

Baugeschichte, Finanzierung
und beteiligte Meister

Die um 1377 nicht realisierten Pläne, den Südturm aufzustocken, wurden während des Baus der spätgotischen Wasserkirche (1479–1486) wieder aufgegriffen, vielleicht, um die Hauptkirche gegenüber dem prächtigen Neubau ihrer Kapelle, der Wasserkirche, aufzuwerten.[326] In beiden Fällen erschien der Rat federführend, was das nahtlose Nacheinander der Projekte erklärt.

Das kostspielige und sorgfältig vorbereitete Unterfangen ist in den Schriftquellen gut belegt.[327] Nach vorgängigen Massnahmen 1482[328] beschlossen 1487 die «herren der statt zürich» (so stellt es die Bruderschaft der Kapläne im Grossmünster dar) einstimmig, beide Türme auszubauen und die Zusammenarbeit mit dem Stift durch die Wahl je eines Bauherrn (Johannes Heidenreich für die Stadt, Georg Heggenzi für das Grossmünster) und durch die gemeinsame Kontrolle über die Verwaltung des Fabrikguts zu institutionalisieren.[329] Zur Finanzierung wurde eine Sondersteuer vom ganzen Klerus der Diözese Konstanz, von den Zünften, der Constaffel und den Vogteien erhoben.[330] Propst und Kapitel sollten innerhalb von drei Jahren 1500 Gulden beisteuern, die Bruderschaft der Kapläne 300 Gulden.[331] Daneben leisteten Leutpriester, Chorherren und Kapläne am Fraumünster und von St. Peter individuell gehaltene Beiträge, das Stift in Konstanz sagte 60 Gulden zu, der Abt von Einsiedeln 60 Pfund, der Abt von Wettingen 70 Pfund.[332] Es handelte sich offenbar um ein Projekt, das einen Kreis verpflichtete, der weit über den Grossmünsterbezirk und die Stadt hinausging.

Im Januar 1488 wurde beschlossen, zuerst am Nordturm zu arbeiten, während man «den anndern turn rủwen laßßen sölle».[333] Im Frühling schickte man nach St. Gallen, um den Werkmeister zu holen, «der den helm uff der Wasserkilchen gemacht hat».[334] Der Nordturm erhielt einen neuen Helm über den doppelgeschossigen Triforien des romanischen Glockengeschosses. Ein vergoldeter Knauf mit einem Mond-und-Stern-Aufsatz besetzte den Helm, kleinere Knäufe die konkav geschwungenen Giebel (BD 1576 MURER, Abb. 12).[335] Ende 1489 fing man mit dem Bau des gotischen Geschosses des Südturms an, dann folgte dessen Behelmung; als Baumeister fungierte hier STEFAN RÜTZENSTORFER aus Konstanz.[336] Zimmermeister WIDERKEHR setzte das Zimmerwerk auf, und noch im Winter 1489/90 fertigte Meister WALTER SAGER aus Bremgarten den Schindeluntergang. Für das Schindeldach sollte zuerst PALŸ [PAUL] TRATZ von Waldshut verpflichtet werden, doch wurde an seiner Stelle WALTER SAGER aus Bremgarten AG beauftragt.[337] Die Begleitung des Projekts durch die städtischen Bau- beziehungsweise Werkmeister wurde jeweils den verschiedenen Etappen angepasst.[338]

Anlässlich der Aufstockung des Turms muss auch die Sitzfigur Karls des Grossen erneuert worden sein. 1491 war der Ausbau vollendet, der Südturm auf die Höhe des Nordturms aufgestockt, und die gedrungenen Pyramidendächer beider Türme waren durch zeitgemässe steile, achteckige Nadelhelme ersetzt. Den Abschluss der Arbeiten bezeugten eine im Turmknopf aufbewahrte Bleitafel und eine Zinnrolle – wahrscheinlich je aus der Sicht der Stadt und des Grossmünsters.[339]

Die Gesamtkosten beliefen sich auf 18 916 Pfund 15 Schilling. Die abgesprochenen Beiträge des Klerus («von den priestern und gotzhůsern dz gelt so uf sỳ der tůrn halb gelegt ist») musste der Rat monieren. Mitte Dezember 1491, als das Grossmünsterstift noch 500 Gulden schuldete, stellte es für deren Bezahlung die Bedingung, dass es an künftige Reparaturen nichts mehr beitragen müsse und diese aus den Zinsen des angelegten Kapitals bezahlt werden sollten.[340]

STEFAN RÜTZENSTORFER erhielt 1491 «wegen seiner kunst und guten Dienste» das Bürgerrecht der Stadt Zürich und war weiterhin in ihrem Auftrag tätig. 1502 bewarb er sich erfolglos beim Konstanzer Domkapitel als Werkmeister, wurde aber 1512 aufgrund seiner Erfahrung im Turmbau zu einer Werkmeistertagung für die Beratung des Aufbaus der 1511 abgebrannten Türme des dortigen Münsters eingeladen.[341] 1515 erscheint er als «steinmetz» nochmals in den Fabrikrechnungen des Grossmünsters.[342] Im Necrologium des Grossmünsters ist er als «architectus» eingetragen.[343]

Beschreibung

Das neue Geschoss des Südturms wird durch fialenartige Ecklisenen verstärkt. Diese sind in der Mitte durch ein Wasserschlaggesims geteilt, in Entsprechung zum romanischen Gurt, der das Glockengeschoss des Nordturms gliederte. Nach jeder Seite öffnen sich grosse, zweilanzettige Masswerk-

88
Grossmünster. Südturm, 4. Geschoss, Nordseite. Zustand vor der Restaurierung 1934–1936. Masswerkfenster von 1487/1491, Fensterbrüstung von 1781/1786. Foto 1934.

fenster, die sich im Aufwand der Gliederung unterscheiden (Abb. 88). Mit dreifach gekehlten, fein profilierten Gewänden sind diejenigen an der West- und Südseite reicher gestaltet. Der Baldachin über der Karlsfigur wurde durch eine Brüstung mit Fischblasenmasswerk überhöht (1936 in Kunststein ersetzt).[344] Ob die Westseite von Anfang an eine Brüstung besass oder nicht, ist nicht endgültig zu entscheiden. BD 1497/1502 LEU (Abb. 6) zeigt das Fenster ohne, BD 1576 MURER (Abb. 12) mit einer Brüstung, deren Masswerkformen jedoch nicht zu erkennen sind. 1781/1786 wurde die westseitige Brüstung jedenfalls mit einem Masswerk erneuert (und 1936 belassen), das ein um Radiuslänge versetztes Zirkelschlagmuster von zwei Halbkreisen aufweist: Nach GUTSCHER eine Kopie nach dem gotischen Original,[345] ist der spätgotische Zustand gleich in zwei Projektplänen des 18. Jahrhunderts in identischer Weise überliefert (Abb. 154, 155):[346] Das Masswerk zeigt in zwei Reihen stark geblähte Fischblasen oder gequetschte Herzformen. Die Fenster der Ost- und Nordseite des Karlsturms sind nur doppelt gekehlt. Es ist nicht gesichert, ob sie von Anfang an mit Brüstungen versehen waren.[347] Die wohl erst 1781/1786 entstandenen Brüstungen wurden 1936 ersatzlos entfernt.

Die achtseitigen Nadelhelme beider Türme erhoben sich über leicht geschweiften, steilen Giebeln, deren Felder mit helmbekrönten Polygonalerkern über profilierten Konsolen besetzt waren. Die Turmhelme waren über dem Schindelunterzug

mit Blei bedeckt und mit blau-weisser Masswerk-Imitation illusionistisch gefasst (BD 1497/1502 LEU). Für die Bemalung des Nordturmhelms ist die Autorschaft der ZEINER durch die Quellen gesichert.[348] An den Ecken waren Wasserspeier in Form schmaler Drachenköpfe angebracht. Am Südturm waren sie noch um 1710 erhalten (BD um 1710 ESCHER), am Nordturm waren sie schon 1690 durch mächtigere barocke Drachen ersetzt worden (BD 1690 MEYER).

Schon 1510 mussten die kostbaren bemalten Bleiplatten wegen zu grossen Gewichts entfernt und durch eine Schindelung ersetzt werden (BD 1576 MURER).[349] Das Begehren der Stadt um die Beteiligung an den Kosten lehnte das Stift mit der Begründung ab, dass die Unterhaltspflicht seit dem Ausbau der Türme bei der Stadt liege. Die entsprechende Zusage, dass die Propstei zukünftig nicht mehr belangt werde, sei nur wegen der Unruhen um den Tod Waldmanns nicht rechtskräftig geworden.[350]

16. JAHRHUNDERT

NEUER DACHREITER FÜR DIE CHORGLOCKE 1501/02

1501/02 wurde als Ersatz für den abgebrannten Dachreiter der heute noch erhaltene errichtet (Abb. 6).[351] Bei dem sechskantigen schlanken Schaft handelt es sich um ein Postament, das sich vor der Dacherhöhung von 1646 rund 2 m über die Firstlinie erhob. Das Glockenjoch darüber wird von einer Holzbalustrade aus schlichten Vierkantstaketen, abgeschlossen durch ein profiliertes Gesims, umgeben. Der Überbau mit Giebelchen und Nadelhelm folgt demjenigen der spätgotischen Turmhelme, aber über sechseckigem Grundriss. Zwischen den Giebelchen sind delphinartige Wasserspeier angebracht. Auf dem Turmknopf steht ein 25 Pfund schwerer Turmhahn, der möglicherweise vom alten Dachreiter übernommen wurde, aber einen neuen Schwanz erhielt.[352] Offenbar wurde für die Herstellung der Metallteile eigens eine Giesshütte errichtet und nach Abschluss der Arbeiten wieder abgebrochen.[353]

1503 und 1505 weisen die Fabrikrechnungen mehrere grössere Zahlungen für leider nicht spezifizierte Arbeiten aus. Sie gingen an Maler HANS LEU und an PETER FELDER, der als Werkmeister am Neubau der Wasserkirche beteiligt gewesen war.³⁵⁴

Möglicherweise im Verlauf des 16. Jahrhunderts wurde in der westlichsten Blendarkade auf der Nordseite des Altarhauses eine Tür ins Treppenhaus zwischen Kirche und Kreuzgang eingebrochen.³⁵⁵

ALTÄRE IN DER KIRCHE³⁵⁶

Zur Zeit der Abfassung des Liber Ordinarius um 1260 waren die Altäre in der Kirche bemerkenswert symmetrisch angeordnet. Einige der paarweise gestellten Altäre waren auch in der liturgischen Hierarchie gleichrangig und konnten als Alternativen benutzt werden (Abb. 89, 91). Solche Paare bildeten der Marienaltar und der Martin-und-Gallusaltar, der Karls- und der Maria-Magdalena-Altar sowie der Kreuz- und der Katharinenaltar auf der Empore. Diese beiden Altäre waren im 13. Jahrhundert die einzigen auf der Empore und liturgisch von untergeordneter Bedeutung. Erst mit der Errichtung des Fronleichnams- und des Dreikönigsaltars Ende des 13. Jahrhunderts und in der 1. Hälfte des 14. Jahrhunderts wurde das Emporengeschoss stärker in die Liturgie einbezogen. Die Vergrösserung der Westempore, die Anlage einer Treppe beim Nordportal, welche direkt von aussen auf die Empore führte, sowie eine Reihe von Ablässen (1288, 1294, 1299) für den Besuch der Altäre sind Zeichen dafür, dass die Emporen für die Öffentlichkeit zugänglich wurden.

Zum Zeitpunkt der Reformation zählte GEROLD EDLIBACH 21 Altäre, die mehrheitlich zu lokalisieren sind.³⁵⁷ Vierzehn standen in der Kirche, drei in der Zwölfbotenkapelle, drei in der Marienkapelle und einer in der Michaelskapelle.

ALTÄRE IN DER KRYPTA

Altar des hl. Mauritius. 1107 erfolgte eine Weihe in der Krypta («dedicatio in cripta») durch Bischof Gebhard III. von Konstanz (siehe S. 45), die diesen Altar bereits einbezogen haben musste.³⁵⁸ Die Übernahme des Mauritiuskults ist sicher vor dem Hintergrund der intensiven Beziehungen zwischen Einsiedeln, Disentis und dem Grossmünster zu sehen; Mauritius entspricht aber auch dem Bild des «miles» beziehungsweise des adeligen Herren.³⁵⁹ 1306 stifteten der Chorherr Rüdiger Schwend und seine Mutter eine Pfründe.³⁶⁰ 1442 bestätigte Propst Matheus Nithart der Familie Schwend das Präsentationsrecht für den Kaplan, das in der Regel nach dem Tod des Stifters an das Kapitel fiel.³⁶¹ Auch die in der Krypta hängende Lampe wurde durch eine schwendsche Stiftung unterhalten.³⁶² Ob sich eine Familiengrablege der Schwend in der Krypta befand, ist derzeit ungeklärt.³⁶³ Auf einer Foto während der Sanierungsarbeiten von 1913 ist im westlichsten Mitteljoch der hinteren Krypta, dort, wo die Schwend-Wappen das Gewölbe zieren, ein damals entdecktes, aus Hausteinen gemauertes Grab zu sehen (Abb. 86).³⁶⁴

Beim Mauritiusaltar stand ein Reliquienschrein, der Gebeine und Partikel des Heiligen und seiner Gefährten enthielt.³⁶⁵ 1514 muss die Anlage des Schreins erneuert worden sein.³⁶⁶ Sechs Tage benötigte man, um «den sarch in der krufft hinter dem altar furhan zethuon und in uffrichten». Neu erstellt wurde vermutlich der (gemauerte?) Unterbau des Schreins, der wohl eine bemalte Holzverkleidung und ein Rahmengestell darüber erhielt, das den Schrein einschloss. 1515 wird ein Steinmetz bezahlt, um ein Loch in eine Steinsäule zu bohren für die Anbringung einer Stange («stöcklin», «truncus») beim Schrein.³⁶⁷ Die genauen Standorte von Altar und Schrein gehen aus der Schriftlichkeit nicht hervor.³⁶⁸ Einiges spricht aber dafür, dass der Mauritiusaltar im mittleren Joch der hinteren Krypta stand, das durch die Gewölbemalereien – die vier Evangelistensymbole zwischen Sternen – besonders hervorgehoben war. Damit wäre auch ein Bezug zu dem den hll. Felix und Regula geweihten Hochaltar gegeben, der in der Mitte des Altarhauses, also direkt darüber stand. Der Reliquienschrein müsste dann im östlichsten Joch der Mittelachse gestanden haben, und die hypothetische Grablege der Schwend hätte sich, den Bestattungskonventionen entsprechend, vor dem von der Familie dotierten Altar befunden.

Der hl. Mauritius ist ein seit ottonischer Zeit mehrfach belegter Patron oder Mitpatron für Kryptaltäre.³⁶⁹ Im Grossmünster muss er eine bedeutende, wenn auch noch weitgehend ungeklärte Rolle gespielt haben. An wichtigen Festtagen fanden Prozessionen des Klerus in die Krypta statt, die oft mit dem Besuch des ebenso bedeutenden Karlsaltars und der Märtyrergräber in der Zwölfbotenkapelle verbunden waren.³⁷⁰ Zu bestimmten festlichen Anlässen («Sic autem est procedendum cum pro sollempnitate vel evidenti et ardua necessitate») wurde der Mauritiusschrein zusammen mit dem Felix-und-Regula-Schrein in der Zwölfbotenkapelle in den Chor überführt und dort vom Volk angebetet.³⁷¹

*Pfrundhaus.*³⁷² Haus zum Häring Auf Dorf. – *Ornamenta.*³⁷³ Unter den Messgewändern befanden sich drei schwarze.

ALTÄRE IM ALTARHAUS

Hochaltar. Der 1177 urkundlich erwähnte Altar wird als «maius altare», «publicum altare», «summum altare»³⁷⁴ oder «fronaltar» bezeichnet. Ein Weihedatum ist nicht überliefert. Das Dedikationsfest wurde am 12. September begangen.³⁷⁵ Das Patrozinium wird nie genannt, ist aber sicher mit dem Felix-und-Regula-Patrozinium des Altars in der Vorgängerkirche identisch.³⁷⁶ Einem Anniversar

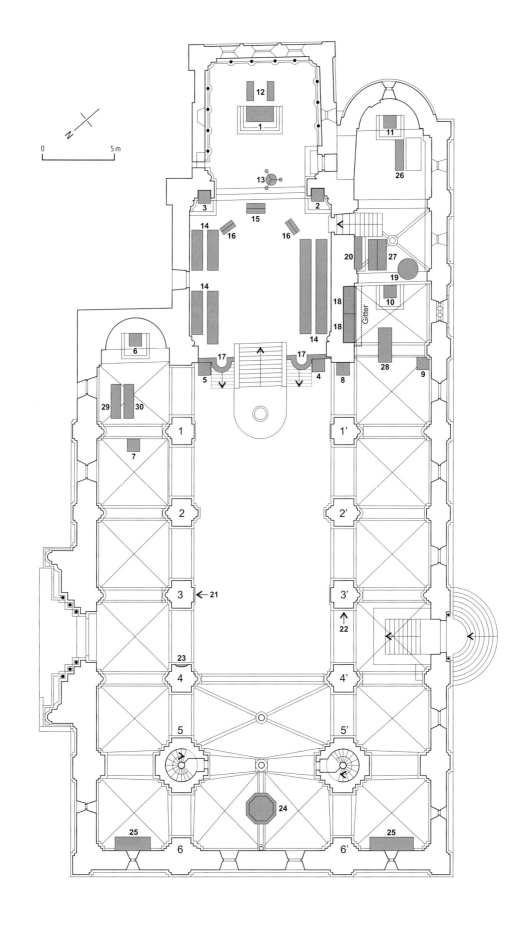

ist zu entnehmen, dass sich im Hochaltar auch Reliquien Jakobus' des Älteren befanden.[377] 1278 erfolgte eine Neuweihe durch Bischof Hartmann von Augsburg.[378] 1420 stiftete Heinrich Suter zu Ehren Gottes und der Maria ein ewiges Licht «nebent frônaltar vor dem wirdigen sacrament unseres lieben Herren Jhesu Cristi».[379] Seit 1489/90 ist überliefert, dass das städtische Seckelamt den Talg für ein ewiges Licht an diesem Altar zahlte.[380] Der Altar muss von der Ostwand abgerückt, in der Mitte oder im westlichen Bereich des Altarhauses gestanden haben.[381] Am Hochaltar wurden bei Begräbnissen von Kanonikern und Laien die letzte Totenmesse zelebriert und für die Verstorbenen, für die eine Jahrzeitstiftung gestiftet worden war, die Anniversarmessen.[382] Das Schmücken des Hochaltars sowie das Hervorholen und Versorgen der Reliquien aus der Sakristei war dem Kustos vorbehalten.[383] Zum Fest der hll. Placidus und Sigisbert am 11. Juli wurden deren Reliquien auf den Hochaltar gestellt. Die Reliquien waren im Zusammenhang mit dem Sarazeneneinfall 940 von Disentiser Mönchen vorübergehend nach Zürich in Sicherheit gebracht worden. Bei der Rückkehr (zu einem nicht bestimmten Zeitpunkt) verblieben ein Teil des Haupts des hl. Placidus und eine Reliquie des hl. Sigisbert im Grossmünster.[384] Zu Beginn der Weinernte, am 6. August, segnete der Priester am Ende der Volksmesse die ersten Trau-

89
Grossmünster. Grundriss Erdgeschoss, 1:250. Rekonstruktionsversuch der vorreformatorischen Ausstattung und Nummerierung der Langhauspfeiler. Zeichnung Peter Albertin, nach Gutscher 1983, mit teilweise abweichenden Lokalisierungen.

Grau: Standort weitgehend gesichert.
Weiss: Standort unsicher.
In Klammern: die Ersterwähnung.

Altäre. – 1 Hochaltar Felix und Regula (1177). – 2 Marienaltar (1107). – 3 Martin-und-Gallus-Altar (1117). – 4 Maria-Magdalena-Altar (1146). – 5 Altar Karls des Grossen ([1233], 1259). – 6 Blasius-und-Pankratius-Altar (1104/1284). – 7 Nikolausaltar (1335). – 8 Sebastian-und-Margaretha-Altar (1455). – 9 11000-Jungfrauen-Altar (1330/1332). – 10 Felix-und-Regula-Altar (LOZ). – 11 Apostelaltar (12./13. Jh.).

12 Reliquienschreine Felix und Regula (LOZ). – 13 Kandelaber (LOZ). – 14 Chorgestühl (LOZ). – 15 Grosses, drehbares Lesepult (LOZ). – 16 Lesepulte der Scholaren (LOZ). – 17 Chorschranken (LOZ). – 18 Gräber der hll. Felix und Regula. – 19 Älteres Heiliggrab (LOZ). – 20 Neues Heiliggrab (1514–1516). – 21 Langhauspfeiler: «Stifterrelief» mit Karl dem Grossen und Felix und Regula. – 22 Langhauspfeiler: «Guido-Relief». – 23 Weihwassernische mit Wandbild der thronenden Maria. – 24 Taufbecken (LOZ). – 25 Beichtstühle (1515).

Gräber. – 26 Comeli (LOZ). – 27 Heinrich Manesse am Stad und Gattin (1312). – 28 Heinrich II. Manesse (†1271). – 29 Heinrich I. Madella (†1175/76). – 30 Markward (14. Jh.).

ben («nove uve»), die in einem Gefäss auf dem Hochaltar standen, und verteilte sie an die Kanoniker und andere Anwesende.[385] Während der Feiern zum Festtag des hl. Florinus, am 17. November, stand das Florinus-Kreuz, das normalerweise im Altarhausbogen hing, vor dem Hochaltar.[386]

1521/22 wurden «stangen an die taflen zum fron altar in chor» angebracht, was auf bewegliche Altarflügel zu dieser Zeit schliessen lässt.[387] Zudem gibt es Hinweise, dass der Altarschrein eine Salvatorfigur und plastische, von LUX ZEINER 1484/85 gefasste Engelsfiguren enthielt. Mit dem Altar sind 1333 erwähnte Kopfreliquiare der Stadtheiligen in Zusammenhang zu bringen,[388] für die der Goldschmied KONRAD ASPER 1468/69 neue vergoldete Halsbänder lieferte.[389] 1480 fertigte der Tischmacher «die schragen ze dem heltum [Reliquien] und schamel uff den altar capita [Kopfreliquiare] darúff zuo stellen».[390] 1503 wurden die Füsse (die vorgenannten «Schemel»?) der «brustbilden» vergoldet.[391] Das Schatzverzeichnis von 1523 listet ein «kostlich» gesticktes Antependium auf, das, passend zur Eucharistie, Melchisedek und Abraham darstellte, die beiden alttestamentlichen Typen für den Opfertod Christi.[392] Erst in der Reformation wird eine besonders kostbare (Schnitz-?)Figur des Melchisedek erwähnt, die auf der Altartafel stand.[393]

Reliquienschreine. Hinter dem Altar standen, wohl erhöht, die Reliquienschreine der beiden Stiftspatrone («archae sanctorum martyrum»).[394] Sie sind wahrscheinlich identisch mit den bei der Übergabe an die Stadt 1525 genannten «2 grossen hültzinen särch darin mengerlei kleine stücklinen heltums und beine glegen…».[395]

Beim Abbruch in der Reformation 1526 soll unter dem Altar das «Pflaster darunter ganz» zum Vorschein gekommen sein. Für die Reformatoren war dies ein Argument, «dass also nit der Altar mit der Kilchen uffgebuwen, sunder hernach uff das pflaster gesetzt ist», was den Abbruch rechtfertigte.[396]

ALTÄRE IM CHOR

Vor den Wandpfeilern des Triumphbogens standen, vermutlich in den Nischen (Abb. 24, 90), die beiden «lateralia chori altaria»[397]: an der Nordseite, wo die Nut der Mensa noch heute sichtbar ist, der Altar der hll. Gallus und Martin und an der Südseite der Marienaltar. 1517 wurden für die beiden Altäre zwei neue «serch» (Reliquienschreine) gefertigt.[398] Am Marienaltar wurde bei Begräbnissen von Chorherren und Laien die zweite Totenmesse zelebriert.[399]

Marienaltar. Der Altar wurde 1107 von Bischof Gebhard III. von Konstanz geweiht.[400] Das Altarweihefest beging man am 13. September mit der Feier der «missa popularis» am Marienaltar.[401] Nach dem Liber Ordinarius spielte der Altar eine bedeutende Rolle und hatte bei manchen Gelegenheiten eine Stellvertreterfunktion für den Hochaltar. So wurden die nach der Prim zu begehenden Anniversarien, wenn kein für den Hochaltar zugelassener Priester anwesend war, abwechselnd am Ma-

90
Grossmünster. Altarhaus und Chor mit dem Chorgestühl von 1915, von Nordwesten. Foto 1978.

rien- und am Martinsaltar zelebriert.[402] Aus dem gleichen Grund konnte die Frühmesse am Weihnachtstag («missa in gallicantu»), die in der Regel am Hochaltar gefeiert wurde, am Marienaltar zelebriert werden.[403] Er war auch in die Kreuzverehrung am Karfreitag einbezogen. Zum Marienaltar hatten die Äbtissin und die Klosterfrauen des Fraumünsters eine besondere Beziehung. Wenn sie mit ihrem Chorherrenkapitel und ihrem Leutpriester zur Begräbnisfeier von verstorbenen Kanonikern kamen, wohnten sie der Totenmesse am Hochaltar und den letzten Gebeten für den im Chor Aufgebahrten im Chorgestühl neben dem Marienaltar bei.[404] Wenn die Klosterfrauen zur Himmelfahrtsvigil in Prozession in den Chor des Grossmünsters kamen, legten sie ihre mitgeführten Reliquien auf dem Marienaltar ab.[405]

Am Marienaltar wurde bei Begräbnissen von Kanonikern und Laien die zweite Totenmesse gesungen.[406] 1312 erhielt der Altar eine «dos», die erste Pfrundstiftung, die nicht auf einen Angehörigen des Kapitels zurückging: Heinrich Maness und seine Frau Adelheid schenkten dem Propst und Kapitel zuhanden des «altaris constructi in dextero lati chori […] consecrati in honore dicte virginis gloriose ec ipsis altari hactenus indotati» 80 Mark zum Kauf von Gütern.[407]

Eine vergoldete Marienskulptur («imago beate virginis sculpta»), die vielleicht mit einer Engelsfigur eine Verkündigungsgruppe bildete, könnte in der Nähe dieses Altars gestanden haben.[408]

Beim Altar stand ein Reliquienschrein, der jeweils an Mariae Himmelfahrtsvigil in einer Prozession zur Marienkapelle mitgetragen wurde.[409] Im Schatzverzeichnis von 1333 ist er nicht aufgeführt, doch Bullinger erwähnt in seiner Auflistung des Stiftsschatzes eine weisse damastene Decke für den Marienschrein im Chor.[410] Wahrscheinlich ist er identisch mit dem «Köstliche undt fürnembe heiligthumb Mariae der allerheilgsten jungfrauen in einer guldenen sarch 40 loth desß besten reinen golts schwer mit köstlichen steinen undt anderer zierdt undt sonderbarer kunst bereitet».[411]

Pfrundhaus.[412] «In der nüwen statt an der mittlen gassen das underist Egg hus, ist von nüwen wider uff buwen» (1504). – *Ornamenta.*[413] Eintrag siehe Anmerkungen.

Martin-und-Gallus-Altar. 1117 weihte der Trierer Erzbischof Bruno von Brettheim den Martinsaltar,[414] der auch als Gallusaltar erscheint.[415] Im Liber Ordinarius kommen beide Bezeichnungen vor. Das Altarweihefest wurde am 9. Mai begangen.[416] Am Festtag des hl. Gallus, am 16. Oktober, wurden dessen Reliquien auf den Altar gestellt.[417] 1303 stiftete der Scholasticus Rüdiger Manesse eine Altarpfründe.[418] Vor dem Altar hing eine Kerze «ad reverenciam eucharistie sacrosancte»; der Gallusaltar war offenbar Sakramentsaltar.[419]

Pfrundhaus (1304).[420] Haus zum Steinbock, Eckhaus Oberdorfgasse/Geigergasse. – *Ornamenta.*[421] Eintrag siehe Anmerkungen.

ALTÄRE IM LANGHAUS

Altar der hl. Maria Magdalena beziehungsweise der hl. Margaretha. 1146 wurde der Altar «in gradibus» laut Eintrag im Anniversar der Propstei von Bischof Hermann I. von Konstanz als «altare sancte Marie Magdalene» geweiht.[422] 1260 erscheint er an zwei Stellen des Liber Ordinarius und in den gleichzeitigen Statuten als «altare quod dicitur Margarete» beziehungsweise eindeutiger als «altare sancte Margarete».[423] Die 15 übrigen Nennungen im Liber Ordinarius führen ihn als Magdalenenaltar. Der Standort wird hier angegeben «in gradibus sub cancellis», das heisst unter den Chorschranken bei den Treppenstufen – entweder bei der Chor- oder bei der wohl damals gerade aus dem Mittelschiff hinuntergeführten Kryptatreppe. Er stand auf der Südseite als Pendant zum jüngeren Karlsaltar,[424] mit dem er einen eigenen Status bezüglich des Unterhalts teilte.[425]

An diesem Altar wurde bei den Begräbnissen von Kanonikern und Laien die erste Totenmesse zelebriert, während der Verstorbene im Schiff aufgebahrt lag.[426] Am Altarweihefest, das am 22. Juli als Duplex-Fest begangen wurde und an dem eine Prozession durch den Kreuzgang stattfand,[427] wurden zwei «missae populares» gesungen, eine für die Patronin am Karlsaltar und die zweite, festlichere am Magdalenenaltar.[428] 1318 stiftete der am Münsterhof wohnhafte Arzt Peter de Vallesia eine Pfründe für den Altar und setzte als ersten Kaplan einen seiner Neffen ein.[429]

Pfrundhaus. «In der nüwen stat ob der XIM megten pfrundhus und garten darhinden».[430] – *Ornamenta*.[431] Eintrag siehe Anmerkungen.

Altar Karls des Grossen. Die erste Weihe ist unbekannt. Die Überführung von Karlsreliquien von Aachen nach Zürich am 27. September 1233 setzt den Altar aber voraus.[432] Seither beging man am 27. Juli das Translationsfest und am 28. Januar das Dedikationsfest, das als Duplex-Fest gefeiert wurde.[433] Der Altar wird 1259 erstmals erwähnt.[434] Das Altarweihefest am 17. Januar wurde mit einer Prozession zum Karlsaltar begangen, an die sich ein Besuch der Märtyrergräber in der Zwölfbotenkapelle anschliessen konnte.[435] Die erste und gleichzeitig gewichtigste Dotierung des 1325 neu geweihten Altars erfolgte im Sinne einer Jahrzeitstiftung durch Propst Kraft von Toggenburg, bei dem das Präsentationsrecht für den jeweiligen Kaplan blieb. Dieser hatte die täglichen Messen zu lesen und Beichten abzunehmen.[436] Der Liber Ordinarius gibt den Standort des Altars bei den Chorstufen unterhalb der Chorschranken auf der Nordseite an; an entsprechender Stelle auf der Südseite stand der Magdalenen- beziehungsweise Margaretenaltar. Der Karlsaltar war mehrfach Statio bei Prozessionen des Stiftsklerus zu den Heiligengräbern in der Zwölfbotenkapelle und in die Krypta (siehe S. 84). Bei Altarbegehungen an bestimmten Festtagen konnte er auch als Alternative zum Maria-Magdalena-Altar fungieren.[437]

Vielleicht gehörte eine spätmittelalterliche Altartafel mit der Darstellung des knienden Kaisers mit dem Kirchenmodell zum Altar. Sie wurde nach der Reformation zuerst in die Stiftsbibliothek, dann in den Kapitelsaal oder in den Hof des Propsts verbracht. 1780 noch erwähnt, blieb sie seither aber verschollen.[438] Sie ist in zwei grafischen Reproduktionen des 18. Jahrhunderts überliefert, unter anderem von JOHANNES MÜLLER.[439] MÜLLER reproduziert noch ein zweites «sehr altes Gemähde welches beynahe verblichen», das den Kaiser frontal thronend mit Segensgestus und Reichskugel zeigte.[440] ZWINGLI erwähnt in seiner Antwort an Valentin Compar im Abschnitt über die Bilder und die Bilderverehrung, dass nebst der Sitzfigur des Kaisers am Südturm im Grossmünster ein zweiter «gross Karolus» existierte, den man «weggetan» habe, da er «wie ander götzen vereret» wurde.[441] Vielleicht handelte es sich um eines der beiden überlieferten Tafelgemälde.

Pfrundhaus.[442] «Hus zum Bäsen an der Kilchgasse ob dem roten Bären» (Kirchgasse 38). – *Ornamenta*.[443] Eintrag siehe Anmerkungen. – Die zweite Pfrund wurde 1404 gestiftet.[444] Das *Pfrundhaus* lag in der Neustadt. *Ornamenta* sind 1504 keine eingetragen.

Altar des hl. Nikolaus. 1335 stiftete der Ritter Rudolf Biber einen Altar «gotte ze lobe und siner můter sant Marien, sant Niclause, sant Georien [sic], sant Egidien, sant Lienhart, sant Bartholomeo dem zwelfbotten, sant Felix, sant Regelen und sant Exsuperancien, den heiligen drin kůngen, sant Marie Magdalenen, sant Katherinen, sant Verenen, sant Augustinen, sant Dominicus und sant Franscissen», später kurz St.-Niklaus-Altar genannt.[445] Die Weiheurkunde für den Altar ist 1349 datiert.[446] Die Besetzung der Pfründe, zu der die Einkünfte eines Stifterbesitzes im Niederdorf («von sinem turne, garten und hůsern») gingen, lag bis zu deren Tod beim Stifter und bei dessen Frau. Die Stiftungsurkunde gibt den Standort im nördlichen Seitenschiff vor der Apsis mit dem Blasius- und Pankratius-Altar und in der Nähe eines nicht weiter bekannten Bildwerks einer Kreuzabnahme («abloesi») an. GUTSCHER schlägt einen Standort vor dem nördlichen Choreingangspfeiler, dem Sebastian-und-Margaretha-Altar auf der Südseite entsprechend, vor.[447] Die topographischen Angaben in der Stiftungsurkunde lassen jedoch auch einen Standort im zweiten Joch von Osten zu (Abb. 89, Nr. 7).

Das *Pfrundhaus* der «Caplanii unser lieben Frowen kindbett und sant Niclaus» befand sich in der Neustadt.[448]

Altar der hll. Sebastian und Margaretha. Der Altar wurde 1455 durch Thomas Hopf errichtet.[449] Er lag in der Nähe der Heiligengräber.[450] Später erscheint er als Sebastian-und-Margaretha-Altar.[451] 1476 erklärte sich die Bruderschaft der Kapläne bereit, den Kaplan des vom Chorherrn Thomas Hopf, von seinem Bruder Andreas und dessen Frau Margarete Budlin dotierten «nüwen altar sant Sebastianß und sant Laurencen» aufzunehmen.[452] Der neue Altar war zu Ehren der Dreifaltigkeit, Maria, Sebastian, Laurentius, Apollinaris, Margareta, Anna und Martha errichtet worden.[453]

Pfrundhaus. «Ob dem Bäsen» gegenüber dem Schenkhof. – *Ornamenta*.[454] Eintrag siehe Anmerkungen.

Altar der hll. Blasius, Pankratius beziehungsweise Stephanus.[455] Der Altar stand in der Apsis am Ostende des nördlichen Seitenschiffs.[456] Die 1104 überlieferte Weihe eines Pankratiusaltars wird seit WIESMANN mit dem Vorgängerbau in Verbindung gebracht.[457] 1284 Stiftung einer Priesterpfründe zu Ehren des hl. Blasius.[458] 1431 erscheint er als Stephan-und-Blasius-Altar,[459] 1504 wieder als Blasius-und-Pankratius-Altar.[460] Das Altarweihefest wurde am 20. Juni begangen.[461] Neben dem Pankratiusaltar lag das Grab des Propstes Heinrich des Älteren («sepulchrum Heinrici antiqui prepositi»).[462]

Pfrundhaus.[463] Am Anfang der Münstergasse, «Ob dem blauen Fan under dem grünen Schloss». – *Ornamenta*.[464] Eintrag siehe Anmerkungen.

11 000-Jungfrauen-Altar. Der Altar muss im südlichen Seitenschiff an der Südwand beim Eingang zur Zwölfbotenkapelle gestanden haben («in der absiten bi unser herren altar an der mure» beziehungsweise «iuxta altare sanctorum Felicis et Regule martirum ad tumbas»).[465] Gestiftet wurde er vom Ritter Rüdiger Manesse († 23. März 1331). Im Juni 1330 verpflichtete sich dessen Bruder Ulrich zur Zahlung von 60 Pfund an die Pfründe, die Rüdiger im Rahmen einer Jahrzeitstiftung errichtet hatte.[466] Im Juli 1331 beurkundete der Rat den Vollzug des Vermächtnisses.[467] Im Februar 1332 weihte Bischof Ulrich von Chur den Altar und sicherte dessen Besuchern an den Jahrestagen der Altarweihe (am Sonntag nach Mariae purificationis) einen vierzigtägigen Ablass zu.[468] Beim Tod eines Kanonikers stellte sich die Äbtissin des Fraumünsters mit den Damen und dem Chorherrenkapitel der Abtei nach dem Einzug in die Kirche bei diesem Altar auf, während der Leutpriester drei Messen für den Verstorbenen las.[469] EDLIBACH nannte diesen Altar nach der Anführerin der heiligen Jungfrauenschar «Sant Urslen alter».[470]

Das *Pfrundhaus* lag in der Neustadt zwischen dem Haus des Maria-Magdalena-Altars und des Johannesaltars.[471] – *Ornamenta.*[472] Eintrag siehe Anmerkungen.

ALTÄRE AUF DEN EMPOREN

Heiligkreuzaltar. 1294 bestätigte der Konstanzer Bischof einen Ablass für diesen Altar.[473] 1299 gab es Ablässe für den Besuch des Kreuz- und des Katharinenaltars. Um 1313 erhielt der Heiligkreuzaltar eine Pfründe.[474] Das Altarweihfest beging man am Tag der Kreuzauffindung am 3. Mai mit einer Prozession zum Altar.[475] Der Standort ist nicht gesichert. Aus einer den Heiligkreuzaltar betreffenden Urkunde von 1359 geht hervor, dass er auf der Nordempore stand. GUTSCHER vermutete ihn in der Apsis wegen der heute dort noch sichtbaren Sakramentsnische.[476] Aufgrund der Angaben in der erwähnten Urkunde ist sein Standort aber eher im Turmjoch anzunehmen, wo ihn auch die ältere Forschung vermutete.[477] Nach dem Altar wurde die entsprechende Empore als «gwelb deß heligen crütz» bezeichnet.[478]

Pfrundhaus.[479] «In der nüwen statt an der mittlern gassen daran stat ein rot Crutz oben an der Helgen dry kungen pfrůndhus». – *Ornamenta.*[480] Eintrag siehe Anmerkungen.

Altar der hl. Katharina. Der Altar ist in einem Zusatz zum Liber Ordinarius erstmals erwähnt.[481] 1284 wird ein «capellanus s. Katharine» genannt, der sich aber nicht mit letzter Sicherheit diesem Altar zuordnen lässt.[482] Seit der nicht datierten Altarstiftung begingen die Chorherren das Katharinenfest am 25. November als «Duplex festum».[483] 1288 wurde ein vierzigtägiger Ablass für Geschenke an den Altar gewährt,[484] 1299 zweimal ein Ablass für Besuche und Gaben an den Katharinen- und den Kreuzaltar.[485] 1303 stiftete der Kantor Rinwin Merz dem Altar, «hactenus indotato», eine ewige Pfründe.[486] Wie beim Kreuzaltar geht der genaue Standort des Katharinenaltars aus den Quellen nicht hervor. Entgegen GUTSCHER, der ihn vor der Ostwand der Südempore vermutete, weil dies einer normalen Anordnung der Altäre entspreche,[487] scheint uns der auch von der älteren Forschung vorgeschlagene Standort im Westen, im Südturmjoch, einleuchtender.[488] Schon das gemalte Jüngste Gericht dort weist auf eine besondere Funktion dieses Raumkompartiments (Abb. 114). Zudem ist in den Fabrikrechnungen von 1500 und 1501 von einer Katharinenkapelle die Rede, die man sich im Turmjoch besser vorstellen kann.[489] Die Bezeichnungen «uff Sant Katrinen gwelb» und «uff dem gwelb dess heligen crütz»[490] bezeichnen wahrscheinlich als Pars pro Toto die Dächer der ganzen Süd- beziehungsweise Nordempore.[491]

Pfrundhaus.[492] «Ob der propstÿ an der Kilchgassen» (Kirchgasse 25). – *Ornamenta.*[493] Keine verzeichnet.

Fronleichnamsaltar. 1319 stiftete der Kantor Johann Thia (I.) Güter für einen neu zu errichtenden Altar, der im selben Jahr der Dreifaltigkeit, Maria, dem Blut Christi, Johannes dem Täufer, Johannes dem Evangelisten, Oswald und den Heiligen Drei Königen geweiht wurde und im folgenden Jahr eine «dos» erhielt. Er stand auf der Westempore, an der Stelle der heutigen Orgel («in medio ecclesie super testitudinem», «in testudinem que est supra baptisterium»).[494]

Pfrundhaus.[495] Neustadt «Zu sant Anthönyen». – *Ornamenta.*[496] Eintrag siehe Anmerkungen.

Dreikönigsaltar. 1338/39 erstmals erwähnt.[497] 1359 stiftete Hugo Thya eine Pfründe für den Altar, dessen Standort auf der «rechten Empore», im Joch unmittelbar neben dem Kreuzaltar beziehungsweise vor diesem, angegeben wird.[498] Daraus ist zu schliessen, dass Dreikönigsaltar und Kreuzaltar in benachbarten Jochen standen; aus den topografischen Angaben zu schliessen, stand der Kreuzaltar im Turmjoch und der Dreikönigsaltar im östlich anschliessenden Joch. Der Name «Dreikönigsaltar» erscheint 1360.[499]

Pfrundhaus.[500] «Pfründ hus und turn, gärten darhinder und ein kleines hüsli daran, lit als an dem brunnen vor dem Schenkhof über» (Kirchgasse 22). – *Ornamenta.*[501] Keine verzeichnet.

91
Grossmünster. Grundriss Emporengeschoss, 1:250. Rekonstruktionsversuch der vorreformatorischen Ausstattung. Zeichnung Peter Albertin, nach Gutscher 1983, mit teilweise abweichenden Lokalisierungen.

Dunkelgrau: Standort weitgehend gesichert.
Hellgrau: Standort unsicher.
In Klammern: die Ersterwähnung.

1 Heiligkreuzaltar (LOZ). – 2 Katharinenaltar (LOZ). – 3 Fronleichnamsaltar (1319/1321). – 4 Dreikönigsaltar (1338/39). – 5 Orgel (14. Jh./16. Jh.). – 6 Hängeleuchter (12. Jh.). – 7 Florinuskreuz im Altarhausbogen (LOZ).

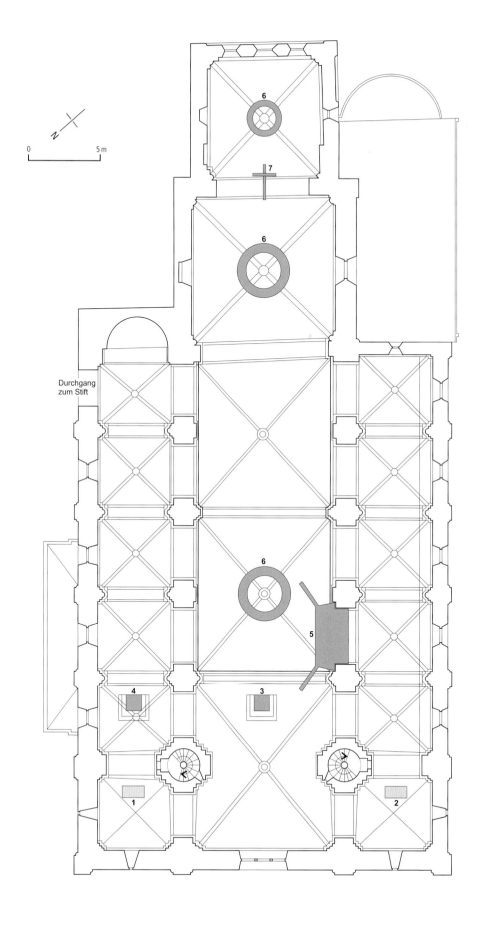

SAKRISTEIEN UND SCHATZKAMMER

Seit ungefähr 1270 gab es im Grossmünster zwei Sakristeien («secretarium», «sacristia»). Die untere lag zwischen Altarhaus und Kreuzgang. Sie diente vor allem der Aufbewahrung der Geräte für die Messe und Chordienste; genannt werden Weihrauchfässer, Kerzen, Lichter, Handtücher («manutergiola»), Wassergefässe, «urne et urnule»,[502] die «ornamenta» (Festtagsschmuck für den Hochaltar)[503] und seidene Sargtücher («pannus sericus»), die für die Bedeckung des Sarges beim Begräbnis von Kanonikern benutzt wurden, falls die Angehörigen keines besassen.[504] Hier wurden auch Urkunden ausgestellt.[505]

Die gegen 1270 in die Zwölfbotenkapelle eingebaute obere Sakristei oder Schatzkammer («superior secretarium», «sacristia superior», auch «thesaurum») diente zur Aufbewahrung des Stiftsschatzes und der Messgewänder (Abb. 92); hier kleideten sich der Priester und die «ministri» für die Messfeiern an Festtagen ein.[506] Den Schlüssel verwaltete der Thesaurar. Seit 1358 lagen die städtischen Urkunden und sicher seit 1375 das Stadtsiegel in dieser Sakristei, dem «Sigentor». 1406 erscheinen drei Ratsherren, die einen Schlüssel dazu verwalteten («Schlüssler»).[507]

Die obere Sakristei nahm anfänglich nur das Obergeschoss des östlichsten Jochs der Zwölfbotenkapelle ein, wurde aber schon im letzten Viertel des 13. Jahrhunderts um ein Joch nach Westen verlängert und 1502/03 umfassend umgebaut:[508] Das Gewölbe wurde ausgebessert, «bestochen» und getüncht. Der Boden wurde mit «glest blatten», das heisst glasierten (gelben, braunen und grünen) Tonplatten und «gehauenen Steinen» (Steinplatten?) belegt. Der Fliesenboden blieb bis 1893 erhalten (siehe unten) und wurde 1932 durch eine Kopie ersetzt.[509] Wohl anlässlich dieses Umbaus entstand die massive Eichentür mit zwei Schlössern (heute in der Zwölfbotenkapelle). Die Fenster wurden vergrössert und neu vergittert und ein «briefhalt» aus Holz darin gemacht. Bei Letzterem handelt es sich um einen Archivschrank, in dem Urkunden («brief») verwahrt wurden. Da gleichzeitig 1503 ein städtischer «Schlüssler» erscheint, dürfte der Schrank einen Teil des städtischen Archivguts aufgenommen haben. Er bildete das Gegenstück zu einem wenig älteren, der wohl 1480 in den Fabrikrechnungen des Stifts erschien (siehe unten).[510]

Im SLM. Tonplatten, braun, gelb und grün glasiert, zum Fliesenboden in der oberen Sakristei gehörend, zwei mit Datum 1503. 1893 ans SLM verkauft (LM 1774).[511] – Zwei breite, doppeltürige Archivschränke. H. 235 cm, B. 175 cm, T. 60 cm. Tannenholz, mit Eisenbändern beschlagen. Vermutlich handelt es sich bei dem einen um den 1480 und beim anderen um den 1502/03 erwähnten, der in Format und Stil dem älteren angepasst wurde.[512] Die Aussenflächen der Türen mit spätgotischer Illusionsmalerei in schwarzer Farbe, die ein überaus kunstvolles Beschläg vortäuscht. Auf jedem Türflügel ein aus Papier ausgeschnittenes, gegen die Mitte geneigtes Zürcher Wappen aufgeklebt. Im Innern der Schränke Gestelleinbauten zur Aufnahme von Schubladen. 1895 dem SLM verkauft (LM 1358 A, 1358 B).[513]

92
Grossmünster. Gewölbe der Zwölfbotenkapelle gegen Osten in der gegen 1270 und im letzten Viertel des 13. Jh. eingebauten oberen Sakristei. Foto 1943. – Text oben.

93
Grossmünster. Chorherrensiegel: Siegel des Thesaurars (1252–1264). – Text S. 127.

STIFTSSCHATZ

Der Stiftsschatz wurde in der oberen Sakristei bewahrt. Über den Schatz sind wir durch verschiedene Verzeichnisse unterrichtet, deren ältestes von 1333 datiert.[514] In der Reformationszeit entstanden weitere Inventare. Erhalten sind ein 1523 dem Kustos vorgelegtes Verzeichnis und das nach der Plünderung des Stiftsschatzes 1525 entstandene Inventar des Stiftsschreibers Johannes Widmer.[515] 1545 und dann wieder um 1574, mit einem zeitlichen Abstand von 50 Jahren, listete HEINRICH BULLINGER Gegenstände in seiner Reformationschronik nochmals auf.[516] (Siehe S. 129f.)

Reliquiare. In allen Verzeichnissen aufgeführt sind vier Kopf- oder Büstenreliquiare der hll. Felix, Regula, Exuperantius und Placidus, die Reliquien Karls des Grossen (nach dem Verzeichnis von 1333 ein edelsteingeschmückter Glasbehälter mit dem Daumen Karls: «chrystallus cum pollice Sti Caroli cum lapidibus»[517]), ein Glasfläschchen der heiligen Märtyrer (im Verzeichnis von 1333 erscheinen drei: «vasculum vitreum sanctorum martyrum Felicis et Regulae […] chrystallus cum terra de sanguine mixta […]. Item cristallus cum dentibus sanctorum Felicis et Regule»[518]), Reliquien der hll. Gallus und Othmar («chrystallus S^{m} Galli et Ottmari cum lapidibus preciosis»[519]), ein silbernes Armreliquiar des hl. Simeon und ein silberner Löwe mit Reliquien des hl. Martin. Das Verzeichnis von 1333 nennt ausserdem noch ein Glasreliquiar mit Reliquien des hl. Nikolaus und einen «cristall corporis Christi»,[520] die in den späteren Verzeichnissen fehlen. 1523 und 1525 wird zudem ein Schrein für die Reliquien des hl. Placidus erwähnt («sant Placidi sarch»),[521] in den Verzeichnissen von 1333 und 1525 und bei BULLINGER ein Marienschrein.[522]

Kreuze. Im Verzeichnis von 1333[523] figurieren: 1. Ein silbervergoldetes Kreuz mit 180 Edelsteinen besetzt, nebst Perlen und einem Kristall. – 2. Ein Kreuz, an dessen Arm ein weiteres kleines, silbervergoldetes Kreuz hing, ebenfalls mit Edelsteinen. – 3. Ein silbervergoldetes, edelsteinbesetztes Kreuz, das man zu den Chorschranken zu tragen pflegte («quae solet portari ad cancellos»). Das Verzeichnis von 1523 listet vier Kreuze auf: 1. Ein Silberkreuz, das an Duplex-Festen mitgetragen wurde. – 2. Ein silbergefasstes Kristallkreuz. – 3. Ein vergoldetes, edelsteinbesetztes Kreuz. – 4. Das Florinuskreuz, das unter dem Gurtbogen zwischen Altarhaus und Chor hing (Abb. 91, Nr. 7).

Weitere Objekte. Silbervergoldetes Rauchfass. – Schuhe Karls des Grossen. – Ein gesticktes Antependium für den Hochaltar mit Darstellung von Melchisedek und Abraham mit einem Wert von 600 Pfund. – Gewirkte Teppiche, die zu bestimmten Zeiten im Chor und in der Kirche aufgehängt wurden.

1333 erscheint ein Gebetbuch Karls des Grossen mit goldenen Lettern,[524] das auch BULLINGER erwähnt («Caroli des keysers båttbůch in Gold gefasset»).[525] Es handelt sich zweifellos um das Gebetbuch Karls des Kahlen, das via Rheinau nach München gelangte und dort von JOHANN RUDOLF RAHN wiedergefunden wurde[526] (heute in der Schatzkammer der ehemaligen königlichen Residenz in München)[527]. In den Verzeichnissen der Reformationszeit abweichende Bezeichnungen als Gebetbuch und Psalter. Das erhaltene Exemplar ist ein kleiner Pergamentband (H. 13,5 cm, B. 10 cm), 45 beschriebene Blätter umfassend.[528] Heutiger Ledereinband später (17. Jahrhundert?). Text mit Goldtinte geschrieben. Eingang auf der 12. Seite in goldener Kapitalis auf Purpur: «Incipit liber Orationum quem Karolus Piissimus Rex Hludovici Caesaris filius Omonimus colligere atque sibi Manualem scribere Jussit. – Hoc orandum est, cum de lecto vestro surrexeritis». Die Seiten 76 und 77 sind illuminiert: der Kaiser in kniender Stellung auf der linken Seite, vor dem Gekreuzigten auf der rechten Seite. Die Elfenbeintafeln, die einst den Einband schmückten, müssen schon früh, spätestens zu Beginn des 17. Jahrhunderts, abhanden gekommen sein.

KAPELLEN

ZWÖLFBOTENKAPELLE

Um 1120/1130	Errichtung der Kapelle in der 2. Etappe des Kirchenbaus.
Gegen 1270	Unterteilung des östlichsten Jochs durch ein Gewölbe und Einrichtung einer Sakristei im oberen Raum.
4. Viertel 13. Jh.	Verlängerung dieses Gewölbes und der oberen Sakristei um ein Joch nach Westen.
2. Viertel 15. Jh.	Grosses Masswerkfenster in der Südwand des westlichsten Jochs.
1848/49	Treppenhauseinbau im westlichsten Joch.
1932	Erneuerung der Treppenhausinstallation in Beton.

94–95
Grossmünster. Zwölfbotenkapelle. Konsolen an der Nordseite (links) und an der Südseite (rechts), unter dem westlichen Gurtbogen des gegen 1270 eingezogenen Tonnengewölbes. Fotos 1983. – Text S. 105.

Die Kapelle wurde nach dem Altar in der Apsis seit dem 12. Jahrhundert als Zwölfbotenkapelle bezeichnet. Da sie die Gräber der hll. Felix und Regula barg, war sie während des ganzen Mittelalters liturgisch von grosser Bedeutung. Sie erstreckt sich als Verlängerung des südlichen Seitenschiffs an der Südflanke von Chor und Altarhaus bis fast zu deren östlicher Fluchtlinie (Abb. 26). Diese Lage ist wohl mit einer älteren Gräbersituation, zuerst auf dem spätrömischen Friedhof und dann im Vorgängerbau, zu erklären. Der Bau der Kapelle folgte direkt und ohne Planwechsel dem Bau von Altarhaus und Chor.[529] Nach den Grabungen von 1932 ist davon auszugehen, dass die Heiligengräber im westlichs-

ten, direkt vom Laienhaus her zugänglichen Joch lagen, das 1848/49 abgetrennt und zum Treppenhaus umgebaut wurde (Abb. 89).[530] Die Stelle der Gräber wird vor der Nordwand vermutet, wo noch heute im Treppenhaus eine etwa 40 cm tiefe Blendarkade mit rund 4 m Scheitelhöhe unter dem Schildbogen des ursprünglichen Gewölbes sichtbar ist (Abb. 97).[531] Ihre Ausmauerung steht im Verband mit dem übrigen Mauerwerk. GUTSCHER vermutete, dass man mit dieser arcosolartigen Rückstufung von der Mauerflucht, in deren Bereich auch grosse Fundamentvorlagen für die Kapelle fehlen, etwas Bestehendes, wahrscheinlich Gräber, umfahren hatte.

96–97
Grossmünster. Zwölfbotenkapelle. Blick gegen Osten mit dem gegen 1270 für den Einbau der oberen Sakristei eingezogenen Tonnengewölbe im östlichsten Joch, mit Wandmalerei-Fragmenten erhalten. In der Apsis der mittelalterliche Taufstein. Foto 1934. – Blendarkade mit freigelegtem Mauerwerk im westlichsten Joch der Nordwand. Bei oder in dieser arcosolartigen Rückstufung werden die Gräber der hll. Felix und Regula vermutet. Foto 1932, während der Restaurierung, vor dem Einbau des Treppenhauses in diesem Joch. – Text oben.

98
Grossmünster. Zwölfbotenkapelle. Nordseite. Wandmalerei am östlichen Tonnengewölbe mit Darstellung der Fusswaschung Christi, um 1270. Foto 1934. – Text S. 105f.

Gegen 1270 wurde das östlichste Joch der Kapelle durch ein flaches stichbogiges Gewölbe auf halber Höhe unterteilt (Abb. 92, 96) und im oberen Raum eine Sakristei eingerichtet, zu der eine Treppe aus dem Altarhaus hinaufführte.[532] Wenig später verlängerte man dieses Gewölbe um ein flaches Kreuzrippengewölbe mit gleicher Scheitelhöhe nach Westen. Die Sakristei belegte nun zwei Joche. Die Erweiterung kann aufgrund der gefasten Rippen und des mit einem Agnus Dei reliefierten Gewölbeschlusssteins stilistisch ins letzte Viertel des 13. Jahrhunderts datiert werden.[533]

Im 15. Jahrhundert wurde in die Südwand des westlichsten Jochs ein rund 4 m hohes Masswerkfenster eingebrochen (Abb. 26). Das Masswerk, bestehend aus drei rundbogig mit Nasen geschlossenen Dreipasslanzetten und drei übereck und seitwärts abgekippt stehenden, sphärischen Vierecken mit Vierpassfüllungen, spricht für das 2. Viertel des 15. Jahrhunderts.[534] Das Fenster wurde 1933 in Kopie erneuert.

Der bauliche Eingriff, der die ursprüngliche Raumgestalt am einschneidendsten veränderte, war der Einbau eines Treppenhauses 1848/49 im westlichsten Joch. Es nimmt die volle Höhe ein und trennt die ehemalige Kapelle vom südlichen Seitenschiff ab. 1932 erneuerte man die Treppenhausinstallation in Beton und zerstörte damit die letzten älteren Befunde.

Altäre
(Abb. 89)

Apostelaltar. Der Altar in der Apsis wird im 12./13. Jahrhundert als «altare beati Petri et Pauli aliorumque apostolorum» erwähnt.[535] Im Liber Ordinarius wird er als «altare apostolorum» bezeichnet.[536] 1302 stiftete der Chorherr und «scholasticus» Nicolaus Martini zusammen mit seiner Mutter eine Altarpfründe, zu deren Ausstattung auch andere beitrugen; die Besetzung der Pfründe durch einen Kaplan behielt er sich selber vor.[537] An die Stiftung erinnert eine gemalte Inschrift am Tonnengewölbe im Joch vor der Apsis, die den Propst Johannes von Wildegg (1276–1310) und den Chorherrn Rüdiger Manesse nennt (siehe unten). Der erste Pfründner, Rudolf Trechsel, wird am 12. Februar 1310 erwähnt.[538]

Märtyreraltar: Siehe unten.

Wandmalereien

1932 kamen verschiedene Reste von Malereien zum Vorschein.[539] – 1. Die ältesten befinden sich am sekundär eingezogenen Tonnengewölbe im östlichen Joch an der Nordseite und beziehen sich thematisch auf den Apostelaltar. Sie sind kurz nach dem Einbau des Gewölbes um 1270 entstanden und zeigen Figurenfriese in zwei Registern.[540] Im unteren Fries ist nur noch Christus zu erkennen, der seine Hand über eine kniende oder sitzende Figur hält. Der obere Fries, der oben durch einen Zinnenkranz und unten durch einen Bogenfries eingefasst ist, besteht aus drei durch eine Architektur geschiedene Bildfelder. Erhalten sind die Fusswaschung Christi im rechten und das Abendmahl im mittleren Feld (Abb. 98). – 2. Am südlichen Ansatz des Tonnengewölbes ist ein schlecht erhaltener Fries mit ungefähr 80 cm hohen Figuren sichtbar, die den thronenden Christus zwischen den Aposteln darstellen. Die Majuskel-Inschrift über dem Fries steht im Zusammenhang mit der Dotation des Apostelaltars von 1302/1304 (siehe oben) und ermöglicht die Datierung: «NICOLAUS . MARTINI . SAC[ER] DOS . DOTATOR . HUI[US] . ALTARIS . ET CANO [N]IC[US] . IOHAN[N]ES . DE . WILDEGGE . P[RAE] PO[S]IT[US] . HUI[US] . ECC[L]E[SIAE] . ET . CANO [N]IC[US] . RUDGERUS . MA[N]ESSE . SCOLASTIC [US] . ET . CANO[N]IC[US]». – 3. Apsiskalotte: Darstellung Christi als Weltenrichter, auf einer Wolke vor Sternengrund thronend. Von seinem Mund gehen zwei Schwerter aus. Die stark restaurierte Malerei wird ins 2. Viertel des 14. Jahrhunderts datiert.[541] Die deutlich sichtbaren Kratzspuren sind wahrscheinlich auf die Freilegung von 1932 zurückzuführen.[542]

Heiliggrab: Siehe S. 123.

Gedächtnisinschriften

Um das Grab der Heiligen, gleichsam in deren Schutz, «drängen» sich gemalte Epitaphien, Erinnerungsschriften von Chorherren, nur eine bezieht sich auf ein Grab. Die Abschriften sind vollständig aufgeführt bei HOFFMANN.[543] Am westlichsten Wandpilaster des südlichen Seitenschiffs, am Eingang der Kapelle, durch die Trennmauer des 19. Jahrhunderts teilweise abgeschnitten: Dolffus Gernandi (†1407), Heinrich Brisacher (†15. Jh.), Burchard Fry (?). Am westlichen Gewände des hohen gotischen Südfensters im westlichsten Joch (heute Treppenhaus): Gebhard Amhoff (†1482). – Im mittleren Gewölbe am nördlichen Gurtbogen, drei Inschriften übereinander (Abb. 99). Von oben nach unten: Johannes Jacob Amstad (†1507), Heinrich Schoneberg (†1502), Swederus de Göttlikon (†1467), Propst 1466/67. Unter Letzterer ein kleines Votivbild mit Darstellung der drei Stiftsheiligen als Kephalophoren vor dem knienden Propst, über dem sich ein Schriftband mit nicht mehr lesbarer Inschrift emporschwingt; über der Szene die Familienwappen des Sweder von Göttlikon.[544] – Die Inschriften auf dem östlich folgenden Gurtbogen sind weniger gut erhalten. Südseite: Chorherr und «scholasticus» Heinrich Meyer sowie die einzige Grabinschrift («hic sepultus») des Jo Störi (†1449). Nordseite: Johannes (Kienast?), Kaplan des Zwölfbotenaltars (†1422). – Tonnengewölbe, Südseite, über der Stiftungsinschrift des Apostelaltars, sehr verblasst, vermutlich ursprünglich sechs Inschriften; noch zu erkennen: Martin Schedler (Chorherr und Kustos), Jacobus Stuppli.

Kultanlage der hll. Felix und Regula

Die vom Langhaus durch das südliche Seitenschiff direkt zugängliche Grabanlage im westlichsten Joch der Kapelle bestand aus den Heiligengräbern, dem über diesen stehenden Reliquienschrein (im Spätmittelalter zwei Schreinen) und dem Felix-und-Regula-Altar (Abb. 89).

Die Heiligengräber. Die Gräber der beiden Heiligen werden in den Schriftquellen als «sepulchra», «tumbae» oder «greber» bezeichnet. GUTSCHER bringt ihre Lage mit der oben erwähnten Arcosolnische in der Nordwand in Zusammenhang. Über Typus und Gestalt der Gräber gibt es keinerlei Hinweise.[545]

Mit wenigen Ausnahmen wurden die Gräber zweimal täglich von den Chorherren besucht, die hier nachmittags als Abschluss der ersten Vesper das «Magnificat» sangen und morgens nach den Laudes das «Benedictus».[546]

Altar der hll. Felix und Regula. Die Weihe eines Altars «ad sepulchrum» im Jahr 1104 durch Bischof Hezelo von Havelberg (1096–1110) muss noch im Vorgängerbau stattgefunden haben.[547] Im Liber Ordinarius wird er zur Unterscheidung von dem ebenfalls Felix und Regula geweihten Hochaltar als der «untere Märtyreraltar» («inferius altare martirum») bezeichnet.[548] Die spätere Bezeichnung als «Felix-und-Regula-Altar bei den Gräbern» ist erstmals 1311 überliefert.[549] Der Altar wurde bei allen Jahrzeitfeiern aufgesucht. Im Statutenbuch, das dies festhält, wird er 1346 als «altar[e] sanctorum Felicis et regule et Exuperancii ad tumbas martirum» bezeichnet.[550] Aus der Standortangabe des Heiliggrabes «hinter dem Märtyreraltar» ist zu schliessen, dass der Altar frei in der Mitte am östlichen Ende des Jochs stand.

Die Bildtafeln mit dem Martyrium der hll. Felix, Regula und Exuperantius.[551] Fünf bemalte Tafeln mit einem Panorama des links- und rechtsufrigen Zürich als Hintergrund der Marterszenen der drei Stadtheiligen. Tempera auf Holz. HANS LEU d. Ä., 1497/1502. – Zwei Tafeln mit rechtsufriger Ansicht (SLM, AG 8.1–2, Abb. 6). Masse: B. 65 cm und 102 cm, H. 82 cm, urspr. H. 150 cm, urspr. B. je 105 cm. – Drei Tafeln mit linksufriger Ansicht (SLM, AG 7.1–3). Masse: B. je 94–96 cm, heutige H. 65 cm, urspr. H. ca. 150 cm. Eine Kopie des zwei- und des dreiteiligen Stadtpanoramas von Kunstmaler ALFRED BAUR von 1937 im Zustand vor 1936 befindet sich im BAZ.

Schicksal nach der Reformation. Wegen ihrer «Nachgeschichte» sind die Tafeln auch zu bedeutenden Bildersturm-Denkmälern der Reformation geworden.[552] In einem Inventar der Sakristei, wohin sie zu Beginn des obrigkeitlich verordneten Bildersturms am 20. Juni 1524 verbracht wurden, sind sie 1525 verzeichnet.[553] Ihr Schicksal nach der Entfernung aus dem Grossmünster ist nicht klar. VÖGELIN nahm an, der Wirt des Gasthauses Zum Rössli (Schiffländle 30), Bernhard Reinhard, ZWINGLIS Schwager und 1524 Grosskellner und Stiftsammann des Grossmünsters, habe sie hierher verbracht.[554] Um 1566 wurden die Heiligentafeln zu einer profanen Stadtvedute umgearbeitet. Ob man erst damals oder schon früher die untere

99
Grossmünster. Zwölfbotenkapelle. Gurtbogen im östlichen Joch. Gemaltes Epitaph für Propst Sweder von Göttlikon (1467) mit Votivbild, das den Propst vor den drei Stiftsheiligen und seine Familienwappen zeigt. Foto 1932. – Text S. 106.

Hälfte der Tafeln mit Teilen der Marterszenen und den Leibern der Heiligen abgesägt und die linke der zweiteiligen Tafelfolge am linken Rand um rund 40 cm beschnitten hatte, lässt sich nicht mehr nachweisen. Jedenfalls wurde, möglicherweise von Hans Asper,[555] damals der Damastgoldgrund mit einem blauen Himmel übermalt und die verbliebenen Teile der Heiligenfiguren mit den hinter ihnen liegenden Stadtteilen. Danach dürften die Tafeln wieder sichtbar aufgestellt und der Öffentlichkeit zugänglich gewesen sein. Die Himmelspartien hat man im 17. Jahrhundert nochmals übermalt.[556] 1773 und um 1780 erschienen druckgrafische Reproduktionen der rechtsufrigen Tafelfolge von Johannes Müller und Leu von Halder.[557] 1817 wurden die Tafeln bei einem Umbau des «Rössli» von Chorherr Felix Nüscheler entdeckt.[558] Aus Nüschelers Nachlass erwarb sie die Stadt Zürich. Ab 1838 deponiert bei der Antiquarischen Gesellschaft Zürich, seit 1898 im SLM. 1936/37 wurden die Heiligenfiguren vor dem linksufrigen Stadtpanorama wieder freigelegt, am rechten Ufer hingegen die architekturgeschichtlich bedeutsame Übermalung belassen. 1982 ist der ursprüngliche Zustand mit den Heiligenfiguren in Infrarotreflektogrammen festgehalten worden. Bei der Restaurierung zeigte sich, dass einige der Gesichter bereits vor der Übermalung um 1566 zerkratzt worden sind. Jezler hat mit Recht vermutet, dass dieser Zerstörungsakt, eine willentliche und zeichenhafte Schändung der Heiligen, in der ersten Phase des Zürcher Bildersturms, das heisst vor der obrigkeitlich kontrollierten Bilderzerstörung, geschah.[559]

Entstehung. Die Datierung und die Autorschaft von Hans Leu d. Ä. ist durch die Fabrikrechnungen belegt; die Tafeln lieferte der Tischmacher Ininger, wohl Hans Ininger aus Landshut, der 1484 das Zürcher Bürgerrecht erhielt, bis 1517 in Zürich nachweisbar ist und auch im Dienst der Fraumünsterabtei arbeitete.[560] Die «vergülten costlichen tafflen» werden in Gerold Edlibachs Chronik erstmals erwähnt als Stiftung oder im Auftrag von «fil frommer lütten».[561]

Beschreibung. Die Tafelfolge besteht aus einem links- und einem rechtsufrigen Teil und setzt sich aus fünf Einzeltafeln zusammen. Das linke Limmatufer setzt sich aus drei Tafeln zusammen, die vor der naturgetreu und detailreich gemalten Stadtkulisse zwischen See und Oetenbachkloster das dreifache Martyrium der drei Heiligen zeigen. Abfolge der Szenen und Komposition geben eine Leserichtung von rechts nach links an: Sieden im Öl, in der Mitte die Räderung und links die Enthauptung (Abb. 6). Die zweiteilige Tafelfolge gibt das rechte Limmatufer mit Wasserkirche und Grossmünster wieder und reicht im heutigen Zustand bis zum Zunfthaus zur Zimmerleuten. Die Infrarotreflektogramme lassen hier am linken Rand angeschnitten Christus erkennen (1967 freigelegt, 1982 wieder übermalt), der die drei nimbierten Kopfträger empfängt. Die fünf Teile mit dem totalen ursprünglichen Ausmass von rund 150 cm Höhe und 525 cm Länge bildeten ein Halbpanorama der damaligen Stadt. Blickpunkt und zugleich Ort der Martyrien ist eine imaginäre Insel in der Limmat.

Über die ursprüngliche Anordnung der Tafeln beim Grab der Heiligen sind verschiedene Vermutungen geäussert worden, doch sind Standort und Funktion nach wie vor ungeklärt. Gutscher hatte zunächst eine Hängung der aneinander gefügten fünf Tafeln an der östlichen Schildbogenwand über dem Märtyreraltar vorgeschlagen (Abb. 100). Renate Keller hat aus der unterschiedlichen Brettdicke der rechts- und der linksufrigen Tafeln und

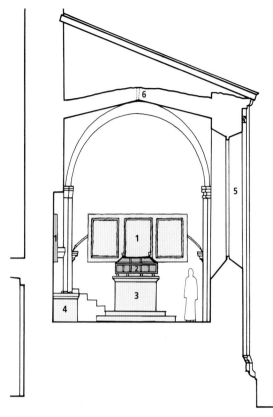

100
Grossmünster. Zwölfbotenkapelle. Schnitt durch das westliche Joch. Rekonstruktionsversuch der Kultanlage der hll. Felix und Regula, nach Gutscher 1983. – 1 Tafeln mit der Stadtansicht von Hans Leu: die drei linksufrigen Tafeln über dem Altar, die zwei rechtsufrigen über den Tumben. – 2 Reliquienschrein («archa martyrum»). – 3 Altar der hll. Felix und Regula. – 4 Tumben der Heiligen in der Arcosolnische. – 5 Spätgotisches Masswerkfenster. – 6 Öffnung im Gewölbe für Seilzug («foramen testudinis»). – Text S. 104–108.

weiterer Diskrepanzen gefolgert, dass die fünf Tafeln nicht lückenlos zusammengehörten. Sie zog eine getrennte Hängung, vielleicht einander gegenüber an der Nord- und Südwand, in Betracht.[562] Zu Recht hat GUTSCHER dagegen eingewendet, dass die Südwand wegen des grossen Masswerkfensters dafür nicht in Frage komme. Er hat schliesslich ebenfalls eine getrennte Anordnung der Tafeln vorgeschlagen: die rechtsufrigen Tafeln an der Nordwand über den Heiligengräbern, die linksufrigen an der Schildbogenwand über dem Märtyreraltar.[563] Tatsächlich fallen dann die perspektivischen Unstimmigkeiten, etwa der Münsterbrücke, weniger ins Auge, und kompositionelle Unterschiede zwischen den zwei Bildfolgen bekommen Sinn: Der Betrachter wird entlang der bewegteren Handlungsabfolge der Marterszenen in der Leserichtung von rechts nach links zum Grab der Heiligen geführt, über dem diese in einer andachtsbildmässig ruhigen Komposition in fast frontaler Haltung erscheinen. Unberücksichtigt oder diffus bleibt bei allen drei Vorschlägen die Frage des ursprünglichen Kontextes und der Funktion der Tafeln. In EMIL D. BOSSHARDS Rekonstruktion ist die Tafelfolge über dem Altar und dem Retabel, das heisst funktionell offenbar unabhängig davon, angebracht. GUTSCHERS Argumentation ist widersprüchlich, da er in der Beschreibung die dreiteilige Tafelfolge wie BOSSHARD vor der Schildwand «über dem Retabel des Felix-und-Regula-Altares» anbringt, sie in der Rekonstruktionszeichnung aber als Altartafeln wiedergibt.[564] Am naheliegendsten ist wohl, auch wegen des einstigen Goldgrunds, die Funktion von Altartafeln, wobei die einstige Zusammenfügung unklar bleibt.[565]

Reliquienschreine. Teil der Kultanlage bildete der Schrein, nach dem Liber Ordinarius eine einzige «archa», mit den Reliquien der hll. Felix und Regula. Über dessen Standort gibt es in dieser Quelle keine Hinweise.[566] Von GEROLD EDLIBACH erfahren wir, dass die «särch», nun offenbar zwei, auf den Gräbern der Heiligen standen.[567]

Nach dem Liber Ordinarius hob man den Schrein zu bestimmten feierlichen Anlässen mit einer im Gewölbe montierten, vielleicht vom Ostende der Südempore aus bedienbaren Seilzugvorrichtung vom Altar und führte ihn in den Chor.[568] Hier wurde er, zusammen mit dem Mauritiusschrein aus der Krypta, auf ein hölzernes Gestell platziert und dem Volk zur Verehrung präsentiert.[569] Sicher wurde er an der vor 1304 von der Stadt initiierten Pfingstmittwochsprozession, wie alle übrigen Reliquien der Stadtheiligen, mitgeführt,[570] ebenso am Kirchweihfest (14. Sept.): ‹Dedi öch Jacoben [Sigrist] x h. umm schnür an unser kilwi die särch mit zuo binden do man si tragen solt».[571]

Übriges liturgisches Gerät. Bei den Gräbern brannten an Duplex-Festen und in der Samstagnacht zwölf Lichter.[572] Ewig brannte ein grosses Wachslicht («ein kessel, der da brinnet»), an das der Bürgermeister und der Rat aus dem 1413 von der Äbtissin verliehenen Zoll wöchentlich neun Pfund Talg zu geben hatten.[573] Diese Stiftung steht nicht nur mit der Verleihung des Zolls, sondern auch mit dem unmittelbar bevorstehenden Abschluss der Arbeiten am städtischen Kaufhaus im benachbarten Hottingerturm im Zusammenhang.[574]

DER KOMPLEX DER MARIEN- UND MICHAELSKAPELLE

Im Westtrakt der Stiftsgebäude lag eine doppelgeschossige Kapellenanlage, die bis zum Abbruch der Stiftsgebäude Mitte des 19. Jahrhunderts wohl die älteste aufrecht stehende Bausubstanz auf dem Münsterhügel darstellte und sicher in vorromanische Zeit zurückreichte.[575] Ältere Bilddokumente und die Aufnahmepläne von GUSTAV ALBERT WEG-

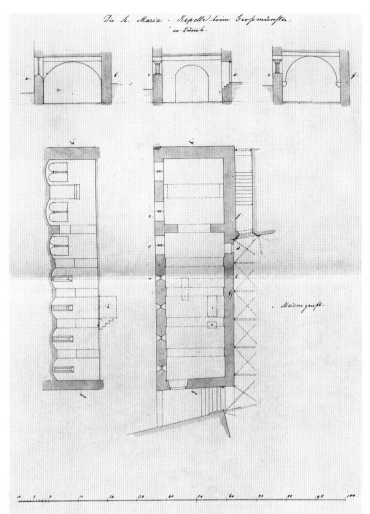

101
Grossmünster. Marienkapelle. Aufnahmepläne von Gustav Albert Wegmann vor dem Abbruch, 1844 (StAZH, Zeichnungsbücher AGZ). – Text S. 108–112.

MANN von 1846–1849 (Abb. 101, 181–183) erlauben eine recht genaue Rekonstruktion. Die Marienkapelle nahm das ganze Erdgeschoss des Westflügels ein. Über ihr lag mit denselben Ausmassen die Michaelskapelle, die durch eine Vorhalle über dem Westeingang des Kreuzgangs mit dem Emporengeschoss der Kirche verbunden war.

DIE MARIENKAPELLE

Ein Weihedatum ist nicht überliefert. Die Kapelle wird im Liber Ordinarius um 1260 erstmals erwähnt: An Mariae Himmelfahrt (15. August) fand nach der Terz eine Prozession hierhin statt, bei welcher der Marienschrein mitgeführt wurde.[576] 1281/82 dotierte KONRAD VON MURE sie mit einer Pfrund.[577]

Die Kapelle besass einen längsrechteckigen Grundriss von 22 m Länge und ungefähr 6 m Breite. Ein triumphbogenartig eingestellter Schwibbogen trennte das Chorquadrat vom rund 14,5 m langen Schiff. Dieses war durch rundbogige Schwibbogen in fünf querrechteckige, tonnengewölbte Joche geteilt. Im Chor ruhten zwei Quertonnen auf einem breiteren Schwibbogen, der auf abgefasten Konsolplatten ansetzte. Die Belichtung erfolgte, aus WEGMANNS Bauaufnahme zu schliessen, ausschliesslich vom heutigen Zwingliplatz her. WEGMANN zeichnet in den vermassten Aufnahmeplänen der Stiftsgebäude vor dem Abbruch (Abb. 183) vier schmale Lichter im Schiff und eine Bifore im Vorchorjoch. Dies entspricht im wesentlichen BD um 1845 SCHMID mit drei Rundbogenfenstern und einer Bifore und

102–103
Grossmünster. Marienkapelle. Malereien an der Wand gegen den Kreuzgang mit der Darstellung der Übergabe der drei goldenen Kugeln an die drei armen Mädchen durch den hl. Nikolaus (links) und von zwei Märtyrerinnen (rechts), 1.Viertel 14.Jh. Bleistiftzeichnungen von Franz Hegi, vor 1850 (KH). – Text S. 110f.

dürfte den damals sichtbaren Bestand wiedergeben. Möglicherweise waren im Altarhaus zwei weitere Biforen vermauert, die WEGMANN beobachtet und in den Rissen und Schnitten für die Zeichnungsbücher der Antiquarischen Gesellschaft rekonstruiert hat (Abb. 101). Deren rekonstruierenden Charakter beweist auch das Weglassen der sekundär an die Ostwand des Altarhauses angebauten Treppe. In die Kapelle führten eine Haupttür aus dem Durchgang zwischen heutigem Zwingliplatz und Kreuzgang sowie zwei Seitentüren aus dem Kreuzgang. Auffallend ist der grosse Niveauunterschied zwischen Kapelle und Umgebung: Noch im Zustand von 1850 lag das Kreuzgangniveau rund 1,80 m und das Niveau des Durchgangs rund 80 cm über demjenigen der Kapelle.

Im späteren Mittelalter muss sich auf dem Dach der doppelgeschossigen Kapelle ein Dachreiter («hůß») mit einer zur Marienkapelle gehörenden Glocke befunden haben.[578]

Die Kapellenanlage ist sicher vor dem Bau des Kreuzgangs entstanden. Dies legen die bei allen Zugängen sonst unverständlichen Unterschiede zwischen dem Kapellen- und dem Umgebungsniveau nahe sowie die Unregelmässigkeit des Kreuzrippengewölbes beim Eingang ins südwestliche Eckjoch des Kreuzgangs, wo Teile verschiedener Bauphasen zusammenstossen.[579] Typologische, formale und soweit erahnbar stilistische Argumente lassen eine Datierung um die Jahrtausendwende möglich erscheinen.[580] Möglicherweise sind die Quertonnen später zwischen die Schwibbogen eingezogen worden.[581]

Wandmalereien[582]

Die prächtige Ausmalung der Marienkapelle, die bis zum Abbruch 1849/50 in Teilen erhalten geblieben ist, ist durch eine kurze Beschreibung von SALOMON VÖGELIN[583] und ein Aquatintablatt von JULIUS ARTER (Abb. 105) überliefert. Bildquellen von hohem Wert sind aber vor allem die Aquarellkopien sowie 15 detailgetreue Bleistiftskizzen mit Mass- und Farbangaben von FRANZ HEGI (Abb. 102–104).[584] Sie stammen hauptsächlich von den Malereien der Längswand gegen den Kreuzgang, einige Skizzen von den Malereien der Gewölbe und Bogenlaibungen. Sicher lokalisieren lassen sich nur die Szenen im Vorchorjoch, da HEGI hier den Zugang zum Kreuzgang angibt: Östlich der Tür ist das «Noli me tangere» dargestellt, über dem Türsturz die Marienkrönung. Die Marienverkündigung und die Geburt Christi im oberen und die Anbetung der Heiligen Drei Könige im unteren Register dürften nach GUTSCHER im östlichen Chorjoch an der kreuzgangseitigen Wand gemalt gewesen sein (Abb. 104). Die Szene aus der Vita des hl. Nikolaus von Myra (Abb. 102) und zwei Brustbilder von Märtyrerinnen in einem unteren Register des Schiffs

104
Grossmünster. Marienkapelle. Malerei an der Wand gegen den Kreuzgang, wohl im östlichen Chorjoch, mit der Verkündigung und einem Fragment der Geburt Christi unten und der Anbetung der Heiligen Drei Könige oben, 1. Viertel 14. Jh. Aquarellkopie von Franz Hegi, vor 1850 (StAZH, Zeichnungsbücher AGZ). – Text unten.

(Abb. 103) lassen sich nicht genauer situieren. In Hegis Skizzen sind auch einige der von Vögelin erwähnten Medaillons mit Propheten und Heiligen an den Bogenlaibungen zu finden.

Die Kostüme, die Haartracht der Könige, die feingliedrige gotische Rahmenarchitektur und die elegant in gespanntem Bogen geschwungenen Körper sowie die leuchtenden Farben lassen eine Entstehung im 1. Viertel des 14. Jahrhunderts, wohl gegen 1320,[585] vermuten. Die Malereien erheben in ihrer künstlerischen Qualität höchsten Anspruch, entsprechend sind die nächsten stilistischen und ikonografischen Bezugspunkte in so bedeutenden Werken jener Zeit wie beispielsweise in den Glasfenstern in Königsfelden (insbesondere das «Noli me tangere» und die Anbetung), im Markus- und im Johannes-und-Paulus-Schrein auf der Reichenau, in den Illustrationen der Manessischen Liederhand-

*105
Grossmünster. Marienkapelle. Rekonstruktion des bemalten Innenraums, teils nach Befunden. Aquatinta von Julius Arter, 1837. – Text S. 109–112.*

schrift oder in den nach 1312 entstandenen Glasfenstern in Heiligkreuztal zu finden.[586] Gewisse stilistische Verwandtschaften schien auch das einem ähnlich hohen künstlerischen Anspruch verpflichtete Wandbild im Fraumünster mit der Darstellung der Klostergründung aufgewiesen zu haben, das allerdings auch nur in Aquarellkopien und Bleistiftskizzen FRANZ HEGIS und FERDINAND KELLERS überliefert ist.[587]

Altäre

Altar der hl. Maria. An einen Altar stiftete Konrad von Mure (†1281) vor seinem Tod eine erste Pfründe.[588] Dabei bestimmte er, dass die Wahl des Kaplans sorgfältig zu erfolgen hatte. Es sollte keiner der privilegierten Chorherren sein, sondern ein armer, der sich zur Residenz verpflichtete und neben der täglichen Frühmesse an den Gottesdiensten im Chor teilzunehmen hatte und vor Weihnachten und Ostern die Beichte abnehmen musste. Aus der Kapelle durfte der Kaplan ohne Zustimmung des Kapitels nichts veräussern, verändern oder sonstwie entfremden. Sein Eid wird in der entsprechenden Urkunde wörtlich wiedergegeben. Das hier angewandte Wahlverfahren wird als Vorbild für die etwas später geschaffene Kaplanei der Wasserkirche dienen.[589] Erster Kaplan war der Priester Johannes, genannt Abdorf, der auch selber siegelte. Nach der täglich zelebrierten Frühmesse bezeichneten sich die Kapläne als «Frühmesser zu Unser Frauen-Kapelle».[590] 1336 stiftete Heinrich Marti(ni) eine zweite Pfründ.[591] Beide Stifter sind in der Kapelle begraben (S. 90).

Siegel. Maria mit Christuskind auf dem Schoss, ganz oder als Brustbild (S. JOHANNIS.CAPELLANI.SCĒ. MARIE. 1287)[592]. – *Pfrundhaus* der ersten Pfründ (15. Jahrhundert): Kirchgasse 26[593]. *Pfrundhaus* der zweiten Pfrund: Trittligasse 11 / Neustadtgasse 1.[594] *Ornamenta* der ersten Pfrund: nicht verzeichnet. Sie wurden am 3. Juni 1526 in den Grimmenturm gebracht[595]. *Ornamenta* der zweiten Pfrund «calicem hs vt alii. I messbůch. Ii möschin kertzenstők sind uff den altar geben […]».[596]

Weitere Altäre. Kurz vor 1335 Errichtung eines Johannes-Evangelista-Altars.[597] Noch im 14. Jahrhundert wurde ein dritter Altar zu Ehren der hl. Dorothea errichtet.[598]

Grabstätten

Die Gruft der Familie Meiss («Meissenkapelle») war bis zum Abbruch der Kapelle erhalten.[599] Es handelte sich um eine rund 1,7 m hohe, rund 3 m lange und mindestens 1 m breite Kammer unter dem Fussboden, die über eine fünfstufige Treppe zugänglich war. – Grab Konrads von Mure (†1281). Nach Felix Hemmerli (1388/89–1458/1461, 1429–1454 selber Kantor am Grossmünster), lag das Grab zur Linken des grösseren Altars.[600] Vor dem Abbruch der Kapelle waren Grab und Inschrift nicht mehr vorhanden. – Grabstein Berchtolds von Lunkhofen (†1363), Kaplan dieser Kapelle. Anlässlich von Bauveränderungen vor 1844 entdeckte man die Grabschrift bei der Meiss-Gruft:[601] «ANNO.DOM. MCCCLXIII. XV. KAL. APRILIS. O [obiit] BERCHTOLDVS. CAPELLANVS. HVIVS. ECCLESIE». – Weitere:[602] Anna Suter, in der Nähe der Meiss-Gruft vor der kreuzgangseitigen Wand; Nikolaus Barger, Kaplan der Wasserkirche, vor der kreuzgangseitigen Wand; Peter Escher, vor der Kapellentür; Burkhard Geissenberg, vor der Meiss-Gruft.

MICHAELSKAPELLE

Um 1260 ist die Michaelskapelle im Liber Ordinarius erstmals erwähnt.[603] Ihre bauliche Gestalt ist nicht bekannt; man hat sie sich vielleicht analog

DIE ST. JAKOBSKAPELLE (GÖLDLI-KAPELLE)

1413 liessen der Ritter Heinrich Göldli (†1435) und seine Frau Anna im Kreuzgang eine Kapelle («Sanctorum Jacobi et Jodoci jntras ambitum jn capella rotunda»)[609] mit einem der Muttergottes und den hll. Jakobus und Jodokus geweihten Altar errichten und «bÿ und um» die Kapelle einen Begräbnisplatz anlegen.[610] Heinrich Göldli blickte damals bereits auf ein ziemlich bewegtes Leben zurück: Ursprünglich Leibeigener des Markgrafen von Baden, gelang ihm später der Aufstieg zum Bürgermeister von Heilbronn; seit 1405 war er Bürger der Stadt Zürich. Er erwarb sich ein grosses Vermögen als Financier und erscheint als Besitzer des Wellenbergturms (Ecke Brunngasse/Niederdorfstrasse, abgetragen).[611]

Nach Ausweis der Quellen handelte es sich bei der Kapelle um einen Rundbau.[612] Kurz nach ihrem Abbruch 1565 erwähnte Pfarrer Hans Caspar Göldli, dass sie im «Crützgarten» gestanden habe und in «ietziger Zeyt [1583] ein grebtnuss der Radtsherren» sei.[613] Nach WERDMÜLLER stand sie in der Mitte des Kreuzgartens.[614] Die Sondiergrabungen Anfang der 1960er Jahre haben im Kreuzganghof jedoch keinerlei Spuren davon zutage gefördert.[615] Man hat daraus den Schluss gezogen, dass entweder die Fundamente beim Neubau des Stiftsgebäudes im 19. Jahrhundert vollständig entfernt worden waren oder dass die Kapelle in die angrenzenden Stiftsgebäude integriert gewesen sei. Die Sondierschnitte erfassten allerdings weder die Mitte noch die Nordwestecke des Kreuzgartens, so dass zwei mögliche Standorte für die Kapelle archäologisch nicht untersucht worden sind.[616] Nebst dem Stifter Heinrich Göldli waren in der Kapelle seine Frau Anna von Dolden, sein Sohn Lazarus, Reichsvogt, und sein Enkel, der Bürgermeister Heinrich Göldli (1437–1514) und dessen Gattin beigesetzt. Die Wände der Kapelle sollen bemalt gewesen sein mit Schild, Helm, Namen und Todestag des Stifters (†1435, 10. März?) sowie seiner beiden 1445 bei Wollerau erschlagenen, in Meilen begrabenen Söhne Paulus und Jakob. Von weiteren hier begrabenen Familienmitgliedern sollen die Wappen und Schilde an den Wänden aufgehängt gewesen sein.[617]

Pfrundhaus des Altars war das Haus zum Wolkenstein an der Kirchgasse 31.

Ornamenta: Eintrag siehe Anmerkung.[618]

106
Grossmünster. Das Siegel des ersten Kaplans der Marienkapelle (1282–1287) zeigt die thronende Muttergottes mit Kind.

zur Marienkapelle mit abgetrenntem Chorquadrat vorzustellen. Sie war wahrscheinlich nicht gewölbt, sondern flach gedeckt. Der Tag des hl. Michael, das Dedikationsfest der Kapelle (29. September), wurde als Duplex-Fest gefeiert; nach der Vesper fand eine Prozession in die Michaelskapelle statt.[604] Die Vorhalle gegen die Kirche ist als Ort von Rechtshandlungen belegt.[605]

Altäre[606]

Überliefert ist nur der Michaelsaltar. 1313 stiftete der Kanoniker Magister Marquardus Gnürser eine Pfründe an den Altar («nomine et vice altaris dicte capelle»).[607] Das Pfrundhaus der Kaplanei lag am oberen Ende der Kirchgasse, eher zufällig an dem diesem Heiligen angemessenen höchsten Platz der Siedlung am Stadtausgang. Es wurde 1586 infolge der Modernisierung der mittelalterlichen Befestigung abgerissen.[608]

ERHALTENE AUSSTATTUNG

WANDMALEREIEN[619]

1524 wurden die Wandmalereien im Zuge der Reformation übertüncht. Einige Malereien müssen jedoch überdauert haben, da noch 1611 «etliche päpstische Gemäl usskratzet und wiederum verstrichen» wurden.[620] 1841 wurden als erste die Malereien in der Krypta wieder entdeckt. Die Freilegung grösserer Flächen von Wandmalereien erfolgte 1897 anlässlich der Entfernung der Tünche im Kircheninnern unter Aufsicht von JOHANN RUDOLF RAHN.[621]

Altarhaus[622]

Zwischen den Blendarkaden sind spärliche Reste mittelalterlicher Wandmalereien aus verschiedenen Zeiten erhalten (Abb. 23, 90). Mit Ausnahme der westlichsten Arkade der Nordseite zeigt die Sockelzone der nicht zerstörten Bildfelder einen rotbraun gemalten, mit Ringen an einer Stange befestigten Vorhang. – *Nordseite.* (Abb. 23) In der westlichsten Arkade über der Tür ein Schweisstuch der Veronika, wohl nach 1500. In der nächstfolgenden Arkade eine nach Osten gewandte kniende, nimbierte Figur auf rotem Grund, von einem Spruchband gerahmt. Nach einer vollständig zerstörten Bildfläche folgt eine gleiche Figur, jedoch nach Westen gerichtet. In der östlichsten Arkade der Nordseite ist nur noch ein kleines Stück eines Spruchbandes, das wohl ebenso eine Figur rahmte, erhalten. – *Ostseite.* In der nördlichsten Arkade sind im Umriss ein nimbierter Kopf und ein Spruchband zu erkennen. Die Vermutung HANS HOFFMANNS, es könnte sich bei den vier Bildfeldern der Nordseite und dem ersten der Ostseite um die in der Fabrikrechnung von 1476 genannte «pictura magorum» mit Maria und Josef und drei Königen handeln,[623] lässt sich aufgrund der lückenhaften und schlechten Erhaltung nicht verifizieren. HOFFMANN datiert diese Bildfelder in die 2. Hälfte des 15. Jahrhunderts.[624] In Leserichtung folgen in der nächsten Arkade zwei sehr fragmentarisch erhaltene Figuren in roten Umrisslinien, in denen HOFFMANN eine Darbringung Christi im Tempel vermutete.[625] In der mittleren Arkade gut erkennbar eine mehrfigurige Komposition eines Ausschnitts aus dem Abendmahl in roten Umrisszeichnungen. In der Mitte Christus, an den sich von rechts Johannes anlehnt, zur Rechten Christi Petrus mit dem Schlüssel. Diese beiden Darstellungen werden um 1300 oder ins 14. Jahrhundert datiert.[626] In der folgenden Arkade kniet in der rechten Hälfte, nach rechts gewandt, ein Bischof mit Mitra und Pedum; eine hinter beziehungsweise links von ihm stehende Figur wird als Christus interpretiert, der die in den folgenden Arkaden dargestellten Stiftsheiligen empfängt. Die letzte Arkade umfängt eine nach links gewendete, halb in die Knie gesunkene nimbierte und von einem Schriftband gerahmte Figur (Abb. 108). Sie trägt einen weiten, weissen Mantel, der in schweren Falten über das vorgeschobene Knie fällt, und trägt ihren Kopf in den Händen. Dargestellt ist vermutlich der hl. Felix.[627] – *Südseite.* In der zweiten Arkade von Osten ist eine sehr ähnliche, wohl ebenfalls männliche Gestalt dargestellt, vermutlich der hl. Exuperantius. Die beiden nur in ihren linearen Umrissen erhaltenen Figuren werden um 1400 oder ans Ende des 1. Drittels des 15. Jahrhunderts datiert.[628] Es liegt nahe, in der stark beschädigten, in einen hochgeschlossenen, grünen Rock gekleideten Figur zwischen diesen beiden Regula zu erkennen.[629] Die Darstellung der drei Kephalophoren, die von Christus empfangen werden, geht inhaltlich auf die in der Passio kurz vor deren Enthauptung geschilderte Stimme Christi zurück: «Venite benedicti patris mei, percipite regnum, quod paravit vobis Deus ab origine mundi».[630] Der Bildtypus des auf der Erde wandelnden, den drei Märtyrern entgegengehenden Christus ist seit dem 14. Jahrhundert bekannt. Die älteste bekannte Darstellung befindet sich in der Pfarrkirche St. Arbogast in Oberwinterthur in der Arkadenzone auf der Südseite (frühes 14. Jh.). Danach tritt er vor allem ab der 2. Hälfte des 15. Jahrhunderts auf,[631] im Grossmünster in der Krypta.

Chor

Von dem spätmittelalterlichen Wandgemälde an der Nordwand, das laut RAHN und HOFFMANN ein monumentales Jüngstes Gericht dargestellt haben soll, ist ausser ein paar Farbspuren an den Keilsteinen der Tür zum Kreuzgang nichts mehr zu erkennen.[632] Auf die Existenz eines Jüngsten Gerichts unter einem der beiden Fenster im Chor weist ein Eintrag in den Fabrikrechnungen.[633] In der Lünette über der Tür zur Zwölfbotenkapelle ist Christus als Schmerzensmann dargestellt (Abb. 107). Er steht als Halbfigur dornenbekrönt und die Wundmale zeigend im offenen Sarkophag, umgeben von den

107–108
Grossmünster. Chor. Christus als Schmerzensmann in der Lünette über der Tür zur Zwölfbotenkapelle, Ende 15. Jh. Foto 1934. – Altarhaus, Ostwand. Hl. Felix aus der Reihe der drei Stiftsheiligen als Kephalophoren, die von einem Bischof empfangen und zu Christus geleitet werden. Wandmalereien 1. Drittel 15. Jh. (?). Foto 1974. – Text S. 114.

109
Grossmünster. Krypta, Nordwand. Wandmalereien mit Thebäer- und Felix-und-Regula-Zyklus: Einzug der Thebäischen Legion in Agaunum unter Anführung von Mauritius. Um 1490/1500, Hans Leu d. Ä. zugeschrieben. Foto 1934. – Text S. 118.

symmetrisch angeordneten Leidenswerkzeugen: Lanze, Stab mit Essigschwamm, drei Nägel, Hammer, Peitsche, Palmwedel (?) und Kreuzbalken mit der Aufschrift «INRI» (Ende 15. Jh).[634] Vielleicht hängt die Darstellung programmatisch mit dem Heiliggrab zusammen, das in der Zwölfbotenkapelle nahe der Treppe zu dieser Tür stand.[635]

1476 wurde Maler THORMANN, 1489 Maler ZEINER für die Reinigung von Wandgemälden im Chor bezahlt.[636] 1505 wurden Gemälde im Chor gereinigt («sübern»), wozu man Holzgerüste errichtete.[637]

An den Laibungen des «Florinusbogens», des Scheidbogens zwischen Altarhaus und Chor, ist auf beiden Seiten Tabernakelwerk über blauem, goldgestirntem, von Bordüren eingefasstem Grund, in der Art von Tapisserien, gemalt (wohl 14. Jh., Abb. 23). RAHN vermutete, dass die Darstellungen einst plastische Bildwerke hinterspannten.[638]

Krypta

1841 entdeckte man, als erste Malereien in der Kirche, die Gewölbe- und Wandmalereien in der nach der Reformation zum Magazin umfunktionierten Krypta. Noch im gleichen Jahr fertigte JAKOB OERI im Auftrag der Antiquarischen Gesellschaft Zeichnungen der Wandmalereien an (Abb. 111).[639] Durch den Einbau einer Heizung 1870 stark in Mitleidenschaft gezogen, wurden die Malereien beim Ausbau der Heizanlage und bei der Wiederherstellung der Krypta 1913–1915 von CHRISTIAN SCHMIDT restauriert.[640] Bei den Malereien an den Wänden geschah dies sehr zurückhaltend, Linien der Architekturpartien wurden diskret ergänzt, an den Figuren aber keine Eingriffe vorgenommen. Bei der Gesamtrenovation des Grossmünsters 1931–1941 erfolgte eine weitere Restaurierung.

110
Grossmünster. Krypta, Südwand. Wandmalereien mit Thebäer- und Felix-und-Regula-Zyklus: Marter der hll. Felix, Regula und Exuperantius (Sieden in heissem Öl und Geisselung). Um 1490/1500, Hans Leu d. Ä. zugeschrieben. Foto 1934. – Text S. 118.

Gewölbemalereien. Reste mittelalterlicher Malereien sind nur in der Ostkrypta gefasst worden. Erhalten sind, stark retouchiert und ergänzt, die heraldischen Malereien im mittleren westlichen Gewölbe und kleine Fragmente eines Sternenhimmels nördlich des Mitteljochs. Die roten und blauen Sterne mit rundem Kern in der Gegenfarbe sind in den Verputz geritzt. Im Mitteljoch waren ursprünglich vier Medaillons mit den Evangelistensymbolen zwischen Sternen gemalt, ähnlich wie im Chor des Fraumünsters. Sterne und Evangelisten wurden 1913/1915 fotografisch dokumentiert (Fotos KDP), dann mit einem neuen Verputz abgedeckt und mit roten und blauen Sternen mit weissem Mittelkern übermalt. Die Gewölbegrate erhielten rote und blaue Begleitlinien. Dieser Verputz wurde in den 1990er Jahren abgespitzt. Dabei kamen stellenweise originale bemalte Verputzfragmente zum Vorschein. Sie wurden teils freigelegt, wobei man die Sterne frei ergänzte.

Im mittleren westlichen Gewölbe ist auf den vier Gewölbekappen zweimal das zweite Wappen Schwend und zweimal das zweite Wappen Fürstenberg-Stammheim (oder älteres Wappen Schwend?) gemalt. Sie datieren aus dem mittleren 15. Jahrhundert,[641] was etwa dem Zeitpunkt um 1442 entspräche, an dem der Propst den Schwend das Präsentationsrecht für den Kaplan der von ihnen gestifteten Pfründe bestätigte.[642] Obschon durch die Schriftlichkeit nicht gestützt, ist die Annahme nahe liegend, dass das 1913/1915 entdeckte Grab in diesem Joch die Familiengrablege der Schwend war (Abb. 86). Östlich davon, im mittleren Joch, das durch die Evangelistensymbole besonders hervorgehoben war, dürfte der Mauritiusaltar (ziemlich genau unter dem Hochaltar im Altarhaus darüber) gestanden haben, hinter dem, wohl im östlichsten mittleren Joch, der Mauritiusschrein aufgestellt war.

Thebäer- und Felix-und-Regula-Zyklus (Abb. 109, 110). In 2 m hohen Bildfeldern sind an den drei Wänden der hinteren Krypta Szenen aus der Thebäer- und aus der Felix-und-Regula-Legende dargestellt.[643] Es sind unkolorierte Umrisszeichnungen in der Art von Federzeichnungen auf weissem Kalkgrund, von geübter Hand skizzenhaft hingemalt. Parallelschraffen verleihen ihnen eine gewisse Plastizität und somit den Eindruck von Grisaillen (1913 Aufhellung der Kalkglasur und sorgfältige Erneuerung der Umrisse).[644] Die Figuren sind grazil, schmal und lang, mit kleinen Köpfen. Die Kompositionen werden durch perspektivisch wiedergegebene, zum Teil komplizierte Architekturszenerien gegliedert. Die Malereien werden um 1490/1500 datiert und HANS LEU d.Ä. zugeschrieben.[645] In den Bogenfeldern der Nordseite sind Szenen aus der Thebäerlegende, auf der Südseite die Marter der hll. Felix, Regula und Exuperantius dargestellt.[646]

111
Grossmünster. Krypta, Südwand. Wandmalereien mit Thebäer- und Felix-und-Regula-Zyklus: Detail einer Marterszene. Zeichnung von Jakob Oeri, 1841 (StAZH, Zeichnungsbücher AGZ). – Text S. 116, 118.

Die Bildfolge in der Krypta ist die einzige bekannte malerische Umsetzung dieser kombinierten Fassung. Sie zeigt in Zusammenschau die Martyrien des Patrons des Krypta-Altars und seiner zwei Gefährten Felix und Regula, der beiden Patrone des Hochaltars unmittelbar darüber. Auch in der Liturgie des Stifts waren die drei Thebäer eng miteinander verbunden: Der Liber Ordinarius sah verschiedentlich kombinierte Prozessionen zum Märtyreraltar in der Zwölfbotenkapelle und zum Mauritiusaltar in der Krypta vor. Besonders anschaulich zeigt dies auch die Aufstellung ihrer Reliquienschreine im Chor zu besonderen Festen.

Bildprogramm. – Nordwand. Von West nach Ost: – 1. Einzug der Thebäischen Legion in Agaunum (Abb. 109). – 2. Die Legion verweigert unter ihrem Anführer Mauritius das von Kaiser Maximian befohlene Götzenopfer.[647] – 3. Sicher folgte hier die Enthauptung der heiligen Schar. Sie ist weitgehend zerstört, nur am linken Bildrand ist noch ein Soldat mit einem Schwert in der Hand zu erkennen. – *Südwand.* Die Marter der hll. Felix, Regula und Exuperantius, in der Reihenfolge, wie sie auch HEINRICH BRENNWALD überliefert. Es fällt auf, dass in allen Szenen die Figur Regulas mit dem entblössten weiblichen Körper in den Vordergrund gerückt ist. Von West nach Ost: – 1. Das Bildfeld ist durch eine Bogenarchitektur in zwei Szenen geteilt. Rechts die Geisselung in einem palastartigen Innenraum, links das Sieden in heissem Öl, das sich im Freien abspielt (Abb. 110, 111). – 2. Wiederum zweigeteiltes Bildfeld: rechts die Räderung vor freier Landschaft, links die Enthauptung mit einer Stadt im Hintergrund (vermutlich ist es Regula, die über der bereits enthaupteten männlichen Figur im Vordergrund kniet, im Gebet, den Hieb erwartend, den der Knecht wohl gerade ausführt). – 3. Durch ein Fenster unterbrochen die nach Osten gewandten Einzelfiguren der hll. Exuperantius und Regula als Kephalophoren. – *Ostwand* (sehr schlecht erhalten). In Fortsetzung des Programms an der Südwand: Der hl. Felix tritt als Anführer der drei Märtyrer vor Christus, der rechts des Mittelfensters dargestellt ist. Der Bildtypus der von Christus empfangenen Stiftsheiligen entspricht demjenigen im Altarhaus darüber, auch dort um die Ecke angeordnet. Als Pendant von Felix am nördlichen Ende der Ostwand der hl. Mauritius als gepanzerter Ritter. Des Weiteren sind Spuren einer Bischofsfigur und einer Gestalt in langem Klerikergewand erhalten.

112–113
Grossmünster. Langhaus. Nördliches Seitenschiff. Wandmalerei mit nimbiertem Bischof (hl. Blasius oder hl. Nikolaus?), frühes 16. Jh., Hans Leu d. J. zugeschrieben. Foto 2006. – Mittelschiffpfeiler Nordseite. Nischenmalerei mit thronender Muttergottes, 2. Hälfte 13. Jh. Foto 2006. – Text S. 119–120.

Nischen der Wandpfeiler. Die Nischen in den Westseiten der beiden Wandpfeiler zwischen vorderer und hinterer Krypta weisen nur noch fragmentarisch erhaltene Malereien auf: In der südlichen Nische sind kleine Reste eines Harnisches und eines roten Gewandes zu erkennen, die möglicherweise zu einer Darstellung des hl. Mauritius mit einem knienden geistlichen Stifter gehören (gegen 1500?).[648] In und über der nördlichen Nische Reste von schwarzen Bollenfriesen und Blütenbouquets auf weissem Grund (um 1500).

Langhaus

Thronende Madonna mit Kind (Abb. 89, Nr. 23; Abb. 113). An der Ostseite des zweiten nördlichen Langhauspfeilers von Westen, das heisst im Eingangsbereich des Nordportals, ist ungefähr 10 cm über der Pfeilerbasis eine 1,78 m hohe, flache, rundbogige Nische eingelassen. Darin ist auf blauem Grund eine thronende Muttergottes mit Kind im Typus der Nikopoia gemalt. Sie sitzt auf einer niedrigen, breiten Thronbank, trägt einen roten Mantel über weissem Unterkleid, Schleier und Krone und hält einen Blüten-(Lilien-?)Stängel. Das mit einem dunklen Rock bekleidete Kind erhebt die rechte Hand zum Segen und hält in der linken ein Lilienszepter. Die Nischenrahmung, die Krone Marias, die Nimben und das Innenfutter des Mantels der Maria zeigen noch Spuren einer Blattvergoldung.[649] Der fast vollständige Verlust der Gesichter geht möglicherweise auf die Bilderstrumzeit zurück. HUGELSHOFER schlug im Vergleich mit stilverwandten Holzskulpturen eine Datierung ins mittlere 13. Jahrhundert vor,[650] RAHN, HOFFMANN und KNOEPFLI datierten ins ausgehende 13. Jahrhundert.[651] Im unteren Teil der Nische sind zwei Dübellöcher sichtbar, vielleicht von der hier befestigten Weihwasserschale.

Christophorus. An der Westseite des ersten südlichen Langhauspfeilers von Osten ist noch schwach

114
Grossmünster. Empore, Südseite. Wandmalerei an der Westseite des Schildbogens im Turmjoch mit Darstellung des Jüngsten Gerichts, rechts der hl. Gallus mit dem Bären (?), 2. Hälfte des 13. Jh. Foto 2006. – Text S. 104f.

das Fragment von zwei nackten Unterschenkeln zu erkennen. Die Figur war bei der Entdeckung 1897 offenbar noch so gut erhalten, dass JOHANN RUDOLF RAHN sie als Christophorus identifizieren und eine Zeichnung von ihr anfertigen konnte.[652] Die Figur war ungefähr 100 cm hoch und in einen schlichten Rahmen gefügt.

Heiliger Bischof. Im nördlichen Seitenschiff ist im östlichsten Joch vor der Apsis, links des Fensters, der obere Teil einer nimbierten Bischofsfigur erhalten (H. 163 cm, B. 95 cm, Abb. 112). Auch im fragmentarischen Zustand ist die ausserordentliche Qualität der Malerei zu erkennen. Die untere Hälfte der Figur fehlt ab den Knien gänzlich. Der Prälat trägt ein grünes Untergewand, ein rotes Pluviale und eine hellblaue Mitra. Das lockige Haar fällt ihm auf die Schultern. Das Gesicht wurde im Bildersturm ausgekratzt. In der linken Hand hält er ein Pedum mit weissem Velum, die Rechte hat er segnend erhoben. Der Hintergrund wurde bei der Freilegung bis auf den Stein entfernt, so dass die Figur wie ausgeschnitten erscheint. Die Malerei ist ohne Grundierung direkt auf den Sandstein aufgetragen. Unter der Malerei schimmern Spuren einer sehr detaillierten schwarzen Unterzeichnung durch.[653] Stilistisch ist sie ins frühe 16. Jahrhundert zu datieren und dem Umkreis von HANS LEU d. J. zuzuschreiben.[654] Der Bischof ist leicht gegen Osten gewendet und scheint den Segensgestus zum Blasius-und-Pankratius-Altar am Ostende des nördlichen Seitenschiffs zu richten. Er könnte den hl. Blasius darstellen oder den hl. Nikolaus, dessen Altar ebenfalls in der Nähe gestanden haben muss (siehe S. 99).

Heraldische Malereien. Zur malerischen Ausstattung vor der Reformation gehört auch eine grössere Zahl von Wappenschilden an den Langhauspfeilern und auf den Emporen, die 1896/97 freigelegt wurden.[655] Es könnte sich um Hinweise auf Kirchenörter der entsprechenden Familien handeln, um «blosse Erinnerungszeichen» oder, im Sinne von Epitaphien, um Hinweise auf Gräber in der Kirche.[656]

Empore
Der Schildbogen, der infolge der Reduktion der ursprünglichen Emporenhöhe zwischen dem Südturmjoch und dem östlich anschliessenden Joch der Südempore entstanden ist, zeigt im westlichen Lünettenfeld (B. ca. 320 cm, H. ca. 150 cm) Reste eines

bedeutenden Wandgemäldes (Abb. 114).[657] Es ist auf den blossen Stein aufgetragen und durch gelbe Streifen in Felder unterteilt. Die drei mittleren Bahnen nimmt ein Jüngstes Gericht ein mit dem Weltenrichter über den aus Särgen auferstehenden Toten, flankiert von den knienden Fürbittern Johannes und Maria. Über diesen sind Engel sichtbar; der linke bietet mit verhüllten Händen Christus eine Krone (?) dar (an Abrahams Schoss erinnernd?[658]), vom rechten ist nur noch die nach unten gerichtete Posaune sichtbar. Gut erhalten ist die Einzelszene im rechten Lünettenfeld: Ein Heiliger mit Stab in langem, hellem Gewand wendet sich in eleganter Körperbiegung zurück zu einem Bären (?), der einen Baum oder Ast herbeischleppt – möglicherweise der hl. Gallus.[659] Von der linken Szene ist nichts mehr zu erkennen. HOFFMANN nennt eine stilistische Verwandtschaft mit dem Grundstockmeister der Manessischen Liederhandschrift.[660] Wahrscheinlich ist eine Datierung in die 2. Hälfte des 13. Jahrhunderts.[661] Jünger ist das rote Rankenwerk in der Bogenlaibung (15. Jahrhundert?).

DAS MITTELALTERLICHE TAUFBECKEN

Das Taufbecken stand bis zur Reformation unter der Westempore bei der Mittelsäule (Abb. 89, Nr. 24).[662] Nach dem Liber Ordinarius führten vom Ostersonntag bis am Samstag danach Prozessionen der Kanoniker vom Chor zum Taufstein und von dort zum Heiliggrab in der Zwölfbotenkapelle (Abb. 96).[663] In der Reformation wurde der Taufstein 1524 an die Stelle des abgebrochenen Heiliggrabs in der Zwölfbotenkapelle versetzt. Bei der Errichtung des neuen Taufsteins 1598 vor dem «Kanzelboden» verwendete man den alten Taufstein als Fundament für den neuen.[664] Bei der «Reromanisierung» der Choranlage 1851–1853 wurde er entdeckt, aber wieder zugeschüttet (Abb. 115).[665] Erst 1913/1915 erhob man ihn und stellte ihn in der wiederhergestellten Krypta auf. Seit der Restaurierung 1931–1941 steht er in der Zwölfbotenkapelle. Das schmucklose Taufbecken aus Kalkstein ist aussen achteckig, innen rund (H. 77 cm, Innendurchmesser 92,5 cm). Die schlichte Gestalt macht eine zeitliche Einordnung schwierig. Weder ESCHER noch HOFFMANN machen dazu genaue Angaben; nach HOFFMANN ist das Becken romanischen Ursprungs, GUTSCHER schlägt eine Datierung ins 14. Jahrhundert vor.[666] Im Spätmittelalter besass es einen Deckel aus Holz.[667]

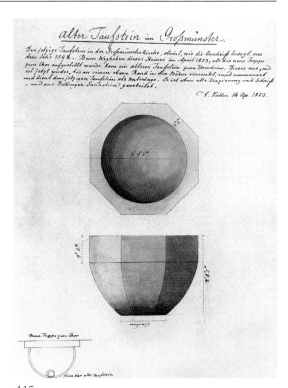

115
Grossmünster. Der mittelalterliche Taufstein. Aquarellierte Federzeichnung von Ferdinand Keller, nach der Entdeckung 1853 (StAZH, Zeichnungsbücher AGZ). – Text nebenan.

RELIEFFRAGMENTE (CHORSCHRANKEN?)

Im Besitz der Kirchgemeinde Grossmünster befindet sich das Fragment einer figürlichen Reliefplatte des 12. Jahrhunderts, auf dem die Szene einer Geisselung zu erkennen ist (Abb. 116).[668] Ob es sich um die Geisselung Christi oder des hl. Felix handelt, lässt sich nicht entscheiden. Die Tafel war Teil eines Reliefzyklus, zu dem auch zwei weitere, bisher unerkannte Fragmente gehörten, die aber leider bei der ikonografischen Bestimmung nicht weiterhelfen (Abb. 117). Sie stammen aus dem 1955 abgetragenen Haus Krautgartengasse 5, wo sie in Zweitverwendung in einer Wand verbaut waren (SLM, LM 20992).[669] Die Zusammengehörigkeit der drei Werkstücke ergibt sich aus stilistischen Gründen, zum Beispiel wegen des bei allen gleich gebildeten oberen Bildrandes, des allgemein flächigen Reliefstils, der Wiedergabe der Gelenkstellen der Figuren als einfach gebildete, konzentrische Kreise oder der Bildung der Ärmel an den Unterarmen als

erhaltene und vermutlich nur um den unteren Rand beschnittene Stück (H. 54 cm, B. max. 33 cm, Dicke 11,5 cm) zeigt in einer offenen Architektur zwei auf lehnenlosen Hockern einander gegenübersitzende Figuren (Abb. 117). Sie sind barfuss und tragen lange Röcke, jedoch keine Mäntel. Beide Köpfe sind zerstört. Aus der Gestik zu schliessen, sind sie offenbar im Gespräch begriffen. In die Felix-und-Regula-Ikonografie lässt sich die Szene nicht einordnen. Auch eine stilistische Zuordnung zu einer der Werkgruppen des 12. Jahrhunderts in Kirche und Kreuzgang fällt schwer; folglich bleibt auch die Datierung (2. Hälfte 12. Jh.?) unsicher. Möglicherweise zierten die Reliefplatten die Chorschranken.

IM SCHWEIZERISCHEN LANDESMUSEUM, MIT UNSICHERER PROVENIENZ

1. In Raum 8 eingebaut eine *Grabnische mit Masswerkbekrönung*, um 1480. B. innen ca. 180 cm, T. ca. 30 cm (LM 18143). Angeblich aus dem Grossmünster, Standort dort unbekannt, keine weiteren Nachweise.[670] – 2. *Altartafel*(?), Stiftung im Gedenken an Gefallene der Schlacht von Marignano (13./14. September 1515). Öl auf Holz, 83 × 79,5 cm. Signiert von Hans Leu d. J., wohl nach 1515 (SLM, IN 6941).[671] Die Tafel soll nach der Reformation ins Kloster Rheinau gelangt sein. Das SLM erwarb sie 1903 aus der Sammlung Heinrich Angst, Regensberg ZH. Sie zeigt die Kreuztragung Christi: Christus, in die Knie gesunken, wird von einem Schergen geschlagen, von einem weiteren an einem Seil gezogen. Begleitet wird er von der hl. Veronika sowie von Maria und Johannes Evangelista. Aufgrund der Wappen am unteren Bildrand wird vermutet, dass die Tafel eine Stiftung der Familien von drei in der Schlacht von Marignano Gefallenen war.[672] Von links nach rechts: Hans Bürkli, Kriegsrat (oder Rudolf Krieg von Bellikon, der allerdings Marignano überlebte), Bilgeri I. von Hohenlandenberg, Schultheiss in Rapperswil SG, und Alexander Metzger, Obervogt in Zürich-Wollishofen und Vogt in Eglisau ZH.

ABGEGANGENE AUSSTATTUNG

ALTARHAUS

Sakramentshäuschen. Erwähnt 1420 anlässlich der Stiftung eines ewigen Lichtes durch Heinrich Suter «nebent frônaltar vor dem wirdigen sacrament unseres lieben Herren Jhesu Cristi»[673] und 1512 als «sacramentshüsli».[674] Standort wohl an der Nordwand des Altarhauses, vielleicht in einer der beiden westlichsten Blendarkaden.[675]

Hängeleuchter. Im 12. Jahrhundert sind drei Leuchter («lampades»), wahrscheinlich einfache Radleuchter, erwähnt: je einer im Altarhaus hinter dem Hochaltar, in der Mitte des Chors und in der Schiffsmitte.[676]

116–117
Grossmünster. Fragment mit Darstellung einer Geisselung, 12. Jh. (Kreuzgang). – Fragment zweier Figuren mit Redegesten, 12. Jh. (SLM). – Text S. 121 f.

enge Parallelriefelung. Unsicher bleibt die Ikonografie der beiden Stücke aus der Krautgartengasse. Auf dem kleineren Fragment ist ausser vielleicht einem Unterarm, der sich an einem Balken hält (?), kaum mehr etwas zu erkennen. Das andere, gut

CHOR

Die *Chorschranken* («cancelli») werden im Liber Ordinarius und in den Statutenbüchern häufig erwähnt (Abb. 89, Nr. 17). Sie bestanden wohl aus stehenden Steinplatten und grenzten das Chorpodest gegen das Schiff ab. Möglicherweise waren sie mit einem horizontalen Balken bekrönt.[677] In der Mitte, bei der Chortreppe, befand sich ein Durchlass («hostium cancellorum»).[678] Wahrscheinlich waren die Chorschranken mit einer oder zwei kanzelartigen Ausbuchtungen für Lesungen, das heisst Ambonen, ausgestattet, denn «in cancellis» wurden in der Regel die Epistel und das Evangelium verlesen.[679] An bestimmten Feiertagen fanden diese Lesungen auf den Stufen unter dem Altarhausbogen statt.[680] Auf den «cancelli» stand während der Osterfeierlichkeiten die Osterkerze.[681]

Das *Chorgestühl* der Chorherren stand vor der Nord- und Südwand, in je zwei Reihen (Abb. 89, Nr. 14).[682]

Lesepulte. Zwischen dem Gallus- und dem Marienaltar stand vor der Altarhaustreppe ein drehbares Lesepult aus Holz («ligneum pulpitum», «tornatile pulpitum»).[683] Dieses wurde von den zwei Lesepulten der Scholaren flankiert (Abb. 89, Nrn. 15, 16).[684] Zwischen den Pulten, in der Mitte des Chors, musste der Kantor während Vesper und Messe «in summis festis» stehen.[685] 1525 werden «die zwey grossen pulpret uß dem chor» erwähnt.[686]

Ein «*grosses Kreuz*» hing im Altarhausbogen. Es wurde am Festtag des hl. Florinus vor dem Hochaltar aufgestellt («Florinuskreuz», Abb. 91, Nr. 7).[687] Der Altarhausbogen wurde nach ihm auch als «Florinusbogen» bezeichnet.

Verkündigungsgruppe: Die Statutenbücher erwähnen «ymagines annunciacionis sancte viriginis Marie» im Chor sowie Kerzen, die an bestimmten Festtagen davor brannten.[688] Es handelt sich wohl um plastische Holzfiguren des Verkündigungsengels und der Maria. Vielleicht ist die 1476 erwähnte «ymago beatae virginis» mit der Verkündigungsmaria identisch.[689] 1489 mussten die Krone, die Hände und das Buch erneuert werden.[690] Auch die Schatzverzeichnisse der Reformationszeit führen die «imago beate virginis sculpta» (1523)[691] beziehungsweise «unser frowen bild ist hultzin vergüldt» (1525)[692] an. Das Bildwerk stand vermutlich beim Marienaltar.[693]

Ein *plastischer Kruzifix* befand sich an oder auf den Chorschranken.[694]

Ein *Hungertuch* («velum Ieiunii») hing während der Fastenzeit zur Verhüllung des Hochaltars unter dem Altarhausbogen. An Festtagen und zur Aufzeigung der Hostie bei den Messen konnte es mittels einer Zugvorrichtung zur Seite geschoben werden, um den Blick auf den Hochaltar freizugeben.[695] 1476, 1480 und 1499 wurden Seile dieser Zugvorrichtung ersetzt.[696] 1482 wurde es von Maler THORMANN ausgebessert.[697]

Ein grosser *Kandelaber*, ein mehrarmiger Kerzenstock, stand in der Mitte unter dem Altarhausbogen (Abb. 89, Nr. 13).[698]

Eine *Uhr* im Chor («horologium ecclesiae») wird 1476 erstmals erwähnt und in der Folge wiederholt repariert.[699] Nach Angaben in den Fabrikrechnungen war sie mit der Chorglocke im Dachreiter verbunden und mit einem Stundenschlag ausgestattet.[700] Möglicherweise überdauerte sie den Bildersturm und tat nach der Reformation weiterhin ihren Dienst.[701]

Opferstock beim Marienaltar. Beim Abgang vom Chor in die Zwölfbotenkapelle wird beim Marienaltar («by unser frowen») 1497/98 ein Opferstock, eine eiserne Büchse in einer Mauernische, eingerichtet.[702]

ZWÖLFBOTENKAPELLE

Heiliggrab.[703] Gemäss dem Liber Ordinarius stand hinter dem Märtyreraltar in der Zwölfbotenkapelle, in der Nähe der Treppe, die zum Chor hinaufführte, ein Heiliggrab (Abb. 89, Nrn. 19, 20). Es hatte die Form eines Schreins oder einer Truhe («archa») und war von einem weissen Tuch zeltartig umhangen.[704] Die «archa» bildete das Grab Christi, das Zelt stand für das aus weissem Marmor bestehende Tegurium auf Golgatha in Jerusalem.[705] Dieses Grabzelt («testudo») musste zur Elevatio Crucis mindestens der Grabtruhe und drei Klerikern Platz geboten haben.[706] Beim Grab handelte es sich wahrscheinlich um einen portablen Schrein,[707] vielleicht in Form einer bemalten Holztruhe mit Satteldach. Dann wäre es der früheste bekannte Vertreter einer sonst erst aus dem 14. Jahrhundert überlieferten Gruppe, zu der die Grabtruhen aus den Zisterzienserinnenklöstern La Maigrauge FR (2. Viertel 14. Jh., mit Grabfigur), Wienhausen (Grabfigur um 1300, Grab um 1448) und Lichtenthal in Baden-Baden (heute in Karlsruhe, Badisches Landesmuseum, Mitte 14. Jh.) zählen sowie als jüngeres Beispiel die Grabtruhe aus der Pfarrkirche Baar ZG (um 1430; SLM; heute Museum in der Burg, Zug).[708] Der Liber Ordinarius des Grossmünsters ist die früheste bisher bekannte Quelle zu den Anfängen der Verehrung des Herrenleibes im 13. Jahrhundert, die den Gebrauch von Ostergrabtruhen nennt.[709] Als Depositionsgegenstand am Karfreitag diente damals noch ein Kreuz, doch ist wenig später eine Grabchristusfigur zu vermuten: 1291 gewährte der Konstanzer Bischof all jenen einen Ablass, die zwischen Karfreitag und Ostersonntag «das Bild des Gekreuzigten im Herrengrab» besuchten.[710] Nach den Statutenbüchern wurden am Karfreitag 50 Kerzen von je einem Pfund Gewicht in Prozession «ante yminem crucifixi ad sepulchrum domini» getragen.[711] Von Karfreitag bis Ostersonntag musste am Kopf- und am Fussende des Heiliggrabs je eine Kerze zu sechs Pfund Wachs brennen aufgrund einer Stiftung des Magisters Heinrich von Basel († 1282) und des Chorherrn Johannes Schluesselli († vor 11. Febr. 1306).[712]

1514–1516 wurde das Heiliggrab durch eine neue Anlage ersetzt.[713] Die in den Fabrikrechnungen aufgeführten Posten geben Hinweise auf dessen Gestalt.[714] 1514 erfolgten Vorbereitungsarbeiten «by dem nüwen grab»; insbesondere wurde der Bodenbelag oder Sockel (?) aus Ziegelplatten erstellt, während «by dem alten grab» Mauerwerk verputzt und ein «bogen» (Gewölbegurte?) gemalt wurde.[715] Das «nüwe grab» muss aus einem unteren und einem oberen Teil aus Holz und vielleicht aus einem aus Brettern zusammengesetzten Deckel bestanden haben

(«M. Conrat Österricher ze schniden oberteil des nüwen grabß und ze fassen die fecken uff ze setzen.»).[716] Zur rechten und linken Seite des Grabes war je ein Engel angeordnet. Diese, vier weitere Engel an den Ecken des Grabes («eggengel») sowie vier nicht näher bezeichnete «bild» schuf ein Bildschnitzer Wolfgang («M. Wolfgang bildhouwer ii engel zum grab zů der rechten und linggen sitten vii ß», «M. Wolffen dem bildschnetzler uff iiii egg engel zu dem nüwen grab», «Wolffgang bildschnider um iiii bild zů unsrem nüwen grab zeschniden iiii gl/1516»).[717] HANS LEU d. J. oblag deren Bemalung sowie die Fassung der «fecken» (Dachseiten?) und der Innenseite der «mur» (Scheinquadrierung auf dem Holzwerk?[718]), Maler [PETER] STUDER bemalte die Truhe.

Ins Grab gehörte eine Christusfigur («imago salvatoris»), für die ein weisses Tuch mit Seidenquasten an den Ecken hergestellt wurde. 1516 fertigte Schlosser LÜTGSCH ein Gitter oder eine Schranke mit einem Schloss rund um das Grab. Daraus geht hervor, dass es ein ständiges Grab gewesen ist, verbunden mit einer beweglichen Christusfigur,[719] wahrscheinlich identisch mit dem wiederholt erwähnten «salvator» und dem Auferstehungsbild (siehe S. 125f.). EDLIBACH berichtet, dass das «costlichen werck dz er[st] nüw bin zweig oder dry jaren gemach[t] ward».[720]

Nicht zu entscheiden ist, ob sich ein Posten in den Fabrikrechnungen von 1523 auf den Abbruch des Heiliggrabs oder des Märtyrergrabs bezieht.[721]

LANGHAUS

Kreuzabnahme (?). In der Stiftungsurkunde für den Nikolausaltar wird 1335 eine «Ablöse» im nördlichen Seitenschiff genannt,[722] vielleicht eine plastische oder gemalte Darstellung der Kreuzabnahme oder eine Pietà.[723]

Beichtstühle. Unter den Türmen («under türn»), in den westlichen Eckjochen des Langhauses, wurden 1515 zwei neue Beichtstühle erstellt.[724]

Kirchengestühl. EDLIBACH berichtet, dass beim Bildersturm jeder seinen Stuhl aus der Kirche holte,[725] woraus zu schliessen ist, dass vor der Reformation im Schiff wenigstens Kirchenstühle höhergestellter Personen vorhanden waren.[726]

EMPOREN

Wandmalereien. Ein Vermächtnis aus dem Jahr 1434 gilt dem Bild des hl. Antonius auf der Empore.[727] Dieses ist vielleicht identisch mit dem in einer Mauervertiefung an der Nordseite des südlichen Treppenpfeilers gemalten, einst mit einer Sammelbüchse verbundenen Antoniuskreuz.[728]

Orgeln. Der erste Orgelbau am Grossmünster wird in die 2. Hälfte des 14. Jahrhunderts datiert.[729] 1418 wurde Theodor Dietrich Sebach aus Erfurt als Organist verpflichtet. Gemäss Anstellungsurkunde hatte er an den Festtagen, zu den Vespern und Fronmessen oder auf besondere Anordnung des Propstes die Orgel zu spielen. Die Orgel stand auf der südlichen Empore, den genauen Standort geben zugemörtelte Dübellöcher an.[730] 1505–1507 wurde die Orgel an der alten Stelle erneuert.[731] Nach Ausweis einer Anhäufung zugemörtelter Löcher an der südlichen Obergadenwand lässt sich ihr Standort über dem vierten Emporenbogen von Osten festlegen.[732] Die neue Orgel war das Werk des anerkannten Basler Orgelmachers HANS TÜGI, alias STUCKI (†1519) («Meister Hans von Basel»).[733] Für die Blasbälge errichtete man auf dem Dach der Südempore einen kleinen, am Karlsturm angelehnten Aufbau (BD 1576 MURER, Abb. 12). Die Orgel besass zwei Flügel, die der Zürcher Maler PETER STUDER mit Leinwand bezog und wahrscheinlich auch bemalte. An der Bemalung wirkte vermutlich HANS LEU d. Ä. mit, der aber 1507 mitten in der Arbeit verstarb («Item dem Löwen iii lb von dem rotten an ze strichen jn der orgel».[734]). Das Gehäuse war mit geschnitzten Ornamenten, das heisst teilweise farbig unterlegtem Masswerk («gspreng»), von Tischmacher HANS IRNIGER (ININGER) verziert.[735] 1507 wurde die neue Orgel mit einem kostspieligen Festbankett in der Chorherrenstube eingeweiht.[736] 1511/12 erstellte derselbe Basler Meister, unter Wiederverwendung des Materials des früheren Werks, eine grössere, nunmehr zweimanualige Orgel mit Rückpositiv (wie die Orgel im Fraumünster von 1509) im selben Gehäuse. Unter den beteiligten Handwerkern war wiederum der Tischmacher HANS IRNIGER, die Schlosserarbeit machte HANS ZEINER.[737] Nach Tagebuchaufzeichnungen von Felix Frey, dem letzten Stiftspropst vor der Reformation, muss zur Zeit ZWINGLIS um 1520 nochmals ein grösserer Orgelumbau stattgefunden haben.[738]

Stühle. 1516 werden «5 stül uff das gwelb nüw ze machen» verdingt.[739]

GLOCKEN

Glockenturm (Nordturm). Im Rahmen zweier Jahrzeitstiftungen um 1150 werden erstmals Glocken des Grossmünsters erwähnt.[740] Der Liber Ordinarius um 1260 kennt zwei grössere und zwei kleinere Glocken.[741] Mit Ausnahme der Osterzeit[742] riefen sie an hohen Feiertagen, an Sonntagen und an Wochentagen zur Messe, zu Begräbnissen, und meldeten Feuer.[743] Die älteste überlieferte Glocke mit dem Datum 1262 und der entsprechenden Inschrift «Pulsor pro signis missa popularis et ignis» wurde beim Brand der Türme 1763 zerstört.[744]

Nach 1300 (bzw. nach dem Stadtbrand von 1280)[745] erscheint mit dem öffentlichen Anspruch an die Türme gleichzeitig derjenige an die Glocken. Für die Versammlungen der «universitas civium» wurde entweder mit einer oder mit beiden grossen Glocken geläutet, und zwar von städtischen Wächtern. Um 1300 hatten Rat und Burger in Absprache mit der «pfaheit» festgesetzt, dass von St. Michael bis Ostern vom Grossmünster die Feuerglocke läuten sollte.[746] 1322/1324 wurde der städtische Anspruch «raffiniert»: Die alte grosse Glocke durfte nur für «grosse» Herren und nur in Absprache mit dem Rat geläutet und bei Sturmwarnung nicht mehr benutzt werden.[747]

Im Statutenbuch des Grossmünsters von 1346 erscheinen zwei grosse, zwei mittlere und zwei kleinere Glocken

*118
Grossmünster. Relieffigur der hl. Regula von der Reichsglocke von 1451. Foto 1972. – Text nebenan.*

Die ehemals sechs Glocken des Grossmünsters verzeichnete erstmals JOHANNES LEU (1714–1782) im Rahmen einer Bestandesaufnahme aller Inschriften.[751] Die Grundlage zur folgenden Liste entstammt dem «Glockenbuch» von SALOMON VÖGELIN (1774–1849):

1. Die «neue» grosse Glocke, 1451 von PETER FÜSSLI gegossen, auch als Reichs- oder Blutglocke bezeichnet. Sie trug die Inschrift «O sancta Maria ora pro nobis. O rex glorie Xste veni nobis cum pace. Venite benedicti patris mei ano Domini MCCCCLI».[752] Die Glocke zersprang 1889. Davon erhalten sind vier Relieffiguren vom oberen Rand der Glocke, eingelassen in eine Ädikula aus Eichenholz (heute auf der Empore ausgestellt). Sie stellen Christus dar, der die hll. Felix, Regula und Exuperantius, die ihre abgeschlagenen Köpfe tragen, empfängt (Abb. 118).[753] – 2. Die Sechse-Glocke von 1428. Sie trug eine Inschrift, die sie auch als Totenglocke kennzeichnet: «O rex glorie Christe veni nobis cum Pace. Fusa sum mense septembri Ano MCCCCXXVIII. Sa Maria S Regula S felix S Carole orate pro plebe ista. Defunctos plango, festa colo, fulgura frango».[754] – 3. Die Neune-Glocke von 1331 mit der Inschrift «Me resonante pia populi memo esto Maria Ao MCCCXXXI» zersprang 1742, wurde anschliessend umgegossen und schmolz beim Turmbrand von 1763.[755] – 4. Die Feuerglocke von 1262, die gemäss Inschrift auch zur Messe rief: «Pulsor pro signis Missae popularis et ignis. Ao MCCLXII».[756] – 5. und 6. zwei weitere Glocken ohne Inschrift, die beide 1763 schmolzen. – 7. Glocke auf dem Chortürmlein: die erste, die nach JOHANNES LEU aus dem in den 1250er Jahren gegründeten und bereits 1267 zerstörten Städtchen Glanzenberg stammte,[757] war 1498 zersprungen und wurde 1604 neu gegossen. Sie enthielt eine Prägung: Wappen des Chorherrenstifts gegen den See, Wappen der Füssli gegen den Kreuzgang.[758]

in der Beschreibung des Sigristenamts, denn der Sigrist musste die Glocken läuten.[748] Und zwar alle Glocken – dafür erhielt er 16 Pfennige – an den hohen Festtagen. Für das Totengeläute gab es Varianten: Für «aliquo mortuo» wurden mit Ausnahme der beiden grossen Glocken alle geläutet; manchmal nur zwei kleinere. Dann gab es Begräbnisse, an denen der Sigrist die alte grosse («magna antiqua campana»), und solche, an denen er die neue («campana que dicitur nova») Glocke läutete. Für Letztere erhielt er eine zusätzliche Bezahlung, weil das Läuten beschwerlicher war («propter nimium laborem et difficultatem pulsandi»). Bei drohendem Unwetter oder Hagel läutete der Sigrist die grossen und zwei mittlere Glocken. Für das Läuten bei Feuersbrünsten bekam er vom Leutpriester zu Weihnachten eine besondere Bezahlung. Beim Empfang eines Königs oder eines Bischofs musste ebenfalls feierlich geläutet werden.[749]

Beim Tod eines Chorherren rief die «campana parvula» oder «minima campana» die in Zürich anwesenden Chorherren zusammen; wenn sie mit dem Toten die Kirche betraten, setzte dann das ganze Geläute ein.[750]

Die Fabrikrechnungen des Grossmünsters, in denen der Unterhalt der Glocken erscheint, nehmen Bezug auf Format und Funktion und bezeichnen die Glocken als grössere und kleinere, als Toten- oder Feuerglocke, als Primglocke, Vesperglöcklein oder als Introiteglocke.

UNBESTIMMTER ODER KEIN FESTER STANDORT

Palmesel. Das ungefähre Aussehen des so genannten Palmesels, einer Plastik des auf einem Esel reitenden Christus, die an der Palmprozession mitgeführt wurde,[759] ist in den Fabrikrechnungen des Stifts überliefert: 1499 erhielt der Esel neue Räder[760] und 1515/16 (gleichzeitig mit dem Heiliggrab) wurde die ganze Plastik überholt: Bildhauer LEONHARD ZÄIG erneuerte des Esels Füsse, Zaum, Schwanz und Karren (Rädergestell) und die Krone der Christusfigur; der Holzkern wurde neu mit Leinen überzogen («Fabians seligen frow vom esel ze ernüwern und überzüchen mit tůch») und anschliessend bemalt.[761] Färber HERMAN [HERMANN OTT (1470–1512)] färbte zwei Tücher ein,[762] aus denen der «Kirchenschneider» HANS AM HOF den Mantel der Christusfigur fertigte.[763]

Ein *Himmelfahrtschristus* wird 1489 in den Fabrikrechnungen erwähnt.[764] Die plastische Figur wurde am Himmelfahrtsfest ins Kirchengewölbe hochgezogen.[765] 1497/98 wurde sie von Schlosser HANS (HENSI) ZEINER ausgebessert[766] und 1499 das Aufzugseil erneuert.[767] Vielleicht mit dieser Figur identisch ist ein «uferstentnus bild»[768] und ein mehrfach erwähnter «salvator», der, unter ande-

119 120
Grossmünster. Propstsiegel. Siegel der Pröpste Rudolf (1225–1230) und Werner Blum (1247–1250, 1255). – Text unten.

rem an Ostern, hinter dem Hochaltar aufgestellt war.[769] Es war allgemein üblich, am Ostermorgen die Figur des auferstandenen Christus aus dem Grab zu erheben und zum Zeichen der Auferstehung auf den Hochaltar zu stellen. Dort blieb sie, bis sie an Himmelfahrt ins Gewölbe hochgezogen wurde.[770] Es wird denn auch, im Zusammenhang mit der Erstellung eines neuen Heiliggrabes 1514–1516, eine «imago salvatoris» erwähnt.[771] Es ist nicht anzunehmen, dass für Ostern und Himmelfahrt zwei verschiedene Figuren gebraucht wurden.[772] Die Verwendung von Auferstehungs- und Himmelfahrtsfiguren ist in der Schriftlichkeit seit dem 15. Jahrhundert für das deutsche Sprachgebiet mehrfach nachgewiesen, bewegliche Kultbilder sind seit dem mittleren 14. Jahrhundert überliefert.[773]

1489 werden 10 Schilling ausgegeben, «das heiltum penthecostis herab gilon»[774] – möglicherweise eine plastische *Pfingsttaube.*

Ein *Christkind («Jhesusli»)* wird 1513 erwähnt.[775] Vermutlich handelte es sich um eine Holzfigur des Jesusknaben, die beim Christkindwiegen in der Weihnachtsliturgie gebraucht wurde.[776]

Kanzel. Standort und Gestalt lassen sich nicht bestimmen. Ob eine kanzelartige Ausbuchtung der Chorschranken diesen Zweck erfüllte oder eine bewegliche Kanzel aus Holz in der Art derjenigen aus dem ausgehenden 15. Jahrhundert in der Klosterkirche Königsfelden, lässt sich aufgrund der in unserem Gebiet sehr spärlich überlieferten und kaum erhaltenen Werke nicht entscheiden.[777] Das Einzige, was wir über die Zürcher Kanzel wissen, ist, dass an ihr (am Korpus?) ein Tafelbild mit einer Darstellung der hll. Felix und Regula aufgehängt war, das Hans Leu d. J. 1516 ausbesserte.[778]

SIEGEL

Propstsiegel

Siegel des Propsts Rudolf 1225–1230 (Abb. 119): Spitzovales Siegel. Stehender Propst mit Barett (?), ein Buch vor der Brust haltend. Umschrift: «† S RODVLFI PPOSITI TVREGENSIS».[779]

Drei verschiedene Siegel des Propsts Werner Blum 1240–1255 (Abb. 120): Die spitzovalen Siegel sind jeweils zweigeteilt. Über der Blume in der unteren Hälfte zeigten sie den Propst in einem Buch lesend, einmal frontal im Brustbild (1240–1244), zweimal in Seitenansicht an einem Lesepult (1247–1250; 1255).[780]

Siegel des Propsts Otto Manesse 1258/59 (Abb. 121): Das schlichte, spitzovale Siegel zeigt unter einem Bal-

121–122
Siegel des Propsts Otto Manesse (1258/59). – Erstes Siegel des Kapitels (1219–1230). – Text S. 126 und unten.

dachin einen Geistlichen mit gefalteten Händen, ein Buch tragend.[781]

Siegel des Propsts Heinrich Manesse 1259–1264 (Abb. 84): Das spitzovale Siegel ist durch den Schriftzug «† KAROLVS †» zwischen Balken in zwei Felder geteilt. Felix und Regula stehen als Kephalophoren im unteren, im oberen thront Karl der Grosse mit dem Schwert auf den Knien (siehe S. 88).[782] Der thronende Kaiser «begleitete» Felix und Regula seither in der Regel auf den Propstsiegeln.[783]

Siegel des Kapitels

Erstes Siegel 1219–1230 (Abb. 122): Spitzoval. Rechts Regula, links Felix als Kephalophoren, über ihnen in der Mitte eine von einem Kreuz umzogene segnende Hand. Umschrift: «† SANCVS FELIX SANCTA REGVLA. CAPITVLVM TVREGENSE».[784]

1220/1222: Ein «merkwürdiges»[785] rundes Siegel, weder dem Chorherrenkapitel am Grossmünster noch demjenigen am Fraumünster eindeutig zuzuweisen, erscheint an zwei Urkunden (1220 und 1222). Es zeigt zwei einander zugewandte nimbenlose Köpfe mit der Umschrift «† SIGILLVM: SCOR: FELICIS ET REGVLE». Ihm entspricht ein als dem Kapitel des Grossmünsters zugehörig bezeichneter Siegelstempel.[786]

Ab 1234: Spitzovales Siegel. Links Regula, rechts Felix als Kephalophoren, über ihnen in der Mitte ein Engel, der ihre Seelen in einem Tuch geborgen trägt. Der entsprechende Stempel aus Kupfer ist erhalten.[787]

Siegel einzelner Chorherren

Die Siegel einzelner Chorherren nehmen Bezug auf die von diesen ausgeübten Ämter – Thesaurar, Kantor, Scholasticus –, zu denen sie einige der wenigen erhaltenen Bildquellen darstellen[788] (Abb. 16, 17, 93), sowie, zumindest teilweise oder sogar ausschliesslich, auf die familiäre Herkunft.[789] Einige Chorherren nehmen mit ihren Siegeln Bezug zur Geschichte des Grossmünsters, ein Thema, das hier nur angetönt sei.[790] Im Siegel des Chorherrn Manulus tritt beispielsweise 1381 Exuperantius vorübergehend in Erscheinung (S. 88f.).

FRIEDHOF

Nach der Gründung des Grossmünsters muss das Gräberfeld an der Spiegelgasse zugunsten eines Friedhofs beim Grossmünster, bei den Gräbern der Heiligen, aufgegeben worden sein.[791] Der geweihte

123
Grossmünsterfriedhof. Zwingliplatz. Ausgrabung 1985, Übersicht. – Text S. 127f.

Friedhofsbezirk bestand aus dem Areal des heutigen Zwingliplatzes (Oberer Kirchhof) und demjenigen des heutigen Grossmünsterplatzes (Unterer Kirchhof).[792] 1985 sind auf dem Zwingliplatz 122 Bestattungen in acht verschiedenen Belegungsphasen von den Anfängen des Friedhofs bis zu seiner Aufhebung 1786 ergraben worden, darunter auch ein spätmittelalterliches Gemeinschaftsgrab.[793] Das Friedhofsareal spielte in der Liturgie des Grossmünsters eine wichtige Rolle.[794] Eine eindeutige «Sozialtopografie» der Grablegen lässt sich nicht ausmachen.[795]

Beide Friedhofteile waren durch je zwei Zugänge erschlossen (vgl. Abb. 6, BD 1497/1503 Leu und BD um 1566 Übermalung Leu). Die Haupteingänge lagen in der Fortsetzung des Aufgangs von der Wasserkirche her und an der Münstergasse, die beiden Nebeneingänge neben dem Wettingerhaus und neben dem Leutpriesterhaus (Grossmünsterplatz 6).[796] Ein Portal, wahrscheinlich das an der Münstergasse, wird um 1150 erstmals erwähnt («usque ad portam atrii ecclesie»).[797]

Nutzung und Unterhalt der Zugänge und Umfassungsmauer mussten immer wieder geregelt werden, besonders in der Nachbarschaft zu den Wettingerhäusern (Limmatquai 36/38), aber auch beim Grundstück der Hottinger (Grossmünsterplatz 7–9), wo in beiden Fällen Wohnhäuser und Kirchhofmauer baulich eng aufeinander bezogen waren.[798]

Der Unterhalt der Wege über den Friedhof erscheint in den Fabrikrechnungen, ebenso derjenige der Bodengitter bei den Eingängen.[799]

Ausstattung des Friedhofs

Heiliger Christophorus. An der nördlichen Kirchwand, nahe des Zugangs in den Kreuzgang, war eine monumentale gemalte oder plastische Darstellung des hl. Christophorus angebracht.[800] Mit dem Bild steht das «Gericht vor Sankt Christoffel» von Propst und Kapitel in Verbindung, das die oberste Instanz für die Grossmünsterhöfe bildete. Es fand «auf freier Strasse und unter offnem Himmel gelegenen Gerichtsplatze»[801] und im Angesicht von Christophorus statt, der als einer der 14 Nothelfer Schutz vor der «mors mala», dem jähen Tod, vor jeder Not und in der Sterbestunde bot.[802] 1489 wurde ein Vordach über dem Wandgemälde angebracht,[803] 1499 ausgebessert und mit (neuen?) Holzstützen versehen.[804]

Ölberg. Auf dem Friedhofsareal stand ein Ölberg, der 1482 erwähnt wird,[805] wohl ein mit einer Skulpturengruppe ausgestattetes architektonisches Gebilde in Form einer Nische oder eines offenen Pavillons.[806] 1507 stiftete Jakob Meiss ein Licht für den Ölberg.[807]

Beinhäuser. Fabrikrechnungen, der Glückshafenrodel sowie eine Stiftung belegen seit dem ausgehenden 15. Jahrhundert mindestens zwei Beinhäuser,[808] deren Lage aber nicht gesichert ist.

DIE REFORMATION

Der Verlauf der Reformation ist für das Grossmünster intensiv belegt und weist, nicht zuletzt wegen der bestehenden engen Verbindung zwischen Stift und Stadt und wegen ZWINGLIS Präsenz im Grossmünster, eigene Züge auf.[809] ZWINGLI wurde am 11. Dezember 1518 als Nachfolger von Erhard Battmann Leutpriester am Grossmünster und stieg am Neujahrstag 1519 erstmals auf die Kanzel. Er begann eine Serie von Auslegungen des Matthäus-Evangeliums, die, wohl durchaus in pädagogischer Absicht, die Kirchgänger mit der Geschichte der Urchristenheit konfrontierten. Die ihm offenbar eigene Art, in der Kirche zum aktuellen Geschehen Stellung zu beziehen und Leute und Institutionen anzugreifen, führte zunehmend zu einer zumindest halböffentlichen Diskussion über theologische Fragen.[810]

Am 10. Oktober 1522 verzichtete ZWINGLI auf die Leutpriesterstelle und übernahm dann die vom Rat eigens für ihn geschaffene, ganz neue Predigerstelle, in der er der Autorität von Bischof und Kapitel grundsätzlich entzogen war.

Auf den 29. Januar des folgenden Jahrs berief ZWINGLI die erste Zürcher Disputation ein. Nach BULLINGER wurde sie wegen Platzmangels vom Rathaus ins Grossmünster verlegt, wo man «in das gefletz ein schranken» machte und Tische und Stühle aufstellte.[811] Die über 600 Teilnehmer diskutierten die neue Form von ZWINGLIS Predigt, die sich primär am Wort der Bibel orientierte, und sanktionierten sie nach intensiven Auseinandersetzungen.[812] Am 10. August 1523 wurde das erste Mal ein Kind in deutscher Sprache getauft, und im September hielt ZWINGLI die erste Predigt gegen Bilder in der Kirche.[813] Die zweite Disputation vom 26. Oktober leitete in Bezug auf die Abschaffung von Bildern und Messe eine Übergangszeit ein. In dieser Phase verweigerten Kapläne am Grossmünster bereits den Messdienst und entfernten Messbücher. Seit dem 28. Dezember 1523 blieben die Altartafeln geschlossen und die Monstranzen unter Verschluss.[814] Ein obrigkeitliches Mandat vom 15. Juni 1524 leitete schliesslich ganz in ZWINGLIS Sinn einen geordneten, aber konsequenten Bildersturm ein.[815] Der Vorgang fand Ende Juni und Anfang Juli während mehrerer Tage hinter verschlossenen Türen statt.[816] Er stand unter der Leitung einer Kommission, der ULRICH ZWINGLI, Leo Jud (1482–1542) und Heinrich Engelhard (1476–1551) vorstanden und der je ein Vertreter der Zünfte, zwei Mitglieder der Constaffel sowie der Stadtbaumeister, Steinmetze, Zimmerleute und Ruchknechte angehörten.[817] Nach der Wiedereröffnung der Kirche räumte die Bevölkerung die Kirchenstühle aus, diesmal «gienge [es] wild zů».[818] Am 8. Dezember versetzte man den Taufstein und brach das Heiliggrab ab, am 12. Dezember wurde das Grab von Felix und Regula «gar und gantz geschlissen» und damit die wichtigste Kultstätte Zürichs aufgelöst.[819] Am 17. Dezember trug man im Grossmünster den Felix-und-Regula-Altar neben dem Grab in der Zwölfbotenkapelle, den 11 000-Jungfrauen-Altar, den St.-Blasius-Altar und den Marienaltar im Chor ab.[820] Die übrigen Altäre beziehungsweise Altarmensen blieben offenbar noch fast zwei Jahre, bis im September 1526, stehen.[821] Als unter dem Fronaltar unbeschädigtes Pflaster zum Vorschein kam, stellte man umgehend Quellenuntersuchungen an, um sein Alter zu ermitteln, und stiess auf das Weihedatum 1278 (siehe S. 95f.). Daraus schloss die Zürcher Geistlichkeit, dass die Kirche erst während der letzten 250 Jahre das wahre Verständnis des Abendmahls verraten habe.[822]

Einer ersten «ideellen» Bereinigung der Räume folgte die Entfernung der liturgischen Geräte, der Kleinodien aus den Sakristeien und der Bücher.[823] Im Grossmünster fand die Auflösung des Stiftsschatzes in der Sakristei erst nach einigem Zögern und gegen den ausdrücklichen Willen der damaligen Chorherren statt.[824] In einer vorgängigen Auseinandersetzung mit dem Rat wehrten sich die Chorherren erfolglos gegen eine Räumung der Sakristei, indem sie auf die im Zürichkrieg und danach erlittenen grossen Verluste des Stifts, auf die zahlreichen verbrannten und zerstörten Höfe, Häuser, Scheunen, Bäume sowie auf die entsprechenden Einbussen bei den Steuern und anderen Abgaben hinwiesen und betonten, dass der in der Sakristei verwahrte Besitz dem Stift «von Alters her» gehörte und nicht «erbettclt» worden sei wie in anderen Klöstern.[825] Aus ihrer Sicht sprachen auch die verwandtschaftlichen und freundschaftlichen Beziehungen, die zwischen dem Stift und dem Rat bestanden («sint auch ůwer sün, brůder, vettern, schwiger, und filwæg der früntschaft verwandt»), gegen das als feindselig empfundene Vorgehen.[826]

Die Auflösung des Stiftsschatzes und der Bibliothek bot den letzten Anlass, die Bestände zu beschreiben (S. 102f.). Der Stiftsschatz befand sich in der Grossen Sakristei («in sacrastia maiori»), die

124
Grossmünster. Der Kreuzgang vor dem Wiederaufbau von 1850/51. Blick aus der Südwestecke in den West- und Südflügel. Aquatinta von Franz Hegi, 1841.

auch das Stiftsarchiv barg.[827] Hierhin sollten gemäss Befehl der Delegierten des Rats zunächst alle Chorgesangsbücher gebracht werden.[828] Die Chorherren verweigerten die Herausgabe des Sakristeischlüssels bis zum 7. Oktober 1525 mit der Begründung, dass sie «täglich über ünser brieff [Urkunden] gan» müssten.[829] Dann aber nahmen die Ratsherren gegen den ausdrücklichen Widerstand des Stifts die grossen und kleinen Chorgesangsbücher aus Pergament aus der «liberÿ und grossen sacrestÿ», ebenso «den merteil anderer büchern groß und klein die dan M. Ulich, Lew und Propst von Embrach inen hant anzeigt als unnütz.» Sie liessen zudem Kästchen, Schemel und die drei grossen Lesepulte aus dem Chor holen sowie «almergen» (Schrank, Kasten) aus dem Kapitelhaus, ausserdem alle Zierden vom Altar im Chor wegwerfen und das «Heltum» (Reliquien) darunter ausgraben (?). 1545 wird HEINRICH BULLINGER die damals aus der Kirche zum Kaufhaus getragenen Dinge aus dem Stiftsschatz und die Bücher auflisten. Er nennt genau den Inhalt des Inventars von 1523, nur «die vergülte Tafel des grabs darinn waz Zürich gemalet» fehlt.[830] 1526 gaben die Chorherren den Schlüssel zur Sakristei endgültig ab.

Die ehemaligen Chorherrenpfründen erhielten neue Bestimmungen: Ihnen wurde insbesondere die Stiftsschule zugewiesen (S. 177ff.), ein Teil wurde nach dem Ableben ihrer Inhaber aufgehoben, deren Vermögen der Schule und dem Almosenamt übergeben. Der Pfarrsprengel wurde auf die rechtsufrige Altstadt und die ihr vorgelagerten Gemeinden festgelegt. Unangetastet blieb die wirtschaftlich-rechtliche Autonomie des Stiftsbesitzes. Mit der Beteiligung städtischer Pfleger an dessen Verwaltung erreichte beim Grossmünster der Kommunalisierungsprozess ein Niveau, das bei den übrigen kirchlichen Institutionen der Stadt lange vor der Reformation erreicht war.

KREUZGANG UND STIFTSGEBÄUDE

DER KREUZGANG

Der spätromanische Kreuzgang mit seinem reichen Skulpturenschmuck blieb, von kleineren Reparaturen abgesehen, bis ins 19. Jahrhundert weitgehend intakt bestehen. Der Ab- und Wiederaufbau 1850/51 im Schulhausneubau von GUSTAV ALBERT WEGMANN sowie verschiedene Restaurierungen danach haben allerdings wenig originale Bausubstanz übrig gelassen. Grundriss, architektonischer Aufbau und Anordnung der Bauskulptur entsprechen jedoch weitestgehend dem mittelalterlichen Zustand. Urkundliche Daten zum Bau des Kreuzgangs fehlen. Erstmals erwähnt wird er erst in den Statuten von 1259[831] und im Liber Ordinarius um 1260. Stilgeschichtlich ist von einer Entstehung im letzten Viertel des 12. Jahrhunderts auszugehen.

Über eine Vorgängeranlage ist nichts bekannt. Die in einer um 1150 überlieferten Jahrzeitstiftung enthaltene Armenspeisung «in claustro» kann sich auch allgemein auf den (abgeschlossenen) Bereich des Stifts beziehen.[832]

ARCHITEKTUR

Der Wiedereinbau 1850/51 des romanischen Kreuzgangs auf gleichem Grundriss hatte insbesondere eine Begradigung und Regulierung gegenüber dem originalen Zustand zur Folge (vgl. BD 1841 HEGI, BD um 1845 SCHMID und Bauaufnahmen WEGMANN).[833] Durch den Einbezug aller vier Flügel in die geschlossene Fassadenflucht des Hofs ist die unregelmässige «Entourage» verloren gegangen und der Hof enger geworden (Abb. 187). Ob der Umgang ursprünglich auf allen Seiten ausserhalb der angrenzenden Bauten lag, das heisst nicht überbaut war, lässt sich nicht mehr feststellen. Der südliche Gang wurde sicher schon bald mit einem Raum überbaut, vielleicht dem 1243 erwähnten Kapitelsaal. Wann der korridorartige Raum der Stiftsbibliothek neben der Michaelskapelle über den westlichen Gang zu liegen kam, ist nicht bekannt. Der Ost- und der Nordflügel lagen immer frei unter einem Pultdach (Abb. 176).

Der Kreuzgang bildet ein unregelmässiges Quadrat von rund 18×20 m äusserer Länge (Umgang

125
Grossmünster. Kreuzgang. Blick an den südöstlichen Eckpfeiler. Foto 1964. – Text S. 122.

Aussenwand) und rund 12,5×14 m innerer Länge (Hofseite, Abb. 130). Die vier Flügel von je fünf Jochen sind von Kreuzgratgewölben überspannt. Im nördlichsten und in den beiden südlichsten Jochen des Westflügels waren ursprünglich Kreuzrippengewölbe, die 1850/51 durch Gratgewölbe ersetzt worden sind. Die Flügel öffnen sich auf den Innenhof in Rundbogenarkaden, die durch Blendbogen jeweils zu Dreiergruppen zusammengefasst und durch schmale Zwischenpfeiler voneinander geschieden sind (Abb. 144). Weit ausladende, trapezförmige Kämpfer vermitteln zwischen den schlanken Arkadensäulchen mit Würfelkapitellen und den Rundbogen. Im West- und Ostflügel wird diese Folge in der Mitte von je einer geschlossenen Wandung mit Rundbogenportal zum Hof unterbrochen. Der westliche dieser Durchgänge ist reicher gestaltet, als Stufenportal mit eingestellten Säulen und einem Steinmetzenbildnis im Bogenfeld. Den Gewölbestützen und -bogen im Umgang entsprechen auf der Hofseite Pilaster und Blendbogen. Den Breitseiten der Eckpfeiler und der Pfeiler, welche die zwei Hofportale flankieren, sind ein- und zweigeschossige Säulengehäuse vorgeblendet (Abb. 125).

Vor 1850/51 bestanden «alle Säulenschäfte mit ihren Sockeln und Kapitellen» aus rotem Sandstein, die übrigen Partien aus feinkörnigem graubläulichem und gelblichem Sandstein.[834] Beim Wiederaufbau sind sie durch einheitlich grauen Sandstein ersetzt worden.

Im architektonischen Aufbau folgt der Kreuzgang aufs Engste dem nur wenig älteren der Fraumünsterabtei.[835] Auch dort ist ein Farbwechsel von rötlichem und gelblichem Sandstein nachgewiesen. Der Grossmünsterkreuzgang mutet mit seiner etwas aufwendigeren Architektur und dem reicheren Skulpturenschmuck wie die edlere Variante des Abteikreuzgangs an. Ob dies als Ausdruck eines beabsichtigten Überbietens des Frauenklosters zu verstehen ist, lässt sich nicht nachweisen.[836]

Von aussen führten drei Zugänge in den Kreuzgang, von denen der West- und der Ostzugang im Neubau rekonstruiert sind (Abb. 143): In der Südwestecke lag der Haupteingang vom Friedhofsareal her. Ein schlichter Eingang beim Altarhaus führte ins südöstliche Eckjoch und ein heute nicht mehr vorhandener Zugang in Form eines auf der Kreuzgangseite reich skulptierten Stufenportals ins nordwestliche. In der Südwestecke vermittelte zwischen dem Kreuzgang und dem Chor der Stiftsherren eine kleine, vom Südflügel durch eine Doppelarkade abgetrennte, gewölbte Vorhalle (seit 1850/51 vermauert, Abb. 127, 128). Die Zugänge werden in den Prozessionsordnungen mehrfach genannt.

126
Grossmünster. Kreuzgang. Nordflügel gegen Westen, nach dem Wiederaufbau von 1850/51. Foto Jean Gut, 1880. – Text S. 121ff. und 183ff.

127–128
Grossmünster. Kreuzgang. – Blick aus dem Vorraum zum Chor in den Südflügel des Kreuzgangs. Die Holztreppe wurde 1848/49 als Zugang zur Empore eingebaut. – Ehemaliger Zugang vom Südflügel in den Vorraum zum Chor. – Fotos 1941. – Text S. 132.

BAUSKULPTUR[837]

Bestand

Die Kämpfer der Arkadensäulen, die Kämpfer und Kapitelle der Zwischenpfeiler und die Kapitelle der Halbsäulen an den Rückwänden tragen reichen Skulpturenschmuck, der von schlichten ornamentalen Motiven bis zu figürlichen Szenerien reicht (Abb. 129–142). Weitere plastische Akzente setzen die Tier- und Menschenköpfe, Fratzen und anderen Gestalten an den gang- und hofseitigen Bogenanfängern. In der Abbruchdebatte 1850 argumentierte ANTON SALOMON VÖGELIN für die Erhaltung des Kreuzgangs unter anderem mit der gut erhaltenen Originalsubstanz: Von 36 Säulen seien noch 13 ursprünglich, «die mehrfach erhaltenen Doppelsäulen[838] nicht gerechnet», und von den 60 «Kapitälen» (d.h. Kämpfer der Säulchen und Zwischenpfeiler) nur zwei ersetzt.[839] Auch wenn VÖGELIN im Hinblick auf sein Ziel den Erhaltungszustand vielleicht beschönigte, dürfen wir davon ausgehen, dass der ursprüngliche Bestand bis zum Abbruch weitgehend intakt war. Aufgrund der unzulänglich dokumentierten Restaurierungen des 19. und 20. Jahrhunderts und der mehrfachen Überarbeitungen sind heute die Originale, deren Kopien und die Kopien der Kopien zum Teil nur schwer zu unterscheiden. Doch bei genauem Augenschein lassen sich eine Reihe sicherer romanischer Originalstücke ausmachen; manche sind später etwas überarbeitet oder angestückt worden (Abb. 129). Eine grössere Zahl von ihnen befindet sich unter

129
Grossmünster. Kreuzgang. Vermutlich romanisches Originalkapitell im Südflügel, mit späteren Anstückungen. Foto 1964. – Text nebenan.

den Kämpfern und Kapitellen des Westflügels, wo auch das Bildhauerrelief im Tympanon des Kreuzhofportals als Original anzusprechen ist (Abb. 139), sowie an der Wandseite des kirchenseitigen Flügels. Hier dürften die meisten Wandkapitelle original sein, dies aus dem nahe liegenden Grund, dass diese Wand 1850/51 nicht abgebrochen, sondern lediglich mit neuromanischen Doppelfenstern und einem Eingang in die Sakristei versehen wurde. Vollständig im romanischen Zustand ist die Arkatur zum Vorraum des Chors am westlichen Ende des Südflügels erhalten (Abb. 127, 128). Ihre Vermauerung anlässlich des Treppeneinbaus 1848/49 hat sie zwar beschädigt, aber vor Erneuerung geschützt.[840]

An gewissen Stellen, beispielsweise am südöstlichen Eckpfeiler, lässt sich deutlich erkennen, dass die Kapitelle 1850/51 aus dem romanischen Werkstück ausgeschnitten und mit einem neuen Quader hinterfangen wurden (Abb. 131). Die meisten in Kopie erneuerten Stücke finden sich im Nord- und im Ostflügel (Abb. 126). Zudem sind sämtliche gang- und hofseitigen Bogenanfänger erneuert. Von

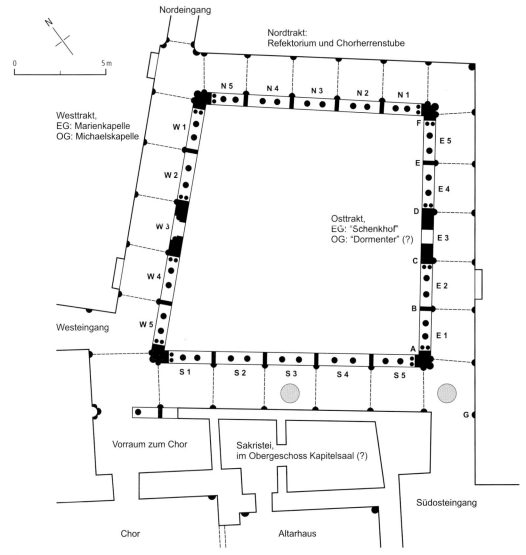

130
Grossmünster. Der Kreuzgang mit den angrenzenden Räumen. Orientierungsplan 1:200. Die beiden Punkte im Südflügel bezeichnen die «stationes» bei den Prozessionen. Zeichnung Peter Albertin, nach Michel 1979.

131–132
Grossmünster. Kreuzgang. Südöstlicher Eckpfeiler. Die originalen Kapitelle sind 1850/51 aus dem romanischen Werkstück ausgeschnitten und mit neuen Quadern hinterfangen worden. Foto 1967. – Hornbläser in der Nordostecke des Hofs. Die Figur ist 1850/51 dem Umriss entlang ausgeschnitten und an gleicher Stelle ins neue Mauerwerk eingefügt worden. Foto 1962. – Text S. 134 und unten.

den hofseitigen Skulpturen dürfte einzig der Hornbläser ein Original sein. Er wurde 1850/51 entlang der Umrisse der Figur aus der Platte ausgeschnitten und neu eingequadert (Abb. 132).

Der Westeingang wurde 1850/51 vollständig erneuert. Die Säulen erhielten neue Blattkapitelle, und die Halbsäule, ursprünglich an der Südfront der Marienkapelle, anstelle des Hasen-Kapitells eine völlig andere Neuschöpfung.[841]

Skulpturen im Schweizerischen Landesmuseum

Neun Bogenanfänger, 12. Jahrhundert, eingebaut in Raum 9 (LM 18147–18155).[842] Drei Tierprotome Hofseite (Löwe, Widder, Stier), sechs Köpfe Gang- und Hofseite.
Mehrere Bogenanfänger und drei Kapitele, 12. Jahrhundert (Depot; meist ohne Inv.-Nrn.). Eingerolltes Männchen in Rückenansicht, Dornauszieher, diverse Köpfe und Fratzen, Hasenkapitell vom westlichen Eingang (Dep. Nr. 2353.4), zwei stilisierte Blattkapitele von der Rückwand, Bartzieher (evtl. LM 29157).
14 Bogenanfänger, Kopien von 1850/51. Vier Tierprotome (Löwe, Widder, Stier, Hund[843]) und zehn Köpfe Hofseite.
25 Gipsabgüsse von 1914.[844] Drei Abgüsse der Tierprotome von 1850/51, neue Abgüsse der Köpfe von 1850/51, 13 Abgüsse der Kämpferskulpturen von 1850/51 (?).

Ikonografie

Beim Wiederaufbau 1850/51 wurde die alte Anordnung der skulptierten Werkstücke weitgehend wiederhergestellt. Im Vergleich mit FRANZ HEGIS Aufnahmen vor dem Abbruch wurden lediglich einige Säulenkämpfer innerhalb der gleichen Arkade vertauscht oder um 180 Grad gedreht worden.[845] Motivisch reicher ausgestattet sind der West- und der Südflügel (Abb. 124). Dies lässt sich vor allem mit deren Erschliessung und Lage erklären: Sie waren sicher die meistbegangenen Teile des Kreuzgangs, da hier die Zugänge von aussen, von der Kirche, den Kapellen im Westflügel und dem Kapitelsaal im Obergeschoss des Südflügels lagen.

Vorherrschend sind Tierdarstellungen. PAUL MICHEL hat den verdienstvollen Versuch unternommen, die einzelnen Motive aufgrund literarischer Quellen ikonografisch zu deuten, und hat die damit verbundenen komplexen Schwierigkeiten beschrieben.[846] Viele Darstellungen lassen sich auch mit Hilfe mittelalterlicher Wörterbücher und Kommentare in ihrer Bedeutung, vor allem im spezifischen örtlichen Kontext, nicht eindeutig erfassen. Ebenso wenig ist ein übergeordnetes «Programm» erkennbar. Gewisse motivische Schwerpunkte sind zwar offensichtlich, gehören aber zum gängigen Repertoire mittelalterlicher Tierplastik, beispielsweise

133–135
Grossmünster. Kreuzgang. Westflügel. Kapitell am Zwischenpfeiler W1/W2 mit einer Tanzszene. Foto 1963. – Zwischenpfeiler W2/W3 mit schlangenschwänzigem «Meermann». – Rechte Seite: Zwischenpfeiler W3/W4 mit einer Affengruppe. Foto 1963. – Vgl. Abb. 130; Text S. 136f.

Tiere, die sich gegenseitig fressen, bekämpfen oder jagen. Häufig erscheinen sie in symmetrischer Anordnung, geschickt die Rahmenform des Kapitells oder Kämpfers ausnützend. Bei den Bogenanfängern überwiegen Menschen- und Tierköpfe beziehungsweise -fratzen.

Auf der Hofseite sind in den Bogenzwickeln nebst Tier- und Menschenköpfen vollplastisch aus der Wand ragende Tierprotome angebracht (Abb. 144, 186, 187): in der Südwestecke ein menschenverschlingender Löwe,[847] der in einem aufgerichteten Löwen oder Greifen in der Südostecke vielleicht ein Pendant besessen hat (BD um 1710 ESCHER; auf BD 1841 HEGI keine Spuren mehr davon zu sehen). An der Ostwand nebeneinander von Norden nach Süden ein Löwe mit Titulus «LEO», ein Rind oder Stier, ein Widder mit Titulus «OVIS» (auf BD 1841 HEGI kein Titulus, Abb. 144, 176) und ein weiteres Tier, auf BD 1841 HEGI nur noch ein Fragment, 1850/51 als Hund ersetzt, 1962/63 als Steinbock (Abb. 190). In der Nordwestecke vermutete HOFFMANN aufgrund eines Eintrags in den Fabrikrechnungen 1582 einen Bären.[848] In der Nordostecke ist ein keulentragender Hornbläser angebracht (wohl noch ein romanisches Original, Abb. 132), der ein Pendant an der Westfassade besitzt. Ein weiteres vollplastisch aus der Wand tretendes Tier, das Brustbild eines ruhenden Stiers, befindet sich beim Ausgang in der Südostecke.[849]

Im Nachfolgenden soll lediglich auf einige ikonografisch bemerkenswerte Motive näher eingegangen werden.

«Toiletten»- und Tanzszene (Abb. 130, W 1 / W 2; Kapitelle Zwischenpfeiler). In der Kapitellzone sind zwei Szenen zu sehen, die biblisch oder profan gedeutet werden. Diejenige auf der Südseite zeigt eine Frau mit langem Zopf, die mit einer grossen Schere an einem Schlafenden hantiert. Dessen sieben Haarsträhnen lassen ihn als Samson identifizieren, den Dalila durch Abschneiden der Locken seiner Kraft beraubt.[850] Der Haltung, Kleidung und den Frisuren der Figuren haftet eine exotische Note an, welche den Akt auch als profane Toilettenszene lesen lässt, nach HOFFMANN und REINLE möglicherweise als Sinnbild menschlicher Eitelkeit.[851] Auf der Gegenseite begleitet ein mit überkreuzten Beinen sitzender Fiedler eine in wildem Tanz begriffene, hinübergebeugte junge Frau (Abb. 133), die vom mittelalterlichen Betrachter, da häufig in dieser Form dargestellt, leicht als tanzende Salome (Mt 14,6; Mk 6,22) verstanden werden konnte, durch das Fehlen des szenischen Kontextes aber auch als weltliche Tänzerin[852] – zumal sich am Kämpfer des südlichen Pfeilers derselben Arkade ein von wilden Tieren begleiteter Gaukler oder «Meermann» mit in Schlangen auslaufenden Beinen beziehungsweise Schwänzen[853] und am einen der beiden Bogenanfänger vier ineinander verschlungene Akrobaten präsentieren (Abb. 134). Die beiden Darstellungen, die später zu den so genannten «Weiberlisten» gezählt werden, mögen in einem Kreuzgang säkularisierter Kanoniker auch nicht frei von einem spöttischen oder sogar frauenverachtenden Unterton gemeint sein.

Affengruppe (Abb. 130, W4; Kapitell nördlicher Zwischenpfeiler, Abb. 135). Vier schwanzlose Affen,

teils kniend, teils hockend, alle zum Betrachter blickend. Das linke Paar ist mit Fressen, das rechte mit Lausen beschäftigt. Die beiden äussersten Tiere sind mit einem Strick am Wulst des Kapitells angebunden. Der Affe ist im Mittelalter immer negativ konnotiert, die Schwanzlosigkeit setzt ihn mit dem Teufel gleich.[854] Der Früchte verzehrende Affe kann eine Anspielung auf den Sündenfall sein. Der Affe, der Nüsse frisst, sie aber vorzeitig wegwirft, weil ihm die Schale zu hart und zu bitter ist, wurde als der vorzeitig vom Glauben Ablassende gedeutet.[855] Angebundene Affen finden sich auch im Kreuzgang des nordspanischen Klosters Santo Domingo de Silos an einem Kapitell des 12. Jahrhunderts an der Eingangsfront des Kapitelsaals.[856] Die Darstellung an dieser zentralen Stelle des Kreuzgangs eines Benediktinerklosters hat hier mahnenden Charakter. Im Grossmünster hingegen dürfte der ausgesprochen lebendigen, ja expressiven Darstellung an dieser oft und wohl auch von Laien begangenen Stelle des Kreuzgangs auch ein unterhaltender Charakter anhaften.

Bartzieher (Abb. 130, W4; Bogenanfänger, Abb. 136). Ein sitzender, nackter Mann, das rechte Bein stark nach hinten abgewinkelt und die Fusssohle nach oben gedreht. Die linke Hand stützt er auf das angewinkelte linke Knie, mit der rechten Hand fasst er sich am Bart. Eine eindeutige Interpretation ist auch hier nicht möglich. MICHEL verweist auf die rechtshistorische Bedeutung des «Beim Bart schwören», findet aber keine Erklärung für die merkwürdige Körperhaltung des Mannes.[857] In der mittelalterlichen Dichtung erscheint das Raufen des eigenen Bartes häufig als Ausdruck des Zorns («ira»).[858] In der monastischen Theologie des Hochmittelalters galten lange Bärte als Ausdruck des Lasters und der Sünde.[859] Im 11./12. Jahrhundert sind lange Bärte aber auch Zeichen der Busse und des Büssers.[860] Auf den heutigen Betrachter wirkt die Figur in ihrer Nacktheit und mit dem verdrehten Bein eher als erbarmungswürdige Gestalt.

Dornauszieher (Abb. 130, W5; Bogenanfänger, Abb. 137, 138). Die knabenhafte Figur mit gelocktem Haar (Kopf ergänzt) sitzt, das linke Bein über dem rechten angewinkelt, über ihren Fuss gebeugt. Das Motiv leitet sich von der antiken Statue des Dornausziehers in Rom her. Wie diese auf einen mittelalterlichen Betrachter wirkte, kennen wir aus dem um 1200 vom englischen Rombesucher Magister Gregor verfassten Bericht «Mirabilia Urbis Romae», der die damals vor dem Lateranspalast aufgestellte Figur als «lächerlichen Priapos», der auf seine übergrossen Geschlechtsteile schaue, interpretierte.[861] Eindeutig obszön konnotiert, vielleicht mit apotropäischer Funktion, ist der Dornauszieher am westlichsten Kapitell der südlichen Langhausarkade in der ehemaligen Prioratskirche St-Jean Baptiste in Grandson VD. Er befindet sich in Gesellschaft eines Klerikers, der die Zunge herausstreckt, und eines weiteren, der die Hände vor dem Bauch übereinander legt; die Nachbarfigur auf der Nebenseite entblösst ihre Schenkel.[862] Negativ belastet ist auch der

136
Grossmünster. Kreuzgang. Westflügel. Bogenanfänger mit Bartzieher im Joch W4 (vgl. Abb. 130), Kopie von 1850/51. Foto 1963. – Text nebenan.

137–138
Grossmünster. Kreuzgang. Westflügel. Bogenanfänger mit Dornauszieher im Joch W5 (vgl. Abb. 130), Kopie von 1850/51. Foto 1964. – Romanisches Original (SLM). Foto 1964. – Text S. 137f.

139
Grossmünster. Kreuzgang. Westflügel. Steinmetz- oder Bildhauerbildnis im Bogenfeld des Portals in den Kreuzhof. Foto 1988. – Text S. 138f.

winzige Dornauszieher am Fussende des Bronzegrabmals des Bischofs Friedrich von Wettin (†1152) im Magdeburger Dom, der von der Spitze des Bischofsstabs durchbohrt wird. Er symbolisiert entweder den Triumph über sündhafte Fleischlichkeit oder das durch die christliche Kirche besiegte Heidentum.

Nach biblischer Auslegung kommt dem Dorn selbst negative Bedeutung zu als Schmerz, Stachel der Versuchung, Sünde etc. Nach MICHEL tritt der Akt des Dornausziehens in diesem Kontext zwar nicht auf, könnte aber im geistlich-moralischen Sinn als Sündenbefreiung interpretiert werden.[863] Es fragt sich, ob der ausgesprochen schön gebildete Dornauszieher im Bereich des Haupteingangs in den Kreuzgang tatsächlich mit einer christlich-moralisierenden Bedeutung besetzt ist. Vielleicht wurde das Motiv hier platziert, weil es als «interessant», als Zeichen von Gelehrtheit galt oder eben weil ihm eine anstössige Note anhaftete.

Steinmetz oder Bildhauer (Abb. 130, W 3; Bogenfeld des Portals, Abb. 139). Bei der in das Tympanon eingelassenen Reliefplatte handelt es sich mit grösster Wahrscheinlichkeit um ein romanisches Original, das sich an dieser geschützten Stelle gut erhalten hat. Ein Indiz dafür ist die abgebrochene untere linke Ecke. Die Zeichnungen von FRANZ

*140–142
Grossmünster. Kreuzgang, Nordflügel. Bogenanfänger mit Mädchenkopf. Romanisches Original (SLM). – In einer Aquatinta von Franz Hegi, 1841. – Kopie von 1851/1853. Foto 1962.*

HEGI zeigen die Platte noch intakt;[864] die Beschädigung erfolgte vermutlich beim Ausbruch oder beim Wiedereinbau.

Die mit einem knielangen, gegürteten Rock bekleidete Figur steht in leicht gebückter Haltung und bearbeitet mit Meissel und Schlägel einen Steinblock. Der Stein- oder Bildhauer scheint in seiner Arbeit kurz innezuhalten und blickt hinaus, zum Betrachter. Durch seine Grösse und die selbstbewusste Platzierung über dem wichtigeren der beiden Zugänge zum Kreuzgarten scheint ihm eine besondere Bedeutung zugedacht.[865] Die Selbstdarstellung, vielleicht des Werkstattmeisters, ist zudem in dem Bereich des Kreuzgangs angebracht, wo sich die qualitätvollsten Bildhauerarbeiten befinden (siehe unten). Als weitere Beispiele romanischer Steinmetzen- oder Bildhauerbildnisse in Kreuzgängen seien hier nur genannt: ein Kapitell mit Darstellung eines Bildhauers, der ein Kapitell bearbeitet, aus dem Kreuzgang von La Daurade in Toulouse (Musée des Augustins, letztes Viertel 12. Jh.),[866] und ähnlich im Motiv, mit einer Künstlerinschrift verbunden, ein Kapitell im Kreuzgang von Sant Cugat del Vallés in Katalonien (um 1204–1206).[867]

Zum Stil

Eine stilistische Beurteilung, die aufgrund der originalen, zum Teil stark abgewitterten, jedoch nicht überarbeiteten Werkstücke im Schweizerischen Landesmuseum erfolgen muss, ist nur sehr eingeschränkt möglich. Die meist streng frontal gegebenen Köpfe an den Bogenanfängern tragen perückenartige, stilisierte Haartrachten oder streng von der glatten Stirn abgesetzte Kappen, Kronen oder Haarreife. Barthaare, Oberlippenbärte oder das Fell der Tierköpfe sind stark ornamentalisiert. Die ovalen Augen mit vorgewölbten, zum Teil gebohrten Augäpfeln sind mit einem Wulst umrandet. Die Lippen sind teils schlitzartig wie bei Masken, teils schwellend. Manche Köpfe lassen sich in einen stilistischen Zusammenhang mit denjenigen an den Bogenanfängern aus dem Kreuzgang des Fraumünsters stellen; dort finden sich auch die nächsten Vergleichsstücke zu einem der erhaltenen, in weichem Kerbschnitt gearbeiteten Wandkapitele.[868]

Besonders bemerkenswert sind die Tierprotome auf der Hofseite. Diese mit ihren Vorderpartien freiplastisch vor die Mauerflucht tretenden Tiere begegnen uns bereits in einer früheren Bauetappe des Grossmünsters in dem zu Seiten des Fensters aus der Fassade tretenden, fast lebensgrossen Pferd. Für solch monumentale Bauskulpturen, die gattungsmässig an der Schwelle zur Freiplastik stehen, hat ADOLF REINLE auf Parallelen aus dem 12./13. Jahrhundert im Elsass, in Südfrankreich und Norditalien hingewiesen: Protome als Halbfiguren von Tieren (Löwen, Widder, Bären, Stiere etc.), vornehmlich in der Funktion von Wächtergestalten an Kirchenfronten.[869]

Auch unter Berücksichtigung von Überarbeitungen und Ersatz durch Kopien ist nicht zu übersehen, dass sowohl von der bildhauerischen Qualität als auch von der inhaltlichen Bedeutung und Originalität der Motive her die qualitätvollsten Skulpturen im Westflügel platziert sind. Es scheint, als hätte sich der Bildhauer mit seiner Selbstdarstellung hier buchstäblich zwischen seine besten Leistungen, sozusagen seine «Vorzeigestücke» präsentierend, gestellt.

DATIERUNG

Ein enger baugeschichtlicher Zusammenhang zwischen Kirche und Kreuzgang ist nicht zu erkennen. Durch den Abbruch und Wiederaufbau des Kreuzgangs im 19. Jahrhundert sind auch möglicherweise vorhandene bauarchäologische Indizien an den Nahtstellen der beiden Bauten zerstört worden. Die Neudatierung der Bauphasen des Münsters durch GUTSCHER macht die älteren Diskussionen und Vorschläge zur zeitlichen Einordnung obsolet; andererseits überzeugen auch die vor allem von HANS HOFFMANN für die Datierung vorgeschlagenen überregionalen Stilvergleiche der Architekturmotive und der Bauskulptur nicht.[870] HOFFMANN postuliert, unter anderem mit dem Argument der weichen Durchbildung der Tierprotome im Hof und mit dem Frauenkopf aus dem Nordflügel (Abb. 140–142), die er auf der Stilstufe der Nordquerhaus-Skulpturen in Chartres (um 1200, insbesondere Saba) sieht, eine relativ späte Datierung zwischen 1180 und 1210.[871] Wir möchten mit GUTSCHER eine Datierung um 1180/1185 vorschlagen.[872] Einerseits dürfen die Skulpturen zeitlich nicht zu weit von denjenigen im Fraumünster-Kreuzgang abgerückt werden, die ins 3. Viertel des 12. Jahrhunderts zu datieren sind. Andererseits finden sich einige Stilmotive – zum Beispiel die «faltigen» Tiergesichter, die Art der Augenbrauen, die ornamentalisierte Haar- und Fellstruktur oder die pralle Plastizität – auch in den jüngeren Kapitellen und den Gewölbeschlusssteinen der Emporen des Grossmünsters, die nach der Bauchronologie ins letzte Viertel des 12. Jahrhunderts zu setzen sind. Es sind aber nicht die gleichen Werkstattkräfte anzunehmen.

SPÄTERE UMBAUTEN

Gleichzeitig mit der Umdeckung des Kirchendachs 1469 wurde auch die Bedachung des Kreuzgangs teilweise erneuert.[873] 1507 ersetzte Steinmetz PETER KÜNG zwei Säulen,[874] eine weitere wurde 1509 ersetzt.[875]

FUNKTIONEN UND NUTZUNGEN

Liturgische Nutzungen

Über die liturgische Nutzung sind wir dank der Angaben im Liber Ordinarius gut informiert.[876] Der Kreuzgang (Abb. 130) war in fast alle Festtagsprozessionen einbezogen und diente als Abkürzungs- und wettergeschützte Ausweichvariante, wenn eine Prozession durch die Stadt oder um die Kirche erschwert war. Jeden Sonntag führte eine Prozession durch den Kreuzgang, bei der die an den Kreuzgang grenzenden Stiftsräume mit Weihwasser besprengt wurden (s. oben). Im Kreuzgang wurden die Täuflinge an der Oster- und Pfingstvigil auf die Taufe vorbereitet.[877] Am Ostersonntag fand hier die Segnung der Osterspeisen statt.[878]

Friedhof der Kanoniker

Verstorbene Chorherren wurden im Kreuzgang bestattet. Nach dem Liber Ordinarius trugen die Chorherren den Verstorbenen nach den Begräbnisfeierlichkeiten auf blossen Händen und ohne Sarg in den Kreuzgang. Auch die Bestattung erfolgte ohne Sarg durch Einbettung des Leichnams in eine gemauerte Gruft.[879] Später fungierten die Rebleute des Stifts als Träger.[880] Während 30 Tagen musste das Grab täglich in Prozession besucht werden.[881] Die Funktion des Kreuzgangs als letzte Ruhestätte der Stiftsgeistlichen ist auch für andere Orte, beispielsweise für das Basler Münster, belegt.[882]

Weitere Nutzungen

Im Kreuzgang wurden verschiedene Rechtsgeschäfte vollzogen und Urkunden ausgestellt.[883] Hier tagte das Propsteigericht.[884] Im Spätmittelalter wurde im Kreuzgang Beichte gehört.[885] Die Fabrikrechnungen von 1469 erwähnen ein Sakramentshäuschen im Kreuzgang.[886]

Die Statutenbücher sehen für gewisse Vergehen eine «Kreuzgangsstrafe» («pena ambitus») vor.[887] Der dazu verurteilte Kleriker musste beim Glockengeläut zum Morgengebet den Kreuzgang betreten und darin oder zumindest im Klausurbereich, das heisst in der Kirche oder im Friedhof, bis zum Glockengeläut für die Nachtgebete eingeschlossen bleiben. Zu den Stundengebeten und Offizien musste er jedoch im Chor anwesend sein.

*143
Grossmünster. Ostpartie der Kirche und Stiftsgebäude mit Eingang in den Südflügel des Kreuzgangs, von Südosten. Lavierte Federzeichnung von Emil Schulthess, frühes 19. Jh.*

STIFTSGEBÄUDE

ANLAGE UND ZEITLICHE STELLUNG

Das Geviert des Stifts, das 1850/1853 durch den Neubau von Gustav Albert Wegmann ersetzt wurde, schloss an die Nordflanke von Altarhaus und Chor an. Hinweise auf ein vorromanisches Klausurgeviert fehlen (Abb. 143, 184). Wiesmann und Hoffmann schlossen aus dem unregelmässigen Grundriss und den im Verhältnis zu anderen Zürcher Kreuzgängen bescheidenen Abmessungen des Kreuzgangs sowie aus den Niveauunterschieden von fast 2 m zwischen dem Umgang und den angrenzenden Stiftsgebäuden, dass der Kreuzgang im 12. Jahrhundert in eine ältere Anlage eingebaut wurde.[888] Älter war der wohl ins 10. Jahrhundert zurückreichende Kapellentrakt (Abb. 14), für die beiden andern Flügel ist der Beweis nicht mehr zu erbringen. Wiesmann und Hoffmann nahmen an, dass das Erdgeschoss der beiden tiefer liegenden Ost- und Westflügel auf dem gewachsenen Boden errichtet und der Hof noch vor dem Bau des Kreuzgangs, zur Zeit der Errichtung der Ostteile der Kirche um 1100, aufgeschüttet wurde, um einen ebenen Zugang zum Chor zu gewährleisten.[889] Dagegen zog man aus den archäologischen Sondierungen 1962/63 den Schluss, dass keine künstliche Aufschüttung erfolgt war, sondern dass die Topografie des Umgeländes auf eine natürliche Geländerippe schliessen lässt, auf welcher der Kreuzganghof angelegt worden ist.[890] Nach den massiven Eingriffen anlässlich des Neubaus dürfte die Klärung dieser Punkte kaum mehr möglich sein.

Aus den Bauaufnahmen von GUSTAV ALBERT WEGMANN und aus Bilddokumenten zu schliessen (Abb. 181–183), haben die Stiftsgebäude bis zum Abbruch viel mittelalterliche Bausubstanz bewahrt. Die ursprünglich zweigeschossigen Flügel gruppierten sich in unregelmässigem Viereck um den Innenhof. Der Ende des 12. Jahrhunderts errichtete Kreuzgang säumte ursprünglich vielleicht mit eigenem Pultdach den Hof. Der westliche und der südliche Umgang mussten aber schon bald überbaut worden sein (BD 1576 MURER, BD um 1710 ESCHER; Abb. 12, 176). Die auffällig schiefe Lage des Westflügels zum Achsensystem der übrigen Anlage lässt sich damit erklären, dass dieser aus der bereits in vorromanischer Zeit errichteten doppelgeschossigen Kapelle hervorgegangen ist. Der längs der heutigen Kirchgasse liegende Osttrakt war fast doppelt so breit und in der Länge durch eine Brandmauer in ganzer Gebäudehöhe in zwei Trakte mit unterschiedlichen Geschosshöhen geteilt (Abb. 143). Daraus ist zu schliessen, dass der gassenseitige Teil nachträglich angefügt wurde.[891] Wenn die romanischen Rundbogenfenster, die in Bilddokumenten an beiden Bauteilen zu sehen sind (BD 1576 MURER, BD um 1810 SCHULTHESS, Abb. 12, 143), an ihren ursprünglichen Stellen sassen und am jüngeren Trakt nicht wiederverwendet waren, kann der zeitliche Abstand allerdings nur gering gewesen sein. Aufgrund der Fensterformen ist der Bau des Ostflügels ins 12./13. Jahrhundert zu datieren. Für die Datierung des Nordflügels fehlen Anhaltspunkte. Im Kern muss er ebenfalls auf die Zeit des Kreuzgangbaus im späten 12. Jahrhundert zurückgehen. Die wiederholt mit dem Bau oder Ausbau der Stiftsgebäude in Verbindung gebrachte Ablassurkunde von 1240 ist nicht einmal sicher auf das Grossmünster zu beziehen.[892]

DIE STIFTSRÄUMLICHKEITEN

Um 1260 waren die Chorherrenwohnungen im Kreuzganggeviert zum grossen Teil aufgehoben.[893] Auf 24 Kanonikate existierten damals zehn Chorherrenhöfe, deren Zahl weder durch Teilung («sectio») noch durch Vereinigung («unio») verändert werden durfte, ausser durch einen einsichtigen und gemeinsam gefassten Beschluss des Kapitels.[894] Zu diesem Zeitpunkt wurden auch Räumlichkeiten zur gemeinsamen Nutzung der Kanoniker freigegeben. Wenn auch manche Räume nach der Aufgabe der «vita communis» anders belegt wurden, blieben doch die Bezeichnungen in Gebrauch. In den Statutenbüchern von 1346 erscheinen «scola», «cellarium», «dormitorium» und «capitulum».[895] Ihre Lage ist aus den Schriftquellen sowie den Bild- und Plandokumenten meist nicht sicher zu bestimmen (Abb. 130).

Kapitelsaal

Seit VÖGELIN wird der Kapitelsaal über der Sakristei und dem kirchenseitigen Kreuzgangflügel lokalisiert,[896] das heisst mit dem ans Altarhaus anlehnenden Saal identifiziert. Dieser zeichnete sich nach den Bilddokumenten durch eine grosszügige Befensterung in Form gruppenweise zusammengefasster, gereihter Spitzbogenöffnungen gegen den Kreuzgang aus (BD um 1710 ESCHER, BD 1841 HEGI, Abb. 144, 176). Die Fensterformen lassen eine Entstehung im 13. Jahrhundert vermuten. VÖGELIN sah hier vor dem Abbruch noch «einige Gewölbe» mit romanischen Säulen und Kapitellen aus der Bauzeit des Kreuzgangs, die er einer Vorhalle zum Kapitelsaal zuordnete.[897] Ein Kapitelsaal wird erstmals 1243 erwähnt.[898] Auf die eher ungewöhnliche Lage im Obergeschoss weist die Erwähnung eines «oberen Kapitelsaals» («in superiori capitulo») «vor dem Dormitorium» in den Statuten von 1259/60 hin.[899] In den Statutenbüchern von 1346 erscheint das «capitulum» ohne nähere Bezeichnung. Eine Sichtverbindung, die zwischen diesem Raum und dem Altarhaus wahrscheinlich in spätmittelalterlicher Zeit eingebrochen wurde, lässt sich hingegen mit der Funktion eines Kapitelsaals nicht recht erklären (Abb. 23).

Refektorium, Chorherrenstube und Sommerlaube

Die Lage des Refektoriums wird allgemein im Erdgeschoss des Nordflügels angenommen.[900] Das Refektorium war einer der Orte, wo am Gründonnerstag die rituelle Fusswaschung, das Mandatum, vollzogen wurde.[901] Neben dem Refektorium lag ein Gemach des Propstes. Nach der Aufgabe der «vita communis» – nach BULLINGER im Jahr 1249[902] – wurde das Refektorium durch Aufenthaltsräume im Obergeschoss, die als Chorherrenstube und Sommerlaube bezeichnet werden, ersetzt, wobei das alte Refektorium weiterhin als «unteres Refektorium» erscheint. Das Gemach des Propstes («mansio pre-

144
Grossmünster. Der Kreuzgang vor dem Wiederaufbau von 1850/51. Blick vom Hof gegen den Südflügel mit dem vermuteten Kapitelsaal im Obergeschoss. Aquatinta von Franz Hegi, 1841.

positure») wurde zu den Gemeinschaftsräumen geschlagen, die nun sowohl neben- als auch übereinander lagen.⁹⁰³ Die zur Chorherrenstube gehörende Sommerlaube wird auch als Trinkstube beziehungsweise Taverne bezeichnet. Der Kantor Felix Hemmerlin (um 1389–1461, Chorherr seit 1412, Kantor 1424) beschwerte sich, dass Chordienst und Beichte in der Kirche durch den ärgerlichen Lärm der zechenden, Würfel und Karten spielenden Chorherren und Kaplane in der «Taberna» gestört wurden.⁹⁰⁴

Ein eigener Knecht wartete dort den Chorherren auf (und schloss bei Bedarf die Kartenspiele und die Würfel weg!). Es gab eine Kochstelle, zum Essen und Trinken auf Stube und Laube konnten auch weltliche Personen eingeladen werden, nicht aber zum Kartenspielen. 1485 wurden die Bettelmönche ausdrücklich von Besuchen auf der Chorherrenstube und Laube ausgeschlossen.⁹⁰⁵

Dormitorium

Das Dormitorium muss nach den Statuten von 1259/60 «hinter» dem Kapitelsaal gelegen haben,⁹⁰⁶ fungierte aber wohl nur noch teilweise als gemeinsamer Schlafraum. Im Obergeschoss des Ostflügels gegen die Kirchgasse wird noch Jahrzehnte nach der Reformation ein Raum als «Dormenter» bezeichnet.⁹⁰⁷ Er entspricht vielleicht einem der beiden grossen Säle, die GUSTAV ALBERT WEGMANN kurz vor dem Abbruch 1849/50 aufnahm; die dünnen Zwischenwände in der Planaufnahme dürften nachträglich eingezogen worden sein (Abb. 182).

Bibliothek

Zu den Anfängen der Bibliothek ist wenig überliefert.[908] Laut einer jüngeren Tradition sollen Karl der Grosse und andere Karolinger dem Stift wertvolle Bücher geschenkt haben. Die ältesten bis heute überlieferten Codices stammen aus dem 9. und 10. Jahrhundert. Bücher, die vielfach im Rahmen von Legaten, unter anderem von Jahrzeitstiftungen, ans Stift kamen, wurden als Teil des Schatzes verstanden und wahrscheinlich in einer der beiden Sakristeien aufbewahrt.[909] Solche Bücher erwähnt das 1333 angelegte Schatzverzeichnis des Grossmünsters, das neben liturgischen Büchern einen «liber dictus Ludermarkt», eine «Geschichte des seligen Karl» und ein Gesangsbuch aus dem Besitz des Chorherrn Nikolaus Mangold aufführt.[910] Weitere Bücherstiftungen vor der Reformation sind von Konrad von Mure, Markward Gnürser (1326), Felix Hemmerlin und Propst Johannes Manz (†1519) bekannt.

Die Schriftquellen über eine Bibliothek, die primär den Bücherbesitz und nicht einen Raum meinen, setzen 1259/60 mit der Erwähnung eines «librarius» oder «custos armarii librorum» ein.[911] Der Kanoniker, der dieses Amt ausübte, musste die für die Messe am Hochaltar und für das Chorgebet verwendeten Bücher binden und unterhalten. Die 1346 revidierten Statuten des Stifts belegen, dass ein Teil der Bücher gegen Pfand ausgeliehen werden konnte und dass jährlich eine Revision stattfand.[912] 1333 wird eine «libraria»[913] erwähnt, unter der nun wohl ein eigener Raum zu verstehen ist, dessen Lage aber nicht bekannt ist. Zwischen 1482 und 1516 erscheinen in den Fabrikrechnungen des Stifts bedeutende Ausgaben für Einrichtungsarbeiten und Unterhalt der Bibliothek.[914] Wahrscheinlich befand sie sich spätestens seither im ersten Obergeschoss des Westflügels, parallel zur Michaelskapelle in dem schlauchartigen Raum über dem Kreuzgang (Abb. 182).[915] Die dicke Mauer zwischen Kapelle und Bibliothek dürfte vor dem Anbau dieses Raums eine Aussenmauer gewesen sein.

«Büchersturm»

Vermutlich verschwanden schon vor dem eigentlichen «Büchersturm» wertvolle Stücke aus der Bibliothek. Getroffen wurde diese aber erst im Oktober 1525, als sie unter der Regie von ZWINGLI[916] gegen den Widerstand der Chorherren praktisch aufgelöst wurde; sie kann kaum mehr rekonstruiert werden.[917] Nach Aussagen der Chronistik kamen im Oktober 1525 alle Mess- und Chorbücher in die obere Sakristei («obristen kantzlige»). Die anderen Bücher aus der «liberig» – von BULLINGER später als «Sophistery, scholasterey, Fabelbücher»[918] taxiert – wurden zerstört oder verkauft.[919] Ein 1525 erstelltes Inventar und ein Bericht zum «Büchersturm» zählt etwa 57 Bücher mehrheitlich liturgischer Art auf, die verschwanden.[920] Daneben blieb aber ein Rest des alten Grundbestands unangetastet.[921] Die Reste der Bibliothek gingen in die «Bibliotheca Carolina» (siehe S. 176f.) ein, welche die Tradition der mittelalterlichen Stiftsbibliothek fortsetzte, sich nun aber eindeutig als öffentliche Bibliothek verstand.[922]

Skriptorium

Die Schreibertätigkeit der Chorherren in der Sparte Urkunden reichte über die Belange der Propstei weit hinaus und hatte «hervorragende Bedeutung» innerhalb der Stadt und auf der Zürcher Landschaft.[923] Für den Zeitraum zwischen 1200 und 1280 ergab ihre Untersuchung insgesamt 24 verschiedene Hände, die 362 Stücke beschrieben. Davon haben 160 unmittelbar mit dem Stift zu tun, 172 nur mittelbar, 29 schliesslich haben keinen erkennbaren Bezug dazu, und der Schreiber des Stifts war nur als dritte Hand in Rechtsgeschäften dabei.[924] Ab 1250 ist ein eigentliches «Propsteidiktat» zu erkennen, das stark durch den Kantor Konrad von Mure geprägt war.[925] Neben Konrad von Mures notariellen Diensten lag seine Tätigkeit auf der Produktion von Schriften, die zum grössten Teil dem Lehrbetrieb dienten. Erhalten sind: der «Fabularius», ein Werkkatalog mit zwölf metrischen Titeln, von denen drei vollständig erhalten sind. Sein «Novus Graecismus», der neben einer Grammatik zum Grundwissen des mittelalterlichen Bildungskanons gehörte, und der «Libellus de naturis animalium», der Isidor von Sevillas «Etymologiae» verarbeitet. Der Fragment gebliebene «Clipearius Teutonicorum» beschreibt hochadlige Wappen und steht in der Nähe zum notariellen Gebrauch, ebenso die «Summa de arte prosandi», eine Art Lehrbuch. Der unter seiner Leitung entstandene «Liber Ordinarius» wurde bis zur Reformation verwendet.[926] Im 14. Jahrhundert erscheint als prägende Figur Magister Johannes [Pontifex] († 1350), Kaplan des Marienaltars, der 1346 das Statutenbuch der Propstei schrieb und daneben wahrscheinlich die Zürcher Handschrift der Weltchronik des RUDOLF VON EMS herstellte.[927]

Schenkhof und Kornkammern

Der Schenkhof war ein Teil des Ostflügels. Der Name bezeichnet die Räume, in denen die Weinzehnten eingenommen und der Stiftswein gekeltert und an die Besitzer der Pfründen verteilt wurde. Im Erdgeschoss standen sieben Trotten.[928] Der Weg vom Landeplatz am Limmatufer war zur Zeit der Weinfuhren mit mehreren Laternen beleuchtet.

Entsprechend seiner Funktion hatte der Schenkhof ein eigenes Tor gegen die Kirchgasse, das 1536 bei Bauarbeiten für die Schule abgebrochen wurde.

Schule

Ein «scolasticus», vielleicht der Vorsteher der stiftsinternen Schule, wird 1169 erstmals erwähnt.[929] Entsprechend der zunehmenden Verschriftlichung im 13. Jahrhundert scheint die Institution an Bedeutung und Struktur gewonnen zu haben. Wichtig war dabei sicher die Tätigkeit Konrads von Mure, zuerst als «scolasticus» (1237 und 1244 belegt) und ab 1259 als Kantor. Er dürfte den Unterricht, der schon von Anfang an ins Latein als Schriftsprache einführte, wesentlich erweitert haben.[930]

Es scheint, dass der Prozess – möglicherweise nach beabsichtigter Verzögerung – mit der Schaffung eines eigenen Amtes («scolastria») 1271 einen Abschluss fand. Damals wurde die «Scolastice dignitas» dem Magister Bertoldus verliehen. Gleichzeitig wurde bestimmt, dass der von Letzterem eingesetzte Schulmeister («rector scolarum») ihm jedes Jahr 4 Mark Silber zu zahlen hatte; ausserdem sollte ein Haus an der Kirchgasse als Amtswohnung dienen.[931] 1275 folgte die Klärung der Einzugsbereiche der Schulen am Fraumünster und am Grossmünster, ein Prozess, in dem die Stadt noch keine Rolle spielte.[932] In den Jahren zwischen 1339 und 1346 erfolgte ein Kapitelsbeschluss, der unter anderem die Einkünfte des Amts einschränkte.[933] Der Bildungsstand der Stiftsangehörigen muss trotz des Unterrichts nicht vollkommen gewesen sein, gestand doch 1335 der Propst Kraft von Toggenburg in einer Urkunde, dass nicht alle Chorherren schreiben konnten.[934]

Die Lage der Schule ist nicht gesichert. VÖGELIN vermutete sie in der Ostecke des Ostflügels über dem Eingang zum Schenkhof, wo sich auch nach der Reformation Schulräume befanden[935], ULRICH ERNST neben der Trinkstube im Nordflügel.[936] In den 1470er Jahren sind Baumassnahmen in der «schůl» nachgewiesen.[937]

DOKUMENTATION GROSSMÜNSTER

Siehe S. 189–191.

DAS GROSSMÜNSTER NACH DER REFORMATION

1526	Bau des Kanzellettners.
1572/73	Brand und Neubau des Glockenturms.
1763–1770	Brand des Glockenturms und Erneuerung beider Türme. Barockisierung des Innenraums.
1778–1786	Überkuppelung der Türme.
1832	Aufhebung des Stifts.
1837	Kantonsschule für Knaben im Chorherrengebäude.
1843–1849	Reromanisierung des Nordportals und neue Emporenzugänge.
1851–1853	Wiederherstellung des romanischen Chors.
1850–1853	Neubau der Töchterschule von GUSTAV ALBERT WEGMANN anstelle des Chorherrengebäudes.
1850/51	Abbruch und Wiederaufbau des Kreuzgangs.
1913–1915	Wiederherstellung der romanischen Krypta.
1928	Chorfenster von AUGUSTO GIACOMETTI.
1935–1950	Bronzetüren von OTTO MÜNCH.

DIE KIRCHE

EINRICHTUNGEN FÜR DEN REFORMIERTEN GOTTESDIENST

Grundlage für die neue Liturgie in den alten Räumen bildete die im Verlauf des Jahres 1524 parallel zum amtlich verordneten Bildersturm von den Reformkräften in Zürich entwickelte neue Gottesdienstordnung. Sie ging auf der Basis von ZWINGLIS Vorschlägen grundsätzlich von den baulichen Gegebenheiten des Grossmünsters aus.[1] 1525 erschien sie bei CHRISTOPH FROSCHAUER im Druck[2] und stand für die Osterfeiern des gleichen Jahres bereit. Erstmals konnte nun am Karfreitag einer der Abendmahlsgottesdienste gefeiert werden, die viermal im Jahr an den Kreuzestod Christi erinnern sollten.[3]

Wie vor der Reformation für die Messe, versammelte sich das Volk, nach Geschlechtern getrennt, während der Predigten und Abendmahlsfeiern im Schiff zwischen Chor und Quergang und auf der Empore. Chor und Altarhaus blieben der Geistlichkeit vorbehalten. Anstelle der Chorgebete fanden seit Juni 1525 die Lektionen («lezgen», «Prophezeien») mit Ausnahme von Freitag und Sonntag täglich von acht bis zehn Uhr im Chor statt. Sie bildeten das Herzstück von ZWINGLIS Schulreform am Grossmünster und vereinigten Chorherren, Stadtgeistliche, Schüler der oberen Klassen der Lateinschule und manchmal auch weitere gebildete Laien aus der Stadt zu einer Art exegetischem Seminar (siehe S. 177f.). Vorübergehend wurden im Chor auch nachmittags Übungen (Bibelerklärungen in Deutsch) für die Studenten und für ein grösseres Publikum abgehalten.[4] Dafür sah ZWINGLI vor, dass «ein bredicantt

145
Grossmünster. Gesamtansicht von Norden nach den Baumassnahmen des 18. Jh. Das Vordach über dem Nordportal ist durch Schrägdächer über den Treppenläufen ersetzt und die beiden Türme bilden mit ihren neuen Abschlüssen erstmals ein gleiches Paar. Radierung von Franz Hegi, 1814. – Text S. 150ff.

146
Grossmünster. Der Kanzellettner von 1526. Aquarellierte Federzeichnung aus einer Abschrift von Heinrich Bullingers Reformationschronik, um 1605/06 (ZBZ, Ms. B 316). – Text 166f.

an der grättstägen stann unnd das tütsch mit gůttemm verstannd dem folch ze verstan gebenn» sollte, was in den anspruchsvolleren Lektionen in Latein, Griechisch und Hebräisch gelehrt wurde.[5]

Bauliche Anpassungen sind chronikalisch überliefert oder werden in den Texten zur neuen Liturgie vorausgesetzt. Anstelle der abgebrochenen Chorschranken wurde ein mächtiger Kanzellettner errichtet (Abb. 146). Für dessen Bau im Sommer/Herbst 1526 – die Chronologie ist hier nicht eindeutig – trug man aus allen Stadtkirchen die abgebrochenen Altäre und Sakramentshäuschen ins Grossmünster.[6] Aus den Altarplatten wurde der Boden des Lettners gelegt,[7] wobei nach BULLINGERS Bericht die längste, diejenige aus der Predigerkirche, in die Mitte zum Kanzelkorb zu liegen kam. Sie bildete so die Standplatte für den Prediger,[8] ein sinnfälliger Ausdruck für die Überwindung des Messgottesdienstes durch die Predigt. Am 11. September, zum Kirchweihfest, hielt ZWINGLI erstmals seine Predigt von der neuen Kanzel (vgl. S. 166).[9]

Die neue Gottesdienstordnung hielt fest, dass anlässlich des Abendmahls ungesäuertes Brot und Wein auf einem (Holz-)Tisch[10] zuvorderst im Schiff vor dem Kanzellettner aufgestellt wurden. Die Helfer, die Wein und Brot an die Gläubigen austeilten, gingen «von einem sitz zuo dem anderen», so dass sich niemand zu erheben brauchte; das heisst, dass nach dem Ausräumen der alten Kirchenstühle 1524 eine regelmässige, zum neuen Kanzellettner gerichtete Bestuhlung eingerichtet worden war.[11] Schüsseln und Abendmahlsbecher mussten aus Holz sein, «damit die bracht nit wider kömme» (damit die Pracht nicht wiederkehre).[12] In der 1559 erschienenen Schrift «De ritibus et institutis ecclesiae tigurinae» spricht auch LUDWIG LAVATER (1527–1586) bei der Abendmahlsfeier vom Gebrauch beweglicher Tische, die in die Kirche getragen und, mit einem weissen Tuch bedeckt, vor dem Chor («antem chorum [ut vocant]») niedergestellt wurden.[13]

Den alten Taufstein benutzte man weiter, überführte ihn jedoch aus dem Schiff in die Zwölfbotenkapelle (siehe S. 168). 1598 errichtete man vor dem Kanzellettner in der Achse des Kanzelkorbs den bis heute erhaltenen Taufstein.

DIE OBERE SAKRISTEI ALS URKUNDENARCHIV

In der oberen Sakristei, wo die Stadt bereits zuvor einen Teil ihres Archivs untergebracht hatte, lag bis zur Einrichtung eines ersten zentralen Staatsarchivs im Fraumünster 1837 die Abteilung «Urkunden Stadt und Land».[14] Beim Einbruch der Franzo-

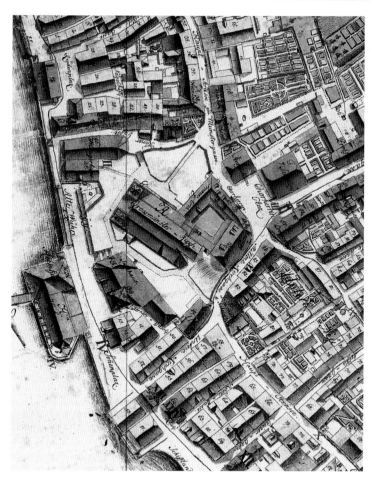

*147
Grossmünsterkirche und Stiftsgebäude.
Ausschnitt aus dem Stadtplan PD 1788–
1793 Müller.*

sen in die Sakristei 1798 blieb sie unversehrt.[15] Von 1837 bis 1931, als sie vollständig geräumt und der Raum wieder kirchlichen Zwecken überlassen wurde, diente die Sakristei durchwegs als Nebendepot des Staatsarchivs.[16]

DIE AUSSTATTUNG DER TÜRME DURCH DIE STADT 1534–1538

In den 1530er Jahren erhielten die beiden Turmhelme neue Bekrönungen und wurden neu gedeckt: 1534 liess die Stadt 5 Pfund 12 Schilling 6 Heller an minderwertigen Münzen «zum sternen und dem knopf uff den münster turm» einschmelzen.[17] Der Kessler HARTMANN SPRÜNGLI fertigte Knopf, Sonne und Mond.[18] Der Armbruster lieferte das Blech für den Wetterhahn, der auf den Karlsturm kam.[19] Ins Wächterstübchen kamen 1538 ein neuer Ofen («Burgerofen»), neues Täfer und ein neuer Fussboden.[20]

DER BRAND DES GLOCKENTURMS 1572

Am Abend des 7. Mai 1572 fuhr ein «Schlag des Wolken=Feuers» in den Helm des Glockenturms. Zwei Handwerker, die gerade in den benachbarten Wettingerhäusern arbeiteten, rannten hinüber und auf den Turm, um den brennenden Helm hinabzustossen, wurden aber daran gehindert. Der Helm brannte bis auf das Mauerwerk ab. Das Übergreifen des Feuers auf den Glockenstuhl verhinderte man durch die Isolation des darüberliegenden Bodens mit Mist, den man mit Wasser durchtränkte. So blieben die Glocken unbeschädigt, und der Brand dehnte sich nicht weiter aus. Im Einsatz waren 24 beherzte Stadtbürger – darunter mehrere Ratsangehörige – und eine «grosse Wält ab dem See und ab dem Land».[21]

Im folgenden Jahr wurde der Turmhelm unter der Leitung des städtischen Zimmerwerkmeisters

*148
Grossmünster. Der durch einen Blitzschlag verursachte Brand des Glockenturms im Jahr 1572. Aquarellierte Federzeichnung (ZBZ, Ms. F 21, fol. 142v). – Text S. 148f.*

BARTHOLOMÄUS KÄUFFELER wieder aufgebaut, die Schäden am Glockenstuhl behoben und die leicht entflammbare Schindelbedachung des Helms durch Kupferplatten ersetzt; das Kupfer kostete rund 2000 Gulden. Auf der Turmspitze wurden Mond und Sterne erneuert oder ersetzt, der Knopf neu vergoldet.[22]

Neben dem erwähnten «trostlich, ghorsam und willig[en]» Einsatz der Landbevölkerung gab es auch andere Reaktionen, die der Anfang der 1570er Jahre spürbaren Unzufriedenheit der Landbewohner mit der Stadt entsprachen: Joder Studer aus Affoltern und ein gewisser Keyser aus Kloten äusserten, dass nicht nur der Turm der Kirche, sondern das ganze Münster und mit ihm auch die Stadt hätten verbrennen sollen.[23]

Der mit Schindeln gedeckte Helm des Südturms blieb bis zu seinem Abbruch 1770 erhalten (BD um 1710 ESCHER, Abb. 176).

TREPPE ÜBER DEM NORDPORTAL 1580

1580 ersetzte man den älteren schlichten Treppenaufgang zu den Emporen durch eine grosse hölzerne Doppeltreppe (Abb. 176). Die neue Tür fertigte Tischmacher JACOB RIETHMANN.[24] Die neue Treppe erscheint in der Nachrichtensammlung des damaligen zweiten Archidiakons am Grossmünster, JOHANN JAKOB WICK.[25]

BAUMASSNAHMEN IM 17. JAHRHUNDERT

Entfernen vorreformatorischer Ausstattung

1612 wurden im Chor und auf den Emporen «etliche alte päpstische gmäl usskratzet und widerum verstrichen».[26] 1640 verzeichnen die Fabrikrechnungen Ausgaben, um «den Grabstein wegzuthun, darauf ein Kelch und ein Messpreister, ferner: Fenster und Wappen in der Schulstube».[27]

Gewölbesanierung und neuer Dachstuhl 1646

1646 wurden die Dachstühle über Langhaus, Chor und Altarhaus neu errichtet und die Gewölbe saniert, nachdem man während der Predigt am 5. Januar des Jahres «zween Knäll» gehört und diese auf den bevorstehenden Einsturz der Gewölbe gedeutet hatte.[28] Die Bauarbeiten leitete HANS HOLZHALB, an den eine 1898 zum Vorschein gekommene Baumeisterinschrift am Scheitelstein des westlichsten Mittelschiffgurtbogens erinnerte («HANS . HOLTZHALB / BAVMEISTER + / ANNO . 1646 +.»).[29]

Am 3. Juni 1646 begannen 31 Leute mit dem Abbruch des alten Dachstuhls. Der neue wurde auf dem Münsterhof zusammengebaut und konnte bereits am 28. Juni abgebunden werden, nachdem am 18. Juni das Aufrichtefest begangen worden war. Ende September waren nicht nur die Dachdecker-

149
Grossmünster. Blitzschlag in den Glockenturm am 21. August 1763. Kupferstich von Johann Heinrich Werdmüller 1763. – Text nebenan.

arbeiten, sondern auch die Erneuerung der Fenster abgeschlossen.

Um den Hauptdachstuhl mit einheitlicher Trauflinie über alle Gewölbe ziehen zu können, war eine teilweise bis zu 70 cm hohe Aufmauerung der Umfassungswände nötig; dies, weil die Chorpartie bezüglich Schiff 40 cm aus der Achse gerückt ist.[30] Angesichts dieser Baumassnahmen ist nicht ganz auszuschliessen, dass die Tieferlegung der Seitenschiffdächer und die Vergrösserung der Obergadenfenster nach unten schon damals stattfand; wahrscheinlich geschah dies jedoch erst aus Anlass der Barockisierung, die nach den Vorschlägen GRUBENMANNS im 18. Jahrhundert vorgenommen wurde (siehe unten).

Reparaturen an den Türmen nach der Geissturmexplosion 1652

Die Explosion des zur mittelalterlichen Stadtbefestigung gehörenden Geissturms[31] traf auch die Grossmünstertürme. Nebst zerbrochenen Glasfenstern mussten die Sterne auf den Turmspitzen instandgestellt werden; in einen der Knöpfe wurden Urkunden und ein «zinnenen büechli» mit dem Datum der Explosion und den Namen der damaligen Räte eingeschlossen. HANS CONRAD GYGER, der Maler und Kartograf, strich den Helm des Karlsturms neu mit kesselbrauner Farbe.[32] Der Goldschmied CASPAR GYGER vergoldete unter anderem den Wetterhahn. Die Gesamtkosten beliefen sich auf 2219 Pfund 5 Schilling 6 Heller.[33]

BAROCKISIERUNG DES INNERN UND NEUBAU DER TÜRME IM 18. JAHRHUNDERT

Nach kleineren Erneuerungsarbeiten am Helm des Glockenturms 1705/06 und am Nordportal 1707[34] wurde 1714–1716 der Glockenturm wieder neu gedeckt. Die Kosten für die «entdek- und bedekung des Gloggenthurns zum Großen Münster» betrugen insgesamt 1538 Pfund 5 Schilling.[35] Von diesen Massnahmen zeugen fünf Kupferplatten (SLM, AG, O.N. 67).

Der Brand des Glockenturms 1763

Am Morgen des 21. August 1763 näherte sich ein aussergewöhnliches Unwetter vom See her der Stadt. «Um 8 Uhr geschahe ein ernstlicher Schlag, und bald darauf der zweyte entsezlichere, welcher nicht so fast einem rollenden Donner, als vilmehr einer gewaltsamem ob unsern Häupten krachenden Zersprengung ähnlich war, und den Glocken=Thurn zum Groß=Münster fast zu oberst an dem Helm angezündet hatte. [...] Nachdeme nun also der Strahl im Münster zu oberst an dem Schindel=Tach unterhalb der mit Kupfer überzogenen Helmstange [...] eingeschlagen, und ein Stük an einander hangender Schindlen etwann zwey Schuh lang von dem Helm weggerissen, und in den Hof des Wettinger=Hauses [...] hinunter geworfen hatte, ist etwann nach Verfluß einer halben Viertelstund von den Benachbarten ein Rauch und eine kleine Flamme wahrgenommen worden; man machte Lermen; dem Wächter auf dem Thurn, welchem nichts bewußt war, rufte man zu, welcher alsobald das Feuerhorn bliese. Das Volk kame, vermuthlich wegen Ausziehung der Sonntags=Kleider etwas langsam herbey [...].»[36] Um das Ausbreiten des Brands zu verhindern, wurden die Glocken mit nassen Ochsenhäuten bedeckt, fünf Schlauchspritzen um den Turm positioniert, zwei auf der Empore der Kirche; später wurde eine der Spritzen an den Karlsturm gerückt und der Schlauch «bis an die anderoberste Oefnung unter dem in Stein gehauenen Carol und

*150
Blick über die Limmat zum Grossmünster. Die beiden Türme hatten 1769/70 neue Abschlüsse in Form offener Plattformen mit Balustraden erhalten. Links die Wettingerhäuser, rechts das Helmhaus und die Wasserkirche. Ausschnitt aus einer Radierung von Johann Balthasar Bullinger, um 1770.*

inwendig bis zu den grossen Beyen hinauf...» gezogen.[37] Auch hier bewährte sich die Isolation des Bodens unter dem brennenden Geschoss mit Mist, der ständig nass gehalten wurde.

Wie schon der Brand von 1572 gab auch dieser Anlass zum Wunsch, nicht nur die Türme, sondern die ganze Stadt hätten verbrennen sollen. Dieses Mal kamen sie – ein katholischer Reflex? – aus dem Thurgau.[38] Der Brand hatte ein intensives literarisches Nachleben.[39]

Erneuerung der Türme 1763–1769[40]

In der Diskussion um den Wiederaufbau des Turms kam offenbar auch die Idee eines vollständigen Neubaus der ganzen Kirche auf, was vordergründig mit dem schlechten Zustand des Baus begründet wurde. Aktenkundig ist diese Diskussion nicht geworden; sie spiegelt sich aber in aller Deutlichkeit in einer engagierten Schrift des damaligen Antistes und Bauherrn JOHANN JAKOB BREITINGER, der sich vehement für die Erhaltung des Bauwerks einsetzte.[41] Es ist vermutet worden, GAETANO MATTEO PISONI hätte nicht nur ein Projekt für den Neubau der Türme vorgelegt, sondern auch für einen vollständigen Neubau der Kirche.[42] Belege dafür gibt es jedoch nicht.

Das Turmprojekt von Gaetano Matteo Pisoni

Vermutlich während seiner Aufenthalte in Zürich für die Projektierung des städtischen Waisenhauses 1764 zeichnete der damals mit dem Bau von St. Ursus in Solothurn beschäftigte PISONI auch einen Entwurf für neue Turmabschlüsse des Grossmünsters (Abb. 151).[43] Von allen zum Turmbau überlieferten Projekten ist es mit Abstand das fantastischste, fern von statischen und ökonomischen Sachzwängen.[44] Es sah den Abbruch des romanischen Glockengeschosses des Nordturms vor und an dessen Stelle die Errichtung eines neugotischen Geschosses, eine Kopie des gotischen Pendants am Südturm. Darüber setzte PISONI auf beiden Türmen ein weiteres Geschoss mit achteckigem Grundriss und statt der bisherigen vier Erker der Turmwächterstube deren acht. Hohe polygonale, mit Statuen besetzte Spitzhauben sollten die an Fialtürme erinnernden Eck-Erkerchen bekrönen. Über diesem vorwiegend von gotisierenden und neuromanischen Elementen geprägten Geschoss zeigt das Projekt eine üppig verzierte, von Atlanten getragene und in Statuen endende barocke Zwiebelhaube. Die Türme verband PISONI durch einen krabbenbesetzten und von einem Türmchen mit einer Statue überhöhten Wimperg. Trotz der Verwen-

151
Grossmünster. Entwurf für neue Turmabschlüsse von Gaetano Matteo Pisoni (StAZH, Plan R 1418). – Text S. 151–153.

dung gotischer Formen kann von einer konsequenten Neugotik in diesem Projekt keine Rede sein. PISONI war Barock-Klassizist durch und durch. Wenn er sich hier, frei umgestaltend, aus dem gotischen Formenrepertoire bediente, dann eher mit dem Ziel, der Barockarchitektur zur Steigerung ihrer Ausdruckskraft eine «orientalische» Note zu verleihen.[45] Ob sein Projekt je ernsthaft diskutiert wurde, ist den überlieferten Schriftquellen nicht zu entnehmen.

Planung der Turmbauten 1765–1770

Am 28. Mai 1765 legte die für dieses Bauunternehmen bestellte Baukommission ein Gutachten vor, das drei Vorschläge enthielt:[46] 1. die Rekonstruktion des Nordturmhelms analog zum bestehenden des Südturms, 2. zwei neue steinerne Türme auf den alten Turmschäften, 3. eine neue Kirche mit nur einem Turm, analog zum Fraumünster. Am 27. Juni 1765 beschloss man, keinen hölzernen Turmabschluss mehr zu erstellen und Risse und Kostenvoranschläge für die letzten beiden Varianten einzuholen. Ob die Reihe undatierter und nicht signierter Entwürfe im Zürcher Staatsarchiv, von denen die meisten DAVID VOGEL zugeschrieben werden (Abb. 153, 154) und die alle die zweite Variante betreffen, in dieser Planungsphase entstanden[47] oder erst später, lässt sich aufgrund der Akten nicht entscheiden. DAVID VOGEL konnte frühestens Ende 1765 in die Planung eingestiegen sein, als er von einem zweijährigen Romaufenthalt nach Zürich zurückkehrte und hier die Meisterprüfung ablegte.[48]

Vom 18. Dezember 1765 datiert ein Bericht der Baukommission an den Rat mit dem Bescheid, dass die Statik zwei neue steinerne Turmaufsätze erlaube.[49] In der Folge wurden offenbar die bis dahin eingereichten Entwürfe und Modelle gesichtet.[50] Da die Befürworter der dritten Variante danach nochmals das Fundament untersuchten, um ihm Baufälligkeit zu attestieren, bestellte man im März des folgenden Jahrs HANS ULRICH GRUBENMANN aus Teufen AR («dermahlen weit beruhmten baumeister») als Experten für eine statische Prüfung des Gebäudes.[51] Aufgrund von GRUBENMANNS Augenschein am 6. März 1766 entstand von der Hand BREITINGERS ein Gutachten,[52] das den statisch einwandfreien Zustand der Kirche bestätigte und Vorschläge zu kleineren Umgestaltungen im Innern enthielt. Der positive Bescheid, zweifellos untermauert von einem eigenen, engagierten Bericht des Bauherrn

152
Grossmünster. Inneres der Kirche nach der Barockisierung 1766–1768. Kupferstich von Johann Heinrich Meyer (1802–1877). – Text S. 154.

BREITINGER für die Erhaltung des romanischen Münsters,[53] lag am 5. April 1766 dem Rat vor, mit der Feststellung, die Fundamente könnten neue Steintürme aushalten. Vorgelegt wurden auch ein Riss und ein Modell, die der Rat wegen ihrer Einfachheit, Leichtigkeit und der geringen Kosten für gut befand und nur kleine Änderungen forderte.[54] Nach entsprechenden Bereinigungen standen dem Rat am 21. April ein weiteres Gutachten und ein Modell zur Verfügung, das steinerne Aufsätze auf beiden Türmen bis zu den Galerien sowie Kupfer- und Holzhelme darüber vorsah und das er genehmigte.[55]

Die Diskussion ging aber weiter. Im März 1769 stand fest, dass das romanische Glockengeschoss des Nordturms doch viel weniger stabil sei als das entsprechende gotische Geschoss des Karlsturms.[56] 1769/70 liess der Rat, dem inzwischen mindestens sieben Modelle vorlagen[57], anstelle des abgebrannten Helms des Glockenturms und des nach dem 9. Juli 1770 abgetragenen Helms des Karlsturms[58] «nach dem zweyten und kleineren der vorgelegten Modellen»[59] offene Plattformen mit Balustraden und Eckobelisken aufsetzen (BD um 1770 BULLINGER, Abb. 150). Die für den romanischen Bau wenig passenden Abschlüsse waren vielleicht von Anfang an nur als Provisorien gedacht. Anstelle der vier beim Brand geborstenen Glocken erhielt der Glockenturm mit neuem Stuhl zwei grössere.[60]

Barockisierung des Innern und Veränderung der Portale 1766–1768

Aufgrund des Augenscheins mit HANS ULRICH GRUBENMANN vom 6. März 1766 und des darauf basierenden Gutachtens[61] legte das Stift am 8. April 1766 sein Renovationsgutachten für den Innenraum vor.[62] GRUBENMANN schwebte die Idee einer zeitgemässen barocken Emporkirche vor. Seine zum Teil recht eingreifenden Vorschläge kamen nur teilweise und zurückhaltender im Sinne einer «schonenden» Barockisierung und Anpassung an das Ideal des protestantischen Predigtraums zur Ausführung.[63] Entgegen GRUBENMANNS Vorschlag, aus statischen Gründen die Gewölbekappen im Mittelschiff durch dünnere aus leichterem Tuffstein zu ersetzen, entschied man sich am 9. Juli 1766 für Kappen aus Lattenwerk und Gips anstelle der bestehenden aus Stein, nach dem Vorbild der Predigerkirche (1609–1614), des Fraumünsters (1713/14) und der St. Peterskirche (1705/06).[64] In den Emporen wurden die romanischen Sockelmauern in den Arkaden ausgebrochen und durch Holzbrüstungen und Schmiedeeisengitter ersetzt. Diese Massnahme schaffte mehr Platz und verlieh den Emporen einen theatermässigen Charakter, den GRUBENMANNS Vorschlag mit vorkragenden Balkonen noch verstärkt hätte. Sie dürfte auch die Sicht auf den Kanzellettner verbessert haben. Im Hinblick auf eine stärkere Zentralisierung des Raums, das heisst einer Verkürzung in der Längsrichtung, trennte man das ehemalige Altarhaus vom Chor durch eine hölzerne Wand ab. Der Kanzellettner von 1526 wurde an gleicher Stelle in Holz neu erstellt (Abb. 152).[65] Die Brüstungstäfer bestanden, wie die Emporenbrüstungen, aus Nussbaumrahmen und Füllungen aus Tannenholz und erhielten einen Firnis. Die warmen Brauntöne der neuen Holzeinrichtungen, die weisse Übertünchung aller Sandsteinpartien und die blaugrauen Einfassungen der Dienste, Rippen und Gurten müssen dem strengen romanischen Raum eine barocke

Heiterkeit verliehen haben, die ihn dem 1705/06 gestalteten hellen Emporenraum der St. Peterskirche annäherte. Auch zur stärkeren Lichtzufuhr von aussen traf man Massnahmen. Nach dem Vorschlag GRUBENMANNS wurden – «mehrerer Bequemlichkeit des Lichts und der Gesundheit wegen»[66] – die Fenster in den Seitenschiffen und auf den Emporen erweitert und die romanischen Tympana des Nord- und des Südportals ausgebrochen und durch vergitterte Fenster ersetzt.[67] Das Südportal erhielt eine neue Treppe und ein auf zwei Säulen ruhendes balkonartiges Vordach mit Eisenbrüstung (BD um 1770 BULLINGER, Abb. 150). Die Emporentreppe beim Nordportal hätte nach GRUBENMANN zur Gewinnung von mehr Fenstern auf der Nordseite so gebrochen werden sollen, dass sie das grosse Vordach über dem Portal eingeschlossen hätte. Tatsächlich blieb aber die Treppe so bestehen, wie sie war; das riesige, auf Stützen ruhende Vordach wurde abgetragen und durch zierliche Schrägdächer über den Treppenläufen ersetzt (Abb. 145). In der Apsis der Zwölfbotenkapelle brach man ein zusätzliches Portal ein und schrägte sie dafür ziemlich grob ab (Abb. 143). Am 24. Juni 1768 legte BREITINGER als Bauherr Rechenschaft über den Ablauf der Arbeiten ab.[68] Am 28. August 1768 konnte die Kirche wieder dem Gottesdienst geöffnet werden.[69]

Planung und Bau der neuen Turmhelme 1778–1786

Da die offenen Zinnen durch den Winterfrost Schaden erlitten, entschloss man sich Anfang März 1778 zu einer Überkuppelung der Plattformen.[70] Am 17. März lagen drei Entwürfe für den Ausbau vor.[71] Im April 1779 berichtete die Kommission dem Rat, sie favorisiere ein «Project mit einer Coupole und auf allen vier Seiten Frontispices [Dreieckgiebel]»,[72] und Maurermeister HEINRICH VOGEL errichtete noch im selben Monat auf einem der Türme ein Modell 1:1. Zwei Entwürfe (der eine mit Varianten), die DAVID VOGEL zugeschrieben werden, entsprechen dieser Kurzbeschreibung (Abb. 153, 154).[73]

Der Rat kam erst im folgenden Jahr auf das Bauvorhaben zurück und erteilte am 29. August 1780 der Baukommission den Auftrag, einen «von Zimmermeister Voegeli verfertigten Riss» näher zu untersuchen und einen Kostenvoranschlag einzuholen.[74] Am 12. März 1781 bewilligte er das Projekt von Zimmermeister JOHANN CASPAR VÖGELI (Abb. 155)

KIRCHE, 18. JAHRHUNDERT   155

153–154
Grossmünster. Entwurf für neue Turmabschlüsse, um 1778–1782, David Vogel zugeschrieben (StAZH, Pläne 1403, 1406). – Text S. 153–157.

und beauftragte Bauherr JOHANNES WERDMÜLLER mit dessen Ausführung.[75] Mit dem Bau begann man im Rechnungsjahr 1781/82.[76] Die Bauleitung oblag dem aus Bregenz stammenden und aus Kempten im Allgäu zugewanderten Polier JOHANNES HAGGENMÜLLER. Aus den Akten zu schliessen, suchte dieser die insgesamt 29 Gesellen zusammen und verfertigte die Vorlagen für die dekorativen Teile des Baus.[77]

Die Ausführung folgte mit geringfügigen Änderungen dem Riss VÖGELIS (Abb. 145, 156). Der Glockenturm erhielt anstelle der beiden romanischen Geschosse ein nach dem gotischen des Karlsturms kopiertes neugotisches Geschoss und darüber den gleichen Oberbau. Darüber wurde beiden Türmen ein niedrigeres, aber diesem formal eng angeglichenes Steingeschoss aufgesetzt. Es öffnet sich nach allen vier Seiten mit einem Spitzbogenfenster und schliesst mit einer Plattform ab, die eine Balustrade mit Windrosenmasswerk einfasst (1931/1941 verändert, 1989/90 rekonstruiert). Über den Plattformen erhoben sich, klar abgesetzt, die hölzernen, mit Kupferblech verkleideten achteckigen Helme. Sie waren vermutlich hell und steinfarben gefasst (1989/90 wiederhergestellt) und täuschten so einen Steinbau vor. Die Schäfte sind durch die acht plastisch durchgeformten, in Kielbogen schliessenden Nischen kräftig gegliedert. Den Abschluss bilden Spitzkuppeln, deren unterer Rand von einem Blendmasswerk mit einem um Radiuslänge versetzten Zirkelschlagmuster von zwei Halbkreisen gesäumt wird. Die Eindeckung der Helme und die Fertigung

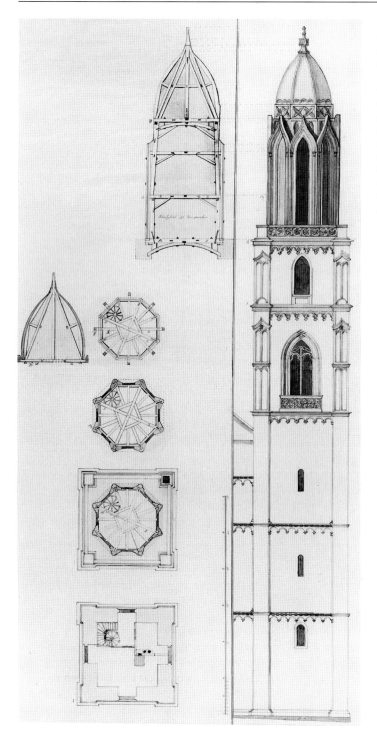

*155
Grossmünster. Entwurf für neue Turmabschlüsse, vermutlich von Zimmermeister Johann Caspar Vögeli, am 12. März 1781 vom Rat zur Ausführung bestimmt. – Grundrisse und Querschnitt durch den in Holz konstruierten Turmhelm sowie Aufriss des Südturms. Der Aufriss zeigt die drei unteren romanischen Geschosse, das spätgotische Geschoss des 15. Jh. und darüber den geplanten neuen Abschluss mit niedrigem gemauertem Geschoss und hölzernem, mit Kupferblech verkleidetem achteckigem Helm (StAZH, Plan R 1423). – Text S. 154–157.*

der Kronen um die Spitzen oblag Kaspar Wirz, die Feuervergoldung der Kronen Goldschmied Zimmermann.

Der neue Karlsturm war am 27. Januar 1783 «beinahe» vollendet,[78] der Glockenturm, mit dessen Abbruch man Ende März beginnen konnte, im Mai 1787.[79] Die Spitzen wurden 1935/36 ersetzt, erhalten blieb lediglich der obere Teil der einen Spitze. An den Bau der Turmhelme erinnern zwei 1783 datierte Kupfertäfelchen: Das eine vermerkt Zimmermeister Johann Caspar Vögeli und Kupferschmied Kaspar Wirz, das andere Franz Xaver Wenge von Klingnau («kup[f]erknab»), der an der Krone mitgearbeitet hatte.[80] An die 1883 erfolgte Reparatur der Kronen an den Turmspitzen erinnert eine weitere Tafel.

Das Projekt Pisonis (Abb. 151) kann Vögeli nicht unbekannt gewesen sein. Trotz grosser Unterschiede im Gesamteindruck und im Formalen haben die beiden Entwürfe Gemeinsamkeiten, die in den David Vogel zugeschriebenen Rissen nicht vorhanden sind. So ist die Idee, das spätgotische Geschoss des Karlsturms am Glockenturm zu kopieren, schon bei Pisoni angelegt, ebenso der polygonale Aufbau auf dem obersten Turmgeschoss. Das Windrosenmotiv, das Pisoni für das Masswerk der Fensterbrüstungen vorgesehen hatte, wurde als Motiv für die Plattformbalustrade unverändert übernommen. Dagegen sind die kuppeligen Helmhauben sicher durch die Kuppelvarianten der Risse David Vogels angeregt.

Das Turmpaar hat in der Kombination von gotischen, gotisierenden und zurückhaltenden barocken Elementen eine im damaligen Architekturpanorama einzigartige Gestalt erhalten, die es zum Wahrzeichen Zürichs gemacht hat. Mit Ausnahme von Pisonis Entwurf zeigen die überlieferten Turmrisse und die ausgeführte Variante eine Auseinandersetzung mit den mittelalterlichen Bauformen, die, wenngleich auch stellenweise etwas «hölzern» wirkend, zu den frühesten neugotischen Erscheinungen in der Schweiz gehören.[81]

156
Grossmünster. Nordturm, Ostseite, nach der Erneuerung der oberen Teile im 18. Jh. Die romanischen Teile reichen bis über die Traufhöhe des Mittelschiffdachs und schliessen mit einem Blendbogenfries. Darüber erheben sich die beiden neugotischen Fenstergeschosse und der oktogonale Helmaufsatz. Foto vor der Restaurierung 1934–1936.

Einrichtung eines Observatoriums im Karlsturm

1787 verfasste Johannes Fehr einen Anforderungskatalog für Änderungen am Karlsturm, falls das Observatorium, das sich bisher auf dem Zunfthaus zur Meise befunden hatte, dorthin verlegt würde.[82] Die entsprechenden Umbauten schlagen sich mit detaillierten Angaben über die bestehende Möblierung – es gab beispielsweise zwei «Sopha»[83] – in den Bauamtsrechnungen 1789–1791 nieder.[84] Der grösste Rechnungsposten lautet auf den Kupferschmied, Gerichtsherr Wirz, «wegen Erbauung und Einrichtung einer Sternen wart».[85]

157
Grossmünster. Ansicht des Nordportals, vor 1907. – Text S. 159f.

158–160
Grossmünster. Nordportal. Konsolen des neuromanischen Blendbogenfrieses von 1843–1846 (vgl. Abb. 157). 1907 durch Kopien ersetzt (SLM). – Text unten und S. 160.

RESTAURIERUNGEN UND UMBAUTEN IM 19. UND 20. JAHRHUNDERT

19. JAHRHUNDERT[86]

1833. Auf Kosten des Stifts wurde für die französisch-reformierte Gemeinde – als Ersatz für die aufgehobene französische Kirche in der ehemaligen Michaelskapelle – im seit dem 18. Jahrhundert abgetrennten ehemaligen Altarhaus ein Betsaal mit Kanzel, Taufstein und Empore eingebaut.[87] Er diente auch der Grossmünstergemeinde für Abendgebete und im Winter für den Gottesdienst am Sonntagnachmittag.[88]

1835. Renovation der Türme: Erneuerung und Bemalung der Kupferverdachung. Renovation des Chortürmchens.[89]

1842. Neue Fenster im Chor.[90]

«Reromanisierung» des Nordportals 1843–1846[91]

Seit 1838 plante die Stiftspflege eine «Veränderung des Portals und der Treppe», und 1842 bot die Antiquarische Gesellschaft an, ein Gutachten darüber zu verfassen.[92] 1841 verlangte SALOMON VÖGELIN in einem Artikel («Pia desideria für architektonische Restaurationen in Zürich») die Entfernung des Kanzellettners und die Freistellung des Chores im Innern sowie die Entfernung der Treppe über dem Hauptportal am Äussern.[93] Die 1842 datierte Zeichnung eines Portals für das Grossmünster von FERDINAND STADLER ist wohl eine Skizze für das neue Nordportal,[94] denn die Wiederherstellungsarbeiten führte 1843 die Baufirma AUGUST CONRAD STADLERS durch.[95] 1843/44 folgte der Abbruch der Doppeltreppe zur Empore. Bis zur Anlage der definitiven Aufgänge 1848/49 gelangte man durch die ehemalige Michaelskapelle auf die Emporen. 1845 wurde die Aufführung einer Mauerkrone auf dem Portal genehmigt, und Baumeister AUGUST STADLER errichtete eine Probeattika.[96] In dieser Zeit fertigte FRANZ HEGI, vielleicht im Auftrag der Antiquarischen Gesellschaft, verschiedene Entwurfsskizzen für ein «wiederhergestelltes» romanisches Portal an, Varianten mit giebelförmigem und horizontalem oberem Abschluss (Abb. 161). Dass schliesslich der horizontale Abschluss zur Ausführung gelangte (Abb. 157), ergab sich laut FERDINAND KELLER aus entsprechenden Beobachtungen am romanischen Bestand nach Entfernung der Treppe.[97] Die Wandpfeiler, die man über den Halbrundsäulen zu beiden Seiten anbrachte, waren hingegen eine freie Rekonstruktion. An weiteren Baumassnahmen überliefert JOHANN RUDOLF RAHN die Erneuerung der äussersten Gewändesäulen und erheblicher Teile der Halbpfeiler dahinter.[98] Neu geschaffen wurden auch die Kapitellfriese an den Schmalseiten des Portalvorbaus und der Blendbogen- und Schachbrettfries, der den horizontalen Abschluss begleitete. Die Arbeiten führte ein Steinhauer FÜRST aus, der 1847 bezahlt wurde.[99] Vielleicht schuf er auch

*161
Grossmünster. Nordportal. Rekonstruktionsvariante. Bleistiftzeichnung von Franz Hegi, um 1843–1846 (KH, O 16, S. 58). – Text S. 159.*

die Serie von acht Konsolen des Blendbogenfrieses. Zu dieser gehört die Reihe von acht Köpfchen im Schweizerischen Landesmuseum (SLM, LM 9879–9885, 29080; H. 21/24 cm), die bislang weder verortet noch richtig datiert war und die wir aufgrund einer Fotografie (Abb. 157) identifizieren konnten. Es sind Bildhauerarbeiten von ausserordentlicher Qualität, die leicht für spätgotische oder barocke Stücke gehalten werden können.[100]

Neue Emporenzugänge 1848–1849

Als Folge des Abbruchs der Emporentreppe beim Nordportal wurden zwei neue Zugänge geschaffen:[101] eine Holztreppe im westlichsten Joch der Zwölfbotenkapelle für den Zugang von der Kirchgasse her durch das barocke Portal in der Apsis und eine Treppenbaute im Vorraum zwischen Chor und Kreuzgang.[102]

Wiederherstellung des romanischen Chors 1851–1853[103]

Auf Initiative der Antiquarischen Gesellschaft und des «Vereins für den Grossmünster» [sic] liess der Staat, dem nach der Auflösung der Stiftsverwaltung 1849 die entsprechenden Kompetenzen zugefallen waren, 1851 die hölzernen Einbauten in Altarhaus und Chor, die Scheidewand und den Kanzellettner von 1766/1768 abbrechen.[104] Damit kam man einem bereits von Jakob Burckhardt 1839 und Salomon Vögelin 1841 geäusserten Wunsch nach, die romanische Chorgestalt durch Entfernung aller späteren Einbauten wiederherzustellen.[105] Man rechtfertigte die Massnahmen damit, dass die späteren Einbauten «eines unserer schönsten Denkmäler mittelalterlicher Baukunst» beeinträchtigten.[106] Nachdem im selben Jahr der romanische Kreuzgang im neuen Schulhausbau wieder aufgebaut worden war, sollte nun auch die Kirche, «in ganz rein byzantinischem Stÿl erbaut», ihr ursprüngliches Gepräge zurückerhalten.[107] Aus dieser Zeit ist von FRANZ HEGI eine Projektvariante zur Öffnung des Chors ohne Versetzung der Kanzel überliefert – ein fantastischer Entwurf eines neugotischen Kanzellettners, der sich brückenartig über die Chortreppe spannt.[108]

Schiff und Chor wurden durch eine in die Frontmauer des Chors einschneidende Treppe miteinander verbunden (Abb. 163). Nach RAHN waren damals die «Bögen, mit denen die Krypta sich nach dem Schiffe öffnete», das heisst die nach der Reformation vermauerten romanischen Zugangsbögen, noch sichtbar,[109] geöffnet wurden sie jedoch erst später. Im Vorfeld dieser Massnahmen entstand eine Serie von Zeichnungen, Stichen und Aquarellen des Innern von FRANZ HEGI mit historisierendem beziehungsweise projektierendem Charakter. Sie vermitteln den Blick gegen Osten und lassen die wieder vereinigten und von Einbauten befreiten Chorräume und die wieder geöffneten Kryptenzugänge im hellen Morgenlicht erstrahlen (Abb. 162).

Den Abschluss der Chorfront und der seitlichen Treppen bildete eine Balustrade aus kleinen romanisierenden Säulchen mit Würfelkapitellen.[110] Bei den Bauarbeiten der Chortreppe entdeckte man den mittelalterlichen Taufstein, der seit der Reformation als Fundament des neuen Taufsteins gedient hatte, schüttete ihn aber wieder zu.[111] Erst 1913/14 wurde er ausgehoben und wieder aufgestellt. Für die Chorbrüstung und die Chortreppe, eine Kanzel, einen Altartisch und einen Taufstein liegen aus dieser Zeit Projekte von FERDINAND STADLER vor.[112] Nach seinem Entwurf wurde aber 1853 nur die Kanzel am östlichsten Schiffspfeiler der Nordseite ausgeführt, die als einziger Zeuge der damaligen Baumassnahmen erhalten ist.

1852. Behebung von Schäden am Holzwerk des Karlsturms, neue Kupferbedeckung und Neuanstrich der Kuppel.[113]

1862. Neuer steinerner Abendmahlstisch im Chor nach Entwurf von FERDINAND STADLER.[114] Bereits im Vorfeld der Wiederherstellung des Chors hatte man am 18. November 1851 beschlossen, für die Feier des Abendmahls einen Tisch im vorderen Bereich des wieder geöffneten Chors aufzustellen.

1865. Neue Holztür für das Nordportal, mit neugotischem Blendmasswerk.

1870/1873. Beschluss des Einbaus einer Heizung. Umfunktionierung der Krypta zum Heizraum.[115]

Vor 1873. Vor dem Einbau der Heizung 1873 Neuverglasung der ganzen Kirche nach einem Entwurf von 1866 mit feiner Ornamentierung durch Bleiruten in romanischen Formen.[116]

1875–76. Einbau einer Orgel.[117]

1890–1894. Reparaturen am Karlsturm:[118] Die fragwürdigen und schon von JOHANN RUDOLF RAHN kritisierten Eingriffe[119] hatten zum Ziel, das spät-

162
Grossmünster. Inneres der Kirche von Westen. Die rekonstruierende Ansicht entstand für die durch die Antiquarische Gesellschaft veranlasste Monografie über das Grossmünster und evoziert den durch die Restaurierungen der 2. Hälfte des 19. Jh. und des frühen 20. Jh. wiederhergestellten Zustand. Aquatinta von Franz Hegi, vor 1844. – Text oben.

gotische Turmgeschoss samt der Kaiserstatue zu festigen. Dabei wurden die Kriechblumen und die feinen Enden der gotischen Fialen am Baldachin über der Statue abgeschlagen und ausserdem, zur Angleichung an das Glockengeschoss des Nordturms von 1781/1787, die Unterteilung der Lisenen entfernt.

«Wiederherstellung»
des romanischen Raums 1897

«Der Zeitpunkt schien also gekommen, ein Programm zu Arbeiten zu entwerfen, aus denen die Massen des Münsters so edel und reizvoll wiedererstehen sollten, wie sie die Meister des 12. und 13. Jahrhunderts gefügt und geschaffen hatten» (JOHANN RUDOLF RAHN, 1897).[120]

Die Restaurierung und «sanfte» Entbarockisierung des Innenraums, beschlossen am 19. Februar 1897,[121] fand unter der Ägide von JOHANN RUDOLF RAHN statt, der, was den Umgang mit der Bausubstanz und den Einsatz der technischen Mittel betrifft, als Denkmalpfleger seiner Zeit weit voraus war. Mit der Ausführung der Arbeiten wurde die Firma GEBR. BERGER aus Zürich betraut. Sie konnte unter anderem durch die Renovation des Luzerner Rathauses und Arbeiten am damals im Bau befindlichen Landesmuseum in Zürich Erfahrung im Umgang mit historischen Baudenkmälern aufweisen und pflegte vor allem die von RAHN geforderte Methode der sanften Reinigung der Steinmetzarbeiten ohne Anwendung eiserner Werkzeuge.[122] Die das ganze Quaderwerk und die Bauskulptur überziehende dicke Tünche wurde sorgfältig entfernt und Wandmalereien, Inschriften und Steinmetzzeichen freigelegt. RAHN benutzte die Freilegung des Mauerwerks für bauarchäologische Beobachtungen, die wichtige Aufschlüsse zur Baugeschichte lieferten.[123] Kapitelle, Friese und Schlusssteine durften auf seine Anweisung nur mit Hölzchen entfernt werden, «weil eiserne Instrumente die Schärfe und Ursprünglichkeit des Bildwerkes beeinträchtigt haben würden».[124] RAHNS Achtung vor der Substanz und der gewachsenen Geschichte des Baus verhinderte einen radikalen «Rückbau»; die Bestuhlung von 1766/1768, die barocken Emporenbrüstungen und den Choraufgang von 1851/1853 liess er bestehen, obschon er Letzteren als «gut gemeint», jedoch als mehr «dem Geschmack der Fünfziger Jahre» als «dem Charakter des Gebäudes» entsprechend wertete.[125]

20. JAHRHUNDERT

Restaurierung des Nordportals 1907[126]

Die Vorarbeiten zur Restaurierung des Nordportals begannen bereits 1897 mit der Anfertigung von Gipsabgüssen sämtlicher durch Verwitterung fast unkenntlich gewordenen Teile durch JOSEF REGL, unter Mitwirkung von JOHANN RUDOLF RAHN.[127] Die Steinhauer- und Maurerarbeiten wurden an Baumeister BRYNER vergeben,[128] die Bildhauerarbeiten an JOSEF REGL.[129] Dieser arbeitete aufgrund der Gipsabgüsse Modelle aus, nach denen die neuen Skulpturen kopiert wurden.[130] Als Vorlagen für die Ergänzungen dienten unter anderem die Aufnahmeskizzen von FRANZ HEGI aus den 1840er Jahren. Nach RAHN wurden «sorgfältige Zeichnungen und Photographien des bisherigen Bestandes und solche mit Angabe der neuesten Ergänzungen» vom Kantonalen Hochbauamt aufgenommen und im Schweizerischen Landesmuseum deponiert. Leider ist die wertvolle Dokumentation verschollen,[131] so dass nicht mehr genau festzustellen ist, welche Teile damals ersetzt oder ergänzt wurden. Auch über die originalen Werkstücke, die damals ins Landesmuseum überführt wurden, sind widersprüchliche Angaben überliefert. RAHN nennt keine Zahl. Sicher befinden sich darunter die acht Konsolen des Blendbogenfrieses von 1843/1846 (Abb. 157), welche 1907 durch kraftlose Nachbildungen ersetzt wurden.[132] Nach WALTER DRACK kamen damals an romanischen Stücken vier Kapitelle und fünf Friesteile ins Landesmuseum.[133] Das wären dann insgesamt die 17 «Originalskulpturen», welche HANS HOFFMANN, nebst 24 Gipsabgüssen, nennt.[134]

1908. Einsetzen eines neuen Rautenmasswerks im Westfenster, wobei die Steinmetzzeichen aufkopiert wurden.[135]

Wiederherstellung der romanischen Krypta
und Innenrenovation 1913–1915[136]

Die Arbeiten erfolgten unter der Leitung von Kantonsbaumeister HERMANN FIETZ. Von ihm stammen auch die Entwürfe für die Wiederherstellung der Krypta, den neuen Treppenaufstieg zum Chor,

163
Grossmünster. Inneres nach der Restaurierung von 1851–1853. Foto um 1900.

KIRCHE, 19./20. JAHRHUNDERT 163

das Chorgestühl und die (nicht mehr an Ort vorhandenen) schmiedeeisernen Beleuchtungskörper im Langhaus.[137]

Krypta. 1913 stellte die Kirchgemeinde das Gesuch an die Baudirektion für die Erstellung einer neuen Bestuhlung und Heizung und damit verbunden der Renovation der Krypta.[138] Vorgesehen waren neue Stufen zwischen östlicher und westlicher Krypta, der Ersatz von zwei Säulen, die Sanierung des Verputzes und neue Fenster. Während der Arbeit kamen «die in Vergessenheit geratenen» romanischen Zugänge aus dem Schiff zum Vorschein,[139] und man beschloss, sie wieder zu öffnen.[140] Aus gottesdienstlichen Gründen führten die neuen Zugangstreppen aus den Seitenschiffen hinunter und wurden durch ein Steingeländer mit Gitterfüllungen (Entwurf: HERMANN FIETZ) vom Mittelschiff abgegrenzt. Die Gewölbe wurden neu verputzt und mit Sternen bemalt, die Wandmalereien restauriert (CHRISTIAN SCHMIDT).

Chor. Die Chorbrüstungen von 1851/1853 wurden durch Reliefplatten nach Entwurf von HERMANN FIETZ, ausgeführt von Bildhauer OTTO KAPPELER, ersetzt. Ein neuer Abendmahltisch und ein neues, das mittelalterliche nachempfindendes Gestühl (Abb. 90) schufen im Chor ein dominanteres Zentrum, gegen das auch die neue Bestuhlung im Altarhaus ausgerichtet war.

Langhaus. Der Bretterboden von 1766/1768 wurde durch einen Boden aus Solnhofer Platten ersetzt.[141] Eine neue, bis heute erhaltene Bestuhlung ersetzte die Bänke von 1766/1768, die auf die Emporen verbracht wurden. Der Entwurf GUSTAV GULLS für eine neue steinerne Kanzel wurde nicht ausgeführt,[142] ebenso unberücksichtigt blieben seine Entwürfe für das Chorgestühl und die Treppenabgänge zur Krypta. Die Aufstellung einer neuen Orgel 1915 bildete den Abschluss der Umbauten.[143]

Gesamtrestaurierung 1931–1941[144]

Die Restaurierung, die in erster Linie den Aussenbau umfasste, stand unter der Leitung von Kantonsbaumeister HANS WIESMANN. Die Arbeiten begannen an Chor und Altarhaus, um die neuen Glasgemälde von AUGUSTO GIACOMETTI (siehe S. 169f.) in die Ostfenster einsetzen zu können. Die Arbeiten leitete Baumeister BRYNER, die Steinmetzarbeiten führten die Gebrüder SCHENKER und F. KAPPELER & SÖHNE aus.[145]

Die 1932 in Angriff genommene zweite Bauetappe umfasste die südliche Hochwand und die Umgestaltung der Zwölfbotenkapelle.[146] In der dritten Etappe wurde im Frühjahr 1933 die südliche Seitenschiffwand saniert. 1934–1936 folgten hintereinander der Süd- und der Nordturm.[147] Ende 1936 war die Renovation mit Ausnahme der Nordfassade abgeschlossen. Nach dem unerwarteten Tod WIESMANNS im Jahr 1937 führte die noch ausstehenden Arbeiten 1940/41 dessen Nachfolger HEINRICH PETER aus. Die Renovation ermöglichte verschiedene Grabungsschnitte im Innern, die erstmals Aufschluss über den frühmittelalterlichen Vorgängerbau lieferten.

Äusseres

Altarhaus/Chor. Zurückarbeitung des Mauerwerks um 0,5–1,5 cm und Auswechslung eines guten Viertels der Steine im ursprünglichen Bolliger Sandstein, für besonders exponierte Stücke in Muschelkalk, Giebelgesims in Kunststein. Verkleidung des (ehemals verputzten) Bruchsteinmauerwerks der Kryptawand mit kleinteiligem Quaderwerk. Ergänzung der Bauskulptur durch Bildhauer WALTER GYGI nach Abgüssen und älteren Fotografien.

Langhaus Südseite. Ersetzen der meisten Konsolköpfe des Bogenfrieses am Obergaden. Neuer Bogen- und Schachbrettfries und neue Konsolen an der Seitenschiffwand.

Westfassade. Tiefersetzen des Pultdachs zwischen den Türmen. Ersatz der Skulpturen des Hornbläsers und des Pferdes durch Kopien in Kunststein nach Abgüssen von 1907.

Portale. Das *Südportal* wurde in allen Teilen rekonstruiert (Abb. 43), unter freier Ergänzung des plastischen Schmucks von Sturz und Tympanon. Die neue, rund geführte Treppe verlegte man teilweise ins Innere. 1939 Einsetzen der Bronzetür von OTTO MÜNCH. – Das *Nordportal* erhielt eine Kupferdachung, ein neues Gitter im Bogenfeld und im Portalsturz eine auf die Reformation hinweisende Inschrift. Tieferlegung des Abschlussgesimses des Portalvorbaus, um die unschöne Überschneidung der Emporenfenster darüber zu beseitigen. An die Stelle des Blendbogen- und des Schachbrettfrieses von 1846 trat ein Gesimse aus Taustab, Kehle und Platte (Abb. 31). Die Archivolten wurden mit einem schwarzen Spiralband bemalt; mit gleichem schwarzem Anstrich wurde der Ornamentgrund auf den Gewändeflächen behandelt. Erneuerung des Steinwerks:[148] Ersatz vieler Steine der Bogenlaibungen über dem Türsturz. Ersatz der Sockel und Basen aller Säulen und der dahinterliegenden Gewändebasen. Die Säulenschäfte wurden dagegen wieder verwendet; wegen des übergrossen Vorsprungs der Säulenbasis gegenüber dem Schaft wurde damals vermutet, dass sie zu einem früheren Zeitpunkt zurückgearbeitet worden waren. Die stark angeschwärzten und teils weitgehend zerstörten Bildhauerarbeiten wurden durch einen Kalkmörtelauftrag instandgesetzt. Kalkmörtelaufmodellierungen wurden bei den Säulenkapitellen und den hinter den Säulen liegenden ornamentierten Pfeilerflächen vorgenommen. Die neugotische Tür von 1865 ersetzte man durch eine schlichtere. 1944 stimmte der Regierungsrat dem Modell-Entwurf von Bildhauer OTTO MÜNCH für eine Bronzetür zu (eingesetzt 1950; siehe S. 170).

Türme. Im vierten Geschoss beider Türme wurden alle Fensterbrüstungen mit Ausnahme der beiden an der West- und der Südseite des Karlsturms ersatzlos entfernt. Diese wurden durch Kunststeinkopien ersetzt, desgleichen sämtliche neugotischen Fensterbrüstungen von 1781/1786 im fünften Geschoss beider Türme. Da die Balustraden der Plattformen mit dem Windrosenmasswerk aus dem 18. Jahrhundert an Hakenkreuze erinnerten, wurden sie durch allzu starre Spitzbogenbalustraden aus Kunststein ersetzt. Die Turmaufbauten erhielten eine fast in allen Teilen neue Holzkonstruktion mit neuer Kupferblechverkleidung; die polygonalen Schäfte wurden, nach dem vermuteten Originalzustand des 18. Jahrhunderts, hell-steinfarben gefasst, die Helmkappen Grünspan-grün, neue vergoldete Kronen wurden angefertigt.[149]

Die spätgotische Statue Karls des Grossen am Südturm wurde 1935 durch eine Kunststeinkopie von OTTO MÜNCH ersetzt; das Original ist in der Krypta aufgestellt.[150] Am Baldachin über der Statue ergänzte man die 1891/92 weggeschlagenen Verzierungen, die Masswerkbrüstung darüber wurde in Kunststein ersetzt. 1935 wollte man die Frage der Errichtung eines Denkmals für den Zürcher Reformator Heinrich Bullinger auf dem Zwingliplatz prüfen.[151] Erst 1938 entschied man sich für die Erstellung des Denkmals an der heutigen Stelle, der Nordfassade des Glockenturms (Abb. 31).[152] Ausgeführt wurde die Reliefstatue aus Sandstein 1939–40 von OTTO CHARLES BÄNNINGER.[153] Einweihung 1941.

Dachreiter. Durchgreifende Erneuerung des Holzwerks und der Verdachung.

Inneres

Krypta. Auswechslung einzelner Säulen. Unter der Säulenstellung zwischen vorderem und hinterem Raum wurden Reste einer Quermauer festgestellt, die man für den Ostabschluss des Vorgängerbaus hielt.

Altarhaus. Restaurierung der Wandmalereien zwischen den Blendarkaden.

Zwölfbotenkapelle. Entfernung des Portals des 18. Jahrhunderts in der Apsis und damit Aufhebung des Emporenzugangs durch die Kapelle. Anstelle der Holztreppe von 1848/49 im westlichsten Joch Einbau eines abgeschlossenen Treppenhauses mit Eingang auf der Südseite. Das Masswerk des spätgotischen Fensters wurde 1933 durch eine Kopie ersetzt. Durch Erhöhung des Fussbodens Schaffung eines Untergeschosses, unter anderem für die Einrichtung eines Lapidariums. Die bei Grabungen in der Kapelle 1932 ausgehobenen 13 Grabplatten wurden an verschiedenen Orten in der Kirche neu aufgestellt und die Gebeine in einer Nische des neuen Untergeschosses beigesetzt. Einbau einer Rundbank in die Apsis. Restaurierung der Wandmalereien, Freilegung zahlreicher Epitaphien.

Die Sakristei über den beiden niedrigen Gewölben wurde ihrem ursprünglichen Zweck zurückgegeben und ein neuer Fliesenboden in Nachbildung desjenigen von 1503 verlegt.

Langhaus. Entfernung des wahrscheinlich 1646 in Stuck aufgelegten Gesimses an den Fronten der Arkadenpfeiler der Emporen. Über dem Südportal Anbringung der Statuengruppe der Jünger in Emmaus von OTTO MÜNCH.

Dachstühle. Instandstellung. Über dem Schiff Auswechseln einer grösseren Anzahl von Sparren und Versteifung des Windverbands.

Innenrestaurierung des Chors 1969–1974[154]

Rekonstruktion von zwei Blendarkaden an der Südwand des Altarhauses. Ersatz der Holztür in der westlichsten Blendarkade auf der Nordseite des Altarhauses durch eine Eisentür, formal in Anlehnung an die Sakristeitür von 1937 auf der Südseite. Wiedereröffnung der beiden Rundbogennischen an den Ostseiten der Wandpfeiler zwischen Altarhaus und Chor. Neue Sandsteinböden und neuer, eischalenweisser Kalkanstrich in Altarhaus und Chor. Die gegossenen Leuchten im Langhaus von 1913/1915 wurden durch Pendellampen ersetzt.

Restaurierung der Türme 1989–90[158]

Die Restaurierung hatte zum Ziel, die Eingriffe der 1930er Jahre rückgängig zu machen und den neugotischen Zustand von 1787 wiederherzustellen. Über die rekonstruierende Absicht, die eine Etappe der Baugeschichte auslöschen sollte, und über die der Denkmalpflege gesetzten Grenzen gingen die Meinungen auseinander, und die Massnahmen stiessen zum Teil auf heftige Kritik (Abb. 164).

Die Spitzbogenbalustraden der Plattform aus Kunststein wurden entfernt und das Windrosenmasswerk in Sandstein rekonstruiert. Sämtliche in den 1930er Jahren entfernten Fensterbrüstungen, die polygonal ausgebildeten Ecken sowie die beiden damals in Kunststein ersetzten Fensterbrüstungen am Karlsturm wurden in Sandstein wiederhergestellt. Als Vorlagen dienten die TAD-Aufnahmepläne von 1932–1934. Nach langwierigen Diskussionen, Voruntersuchungen und verschiedenen Versuchen wurde den Turmschäften und -helmen die vermutliche Farbgebung des 18. Jahrhunderts zurückgegeben: Sie erhielten einen Anstrich in differenzierten bräunlich-grauen, quaderimitierenden Steintönen und die beiden Turmspitzen mit den Kronen eine neue Blattvergoldung.

Von der immer noch sehr gut erhaltenen Reiterfigur am Nordturm wurde ein weiterer Gipsabguss hergestellt (SLM).

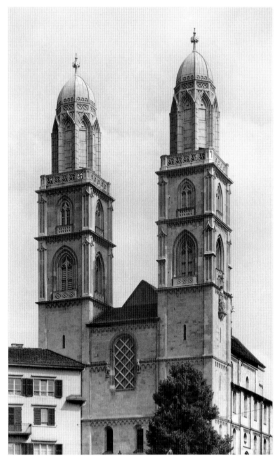

164
Grossmünster. Ansicht von Nordwesten nach der Restaurierung der Türme 1989/90. Foto 1993.

Sanierungsarbeiten Äusseres und Inneres 1978–1982[155]

Sanfte Teilrestaurierungen im Innern. Die Erstellung von Gerüsten an den Aussenfassaden und im Innern erlaubte eine abermalige Untersuchung der Mauerflächen und damit einige Korrekturen der Baugeschichte (Neufassung der Baugeschichte durch DANIEL GUTSCHER).[156] Die wichtigsten Massnahmen: petrografische Untersuchung des Reiterreliefs am Nordturm.[157] Neuverglasung der Fenster mit Kopie der Verbleiung des 19. Jahrhunderts. Zurückversetzen der hölzernen Brüstungen der Seitenemporen und Bemalung mit einer feinen Graulasur, um sie, in Anlehnung an die ursprüngliche Steinbrüstung, besser in die Sandsteinarchitektur einzubinden.

NICHT ERHALTENE AUSSTATTUNG

Der Kanzellettner von 1526

Der unmittelbar nach der Reformation errichtete Kanzellettner erhob sich an der Stelle der abgebrochenen Chorschranken. Aus zwei Darstellungen in der Chronik des JOHANN JAKOB WICK zu schliessen (Abb. 146), wurde in der Chorlaibung über den vergitterten Kryptenzugängen eine rund 3 m hohe Quadermauer mit einem Durchgang in der Mitte für die Chortreppe hochgezogen. Darüber lag der Lettnerboden mit leicht schräg nach vorn laufender Brüstung, aus deren Mitte der Kanzelkorpus vorkragte. Die Brüstung war mit geschnitzter und/oder gemalter Ornamentik reich verziert, die in den Bilddokumenten unterschiedlich wiedergegeben wird (Abb. 166). Die Aufgänge zur Lettnerbühne lagen wohl auf der Rückseite.

Typologisch lässt sich ZWINGLIS Kanzellettner von spätmittelalterlichen Lettnern herleiten, wie sie kurz vor der Reformation beispielsweise im Berner Münster und in den Stadtkirchen in Burgdorf BE und St. Johann in Schaffhau-

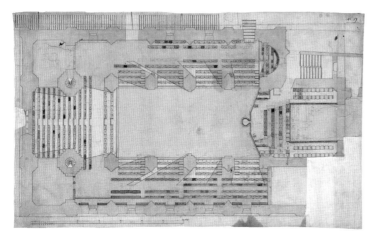

165–166
Grossmünster. – Bestuhlungsplan der Emporen. Feder, laviert, um 1800. Der Plan ist auch für die räumliche Situation im Chorbereich aufschlussreich: Bei der Barockisierung im 18. Jh. wurde der Kanzellettner offenbar als breite, mit mehreren Reihen bestuhlte Tribüne erneuert. Vielleicht gleichzeitig wurden im Chor und im Altarhaus Seitenemporen eingebaut (Archiv KG Grossmünster). – Bücherverteilung an die Schüler und Studierenden. Das Zeremoniell findet vor dem Kanzellettner aus der Reformationszeit statt. Die zu verteilenden Bücher liegen hinter dem Rektor auf dem Taufstein, der 1598 in der Mitte vor dem Kanzelkorb aufgestellt wurde. Zu beiden Seiten der Chortreppe sind die vermauerten Zugänge zur Krypta sichtbar. Kupferstich von David Herrliberger, 1751.

sen entstanden. Die Verbindung des Lettners mit einer axial angeordneten Kanzel war 1526 jedoch ein Novum und architektonischer Ausdruck der im Zentrum stehenden Predigt des reformierten Gottesdienstes.[159] Die Form des Kanzellettners blieb im 16. Jahrhundert in der Schweiz selten und fand fast nur in Zürich selbst eine Nachfolge:[160] 1527 wurde vermutlich in der St. Peterskirche nach dem Vorbild des Grossmünsters ein Kanzellettner vor dem Chorbogen errichtet, den die Anlage von 1705/06 noch reflektiert.[161] Von ähnlicher Gestalt war die Kanzel in der Dorfkirche Steinmaur ZH,[162] und schliesslich brachte man beim barocken Umbau der Predigerkirche 1611–1614 die Kanzel in der Mitte der Trennwand zum profanierten Chor an. In der Stadtkirche St. Johann in Schaffhausen wurde nach der Reformation die spätgotische Holzkanzel von 1494 in die Mitte des weiterbestehenden Lettners eingefügt.[163] Mit Ausnahme der Nachfolgeanlage in der St. Peterskirche ist keine dieser Einrichtungen erhalten. Der steinerne Kanzellettner im Grossmünster wurde im 18. Jahrhundert in Holz neu erstellt und 1853 ersatzlos abgebrochen (siehe S. 154 und 160).

Der Abendmahlstisch von 1862

Nach der Wiederöffnung und Herrichtung des Chors 1851/1853 wurde zunächst ein provisorischer «Kommunionstisch» aufgestellt, doch bestanden schon damals Projekte für eine stattlichere Ausführung: 1851 ist ein sehr üppiger Entwurf eines retabelartigen Altartisches von FERDINAND STADLER datiert.[164] 1862 ersetzte man das Provisorium durch einen Abendmahlstisch aus Sandstein, der bis zur grossen Innenrenovation von 1913/1915 Bestand hatte (Abb. 163). Die Ausführung folgte nach Entwürfen von FERDINAND STADLER im Stil der Renaissance, mit doppelten Löwenpranken an den beiden Seitenwangen.[165] 1914 wurde der Abendmahlstisch ersetzt; über seinen Verbleib ist nichts bekannt.

Die Orgel von 1876

Nachdem 1853 im Fraumünster die erste Kirchenorgel nach der Reformation in der Stadt Zürich aufgestellt wurde und 1870 auch St. Peter eine Orgel erhielt,[166] kam 1872 auch im Grossmünster der Orgelbau ernsthaft zur Sprache.[167] 1876 wurde ein dreimanualiges Werk mit 54 Registern von Orgelbauer JOHANN NEPOMUK KUHN in Männedorf auf der Westempore errichtet. Den Prospekt erstellte man nach einem Entwurf des Zürcher Architekten JOHANN JAKOB BREITINGER.[168]

ERHALTENE AUSSTATTUNG

Der Taufstein von 1598

Der heute noch erhaltene Taufstein wurde 1598 vor dem «Kanzelboden», das heisst in der Mitte vor dem Kanzellettner, errichtet (Abb. 32, 167).[169] Meister ULRICH WÜRGLER erhielt 40 Pfund, «umb den toufstein und darvon zu howen». Ausserdem wurde er dafür bezahlt, «vom neuen toufstein ufzesetzen unnd den alten inzlassen». Der Standort des vorreformatorischen Taufsteins blieb in Erinnerung.[170] Dieser selbst wurde als Fundament benutzt und erst 1851/1853 wieder entdeckt und ausgehoben. Meister WÜRGLER arbeitete auch die Steine für die offenbar gleichzeitig erneuerte Chortreppe («gredstegen»). Schlosser WIRZ beschlug den Taufstein und liess die Dübel ein. Den Deckel aus Nussbaumholz fertigte Tischmacher HANS EGLI (im 18. Jahrhundert ersetzt). Zugleich wurden drei Stühle aufgerichtet, «die kanten für dess Herrn nachtmahl daruf zestellen» – gemeint sind die Abendmahlkannen. Der kelchförmige Taufstein mit gerippter Kuppa trägt am oberen Rand eine Inschrift mit den Worten Johannes des Täufers nach dem Markusevangelium (Mk 1,8), der Jahreszahl und dem Steinmetzzeichen Würglers: «EGO BAPTIZAVI VOS AQUA : IPSE VERO BAPTIZABIT VOS SPIRITU SANCTO. MAR : I. AÑO DOM̄: 1598». Der Sockel aus schwarzem Marmor wurde 1702 zugefügt.[171]

Das barocke Gestühl von 1766/1768

Auf den Emporen ist seit der Neueinrichtung des Chors 1913–1915 das barocke Holzgestühl aus den 1760er Jahren aufgestellt, das auf Fotografien vor 1913 noch im Chor und im östlichen Langhaus zu sehen ist (Abb. 34, 163, 165).

Ausstattung von 1853

Im Zusammenhang mit der Wiederherstellung des romanischen Chors 1853 wurden die Chorfenster und die Kanzel neu geschaffen.

Chorfenster (heute zum Teil unter der Westempore)[172]

Den Abschluss der Chorrestaurierung bildete 1853 das Einsetzen von farbigen Glasgemälden in die drei Ostfenster des ehemaligen Altarhauses (Abb. 163). Die Cartons lieferte der Spätnazarener GEORG (I.) KELLNER aus Nürnberg, die Ausführung besorgte die Glasmalereifirma JOHANN JAKOB RÖTTINGERS in Zürich.[173] In den seitlichen Fenstern waren auf Laubwerkpfeilern unter gotisch verzierten Tabernakeln die Apostel Petrus und Paulus dargestellt, im Mittelfenster Christus, auf einer reich verzierten gotischen Bogenarchitektur stehend und von einer üppigen Baldachinkonstruktion in fantastischen gotischen Formen bekrönt. Für den Kopf Christi scheint ALBRECHT DÜRERS bekanntes Selbstbildnis im Pelzrock von 1500 als Vorbild zugrunde zu liegen.[174] Die Fenster wurden später für die neu geschaffenen Glasfenster von AUGUSTO GIACOMETTI (siehe unten) ausgebaut. Man empfand sie damals in ihrer «pseudogotischen Auffassung» als «Fremdkörper» im romanischen Kircheninnern.[175] Da man jedoch ihren Kunstwert erkannte, wurden die beiden Apostel ohne Rahmenwerk 1932 in die Fenster unter der Westempore eingesetzt (Abb. 87). Das Christusfenster wird zurzeit auf der Empore aufbewahrt.

Kanzel

Von der Ausstattung von 1851/1853 ist allein die neugotische Holzkanzel nach Entwurf von FERDINAND STADLER am östlichsten Pfeiler der nördlichen Langhausarkaden unverändert erhalten geblieben (Abb. 24, 32, 167).[176] Der einfache achteckige Kanzelkorb mit Treppenaufgang ist mit Vierpässen und tordierten Säulchen verziert und besitzt einen auslaufenden, turmhelmförmigen Schalldeckel.

Ausstattung von 1913–1915

In der Phase der Innenrenovation von 1913–1915 entstand ein grosser Teil der heute den Kirchenraum prägenden Möblierung.

167–168
Grossmünster. Langhaus. Neugotische Kanzel von 1851/ 1853 am östlichsten Pfeiler der Nordseite, nach Entwurf von Ferdinand Stadler. Foto 1931. – Neuromanischer Abendmahlstisch im Chor von 1914 von Bildhauer Otto Kappeler, nach Entwurf von Hermann Fietz (heute in der Zwölfbotenkapelle). Foto 1926. – Text S. 168f.

Abendmahlstisch

Neuer Abendmahlstisch aus Sandstein in wuchtigen, neuromanischen Formen von Bildhauer OTTO KAPPELER, nach Entwurf von HERMANN FIETZ (heute in der Zwölfbotenkapelle, Abb. 168).[177] Die mächtige Altarplatte liegt auf einem Stipes und auf kurzen, auf freiplastischen Löwenfiguren ruhenden Ecksäulen auf. Die Fronten des Stipes zeigen in frühmittelalterlichem Stil je ein Kreuz im Rankenmedaillon und die Jahreszahl 1914. Ein Reliefband mit Trauben und Ähren (Wein und Brot) umzieht den Rand der mächtigen Platte.

Chorgestühl [178]

Das hauptsächlich in Formen der italienischen Romanik gestaltete Chorgestühl aus Eichenholz vor der Süd- und Nordwand des Chors entstand 1915 (Jahreszahl am vorderen Gestühl auf der Nordseite) nach einem Entwurf von HERMANN FIETZ (Abb. 90). Die säulentragenden Tiere (Adler, Stiere, Löwen, Widder) am hinteren Gestühl schuf Holzbildhauer (CARL?) FISCHER.

Chorbrüstungen

Ausgeführt von OTTO KAPPELER nach Entwurf von HERMANN FIETZ (Abb. 24, 90).[179] Zu beiden Seiten der Chortreppe in Flachrelief je zwei Evangelistensymbole in etwas steifer Ausführung. Die Form der reliefierten Steinbrüstungen in bewusster Anlehnung an frühchristliche und romanische Chorschranken.

Bestuhlung im Langhaus

Kirchenbänke nach Entwurf von GUSTAV GULL. Chorstallen entlang der hohen Rückenlehnen sowie Windfang des Nordportals nach Entwürfen von HERMANN FIETZ.[180]

Beleuchtungskörper

Einer der von HERMANN FIETZ entworfenen bronzenen Leuchter an den Langhauspfeilern befindet sich heute auf der Empore.

Ausstattung der 1930er Jahre

Chorfenster von Augusto Giacometti [181]

Zweifellos der bedeutendste künstlerische Beitrag des 20. Jahrhunderts an die Ausstattung des Grossmünsters sind die Chorfenster von AUGUSTO GIACOMETTI (Abb. 169). Ein erster Entwurf entstand im Herbst 1928.[182] Die Zustimmung der kantonalen Baudirektion für die Erstellung der Chorscheiben durch GIACOMETTI erfolgte im Februar 1930.[183] Im Februar 1932 legte der Künstler die Cartons vor, nach welchen Glasmaler LUDWIG JÄGER, St. Gallen, die Fenster ausführte. Am 7. Mai 1933 wurden sie enthüllt. Die streng symmetrische figurale Komposition in leuchtenden Farben stellt die Anbetung der Könige dar. Im Mittelfenster liegt das Christuskind, hinter ihm steht in frontaler Haltung ihm zugewendet Maria in blauem Gewand. Aus den Seitenfenstern tritt je ein rot gekleideter König mit einem Prunkgefäss zum Kind. Über Maria ein Lebensbaum mit Vögeln, umgeben von stehenden, Blumen- und Fruchtkörbe darbringenden Engeln.

Emmaus-Gruppe über dem Südportal

Die frei stehende Statuengruppe aus Sandstein der zwei Jünger mit Christus in Emmaus stammt von OTTO MÜNCH.[184] Unter der Figurengruppe im Bogenfeld des Südportals die gemalten Bittworte der Jünger an den Auferstandenen: «Herr, bleibe bei uns, denn es will Abend werden» (Lk 24,29).

Bronzetüren

Südportal (Zwinglitür).[185] (Abb. 171) 1935–1939. Entwurf und Modellierung: OTTO MÜNCH. Guss: RÜETSCHI AG, Aarau.

Die beiden Türflügel sind in Anlehnung an romanische Bronzetüren in je zwölf quadratische, von glatten Leisten gerahmte Bildfelder gegliedert. Entwurf des Bildprogramms: Kantonsbaumeister HANS WIESMANN und Grossmünsterpfarrer OSKAR FARNER. An den Kreuzungsstellen der Rahmenleisten porträtartige Köpfe von Vertretern der verschiedenen Stände, welche die Reformation mitgetragen haben (Chorherr, Krieger, Frau, Gelehrter, Bürger, Bauernknecht). In den vier Eckfeldern Siegelbilder (unten: die Stadtheiligen und Karl der Grosse) und Wappen (oben). In den zwei Mittelfeldern des oberen Teils sechs Schweizer Reformatoren (Comander, Haller, Blaurer, ZWINGLI, Vadian, Oekolampad). Die übrigen Reliefs erzählen, von links unten nach rechts oben, ZWINGLIS Wirken und die Zürcher Reformation.

Nordportal (Bibeltür).[186] (Abb. 170) 1944–1950. Entwurf und Modellierung: OTTO MÜNCH. Guss: RÜETSCHI AG, Aarau.

Die Tür ist in 42 quadratische Bildfelder in sieben Streifen übereinander gegliedert. Da die Nordseite kein direktes Licht erhält, sind die Felder im Unterschied zum Südportal kassettenartig vertieft, und die Reliefs erheben sich räumlich reich gestuft und kräftig modelliert vom Grund. Das theologische Bildprogramm entwarfen Grossmünsterpfarrer OSKAR FARNER und KONRAD ZELLER, Direktor des Evangelischen Lehrerseminars Zürich-Unterstrass. Die Bildfelder werden von Schriftfeldern in den vier Ecken und je drei Feldern der äussersten Bildstreifen gerahmt: in den Ecken oben links und unten rechts die Anfangs- und Schlussworte der Bibel, oben rechts und unten links die Kernworte des Evangeliums: «Im Anfang war das Wort» und «Das Wort ward Fleisch» (Joh 1,1 und 1,14). In den seitlichen Schriftfeldern links Hinweise auf die Dreifaltigkeit, rechts auf die Erlösung durch Christus. Die übrigen Bildfelder sind drei Themenbereichen zugeordnet: Die beiden Streifen oberhalb der Türflügel verbildlichen die Zehn Gebote, die drei oberen Streifen der Türflügel die Worte des Glaubensbekenntnisses und der zweitunterste die sechs Bitten des Unservaters. Als «Sockel» der Bildfolge sind im untersten Streifen vier Frauenfiguren aus der Reihe der Vorfahren Christi dargestellt: Rahab, Ruth, Bathseba und Maria.

Spätere Ausstattung

Orgel

Die bestehende Orgel von METZLER & Söhne mit 67 Registern wurde am 31. Januar 1960 eingeweiht.[187] Prospekt: PAUL HINTERMANN. Figürlicher Schmuck von OTTO MÜNCH.

Glocken

Das Geläute blieb nach der Reformation zunächst unverändert. Während 1572 beim Brand des Helms des Glockenturms alle Glocken unbeschädigt blieben, zerstörte der Brand von 1763 zwei von ihnen vollständig, zwei wurden beschädigt und 1769 umgegossen. Erhalten blieben damals die Reichsglocke von 1451 und die so genannte Sechse- oder Türkenglocke von 1428.[188] Die Glocke auf dem Chortürmchen wurde 1604 umgegossen[189] und 1716 ersetzt.

Die einzige heute noch erhaltene alte Glocke ist die mehrfach umgegossene im Chortürmchen von

169

Grossmünster. Chorfenster von 1932/33 nach Entwurf von Augusto Giacometti, ausgeführt von Glasmaler Ludwig Jäger. Dargestellt ist die Anbetung der Könige, begleitet von Engeln mit Blumen- und Fruchtkörben. Foto 2007. – Text S. 169f.

Das Stadtwappen von Zürich	Nach der Niederlage von Kappel	Glaubensflüchtlinge aus Locarno	Das Signet des Zürcher Kirchenrates
Ketzerverbrennung in Schwyz	Die Reformatoren von Chur, Bern und Konstanz	Die Reformatoren von Basel und St. Gallen mit Zwingli	Zwinglis Tod bei Kappel
Die neue Almosenordnung	Der Reformator unterwegs nach Bern	Die Kappeler Milchsuppe	Zwingli und Luther in Marburg
Die Disputation zu Baden	Im Kreis seiner Familie	Übersetzung der Bibel	Ulrich von Hutten auf der Ufenau
Zwingli, der Prediger	Der Ittinger Klostersturm	Das Blutgericht zu Baden	Die Feier des Abendmahls
Felix und Regula und Exuperantius	Zwingli, der Musikant	Zwingli in Monza	Karl der Grosse (768–814)

170–171
Grossmünster. Nordportal. Bibeltür von Otto Münch, 1944–1950. Foto 1964. – Südportal. Zwinglitür. Bildprogramm, konzipiert von Grossmünsterpfarrer Oskar Farner und Konrad Zeller, Direktor des Evangelischen Lehrerseminars Zürich-Unterstrass (nach Oehninger 2004). – Text S. 170.

1716, gegossen von MORITZ FÜSSLI.[190] Inschrift oben: «IPSA EXPERS MENTIS PIA SUADEO VOTA PRECESQUE». Darunter in einer Kartusche: «MORITZ FUESLI GOSS MICH ZU ZÜRICH». Jahreszahl 1716. Inschrift Rückseite: «CAMPANAM HANC FISSURA LAESAM DE INTEGRO / FUNDI CURAVIT IOH. CASPARUS HOFMEISTERUS / COLLEGII CAROLINI PRAEPOSITUS».

1889 trat der Staat das Geläute der Kirchgemeinde ab.[191] Die vier Glocken von 1889 wurden von Glockengiesser HEINRICH KELLER in Unterstrass gegossen.[192] – 1. Grosse Glocke (C): «Alles, was Odem hat, lobe den Herrn». – 2. (E) «Einen andern Grund mag Niemand legen, ausser dem, der gelegt ist, welcher ist Jesus Christus». – 3. (G) «Lasset das Wort Christi reichlich unter euch wohnen». – 4. (C) «Befiehl dem Herrn deinen Weg und hoffe auf ihn, er wird es wohl machen».

DER FRIEDHOF

In der Reformation setzte die Diskussion über die Trennung von Kirche und Friedhof ein. Die Bestattungen «ad sanctos» machten mit der Abschaffung der Heiligenverehrung keinen Sinn mehr, gleichzeitig wurden Bestattungen in der Nähe der Siedlungen nun auch zunehmend aus hygienischen Gründen für bedenklich gehalten.[193] In Zürich wurden entgegen den radikalen Forderungen ZWINGLIS nur die Friedhöfe bei den Klöstern aufgehoben. Vorübergehend blieben lediglich die Friedhöfe des Fraumünsters, von St. Peter und des Grossmünsters erhalten, was zu extrem dichten Belegungen und zu kurzen Ruhefristen für Gräber (fünf Jahre), aber auch zur Notwendigkeit von Massengräbern führte.[194] Verschärft wurde die Situation mit dem Pestzug von 1541. Bereits damals sollte der chronische

Platzmangel auf dem Grossmünsterfriedhof mit der Anlage neuer Friedhöfe ausserhalb der Stadt gelöst werden. Dagegen regte sich offenbar Widerstand in der Bevölkerung, die an der alten Verbindung von Friedhof und Kirche hing und Begräbnisplätze ausserhalb der Stadt als degradierend empfand. Mit der Umnutzung des Predigergartens zum Friedhof wurde das Problem zunächst gelöst.[195]

Grundsätzlich versuchte die Reformation, mit der alten Funktion der Friedhöfe als Treffpunkte und Spielplätze der Bevölkerung aufzuräumen. Zahllose Mandate (darunter etliche, die sich an die Schüler und Studenten am Grossmünster richteten) und der fruchtlose Versuch, die Areale 1602 mit Schlüsseln abzuschliessen, zeigen, wie vergeblich das Bemühen blieb.[196]

Der Unterhalt der Friedhofsmauer erscheint periodisch in den Rechnungen des Stifts.[197] Ihnen ist zu entnehmen, dass 1598 die Mauer gegen die Römergasse hin für über 200 Pfund erneuert wurde.[198] Nach der Reformation kommt diese Mauer sowie jene bei den Wettingerhäusern und den obrigkeitlichen Gäden in den Akten oft vor.[199]

Zu Beginn des 18. Jahrhunderts zeichnet sich die Tendenz ab, das Friedhofsareal beim Grossmünster in einem «ordnenden» Sinn neu zu gestalten. Davon zeugt ein Plan aus dem Jahr 1705, der Grabfelder und Wege deutlich ausscheidet.[200]

In den 1780er Jahren begann man erneut, die Verlegung der Friedhöfe weg von den Kirchen und aus den Siedlungen hinaus zu diskutieren, nunmehr ein Zeichen eines neuen Verständnisses von Hygiene.[201] 1795 fiel der Entscheid, den Grossmünsterfriedhof aufzuheben und durch drei Begräbnisplätze ausserhalb der Stadt zu ersetzen.[202] 1812 «wurde […] der alte Kirchhof von den Schulgebäuden weg, abgegraben, und der Hauptstraße an der Kirchgasse gleich gemacht».[203]

Ausstattung

Beinhäuser. Zunächst wurden die Lichter in den Ossuarien abgeschafft, die Beinhäuser aber erst 1542 abgetragen und die Knochen beigesetzt.[204]

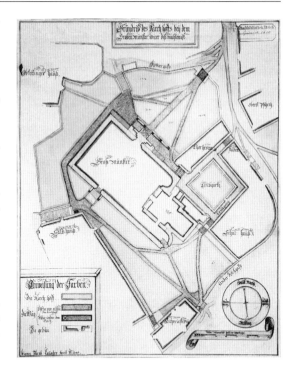

172–173
Grossmünster. Plan mit den Friedhofsarealen. Lavierte Federzeichnung, 1705 (ZBZ). – Blick an das Friedhofstor und die Nordseite der Kirche. Lavierte Federzeichnung nach Franz Hegi, um 1810 (KH). – Text S. 172.

174–175
Grossmünster. Epitaph und Grabplatte, heute in der Krypta. Fotos 1981 und 1934. – Text S. 26f.

Gätteri. Das Abweisgatter gegen Tiere am Eingang zum Friedhof von der Limmat her diente seit 1542 auch als Kirchenpranger für Jugendliche: «Zur Züchtigung und andern zu einem abschüchen» wurden fehlbare Jugendliche in die verschlossene Vertiefung auf kürzere Zeit festgesetzt.[205]

STIFTSGEBÄUDE UND KREUZGANG

DAS STIFTSGEBÄUDE VON DER REFORMATION BIS ZUR AUFHEBUNG DES STIFTS 1832

Da das Chorherrenstift nach der Reformation nicht aufgehoben wurde, blieb es weitgehend bei den alten Nutzungen der Räume. Den grössten Raum belegte die Schule.

DIE CHORHERRENSTUBE

Die Chorherrenstube im Nordflügel wird von Johann Jakob Leu (1689–1768) als «sehr schöne[r] große[r] saal, samt einer uralten Bibliothek» beschrieben. Sie war wie vor der Reformation mit Kamin und Herdplatten ausgestattet[206] und diente zunächst für die Zusammenkünfte der gelehrten Chorherrengesellschaft (siehe unten), später auch für jene anderer Sozietäten.

Da die Bezeichnung «Chorherrenstube» auch als Pars pro Toto für den ganzen Flügel beziehungsweise sogar für die Stiftsgebäude benutzt wurde, ist die Lokalisierung einzelner Funktionen, die nach der Reformation darin untergebracht waren, schwierig. So beinhalten etwa Baumassnahmen von 1660–1662, die unter der Rubrik «Chorherrenstube» abgerechnet wurden, die Erhöhung des Ostflügels gegen «Leutpriesterei und Kirchgasse».[207]

Die Gesellschaft der Gelehrten auf der Chorherrenstube

Unmittelbar nach der Reformation öffneten die Chorherren – nun Professoren am Carolinum – ihren Kreis weiteren Angehörigen des geistlichen Standes, zuerst in der Stadt, später auch auf der Landschaft. Als räumliche und organisatorische Strukturen blie-

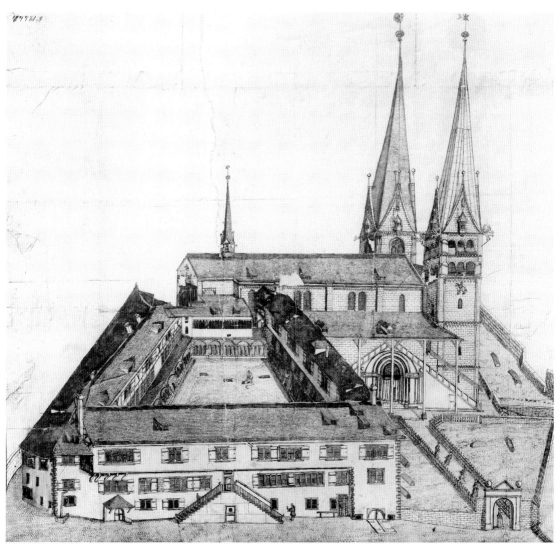

176
Grossmünster. Gesamtansicht der Kirche und des Stiftsgebäudes von Norden. Federzeichnung von Gerold Escher, um 1710 (ZBZ).

ben der so entstandenen Gesellschaft die Chorherrenstube und die Bereitstellung der Gaben für die Kinder, die die jährlichen Beiträge an die Heizkosten («Stubenhitzen») überbrachten. Als Anerkennung für diese Botengänge schenkte man ihnen zuerst Süssigkeiten, seit 1779 Neujahrsblätter.[208] Das erste Neujahrsblatt bildet einen Lehrer mit einem Jüngling ab, die aus der Ferne Zürich und das Grossmünster betrachten.

1836 löste sich die Gesellschaft auf und die «Gesellschaft für Herausgabe eines Neujahr-Stückes zum Besten des hiesigen Waisenhauses» übernahm die Herausgabe der Neujahrsblätter, deren Ertrag dem Waisenhaus zukam.[209] Unter den Mitgliedern war der Kirchenrat SALOMON VÖGELIN. Von der alten Gesellschaft gingen ein «ansehnlicher» Geldbetrag, die Büchersammlung und ein kleiner Silberschatz an die Stadtbibliothek.[210] Schriftstücke aus dem Besitz der Gesellschaft ab 1485 – ein Archivinventar, Haushaltsrödel, Verzeichnisse des Silbergeschirrs, Rechnungen und Ordnungen des Stubenmeisters und des Pflegers der Gesellschaft sowie historische Betrachtungen – befinden sich heute auf der Zürcher Zentralbibliothek.[211]

177
Neujahrsblatt der Gesellschaft auf der Chorherrenstube 1779. Ein Schüler wird auf das Chorherrenstift als Hort der Wissenschaft hingewiesen. Blick durch eine Portalarchitektur. Im Gebälk fünf Medaillons von Reformatoren und Humanisten, darunter Erasmus von Rotterdam und Ulrich Zwingli, auf Hermenpilastern stehen sich die Büsten eines antiken Philosophen – Sokrates? – und eines Humanisten gegenüber.

Weitere Gesellschaften auf der Chorherrenstube

Seit 1768 traf sich auch die Asketische Gesellschaft (auch «Theologisch-kasuistische Gesellschaft und Collegium fratrum praeparantium») einmal im Monat auf der Chorherrenstube. Zweck der Gesellschaft war, den Pfarrern im Hinblick auf spezielle Anforderungen der Seelsorgetätigkeit, insbesondere bei der Betreuung von Leuten, die zum Tode verurteilt waren, eine Art Weiterbildung anzubieten.[212]

Daneben trugen übrigens noch weitere Gesellschaften zum Bildungsangebot am Grossmünster mit eigenständigen Initiativen bei. Vorrangig ist hier zweifellos die 1629 entstandene Bibliotheksgesellschaft auf der Wasserkirche zu nennen, aber auch die 1740 aus einem Kreis von Studierenden am Collegium Carolinum hervorgegangene «Wachsende Gesellschaft». Diese setzte sich das Ziel, Sprache, Rhetorik und Textkritik zu üben sowie Verständnis der Tagespolitik zu erwerben.[213]

DIE BIBLIOTHEK

Aus den Jahren unmittelbar nach der Reformation liegen keine schriftlichen Hinweise zur Bibliothek vor, doch wurden die verbliebenen Bücher sicher von den Angehörigen der Schule benutzt.[214] Der wichtigste Impuls für die Neugestaltung der Bibliothek ging im Zusammenhang mit der Reorganisation des Schulwesens von HEINRICH BULLINGER aus, der sich schon vor dem Antritt von ZWINGLIS Nachfolge grundsätzliche Gedanken zu Studierzimmern und Bibliotheken gemacht hatte.[215]

Die Bibliothek blieb im ersten Obergeschoss des Westflügels, neben der Michaelskapelle. MARTIN GERMANN hat den Versuch unternommen, Bestand und Anordnung der Bücher für 1532 zu rekonstruieren.[216] Wie der von CONRAD PELIKAN 1532 erstellte Katalog «Bibliotheca Tigurina maior»[217] andeutet, befanden sich damals – wie wohl auch vorher – die Bücher meistens «in pulpitis» (Brettergerüst, Regal) oder «capsula» (Kästchen), die alten Bestände in der Nähe von Fenstern («in prolixo suggesto superne fenestris hos per ordine signatos»).[218] Neben der grossen erscheint eine kleine Bibliothek («in minori bibliotheca»).[219] Gemäss dem von LUDWIG LAVATER und WOLFGANG HALLER erstellten Standortkatalog der «Bibliotheca Tigurina» von 1553 – die sich nun eindeutig als «Bibliotheca publica» verstand, verteilte sich diese auf mehrere «capsula» oder «gstelle», und die liturgischen Bücher und theologische Texte standen immer noch bei den Fenstern.[220]

Die Bibliothek, laut JOHANN JAKOB LEU eng mit der Chorherrenstube verbunden, wird um 1770 von ihm als «uralte bibliothec» gepriesen, da sie besonders viele alte Manuskripte besass.[221] Diese Tatsache machte sie später neben der Stadtbibliothek auf der Wasserkirche zur Sehenswürdigkeit. «Unabhängig von der öffentlichen Bibliothek, die zu jeder Zeit von Fremden besucht werden kann, ist die Bibliothek des Chorherrenstifts, welche die carolinische Büchersammlung heißt. Sie verdient ebenfalls alle Aufmerksamkeit, denn sie enthält eine große Anzahl eigenhändiger Briefe der schweizerischen Reformatoren; ein prächtiges Exemplar der Vulgata, von welchem man glaubt, es sei von der Hand Alcuins […] auch einige Jncunabeln.»[222] Zu den Besonderheiten gehörten vor allem die Handschriften der Reformatoren, die 60 Foliobände ausmachten.[223] Erweitert wurden die Bestände auch durch die am Carolinum beschäftigten Gelehrten, deren eigene

*178
Neujahrsblatt der Stadtbibliothek 1860:
Pokale auf der Chorherrenstube.*

Manuskripte und Druckwerke neben den für den Unterricht angeschafften Büchern in die Bestände eingingen.[224]

Die Lücken, die die Reformation in die Bibliothek gerissen hatte, wurden 1629 von vier jungen Zürchern nach ihren jeweiligen Bildungsreisen, auf denen sie reich ausgestattete Bibliotheken kennengelernt hatten, als schwerwiegend angesehen. Sie beschlossen, in Ergänzung zur theologischen Bibliothek am Grossmünsterstift eine öffentliche Bibliothek («Bibliotheca nova Tigurinorum publico-privata») zu schaffen. Diese wurde an ihrem endgültigen Standort in der Wasserkirche 1633 eingerichtet und 1634 eröffnet.[225]

DIE SCHULEN AM GROSSMÜNSTER

Da die Reformation wie andere Erneuerungsbewegungen des 16. Jahrhunderts den dringenden Anspruch stellte, das Christentum als Lehre im Alltag zu verwirklichen, musste für ZWINGLI die Ausbildung für zukünftige Pfarrer ein zentrales Anliegen sein. Das Programm zur Reform der alten Lateinschule legte er im «Christenlichen Ansehen und ordnung» am 29. September 1523 vor: Durch die sukzessive Reduktion der bestehenden Pfründen sollten finanzielle Ressourcen organisiert werden, um neue Lehrstellen («Professuren») zu schaffen. «wol gelert, kunstrich, sittig männer» sollten täglich je eine öffentliche Vorlesung in den Sprachen Latein, Griechisch und Hebräisch halten, die zum Verständnis der «göttlichen gschrifften» notwendig waren.[226] Zur geplanten Ausbildungsstätte für Pfarrer sollte auch der Unterricht für «junge knaben» gehören, die durch einen besser als bisher bezahlten Schulmeister auf die öffentlichen Vorlesungen vorbereitet wurden. Für diese sollte «man mit der zit zwo kommlich wonungen und gmach erbuwen».[227]

1525 wurde ZWINGLI oberster Schulherr und konnte seine Reformpläne realisieren. Im Juni 1525 begannen die öffentlichen Vorlesungen (Lektionen, «lezgen», Prophezeien) im Chor der Kirche (S. 146). Der Begriff der «Prophezei» lehnt sich dabei an eine Stelle im 1. Korintherbrief (14.26–33, insbesondere: «Propheten dagegen sollen zwei oder drei reden, und die andern sollen es beurteilen») an und erinnert in diesem Fall nicht an die Propheten des Alten Testaments.

Die erste der Lektionen im Chor der Kirche wurde in Latein für die Geistlichkeit, die Chorherren und die älteren Schüler der Lateinschule gehalten, die zweite in Deutsch für ein weiteres Publikum. Vorübergehend fanden auch nachmittags Übungen statt, und zwar Bibelerklärungen in Deutsch, für die Studenten und für ein grösseres Publikum.[228] Schon nach einem halben Jahr wurde der Unterricht in Latein, Griechisch und Hebräisch erweitert und systematisiert.[229] 1532 hielten bereits zwei Theologen und je ein Griechisch- und ein Lateinprofessor öffentliche Vorlesungen.

179
Grossmünster. Das Stiftsgebäude von Südwesten. Federzeichnung von Franz Schmid (StAZH, Zeichnungsbücher AGZ).

Als Schauplätze erwähnen die Quellen seit 1534 ein «Lectorium» im bisher nicht-öffentlichen Chorherrengebäude, sommers in der Michaelskapelle («Collegium aestivum», «Sommerletzge»), winters in der beheizbaren Chorherrenstube.[230] Die völlige organisatorische und räumliche Trennung von Lateinschule und darauf aufbauendem Lectorium fand 1560/61 statt (siehe unten).[231]

Alle in diesen Institutionen lernenden Schüler waren in ihren Lebensäusserungen einer aus heutiger Sicht engen Kontrolle unterworfen: Vom neugierigen Betrachten einer Hochzeitsgesellschaft über Schulschwänzen bis zur Trunkenheit und zum Umgang mit dem anderen Geschlecht («er sol die castas und sacras Musas für seine Liebe und bůlschafft haben»[232]) wurde alles beobachtet und streng bestraft.[233]

Entsprechende Inschriften, die die Schüler zu einem gottesfürchtigen Lebenswandel anhielten, befanden sich an den Wänden im Innern des Chorherrengebäudes.[234]

Obere Schule («schola Carolina»), Lateinschule

Die Lateinschule am Grossmünster baute auf den Deutschen Schulen – der damaligen Elementarstufe – auf. Die auf die topografische Lage zielende Bezeichnung «Obere» Schule unterschied sie von der «Unteren» Schule am Fraumünster.[235] Die Schüler besuchten hier drei, später (vor 1546) fünf Klassen, die sie auf das Lectorium vorbereiteten.[236] Der Schwerpunkt des Unterrichts lag auf der Bibellektüre; gelehrt wurde auch Latein, Griechisch und Hebräisch. Nach der ersten, räumlichen Trennung vom Lectorium wurden die Räume der Oberen Schule im Ostflügel 1536 erweitert.[237] 1569/70 fand nochmals eine Erweiterung der Schule um einen Raum gegen den Kreuzgang statt, zu der ein vom damaligen Stiftsverwalter HALLER eigenhändig skizzierter Entwurf vorliegt. Die neuen Räume wurden am 27. September 1570 mit einem Schauspiel der Schüler und der Studenten eingeweiht.[238] Auch 1660/61 setzten auf dieser Seite der Chorherrenbauten Baumassnahmen ein, die sich über einen längeren Zeitraum hinzogen und die den Bau eines neuen Dachstuhls und eines «schweren Giebels» gegen die Leutpriesterei am Ostflügel beinhalteten (um 1835, Abb. 143).[239]

Lectorium, Carolinum, Collegium publicum

Das Lectorium in der ehemaligen St. Michaelskapelle entwickelte sich bis 1560/61 zu einer eigenständigen Institution, in welche die Schüler etwa im Alter von 17 Jahren eintraten. Die meisten blieben über ein Jahr, in der Regel drei bis sechs Jahre. Die «Classis philologica» und die «Classis philosophica» boten in den ersten beiden Jahren die theologische Grundausbildung. Nach Abschluss der «Classis theologica» im dritten Jahr konnte der Absolvent in den Zürcher Kirchendienst eintreten. Um 1550 beanspruchte das Lectorium 24 Unterrichtsstunden und verfügte über vier Lehrstühle: zwei für Theologie, einen für Latein und Dialektik und einen für Griechisch. Ihre Inhaber waren Chorherren mit abgeschlossener Ausbildung als Theologen. Durch die bereits erwähnte Einsparung von Pfrundstellen war es möglich, hohe Gehälter anzubieten und so gute Lehrkräfte zu berufen. Diese prägten in einem bemerkenswerten Miteinander von Lehrenden und Lernenden den Charakter der Schule, aus der unter anderem die Zürcher Bibelübersetzung hervorging.

Latein und Griechisch waren der Theologie untergeordnet, ebenso die Naturwissenschaften, die seit 1541[240] als fakultatives Fach angeboten wurden. 1548 erhielt der erste Dozent, Conrad Gessner (1516–1565), Naturforscher, Sprachwissenschafter und Stadtarzt, «XVII ß viii h vom dem sceleton», das er für Unterrichtszwecke angeschafft hatte.[241] Bis 1558 unterrichtete Gessner ohne nennenswerte Entschädigung, danach wurde auch seine Stelle zur Professur. Sie wurde in der Folge immer dem Stadtarzt vergeben.

Auf den moralischen Aspekt der Ausbildung von zukünftigen Pfarrern, die mit ihrer «sittlichen» Kontrolle der Landbevölkerung wichtige Herrschaftsträger waren,[242] lag bis 1830 enormes Gewicht. Das Bemühen, die Pfarrer selbst zu Vorbildern zu formen, manifestierte sich in den bereits erwähnten Inschriften und restriktiven Schulordnungen, es war aber auch Gegenstand von Vorlesungen.[243] Mit der Wahl von Johann Conrad Wirz (1688–1769) zum Antistes und von Johann Jakob Zimmermann (1696–1756) zum Theologieprofessor wurde 1737 der in der Reformation programmierte, orthodoxe und enge Zugang zur Theologie zugunsten einer aufgeklärteren Glaubensauffassung erweitert.[244]

Die hier oben angedeutete Entwicklung der Instituition kann nicht unabhängig von der Entstehung gelehrter Sozietäten, die ein wichtiges Instrument für die Weiterbildung darstellten, gesehen werden. Vorrangig ist dabei an die Gesellschaft der Gelehrten auf der Chorherrenstube zu denken (siehe oben).

Der Sieg der Liberalen 1830 veränderte das Bildungswesen. Mit 134 zu 51 Stimmen beschloss der Grosse Rat am 10. April 1832 die Aufhebung des Grossmünsterstifts mit der bestehenden Schule im

180
Die Aufnahme junger Geistlicher in das Predigtamt. Blick in die Chorherrenstube mit schlichter Ausstattung und repräsentativem Kachelofen. Kupferstich von David Herrliberger, 1751. – Text S. 174ff.

Hinblick auf deren Auflösung in eine moderne Kantonsschule und eine Universität. Das entsprechende, bereinigte Unterrichtsgesetz wurde am 28. September vom Grossen Rat angenommen.

Räume des Lectoriums sind im Einzelnen – abgesehen vom Sommerauditorium in der ehemaligen Michaelskapelle von 1534 an – nicht immer zu lokalisieren. Sie dürften sich im Nordflügel befunden und teilweise die Chorherrenstube selber belegt haben: 1549 fand die «lectio latina» in der Chorherrenstube statt und die «lectio graeca» in einem Raum, für den in den Rechnungen regelmässig ein Posten für Kerzen erscheint.[245] Für einen als Lectorium bezeichneten Raum wurden regelmässig Scheiben ersetzt;[246] hier standen Bänke und Stühle, die «vol gschriben und gemalet» waren, und an der Wand hing eine Landkarte von Griechenland.[247] 1640 wurde das Erdgeschoss der Wasserkirche als Aula für «Schuldisputationen und Declamationen» eingerichtet.[248] 1675/76 entzog die Obrigkeit dem Grossmünsterstift diesen Raum, womit die alte Verbindung zwischen Grossmünster und Wasserkirche endgültig durchtrennt war. Vielleicht war dies der Anlass für eine Erweiterung der Unterrichtsräume 1676/77 im Nordflügel, der einen Teil der Marien- beziehungsweise Michaelskapelle mit einbezog.[249] Jedenfalls erwähnen die Rechnungen des städtischen Bauamtes in diesem Jahr sowohl die Neueinrichtung des Sommerauditoriums als auch einen neuen Hörsaal («Auditorium»)[250] und «ein neues Collegio auf der Chorherren».[251] An der Nordseite (gegenüber dem Antistitium) wurde ein neuer Eingang geschaffen sowie das Fensterprogramm erneuert und angepasst.[252]

DAS STIFTSGEBÄUDE NACH DER AUFHEBUNG DES STIFTS 1832

Nach der Gründung der Kantonsschule im Jahr 1833 wurde beschlossen, diese vorerst im Nordflügel unterzubringen. Die bisherigen Nutzungen wurden ausgelagert, gleichzeitig verliess auch der Stiftsverwalter sein Amtsgebäude an der Kirchgasse.[253]

1833 erfolgte im ehemaligen Trottenraum im Ostflügel der Einbau eines chemischen Laboratoriums, eines Auditoriums und eines Depositoriums.[254] 1835 verwarf die Stiftspflege ein Projekt, das Stiftsgebäude lediglich auf «einfache und nicht kostspielige Weise» für die Kantonsschule einzurichten, und plante stattdessen 1836 einen Neubau an gleicher Stelle. Nachdem das Baugerüst bereits stand, führten 1837 verschiedene Gründe, unter anderem die Befürchtung, dass durch den Neubau die Kirche «maskirt, entgästet und verdunkelt» würde,[255] zur Aufgabe des Projekts und Weiternutzung der alten Gebäude als Provisorium für die Kantonsschule (siehe unten). 1839 begannen auf der Rämibastion die Arbeiten am Neubau von GUSTAV ALBERT WEGMANN, im August 1842 erfolgte der Umzug.

DAS GROSSMÜNSTERSCHULHAUS VON GUSTAV ALBERT WEGMANN

Die Zürcher Töchterschule

Die erste Zürcher Töchterschule geht auf eine Initiative des Chorherrn Leonhard Usteri zurück und wurde 1774 eröffnet.[256] Die aus privaten Mitteln finanzierte Schule war im «Guggentürli» an der heutigen Zähringerstrasse (1953 abgebrochen) untergebracht. Sie wurde nach dem Tod der ersten Lehrerin Susanne Gossweiler 1803 von der Stadt übernommen und auf der Grundlage der Gesetzgebung von 1832 als Mädchensekundarschule eingerichtet.

Am 5. April 1845 erwarb der «Verein von Freunden verbesserter Schulanstalten in der Stadt Zürich» das mit der Eröffnung der neuen Kantonsschule frei gewordene Chorherrengebäude für die Einrichtung einer städtischen Mädchenschule.[257] 1850–1853 entstand hier der Neubau der Töchterschule von GUSTAV ALBERT WEGMANN (siehe unten). 1874 beschloss die Zentrale Schulpflege der Stadt die Einrichtung einer Höheren Töchterschule, die mit zweijährigen Kursen an die bisherige Sekundarschule anschloss und auch Schülerinnen aus den Gemeinden ausserhalb der Stadt aufnahm. Sie wurde später zur dreijährigen Frauenbildungsschule ausgebaut. 1876 erweiterte man die Töchterschule um ein Lehrerinnenseminar, ein Jahr später folgte die Einrichtung des Kindergärtnerinnenseminars in Küsnacht. Ab 1894 führte die Töchterschule spezifische Handelsklassen in zwei- beziehungsweise dreijährigen Kursen. Damit ermöglichte sie den Zürcher «Töchtern» zunächst den Zugang zu der zunehmenden Zahl von gehobenen Bürostellen.[258] Seit 1904 bot die Schule nach provisorischen Lösungen Gymnasialklassen an, die hauseigene Matura wurde aber erst 1920 vom Kanton Zürich anerkannt.

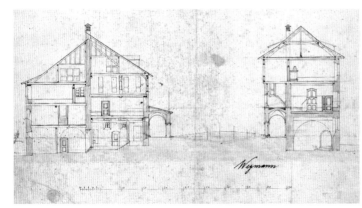
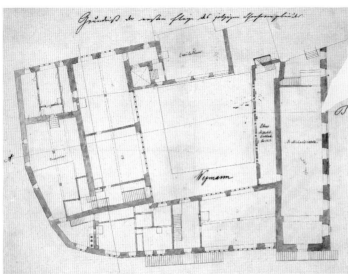
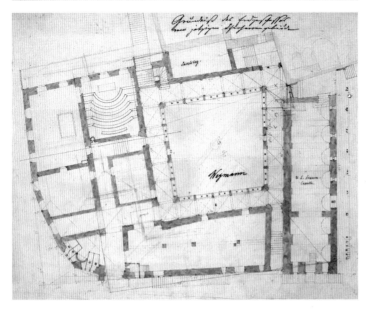

181–183
Grossmünster. Stiftsgebäude. Drei Aufnahmepläne von Gustav Albert Wegmann vor dem Abbruch 1850. Querschnitt durch den West- und den Ostflügel, Grundrisse 1. Obergeschoss und Erdgeschoss (ETHZ, gta, Nachlass G. A. Wegmann). – Text S. 174–180.

Planungs- und Baugeschichte[259]

Beim Erwerb der Stiftsgebäude durch den «Verein von Freunden verbesserter Schulanstalten in der Stadt Zürich» verlangte die Regierung nicht nur, dass die Gebäulichkeiten nur für Kirchen- oder Schulzwecke verwendet würden, sondern auch, dass die Käuferschaft den ganzen Kreuzgang unterhalte und ihn «in seiner architektonischen Bauart in Ehren zu halten, wie er jetzt besteht».[260] Bald dachte man über einen Neubau nach. Mit der Planung wurde GUSTAV ALBERT WEGMANN beauftragt, der im November 1846 einen detaillierten Bericht darüber vorlegte.[261] WEGMANN sah vor, den romanischen Kreuzgang in seiner ursprünglichen Lage und Form beizubehalten und ihn als «Corridor der Schulzimmer» zu nutzen. Den doppelt so breiten Ostflügel gegen die Kirchgasse hin plante er gleich schmal wie die übrigen drei Flügel zu bauen, damit «die enge, dunkle Kirchgasse so erweitert, dass auch die im untersten Stockwerk liegenden Schulzimmer Sonne haben werden».[262] Der Einbau des Kreuzgangs veranlasste WEGMANN, den Neubau stilistisch an die romanische Grossmünsterkirche anzupassen und ihn im «Rundbogenstyl» zu errichten.

Am 19. Dezember 1846 gab er dem Verein ein erstes Projekt ab. Die politisch bewegte Zeit 1846/47 und die Schwierigkeiten bei der Äufnung des Baufonds verzögerten die weitere Planung. Im Sommer 1849 legte WEGMANN verschiedene Fassadenentwürfe und «Ansichten» vor.[263] Am 13. November 1849 veröffentlichte der «engere Stadtrath» seinen «Bericht [...] betreffend die Genehmigung der Plane ...»,[264] und noch vor Jahresende übertrug man Baumeister LOCHER den Abbruch der alten Stiftsgebäude. In Voraussicht, dass beim Abbruch Malereien oder «andere Merkwürdigkeiten» hinter den Vertäferungen zum Vorschein kommen könnten, beschloss man, die Antiquarische Gesellschaft zu ersuchen, «den Abbruch jener Gegenstände gefälligst durch eines ihrer verehrlichen Mitglieder beaufsichtigen zu lassen» und ermächtigte den Architekten, für allfällig nötig werdende archäologische Untersuchungen die Abbrucharbeiten vorübergehend einzustellen.[265] Inzwischen ersuchte man WEGMANN, zur Kostensenkung Pläne für die «gewünschte Vereinfachung des Facadenbaus» zu unterbreiten, die im Februar 1850 diskutiert wurden. Als der Abbruch so weit fortgeschritten war, dass nur noch der Kreuzgang mit den Umfassungsmauern dastand, entfachte sich eine heftige Debatte darüber, ob er nicht ganz abgebrochen, das Grossmünster frei gestellt und das Schulhaus an einem anderen Standort errichtet werden sollte (siehe S. 186).

Nach dem Entscheid für den Neubau begannen Anfang Juli 1850 die Arbeiten unter den Baumeistern LOCHER und AUGUST STADLER. Der bauliche Zustand und die Statik des Kreuzgangs erwiesen sich als dermassen schlecht, dass man trotz der höheren Kosten entschied, Letzteren inklusive Gewölbe ganz abzutragen und ihn bis und mit Grundmauern neu aufzubauen. Die Neuerrichtung ermög-

184
Grossmünster. Grossmünsterschulhaus an der Stelle des Stiftsgebäudes, erbaut 1850–1853 von Gustav Albert Wegmann. Ansicht von Südosten. Foto 1913. – Text S. 180–183.

*185
Grossmünster. Projekt für den Abbruch des Stiftsgebäudes und die Freistellung der Kirche. Die romanischen Kreuzgangarkaden sollten in einer kleinen Vorhalle und als Loggia an der Ostseite der Kirche Verwendung finden (ZBZ, GrafSlg). – Text S. 183ff.*

lichte eine leichte Korrektur der Baulinien. Nach 15 Monaten war der Rohbau vollendet, und am 7. April 1853 erfolgte die Einweihung des Baus.

Beschreibung

Das vierflügelige Gebäude mit flachen Walmdächern, in dem seit 1976 das Theologische Seminar der Universität Zürich untergebracht ist, schliesst sich an die Nordflanke der Grossmünsterkirche. Es ist aus dem gleichen grauen Sandstein wie die Kirche errichtet. Über dem terrainbedingt ungleich hohen, glatten Sockelgeschoss erheben sich drei Geschosse von gleicher Höhe und identischer Gliederung. Lisenen und verkröpfte Gurtgesimse bilden Binnenfelder, die von paarweise angeordneten, rahmenlos in die glatten Mauern eingeschnittenen Rundbogenfenstern beinahe ausgefüllt werden. Durchlaufende Dienste besetzen die Gebäudekanten. Ein Flechtbandmuster ziert die Gurtgesimse in den Obergeschossen. Unter der Dachtraufe verlaufen ein Rundbogenfries auf Konsolen und ein Schachbrettfries. In Rhythmisierung und Einzelmotiven nimmt die Fassadeninstrumentierung des Neubaus Bezug zur Grossmünsterkirche. In den hofseitigen Fassaden aus rötlichem Sichtbackstein öffnen sich in Haustein gefügte Fenster (1914 mit rauem Besenwurf verputzt, 1962/63 weiss getünchter Verputz). In Anlehnung an die Kreuzgangarkaden sind sie mit Säulchen und Würfelkapitellen bestückt.

DER KREUZGANG

NUTZUNG UND BAULICHE VERÄNDERUNGEN NACH DER REFORMATION

Reparaturarbeiten am Kreuzgang

Wiederholt erfolgten Unterhaltsarbeiten am Dach des Umgangs, so etwa 1582, 1587, 1611, 1614.[266] Häufig mussten auch Säulchen der Arkaden ersetzt werden (1507, 1669/70, 1685/86, 1686–1688, 1690/91, 1706/07: «stejnj pfosten», «säulen», «stüdlj», «schefftli» etc.).[267] 1541 wurde der Kreuzgang gepflästert und mit Bänklein möbliert.[268] 1558 wurde er neu gepflästert und dabei mit 110 Platten belegt.[269]

186
Grossmünster. Kreuzgang nach dem Bau des Schulhauses. In der Mitte der 1853 errichtete Brunnen mit der Statue Kaiser Karls des Grossen von Ludwig Keiser. Foto 1913. – Text S. 185.

1561 erfolgte eine umfassende Erneuerung: Man ersetzte sechs «pfosten», besetzte «den Krützgang mit Ziegel platten» und beauftragte Hans Asper mit Malerarbeiten in «steinfarb» und «kesselbraun».[270]

Der Ersatz anderer Bauteile oder von skulptierten Werkstücken erscheint in den Rechnungen nicht; man darf davon ausgehen, dass der Kreuzgang bis 1850/51 im Wesentlichen im originalen Zustand verblieb.

Friedhof im Kreuzgang

Nach der Reformation war es zunächst grundsätzlich verboten, Grabmäler zu errichten beziehungsweise Inschriften auf Grabsteinen oder -tafeln anzubringen.[271] David von Moos (1778) überliefert eine Handschrift des 16. Jahrhunderts, die solche inschriftslosen Bestattungen aus der Zeit von 1562 bis 1586 auflistet. Als Ausnahmen erwähnt sie die Grablegen von Rudolf Gwalter (1519–1586), dem bedeutenden Prediger und Ziehsohn Bullingers, in einem alten Familiengrab, und diejenige Ludwig Lavaters (1527–1586), Bullingers Schwiegersohn und wie Gwalter Antistes der Zürcher Kirchen, der «paulo extra Peristylium» auf dem Friedhof neben seinem Lehrer Conrad Pelikan begraben zu werden wünschte.[272] Gwalter engagierte sich im Bemühen um die Abschaffung der alten Bräuche, während Lavater die neuen Normen beschrieb.[273]

Ein erstes Abweichen von der Vorschrift, dass Gräber inschriftenlos zu sein hatten, bildete das Grab des dreijährigen Sohns des Grafen Ludwig von Öttingen von 1549, das der Überlieferung nach den folgenden von Fabricius Montanus verfassten Text getragen haben soll: «Exilio stabilem sedem dedit hospita tellus / Hac eadem requiem quae dedit et tumulum». Das üppige Wappen war 1695 noch sichtbar.[274]

Eine eigentliche «Topografie» der Grablegen lässt sich nur in Ansätzen erkennen. Die Frauenbestattungen befanden sich eher auf der Seite gegen die Marienkapelle, die Gräber der Professoren und der

Stiftsverwalter auf der «Chorherrenseite» am Nordflügel und auf der «Schulseite» am Ostflügel. Gegen den Chor lagen die aufwendigen Gräber des Adels (neben dem erwähnten Grab des von Öttingen: Effinger von Wildegg und Schmid von Goldenberg).

1564 beschloss der Rat den Abbruch der Göldlikapelle (siehe oben), danach blieb der Kreuzgarten Angehörigen des Kleinen Rats vorbehalten, wie wir es beispielsweise auch aus dem Kloster Allerheiligen in Schaffhausen kennen.[275]

Bei einer Sondiergrabung im Kreuzganghof und im Südflügel 1962/63 kamen Reste von Skeletten und Särgen zum Vorschein, die erstaunlich hoch, kaum 40 cm tiefer als der Wandsockel des Kreuzgangs, lagen.[276]

19./20. JAHRHUNDERT: WIEDERAUFBAU UND RESTAURIERUNGEN

1830er Jahre: Vom Abbruch bedroht

Nach der Absage an das Projekt von 1834, das Chorherrengebäude für die Kantonsschule umzubauen, plante die Stiftspflege 1836 den Abbruch und einen Neubau «in modernem Style» an gleicher Stelle.[277] Alarmiert von diesem Vorhaben, publizierte CARL VON EHRENBERG in der von ihm gegründeten «Zeitschrift über das gesammte Bauwesen» eine kurze Notiz über den Kreuzgang, «eines von den wenigen ächt bizantinischen Ueberbleibsln, an welchen sich der Architekt in der sonst architektonischen Einöde Zürichs noch erfreuen kann», und appellierte an die Behörden, das Bauwerk zu erhalten.[278] Im Dezember gleichen Jahrs reagierte auch die wenige Jahre zuvor gegründete Antiquarische Gesellschaft in Zürich. Sie beschloss, den abbruchgefährdeten Kreuzgang «in einer Reihe von Blättern herauszugeben»,[279] und beauftragte FRANZ HEGI mit der zeichnerischen Aufnahme. Als die «zweckmässige Verwendung» der Kreuzgangarkaden im geplanten Neubau der Kantonsschule zur Diskussion stand, lehnte sie – mit der Begründung, dass dies Sache des Architekten sei – eine Meinungsäusserung darüber ab, behielt sich aber vor, wenn deren Wiederverwendung beschlossen sei, bei der Auswahl und Anordnung der einzelnen Stücke mitzureden.[280] Gleichzeitig machte sie sich um die Abklärung der Datierung und stilgeschichtlichen Einordnung des Kreuzgangs verdient und holte Stellungnahmen von auswärtigen Experten ein.[281] Als das Baugespann bereits stand, verwarfen die Behörden 1837 aus verschiedenen Gründen das Projekt, und das Gebäude diente weiterhin als Provisorium für die Kantonsschule.

Der Kreuzgang in Bild und Text 1841

1841 erschienen die Aufnahmen FRANZ HEGIS in 16 Aquatintablättern im ersten Band der «Mitteilungen der Antiquarischen Gesellschaft in Zürich» mit einem Begleittext von SALOMON VÖGELIN, dem Verfasser des «Alten Zürich» von 1829.[282] Nebst einem Grundriss und zwei Ansichten bilden die Tafeln die skulptierten Teile, Joch für Joch, fast vollständig ab. Die Skulpturen sind gleichsam aus dem architektonischen Zusammenhang herauspräpariert und ohne räumliche Andeutung, vorwiegend in Frontalansicht, abgebildet. HEGIS Aufnahmen täuschen einen fast makellosen Erhaltungszustand vor; nur Fragmente sind als solche belassen (Abb. 124, 141, 144). Wo ein Vergleich mit den Originalen möglich ist, wird deutlich, wie sehr HEGI beschönigt und idealisiert, auch wenn man vom Zeitstil und vom persönlichen Duktus absieht. Die figürlichen Motive lässt er mittels starker Hell-Dunkel-Kontraste und Schattierungen in kräftiger Plastizität vortreten. Manche Köpfe der Bogenanfänger verlebendigt er durch weiche Modellierungen und verleiht ihnen porträthaften Ausdruck und teilweise antikische Züge, die an den Originalen nicht zu erkennen sind. Die Betrachtung der ganzen Bildtafeln und der einzelnen Motive erweckt noch heute den Eindruck jener überbordenden Lebendigkeit und Mannigfaltigkeit, welche die frühe Kunstgeschichtsschreibung, die sich ihr Urteil aufgrund von HEGIS Tafeln bildete, so sehr begeisterte.[283] Den publizierten Aquatintablättern ging eine Reihe von Bleistiftzeichnungen voraus,[284] Detailstudien, Umrissskizzen und kräftig schattierte, elaborierte Wiedergaben, zum Teil schon seitenverkehrt für die Ausarbeitung der Druckvorlagen. Einige Blätter zeigen bereits die «Mise-en-page» der gedruckten Blätter oder Varianten davon.

Der eng auf die Tafeln bezogene, vorbildlich sachliche Text SALOMON VÖGELINS ist die einzige eingehende Beschreibung des originalen Zustands und deshalb bis heute von hohem Quellenwert. Der Datierung und der kunstgeschichtlichen Einordnung liegen die oben erwähnten Gutachten auswärtiger Experten zugrunde. Eine verhaltene Propaganda äussert sich im Aufruf am Schluss, «dieses von allen

*187
Grossmünster. Kreuzgang nach der Restaurierung und der Neugestaltung des Hofs 1962/63. Foto 1964. – Text S. 188f.*

Kennern ungemein geschätzte Baudenkmal aus ältester Zeit fortwährend sorgfältig zu erhalten».[285]

Abbruch und Wiederaufbau 1850/51

Mit dem Kauf des Chorherrengebäudes im Hinblick auf einen Neubau für die Einrichtung einer Mädchenschule war die oben erwähnte Auflage verbunden, den Kreuzgang «in seiner architektonischen Bauart» zu erhalten.[286] Die bisher drei Eingänge von aussen in den Kreuzgang sollten auf zwei reduziert werden.[287]

Exkurs: Kreuzgang gegen Kirche – eine denkmalpflegerische Diskussion

Als der Abbruch des Chorherrengebäudes im März 1850 vollendet war und der Kreuzgang noch als einziger Überrest dastand, entfachte sich eine heftige, aber anspruchsvolle und für die Frühgeschichte der Denkmalpflege interessante Debatte.[288] Eine Gruppe um den Architekten JOHANN JAKOB BREITINGER forderte den Abbruch des Kreuzgangs und den Verzicht auf den Schulhausbau an dieser Stelle, um so den «freien, würdigen Anblick eines grossartigen Bauwerks früherer Jahrhunderte [...] und einen der Stadt zur Zierde gereichenden öffentlichen Platz» zu gewinnen.[289] Gegen diese ästhetisch begründete Idee argumentierte ANTON SALOMON VÖGELIN – ganz auf der Linie seines kurz zuvor verstorbenen Vaters Salomon – mit dem «kunstgeschichtlichen Interesse».[290] Er betonte die Bedeutung des Kreuzgangs für den «romanischen Styl», auf den sich «gerade gegenwärtig [...] der Fleiss und Eifer der Kunstverständigen überall, zumal in Deutschland und Italien» lenke und seine Denkmäler «oft aus trümmerhaftem oder entstelltem Zustande wieder herstellt, und der Betrachtung zugänglich macht». Als «eines der bedeutendsten Denkmäler dieses neu erkannten Styles» sollte der Kreuzgang erhalten werden. Die Bezugnahme auf FRANZ KUGLER, der den Kreuzgang in seinem 1842 erschienenen «Handbuch der Kunstgeschichte» überregional bekannt – und berühmt! – gemacht hatte, ist hier nicht zu überhören. Eine weitere, anonyme Flugschrift zitiert ihn als Referenz für die kunsthistorische Bedeutung des Kreuzgangs sogar wörtlich.[291] BREITINGERS Vorschlag, Teile des Kreuzgangs bei der Kirche oder anderswo «zur Zierde» aufzustellen (Abb. 185), kritisiert VÖGELIN als «Verstümmelung» und als ein «für ein architektonisches Kunstwerk [...] schlimmeres Schicksal [...] als selbst die Zerstörung».

Am 29. April 1850 lehnte die Bürgergemeinde das Freistellungsprojekt mit 192 gegen 146 Stimmen ab[292] und hiess den Schulhausneubau mit Erhaltung des Kreuzgangs gut. Baulicher Zustand und Statik erwiesen sich jedoch als so prekär, dass man entschied, ihn ganz abzutragen und samt den Grundmauern neu aufzubauen.[293] Nach Meinung des Architekten sollte das alte Material «wieder verwendet werden, so die Sicherheit der Konstruktion es erlaube, vorzugsweise die Stücke von antiquarischem Werthe, ein bedeutender Theil des Materials aber neu aufgeführt werden».[294] Ein Protokoll über die durch Kopien ersetzten und die wieder eingebauten originalen Werkstücke ist nicht überliefert. Nachweislich neu erstellt wurden sämtliche Bodenplatten,[295] die Gewölbe[296] und die Arkadensäulchen, die ursprünglich aus rötlichem Sandstein bestanden.[297] Eine ungefähr 30 Jahre nach dem Wiederaufbau entstandene Fotografie (Abb. 126) lässt vermuten, dass alle tragenden Teile – Brüstungsmauern, Wand- und Arkadensäulen, Zwischenpfeiler und Gewölbe – ersetzt worden sind. Von den

188
Grossmünster. Kreuzgang. Blick in den Westflügel gegen Norden. Foto 2006.

Skulpturen wurden, mit einer Ausnahme (siehe unten), alle Bogenanfänger durch Kopien ersetzt. Wiederverwendete originale Stücke finden sich in grösserer Dichte im West- und im Südflügel (siehe S. 133–140), während im Nord- und im Ostflügel praktisch alle skulptierten Werkstücke erneuert worden zu sein scheinen. Auf der Hofseite wurden alle Skulpturen durch Kopien ersetzt. Einige romanische Bogenanfänger kamen ins Schweizerische Landesmuseum, der Verbleib der übrigen ist unbekannt.

Als Vorlagen für die Kopien dienten nicht die (zum Teil stark abgewitterten) Originale, sondern meist die Wiedergaben HEGIS, denen da und dort etwas «romanische Strenge» beigemischt wurde.

Willkürlich ergänzte man eines der Tierprotome an der östlichen Hofseite, das schon HEGI als Fragment zeigt, zu einem Hund (1962/63 durch einen Steinbock ersetzt, siehe S. 189).

Den Abschluss des Wiederaufbaus dokumentiert eine Inschrift über dem Hofportal im Ostflügel: «AMBITUS AD PRISTINAM FORMAM RESTITUTUS A. MDCCCLI».

Die Restaurierung von 1914

Anlässlich des Innenumbaus und der Fassadenrenovation des Schulhauses 1914 wurden Wände und Gewölbe des Kreuzgangs neu gestrichen[298] und ein Teil der Skulpturen an der Hofseite durch Kopien ersetzt. Aus ästhetischen Gründen erwog man die Entfernung der jeweils im Winter angebrachten Verglasung im Kreuzgang, die als «eine arge Verschandelung des kunsthistorischen Bauwerkes betrachtet» wurde; aus wärmetechnischen Gründen verzichtete man aber darauf.[299] An der Hofseite wurden sämtliche Pilasterpostamente «genau nach den früheren Profilen», elf Pilasterkapitelle und neun oder zehn «Fratzen», das heisst skulptierte Bogenanfänger, in Bolliger Sandstein erneuert:[300] Die verwitterten alten Werkstücke wurden sorgfältig bis auf eine Tiefe von 21 cm ausgespitzt. Die «Fratzen» aus den neu eingesetzten Bossen schuf Bildhauer JOHANN JAKOB WILHELM SCHWERZMANN.[301] Er fertigte die neuen Stücke nach Gipsabgüssen der alten, das heisst derjenigen von 1850/51, die man für die Originale hielt. Sieben «Fratzen» sowie Pilaster und Pilasterkapitelle bearbeitete er nach. Erhalten sind vierzehn damals ausgebaute Bogenanfänger von 1850/51 (zehn Frauen- und Männerköpfe und vier Tierprotome), die 1927 zusammen mit den erwähnten Gipsabgüssen ins Landesmuseum kamen.[302] Mit dabei war ein einziger Bogenanfänger der Gangseite mit Darstellung eines eingerollten nackten Männchens in Rückenansicht, den wir entgegen der bisherigen Meinung nicht für eine Kopie von 1850/51, sondern für ein romanisches Original halten. Die übrigen Skulpturen wurden zum Teil noch einmal mit dem Meissel übergangen oder man ergänzte sie durch Anstückungen (beispielsweise der Hase im Löwenrachen im Ostflügel).

Die Restaurierung von 1962/63

1962/63 erfolgte eine umfassende Restaurierung des Kreuzgangs und, im Zusammenhang mit der Umgestaltung des Hofs, eine Sondiergrabung.[303] Der Fund eines romanischen Säulenschafts aus rötlichem Sandstein gab Anlass, gestützt auf die Beschreibung VÖGELINS von 1841, die zu erneuernden Arkadensäulchen in rotem Sandstein zu ersetzen. An den Hoffassaden wurde der raue Besenwurf von 1914 entfernt und ein weiss getünchter Verputz mit feiner Oberfläche aufgetragen. Von den skulptierten Teilen wurden einige hofseitige Ornamentfriese an den Pilasterkapitellen nach Abgüssen neu gefertigt und zehn Bogenanfänger (zum dritten Mal!) neu erstellt (Bildhauer: WILLI STADLER, FRANZ PURTSCHERT, HANS EHRLER). Als Vorlagen dienten die Aquatinten von FRANZ HEGI und, wo vorhanden, die Originale im Schweizerischen Landesmuseum. Wo diese zu stark abgewittert waren oder keine Aquatinta zu Verfügung stand, führte man die neuen Kopien nach dem «Einfühlungsvermögen» und der künstlerischen Fantasie des Bildhauers «unter der Anleitung des Denkmalpflegers» aus.[304] Dieses «Hindurchlaborieren» zwischen Original und Repro-

189–190
Grossmünster. Während der Restaurierung des Kreuzgangs 1962/63. Ein Steinmetz erstellt eine Kopie eines Arkadensäulchens. Foto 1963. – Kreuzgang. Tierprotom an der östlichen Hofseite. Um 1840 nur noch als Fragment vorhanden, wurde es 1850/51 durch einen Hund und 1962/63 schliesslich durch einen Steinbock ersetzt. Foto 1963. – Text S. 188f.

duktion stiess zehn Jahre später auf heftige Kritik.³⁰⁵ Nach HEGIS Hofansicht (Abb. 144) korrigierte man auch die Reihenfolge der Tierprotome und versah sie mit Beischriften. Den Hund von 1850/51 ersetzte man durch einen Steinbock.

Gleichzeitig wurde der Hof umgestaltet und mit kreuzförmig zwischen Pflanzbeeten verlaufenden Plattenwegen belegt und der Karlsbrunnen durch einen modernen Brunnen ersetzt.

Der Brunnen im Hof

Die Errichtung eines Brunnens mit der Sandsteinfigur Karls des Grossen in der Mitte des gepfläsferten Hofs krönte 1853 die Vollendung des Schulhausneubaus von WEGMANN mit dem integrierten romanischen Kreuzgang.³⁰⁶ Der in Zug geborene Bildhauer LUDWIG KEISER schuf die Kaiserstatue auf dem Brunnenstock in der Mitte eines achteckigen Beckens. In der rechten Hand hielt der Kaiser die Bibel, in der linken das Schwert. Über das Schicksal der Statue nach 1914 ist nichts bekannt. Erhalten ist nur das Gipsmodell von 1852, das sich seit 1999 in der Sammlung des Museums in der Burg Zug befindet.³⁰⁷ Im Unterschied zur ausgeführten Figur hält der Kaiser in der Rechten statt der Bibel ein Kirchenmodell, unterscheidet sich aber sonst nicht von der ausgeführten Statue. Das Modell hatte KEISER vermutlich noch in München gefertigt, bevor er 1853 von dort nach Zug zurückkehrte. Stilistisch stand die Statue den Werken seines Münchner Lehrers Michael Schwanthaler nahe.

1912 beschloss man die vollständige Erneuerung der Brunnensäule und der Statue Karls des Grossen, und die Bildhauer ARNOLD HÜNERWADEL, OTTO KAPPELER und HANS MARKWALDER wurden zur Anfertigung von Modellen eingeladen.³⁰⁸ Zur Weiterbearbeitung empfohlen wurde dasjenige von HÜNERWADEL.³⁰⁹ Das 1914 vollendete Werk aus Kirchheimer Muschelkalkstein besteht aus einer stark gebauchten Säule, deren Fuss in einem Blattkranz an den legendären Aufenthalt des Kaisers im benachbarten Haus zum Loch (Römergasse 13) erinnert. In der Säulenmitte stellt ein Figurenkranz die Paladine Karls dar. Der in starrer Haltung wiedergegebene Kaiser hält in der rechten Hand das erhobene Schwert, in der linken den Reichsapfel. Der ganze Brunnen wurde bei der Neugestaltung des Hofs 1962/63 entfernt und 1972 – mit einer Kopie der Kaiserstatue von 1914 durch WILLY STADLER – im Evangelischen Lehrerseminar Zürich-Unterstrass (heute Institut Unterstrass der Pädagogischen Hochschule Zürich) wieder aufgestellt.³¹⁰

DOKUMENTATION GROSSMÜNSTER

Literatur

Geschichte von Kirche und Kapitel (Auswahl)
HOTTINGER 1664. – BLUNTSCHLI 1711, S. 104–107. – BLUNTSCHLI 1742, S. 193–197. – WERDMÜLLER 1780, S. 238–244. – WIRZ 1793, S. 211–354 beziehungsweise 370. – VÖGELIN 1841. – VÖGELIN 1853. – VÖGELIN 1854. – HOTZ 1865. – NÜSCHELER 1873, S. 346–367, 438–442. – VÖGELIN/NÜSCHELER/VÖGELIN 1878, S. 262–326. – VÖGELIN 1883. – GANZ 1925. – BAUHOFER 1943. – SPILLMANN 1962/I, S. 431 ff. – RUOFF 1965. – MÜLLER 1971. – HELFENSTEIN/RAMER 1977. – GERMANN 1994. – LEUPPI 1995. – HÄNGGI 1995. – SIEGWART 1995. – KAISER 1995, S. 157–159. – DÖRNER 1996. – GABATHULER 1998. – STEINER 1998 (mit der älteren Literatur). – Kat. Schola Tigurina 1999. – KEMPE/MAISSEN 2002, S. 26–30.

Kirche, Architektur. BURCKHARDT 1839. – KELLER 1841. – KELLER 1844. – RAHN 1897. – RAHN 1898. – WIESMANN 1932. – WIESMANN 1937. – HOFFMANN 1941. – HOFFMANN 1942. – REINLE 1968. – GUTSCHER 1983. – MEIER 1996, S. 325–360.

Bauskulptur Kirche
LINDNER 1899. – HOMBURGER 1928. – REINLE 1968, S. 442–444, 458–462. – REINLE 1969. – MAURER-KUHN 1971, S. 48–53, 76–83, 97–113, 263 f. – REINLE 1990. – REINLE 1992. – REINLE 1994. – MEIER 1996, S. 359 f.

Ausstattung Kirche
VON MOOS 1778. – SCHWARZ 1951/1993. – GUTSCHER/SENN 1984.

Kapellen
ARNOLD 1933 (Göldlinkapelle). – GUTSCHER 1979 (Marienkapelle).

Stiftsgebäude
VÖGELIN 1853. – VÖGELIN 1854. – VÖGELIN 1883.

Kreuzgang
VÖGELIN 1841. – FREI-KUNDERT 1927. – HOFFMANN 1938. – FREI 1941. – REINLE 1968, S. 444 f. – MICHEL 1979. – ABEGG 1997. – ABEGG 2004.

Schriftquellen

Die Schriftquellen zum Grossmünster, einer der zentralen Institutionen, die die Geschichte der Stadt prägten, sind ausserordentlich zahlreich und werden im Folgenden nur in einer Auswahl aufgeführt. Das Archiv des Grossmünsterstifts gelangte 1848 ans Staatsarchiv.

Gedruckte Schriftquellen

UBZ 1–13: zahllose Nennungen. – ESCHER 1927–1930. – Statutenbücher 1346. – Liber Ordinarius (LOZ): LEUPPI 1995. – HOTTINGER 1664.

Ungedruckte Schriftquellen

StAZH. C II 1: Urkunden Stadt und Land, 10.–19. Jh.: 1071 Nummern mit insgesamt 1232 Stücken, davon 1073 Pergamente. Der Rotulus trägt die Signatur C II 1, Nr.1.

G I Bücher, insbesondere: G I 15 Bauakten Grossmünster und Wasserkirche 1444–1830 (15. 2, 4, 5). – G I 29–50 Protokolle des Stifts bzw. der Stiftspflege (1555–1849). – G I 75 Akten zur Reformation (1526–1547). – G I 96 Urbar (810–1473). – G I 22 Einkünfteverzeichnis der Fabrik (1520–1540). – G I 124 Verzeichnis des Hausrats (1642–1777). – G I 184 Einkünfteverzeichnis der Kaplanenbruderschaft (1486). – G I 186 Verzeichnis der Urkunden der Marienkapelle (1486). – G I 189 Verzeichnis der Einkünfte und Altarzierden etc. (1504). – G II 1–15 Fabrikrechnungen (1468–1832).

Zur Schule: StAZH, E II und E IV Schulsachen, Schulwesen.

SAZ. Zur Töchterschule: V.L. 20. Ankauf des Chorherrengebäudes, Akten und Rechnungen (1845–1855).

ZBZ. Die Bestände der ehemaligen Stiftsbibliothek sind teilweise über die Stadtbibliothek auf der Wasserkirche, teilweise nach der Aufhebung des Stifts direkt an die Kantonsbibliothek (heute ZBZ) gekommen. Für die nachreformatorische Zeit liegen hier auch Quellen privater Herkunft, die von frühen Auseinandersetzungen mit der Stadtgeschichte und damit auch mit dem Grossmünster zeugen. So zum Beispiel: Ms Lind. (Nachlass FELIX LINDINNER), Nr. 10: HANS KONRAD ESCHER beim Steinernen Erggel. Turegum sepultum, retectum 1695. SALOMON VÖGELIN, Glockenbuch.

Ms S 307. Schriftstücke betreffend die Einrichtung der Töchterschule, um 1774–75. – Ms H 175, fol. 253–263. J. H. FÜSSLI: Anrede an die zürcherische Töchterschule.

Archiv KG Grossmünster. Hier befinden sich schwergewichtig Quellen aus dem 19. und 20. Jahrhundert, für einige Aspekte gehen die Bestände teilweise bis ins 17. Jahrhundert zurück:

II A.4. Kirchenörter (1638–1768). – II A.11. Geläute (1779). – II A.12. Friedhof (1797). – II B.5.06.6. Glocken, Läutwerk, Turmuhr (ab 1798). – II B.5.06.7. Orgel von 1874–1776; Orgel von 1959–60.

Bilddokumente

Kirche, Äusseres

Um 1300 Translationsfresko. Wandgemälde im Südquerhaus des Fraumünsters, 1911/12 zerstört. FRANZ HEGI, Aquarellkopie, (StAZH, Zeichnungsbücher AGZ).

1581 Wickiana. JOHANN JAKOB WICK (1522–1588). «Von einem todten tantz der vff dem kilch hoff zum grossen Münster warhafftig gesehen worden» (ZBZ, Ms F 29a, fol. 185v).

1690 MEYER, JOHANNES. «Facultas Theologica». Ansicht von Südwesten. Kupferstich (in: Neujahrsblatt der Bürgerbibliothek 1690).

17. Jh. MEYER, CONRAD. Ansicht von Nordwesten mit Doppeltreppe und grossem Vordach über dem Nordportal (in: ESCHER, KdmZH 1939, Abb. 54).

Um 1700 ESCHER.

Um 1710 ESCHER, GEROLD. Grossmünster und Stiftsgebäude mit Kreuzgang von Nordosten. Tuschzeichnung (ZBZ, GrafSgl).

1763 WERDMÜLLER, JOHANN HEINRICH. Blitzschlag in den Glockenturm am 21. August 1763. Ansicht von Norden, vor dem Abbruch des grossen Vordachs. Kupferstich.

Um 1770 BULLINGER.

Um 1810 SCHULTHESS, EMIL. Kirche und Chorherrengebäude von Süden.

1814 HEGI, FRANZ. Kirche und Zwingliplatz von der Müstergasse her, mit Staffagefiguren. Radierung (in: Neujahrsblatt der Hülfsgesellschaft 1814; APPENZELLER 1906, Nr. 909 und 1036).

1840 HEGI, FRANZ. Grundriss und Ansicht Südseite (in: MAGZ I, 4, 1840).

1841 HEGI, FRANZ. Zwei Ansichten, Grundriss und Details Bauskulptur. 16 Aquatintablätter (in: VÖGELIN 1841).

Vor 1844 HEGI, FRANZ. Nordportal, rekonstruierende Ansicht und Skulpturen. Aquatinta (in: MAGZ 2, 1844, Taf. I–III; APPENZELLER 1906, Nr. 950–952, 954).

Vor 1844 HEGI, FRANZ. Reiter am Nordturm, Hornbläser und Pferd an der Westfassade. Lithografie (in: MAGZ 2, 1844, Taf. V; APPENZELLER 1906, Nr. 954).

Undatiert HEGI, FRANZ. Grossmünster, Ansicht von Südosten. Bleistiftzeichnungen (KH, O 16, fol. 47, 55).

Undatiert HEGI, FRANZ. «Das Grosse Münster 1504». Ansicht von Osten mit Zwölfbotenkapelle. Radierung (in: VÖGELIN 1829, Titelkupfer; APPENZELLER 1906, Nr. 552).

Undatiert HEGI, FRANZ. Westfassadenskulpturen (Hornbläser und Pferderumpf). Zwei Bleistiftskizzen (StAZH, Zeichnungsbücher AGZ, Mittelalter II, fol. 81).

Undatiert HEGI, FRANZ. Ansichten des Nordportals. Bleistift (StAZH, Zeichnungsbücher AGZ, Mittelalter II, fol. 82 und KH, O 16, fol. 38, 57 unten, 58, 77 oben, 91).

Undatiert HEGI, FRANZ. Nordportal, Kapitelle und Friese. Bleistift (StAZH, Zeichnungsbücher AGZ, Mittelalter II, fol. 83).

Undatiert HEGI, FRANZ. Reiter am Nordturm und Statue Karls des Grossen am Südturm. Bleistift (StAZH, Zeichnungsbücher AGZ, Mittelalter II, fol. 84).

Undatiert HEGI, FRANZ. Westtürme, Statue Karls des Grossen und Reiter. Bleistift (StAZH, Zeichnungsbücher AGZ, Mittelalter II, fol. 84).

Kirche, Inneres

1560 THOMANN, GROSSHANS (1525–1567) zugeschrieben. Scheibenriss (SLM 46149; in: GUTSCHER 1983, S. 26, Abb. 19).

Um 1710 MEYER, JOHANNES. Choralkonzert im Chor des Grossmünsters. Blick gegen Osten (in: GUTSCHER 1983, Abb. 27).
1750 HERRLIBERGER, DAVID. Kirche, Inneres gegen Osten mit Kanzellettner vor der Barockisierung. Kupferstich.
Nach 1768 MEYER, JOHANN HEINRICH. Kirche, Inneres gegen Osten mit Kanzellettner nach der Barockisierung. Kupferstich.
1837 ARTER, JULIUS. Marienkapelle, rekonstruierende Innenansicht, gegen Westen. Aquatinta (in: ARTER 1837).
Vor 1841 HEGI, FRANZ. Kirche, Inneres gegen Osten, mit Staffagefiguren. Aquatinta (in: MAGZ I,5, 1841; APPENZELLER 1906, Nr. 911).
Vor 1844 HEGI, FRANZ. Kapitelle im südlichen Seitenschiff und am zweiten westlichen Nordpfeiler. Aquatinta (in: MAGZ II, Taf. IV; APPENZELLER 1906, Nr. 953).
Undatiert HEGI, FRANZ. Diverse Bleistiftskizzen des Grossmünsters (KH, P 109).
Undatiert HEGI, FRANZ. Kirche, Inneres gegen Osten, Aquatinta (KH, M 14, fol. 1; in Bleistift und Feder (KH, O 16, Bl. 57).
Undatiert HEGI, FRANZ. Bauskulptur. Bleistiftstudien (KH, O 16, fol. 60, 84, 91).
Undatiert HEGI, FRANZ. Zwei Kapitelle mit Karl dem Grossen, Felix und Regula und «Guido»-Kampf. Lavierte Federzeichnungen und Bleistiftskizzen (StAZH, Zeichnungsbücher AGZ, Mittelalter II, fol. 77–80).
Undatiert HEGI, FRANZ. Zwei Kapitelle mit Karl dem Grossen, Felix und Regula und «Guido»-Kampf. Aquatinta (in: MAGZ I,5, 1841; APPENZELLER 1906, Nr. 912).
Undatiert HEGI, FRANZ. Marienkapelle, Wandmalereien. Bleistiftstudien (KH, O 16, fol. 93, 94, 97, 98, 99).
Undatiert HEGI, FRANZ. Weitere Bleistiftskizzen zum Grossmünster (KH, O 16, fol. 39, 60–64, 81–83 [Kreuzgang, Kapitelle], 84, 90–91).
Undatiert HEGI, FRANZ. Marienkapelle, Wandmalereien. Drei Aquarellkopien (StAZH, Zeichnungsbücher AGZ, Mittelalter III, 104–106).
1957 Ansicht der heutigen Orgel der Gebr. METZLER. Dat. 1957, sign. SWB.

Chorherrengebäude

Vor 1770 LEU, JOHANN JAKOB. «Chor=herren Stuben und Collegium Publicum» und «Die Obere Schůl». Feder, laviert (ZBZ, Ms L 487, fol. 602).
1797 MEYER, JOHANN HEINRICH. Schülerexamen. XIV. Neujahrsblatt der Musikgesellschaft auf der deutschen Schule.
Um 1835 SCHULTHESS, EMIL. Blick auf den Nordflügel von der Kirchgasse her. An dessen Ostende Rundbogenportal in den Schenkhof im Ostflügel. Rechts das Antistitium (KH, O 47, fol. 5; in: GUTSCHER 1983, Abb. 32).
Um 1835 SCHULTHESS, EMIL. Osttrakt des Chorherrengebäudes und Münsterchor, von Südosten. Sepia (KH, O 41, fol. 2).
Undatiert HEGI, FRANZ. Osttrakt des Chorherrengebäudes und Münsterchor, von Südosten. Bleistift (KH, O 16, fol. 46).
Um 1845 SCHMID, FRANZ (Zeichner) / ZOLLINGER, R. (Stecher). Marienkapelle und Chorherrengebäude von der Münstergasse her. Radierung, Neujahrsblatt der Stadtbibliothek 1853.
Undatiert Anonymus. Schulzimmer (Schola quinta) im Chorherrengebäude. Federzeichnung (BAZ, Format I).

Kreuzgang

1841 HEGI, FRANZ. Zwei Ansichten, Grundriss und Details Bauskulptur. 16 Aquatintablätter (in: VÖGELIN 1841).
Undatiert HEGI, FRANZ. Ansichten des Kreuzgangs und Details der Bauskulptur. Bleistift. Teilweise Studien zu den Aquatintablättern in: VÖGELIN 1841 (StAZH, Zeichnungsbücher AGZ, Mittelalter II, fol. 85–97 und KH, O 16, fol. 30 unten, 61, 62, 81, 82, 83, 90).
Undatiert HEGI, FRANZ. Ansichten mit Staffagefiguren. Aquatinta (in: APPENZELLER 1906, Nr. 27, 28).
Undatiert HEGI, FRANZ. Westflügel von Süden, mit Staffagefiguren Frau und Kind. Kupferstich (in: MEISTER 1818, Titelkupfer; APPENZELLER 1906, Nr. 755).
Undatiert SCHMID, FRANZ (Zeichner) / ZOLLINGER, R. (Stecher). Ansicht des Kreuzganghofs gegen Westen. Radierung (in: Neujahrsblatt Stadtbibliothek 1854).

Plandokumente

Kirche

Vor 1850 WEGMANN, GUSTAV ALBERT. Marienkapelle, Längsschnitt und Querschnitte. Aufnahmen vor dem Abbruch 1850 (StAZH, Zeichnungsbücher AGZ, Mittelalter II).
1932–33 TAD, Aufnahmepläne Turmfassaden 1:50. Zustand vor der Restaurierung 1933–1937; kleinere Abweichung in Details, wo bereits Ergebnisse der bevorstehenden Restaurierung vorweggenommen sind, insbesondere im Bereich der Bauskulptur (Hornbläser, Pferd, Köpfe unter Rundbogenfries).
Undatiert GUTSCHER, DANIEL. Monumentenarchäologische Pläne (Stadt- oder Kantonsarchäologie).
Undatiert GUTSCHER, DANIEL. Marienkapelle, Aufriss Südwand mit Malereien. Rekonstruktionsversuch (in: GUTSCHER 1983, Abb. 51).

Chorherrengebäude

Um 1800 Pläne Aussenfronten und Inneres (Archiv KG Grossmünster, V.1.1.).
1837 WEGMANN, GUSTAV ALBERT. Kantonsschule Zürich beim Grossmünster, Grundriss EG, 1. OG; Obere Industrieschule, Grundrisse 2. und 3. OG, Ansichten (StAZH, Pläne D 42–49).
Undatiert WEGMANN, GUSTAV ALBERT. Aufnahmepläne vor dem Abbruch (ETHZ, gta, 1-07-7 [Grundriss Erdgeschoss], 1-07-8 [Grundriss 1. OG], 1-07-9 [Querschnitt]).
Um 1846/1849 WEGMANN, GUSTAV ALBERT. Projektpläne für den Bau des Grossmünsterschulhauses (ETHZ, gta, 1-07-1/12; BAZ, IX, L 5, L 6).
1913–14 Pläne der Renovation (Archiv KG Grossmünster, II.B.5.003).

DAS BARFÜSSERKLOSTER

DAS KLOSTER BIS ZUR REFORMATION

Um 1247/48	Zürcher Niederlassung erwähnt.
1259	Erster Kreuzgang erwähnt.
2. Hälfte 14. Jh.	Bau des zweiten Kreuzgangs.
1429	Regulakapelle erwähnt.
1524	Aufhebung des Klosters.

LAGE UND UMFANG
(Abb. 192–195)

Das Areal des Barfüsserklosters dehnte sich am südöstlichen Rand der rechtsufrigen Altstadt entlang der Stadtmauer aus und reichte dort in die unmittelbare Nähe von zwei Stadttoren: des nördlicheren Neumarkt- oder Kronentors am Ende des Neumarkts und des südlicheren Lindentors am Ausgang der Kirchgasse (BD 1576 MURER). Im Osten und Süden war das Klosterareal durch die Stadtmauer und den angrenzenden Hirschengraben begrenzt, im Norden durch die südliche Häuserzeile des Neumarkts, aus deren Nebengebäuden sich die heutige Obmannamtsgasse entwickelt hat. Im Westen erstreckte es sich bis zum Gassenzug der Unteren Zäune, der zusammen mit den Oberen Zäunen ein früheres Stadium der Stadtbefestigung markieren könnte. Sollte dies der Fall sein, wäre das Kloster auf einem zunächst unbefestigten, ehemals vorstädtischen Areal errichtet und mit dem Bau der Stadtmauer in die Siedlung einbezogen worden.[1]

Die Ausrichtung der Kirche und der Klosteranlage, die fast 45 Grad von der Ost-West-Achse ab-

191
Barfüsserkloster. Rekonstruierende Ansicht der Kirche, von Südwesten. Radierung von Franz Hegi, vermutlich vor dem Umbau zum Theater 1833/34. – Text S. 199–203.

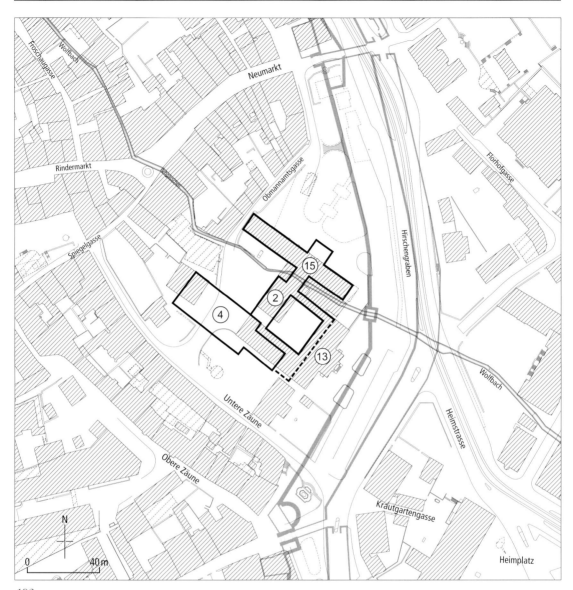

192
Barfüsserkloster. Kirche und Klosteranlage auf dem aktuellen Stadtgrundriss, 1:2000. Zeichnung Urs Jäggin. – Ehem. Untere Zäune 4: Klosterkirche; 1833/34–1890 Theater. – Hirschengraben 15: Längstrakt («Konventhaus»); ab 1833/34 Gericht. – Obmannamtsgasse 2: Quertrakt; ab 1837/1839 Gericht. – Hirschengraben 13: 1806/07 Casino; ab 1874/1876 Obergericht.

weichen, dürfte durch den Verlauf des Wolfbachs bestimmt gewesen sein. Die archäologischen Untersuchungen von 1991 haben ergeben, dass die Kirche dergestalt an den Abhang gesetzt wurde, dass der Baugrund terrassiert werden musste und die dem Wolfbach zugewandte Längsseite auf eine Stützmauer zu stehen kam.[2]

GRÜNDUNG UND STANDORTWAHL

Der von Franziskus von Assisi (1181/82–1226) initiierte Minderbrüderorden breitete sich schon zu Lebzeiten des Gründers rasch aus. 1223 wurde er von Papst Honorius III. bestätigt und in die bestehende kirchliche Hierarchie eingebunden. Im Ge-

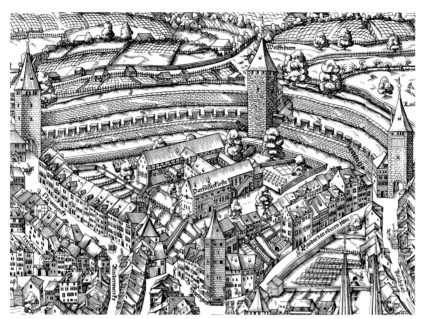

193
Blick auf das Barfüsserkloster von Westen. Ausschnitt aus BD 1576 Murer.

biet der heutigen Schweiz siedelte sich der Männerorden zuerst im Tessin an (1230 Lugano und Locarno), dann von Norden her in der Deutschschweiz (vor 1238 Basel) und von Westen her in der Westschweiz (1288 Lausanne).[3] Die Zürcher Niederlassung, zu der wenig frühe Schriftquellen vorliegen,[4] ist wahrscheinlich von Konstanz aus initiiert worden. Sie lässt sich indirekt seit 1247/48 nachweisen und reiht sich damit nach Konstanz, Basel und Lindau in die frühen Niederlassungen zwischen Bodensee, Hochrhein und Alpen ein.[5] Der Zürcher Konvent gehörte zur oberdeutschen oder Strassburger Provinz und zur Kustodie Bodensee.[6] Falls die These zutrifft, dass die Niederlassung in Luzern von Zürich aus angeregt worden ist und Urkunden schon 1243 auf die Existenz eines Konvents in Luzern hinweisen,[7] müsste das Barfüsserkloster in Zürich damals bereits bestanden haben. Die spätere chronikalische Überlieferung betont lediglich, dass das Kloster nicht lange nach demjenigen der Prediger entstanden sei.[8]

Da die Wanderpredigt zur frühen Lebensform der Franziskaner gehörte, könnte die Wahl des Standorts am östlichen Stadtrand – und somit der direkte Zugang zu den Stadttoren mit den dort durchführenden Landstrassen – Programm gewesen sein. Dass er als Gegenprinzip zur «Stabilitas loci» in Zürich ausdrücklich gesucht worden wäre, ist nicht überliefert,[9] ebensowenig, ob der Abstand zum Predigerkloster «berechnet» war.[10]

DER KONVENT UND SEINE BEZIEHUNGEN

Wegen der dünnen Quellenlage bleiben die Fragen nach der Schenkung des Bauplatzes und damit nach der Stifterschaft letztlich offen. Der Konvent dürfte in seinen Anfängen eher durch ein breites adelig-patrizisches Umfeld gestützt worden sein als durch einen einzelnen Stifter. Die enge Beziehung zum Adel aus der näheren Umgebung, etwa zu den Kyburgern, zeigt sich in der Tatsache, dass Zürcher Barfüsser in deren Rechtsgeschäften als Zeugen oder sogar als Siegler[11] in Erscheinung traten. In welcher Beziehung der in der Kirche bestattete Ulrich I. von Regensberg (vor 1230 bis wahrscheinlich 28. Januar 1281)[12] zu den Barfüssern stand, ist allerdings bis heute unbekannt.

Das Areal des so ausgezeichneten Klosters war offenbar Schauplatz verschiedener Versammlungen, darunter auch solcher von überregionaler Bedeutung. So urkundete 1310 König Heinrich VII. «in domo fratrum minorum» (wahrscheinlich im Sommerrefektorium)[13] im Beisein einer grossen und bedeutenden Zeugenschar, unter anderem der Bischöfe von Konstanz, Chur, Basel und Eichstätt, des Abts der Reichenau, ferner des Bruders des Königs, Graf Walram von Luxemburg, und der Grafen von Flandern, Habsburg, Homburg, Montfort, Bregenz, Werdenberg und Strassburg.[14]

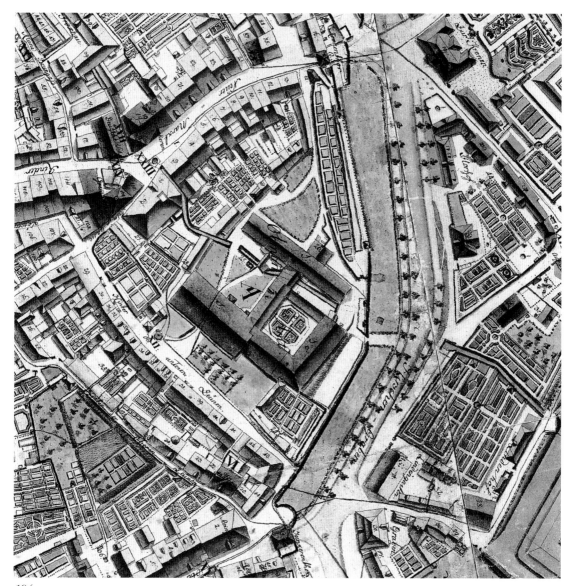

194
Barfüsserkloster. Ausschnitt aus dem Stadtplan PD 1788–1793 Müller.

Ausser mit dem Adel waren die Barfüsser auch mit führenden Geschlechtern der Stadt verbunden. Das äussert sich zum Beispiel in der Pflegerschaft der Zürcher Ritterfamilie der Mülner,[15] welche bis mindestens 1319 dauerte und damit in eine Phase fiel, in der das Kloster seine Pfleger selbst bestimmte. Ein Wandel der Pflegerschaft, etwa im Sinne einer Zunahme der städtischen Kontrolle in wirtschaftlichen Belangen, lässt sich aus den spärlichen Quellen nicht ablesen.

Die gute Verbindung mit der Stadt trug sicher dazu bei, dass deren Bürger den jungen, kleinen Konvent (er zählte meist etwa sechs Mitglieder)[16] mit Zuwendungen an die Bauten unterstützten. Urkunden mit entsprechendem Wortlaut sind allerdings nicht überliefert. Der Konvent seinerseits bezog im Investiturstreit Stellung zugunsten der Stadt.[17] Inwiefern diese die Beziehung zu den Barfüssern wie die zu anderen Bettelorden als Mittel im Kampf um die Emanzipation von den beiden grossen Stiften ein-

195
Barfüsserkloster. Blick auf das ehemalige Klosterareal an der Stadtmauer, von Südwesten, zur Zeit der Umnutzung für das Obmannamt. Im Vordergrund Langhaus und Chor der Klosterkirche. An den Chor anschliessend der Kreuzgang und links der Klosterhof. Dahinter der mächtige Längstrakt des «Konventhauses». Lavierte Federzeichnung aus dem Regimentsbuch von Gerold Escher, um 1700.

setzte, lässt sich nicht entscheiden. Vielleicht signalisierte der Auftritt des Barfüssermönchs Otto, der im Grossmünster und in der Barfüsserkirche den Klerus beider Stifte beschimpfte, tatsächlich einen Moment in diesem Prozess.[18] Wie das Grossmünster bot auch das Barfüsserkloster Raum für Versammlungen der Bürger, wenn es auch, anders etwa als das Franziskanerkloster in Luzern, nicht regelmässig als Rathaus fungiert hat.[19] So berichtet der Chronist und Zeitgenosse JOHANNES VON WINTERTHUR (um 1300 – um 1348), wie während der Brun'schen Revolte 1336 («grandis et plena periculis sedicio») sozusagen selbstverständlich die Bürger («universitas civium») auf der Hofstatt der Barfüsser zur Beratung zusammenkamen.[20] Bis zu diesem Zeitpunkt stellten die Barfüsser in der städtischen Politik offenbar einen gewissen Machtfaktor dar,[21] ab 1350 zeichnete sich dann ein Rückgang ihrer politischen, kulturellen und seelsorgerischen Bedeutung ab. Das gute Verhältnis zur Stadt blieb jedoch bestehen, und das Klosterareal wurde weiterhin bei Rechtsgeschäften oder bei Versammlungen der ganzen Bürgerschaft in Anspruch genommen, so unter anderem 1419, als sich die Zürcher entschlossen, die Schwyzer gegen die Walliser zu unterstützen. An diese Versammlung erinnert vielleicht die entsprechende an den Kreuzgangarkaden eingemeisselte Jahreszahl, die sich mit Baumassnahmen nicht vereinbaren lässt (siehe unten).[22]

In der Kirche belegten Wandmalereien, die bis zur Reformation sichtbar waren, die Beziehungen der Barfüsser zu adeligen und bürgerlichen Geschlechtern: Sie zeigten die Wappen von Zürchern – nach adeliger und bürgerlicher Herkunft getrennt –, die mit Rudolf von Habsburg auf dem Marsfeld gekämpft haben sollen. BRENNWALD interpretierte sie als Wappen der Zurückgekehrten, BULLINGER als die der Gefallenen.[23] Noch HANS ERHARD ESCHER betont 1689 die besonders enge Verbindung des Konvents mit der Stadt, wenn er zum Jahr 1248 schreibt: «Die Barfüsser aber / als die zu dem Lindenthor hinauß gegangen / sind sie den Graben ab / und zu dem Kronenthor widerum in ihr Kloster hinein zugogen / und haben es mit der Burgerschaft gehalten / und danahen sie denselbigen sehr lieb / und hatten alletzeit mehr gunsts gehabt als die anderen Mönche.»[24]

Neben ihrer Präsenz in der Stadt spielte für die Barfüssermönche die Wanderpredigt weiterhin eine Rolle, obschon sich hier seit dem ausgehenden 14. Jahrhundert wahrscheinlich ein Rückzug abzeichnete. 1380 verkauften sie einen halben Garten in Lenzburg, der bei ihrer Herberge lag,[25] 1400 verkaufte Pantaleon von Inkenberg als ihr Verweser das «Underhus» in Baden, wobei die Nutzung des oberen Geschosses (der Klausur) den Brüdern weiterhin vorbehalten blieb. Nach dem Tod der Käuferin sollte das Haus wieder an den Konvent fallen.[26]

BESTATTUNGEN

1227 erlaubte Papst Gregor IX. den Franziskanern, sich in ihrem Kloster begraben zu lassen, 1250/1256 wurde dieses Recht auch auf Laien ausgedehnt. 1266 bezeugt ein Streit zwischen dem Grossmünster und den Barfüssern, in dem es unter anderem um Begräbnisse und Almosen ging,[27] dass das Kloster bereits als Bestattungsplatz für Laien attraktiv geworden war. Gegen 1300 gingen die Barfüsser, wahrscheinlich unter dem Druck der Bevölkerung, immer mehr dazu über, Messen zu lesen und Jahrzeitstiftungen mit Bitten um Grablegen entgegenzunehmen («Kanzeln und Begräbnuss an sich zu raffen»,[28] wird es HEINRICH BLUNTSCHLI nennen). Aus der 1. Hälfte des 15. Jahrhunderts sind mehrere Stiftungen an die Barfüsser, die mit der Bitte um eine Grablege verbunden sind, überliefert: 1416 stiftete Anna Gloggnerin 23 Pfund an Guardian und Konvent mit der Bitte, hier bestattet zu werden,[29] 1429 wünschte Friedrich Schön, Bürger von Zürich, nach der Stiftung einer Jahrzeit in der «Frauenkapelle genannt Regelkapelle», dort auch begraben zu werden.[30] 1450 kaufte Ritter Gotfried Escher eine Grablege «vor dem altar da U.L. Frauen Ablösy by stät», der hiermit erstmals erwähnt wird.[31] Ausser ihm waren seine Söhne Johannes und Heinrich und sein Enkel Jakob (†1524) in diesem Familiengrab beigesetzt. DAVID VON MOOS kannte noch den Grabstein von Heinrich Banthoff (†1446), der bei Arbeiten unter der Kirche «vor Zeiten» gefunden worden war.[32]

Anders als etwa für Luzern liegen für die Zürcher Niederlassung keine Quellen vor, die einen Friedhof aus der Entstehungszeit der Anlage benennen würden.[33] Ein solcher wird erst im Spätmittelalter erwähnt (s. unten). Bei der ersten Grablege bei den Barfüssern, die erwähnt wird, handelt es sich wahrscheinlich um diejenige von Ulrich von Regensberg (siehe unten).

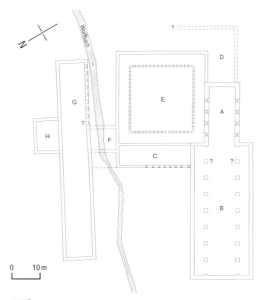

196
Barfüsserkloster. Grundrissrekonstruktion, 1:1250. Zeichnung Urs Jäggin. – A Klosterkirche, Chor. – B Klosterkirche, Langhaus. – C Quertrakt. – D Sakristei (?). – E Kreuzgang. – F Brückenartige Verbindung über den Wolfbach. – G Längstrakt mit Refektorium (Konventhaus). – H Küchenanbau (?).

STIFTUNGEN

Eine frühe Jahrzeitstiftung, welche die Schenkung eines Hauses «prope atrium fratrum minorum» beinhaltete, datiert bereits vor 1271.[34] Viele Vergabungen an die Barfüsser erfolgten meist gleichzeitig und im selben Ausmass wie an die Prediger.[35] Am meisten Stiftungen an die Barfüsser sind aus dem 15. Jahrhundert überliefert, oft verbunden mit der Bitte, bei ihnen bestattet zu werden (siehe oben). Daneben gab es bescheidenere Schenkungen wie die der Magdalena Schell aus Prägelz [Prêles BE] von 1480: «Item den Barfüssen jerlichs zins ein guldin und ein betstat und ir zůgehörd und ein kasten und ein kist und vor dar in ist so nit und vermacht ist.»[36]

Stiftungen an das Barfüsserkloster abzulösen wird, wie im Falle der anderen Zürcher Klöster und Kirchen, erst 1480 möglich.[37] Bis dahin mochte hier ein ansehnliches Kapital zusammengekommen sein, das seit der Wende vom 15. zum 16. Jahrhundert auch den Barfüssern erlaubte, in grösserem Stil als Kreditgeber aufzutreten. Dabei ist dieser Prozess im Einzelnen nicht geklärt,[38] insbesondere bleibt die Frage offen, in welchem Ausmass die Ablösung der

Stiftungen mit der Wahrnehmung, dass die liturgische Gegenleistung nicht mehr den Abgaben entsprochen haben mochte, zusammenhing.[39]

Bruderschaften

Eine besondere Art der Stiftung enthält der 1484 datierte Vertrag, den die Schuhmacherknechte (Gesellen, Knechte, Knaben) mit dem Guardian des Klosters abschlossen. Es handelt sich um die Gründungsurkunde einer Bruderschaft, die zu ihrer Patronin Maria wählte.[40] Der Vertrag betraf neben der Stiftung einer Kerze die Zahlung von je einem Schilling an Evangelier und Epistler und zwei Schilling an den Priester. Sie hatten an den vier Fronfasten, an Allerseelen und an den vier Marien-Festtagen je eine Seelenmesse zu feiern, beim Tod eines Bruderschaftsmitglieds Totenwache zu halten, ihm das letzte Geleit zu geben, ein Seelenamt zu lesen und in dessen Verlauf die Grabstätte der Bruderschaft aufzusuchen. Für Messen wurde ihnen der Altar «rechts neben dem Eingangstor» zugewiesen, die Grablege befand sich auf dem Kirchhof «zu aller nechst by dem thor, so nebend dem beinhus ist, zwischen demselben und dem obren thor an der mur». Die Lokalisierung bleibt unsicher.[41] Ein wichtiger Aspekt bei den Seelmessen war, dass sie erst am jeweils folgenden Feiertag gelesen wurden, um Arbeitsausfälle zu verhindern; diesen Punkt brachte sicher der beim Abschluss des Vertrags anwesende Zunftmeister ein.[42] Über die erwähnten Zahlungen hinaus verpflichtete sich die Bruderschaft, vor jedem Feiertag die Mitglieder aufzubieten, die alle einen Angster (zwei Pfennige) zu opfern hatten. Diese Bruderschaft besass 1525 ein Vermögen von drei Gulden.[43]

Seit 1474 existierte eine St.-Sebastian-Bruderschaft in der Regulakapelle bei den Barfüssern. Ob es sich um eine Schützenbruderschaft handelt, ist nicht klar.[44] Sie hatte 1525 keinen Besitz mehr und nur noch den Anspruch auf eine jährliche Spende von 16 Mütt Kernen aus dem städtischen Seckelamt.[45]

FRAUENSEELSORGE

Um 1300 begann der Konvent, in der Umgebung des Klosters Häuser aufzukaufen und dort alleinstehende Frauen anzusiedeln.[46] So entstand beim

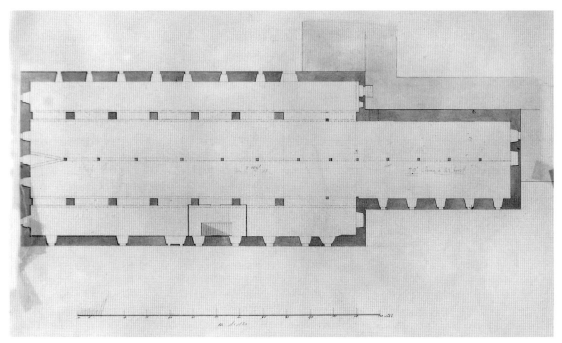

197
Barfüsserkloster. Grundriss der Kirche, aufgenommen vor dem Umbau zum Theater 1833/34. In der Mittelachse ist durch Langhaus und Chor eine Stützenreihe für die Zwischenböden zur Kornlagerung eingezogen. Ansonsten ist der Grundriss der dreischiffigen Pfeilerbasilika mit rechteckig schliessendem Langchor vollständig erhalten (StAZH).

198
Barfüsserkloster. Blick auf den Standort der 1890 abgebrannten Kirche. Die Ostmauer des Chors ist bis zum Giebel in der Brandmauer zwischen dem hinteren Flügel des Obergerichtsgebäudes und dem niedrigen Bau der Staatskellerei im Vordergrund erhalten und zeichnet sich in ihrer Kontur klar ab. Links die erhaltenen Teile des Kreuzgangs. Foto 1965. – Text S. 199f.

Kloster entlang der Oberen und Unteren Zäune ein Beginenquartier,[47] welches wie dasjenige bei den Predigern Ähnlichkeiten mit flandrischen Beginenhöfen gehabt haben mag. Wie bei den Predigern stammten auch hier die Frauen meist vom Land und waren Unterschichtsangehörige, anders als dort waren sie allerdings ärmer.[48]

REFORMATION

Die Barfüsser selber scheinen, wie die Prediger und die Augustiner, wiewohl nicht grundsätzlich gegen die Reformation, so doch mehrheitlich gegen ZWINGLI eingestellt gewesen zu sein.[49] Am Sonntag, 12. April 1523 «nach dem imbis», wurde ihre Kirche noch einmal zum Schauplatz einer Versammlung von 40 Männern.[50] Zum weiteren Verlauf der Ereignisse, zu Bildersturm oder zur förmlichen Aufhebung des Barfüsserklosters liegen keine Schriftquellen aus dem Kloster selber oder aus dessen unmittelbaren Umgebung vor. Am 3. Dezember 1524, nach der Aufhebung aller Klöster, führte eine Abordnung des Rats die verbleibenden Augustiner- und Predigermönche hierher ins Barfüsserkloster,[51] das gleichzeitig einen neuen Pfleger erhielt.[52] Am 14. Mai 1526 beschloss der Rat, alle Altäre, darunter auch die sieben Altäre in der Barfüsserkirche, abzubrechen.[53] Im Juli 1526 kam der Fronaltar mit denjenigen der übrigen Klosterkirchen ins Grossmünster, wo er zum Bau des neuen Kanzellettners gebraucht wurde.[54]

DIE KLOSTERKIRCHE
(Abb. 191, 199–201)

Chor: L. 20,9 m, B. aussen ca. 11,4 m, B. innen ca. 9 m, Mauerstärke 1,2 m.
Langhaus: L. 45,6 m, B. aussen 21,6 m, B. innen ca. 9 m, H. ca. 9 m.

Das Gebäude der Klosterkirche, das zuletzt als Theater fungierte, brannte in der Neujahrsnacht 1890 ab, die Brandruinen wurden danach vollständig abgetragen. Mit Ausnahme des 1936 errichteten Neubaus für die Staatskellerei im Bereich des ehemaligen Chors und kleinen Baracken für das Tiefbauamt der Stadt Zürich ist das Gelände bis heute unbebaut geblieben. Archäologische Sondierungen haben ergeben, dass sich stellenweise noch bis zu 3,5 m hoch erhaltenes Mauerwerk der mittelalterlichen Kirche im Boden erhalten hat; vermutet werden auch der ehemalige Kirchenboden und Bestattungen.[55]

ÄUSSERES

Die Kirche war eine flach gedeckte dreischiffige Pfeilerbasilika mit einem schmaleren, gerade schliessenden Rechteckchor.[56] Dieser besass ebenfalls eine flache Holzdecke, die bis zum Brand erhalten geblieben sein soll.[57] Die Ostmauer des Chors ist in der gesamten Höhe bis zum Giebel in der hohen Brandmauer zwischen dem hinteren Flügel des Obergerichtsgebäudes und dem niedrigen Bau der Staatskellerei erhalten und zeichnet sich in ihrer Kontur klar ab.[58]

Der basilikale Aufriss des Langhauses geht aus einer nicht datierten Skizze der Westfassade hervor, die deutliche Eckverbände im Bereich des einstigen Obergadens zeigt.[59] Der Chor öffnete sich nach beiden Seiten mit hohen, schmalen Rundbogenfenstern in der Art der Chorfenster des Fraumünsters (dort um 1230/1260). Sie waren ins Bruchsteinmauerwerk eingelassen und mit Quadersteinen eingefasst. Die Fensterformen des Langhauses sind nur durch HEGI zuverlässig überliefert. Er zeigt im Obergaden wahrscheinlich Rundbogenfenster, in den Seitenschiffen schlichte gedrungene Spitzbogenfenster.[60] Der Haupteingang ins Langhaus lag wohl schon zur Klosterzeit an der Südwestseite gegen den Friedhof (vgl. BD 1576 MURER). Alter und Funktion des ungefähr vom Grimmenturm her zur Kirche führenden und von einer Mauer gesäumten Weges sind unbekannt. Sicher besuchten die Beginen, die seit 1350 im Grimmenturm wohnten, die Barfüsserkirche.[61]

Regulakapelle

Am 7. Februar 1429 stiftete Friedrich Schön, Bürger von Zürich, dem Guardian und den Brüdern des Barfüsserklosters einen Zins von 5 Viertel Kernen von einem seiner Güter zu einer Jahrzeit in der «Frauenkapelle genannt Regelkapelle», wo er bestattet zu werden wünschte.[62] Auf ihren Standort gibt es nur vage Hinweise. Sicher stand sie ausserhalb der Kirche gegen den Neumarkt hin.[63] In der Regulakapelle beging die St.-Sebastian-Bruderschaft ihren Gottesdienst (siehe S. 198).

INNERES

Das Innere kennen wir nur aus einer historisierenden beziehungsweise rekonstruierenden Ansicht von EMIL SCHULTHESS, die auf FRANZ HEGI zurückgeht (Abb. 199) und den tatsächlichen Zustand recht genau wiederzugeben scheint. Das Langhaus war durch Spitzbogenarkaden mit mächtigen gequaderten Rechteckpfeilern in drei Schiffe geteilt. Gequadert waren auch die Bogenläufe; das übrige Mauerwerk zeigen SCHULTHESS/HEGI verputzt. Die Pfeiler ruhten auf niedrigen Basen mit einfachen Schrägen. Die Kämpfer waren nur in der Querrichtung profiliert und gegen die Schiffseiten bündig mit den Mittelschiffwänden. Die Kämpfer gibt die Bildquelle mit exakt den gleichen Profilen wieder, die auch in der Predigerkirche unter dem barocken Stuck gefasst werden konnten.[64] Wie hoch der Quellenwert der Zeichnung einzuschätzen ist, zeigt der Vergleich mit einer Foto von 1890 mit Blick in die Brandruine des Langhauses. Deutlich zu erkennen sind hier die Spitzbogenarkaden und die Form der nur in den Bogenlaibungen profilierten Kämpfer. Nach SCHULTHESS/HEGI und einer Grundrissaufnahme vor dem Einbau des Theaters 1833/34 (Abb. 197, 199) besass das östlichste Arkadenpaar die doppelte Spannbreite und war als Rundbogen ausgebildet, da sich hier wohl der Lettner zwischen Langhaus und Chor schob. Nach dem Umbau zum Theater blieben auf der Nordseite zwei, auf der Südseite drei Arkaden erhalten (Abb. 201).[65]

1991 wurden anlässlich der Kanalisationssanierung in der Obmannamtsgasse in einem Querschnitt durch das ehemalige Langhaus die beiden Aussenmauern und vier Pfeilerfundamente der Mittelschiffarkaden sowie Reste von Bestattungen in der Kirche gefasst.[66]

BAUTYPUS UND DATIERUNG

Die Kombination von grosser Länge, verbunden mit engen Abständen der Langhausarkaden und relativ geringer Höhe, findet sich schon bei der Zürcher Predigerkirche, doch sind die Proportionen bei der Barfüsserkirche noch etwas extremer.[67] Mit guten Gründen geht man heute davon aus, dass die Barfüsserkirche kurz nach der Predigerkirche errichtet wurde.[68] Dies legen die teilweise bis ins Detail ähnlichen Bauformen nahe. Der Langchor der Barfüsserkirche wird als einer der frühesten frei stehenden Aussenlangchöre angesehen, die in gotischer Ausformung die Bettelordensarchitektur im deutschen Gebiet ab der 2. Hälfte des 13. Jahrhunderts prägen sollten.[69] Im Unterschied zur Predigerkirche scheint die Barfüsserkirche bis zur Reformation nie in grösserem Masse umgebaut worden zu sein, erhielt aber dafür im späteren Mittelalter einen prächtigen neuen Kreuzgang.

SAKRISTEI

In den vorreformatorischen Schriftquellen gibt es keine Hinweise auf Existenz und Lage der Sakristei der Klosterkirche. DÖLF WILD vermutete sie, wie auch den Kapitelsaal, im Westtrakt des Kreuzgangs.[70]

KIRCHE, ARCHITEKTUR 201

199–201
Barfüsserkloster. Kirche. Langhaus gegen Osten. Rekonstruierende Ansicht aufgrund von Befunden. Lavierte Federzeichnung von Emil Schulthess, um 1835. – Blick an die Nordwand des Chors und den kirchenseitigen Kreuzgangflügel nach dem Brand. Foto 5. März 1890 von Rudolf Breitinger. – Blick in den Westteil des Langhauses, nach dem Brand. Gut erkennbar sind vor der noch aufrecht stehenden Westfassade die spitzbogigen Langhausarkaden und die eingezogene Querwand der Passage zwischen den Unteren Zäunen und dem Hof bzw. der Hirschengrabenpromenade. Foto von Rudolf Breitinger, 12. März 1890.

202
Barfüsserkloster. Grabplatte des Freiherrn Ulrich von Regensberg, Ende 13. Jh. (SLM). – Text nebenan.

1553–1555, also noch in grosser zeitlicher Nähe zur vorreformatorischen Situation, nennen die Obmannamtsrechnungen anlässlich des Umbaus der Kirche eine Sakristei («sakerstig»[71]), die mit dem auf BD 1576 MURER zu sehenden Anbau an der Ostseite des Chors identifiziert werden muss. Dieser wird noch im 18. und 19. Jahrhundert als «Sakristeikeller» bezeichnet. Zu welchem Zeitpunkt die Sakristei im Winkel zwischen Chor und Kreuzgang eingefügt wurde, ist nicht bekannt.

AUSSTATTUNG

Über die Ausstattung der Klosterkirche besitzen wir nur sehr spärliche Angaben.

Altäre[72]

Nach EDLIBACH standen in der Kirche vor der Reformation mehr als sieben Altäre.[73]

Der *Hochaltar (Fronaltar)* wurde 1526 abgetragen und dessen Sockel zusammen mit denjenigen der Hochaltäre aus dem Fraumünster, der Prediger- und der Augustinerkirche ins Grossmünster überführt und als Baumaterial für einen Kanzellettner verwendet (siehe oben).

Petrusaltar. Urkundlich erwähnt 1385. Standort: vorne im Schiff, in der Nähe des Altargitters.[74]

Altar Unserer Lieben Frau Ablöse (Kreuzabnahme und Beweinung). 1450 erstmals erwähnt im Zusammenhang mit dem Kauf einer Grablege durch Gottfried Escher vom Luchs (siehe S. 197). Nach diesen Angaben stand er im nördlichen Seitenschiff.

Chorgestühl

Als 1527 die Chorgestühle aus den aufgehobenen Zürcher Klöstern nach St. Peter verbracht wurden, war dasjenige aus der Barfüsserkirche das älteste.[75]

Kirchengestühl

1385 verkaufte die Ehefrau von Ulrich Maness, Anna, zwei Kirchstühle beim Altargitter des St.-Peter-Altars.[76]
1394 Verkauf eines Stuhls an der Südwestmauer der Kirche.[77]

Wandmalereien

BULLINGER beschreibt noch die bereits erwähnten Wandmalereien, welche die Wappen von Zürchern, getrennt nach Adeligen und Bürgerlichen, darstellten, die 1278 mit König Rudolf von Habsburg in der Schlacht auf dem Marsfeld gekämpft hatten.[78] Vor dem Umbau zum Theater 1833/34 hatte FERDINAND KELLER ohne Erfolg nach diesen Malereien gesucht.[79]

Grabplatte des Freiherrn Ulrich von Regensberg (SLM, LM 6748)[80]
(Abb. 202)

Sandstein mit Ritzzeichnung, rote Farbreste. 220×75/80×20/22 cm. Datierung: Ende 13. Jahrhundert. Umlaufende Inschrift: «---SEPVLT[VS].D[OMI]N[V]S.VLRIC[VS]. DE.REGENSBERC.QVI.OBIIT.A[nno] --- REQVIESCAT?] ---».

Die Grabplatte befand sich bis zur Aufhebung des Klosters in der Barfüsserkirche und wurde dann im Oetenbach-Bollwerk vermauert. Bei dessen Abbruch 1903 wurde sie wiederentdeckt und gelangte ins Schweizeri-

203
Barfüsserkloster. Das ab 1252 verwendete Siegel des Klosters. – Text nebenan.

sche Landesmuseum. Bei der Zweitverwendung als Baumaterial im 16. Jahrhundert wurde die umlaufende Grabinschrift auf drei Seiten weggeschlagen, so dass sich Todesjahr und -tag des Bestatteten nicht mehr ablesen lassen. Der genaue Ort des Grabes im Barfüsserkloster ist unbekannt. Bei Ulrich von Regensberg muss es sich um den Sohn Lütolds VI. handeln, der zur Festigung seiner Herrschaft seit den 1240er Jahren einen eigenen Dienstadel aufbaute und um die Mitte des Jahrhunderts die Städte Regensberg mit der Burg und Glanzenberg, den 1267 wieder zerstörten Marktort an der Limmat, anlegte. Ulrich, der sich 1255 das väterliche Erbe mit seinem Bruder Lütold teilte, erhielt die neu erbaute Burg Neu-Regensberg. Ihm gelang es nicht, den Erfolg des Vaters weiterzuführen.

Die knapp überlebensgrosse Figur des Toten ist stehend in frontaler Haltung in die Platte geritzt. Der im Alter von ungefähr 60 Jahren Verstorbene ist jugendlich idealisiert mit gewelltem, in einer Ohrlocke endigendem Haar dargestellt. Er trägt einen knöchellangen Rock mit eng anliegenden Ärmeln und einen ärmellosen Surcot, auf dem, gerahmt vom Tasselriemen, über der Brust das Wappen der Regensberger prangt. Mit der Rechten stützt er sich auf das vom Gurt umschlungene Schwert, mit der Linken greift er in den Tasselriemen seines pelzgefütterten Mantels. Gewand und Schuhe entsprechen der Mode des Grundstockmeisters im Codex Manesse. Die künstlerische Qualität der Grabplatte, die stilistisch dem Umkreis der Manessehandschrift zugehört, bekundet sich insbesondere in der eleganten, geradezu virtuosen Zeichnung.

Orgel

Einzige Quelle für das Vorhandensein einer Orgel in der Barfüsserkirche ist eine Notiz EDLIBACHS, wonach 1527, zusammen mit allen andern Orgeln der Stadt, auch diejenige bei den Barfüssern abgebrochen worden sei.[81] An anderer Stelle berichtet EDLIBACH jedoch abweichend.[82]

Im Schweizerischen Landesmuseum

Weihwasserbecken. Sandstein, 35 × 53 × 45 cm (LM 3971).

Siegel

Mandelförmiges Siegel, ab 1252 verwendet (Abb. 203). Im Siegelfeld zwei Männer, eine Traube von Kanaan tragend. Umschrift: «[† S.F]RM̄ MINOR̄ † IN THVREGO».[83]
Mandelförmiges Siegel des Nicolaus, Guardian des Barfüsserklosters 1298. Verklärung Christi. Umschrift «S.GARDANI TVRICENSIS».[84]

DIE KLOSTERANLAGE
(Abb. 192–196, 204)

Die Klosteranlage der Barfüsser wies eine Reihe von Besonderheiten auf, die sich zumindest teilweise mit den topografischen Gegebenheiten erklären lassen. Als Hauptgebäude dominierte ein mächtiger längsrechteckiger Trakt, der parallel zur Kirche, aber isoliert vom Kreuzganggeviert auf der anderen Seite des Wolfbachs lag und unter anderem die Refektorien beherbergte. In seiner Mitte setzte ein Quertrakt an, der ihn mit der Kirche zu einer H-förmigen Anlage verband. In den Trakt integriert war der nordwestliche Flügel des Kreuzgangs, der an der Seite des Chors als weitgehend isoliertes Geviert lag. Nordwestlich des Quertrakts lag, dreiseitig umschlossen, der grosse äussere Hof.

204–205
Barfüsserkloster. Ehemaliges Klosterareal. Im Vordergrund der Klosterhof, den ein gedeckter Übergang über den Wolfbach mit dem «Konventhaus» verbindet. Rechts die damals als Kornschütte und Trotte benutzte Kirche. Hinter dem Querflügel, der den Kreuzgang gegen den Hof abgrenzt, ist der Wolfsturm der Stadtmauer zu sehen. Lavierte Federzeichnung aus dem Regimentsbuch von Gerold Escher, um 1700 (Kantonsbibliothek Aarau). – Längstrakt («Konventhaus»). Gekuppelte gotische Spitzbogenfenster des ehemaligen grossen Sommerrefektoriums im südöstlichen Flügel gegen den Wolfbach. Heute in den Einbau der Bibliothek integriert. Foto 1983.

Baudaten zu den Klostergebäuden fehlen weitgehend; von möglichen Vorgängerbauten kann lediglich hypothetisch die Rede sein.[85] Kurz vor der Reformation löste der Konvent beim Rat eine Schuld für Bauten an der Konventstube von 1517 ab.[86]

DER LÄNGSTRAKT («KONVENTHAUS»)
(Hirschengraben 15 / Abb. 205–207)

Das lang gestreckte Gebäude umfasste vermutlich zwei gemauerte Geschosse mit Eckverbänden. Ein zweites, niedrigeres Obergeschoss aus Holz spannte sich direkt unter dem steilen Giebeldach zwischen die ebenfalls gemauerten Giebelseiten. In diesem Trakt lagen wahrscheinlich das grosse Sommerrefektorium (siehe unten) und – zumindest in der Zeit unmittelbar vor der Reformation – die eigenen Stuben der Mönche.[87] Im kleinen, zweigeschossigen Anbau auf der Seite gegen die Stadtmauer könnte sich, in Analogie zu einem ähnlichen, ebenfalls der Stadtmauer zugewandten Annex am Westtrakt des Augustinerklosters, die Klosterküche befunden haben.[88] Zeugnisse des 19. Jahrhunderts scheinen dies zu bestätigen.[89] Der Mietvertrag, den Christoph Froschauer 1528 über die Nutzung von Teilen der Klosteranlage schloss, wird eine Küche ohne Standortangabe nennen.[90] BD 1576 Murer zeigt auf der Hofseite einen Holzvorbau auf Pfählen, von dem eine gedeckte Holzbrücke über den Wolfbach in den äusseren Hof führte.[91]

Im 19. Jahrhundert füllte man das Gelände entlang der ganzen Fassade auf der Seite zum Hirschengraben rund 5 m hoch auf, so dass das Erdgeschoss des mittelalterlichen Gebäudes zum Keller wurde, in dem noch heute vermauerte Fenster aus dem Mittelalter oder der frühen Neuzeit zu sehen sind. Vielleicht steckt auch der untere Teil des erwähnten Anbaus noch in dieser Verfüllung.[92] 1991 konnte anlässlich der Kanalisationssanierung in der Obmannamtsgasse die Nordwestecke des Gebäudes, ein Eckverband aus bossierten Sandsteinen, archäologisch gefasst werden.[93]

Das grosse Sommerrefektorium, das die Stadt zu grösseren Empfängen nutzte (S. 194), muss im südöstlichen Teil des Trakts gelegen haben.[94] Hier lässt sich im ehemaligen ersten Obergeschoss ein Raum nachweisen, dessen acht grosse gekuppelte Spitzbogenfenster auf der Seite gegen den Wolfbach noch sichtbar sind.[95] Sie öffnen sich auf den in den 1980er Jahren im Erdgeschoss errichteten Bibliotheksraum. Beim Einbau der Bibliothek sind zwischen den stichbogigen Fensternischen Bollenfries- und Blütenbouquetmalereien freigelegt, leider aber stark retuschiert und ergänzt worden. Am Fensterpfeiler genau in der Mitte der acht Öffnungen ist in illusionistischer Art eine Spitzkonsole mit Rippenansatz aufgemalt.

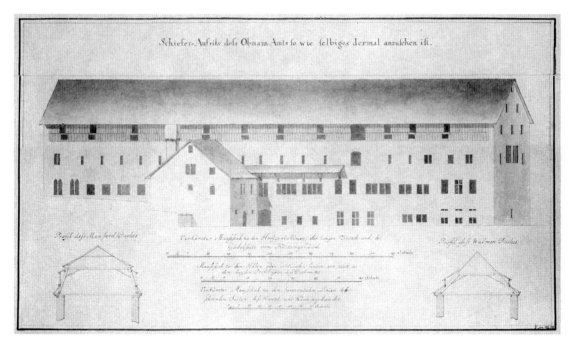

206–207
Barfüsserkloster. Längstrakt («Konventhaus»). Projektvariante für die Eindeckung des Amthauses mit einem neuen Walmdach. Noch ist die klosterzeitliche Befensterung teilweise erhalten (vgl. Abb. unten). Fotokopie nach einer kolorierten Aufrisszeichnung, 1793 (BAZ). – Nach der Reformation Amthaus. Blick an die der Stadtmauer zugewandte Fassade mit dem Annex der vermutlichen Klosterküche. Historisierende Ansicht von Emil Schulthess. Feder, laviert, um 1830. – Text S. 204–206.

Im ehemaligen Erdgeschoss (heute Kellergeschoss) des nordwestlichen Teils soll ein kleineres (Winter-)Refektorium, die «Konventstube», untergebracht gewesen sein.[96] Nach VÖGELIN traten 1825 Wandmalereien zutage, die eine lange Reihe von Halbfiguren eines Papstes, von Kardinälen, Engeln, Heiligen und anderen zeigten.[97]

DER QUERTRAKT
(Oberamtsgasse 2 / Abb. 204, 208)

Dieser Trakt bestand aus zwei Teilen, die am heutigen Baubestand noch ablesbar sind. Der an den Längstrakt schliessende kürzere und schmalere Teil aus Holz oder Fachwerk spannte sich brückenartig über den Wolfbach und verband das Konventhaus und den Nordwesttrakt des Kreuzgangs (BD 1576 MURER). Später erscheint dieser Teil etwas breiter, mit eigenem Giebeldach und um ein Geschoss nach unten verlängert (BD um 1700 ESCHER, BD 1710 FÜSSLI, PD 1788–1793 MÜLLER). Bis heute hat er, das Treppenhaus beherbergend, seine Verbindungsfunktion bewahrt. Die ursprüngliche Trennmauer der beiden Gebäudeteile ist im heutigen Gerichtsgebäude von 1837–1839 noch bis ins erste Obergeschoss erhalten. Sie setzt sich nach Südosten in einem langen, im aktuellen Grundriss noch erkennbaren Mauerzug fort, der die Rückwand des Nordostflügels des Kreuzgangs bildete (PD 1788–1793 MÜLLER).

Der an die Kirche anschliessende, ursprünglich zweigeschossige Nordwestflügel des Kreuzgangs öffnete sich im Erdgeschoss mit acht Rundbogenfenstern zum äusseren Hof (Abb. 208).[98] In den Kellerräumen des heutigen Gerichtsgebäudes sind noch Reste des klosterzeitlichen Baus erhalten, unter anderem ein vermauertes romanisches Fenster an der Schmalseite zum Wolfbach. Es wird vermutet, dass sich im Erdgeschoss dieses Trakts die Sakristei und der Kapitelsaal befanden,[99] für die jedoch auch eine Lage im Ostflügel in Frage kommt (siehe unten).

DER KREUZGANG
(Abb. 209–211)

Der spätmittelalterliche Kreuzgang, der an die Stützmauer der Kirche stiess, lag etwa drei Treppenstufen tiefer als die Kirche und konnte vom Chor aus betreten werden.[100] Von diesem Kreuzgang sind heute noch 29 Arkaden an Ort erhalten und weitere in Kopien ergänzt. Er war ein kompletter Neubau, errichtet auf einer künstlichen Terrasse, die gegen den Wolfbach 4 bis 5 m hoch aufgeschüttet worden war.[101] Grabungen 1978/79 haben ergeben, dass zumindest ein Teil des Areals vorher anders überbaut gewesen war.[102] Entweder war der ältere, 1259 urkundlich erwähnte Kreuzgang[103] wesentlich kleiner oder er lag an einer anderen Stelle.

Nebst dem grossen Niveauunterschied zur Kirche weist der Kreuzgang auch andere Eigentümlichkeiten auf: Aus BD 1576 MURER zu schliessen, war zumindest der nordöstliche Umgang nicht mit Anräumen verbunden, sondern frei stehend. Ob dies auch für den südöstlichen Flügel zutraf oder ob dieser bereits zur Klosterzeit mit einem niedrigen und deshalb auf BD 1576 MURER nicht sichtbaren Anbau verbunden war, ist nicht mehr restlos zu klä-

208
Barfüsserkloster. Quertrakt. Aufriss der hofseitigen Fassade, vor dem Umbau 1837–1839. Im rechten, an die Kirche anschliessenden Teil sind im Erdgeschoss noch acht klosterzeitliche Rundbogenfenster (13. Jh.?) zu sehen (vgl. Abb. 204) (StAZH, Plan D 1503). – Text oben.

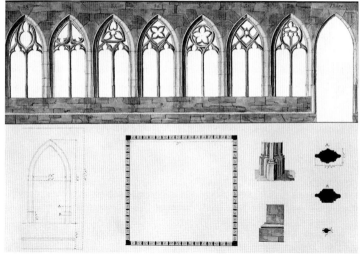
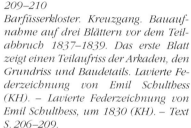

209–210
Barfüsserkloster. Kreuzgang. Bauaufnahme auf drei Blättern vor dem Teilabbruch 1837–1839. Das erste Blatt zeigt einen Teilaufriss der Arkaden, den Grundriss und Baudetails. Lavierte Federzeichnung von Emil Schulthess (KH). – Lavierte Federzeichnung von Emil Schulthess, um 1830 (KH). – Text S. 206–209.

ren. Nach Vögelins Beobachtungen öffnete sich der an den südöstlichen Umgang grenzende Raum «einst mit fünf Bogenfenstern» zum Kreuzgang,[104] was eher auf mittelalterliche Bausubstanz schliessen lässt. – Lag der Kapitelsaal doch hier? – Auf einem Plan von 1873 für den Umbau des Casinos zum Obergerichtsgebäude ist im Längsschnitt als alter Bestand in diesem Bereich ein Spitzbogenportal eingezeichnet, das offenbar aus dem Kreuzgang in einen mit Katzenkopfsteinpflaster belegten Raum führte.[105] Die Form lässt eher auf eine klosterzeitliche Entstehung schliessen. Deutlich erkennbar als schmaler eingeschossiger Trakt mit Giebeldach ist

der Südostflügel erst auf BD 1710 Füssli, BD um 1700 Regimentsbuch Escher und PD 1788–1793 Müller (Abb. 194, 204) Hier ist er mit dem sicher erst nach der Reformation entstandenen Anbau an der Ostfassade des Chors (BD 1576 Murer) zu einem winkelförmigen Gebäude zusammengeschlossen.

Der spätmittelalterliche Kreuzgang besass einen regelmässigen quadratischen Grundriss und öffnete sich in 16 zweiteiligen Spitzbogenfenstern mit Masswerk auf jeder Seite zum Hof (im Nordwestflügel 15 und ein Durchgang). Die Umgänge waren flach gedeckt. Beim Bau des Obergerichts anstelle des Quertrakts wurden 1837 der ganze Nordwestflügel und

«GESCHICHTE» DER MASSWERKARKADEN

Ursprünglicher Zustand: 64 Arkaden, in jedem Flügel 16.

1837. Abbruch aller 16 Arkaden des Nordwestflügels und sieben des Nordostflügels. Die 23 Arkaden kamen als Geschenk an die Antiquarische Gesellschaft.[106] Sechs oder acht davon wurden 1852/1854 im Logengebäude auf dem Lindenhof eingebaut. 41 blieben an Ort (fotografische Aufnahme Jean Gut, Abb. 211).

1890. Nach dem Brand und Abbruch des Theaters in der ehemaligen Klosterkirche Abtragung von zwölf Arkaden des Südwestflügels. Davon neun im SLM eingebaut (LM 18245).[107]

1958/59. Einbau in Kopie von vier Arkaden des Nordostflügels und weiteren (vier?) im Südwestflügel nach BD 1835 Schulthess (Abb. 209) und den Fotos von Jean Gut, Abb. 211.[108]

1960. Einbau von weiteren acht Arkaden in Kopie im Südwestflügel. Restaurierung der vier originalen.[109]

1979/80. Kleinere Restaurierungsarbeiten. Neukonstruktion der Westecke: Markierung des Ansatzes des 1837/38 abgebrochenen Nordwestflügels durch Einbau entsprechender Werkstücke.[110]

sieben Arkaden des Nordostflügels abgebrochen (siehe unten). Weitere zwölf Arkaden des Südwestflügels trug man nach dem Theaterbrand 1890 ab. Neun davon wurden im 1892–1898 errichteten Schweizerischen Landesmuseum eingebaut.[111] Den vollständigen Zustand überliefert um 1830 Emil Schulthess in einer Reihe lavierter Bleistiftzeichnungen.[112] Er gibt den Grundriss der Arkaden mit den Querschnitten der Pfeiler und Pfosten wieder sowie «musterkatalogartige» Arkadenreihen mit allen vorkommenden Masswerkvarianten (Nrn. 1–39). Im zugehörigen Grundriss sind die jeweiligen «Musternummern» eingezeichnet. 1958 und 1960 hat man einen Teil der abgebauten Arkaden rekonstruiert (siehe unten) und 1977/78 den Kreuzgarten in Anlehnung an PD 1788–1793 Müller wieder bepflanzt.[113] Einen Durchgang vom Umgang in den Kreuzgarten in Form eines masswerklosen Spitzbogens mit gleicher Breite wie die Fensterarkaden gab es nur im Nordwestflügel (BD 1835 Schulthess: Grundriss, Abb. 209).

Datierung. An den im Schweizerischen Landesmuseum eingebauten Arkaden sollen die Jahres-

211
Barfüsserkloster. Kreuzgang. Arkaden des Nordflügels. Foto Jean Gut, um 1880. – Text S. 206–209.

zahlen 1419 und 1519 in arabischen Ziffern eingemeisselt sein.[114] Sie sind aber seit dem Einbau nicht mehr sichtbar und haben zur Vermutung Anlass gegeben, dass die ältere Zahl Baubeginn oder -ende markiere, die jüngere einen Umbau.[115] Jüngst hat DÖLF WILD dies mit dem zutreffenden Argument in Frage gestellt, dass das frühe 15. Jahrhundert für die Anbringung eines Baudatums in Zürich ungewöhnlich früh und aufgrund der Masswerke stilistisch eine so späte Datierung nicht zwingend sei.[116] Zweifellos erinnert die Zahl viel eher an die bereits erwähnte Versammlung der Zürcher, die hier 1419 stattfand (siehe oben). Tatsächlich stehen die Masswerke des Barfüsser-Kreuzgangs motivisch und stilistisch denjenigen der Chorfenster der Predigerkirche (1325/1338 und um 1350) recht nahe, zuweilen bis in Einzelformen.[117] Mit dem ihm eigenen Scharfsinn hatte bereits JOHANN RUDOLF RAHN, ohne Erwähnung der beiden Jahreszahlen, den Kreuzgang stilistisch in die 2. Hälfte des 14. Jahrhunderts datiert.[118] Aus stilistischen Gründen vermutete auch JOHANNES OBERST den Neubau des Kreuzgangs im ausgehenden 14. Jahrhundert.[119]

Im SLM. Neun Arkaden des Südwestflügels, die nach dem Theaterbrand 1890 abgetragen wurden, eingebaut als Fensterreihe in Raum 25, Reihenfolge gemäss BD 1835 SCHULTHESS und Fotos JEAN GUT. Einige Teile, unter anderem der Sockel, alle Zwischenstützen, die Verbindungsstücke zwischen den Arkaden und einzelne Scheitelsteine wurden beim Einbau erneuert.

BIBLIOTHEK UND ARCHIV

Der Standort einer Bibliothek im Barfüsserkloster ist nicht gesichert.[120] Einen Anhaltspunkt gibt der Mietvertrag, den die Stadt 1528 mit CHRISTOPH FROSCHAUER schloss, wonach sich eine «libery» im Obergeschoss des Kreuzgangs befand.[121] Es müsste sich demnach um den Nordwesttrakt, das heisst um den Flügel gegen den äusseren Hof, handeln, da damals nur dieser zweigeschossig war. Mit dem Bestand dieser Bibliothek werden einige wenige Stücke in der Zürcher Zentralbibliothek in Verbindung gebracht.[122] Die Schreibtätigkeit im Kloster, vor allem im Bereich der Verwaltung, war wahrscheinlich unbedeutend.[123]

Etwa 100 Urkunden des Obmannamts aus der Zeit von 1273 bis 1525 stammen aus dem ehemaligen Barfüsserkloster.[124]

FRIEDHOF

Der Kirchhof befand sich an der Westseite der Kirche gegen die heutigen Unteren Zäune. Hier wurden 1936 beim Bau eines Luftschutzkellers mehrere Bestattungen entdeckt.[125] Für das Jahr 1459 ist die Stiftung einer Totenleuchte überliefert.[126] Ein 1484 erstmals erwähntes Beinhaus stand an der Nordwestecke des Langhauses (Abb. 193). Unmittelbar davor befand sich vermutlich die Grablege der Bruderschaft der Schuhmacherknechte (S. 198). Als «Barfüsser Friedhof» wird der Anstösser des Gartens Untere Zäune 1 noch 1591 bezeichnet.[127]

GARTEN

Ein hinter der Häuserzeile des Neumarkts liegender Teil der Klosteranlage hiess 1417 «Baumgarten».[128] BD 1576 MURER zeigt nur noch einen Teil davon, denn 1535 hatte die Stadt interessierten Anstössern am Neumarkt und an den Unteren Zäunen Gartenanteile verkauft (S. 212). Im Mietvertrag mit FROSCHAUER von 1528 erscheinen der Garten im Kreuzgang und der Garten «hindert dem closter».[129] Dieses auch als «äusserer» Garten bezeichnete Areal hinter dem Chor und der Sakristei der Kirche blieb noch bis ins ausgehende 16. Jahrhundert Teil der Anlage (S. 213).

WASSERVERSORGUNG

Im Schweizerischen Landesmuseum werden mehrere grau gebrannte Tonrohre aufbewahrt, die 1833 im Kreuzgang des Barfüsserklosters gefunden worden sein sollen (LM 18127–18130).[130] Im Typus entsprechen sie der in den 1990er Jahren ergrabenen Tonrohr-Wasserleitung des 13. Jahrhunderts im Predigerkloster.[131] Vielleicht gehörten sie zu einer Leitung, die nur wenig oberhalb des Klosters Wasser vom Wolfbach abzweigte und zu einem Brunnen im Kreuzgang führte.[132]

DAS KLOSTERAREAL NACH DER REFORMATION

1525	Verkauf von Gartenarealen.
1528–1551	Druckerei von CHRISTOPH FROSCHAUER in den Konventgebäuden.
1533	Schaffung des Obmannamts.
Ab 1535	Städtische Kornschütten auf dem Areal.
1551	Bezug der Konventgebäude durch das Obmannamt.
Vor 1591	Übergang des Gartens (Untere Zäune 2) in Privatbesitz.
1806/07	Bau des Casinos an der Stelle eines Wirtschaftsgebäudes und des «Sakristeikellers».
1824/25	Umbau des südöstlichen Teils des Längstrakts. Fassadenentwurf von HANS CONRAD STADLER.
1833, 29. März	Aufhebung des Obmannamts.
1833/34	Umbau der ehemaligen Klosterkirche zum Theater. Umbauten des Längstrakts für das Gericht.
1837–1839	Umbau des Quertrakts zum Gerichtsgebäude (Obmannamtsgasse 2 / Architekt FERDINAND STADLER).
1839/40	Umbau und Aufstockung des Längstrakts (Hirschengraben 15 / Architekt FERDINAND STADLER).
1853–1856	Innenumbauten des Gerichtsgebäudes.
1874–1876	Umbau des Casinos zum kantonalen Ober- und Schwurgericht.
1890	Brand und Abbruch des Theaters.

DIE KONVENTGEBÄUDE

VON DER REFORMATION BIS ZUM ENDE DES ANCIEN RÉGIME

Während nach der Aufhebung der Klöster alle verbleibenden Klosterfrauen im Oetenbachkloster versammelt wurden, wurden die Prediger-, Augustiner- und Barfüssermönche, die nicht mehr bereit oder fähig waren, ein weltliches Leben zu führen,[133] 1524 im Längstrakt (Hirschengraben 15, Nordostflügel?) der Konventgebäude[134] untergebracht. Im Dezember 1525 wurde ihnen, vielleicht auch im Hinblick auf die Vermietung von Räumen, eine kleinere Stube zugewiesen.[135] Aus dem Hinteramt erhielten die verbliebenen Mönche eine Rente. Der letzte Guardian, Caspar Rotenflů, hatte Zürich verlassen und figuriert in den Quellen nicht mehr unter den Empfängern.[136]

EHEMALIGE KONVENTGEBÄUDE 211

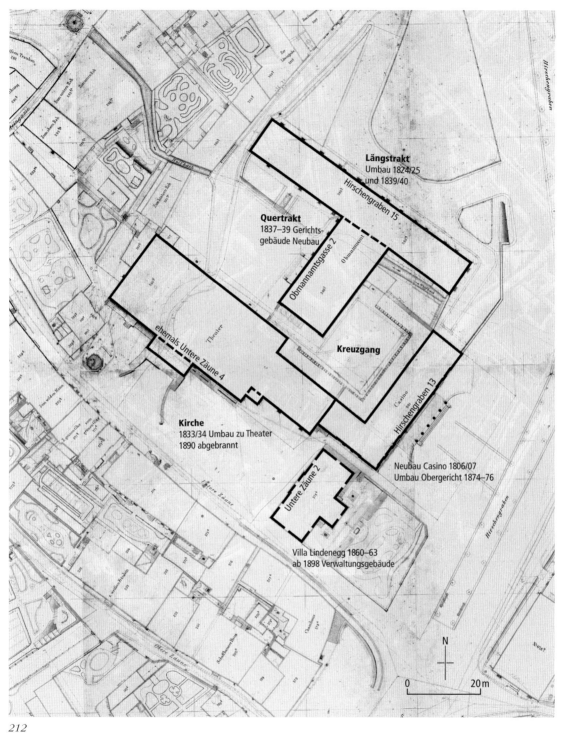

212
Barfüsserkloster. Die Lage der ehemaligen Klosterbauten im Altstadt-Katasterplan der 1860er Jahre, mit Angaben der späteren Nutzungen. 1:1000. Umzeichnung Urs Jäggin.

DIE DRUCKEREI FROSCHAUER IN DEN KLOSTERGEBÄUDEN 1528–1551

1527 gestattete der Rat, dass der Buchdrucker und Kartenverleger CHRISTOPH FROSCHAUER (vor 1490–1564) im Barfüsserkloster seine Druckerei einrichten konnte.[137] Der erste Mietvertrag der Stadt mit FROSCHAUER datiert vom 24. August 1528 und listet die von FROSCHAUER für eine Jahresmiete von 25 Pfund genutzten Räume auf:

«Alle behußung under den zweyen estrichen, als namlich den roßtal und was darnebent ist; item zwo kammern, zwey stubli, die convent-stüblen und kuche und ouch nebent ein andern; item den oberen krützgang samt der libery und drygen kammern, ouch das stubli und keller darunder, mit siner zůgehörd, wie das her Enoch Metzger, wylant conventher, ingehebt hatt; item den underen krützgang mit aller siner begriffung, wite und zůgehörd; item mer den garten in dem krützgang und hindert dem closter. Der gestelt, dass er das tach uff der kuchi, dem krützgang und sollichs alles, wie obstatt, in tach, gemach und gůten eren haben sölle und sonderlich es deken, so offt das die notturft erhöischt, daran min herren ein gůt vergnügen habent.»[138]

CHRISTOPH FROSCHAUER, der nicht nur die Rolle des «offiziösen»[139] Zürcher Druckers hatte, sondern auch als Aussenhandelsbankier, Postbote, Warenspediteur und Diplomat wirkte,[140] blieb mit seinem Betrieb bis 1551 in den Konventgebäuden und nahm daran auch kleinere bauliche Veränderungen[141] vor, die über die Übereinkünfte des Mietvertrags hinausgingen. «Zu Zürich imm Barfuosserkloster» wurden 1529 Teile der neuen Zürcher Übersetzung des Alten Testaments gedruckt[142] und 1547/48 die Schweizer Chronik des JOHANNES STUMPF, das wahrscheinlich herausragendste Druckwerk aus dem Gebiet der heutigen Schweiz im 16. Jahrhundert. Daneben druckte FROSCHAUER im Auftrag der Stadt die immer zahlreicher erscheinenden Mandate. Ob sich die angesichts der steigenden Produktion 1531 eingerichtete Schriftgiesserei auch in den Klostergebäuden befand, und wenn ja, wo, ist nicht bekannt. 1535 wurde FROSCHAUER erster Pächter der 1532–1536 neu eingerichteten städtischen Papiermühle.[143] 1546 erneuerte die Stadt den Mietvertrag in den ehemaligen Konventgebäuden mit FROSCHAUER «in ansehen sin gwerbs, der gemeiner statt vil lob und rum gebracht» nochmals um drei Jahre, doch war damals schon klar, dass «myn herren sollich closter mittler zit irer noturfft nach anderweg wenden und bruchen möchten».[144] 1551, als das nach der Reformation zum Spital geschlagene ehemalige Kloster St. Verena (S. 316f.) durch den Bau der «Neuen Sammlung» im Spitalareal (S. 306) frei geworden war, erwarb CHRISTOPH FROSCHAUER die ehemaligen Klostergebäude von St. Verena und richtete seine Druckerei dort ein.[145]

DAS OBMANNAMT IM BARFÜSSERKLOSTER

Das 1533 geschaffene und zunächst im Grimmenturm[146] untergebrachte Obmannamt war «eine Art Zentralstelle» für die nach der Reformation geschaffenen elf neuen Klosterämter, denen je ein Schaffner vorstand. Der Obmann «gemeiner Klöster» verwaltete den Überschuss der Klosterämter und gehörte neben den Bürgermeistern, dem Statthalter und dem Seckelmeister zu den wichtigsten Repräsentanten des Staats, den neun «Standeshäuptern». Er nahm auch im ebenfalls 1533 entstandenen Rechenrat Einsitz.[147] Der erwähnte Überschuss bestand hauptsächlich aus Getreide und Wein. Das meiste davon wurde verkauft, ein Teil ging als Naturallohn an die Inhaber städtischer Ämter oder an Bedienstete der Stadt.[148]

In verschiedenen ehemaligen Klostergebäuden der Stadt wurden Kornschütten und Trotten eingerichtet, 1535 auch in der Kirche des Barfüsserklosters.[149] 1545 liess das Bauamt Fenstergitter an einem der beiden Refektorien («räfen dall zum Barfůssen») anbringen.[150] 1550 wurde «der Ganng» gepflästert.[151]

Mit dem Auszug von CHRISTOPH FROSCHAUERS Druckerei 1551 wurden alle Räume in den Konventgebäuden frei und konnten vom Obmannamt genutzt werden. 1552 liess der Obmann Niklaus Köchli einen als «Gersten kappel» bezeichneten Raum wahrscheinlich zur Lagerung von Fässern einrichten,[152] 1553 folgte der Einbau weiterer Schütten in der Kirche und 1553/54 derjenige von Korn- und Haferschütten im Westtrakt des Kreuzgangs,[153] wo sich auch die Wohnung des Amtsknechts befand.[154]

1554 begannen die Arbeiten an den Wohn- und Amtsräumen im Längstrakt gegen den Hirschengraben. Die Wohnung des Amtmanns verfügte über eine grosse Stube, deren Decke «abgescharrt» und neu bemalt wurde. Daneben gab es zwei kleinere Stuben, ausserdem eine getäferte Schreibstube mit einem Ofen, einem grossen Arbeitstisch und einem kleinen portablen Tisch, den man beim Verkauf von Getreide auf den Schütten benutzte.[155] Die Maurer- und Steinmetzarbeiten führte JOST NUSSBAUMER aus. Als Zimmerleute erscheinen BARTLOME KÄUFFELER und PAULI MÜLLER, als Tischmacher BATT BILDHOUWER [?] und BASCHI RYTZ. Bezahlt wurden ausserdem der Schmied FELIX VON HERRLIBERG und der Dachdecker RUDOLF HIRT.

1555 folgten der Einbau eines Badstüblis[156] und die Erneuerung defekter Wappenscheiben in der grossen Stube.[157] Im selben Jahr wurde zur direkten Erschliessung des Amthauses vom Neumarkttor her ein neuer Weg angelegt (siehe unten).

Wahrscheinlich steht die Erneuerung des Turmknopfs auf dem benachbarten Wolfsturm 1553 (BD 1576 MURER) und dessen neue Bezeichnung als «Barfüsserturm»[158] mit diesen letztgenannten Arbeiten im Zusammenhang. Der zur Stadtbefestigung gehörende Turm wurde nun zumindest laut den Bilddokumenten anstelle der umgenutzten Kirche als «Zeichen» in Anspruch genommen und zum Ensemble gerechnet.

In der Amtszeit des Obmanns Heinrich Bodmer wurde 1710 der «Saal», vermutlich das ehemalige Sommerrefektorium, erneuert. In den Obmannamtsrechnungen erscheinen Maurer, Maler und Stuckateure, aber auch Lieferanten von Taft für Vorhänge und für die Bespannung der Wände.[159] Die höchsten Zahlungen gingen an den Maler JOHANN MELCHIOR FÜSSLI («Herren Melchior Füßli Mahler»), einmal 108 Pfund 10 Schilling «per 16 Ehrenwapen mit Schilt und Helmen vormahliger Herren Obmänner in Sahl von besten Farben und Gold Zumahlen», dann noch mal 49 Pfund 10 Schilling «per unterschiedliche theologische Sprüch in Vorsaal und einen mit Gold im Saal samt meinem Waapen» (d.h. mit dem Wappen des Obmanns Heinrich Bodmer).

Als letzte Baumassnahme im Ancien Régime erfolgte 1793 die Eindeckung des Amthauses mit einem neuen Walmdach.[160] Bis zu diesem Zeitpunkt blieben die ehemaligen Klostergebäude als solche erkennbar. Erst die Um- und Neubauten des 19. Jahrhunderts sollten das Gesicht der Anlage grundlegend verändern.

Die Umgebung: Alter Krautgarten, äusserer Garten und ehemaliger Friedhof

1525 wurde darüber beraten, ob Gartenanteile bei den Barfüssern stückweise an die Anstösser verkauft werden sollten, was in der Folge auch geschah.[161]

Die Häuser am Neumarkt verfügten danach über fast gleichmässig grosse Gartenareale, wie sie BD 1576 MURER zeigt.

Im Mietvertrag mit CHRISTOPH FROSCHAUER von 1528 wird neben dem «Kreuzgarten» ein Garten «hindert dem closter» erwähnt,[162] bei dem es sich wahrscheinlich um den «usseren» Garten[163] handelt. Dieser liegt auf BD 1576 MURER, von einer Mauer umgeben, südöstlich des ehemaligen Chors und gehörte spätestens 1591 zum Haus Untere Zäune 1.[164]

1555 entstand ein Weg vom Neumarkttor zum neu eingerichteten Amthaus; er führte an den «alten Krautgarten».[165] Nach der Ausebnung des mittleren Hirschengrabens und dem Abbruch der mittelalterlichen Stadtbefestigung samt Wolfsturm 1784–1789 wurde ein neuer Zugang vom Hirschengraben her angelegt und der Garten, zuvor an der Ringmauer gelegen, mit Sockel und Geländer eingefasst.[166]

Der Friedhof an der Südseite der Kirche wurde nach der Reformation zum Platz umgestaltet. 1528 oder 1538 liess das Bauamt auf der «Barfüsser Hofstatt» einen Brunnen errichten, 1529 wurden «die linden zů barfüssen gefelt und usgemacht», darunter wahrscheinlich auch jene im Kirchhof.[167] 1530 schloss man das Gelände mit einem Gitter ab.[168]

Der Brunnen im ehemaligen Friedhof[169]

BD 1576 MURER zeigt südwestlich der Kirche einen einfachen Brunnen mit rechteckigem Becken, der 1538 auf dem ehemaligen Friedhof errichtet wurde.[170] Er erhielt zwischen 1583 und 1586 eine neue, von Steinmetz BALTHASAR BINGISER geschaffene Säule mit einer Neptunstatue von JOHANNES TUB.[171] An der Brunnensäule, die heute mit neuem Becken und neuer Bekrönung bei der Predigerkirche steht (siehe unten), ist BINGISERS Monogramm mit der Jahreszahl zu lesen («15.B.B.85.»). Säule, Figur und Brunnenbett mussten 1620/21 geflickt, neu bemalt und die Vergoldungen erneuert werden.[172] 1746/47 wurden die vier Brunnenwände ersetzt,[173] und im Jahr darauf erhielt Steinmetzmeister ANTONI DÄNIKER 1206 Pfund für die Erneuerung des Brunnens und der Statue.[174] Aufgrund des hohen Betrags ist anzunehmen, dass damals ein neues, achteckiges Brunnenbecken errichtet wurde (PD 1788–1793 MÜLLER). Die Neptunstatue wurde zu unbekanntem Zeitpunkt entfernt und durch eine Kugel ersetzt. BD 1871 WERDMÜLLER (Abb. 214) zeigt den Brunnen mit achteckigem Trog und zwei von

Gestänge gehaltenen Röhren. Die Brunnensäule von 1585 ist üppig verziert mit Voluten, Masken, Fruchtkränzen, Draperien und Beschlägwerkornamentik. 1873 wurde sie mit dem Postament auf den Zähringerplatz versetzt.

Brunnen im Hof (Fischbrunnen)[175]
(Abb. 214)

1589 wurde im äusseren Hof neben dem Wolfbachkanal ein Brunnen errichtet, 1592/93 erweitert beziehungsweise verbessert. Die frühen Bilddokumente (BD um 1700 ESCHER, BD um 1700 Regimentsbuch ESCHER, BD 1710 FÜSSLI) zeigen ihn mit einfachem längsrechteckigem Trog und schlichter Stud (Abb. 204). 1784/1786 erscheint in den Rechnungen erstmals ein Brunnen mit Nebentrog.

Auf PD 1859–1867 Katasterplan (Abb. 212) steht er in der heutigen Form, mit zweiteiligem Trog aus Muschelkalkstein, bereits am heutigen Standort vor dem Obergerichtsgebäude bei Obmannamtsgasse 2.

NEUE NUTZUNGEN IM 19. JAHRHUNDERT: CASINO, KANZLEI UND GERICHT
(Abb. 213, 220)

Das Casino von 1806/07
(Hirschengraben 13)

«… Schon hört man aus den heitern Hallen
Bezaubernde Musik erschallen!
Die Menge lockt der muntre Klang;
Sie drängt sich durch den Säulengang,
Und sieht geschmückt mit Blumenkränzen
Den neuen Tanzsaal festlich glänzen!
Im weiten Raum, in freyer Lust,
Erhebt behaglich sich die Brust ….».
Aus: DAVID HESS. Die Weihe des neuen Gesellschaftshauses in Zürich, Zürich 1807.

»Jeden Abend sitze ich eine oder zwei Stunden im Kasino; Du kennst meine Vorliebe für schöne Säle, Lichter und Menschen um mich.»
GEORG BÜCHNER an seine Braut, 1837 (GEORG BÜCHNER, Werke und Briefe, München 1965, S. 199).

«Casino», ursprünglich das Häuschen beziehungsweise Lusthaus im italienischen Fürstengarten des 16.–18. Jahrhunderts, wird zur Bezeichnung für die in den schweizerischen Städten nach 1800 – teilweise in Ablösung der Zunfthäuser – entstehenden Bauten für gesellige Zusammenkünfte. Die Initiativen dazu gingen von den im frühen 19. Jahrhundert gegründeten politischen, kaufmännischen, wissenschaftlichen, literarischen und musikalischen Vereinen aus, welche auch als Bauherren auftraten. In Zürich war es die Assemblee-Gesellschaft, die sich zuvor zu Bällen und Konzerten im ehemaligen Zunfthaus zur Meisen getroffen hatte.[176] Im Vorfeld der Tagsatzung 1807, die einerseits die «Meise» selber beanspruchen, andererseits auch viele gesellschaftliche Anlässe mit sich bringen sollte, plante die Gesellschaft 1806 den Bau eines Casinos und erwarb vom Staat, der gleichzeitig am Hirschengraben ein weiteres Stück der mittelalterlichen Stadtbefestigung abtragen liess, einen alten Gebäudeteil des ehemaligen Barfüsserklosters, den «Trottkeller».[177] An dessen Stelle liess sie durch HANS CASPAR VÖGELI einen Neubau nach Plänen von HANS CASPAR ESCHER zum Felsenhof (und Schanzenherr JOHANNES FEHR) errichten (Abb. 213).[178] Die Kosten von rund 40000 Franken für den Neubau wurden durch Beiträge des Staats, der Stadt und durch die Ausgabe von Aktien gedeckt.

Das Casino war das erste bedeutende Bauwerk ESCHERS und ist dem für ihn typischen, im damaligen Zürich aber nicht nur wohlwollend aufgenommenen strengen Klassizismus verpflichtet.[179] Der kantige, lang gestreckte eingeschossige Rechteckbau besass glatte, unverputzte Quadermauern mit Fugenschnitt und ein flaches Walmdach. Er ruhte auf einem Souterrain, das die Wohnung für den Wirt und den Portier umfasste.[180] Der Bau war karg gegliedert. In den Seitenflügeln setzten nur die heruntergezogenen, rahmenlosen Rundbogenfenster mit vertieften Brüstungen Akzente. In der Mitte auf der Hirschengrabenseite war dem Gebäude ein Portikus von sechs glatten dorischen Säulen mit Tempelgiebel vorgelagert,[181] der – ganz der Zweckmässigkeit der klassizistischen Architekturtheorie folgend – nicht als schmückendes Element, sondern als Schutz für die Auffahrtsrampe und den Eingang diente. Die Tempelfront sollte bei ESCHERS zweitem Zürcher Hauptwerk, der Rathauswache (1824/25), zum dominierenden Element werden.[182] HOFFMANN hat auf die einfachen Proportionen des Baus aufmerksam gemacht: Die Flügel und die Tempelfront waren genau gleich breit; der Abstand zwischen den Säulen und die Säulenhöhe entsprachen sich im Verhältnis von 1:2, die Fensterhöhe stimmte sowohl mit der Breite von Fenster und Zwischenpfeiler zusammen als auch mit der Dachhöhe überein. Das Casino,

*213
Barfüsserkloster. Das Casino an der Stelle des ehemaligen «Trottkellers» auf dem Klosterareal. Ausführungsprojekt für den Bau von 1806/07 von Hans Caspar Escher. Feder in Schwarz, aquarelliert, um 1805 (KH). – Text S. 214f.*

das sich durch einen klaren architektonischen Entwurf auszeichnet, galt den Zeitgenossen als eines der schönsten Gebäude der Stadt[183] und war der bedeutendste Zürcher Bau der Mediationszeit.[184] Nach dem einschneidenden Umbau zum Obergericht 1874–1876 sind davon nur die Aussenwände der Seitenflügel erhalten geblieben.

Das Casino beherbergte im westlichen Teil des Erdgeschosses einen grossen Konzert- und Ballsaal,[185] im östlichen Teil einen kleinen Ballsaal und im Mitteltrakt das Foyer und zwei kleine Salons.[186] Die Räume wurden von verschiedenen Körperschaften benutzt und übernahmen teilweise offizielle Funktionen. So wurden sie 1833 vom neu geschaffenen Grossrat während des Einbaus eines eigenen Grossratssaals im Rathaus benutzt.[187]

Veränderte Nutzungsansprüche liessen eine Erneuerung beziehungsweise Erweiterung des nur eingeschossigen Casino-Baus ins Auge fassen. Um 1862 entstanden Umbauprojekte, die eine Erhöhung auf zwei Geschosse und eine rückseitige Erweiterung vorsahen. Überliefert sind Pläne von LEONHARD (II.) SCHAUFELBERGER, FERDINAND STADLER und LEONHARD ZEUGHEER; von Letzterem auch ein Projekt für einen vollständigen Neubau.[188] Realisiert wurde der Umbau jedoch nicht. 1874 kaufte der Staat das Casino zurück und baute es anschliessend zum Obergericht um (S. 218f.). Als eigentlicher Nachfolger gilt das 1899 errichtete Corso am Bellevue.[189]

Umbauten für die Eidgenössische Kanzlei
1812–1824/25
(Hirschengraben 15 / Abb. 215, 216)

1812 begann man mit der Herrichtung von Räumen im Längstrakt für die Eidgenössische Kanzlei im Obmannamt: Die Kanzlei kam ins ehemalige

*214
Barfüsserkloster. Brunnen im ehemaligen Friedhof. Rechts der Eingang in das Foyer des Theaters. Lavierte Federzeichnung von Johann Caspar Werdmüller, 1871. – Text S. 214.*

Sommerrefektorium,[190] die Wohnung des Kanzlers darüber ins erste Obergeschoss. 1815 brach man das «Nebengebäude im Obmannamt» ab, das heisst den Anbau mit der Küche gegen den Garten am Hirschengraben, durch welchen bis dahin der Hauptzugang zur Wohnung des Obmanns geführt hatte. Die Einrichtung erfolgte nach Plänen von FERDINAND STADLER.[191] In den Räumen, die dem Obmannamt verblieben, erfolgten 1820 Ausbesserungen, unter anderem die Einrichtung von zwei zusätzlichen Zimmern in der Wohnung des Obmanns, und die Anlage eines neuen Zugangs auf der Hirschengrabenseite.[192]

In Fortsetzung dieser Bauten erfolgte 1824/25 ein eingreifender Umbau, dem das grosse Refektorium beziehungsweise der Konventsaal zum Opfer fiel.[193] Die klassizistische Fassadengestaltung entwarf HANS CONRAD STADLER (1788–1846).[194] Die Baugeschichte kann praktisch nur aufgrund der Pläne skizziert werden und bleibt teilweise unklar. Vermutlich wurde 1824/25 lediglich die Fassade des südöstlichen Flügels und des Mittelteils ausgeführt, der Umbau der nordwestlichen Hälfte des Trakts folgte nach 1833.[195] Der Fassadenplan sah einen längsrechteckigen schlichten, in den Proportionen gedrungenen Block mit Schauseite zum Hirschengraben vor. Er umfasste zwei Geschosse und in der Breite 20 Achsen. Der flache Mittelrisalit, den ein flacher Dreiecksgiebel mit Lünettenfenster beschloss, umfasste sechs Achsen, die von vier glatten, dorischen Pilastern paarweise zusammengefasst wurden.[196] Die regelmässige Befensterung bestand aus einfachen Rechteckföffnungen. Nur das rustizierte Erdgeschoss des Mittelrisalits öffnete sich mit rundbogigen Fenstern beziehungsweise Türen.

Anlässlich dieses Umbaus, vielleicht auch schon im frühen 19. Jahrhundert, muss das Terrain vor der Längsfassade auf der Hirschengrabenseite um einige Meter aufgefüllt worden sein, so dass das ursprüngliche Erdgeschoss des Refektoriumsflügels, das auf einem Riss von 1793[197] noch zu sehen ist, buchstäblich im Boden versank und zum Kellergeschoss wurde.[198]

Umbauten für das Obergericht 1833–1840

1832 fasste man den Plan, ein neues Grossratsgebäude im Garten des Obmannamts am Hirschengraben zu erbauen,[199] begnügte sich aber schliesslich damit, im alten Rathaus 1833 die Decke herauszubrechen, um so einen hohen, oben um einen Tribünenraum erweiterten Raum zu gewinnen.[200]

Nach der Aufhebung des Obmannamts und dem Freiwerden der meisten Räume 1833 beschloss der Regierungsrat dann doch ein grösseres Unternehmen, nämlich einen Neu- beziehungsweise Umbau des gegen den Neumarkt gelegenen, nordwestlichen Gebäudeteils für die Aufnahme von «Regierungs-Collegien».[201] Die Baumassnahmen auf dem Areal dauerten bis 1840 und fanden mit der Neugestaltung des Hofs zwischen dem Theater und den beiden für das Gericht erneuerten Trakten, der Versetzung des ehemaligen Fischbrunnens an den heutigen Standort (?) und der vollständigen Ausebnung des Terrains gegen den Hirschengraben ihren Abschluss.[202]

Umbau des Längstrakts 1833–1840

1833 bestimmte der Regierungsrat den Teil des Obmannamtsflügels mit der ehemaligen Wohnung des Obmanns zur Aufnahme diverser Kanzleien, unter anderem aus dem Hinteramt (nun Universitäts-

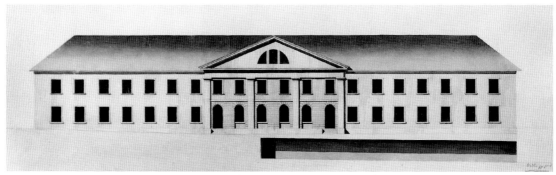

215
Barfüsserkloster. Längstrakt. Projekt für den Umbau von Hans Conrad Stadler, Fassadenansicht 1824 (StAZH, Plan D 1367). – Text S. 215f.

216
Barfüsserkloster. Längstrakt. Entwurf für die Dekoration des aufgestockten Giebelgeschosses, um 1880, wohl von Anton Johann Nepomuk Seder (StAZH, Plan D 1751). – Text S. 217f.

gebäude). Er genehmigte einen bereits vorliegenden Bauplan und vergab Aufträge mit einem Kostenplafond von 10555 Gulden. Der Anbau über dem Wolfbach, der als Eingang von der Hofseite gedient hatte, wurde abgetragen.[203]

Gemäss Bauvertrag sollte der Goldbacher Maurermeister CASPAR USTER «das ganze Eingebäude auf dem ersten Stockwerk nebst dem untern Gebälk unter den Zimmern A.B.C.D. und dem anstossenden Gang» sorgfältig herausbrechen und den «ausserhalb des Hauses angebrachten Verbindungsgang» abtragen.[204] USTER hatte den Auftrag, Sitzungszimmer, Kanzleizimmer, Ausstandszimmer, Weibelzimmer, Treppen und Abtritte einzubauen, ohne die älteren Gebäudeteile zu beschädigen. Das Abbruchmaterial wurde ihm für 300 Gulden überlassen. Nach FRIEDRICH VOGEL tat sich CASPAR USTERS Truppe indes mit falschem Eifer beim Abbruch der Gebäude und mit dem voreiligen Übertünchen der 1710 von MELCHIOR FÜSSLI gemalten Wappenschilder der Amtleute hervor.[205] Vermutlich wurde erst jetzt die von HANS CONRAD STADLER entworfene Fassade auch im nordwestlichen Flügel realisiert (siehe oben). Zur Beheizung kam hier erstmals in einem Staatsgebäude das neue System der zentralen Warmluftheizung zur Anwendung.[206]

Die 1834 fertig gestellten Umbauten folgten keinem einheitlichen Plan und blieben unbefriedigend.[207] Nach dem Auszug der Eidgenössischen Kanzlei 1834 übergab man 1835 deren Räumlichkeiten der Obergerichtskanzlei.[208] 1836 wurde der Garten am Hirschengraben abgetragen, das Terrain zum Teil ausgeebnet, eine Stützmauer gegen die heutige Obmannamtsgasse aufgeführt und der Wolfbach teilweise überwölbt.[209]

1839 beschloss der Regierungsrat die Erhöhung des Trakts um eine Etage, und 1839/40, nach dem Bau des Gerichtsgebäudes von FERDINAND STADLER (siehe unten), folgte ein umfassender Umbau des Längstrakts durch denselben Architekten.[210] Anstelle der zwei schmalen Eingänge im Mittelteil wurde ein grosses rundbogiges Portal als Hauptzugang zum Gerichtsgebäude vom Hirschengraben errichtet; die Zufahrt vom Hirschengraben her war bereits 1838 verlegt und «bedeutend verbreitert» worden.[211] Das ganze Gebäude wurde um ein Geschoss in Holz erhöht und der Mittelrisalit zur heutigen Form umgestaltet.[212] Dessen schlichte klassizistische Gliederung von 1824/25 verlor durch diese formal unentschiedene Erneuerung in «biedermeierlichem Synthesestil»[213] ihre Grosszügigkeit. Laut den vorliegenden Plänen diskutierte man auch einen viergeschossigen Mittelteil, mit oder ohne Uhrtürmchen über dem Frontispiz.[214] Seine Aufstockung erfolgte aber erst 1880. Die bereits bestehende Warmluftheizung wurde optimiert und auf den andern Gebäudeteil erweitert. 1840 konnten Baudepartement, Strassendepartement und Staatsanwaltschaft das neue Geschoss beziehen.[215]

Bau des Gerichtsgebäudes 1837–1839
(Obmannamtsgasse 2 / Abb. 217)

Nachdem das Obergericht den Wunsch geäussert hatte, seinen Saal im Rathaus, den es seit 1803 besetzte, mit einem besseren und ruhigeren Lokal zu tauschen, beschloss man den Bau eines Gerichtsgebäudes mit Lokalitäten für das Ober- und das Kriminalgericht anstelle des Verbindungstraktes zwischen dem Theater in der ehemaligen Kirche (siehe unten) und dem ehemaligen Amtshaus.[216] Der kürzere, ans Amtshaus anschliessende Zwischenteil, der aus dem brückenartigen Holzbau über dem Wolfbach aus der Klosterzeit hervorgegangen war, wurde lediglich umgebaut und mit neuen, schlichten Fassaden versehen. Er nahm das Treppenhaus auf, das zwischen den unterschiedlichen Niveaus von Längs- und Quertrakt vermittelte. Der längere Teil des Quertrakts wurde 1837 bis auf das Bodenniveau abgebrochen und neu erbaut. Bestehen blieben nur das Kellergeschoss und die Scheidemauer zum Treppenhaus (ehemals Aussenmauer), womit sich bis heute klosterzeitliche Bausubstanz erhalten hat.

Der Neubau, noch Ende 1837 unter Dach gebracht und 1839 bezogen,[217] erfolgte nach Plänen und unter der Leitung FERDINAND STADLERS.[218] Im Unterschied zum Vorgänger reichte er nicht bis zum Kirchen- beziehungsweise Theatergebäude, wurde dafür aber auf die Breite des Treppenhaustrakts erweitert. Dies hatte den Abbruch des ganzen Nordwest- und fast der Hälfte des Nordostflügels des Kreuzgangs zur Folge (siehe S. 208). Der neue Haupttrakt war zweigeschossig (1967 aufgestockt) und weist im Erdgeschoss, in Anlehnung ans benachbarte Casino, hohe Rundbogenfenster auf und im ersten Obergeschoss Rechteckfenster, ursprünglich mit klassizistischen Fensterverdachungen. Vom äusseren Hof führte eine breite Treppe zum Eingang in der Fassadenmitte.

Inneres. Im Innern ist der Bau über das oben erwähnte Treppenhaus auf beiden Etagen mit dem Längstrakt verbunden. Unverändert erhalten sind die zweiarmige, dreiläufige Treppe mit Staketengeländer und die schlichten klassizistischen Eichenholzrahmen der Treppenaufgänge (Zimmermeister HEINRICH SPILLMANN), im Erdgeschoss mit integrierter Uhr.[219] Binneneinteilung und Funktionen der Räumlichkeiten sind heute stark verändert. Die ehemaligen Gerichtssäle[220] wurden vermutlich schon beim Umbau des Casinos zum Obergericht 1874–1876 und anlässlich der Umbauten für das Staatsarchiv 1877 in kleinere Einheiten unterteilt und umgestaltet.[221]

Im Erdgeschoss befanden sich der Obergerichtssaal, ein Lesezimmer für die Richter, je ein Zimmer für die Parteien, die Advokaten und die Arrestanten.

Im Obergeschoss lag der Kriminalgerichtssaal, ebenfalls je ein Zimmer für die Richter und die Parteien und zwei Zimmer für die Kriminalgerichtskanzlei. Die Dekorationsmalereien in den Gerichtssälen führte der Basler Maler MICHAEL SPANN-TOLLMANN nach Entwürfen von FERDINAND STADLER aus. Sie wurden jedoch heftig kritisiert als zu modern und zu frivol und deshalb für die Funktion der Räume als unpassend.[222] 1844 wurden auf dem Dachboden zwei Zellen eingebaut und 1849 der Sitzungssaal des Obergerichts neu bemalt.[223]

Umbauten 1853–1856 und 1880

Die Einführung des Geschworenengerichts machte bauliche Anpassungen im Innern nötig.[224] 1853–1856 wurde der Obergerichtssaal im Quertrakt in einen Saal für die Kriminalabteilung des Obergerichts umfunktioniert, in dem auch die Sitzungen der Geschworenen abgehalten wurden; das Lesezimmer wurde zum Ausstandszimmer für die Richter, das ehemalige Ausstandszimmer zum Zimmer für die Zeugen.[225] Der obere Gerichtssaal erhielt eine neue Bemalung.[226]

1880 wurde der Mittelteil des Längstrakts nach einem Projekt von Staatsbauinspektor OTTO WEBER aufgestockt.[227] «Da sich […] die Hauptfaçade etwas kahl ausnahm», liess man den Mittelteil nach einem Entwurf von ANTON JOHANN NEPOMUK SEDER, Lehrer für kunstgewerbliches Zeichnen am Technikum Winterthur, bemalen (Abb. 216).[228] Die Malerei hatte aber offenbar nur kurz Bestand. Im Frontispiz brachte man eine Uhr an. Ein früheres Projekt, den Mittelteil durch ein Uhrtürmchen zu erhöhen und die Uhr vom Grimmenturm hierher zu versetzen, kam nicht zur Ausführung.[229]

Umbau des Casinos
zum Obergericht 1874–1876
(Abb. 218)

1874–1876 erfolgte unter Staatsbauinspektor JOHANN JAKOB MÜLLER ein eingreifender Umbau des Casinos zum Kantonalen Ober- und Schwurgerichtsgebäude.[230] Die räumliche Erweiterung des Gerichts erfolgte wohl auch aus repräsentativen Gründen. Der 1837–1839 von FERDINAND STADLER für das Schwur- und Obergericht erbaute Quertrakt war wegen seiner hofseitigen Lage, seiner bescheidenen, durch keinerlei «Hoheitsmotive» ausgezeichneten Ge-

*217
Barfüsserkloster. Quertrakt nach dem Neubau als Gerichtsgebäude 1837–1839. Aktueller Zustand. Rechts der neu gestaltete Zugang in den ehemaligen Kreuzgang. Foto 2005. – Text S. 217f.*

stalt und seiner baulichen und räumlichen Anbindung an den Verwaltungstrakt im Längsbau wenig geeignet, das Gerichtswesen als eine der wichtigsten staatlichen Institutionen auch baulich gebührend zu repräsentieren. Mit dem Neubau für das Obergericht verlieh man dem Regierungssitz im Obmannamt erstmals einen «ikonologischen Akzent».[231]

Der Umbau liess vom eleganten Bau ESCHERS nur die beiden Flügel mit den Rundbogenfenstern bestehen, die jedoch durch ein Obergeschoss überbaut wurden. Mit einem neuen massiven, dreigeschossigen Mittelbau, der als kräftiger Risalit anstelle von ESCHERS Säulenportikus vor die Fassade tritt, gewann man einerseits zusätzlichen Raum, andererseits verleiht er dem Gebäude ein stärker körperliches Volumen. Das Erdgeschoss des Mitteltrakts nimmt mit dem gefugten Quaderwerk und den hohen Rundbogenfenstern den Casinobau wieder auf, doch ist es durch glatte Pilaster und stark vortretende Pfeiler zu Seiten des Portals, über denen sich das profilierte Gesimse verkröpft, plastischer gegliedert. Die zwei oberen Geschosse des Risalits werden von einer Monumentalordnung von vier Pilastern korinthischer Ordnung zusammengefasst. Zusätzliche Akzente setzen ein schmaler Balkon mit Balusterbrüstung und die Fensterverdachungen. Hohe, stark profilierte Verdachungen besitzen auch die Rechteckfenster im Obergeschoss der Seitenflügel. Nach HAUSER ist das Obergericht einer der ersten baulichen Zeugen der von GOTTFRIED SEMPER geprägten Architektur in Zürich.[232]

Inneres. Von der Ausstattung aus der Bauzeit haben sich nur noch Spuren erhalten.[233] Noch aus der Bauzeit dürfte das Geländer mit verzierten Metallstaketen im Treppenhaus des Mitteltrakts stammen. Das letzte alte Mobiliar des Geschworenensaals im Erdgeschoss wurde 1970/71 entfernt. Geblieben sind hier nur die schlichten profilierten Stuckrahmen der Felderdecke. Einige Räume im ersten Obergeschoss des Mittelteils sind mit weiss gestrichenem Holztäfer und mit Stuckdeckenprofilen ausgestattet.

ÜBERBAUUNGSPROJEKTE UND UMBAUTEN AB 1898

Ab 1898/99. Ausschreibung eines Wettbewerbs für die Neuüberbauung des Obmannamtareals mit einem kantonalen Verwaltungs- und Gerichtsgebäude.[234] Anstelle eines der vorgelegten grandiosen Projekte entschied man sich aber dafür, die Verwaltungen auf verschiedene Häuser um das ehemalige Barfüsserareal zu verteilen. Einbezogen wurden dabei die Häuser Turnegg (Kantonsschulstrasse 1), Lindenegg (Untere Zäune 2) sowie das Chamhaus (Untere Zäune 1).[235]

1909/10. Wiederaufnahme der Planung von 1898/99 mit dem Projekt eines kantonalen Verwaltungsgebäudes mit Kantonsratssaal. Es kam zu

218
Barfüsserkloster. Längstrakt nach den Umbauten des 19. Jh., von Südosten. Links angeschnitten das 1874–1876 zum Obergericht umgebaute Casino. Dahinter der 1837–1839 zum Gerichtsgebäude umgebaute Quertrakt. Foto Hans Hofer, um 1900.

einer generellen Überbauungsstudie für das Areal, die eine Verlängerung der Zähringerstrasse vom Predigerplatz bis zum Heimplatz einschloss. Verfasst wurden Projekte von GUSTAV GULL (1909/10), ALFRED FRIEDRICH BLUNTSCHLI und Stadtbaumeister FRIEDRICH WILHELM FISSLER (1910/11) und den Gebrüdern PFISTER (1911).[236]

1918/19. Ideenwettbewerb «zur Gewinnung eines Bebauungsplanes» für das Gebiet zwischen Rämistrasse und Zähringerplatz, Oberen Zäunen und Florhofgasse. Auch dieser Wettbewerb hatte den Bau eines kantonalen Verwaltungsgebäudes und eines Obergerichtsgebäudes auf dem Obmannamtsareal zum Ziel. Als Gewinner gingen PFLEGHARD & HAEFELI hervor, doch auch dieses Projekt blieb unausgeführt.[237]

1936. Umbauten und erste archäologische Untersuchungen:[238] Der Nordostflügel des Kreuzgangs wurde um ein zweites Obergeschoss aufgestockt.[239] Anstelle des Blechtors wurde am Eingang zum Kreuzgarten das frühklassizistische Hofportal aus der Liegenschaft St. Urban (Stadelhoferstrasse 23)[240] eingesetzt (Abb. 217) und der Westtrakt der Staatskellerei bis in den Bereich des ehemaligen Kirchenschiffs verlängert. Bei diesen Arbeiten wurden ein kompliziertes System von Grundmauern, die teils zum Kirchenchor, teils zum Theater (siehe unten) gehört haben dürften, sowie Reste des Kreuzgangbodens beseitigt. Gefasst wurden zwei monolithische, in einem Plattenboden auf Kreuzgangniveau eingelassene Sandsteintröge (2,0 × 0,8 × 0,7 m; zerstört) mit elliptischer Aushöhlung und rechteckigem Falz für eine Deckplatte; ihre Bestimmung ist unbekannt. Die Grabung ist nur spärlich dokumentiert. Ungefähr 60 cm unter dem Niveau des Kreuzgangs Fund von zwei Menschenskeletten.

1940er Jahre. Da die Räume den damaligen Bedürfnissen nicht mehr entsprachen und die Konstruktionen als überaltert erachtet wurden, fasste man in den 1940er Jahren einen Neubau des Obergerichtsgebäudes Hirschengraben 13 ins Auge.[241] Im Rahmen einer Gesamtplanung über das Gebiet zwischen Steinwiesstrasse und Freiestrasse, über das Terrain der alten Kantonsschule bis zu Heimplatz, Hirschengraben, Unteren Zäunen und Obmannamtsgasse, in welchem die Interessenssphären von Universität, Mittelschulen, Kunsthaus und Obergericht gegeneinander abgegrenzt werden sollten, wurde auch ein anderer Standort für das Gerichtsgebäude erwogen. Für den Neubau des Obergerichts liegen verschiedene Projektpläne und Raumprogramme von Architekt H. REIMANN vor.

1984. Überbauung des schmalen Hofs zwischen dem Längstrakt (Hirschengraben 15) und dem Nordostflügel des Kreuzgangs mit einem eingeschossigen Bibliothekstrakt.

DIE EHEMALIGE KLOSTERKIRCHE

VON DER KIRCHE ZUM «KELLER» DES OBMANNAMTS

In den Jahren 1537–1540 wurde die Kirche, in der bereits 1535 Korn lagerte, vollständig zu einem Lagerraum mit vergitterten Fenstern und Aufzugswinde umgebaut und erhielt einen neuen Zugang. Die Arbeiten erscheinen in den Rechnungen des 1533 geschaffenen Obmannamts. Einen Teil der Kosten übernahm das Bauamt, ein weiterer wurde in Fronarbeit (anstelle von Bussen) «abgewerchet».[242] 1553–1555 folgte der Einbau weiterer Schütten im Langhaus und neu auch im Chor, wiederum vom Obmann- und vom Bauamt bezahlt.[243] Zur Platzgewinnung wurden die Seitenschiffe bis auf die Höhe des Mittelschiffs aufgemauert und mit diesem unter ein gemeinsames Giebeldach gezogen. Die Befensterung wurde der neuen Stockwerkeinteilung angepasst. Auf den neuen Boden im Chor führte ein mit Ziegeln bedeckter Aufgang an dessen Westseite.[244] Wahrscheinlich entstand damals auf der Seite gegen die Unteren Zäunen eine neue Zufahrt, die in das offenbar bereits unterkellerte Langhaus führte.[245] In den Rechnungen zu diesen Massnahmen, mit denen die Kirche die letzten Zeichen ihrer ehemaligen Funktion verlor, wird sie nun nur noch als «Keller» bezeichnet.[246] Gleichzeitig enthalten diese Quellen Hinweise auf eine ältere, aber hier nicht zu klärende Situation, indem mehrfach eine nun als «gerstenkappel» bezeichnete Kapelle erscheint.[247]

1700/01 wurden drei weitere Böden eingezogen und die Befensterung verändert. Dächer und Dachstuhl über Kirche und Chor und über der ehemaligen Sakristei waren faul und wurden ersetzt, die Sakristei abgetragen.[248] Wahrscheinlich wurde damals der Zugang vom Vorplatz an den Unteren Zäunen erweitert und zur Durchfahrt unter der ehemaligen Kirche in den Obmannamtshof nochmals ausgebaut.[249] Spätestens jetzt teilte die Passage den Keller in zwei Teile (PD 1788–1793 MÜLLER) (siehe auch S. 224).

1804/05 mussten Massnahmen zur Stabilisierung des ehemaligen Langhauses ergriffen werden, da sich dessen Aussenwand gegen die Unteren Zäune so nach aussen gewölbt hatte, dass Einbruchgefahr bestand.[250] Möglicherweise waren diese Schäden mitverursacht durch die Aufmauerung der Seitenschiffwände nach der Reformation.

Ehemalige Sakristei

Bei den 1553 erwähnten Bauvorgängen rund um die Kirche wird mehrfach die Sakristei («sakerstig»[251]) angesprochen. Sie lässt sich als das Gebäude identifizieren, das an die Ostwand des Chors anschliesst. 1701 wurde sie («Sakristei» oder «Sakristeikeller») bis «auf den grund» abgetragen und durch einen «winkelrechten» Bau ersetzt, den PD 1788–1793 MÜLLER wiedergibt.[252] Dieser wurde 1806 – noch immer als «Sakristeÿkeller» bezeichnet – in den neuen Casinobau einbezogen.[253]

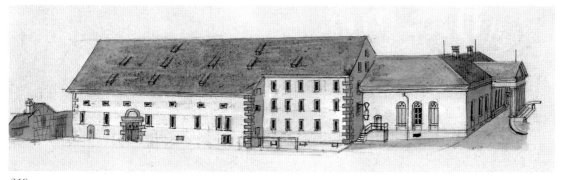

219
Barfüsserkloster. Ehemalige Kirche, Ansicht von Südwesten. Langhaus und Chor sind umgenutzt, unter gemeinsamem Giebeldach. Rechts anschliessend das unter anderem anstelle der Sakristei erbaute Casino. Um 1830. – Text oben.

220
Barfüsserkloster. Casino. Blick auf den Eingangsportikus mit Auffahrtsrampe. Radierung von Franz Hegi, um 1814. – Text S. 214f.

DAS AKTIENTHEATER 1833/34–1890

Theater in Zürich
(Abb. 201, 221–224)

Die Zürcher Theatertradition, die mit dem Reformationsdrama einen hoffnungsvollen Aufschwung erfahren hatte, erhielt 1624 durch Johann Jakob Breitingers «Bedencken von Comoedien oder Spilen»[254] einen nachhaltigen Dämpfer. Bis zum Einmarsch der Franzosen gab es, von einigen Darbietungen wandernder Schauspieltruppen abgesehen, kein Theater mehr.[255] Nach einem kurzen Aufblühen während der französischen Besatzung kehrten nach 1802 rasch die alten Verhältnisse wieder ein.[256] Nur vereinzelte Aufführungen durch wandernde Schauspieler fanden statt, seit 1806 im neuen Casino (siehe oben) oder im Schiffsschopf.[257] In den 1820er Jahren taten sich einige Theaterfreunde zusammen und entwickelten 1825 das Projekt eines eigenen Theaterbaus ausserhalb der mittelalterlichen Stadtmauer in der Nähe des heutigen Paradeplatzes.[258]

Erst die politische Umwälzung von 1830 veränderte das «theaterfeindliche» Klima so,[259] dass diese Gruppe nach dem erfolgreichen Gastspiel einer Operntruppe von der Mailänder Scala als provisorische «Theater Commission» mit ihrem Projekt an die Öffentlichkeit treten konnte.[260]

Das «Actientheater» in
der ehemaligen Barfüsserkirche

Ende Oktober 1832 schlug die «Theater Commission» als möglichen Standort den Kappelerhof vor, doch schon im November kam man darauf zurück und entschied sich für das «große Gebäude» oder «Schüttengebäude» im Obmannamt – die ehemalige Barfüsserkirche.[261]

Zur Finanzierung des Unternehmens beschloss die Kommission die Ausgabe von Aktien, und es entstand die «Actiengesellschaft für ein Theater und Museums-Gebäude in Zürich». Die Aktienausgabe wurde im Dezember 1832 publiziert.[262] Mit Karl Georg Bürkli – «Oberst und Praesident der Actien-

221
Barfüsserkloster. Die ehemalige Klosterkirche als Theater. Blick auf die Eingangspartie an den Unteren Zäunen. Farblithografie von Kaspar Studer, in: «Souvenir de Zurich et ses environs», um 1836. – Text S. 222–225.

gesellschaft», der später selber Flöte, Kontrabass und Pauke im Orchester spielte – stand zwar als treibende Kraft ein Konservativer der Gesellschaft vor, doch das neue Theater war eindeutig ein liberales Projekt mit einem Bildungsauftrag, der denjenigen der Kirche zumindest ergänzen, wenn nicht sogar korrigieren konnte.[263] Von diesem Anspruch zeugt auch die Absicht, einen eigentlichen Musentempel zu schaffen, in dem sich neben dem Theater auch ein Museum (in diesem Fall ein Lesesaal) befand. Der Anspruch blieb im Namen der «Gesellschaft des Theaters und Museums» bis 1845 erhalten.[264] Die 1834 entstandene Lesegesellschaft mietete sich allerdings weiterhin im Zunfthaus zum Rüden ein und realisierte schliesslich ihr Projekt «Museum» 1866/67 am Limmatquai 62.

Mit der Geschichte der Theatergesellschaft und des Theaters wird sich auch diejenige der Musikgesellschaft verknüpfen, die seit dem Bau des Casinos dort ihre Anlässe veranstaltete und sich von der Kohabitation mit der Theatergesellschaft eine Förderung erhoffte.[265]

Der Bau
(Abb. 201, 221–224)

Die Ersteigerung der ehemaligen Kirche des Barfüsserklosters ging am 17. November 1832 über die Bühne, der Kaufvertrag datiert vom Januar 1833.[266] Dabei verbot der Staat die Erhöhung des Gebäudes, behielt sich aber seinerseits vor, die übrigen ehemaligen Klosterbauten auf dessen Firsthöhe zu bringen.[267] An den Luzerner Architekten LOUIS PFYFFER VON WYHER erging der Auftrag, ein Modell zu erstellen.[268] PFYFFER hielt sich vom 6. bis 20. September 1833 in Zürich auf und zeichnete einen Grundriss und einen Schnitt des Theaters unter Berücksichtigung der «Schleißung» der alten «Schifsmauren» und deren Ersatz durch Pfeiler.[269] Am 29. Januar legte er den fertigen Plan vor.[270] Im Verlauf des Jahres 1834 erfolgten die nötigen baulichen Anpassungen nach den Plänen und dem Modell von PFYFFER.[271] Die Bauarbeiten führte Zimmermeister VOGEL und teilweise CONRAD STADLER aus; PFYFFER beschränkte sich auf gelegentliche Begutachtungen.

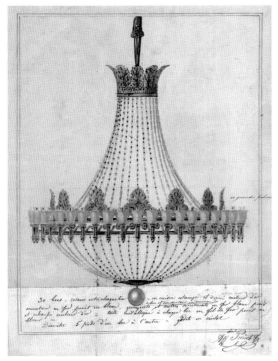

222
Barfüsserkloster. Theater in der ehemaligen Kirche. Entwurf eines Lüsters. Bez. Pienot, undat. (SAZ). – Text nebenan.

An den Kosten des Theaters[272] beteiligte sich auch der Zürcher Stadtrat.[273]

PFYFFER fügte das Zürcher Theater in den Grundriss der ehemaligen Barfüsserkirche ein: Das Mittelschiff nahm das Theaterfoyer, den Zuschauerraum und die Vorbühne auf, der einstige Chor die Hinterbühne und die Seitenschiffe die Garderoben und Nebenräume.[274] Die Fassade gegen die Unteren Zäune wurde zur symmetrischen Hauptfront umgestaltet. Ein dreigeschossiger klassizistischer Mittelrisalit mit Giebelabschluss bildete die Eingangspartie. Eine zweiarmige Treppenanlage mit Terrasse führte zu den Eingängen. Darunter bot eine dreijochige Säulenhalle toskanischer Ordnung Zugang zur bestehenden Durchfahrt zum Obmannamtshof und von dort zur Hirschengrabenpromenade. Dem Theater dürfte die Passage für die Anfahrt der Kutschen und das «trockene» Arrivée der Besucherschaft gedient haben (Abb. 221).

Kurze Zeit danach konnte PFYFFER als wichtigster Vertreter des Klassizismus der Innerschweiz seine am Zürcher Projekt gewonnenen Erfahrungen in die Theaterbauten von Luzern, Sursee und Zug einbringen und wurde damit zum Experten des frühen bürgerlichen Theaterbaus in der deutschen Schweiz.[275] Alle vier Häuser folgten derselben, für das ganze 19. Jahrhundert verbindlichen räumlichen Disposition, bestehend aus einer Guckkastenbühne, einem ansteigenden Parterre und halbkreisförmig angeordneten, senkrecht übereinander stehenden Galerien.

Inneres. Für den Einbau des dreiviertelkreisförmigen Zuschauerraums mit den vier Galerien mussten die östlichen Mittelschiffarkaden ausgebrochen werden. Stehen blieben nur die westlichsten Arkaden hinter und zwischen der gerundeten Rückwand des Zuschauerraums (Abb. 223). Erhalten blieben auch die Holzdecke und die vier hohen Rundbogenfenster gegen den Kreuzgang im Chor.[276]

Das Theater bot rund 800 Zuschauern Platz.[277] Der Theatersaal, von dem leider keine Ansicht überliefert ist, muss eine Ausstattung von zurückhaltender Eleganz besessen haben. Der Kronleuchter, zu dem mehrere Entwurfsskizzen erhalten sind (Abb. 222), wurde in Paris bestellt, die Dekorationsmalereien an Decken und Galeriebrüstungen schuf WILHELM HUBER.[278] Für die Bühnendekorationen des Hoftheaterarchitekten (DOMINIK?) QUAGLIO, des Hoftheatermalers SCHNITZLER in München und aus dem Atelier der Firma JÄCKLE in Donaueschingen hatte man über 5000 Gulden aufgewendet.[279]

Der Theaterbetrieb

Am 10. November 1834 wurde das neue Theater feierlich eröffnet.

Der Umstand, dass die «Actiengesellschaft» als Besitzerin die Räume dem jeweiligen Direktor verpachtete und diesen zudem einer siebenköpfigen Intendanz unterstellte, erwies sich als schwierige und kontraproduktive Bedingung für die weitere Entwicklung. Die Direktion war in ihrer künstlerischen Freiheit beengt. Durch die Verpflichtung, das Theater im Sommer zu schliessen und das Ensemble jährlich neu zusammenzustellen, war sie gezwungen, finanzielle Einbussen hinzunehmen. Bereits unter der von 1837 bis 1843 dauernden Direktion von CHARLOTTE BIRCH-PFEIFFER (1800–1868)[280] fiel die Intendanz weg, und das Theater erlebte unter ihr, nicht zuletzt dank ihres persönlichen finanziellen Engagements, einen Höhepunkt, um danach in die Mediokrität, ja Bedeutungslosigkeit[281] zu fallen. CHARLOTTE BIRCH-PFEIFFER begegnete der anfänglichen Skepsis der Zürcher mit dem

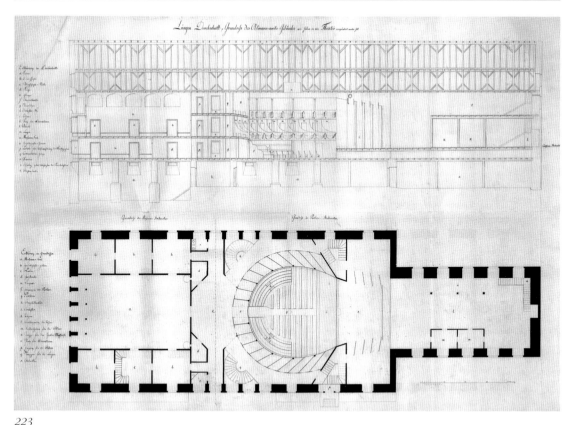

223
Schnitt und Grundriss der ehemaligen Klosterkirche mit dem Theatereinbau. Undat., Anonymus (SAZ). – Text S. 206ff.

von ihr selbst verfassten und inszenierten Stück «Ulrich Zwinglis Tod».[282] Die durch sie geprägte Periode der Theatergeschichte fand unter anderem Widerhall in der Biografie des Zürcher Politikers Alfred Escher (1819–1882), der zahlreiche Abende im Theater verbrachte.[283]

1856 erfolgte eine umfangreiche Renovation durch den Zürcher Architekten WILHELM WASER.[284] Dieser hatte sich während seines Studienaufenthalts in München intensiv mit Theaterbau auseinandergesetzt und CHARLOTTE BIRCH-PFEIFFER schon vor ihrem Engagement in Zürich persönlich kennengelernt.[285]

Seit 1858 unterstützte die Stadt das Theater mit Subventionen, welche die Kosten der Miete und der Direktionswohnung deckten. 1867 setzten Diskussionen über neue Theaterkonzepte ein, aus denen unter anderem die beiden Projekte Schauspielhaus und Tonhalle hervorgingen. In der Neujahrsnacht 1890 brannte das Theater ab. Das Ereignis schlug sich in einer grossen Anzahl von Fotografien nieder.[286]

DOKUMENTATION

Literatur

Allgemeine Darstellungen (Kloster und Obmannamt)
BLUNTSCHLI 1711, S. 22. – BLUNTSCHLI 1742, S. 42. – WERDMÜLLER 1780, S. 37f. – VOGEL 1845, S. 51f. – VOGEL 1845 (Obmannamt). – NÜSCHELER 1873, S. 454–456. – HENGGELER 1947. – HENGGELER 1951. – SCHAUFELBERGER 1969. – SIGG 1971, S. 99, 124–128. – DÖRNER 1996, S. 352–358. – EUGSTER 2002. – WILD 2002 (Barfüsserkloster). – MEIER 2004.

Baugeschichte Kloster und Kirche
OBERST 1927, S. 77–80. – ESCHER, KdmZH 1939, S. 241–252. – WILD 2002 (Barfüsserkloster). – MEIER 2004.

Nachreformatorische Bauten Kirche und Konvent
VOGEL 1841, S. 389–391. – VOGEL 1845, S. 857. – VOGEL 1845 (Obmannamt). – VOGEL 1853, S. 289. – WILD 2002 (Barfüsserkloster), S. 67f. – MEIER 2004.

Aktientheater
VOGEL 1841, S. 633ff. – VOGEL 1853, S. 650. – RÜEGG 1884. – MÜLLER 1911. – THEILACKER 1934, S. 4–7. –

*224
Barfüsserkloster. Die als Theater umgenutzte Klosterkirche. Blick auf die Eingangspartie nach dem Brand 1890.
Foto Rudolf Breitinger, 7. Januar 1890.*

BAUMANN 1984. – BRUNSCHWEILER 1989. – LEHMANN 1995, S. 8–33. – BARTH 2001 (mit weiterer Literatur).

Schriftquellen

Gedruckte Schriftquellen

Nennungen der Barfüsser, ihrer Kirche und der Konventgebäude in UBZ 1–13 sowie in den bisher erschienenen Bänden der Urkundenregesten StAZH (ab 1336). Die Rolle der Barfüsser beschreibt vor allem die Chronistik, insbesondere JOHANNES VON WINTERTHUR, der einer Hypothese nach im Kloster verstorben sein soll.

Ungedruckte Schriftquellen

StAZH. Das Barfüsserarchiv ist fast vollständig im Archiv des Obmannamts aufgegangen. Die Urkunden von 1273–1525 tragen dementsprechend die Signatur C II 10 (einige Stücke auch unter C II 8) (SCHWEIZER 1884 [Urkundenabteilungen], S. 29). – Urkunden zu Unterhalt und Ausstattung der Gebäude nach der Reformation in F III 4. – Umbauten 19. Jahrhundert: VII 7; VII 11; VVI 2.4; VVII 4.1.

ZBZ. Ms Lind. (Nachlass FELIX LINDINNER), Nr. 10, S. 240 (Barfüsser).

Aktientheater. Planungs- und Baugeschichte des Stadttheaters sind bis 1835 praktisch lückenlos im Stadtarchiv Zürich (SAZ) dokumentiert: – VII. 12. A. 1.1.: Protocoll der provisorischen Theater Comisson (Reinschrift); VII. 12.A.2.1. Protokoll der Gesellschaft für den Ankauf des Theatergebäudes 1830–1833. Tage= und Notizen= Büchli über das Quaestorat der Aktien=Gesellschaft des Theaters und Museums von 11. Jan. 1834. – VII. 12.A. 2.2.1–4: Rechnungen über den Ankauf und den Bau des Theatergebäudes. – VII.12.A.2.3.1. und 2.3.2. Jahresrechnungen 1834/35 und 1835/36. – VII.12.A.2.4. Belege zu der Rechnung über den Ankauf und Bau des Schauspielhauses […] 1833–1835.

Bilddokumente

In Ergänzung zu Folgendem siehe ESCHER, KdmZH 1939, S. 242f.

Kirche

1576 MURER.
Um 1700 ESCHER.
Um 1711 FÜSSLI, JOHANN MELCHIOR. Ansicht von Südwesten. Kupferstich (in: BLUNTSCHLI 1711, S. 22).
1. Hälfte 19. Jh. Anonym (KELLER?). Kirche von Südwesten. Feder, aquarelliert (ZBZ, GrafSlg, Zürich C 1 Barfüsser Kirche I 7).
1835 SCHULTHESS, EMIL. Historisierende beziehungsweise rekonstruierende Ansicht der Barfüsserkirche von Südwesten (nach FRANZ HEGI?). Feder, laviert (KH, GrafSlg, O 45, Bl. 20).
1835 SCHULTHESS, EMIL. Innenansicht nach FRANZ HEGI. Feder, laviert (KH, GrafSlg, O 45, Bl. 21).

Kreuzgang

1835 SCHULTHESS, EMIL. Kreuzgangarkaden: Grundriss, Aufriss, Ansicht, Baudetails. Feder (Bleistift), laviert (KH, GrafSlg, O 45, Bl. 22–25).
1845 SCHMID, FRANZ. Blick in den Kreuzgang von Nordwesten, vor dem ersten Teilabbruch. Bleistift und Feder (StAZH, Zeichnungsbücher AGZ, Mittelalter II, fol. 76).
Undatiert HEGI, FRANZ. Kreuzgangarkaden (KH, O 16, fol. 67, 68).

Konventgebäude

1576 MURER.
Um 1700 ESCHER.
1710 FÜSSLI, JOHANN MELCHIOR FÜSSLI. «Obman Ammt». Ansicht der ehemaligen Klosterbauten von Südwesten. Kupferstich (BAZ, FORMAT I).
1835 SCHULTHESS, EMIL. Ansicht des Längstraktes vom Hirschengraben her. Feder, laviert (KH, GrafSlg, O 45, Bl. 19).

Casino

Zahlreiche Frontalansichten der Südostfassade ab 1807 in ZBZ, GrafSlg, Zürich C 1, Kasino. Unter anderem:

1807 Hegi, Friedrich. Die Weihe des neuen Gesellschaftshauses in Zürich. Lithografie.
Undatiert Schmid/Ruff, Lithografie.
Um 1810 Wenng, Carl Heinrich (1787 – um 1850), Lithografien.

Ansichten der Südostfassade von Osten, 1. Hälfte 19. Jh. in ZBZ, GrafSlg, Zürich C 1, Kasino. Unter anderem:
Undatiert Füssli Heinrich, Lithografie.
Um 1810 Wenng, Carl Heinrich, verschiedene Stiche, z.T. koloriert.
1835 Studer, C. Lithografie.

Plandokumente

In Ergänzung zu Folgendem siehe Escher, KdmZH 1939, S. 242f.

Kirche

1788–1793 Müller.
Undatiert Anonymus. Entwurf eines Theaters im Kirchenschiff des Barfüsserklosters (StAZH, Zeichnungsbücher AGZ, Mittelalter VII, S. 120).
Undatiert Anonymus. Sechs Pläne. Antiquarische Gesellschaft Zürich, Inventar, Nr. 3436 (?) (SAZ, VII 12 A.3. 1.3).

Kloster

Um 1777 Anonymus. Umgebung des Hirschengrabens (ZBZ, KartSlg, Ms S Z 3. 739/3).
1788–1793 Müller.
1937 Situationsplan der ehemaligen Klosteranlage; Grundriss und Aufriss der erhaltenen Arkaden und Steinmetzzeichen des Kreuzgangs; gekuppelte Spitzbogenfenster des Sommerrefektoriums. Aufnahmen 1937, Clichée-Unterlagen zu Escher, KdmZH 1939 (BAZ, J 129–129d).

Casino

Um 1805 Escher, Hans Caspar. Ausführungsprojekt, Fassadenansicht. Feder in Schwarz, aquarelliert (KH, M 5, Blatt 45).
Um 1860 Aufnahmepläne des Baus von 1806/07: Aufriss Hauptfassade, Grundriss Erdgeschoss und Plan des kleinen Saals (BAZ, J 136–136a).
Um 1862 Erweiterungs- und Neubauprojekte des Casinos von Leonhard (II.) Schaufelberger (BAZ, 137–137d), Ferdinand Stadler (BAZ, J 138–138a), Leonhard Zeugheer (BAZ, J 139–139f; BAZ, ZEU 67).

Obmannamtsgebäude bzw. «Refektoriumstrakt»

1793 «Schiefer=Aufriß deß Obmann=Amts so wie selbiges derman anzusehen ist». Aufriss der Längsfassade gegen den Hirschengraben. Zustand vor den Umbauten des 19. Jh., Januar 1793. Drei Projektvarianten für ein neues Dach (Giebel-, Walm-, Mansarddach) (Standort z.T. unbekannt, ZBZ, Ms. Lind. 53.I; Kopien im BAZ).
Nach 1839/40 Längstrakt nach der Aufstockung und dem Umbau 1839/40 nach Plänen Ferdinand Stadlers.
Undatiert Burkhard, Kaspar. Ansicht der Hauptfassade. Aquatinta nach einer Zeichnung von Architekt Heinrich Bräm (ZBZ, GrafSlg; in: Hauser 2001, Abb. S. 58).

Zahlreiche Pläne im StAZH: Pläne D 1366–1368 Obmannamt (1833, 1874), D 1444–1447, 1469 Obmannamt (1833).

Casino, Obmannamt, Obergericht

Zahlreiche Pläne im StAZH: Pläne D 504–605 (undatiert, unsigniert); D 1300–1311 (1837, 1870, 1873); D 1587–1589; D 1665–1670 (1879).

Umgebung

1786 Anonymus. Grundriss des 1786 neu angelegten Gartens beim Obmannamt. Papier, Feder, koloriert (StAZH, Plan B 437).

DAS PREDIGERKLOSTER

DIE PREDIGERKIRCHE BIS ZUR REFORMATION

Um 1230	Niederlassung der Prediger in Zürich.
1231	Oratorium (Bau 1) und «Häuser» erwähnt.
Vor 1247	Romanische Predigerkirche mit Binnenchor und Vorhalle (Bau 2)? Kreuzgang Südflügel, Konvent Ostflügel, evtl. mit zugehörigem Kreuzgang.
Nach 1250 / vor 1268	Predigerkirche mit Querschiff (Bau 3). Bau des Konvents: Nord- und Westflügel, Bau von Kreuzgang Nord und Westflügel.
1252	Predigerfriedhof südlich der Kirche erwähnt.
Vor 1268	Bau der Kirche abgeschlossen.
Nach 1325 / vor 1357	Gotischer Chor (Bau 4).
1524	Aufhebung des Klosters.
1526	Abbruch der Altäre.

LAGE
(Abb. 225, 226, 228)

Kirche und Konventgebäude wurden ab 1230 am Stadtrand zwischen der Stadtmauer und dem heute längst eingedeckten Wolfbach erstellt. Das zugehörige Areal erstreckte sich vom Predigerplatz bis zum Central. Die Gebäude lagen zwischen Predigerplatz (im Süden), Hirschengraben (im Osten), Mühlegasse (im Norden) und Zähringerplatz (im Westen). Die 1915–1917 errichtete Zentralbibliothek überlagerte den gesamten Perimeter der Klosteranlage, von der nur die ehemalige Klosterkirche erhalten ist. Deren heutige Gestalt mit der neugotisch veränderten Westfassade von 1877–1879 und dem neugotischen, schlanken und hohen Kirchturm (1899/1900) ist Zeuge der Anpassung an das von ARNOLD BÜRKLI 1877–1879 im Stil und nach den städtebaulichen Präferenzen des Historismus geplante «Zähringer- und Spitalquartier».

Nach dem Brand der ehemaligen Konventgebäude 1887 bot sich eine Neuüberbauung der gesamten Parzelle an. Diese erfolgte erst 1915–1917 mit der Anlage der Zentralbibliothek.

Von der mittelalterlichen Umgebung der Klosteranlage, zu der auch das um 1200 gegründete und westlich des Klosters gelegene Spital gehörte, ist nur das Prediger- und ehemalige Beginenquartier südlich der Kirche geblieben. Ein ehemals das Klostergelände säumendes Stück Stadtmauer ist im Keller des Hauses Chorgasse 22 erhalten, in seiner Beziehung zum Kloster dokumentiert und öffentlich zugänglich.

GRÜNDUNG UND NIEDERLASSUNG

Der durch Dominikus von Caleruega (ca.1172–1221) gegründete und 1216 von Papst Honorius III. auf der Grundlage der Augustinusregel bestätigte Dominikanerorden[1] trug durch seine programmatischen Wanderpredigten zu einem gegenüber den Pfarreien alternativen Seelsorgenetz bei. Dabei waren die Dominikaner primär auf Städte ausgerichtet[2] – und zwar auf bedeutende Städte, was sich früh im Schrifttum der Bettelorden niederschlägt («Bernardus valles montes Benedictus, oppida Franciscus, celebres Dominicus urbes»).[3]

Als bedeutende Stadt galt demnach auch Zürich. Hier errichteten Dominikaner – wahrscheinlich von Strassburg aus[4] – um 1230 den ersten Predigerkonvent auf dem Gebiet der heutigen Schweiz und Süddeutschlands.[5] Von hier aus wirkten sie in einem grösseren Predigtbezirk, dem so genannten «Zürcher Kreis»,[6] in dem sie verschiedene Hospize oder «Kreishäuser» als Unterkünfte für die wandernden Prediger unterhielten.[7]

Die Vorgänge um die Zürcher Niederlassung sind im zeitgenössischen Schrifttum nur spärlich überliefert. Vermutlich wurde der Konvent 1230 in den Orden aufgenommen.[8] Ob sich die Mönche in einer ersten Niederlassung vor der Stadt aufhielten, wie dies HEINRICH BRENNWALD in seiner zwischen 1508 und 1516 entstandenen Schweizerchronik berichtet wird, ist nicht gesichert.[9] Es würde aber durchaus

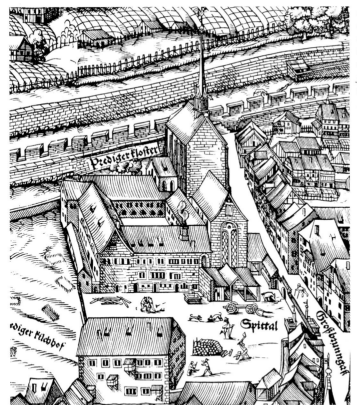

225
Predigerkirche, Predigerkloster/Spital. Der Blick aus Westen zeigt den Predigerchor mit dem romanischen Langhaus. Zu erkennen die Mauerscheibe links der Westfassade der Kirche, die als Indiz eines Narthex für Bau 2 spricht. Ausschnitt aus BD 1576 Murer.

einem Muster entsprechen, das von anderen Bettelordensklöstern bekannt ist, so zum Beispiel – allerdings etwas später – von den Dominikanerinnen am Oetenbach, die um 1280/1285 von einer Niederlassung im heutigen Seefeld in die Stadt zogen.[10]

Die definitive Lage der Klosterbauten am damaligen Stadtrand entsprach einem gesamteuropäischen Phänomen, das in der jüngeren Zeit breit diskutiert worden ist.[11] Sie scheint weder in Zürich noch anderswo zwingend ein Privileg der Bettelorden gewesen zu sein.[12]

Von einem letztlich nicht bekannten Provisorium aus haben die Prediger unter der Leitung des ersten bekannten Priors Hugo Ripelin aus Strassburg (urkundlich 1232–1259 bezeugt) mit dem Bau des Klosters begonnen. Dies geht aus einem Schreiben Papst Gregors IX. vom Mai 1231 an den Zürcher Klerus hervor, das laufende Arbeiten an einem als «oratorium» bezeichneten Bau und an zugehörigen Konventbauten («domus») erwähnt.[13] Die Bezeichnung «oratorium» entspricht ganz dem damaligen Anspruch und Programm der Ordensangehörigen in ihrem Wirken zwischen den etablierten Pfarreien beziehungsweise Pfarrkirchen. 1232 erweiterte der Konvent während des Bauvorgangs sein Areal bis an den Wolfbach. Er erwarb von Cûnradus Yrant und dessen Neffen ein Stück Land, das diese als freies Erbe besassen, mit allem Besitz und allen rechtlichen Ansprüchen («cum omnibus quorumcunque intererat, omni proprietati ac iuri»). Die Käufer verpflichteten sich selber und alle nachfolgenden Besitzer des verbleibenden Lands, innerhalb eines genau beschriebenen Perimeters nie zu bauen. Sieben Bürger der Stadt waren beim Verkaufsakt anwesend, den der Rat besiegelte.[14] Das erworbene Land dürfte im östlichen Bereich des heutigen Zähringerplatzes zu suchen sein; der Kauf stand vielleicht im Zusammenhang mit dem Bau eines Atriums an der Westfront der Kirche (S. 237f.). Die Stadt, seit 1218 Reichsstadt, hat wahrscheinlich bereits bei der Zuweisung des Areals an den Konvent eine Rolle gespielt. Ein Zusammenhang zwischen dem Bau des Predigerklosters und dem Bau der Stadtmauer, vor diesem Hintergrund denkbar, ist allerdings nicht zu belegen.[15] Die Fraumünsteräbtissin als formale Stadtherrin trat nach Aussage

226
Lage des Predigerklosters, des Beginenklosters St. Verena und der wichtigsten Spitalgebäude auf dem aktuellen Stadtgrundriss, 1:2000. Zeichnung Urs Jäggin. – 1 Predigerkloster, Spitalamtshaus/Pfrundhaus. – 2a Wirtschaftsgebäude: Spitalkornschütten. – 2b Trotten und Keller beim Strauss und auf dem Mushafenplatz. – 2c Unterhaus und Anatomie. – 3 «Sammlung» (Spital). – 4 Neues Spital. – 5 Pfisterei. – 6 «Irrenhaus» von 1814–1816. – 7 Beginenkloster St. Verena.

der überlieferten Schriftquellen nur im Zusammenhang mit der Verleihung des Rechts, das Wasser einer Quelle aus der Mühlehalde ins Kloster zu leiten, in Erscheinung.[16]

Den Beitrag der Stadt zur Gründung des Klosters betont im frühen 16. Jahrhundert HEINRICH BRENNWALD im Abschnitt «Von den Prediern zů Zůrich» seiner Schweizerchronik. Er erzählt, dass «man» den Predigern bei ihrer Ankunft eine Kapelle («zu sant Niclaus») und eine Hofstatt an der Brunngasse gegeben habe und dass diese mit «der Burger und ander fromer lůt hilf» mit dem Bau begonnen hätten.[17] Es ist nicht bekannt, welche Quellen ausser den bis heute überlieferten dem 1478 geborenen

Zürcher Kleriker in diesem Punkt vorlagen. BRENNWALD, der als Erster den Versuch einer Schweizerchronik wagte und in seiner Eigenschaft als erster Ordner und Verwalter der säkularisierten Klostergüter sicher eine breite Quellenkenntnis hatte («also ersüch und erlas er alle ding»)[18], fügte seine Informationen – neben den Schriftquellen die Kenntnis des Baubestands um 1500 und der lokalen Überlieferung – zu ganz knappen Texten zusammen. Dabei scheint er auch Einzelheiten «erfunden»[19] zu haben. Dadurch ist auch im Fall der Predigerniederlassung ein eigenes Bild entstanden, dem mit einer gewissen Vorsicht zu begegnen ist, das aber in den Grundzügen durchaus einem Schema entspricht, das von anderen Bettelordensniederlassungen bekannt ist.[20]

Noch während der Bauarbeiten belastete der Konflikt zwischen Kaiser Friedrich II. und dem Papst nach dem Konzil von Lyon 1245 das Verhältnis der Predigermönche zur Stadt in einem solchen Ausmass, dass die papsttreuen Prediger 1247 die Stadt verlassen mussten. Sie hielten sich danach mindestens drei Jahre auf dem Heiligenberg bei Winterthur auf.[21] Ob und wie sich die Abwesenheit der Konventsangehörigen auf die Bauarbeiten auswirkte, ist nicht bekannt.

Nach der Rückkehr der Prediger befreite 1252 die Äbtissin des Fraumünsters deren Hofstätten und Häuser von den ihr zustehenden Lehenszinsen.[22] In der entsprechenden Urkunde ist der den Predigern zustehende Bezirk in der Stadt zu erkennen: Er reichte im Osten bis zur spätmittelalterlichen Befestigung,[23] im Westen bis zum Wolfbach (in der westlichen Häuserzeile des Zähringerplatzes archäologisch gefasst[24]), im Norden bis zur Gartenmauer hinter den Konventgebäuden («murus horti fratrum») und im Süden bis an die «via communis» (Brunngasse) jenseits des Friedhofs.

VOM «ORATORIUM»
DER WANDERPREDIGER ZUR
«ECCLESIA» IN DER STADT

Mit dem Einbruch der Prediger in das seit 1177 sichtbare und im frühen 13. Jahrhundert gefestigte Gefüge der Zürcher Pfarreien – der neu gegründete Konvent lag in der Pfarrei des Grossmünsters – geriet der etablierte Klerus in Unruhe («universi ecclesiarum prelati et clerici Turicenses graviter [...] commoti»). Dieser begegnete das Mandat Gregors IX. vom Mai 1231, das Angehörige des St.-Thomas-Stifts in Strassburg an das Chorherrenstift am Grossmünster weiterleiteten.[25] Es grenzte Rechte und Ansprüche des Zürcher Klerus und der Predigermönche voneinander ab: Bestehende Pfarreirechte sollten grundsätzlich nicht angetastet werden, und an den hohen Festtagen durfte niemand bei den Predigern den Gottesdienst besuchen, ehe nicht die «missae populares», die Volksmessen in den Pfarrkirchen, gehalten worden waren. Die Prediger bezogen keinen Zehnten, und wer bei ihnen bestattet werden wollte, durfte erst nach der Feier der Exequien in der jeweiligen Pfarrkirche beim damals als «oratorium» bezeichneten Gebäude der Prediger begraben werden.[26]

Die Auseinandersetzungen mit dem Stadtklerus folgten in Zürich den üblichen Mustern und hatten keinen sichtbaren Einfluss auf die Konsolidierung des Konvents oder die Bauvorgänge. Erleichternd für die Integration der Prediger war sicher die Faszination, die das Bettelmönchtum und ihre Bildung auf die Stadtbürger des 13. Jahrhunderts und die Vertreter des Zürcher Klerus ausübten. So stand zum Beispiel KONRAD VON MURE, der sich im Prolog für die von ihm 1255–1260 verfasste Sakramentslehre beim Prior Hugo für Unterstützung bedankte, den Dominikanern nahe,[27] und 1259 gab der Propst des Grossmünsters, Otto Manesse, sein Amt auf und trat ins Predigerkloster ein.[28]

Spätestens um 1260 hatten die Prediger in der Gottesdienstordnung des Grossmünsters ihren festen Platz. Wie die Chorherren vom Zürichberg und vom Fraumünster und wie die Franziskaner hatten sie das Recht, am Hochaltar im Grossmünster Messen zu lesen.[29] Ob damals auch schon ihre Rolle in der Prozession auf den Lindenhof am Pfingstmittwoch feststand, ist ungeklärt.[30] Auch auf der baulichen Ebene erscheint der Weg zur Stadtseelsorge um 1268 abgeschlossen. Eine Urkunde aus diesem Jahr erwähnt nämlich wieder eine gemeine Strasse, die zur nun als «ecclesia» bezeichneten Kirche und zu den Konventgebäuden («domus») der Prediger führte und die allen Gläubigen offen stand.[31] Einen kleinen Hinweis auf das Äussere dieser Kirche gibt eine Urkunde, die 1269 in der Vorhalle der Kirche («in porticu») ausgestellt wurde.[32]

Mit dem Abschluss dieser Entwicklung hatte sich für die Prediger das Schwergewicht von der Wanderseelsorge zur Seelsorgetätigkeit in der Stadt verlagert.[33]

227
Predigerkirche. Chor von Norden. Das ehemalige nördliche Querschiff ist abgebrochen, im Vordergrund der Osttrakt des ehemaligen Klosters. Foto 1880.

AUSBAU VON SEELSORGE, BESITZ UND «ECCLESIA»

Auf der Grundlage der im Wesentlichen bereits um 1268 abgeschlossenen Entwicklung konnten die Predigermönche ihre Position innerhalb der Stadtseelsorge festigen und ausbauen.[34] 1300 regelte die päpstliche Bulle «Super cathedram» die letzten offenen Fragen zwischen den Dominikanern beziehungsweise den Franziskanern und dem Pfarrklerus in Bezug auf Predigt, Beichte und Begräbnisrecht.[35] Parallel dazu gingen die Prediger seit den 1270er Jahren unter dem Schutz päpstlicher Privilegien dazu über, schenkungs- oder erbweise erhaltene Liegenschaften zu übernehmen, obschon für sie – wie für alle Bettelordensangehörigen – ein grundsätzliches Besitzverbot galt, das sogar die Klosteranlagen einschloss. Um dem Besitzes- und Einkünfteverbot formal zu entsprechen, übertrugen sie ihren Besitz zunächst einer dritten Hand, in der Regel dem Dominikanerinnenkloster Oetenbach. Dieses erscheint denn auch als Eigentümerin des Gartenareals («ortos infra portam inferiorem nostri castri et domum fratrum Predicatorum»), das sich nördlich des Predigerklosters bis zum Central ausdehnte.[36]

Diese Entwicklung veränderte das ursprüngliche Abhängigkeitsverhältnis der besitzlosen Prediger von der Stadt. Zur Zeit der Ordensniederlassung hatte sich diese bereits auf dem Weg zur realen Herrschaft befunden und, wie oben erwähnt, vielleicht bereits über Grund und Boden der Niederlassung verfügt. Sie leistete auch einen materiellen Beitrag an den Unterhalt der Mönche, indem sie die Prediger für die Teilnahme an der Pfingstmittwochprozession auf den Lindenhof und an den Königsempfängen verpflichtete und bezahlte.[37] Seit dem ausgehenden 13. Jahrhundert versuchte der Rat, den Besitzeszuwachs der Prediger durch Verbote an die Schenker einzudämmen oder zu verhindern und selber eine Aufsichtsfunktion zu übernehmen.[38]

Der Erwerb von Liegenschaften durch die Prediger in der unmittelbaren Umgebung ihres Klosters scheint übrigens System gehabt zu haben. In der 2. Hälfte des 14. Jahrhunderts besassen sie in der Wacht Neumarkt über 20 Häuser, im 15. Jahrhundert ging deren Zahl in der Folge des Alten Zürichkriegs von 27 auf 19 zurück. Insgesamt kennen wir an der Brunngasse, der Chorgasse und der Predigergasse 37 Häuser, die den Predigern gehörten: ein planmässig angelegtes Quartier, das in direkter Abhängigkeit vom Kloster stand.[39]

Schon in der wohl spätestens 1268 fertig gestellten Kirche war ein grösseres Angebot an liturgischen Diensten möglich geworden: Bestattungen, Jahrzeiten[40] – die seit 1336 nur noch als Geldstiftungen erfolgen durften – oder Privatmessen. Daraus ergaben sich wiederum Einkünfte, die ihrerseits auf einen weiteren Ausbau drängten. Adressaten des liturgischen Angebots waren Angehörige ostschweizerischer Adelsfamilien und des Stadtadels, ein ähnliches Milieu wie dasjenige, welches auch die Entwicklung des von den Predigern betreuten Dominikanerinnenklosters Oetenbach mittrug.[41] Als Beispiel der Verbundenheit mit diesem Milieu sei hier die 1278 vom Leutpriester Arnold von Rapperswil gewünschte Bestattung bei den Predigern erwähnt.[42]

Auf dieser Basis konnte 1320/1330 mit dem Ausbau der Kirche begonnen werden, wobei als Auslöser ein Brand nicht auszuschliessen ist (vgl. unten). Das Konzept, dem der Ausbau folgte, ist nicht bekannt, realisiert wurden lediglich der Chor und ein Lettner. Offenbar wurden nach kurzer Zeit die Arbeiten für etwa 20 Jahre unterbrochen und nach der Jahrhundertmitte mit reduziertem Anspruch vollendet. Die Gründe für den Baustopp liegen in der Brun'schen Zunftrevolution von 1336, im Pestzug von 1348/49, in der so genannten «Zürcher Mordnacht» von 1350 und insbesondere im vorübergehenden Exodus der Prediger in den 1340er Jahren, den sie diesmal ihrer Stellungnahme für den Papst im Konflikt mit Ludwig dem Bayer verdankten.[43] Nach der Rückkehr 1349/50 sahen sie sich mit der Regierung Brun und deren Anspruch auf laikale Kirchenherrschaft konfrontiert. Hinzu kam, dass sie sich, anders als die Barfüsser und die Augustiner, auf die Seite der Stadt geschlagen hatten und spürbar an Einfluss verloren.[44] Ob und wie viel Finanzkraft zudem der Erwerb der Häuser in der Wacht Neumarkt und die Anlage des neuen Predigerquartiers südlich des Klosters abzogen, ist bisher nicht untersucht.

Da bis 1417 den Predigern Erwerb und Besitz von Liegenschaften und Zinsansprüchen innerhalb der Stadtmauern immer wieder verboten worden waren, mussten sie Stiftungsgelder auch in landwirtschaftlichen Besitz ausserhalb der Stadt anlegen. Zusammen mit Privaterwerb einzelner Konventsmitglieder kam in der Umgebung Zürichs und Winterthurs im Verlauf des 15. Jahrhunderts eine bemerkenswert grosse Zahl von Höfen in der Hand des Konvents zusammen. Sie wurden als Erb- oder Handlehen weiterverliehen, und das Kloster bezog von mindestens 17 Höfen die entsprechenden Naturaleinkünfte. Bis zur Reformation verringerte sich die Zahl der Höfe allerdings auf neun.[45]

Neben dem Gutsbesitz vermehrte der Konvent im 15. Jahrhundert auch die Einnahmen aus Geldrenten (um 1519 total 116 Geldrenten). Sie stammten zu einem grossen Teil aus Jahrzeitstiftungen, die allerdings nach 1450 tendenziell abnahmen beziehungsweise auf das Spital und die Leprosorien verschoben wurden. Daneben waren die Prediger in bescheidenem Rahmen als Kreditgeber tätig.[46] Mit seinen Einkünften situierte sich das Predigerkloster um 1500 zwar nicht auf dem Niveau der Niederlassungen von Basel oder Strassburg, war aber wohlhabender als die Barfüsser oder die Augustiner-Eremiten.[47]

DIE STADT UND DIE PREDIGERKIRCHE

Die im ausgehenden 14. Jahrhundert aufkeimende Tendenz, den Orden wieder zum Armutsideal seiner Anfänge zurückzuführen, hatte um 1450 schon in 13 Konventen der Ordensprovinz Erfolg. In Zürich, wo der Konvent wirtschaftlich stark expandierte und einzelne Brüder längst über private Einkünfte verfügten,[48] konnte sie sich nicht durchsetzen. Nicht nur scheint es innerhalb des Predigerkonvents wenig Bereitschaft dazu gegeben zu haben – auch die Stadt, die bemüht war, eine gewisse Kontrolle über den Konvent und dessen Besitz zu entwickeln und einer kostspieligen Reform abgeneigt war, wehrte sich dagegen. 1469 liegen erste Belege für eine städtische Pflegerschaft vor.[49] Obschon der Entscheid gegen die Annahme der Reform und die damit zusammenhängende Auflösung des ehemaligen Predigtbezirks die Zürcher Niederlassung offenbar schwächte und sich erste Auf-

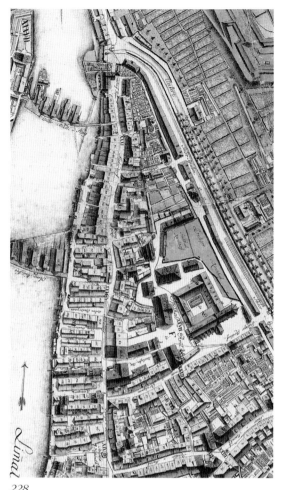

228
Das ehemalige Areal des Predigerklosters in einem Ausschnitt aus Stadtplan PD 1784–1793 Müller. Oben das spitz zulaufende Ende des Niederdorfs (heute Central). Östlich der Niederdorfstrasse zieht sich das ehemalige Klosterareal als mit Gärten belegter Zwickel bis zum ehemaligen Kloster gegen Süden (unten).

lösungserscheinungen zeigten,[50] schützte die Stadt den Konvent gegen den erneuten Zugriff der Reformer in den Jahren 1517–1519. Dabei überliessen ihr die Prediger am Vorabend der Reformation vollständig das Handeln.

Die Verbindung zwischen Konvent und Stadt spiegelte sich auch im Fall der Prediger unter anderem darin, dass die Stadt die Kirche für Versammlungen benutzte: 1412 wurde hier eine Abstimmung abgehalten, in der die Anwesenden ihre Meinung kundtaten, indem sie sich entweder in den Chor oder ins Schiff stellten.[51]

Bruderschaften

Der Predigerkirche waren zwei Bruderschaften angeschlossen: 1439 erscheint eine mit dem Kloster verbundene Müller- und Bäckergesellenbruderschaft im Zusammenhang mit einer Altarkerze, die sie in der Wasserkirche unterhielt.[52] Dass sich gerade die Müller und die Bäcker der Predigerkirche anschlossen, ergab sich vielleicht aus topografischen Gründen: Alle Mühlenstege waren baulich mit dem rechten Ufer der Limmat im benachbarten Niederdorf verbunden, und in der Nähe des Klosters, wo auch eines der städtischen Kornhäuser stand, befand sich die Stube der Müllergesellen. Die als «Unser Frauen zu den Predigern» bezeichnete Bruderschaft hatte bei ihrer Auflösung im Januar 1525 noch ein Vermögen von 13 Pfund.[53]

Am 25. Mai 1469 gründeten fünf Bürger und Ratsangehörige (Jörg von Kappel, Heinrich Hegnauer, Johann Löwenberg, Jacob Wiss und Hans Kambly) eine Bruderschaft «zu Sant Niklaus Kappel zu dem gen[an]tten irem [der Prediger] Closter uff dem vordersten altare».[54] Dieser Altar hatte mehrere Patrozinien, unter anderem Jakob [d.Ä.], nach dem sich die Bruderschaft teilweise wohl bezeichnete.[55] Als St.-Jakobs-Bruderschaft ist sie 1504 fassbar.[56] Bei ihrer Auflösung im Januar 1525 besass sie lediglich noch ihre Altartafeln und kein weiteres Vermögen mehr, sondern nur noch Schulden bei einem Holzbildhauer.[57]

DIE FRAUENSEELSORGE

Das Predigerkloster war am stärksten von allen drei Bettelordensklöstern in der Frauenseelsorge engagiert.[58] Die Gründung der Dominikanerinnenklöster Oetenbach und Töss, deren Betreuung bis zur Reformation in der Hand der Zürcher Prediger lag, fiel in die Zeit des ersten Priors Hugo Ripelin. Beim Kloster Oetenbach kann geradezu von einer idealen gegenseitigen Ergänzung des eher nach aussen orientierten Männer- und des kontemplativ ausgerichteten Frauenklosters gesprochen werden.[59]

Zwischen Predigerkloster und Neumarkt entwickelte sich, von den Predigern initiiert und gefördert, seit den 1270er Jahren das «Predigerquartier», in dem sich vor allem Beginen niederliessen.[60] Ein geistliches Zentrum bildete die ebenfalls unter dominikanischer Leitung stehende Frauenkongregation St. Verena (heute Froschaugasse, siehe S. 325ff.).[61]

DER FRIEDHOF

Der 1252 erwähnte Friedhof lag südlich der Kirche.[62] Archäologisch ist er nicht zu fassen, weil zwischen dem 16. und dem 19. Jahrhundert das Terrain immer wieder abgetragen und aufgeschüttet wurde. Wahrscheinlich löschten 1609, anlässlich des Abbruchs der Scheune und der Schweinställe südlich der profanisierten Klosterkirche, Eingriffe in den Boden die meisten noch vorhandenen Spuren des Friedhofs aus.

DIE REFORMATION

Das Scheitern der Reformbewegung, die noch 1519 die Angehörigen des Konvents zum Armutsideal der Anfänge zurückführen wollte, war wesentlich der Intervention der Stadt zu verdanken. Deren Haltung und Argumentation ging zweifellos auf ein bereits modernes Kirchenverständnis zurück. Zu dessen vollständiger Durchsetzung, der eigentlichen Reformation, brauchte es aber noch einen längeren, intensiven Prozess, in dem ZWINGLI eine wichtige Vermittlerrolle spielte.[63] Im März 1524 wurde den Predigern das Recht auf die Seelsorge im Kloster Oetenbach entzogen – eigentlich ein Schachzug ZWINGLIS, der sich davon sowohl eine Wirkung auf die Angehörigen der Bettelordensklöster als auch auf die städtische Oberschicht versprach. Für die Predigt wurden schon in der Fastenzeit evangelische Praedikanten eingesetzt. Am 3. Dezember 1524 hob der Rat das Predigerkloster wie alle übrigen Klöster auf. Die Prediger- und die Augustinermönche wurden ins Barfüsserkloster verbracht. Die Almosenordnung vom 15. Januar 1525 wies die leeren Klostergebäude dem Spital zu.[64]

DER BAU DER PREDIGERKIRCHE
(Abb. 229–242)

Da die Quellen zu den Anfängen der Prediger in Zürich und insbesondere zur Baugeschichte der Predigerkirche spärlich fliessen, hat man sich seit VÖGELIN/NÜSCHELER/VÖGELIN 1878 schwer damit getan, die Genese des Sakralbaus und sein Aussehen zu rekonstruieren. Die archäologischen Kampagnen der 1960er und vor allem der 1990er Jahre haben zwar neue Fakten zutage gefördert, eine endgültige Fixierung der Baugeschichte erlauben sie aber nach wie vor nicht. Auch die erneute Auswertung der älteren Grabungen sowie die Untersuchungen durch die Zürcher Stadtarchäologie[65] anlässlich des Neubaus der Zentralbibliothek konnten nicht alle Fragen rund um die Baugeschichte der romanischen Predigerkirche beantworten. DÖLF WILD stellte 1999 mit der breiten Diskussion möglicher Bauabläufe sowie einer umfassenden Dokumentation erstmals die Grundlagen zusammen, die eine weitere Auseinandersetzung mit der Baugeschichte überhaupt erst möglich machen.

Die Hypothese, dass die romanische Predigerkirche ohne Vorgängerbau in einem lediglich durch Planänderungen bestimmten, letztlich aber einheitlichen Bauablauf über kurze Zeit (zwischen 1231 und 1268) erstellt wurde, dürfte bezüglich eines Vorgängerbaus mit grosser Wahrscheinlichkeit zutreffen.

Der Annahme, die Dominikaner hätten in Zürich von Beginn weg eine Basilika mit ausgeschiedener Vierung – das heisst einen Sonderfall – geplant und realisiert,[66] soll hier eine Alternative zur Seite gestellt werden. Diese sucht die Interpretation der archäologischen Befunde innerhalb des bekannten Rahmens der frühen Predigerkirchen und ihrer möglichen Vorbilder.

DER BAUPLATZ

Die 1231 erwähnte Bautätigkeit an «oratorium» und «domibus», das heisst an Kirche und Konventbauten, spielte sich auf einem 1252 erstmals umschriebenen Areal ab. Dessen Lage und Ausdehnung provoziert einige Überlegungen: So stellt sich die Frage, warum die Predigermönche sich im zur Verfügung stehenden Perimeter nicht zu einer Anlage mit einer von Norden nach Süden gereihten Abfolge von Friedhof, Kirche, Konventbauten entschliessen konnten. Gab es neben den fixen Grenzen im Süden, Osten und Westen weitere Gründe, die zu einer Umkehr dieses gängigen Schemas führten? Es ist zu vermuten, dass die Predigermönche ihre Kirche möglichst nahe dem südlich und südwestlich anstossenden Stadtquartier positionieren wollten, so dass den Laien ein möglichst kurzer und direkter Zugang zur Kirche gewährleistet war. Die Lage der Konventbauten auf der von der Stadt abgewandten, nördlichen Seite der Kirche hätte so als wünschbarer «Nebeneffekt» die Standortwahl wohl begünstigt. Die Position des in den Quellen genannten Friedhofs auf der Südseite, zwischen Brunngasse und Kirche, erscheint vor diesem Hintergrund – obwohl bis heute archäologisch nicht nachgewiesen – logisch.

HYPOTHETISCHE BAUABFOLGE

Bau 1: Kapelle, erstes Oratorium
(Abb. 229, 230)

Für den Bauvorgang eines Klosters stellt HANS RUDOLF SENNHAUSER fest: «in der Regel wird ein Klosterbau mit einem Gotteshaus initiiert, aber nicht mit dem Bau der Klosterkirche».[67] Wendet man diese «Regel» auf die Predigerkirche an, so lassen sich bezüglich der nördlichen Seitenkapelle der hier als Bau 2 bezeichneten Kirche archäologische und bauanalytische Besonderheiten neu interpretieren.[68] So liegt das 1,6 m starke Fundament der nördlichen Seitenkapelle (Nordquerschiff) gut 60 cm tiefer als alle anderen Fundamente der Kirche und rund 1,3 m tiefer als der direkt anschliessende Osttrakt der Konventbauten.[69] Es war in die Grube gemauert und setzte rund auf Kote 412 m ü.M. an. Die erste Steinlage, die über der Grube gemauert war, lag auf der Kote von rund 413 m ü. M., was eine minimale Fundamenttiefe von etwa einem Meter ergibt.[70]

Der Vergleich des archäologischen Befunds mit historischen Plandokumenten (PD 1784 MÜLLER, 1820 BLUNTSCHLI, 1879 Hochbaubureau) scheint die Hypothese eines ersten, durch die Prediger erstellen Oratoriums zu unterstützen und macht zudem eine mögliche Bauabfolge ablesbar: Das weniger tief gemauerte Fundament des romanischen Altarhauses stösst mit einer Baufuge an die südliche Schulter des nördlichen Querschiffs. Auf der Ecke dieser Schulter liegt «ein glattgestrichener und verschmutzter Mörtel mit Schiftsteinen als Vorbereitung für den Vierungspfeiler».[71] Zudem endet die behauene Sockelzone hier in einem unregelmässigen Abbruch, wie er entsteht, wenn die bestehende Mauer abgebrochen und der Vierungspfeiler nachträglich errichtet wird. Für diesen Umstand spricht auch das Mörtelbett mit Schiftsteinen, das man sich erklären kann, wenn für den Vierungspfeiler über dem bestehenden Fundament der Seitenkapelle ein Auflager geschaffen werden musste. Wenn Seitenkapelle und Vierungspfeiler in einem Zug entstanden wären, hätte es ein solches Auflager nicht gebraucht, denn es wäre im Fundament im Verbund vorbereitet worden. Baufuge im Fundament, Abbruch und die den Pfeiler vorbereitende Schiftung über bestehendem Mauerwerk verlangen zwei Bauphasen: zuerst die geschlossene Seitenkapelle, danach die Vierung.

Als Hypothese kann angenommen werden, dass die Prediger als Erstes ein kleines Gotteshaus (Bau 1) erstellten, das später die Funktion der nördlichen Seitenkapelle übernehmen sollte.

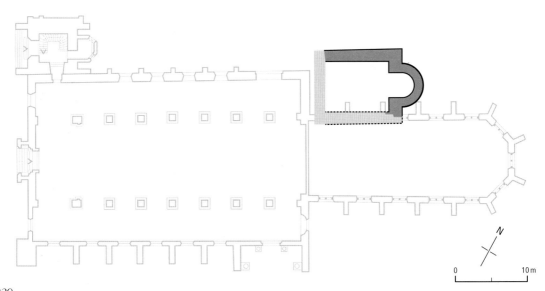

229
Predigerkirche. Bau 1. Grundriss 1:500. Kapelle, erstes Oratorium?, um 1231. Zeichnung Peter Albertin. – Text S. 236f.

An die Westwand von Bau 1 stiess rechtwinklig die später erbaute Seitenschiff-Nordwand an; die Arkade des südlichen Kreuzgangs fluchtete mit ihrer Innenseite mit der Nordwand von Bau 1.

Die Verknüpfung der archäologischen Befunde mit der Literatur über Genese und Strukturen der Bettelordensarchitektur, die ähnliche Abläufe kennt,[72] dürfte die oben angestellte Vermutung bestätigen, dass 1231 Bau 1 als erstes Oratorium der Prediger erstellt worden ist. In Bau 2 wurde dieses zur nördlichen Seitenkapelle, in Bau 3 wurde es in das Querhaus integriert.

Es ist zudem bekannt, dass die aufwendige Finanzierung eines Klosterbaus zur Etappierung des Kirchenbaus führen und der Bauvorgang deshalb oft zwei oder mehr Generationen dauern konnte.[73] Auch der Bau der Zürcher Predigerkirche, an der sich zum Teil nicht zu deutende Bauphasen abzeichnen, ist möglicherweise auch aus finanziellen Gründen nicht in einem Zug entstanden.

Bau 2: Die zweite Predigerkirche
(Abb. 231–233)

Konvent- und Kirchenbau wurden frühestens 1230 wohl mit Bau 1 in Angriff genommen. Der Bau einer ersten Klosterkirche (Bau 2) dauerte vermutlich bis spätestens 1247, als die Prediger während des Interdikts Zürich bis 1251 verlassen mussten.

Folgt man der oben ausgeführten Hypothese, muss dieser zweite Kirchenbau mit einem ersten bescheidenen Oratorium (Bau 1) gerechnet haben.[74] Seine Länge von rund 10 m oder etwas mehr (ohne Apsis) dürfte bereits das Mass für Altarhaus und Chorgeviert (10×10 m im Licht) antizipiert haben und bestimmte damit auch Länge und Breite des dreischiffigen Langhauses, das vermutlich aus drei Jochen bestand.[75] Der Narthex, dem Schiff vorgelagert, entsprach wahrscheinlich einem Joch. Als Pendant zur nördlichen, aus Bau 1 hervorgegangenen Seitenkapelle kann der Bau der formgleichen Südkapelle als zeitgleich mit dem Chor postuliert werden. Dafür sprechen unter anderem das gleiche Niveau sowie die identische Sockelzone.[76]

Über den spezifischen Aufriss von Bau 2 lässt sich nichts aussagen. Allgemein lässt sich feststellen, dass die Dominikaner in den Anfängen ihrer Bautätigkeit nördlich der Alpen ihre Kirchen nicht mit einem Querhaus, sondern mit Seitenkapellen und Langchor errichteten.[77] Wollte man im Gegensatz dazu

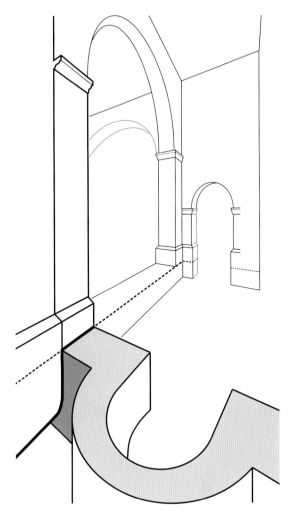

230
Predigerkirche. Bau 1/2. Schematische Darstellung der archäologischen Befunde an der südlichen Apsisschulter von Bau 1. Das weniger tiefe Fundament des Chors von Bau 2 stösst mit einer Fuge von Osten gegen die südliche Schulter der Apsis von Bau 1. Der nordöstliche Vierungspfeiler von Bau 3 stand direkt auf der Apsisschulter; glatt gestrichener und verschmutzter Mörtel sowie kleine, horizontal gelegte Schiftsteinchen bereiteten die Standfläche des Vierungspfeilers vor. Zeichnung Peter Albertin. – Text S. 236–239.

davon ausgehen, dass die Prediger in Zürich von Anfang an eine Kirche mit Querhaus geplant hätten und ihre Masse (Chor, Querhaus, Schiff) von Baubeginn weg fixiert waren, so lassen sich die im Westen archäologisch belegten Bauphasen und ihre Befunde nicht schlüssig deuten.[78] Mit der Annahme, dass Bau 2 in seinem Ostteil aus Langchor und eigenständigen Seitenkapellen bestand, lassen sich einige Befunde auch in der Entwicklung des Westabschlusses erklären.

Ein erster Westabschluss ist rund 24 m westlich eines ersten, für Bau 2 geltenden, archäologisch nicht erfassten Chorbogens, der wohl in der Flucht der Westfassade von Bau 1 lag, als Fundamentgrube mit sich abzeichnenden Wandvorlagen zu lokalisieren.[79] Während die nördliche Wandvorlage der Flucht der heutigen Pfeiler entspricht, weicht die südliche gegenüber heute um rund 40 cm nach Norden ab. Als dazugehörig muss eine zweite, westlich nachgewiesene Mauer betrachtet werden, durch die sich eine Vorhalle von 4,4 m lichter Tiefe ergäbe. Diese 4,4 m entsprechen der lichten Breite der Seitenschiffe und der Hälfte der damaligen lichten Breite des Mittelschiffs.[80]

Wäre Bau 2 mit dem nur als Mauergrube gefassten ersten Westabschluss ausgeführt worden, hätte das Schiff mit rund 24 m Länge den Langchor nur um ein halbes Joch übertroffen.

Aufgrund der Nordmauer des Seitenschiffs, die sich bis in den Zähringerplatz erstreckt haben muss, und der Tatsache, dass diese Mauer westlich der Vorhallenwand, ja sogar noch auf der Höhe der heutigen Westwand mit Verputz und Wandmalerei versehen war,[81] muss geschlossen werden, dass die oben postulierte, heute im Kircheninnern zu lokalisierende 4,4 m breite Vorhalle wohl nie über das Fundament hinaus Gestalt angenommen hatte. Zu vermuten ist eine Planänderung. Sie bewirkte die Verlängerung des Schiffs um ein halbes Joch und den Bau eines wohl einjochigen Narthex – die heutige Westwand würde diesen zweiteilen.

Bau 2 wäre somit im Endausbau eine Kirche mit quadratischem Altarhaus und leicht oblongem Chor sowie einem Schiff von rund 28 m Länge und 20,8 m lichter Breite gewesen. Das Mittelschiff besass bereits die lichte Breite von rund 10 m, die Seitenschiffe eine solche von rund 4,4 m; Pfeiler von rund 1×1 m und Rundbogen gliederten das Langhaus.

Der Bau musste mindestens im Bereich des Narthex und des nördlichen Seitenschiffs – aus bautechnischen Gründen, wie sie das Erstellen eines Dachstuhls mit sich bringt, wohl aber zur Gänze – unter Dach gewesen sein, da die Wandmalerei sonst kaum erstellt worden wäre.[82]

Als Hypothese ist ein Narthex mit den Massen eines Jochs (rund 10×10 m) denkbar. Ob er ein- oder zweigeschossig war, ist ungewiss. Das äusserst zuverlässige BD 1576 MURER (Abb. 225) zeigt in der Westwand des nördlichen Seitenschiffs, im Obergeschoss des westlichen Konventflügels, ein Rund-

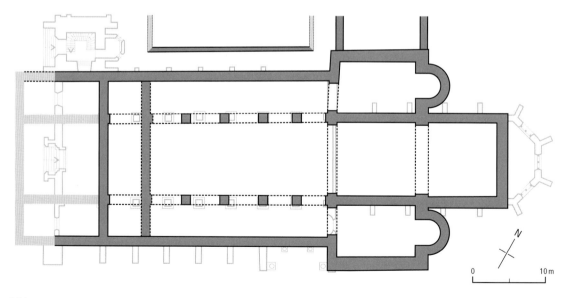

231
Predigerkirche. Bau 2. Grundriss. Romanische Kirche mit Narthex, Langchor und Seitenkapellen, vor 1247? Zeichnung Peter Albertin. – Text S. 237–240.

232–233
Predigerkirche. Bau 2. Wandmalereien vor 1247. Links: Kirchenschiff, Westecke, Malerei auf dem hinter die heutige Westwand greifenden Verputz. Zu erkennen ist eine Giebelfront mit hohem, geöffnetem Tor, darüber eine Dachschräge mit Blendbogen (?). – Rechts: Am westlichen Teil der Längswand des nördlichen Seitenschiffs. In einem Bogenfeld die Inschrift: «[fr]ater Lutfrid subprior [k]al [endis] Maii». – Text S. 239f.

bogenportal, das einen zweigeschossigen Narthex bedingen würde. Belegen lässt sich eine Vorhalle im Jahr 1269. Sie diente dem Propst des Grossmünsters anlässlich eines Schiedsgerichts als Gerichtsort.[83]

Wie weit Bau 2 allenfalls zur Ausführung kam, ist nicht gültig zu klären. Die Annahme, dass er unter Dach gebracht worden war, ist aus den oben genannten Gründen nicht a priori auszuschliessen. Immerhin lassen sich mit einem Bau 2 die archäologischen Befunde, die Beobachtungen am aufgehenden Mauerwerk (Verputz, Wandmalerei) sowie die in BD 1576 MURER enthaltenen Informationen oder die vorreformatorischen Grablegen, die die Westwand von Bau 2 durchstossen, zur Synthese bringen.

Bau 2 wäre letztlich als eine dreischiffige Kirche mit Langchor und flankierenden Seitenkapellen zu sehen. Gestützt wird diese Hypothese durch den Umstand, dass vom romanischen Chor und Altarhaus das südliche Fundament als mächtiger, nahtloser Mauerzug erfasst wurde, gerade aber der Chorbogen offenbar ohne ein solches Fundament auskommt. Dieser Sachverhalt relativiert die These, dass im Chor so genannte «Spannfundamente» die Kräfte der Vierungsbogen aufzufangen gehabt hätten.

Als System ist diese Raumlösung bei frühen Dominikanerkirchen zu fassen, so etwa in der nahe gelegenen, ab 1236 erstellten Predigerkirche in Konstanz, ähnlich aber auch in den Dominikanerkirchen von Regensburg, Frankfurt a.M. und in Basel (Bau von 1236ff.).

Da sich gerade die frühen Dominikaner mit der Wanderseelsorge mehr der Tradition der Kanoniker als dem monastischen Leben verbunden sahen, könnte vermutet werden, dass sie sich darum auch mehr an den Bauformen von Stiftskirchen orientierten. Mit der für Bau 2 postulierten Lösung mit Langchor und Seitenkapellen hätten sich die Prediger auch in Zürich diesem Kanon eingefügt. Die Parallelen zu den lokalen Stiftskirchen, besonders zum Grossmünster, zu deren Pfarrei die Predigerkirche gehörte, sollten daher wohl nicht überbewertet werden.

Wandmalereien an Bau 2[84]

1. Westecke des nördlichen Seitenschiffs, Vorhalle von Bau 2: Anlässlich der Bauuntersuchungen wurde in der Fuge zwischen Seitenschiff-Nordmauer und Westfassade auf dem ersten Verputz ein Wandmalereifragment entdeckt. Es handelt sich um die Strichzeichnung einer hohen, schlanken Giebelfassade mit einem Firstansatz. In die Fassade eingelassen ein ungefähr traufhohes, schmales Rundbogenportal mit geöffnetem Türflügel, der Kleeblattbeschläge zeigt.

2. Westlich der Nordwestecke des nördlichen Seitenschiffs, Narthex von Bau 2, finden sich Reste von Arkadenbogen und weiterer Malereien in schwarzer Farbe. In einem der Bogen die Inschrift: «[fr]ater Lutfrid subprior [k]al[endis] Maii». Es ist der einzig bekannte Hinweis für einen Subprior Namens Luitfrid in Zürich.[85]

Bau 3: Die dritte Predigerkirche
(Abb. 234, 235)

Im Grundriss der heutigen Kirche ist festzustellen, dass die Vierungspfeiler in ihrem Querschnitt unregelmässig gestaltet sind und das südliche Seitenschiff rund 0,4 m schmaler ist als das nördliche. Dies wäre mit der südlichen Pfeilerflucht von Bau 2, der nicht mit einer ausgeschiedenen Vierung und somit noch mit einem um rund 40 cm schmaleren Mittelschiff und einem entsprechend breiteren südlichen Seitenschiff zu sehen wäre, nicht der Fall. Die an sich kleine Differenz von 40 cm lässt sich auch am südwestlichen Vierungspfeiler ablesen, dessen westliche Wandvorlage die südliche Arkadenreihe aufnimmt. Einen möglichen Sinn erhält die Abweichung, wenn davon ausgegangen wird, dass – über einem fixierten Grundriss – neu eine ausgeschiedene Vierung zur Ausführung kam.

Weiter haben die archäologischen Untersuchungen ergeben, dass die Westmauer und die Vorhalle von Bau 2 niedergelegt wurden und offenbar neu die heutige Westfassade in der Hälfte der für Bau 2 postulierten Vorhalle errichtet worden ist.

Wenn wir die Aufgabe des Narthex und den Bau einer ausgeschiedenen Vierung mit Querhaus auf die gleiche Ursache zurückführen wollen, so müssen wir annehmen, dass sich hier der Übergang vom «oratorium» der Prediger zur «ecclesia» (siehe oben) tatsächlich auch baulich abzeichnete.

Der Bauvorgang liesse sich in zwei Etappen einteilen: Wenn wir davon ausgehen, dass es ein Anliegen war, den Gottesdienst auch während der Umbauten in einer intakten Kirche vollziehen zu können, könnte man annehmen, dass – ohne eine zeitliche Abfolge zu suggerieren – in der einen Etappe das Langhaus umgebaut worden wäre und in einer weiteren der Umbau von Chor und Seitenkapellen zu einem Querhaus erfolgt sein müsste. Ob in diesem Zusammenhang die westlichen, neu zu erstellenden Vierungspfeiler über den Fundamenten von Bau 2 zu stehen kamen oder möglicherweise gegenüber dem Chorbogen von Bau 2 eine leicht nach Westen gerückte Position mit eigenem Pfeilerfundament vorliegt, ist mangels archäologischer Befunde nicht zu beantworten.

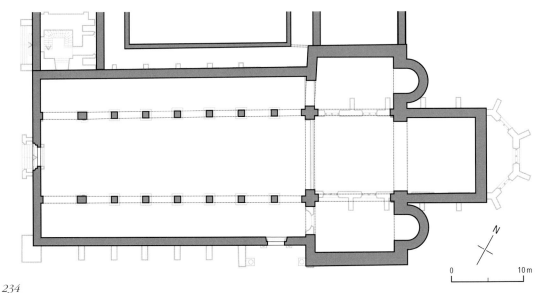

234
Predigerkirche. Bau 3. Grundriss 1:500. Umbau der romanischen Basilika mit Seitenkapellen zu einer Kirche mit ausgeschiedener Vierung und Querschiffen. Aufgabe des Narthex zugunsten der Verlängerung des Schiffs um ein halbes Joch (heutige Westfassade). Wohl nach 1251. Zeichnung Peter Albertin. – Text S. 240–243.

Die Bauvorgänge in Langhaus und Vorhalle betrafen zum einen den Abbruch der Letzteren und der Westfassaden des Schiffs.[86] Neu errichtet wurde die heute noch bestehende Westfassade, die mit der Aussenmauer des nördlichen Seitenschiffs daher nicht im Verbund steht, sowie ein kleiner westlicher Teil der südlichen Seitenschiffmauer; im Fundamentbereich war die Baunaht abzulesen.[87]

Zum andern muss mit dem Bau der ausgeschiedenen Vierung auch ein Abbruch des Mittelschiffs einhergegangen sein.

Da im Westbereich (Narthex, Schiff) ein Abbruch im Umfang von drei Traveen und im Osten, mit dem Bau eines neuen Chorbogens, wohl auch von einer Travee erfolgt sein muss, wäre das Niederlegen zumindest des restlichen Obergadens inklusive der Bogen und Kämpfer im Umfang von vier Mittelschifftraveen kein ausserordentlicher Mehraufwand mehr gewesen.

Zwischen den neuen westlichen Vierungspfeilern und der neuen Westfassade wäre demnach auch ein neues Mittelschiff erstellt worden, was durch den Bau der acht noch heute bestehenden Rundbogenarkaden erreicht wurde. Unter Einbezug der Pfeiler entstanden in den Seitenschiffen quadratische Joche von rund 5,4×5,4 m im Norden und 5,4×5 m im Süden, denen ein 10,4 m breites Schiff gegenübersteht.

Gestützt wird die Hypothese eines Abbruchs des Mittelschiffs durch das erste Freipfeilerpaar von Westen, denn es steht auf dem Fundament der ehemaligen Westmauer.[88] Am südlichen dieser Pfeiler ist archäologisch nachgewiesen, dass das Pfeilerfundament – analog zur westlichen Wandvorlage des südwestlichen Vierungspfeilers – wohl bewusst 40 cm gegen Süden versetzt wurde und es die Vorhallenwand und deren Vorlage im Fundament gegen Westen übergreift. Dies kann mit einer reinen Planänderung nur schwer, mit der Neukonzeption der Kirche mit Querhaus aber eher begründet werden.[89]

Das erste westliche Pfeilerpaar ist nicht wie die andern über quadratischem Grundriss von 1×1 m erstellt, sondern misst 1×1,4 m. Damit konnte das Interkolumnium von 3,2 m gegen das nächste Pfeilerpaar gegen Osten eingehalten und zugleich der übergrosse Bogen von 4,4 m bis zur Wandvorlage der Westmauer etwas reduziert werden. Wahrscheinlich hat damit das übertiefe Eingangsjoch im Westen noch als Reflex auf den Narthex, wie ihn Bau 2

235
Predigerkirche. Bau 2/3. Fundament mit Wandvorlage der Trennmauer Schiff–Narthex von Bau 2. Als zweite Bauphase darüber, nach Osten übergreifend, das Fundament des Pfeilers von Bau 3. – Text S. 240f.

kannte, überdauert. Reguliert somit das erste längsrechteckige Freipfeilerpaar von Westen nicht nur den Jochrhythmus des Langhauses? Markiert es zudem durch seine Form auch eine übertiefe, einjochige westliche Eingangszone? Hat sich möglicherweise über dem Eingangsjoch eine Empore befunden, die diese Situation verdeutlicht haben könnte?

Beim Abbruch und bei den Umbauten im Chorbereich und an den Seitenkapellen blieb das Altarhaus vermutlich unangetastet. Die Hauptarbeiten müssten sich nach unserer Hypothese auf das Chorjoch und die Seitenkapellen beschränkt haben: Abgebrochen wurden der alte Chor und Teile der Kapellen. Neu aufgerichtet wurden – unter Tangierung des Westbereichs des Altarhauses – die östlichen Vierungspfeiler, die westlichen Vierungspfeiler und die Vierungsbogen; dass allenfalls das Altarhaus erhöht werden musste und so auf das gleiche Traufniveau gebracht wurde, ist zu vermuten.[90]

Die Masse des Chorjochs von 10×11 m führten anlässlich des Baus der Vierung zu Problemen, mussten doch die Bogenscheitel alle auf gleicher Höhe liegen. Ob das Chorjoch erst mit seinem Umbau zur Vierung auf 10×11 m verlängert wurde oder ob diese Masse schon bei Bau 2 bestanden, ist ungewiss. Um die Scheitel aller Vierungsbogen auf die gleiche Kote zu bringen, erhielten die östlichen Pfeiler gegen Westen 80 cm lange Wandvorlagen, so dass gedrückte Rundbogen von 9,8 m Spannweite entstanden, während der Chor- und der Triumphbogen mit 9,3 m auskamen; der Scheitelpunkt lag 12 m über Grund.

Mit dem Bau der ausgeschiedenen Vierung erst mit Bau 3 erhielten die Seitenkapellen einen neuen Stellenwert als Querschiffe. Dies bedeutete eine Aufstockung auf die Traufhöhe der Vierung, so dass die gesamte Kirche unter einem kreuzförmigen First zu liegen kam.

Einheitliche Steinmetzzeichen belegen, dass mit der ausgeschiedenen Vierung und dem Querhaus von Bau 3 die Langschiffpfeiler und über diesen der Obergaden mit seinen Spitzbogenfenstern sowie die Westfassade mit Portal entstanden sind. Spätestens mit Bau 3 muss man von einer vollendeten Kirche sprechen.[91]

Wenn man annimmt, dass Bau 2 zumindest kurz vor der Vollendung gestanden sein dürfte und somit im Grundriss der Kirche Fixpunkte bestanden, nach denen sich Bau 3 zu richten hatte,[92] können die Anpassungen im Osten, die sich im Grundriss der Vierungspfeiler, der Abweichung der Ostwand des nördlichen Seitenschiffs gegen Osten reflektieren, sowie die Mauerabbrüche im Westen erklärt werden. Bau 3 präsentierte sich mit rundbogigen Mittelschiffarkaden von 5,4 m Höhe, über denen in den Mittelachsen, durch einen 3,7 m breiten Wandstreifen abgesetzt, spitzbogige, 0,5 m breite und 2 m hohe Obergadenfenster in ausgeprägten, 3,2 m hohen Fensternischen standen. Die Mittelschiffwand war durch keine weiteren Bauelemente gegliedert: Jochbildende Wandvorlagen, Simse und Kämpfer fehlten. Letztere befanden sich jeweils nur am Ansatz der Rundbogen, ohne jedoch über die Mauerstärke auszugreifen. Bogen und Fenster sind daher als in die Wand eingeschnittene Öffnungen zu verstehen. WILD folgert, dass die relativ eng stehenden, massigen Pfeiler zusammen mit der glatten Mittelschiffwand einen im Vergleich niedrigen Raum mit Längenbetonung und vom Mittelschiff aus kaum einsehbaren Seitenschiffen bewirkten[93] – ganz so, als wären die Seitenschiffe, ausgehend vom ersten Westjoch, primär Verbindungswege zu den Querschiffen mit ihren Altären.

Bau 3 muss aufgrund seiner Doppelfunktion als Leut- und Mönchskirche[94] eine Chorschranke besessen haben. Die Aufgabe der Vorhalle zugunsten eines längeren Schiffs (Leutkirche) sowie der Bau einer ausgeschiedenen Vierung respektive eines Querhauses (Neuorganisation der Mönchskirche) entsprechen der allgemeinen Entwicklung des Pre-

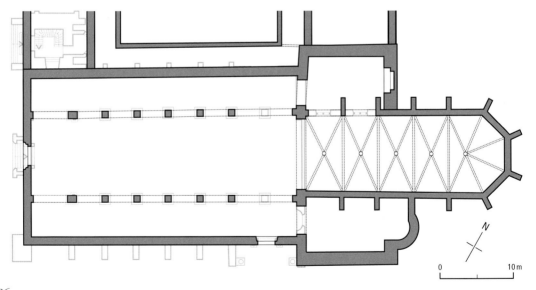

236
Predigerkirche. Bau 4. Grundriss 1:500. Abbruch des Chors und des Altarhauses der romanischen Kirche zugunsten eines gotischen Neubaus. Bau des Altarhauses zwischen 1325 und 1336. Bau des Chors ab 1349 wohl bis 1357. Aufgabe des Querschiffs. Bau eines Lettners auf Kosten des östlichsten Pfeilerpaars des Langhauses. Zeichnung Peter Albertin. – Text S. 243–248.

digerordens im 13. Jahrhundert. Der Wandel weg vom Wanderpredigertum hin zum Seelsorgezentrum könnte als Hintergrund der Bauaktivitäten dienen.

Wenn wir von Bau 3 als eigentlichem Um- und teilweisem Neubau ausgehen – was den Beobachtungen am Bau und den archäologischen Befunden nicht widerspricht, ja sogar manche Ungereimtheit klären würde –, so ordnet er sich ohne weiteres in die Zeit um die Mitte des 13. Jahrhunderts ein. Eine Datierung nach 1240 empfiehlt sich, weil die Höhe der Kirche, das heisst des Mittelschiffs, von 13,1 m den «strengen Bauvorschriften der Gründerjahre», die höchstens rund 11 m zuliessen, nicht entsprach, ab 1240 jedoch möglich wurde.[95]

Ob Bau 3 noch vor dem anlässlich des Interdikts erfolgten Auszug der Prediger aus Zürich 1247 in Angriff genommen oder gar vollendet wurde oder ob die gesamten Bauaktivitäten erst nach der Rückkehr 1251 anzusetzen sind, lässt sich nicht schlüssig beantworten. Die gleichzeitige Verwendung von Rundbogenarkaden und Spitzbogenfenstern könnte die Erscheinung einer Übergangszeit sein. Die Entstehungszeit des ganzen Baus 3 nach 1251 festzulegen, hätte den Vorteil, dass damit die gleichzeitige Verwendung von Rund- und Spitzbogen grosso modo in die Phase der ersten Anwendung des Spitzbogens im Gebiet zwischen Reuss und Bodensee fallen würde. Zudem bewegen wir uns in der 2. Hälfte des 13. Jahrhunderts in der Zeit, in der rote Quadermalerei, wie sie das Schiff der Predigerkirche zu schmücken schien, erstmals zu fassen ist, so dass Bau und Bauschmuck in dieselbe Zeit datiert werden könnten.

Wandmalereien in Bau 3

Von Wandmalereien, die sich Bau 3 zuordnen lassen, ist einzig einfaches, in Rot gehaltenes Quaderwerk im westlichen Teil der nördlichen Obergadenwand und an der Westwand, hier auch in einer ehemaligen Fensterlaibung, bekannt.[96] Die meisten über die Literatur zugänglichen Quadermalereien werden ins frühe 14. Jahrhundert datiert.[97]

Bau 4: Der gotische Langchor
(Abb. 236–248)

Die stärkere Verankerung in der Stadtseelsorge, die breitere wirtschaftliche Basis, die relativ enge Beziehung zum Stadt- und Landadel bilden den Hintergrund, vor dem der Entscheid zu einem Kirchenneubau von adäquater architektonischer Repräsentation zu sehen ist. Doch von einem möglicherweise geplanten Neubau der gesamten Kirche ist nur der Langchor realisiert worden.

Als handfester Auslöser für den Bau kann ein Brand im Bereich des nördlichen Querschiffs namhaft gemacht werden.[98] Anhand von Steinmetzzeichen, Rippenprofilen, Masswerkfenstern, aber auch der unterschiedlichen Ausformung der Gewölbekappen und Schildbogen ist nachzuweisen, dass der Neubau des gotischen Chors in zwei Etappen erfolgte.[99]

In einem ersten Zug wurde das romanische Altarhaus abgebrochen und ein neues über gleichem Grundriss, jedoch mit einem nach Osten ausgreifenden Dreiachtel-Abschluss, bis zur Mauerkrone erstellt. Vorhanden waren einfache, alle vier Meter durch rund 1 m starke Wandpfeiler gegliederte, rund 22 m hohe Wandscheiben, in die 17 m hohe und knapp 2 m breite Fenster inklusive Masswerk eingefügt waren. Wanddienste und Rippen wurden bis zu ihrer Verzweigung inklusive Gewölbeanfänger ausgeführt. Das Gewölbe selbst wurde in einem Zug in der zweiten Bauetappe erstellt, so dass über eine unbestimmte Zeit ein offener Dachstuhl bestanden haben muss.[100]

Durch den Vergleich mit der Klosterkirche Königsfelden (Bau zwischen 1311 und 1330), deren Masswerk grosse Ähnlichkeit mit demjenigen der ersten Bauetappe aufweist, mit dem Chor der Verenakirche in Zurzach (Brand 1294, Weihe 1347) und dem Masswerk der Schlosskapelle Greifensee (um 1340) kann WILD die erste Bauetappe in die Jahre um 1330/1340 legen. Zusätzlich wird diese Datierung durch die Einbettung in den historischen Kontext gestützt und präzisiert. Da 1325 in Zürich ein Provinzialkapitel – ein eigentlicher Grossanlass – stattfand und das Fälldatum der dendrochronologisch untersuchten Hölzer des Dachstuhls in den Winter 1324/25 gelegt wird, muss der Baubeginn frühestens 1325 erfolgt sein.[101] Die Zäsur, die danach zum Bauabbruch führte, könnte mit der Brun'schen Zunftrevolution von 1336 eingesetzt und bis 1349 gedauert haben. Die von WILD festgestellte Baunaht war offenbar nicht zufällig, so dass nicht mit einem überstürzten Bauabbruch zu rechnen ist.[102]

Der Chorneubau wurde frühestens 1349 fortgesetzt. Da 1357 ein weiteres Provinzialkapitel in Zürich abgehalten worden ist, liegt die Vermutung nahe, dass der Bauabschluss wohl kurz zuvor erfolgt sein musste.¹⁰³ Diese zweite Bauetappe ging dabei von anderen Voraussetzungen aus, als sie uns durch das jüngst erfolgte Freistellen des Chors suggeriert werden. Das Altarhaus bildete einen Torso ohne Gewölbe, das im Westen an den östlichen Vierungsbogen stiess. Seine Mauerkrone überragte den First des noch bestehenden romanischen Chorjochs um rund einen Meter.

Mit Bauetappe 2 erfolgte der Abbruch des östlichen Vierungsbogens. Auf der Nordseite blieb das romanische Querschiff bestehen, an das der östliche Konventtrakt angebaut war, so dass die ersten drei Wandfelder des Chors auf ihrer Nordseite zwischen den Strebepfeilern ursprünglich keine Fenster aufwiesen. Diese wurden erst um 1900 nach dem Abbruch des Querschiffs eingefügt. Die Südwand des Querhauses wurde grösstenteils abgebrochen und mit Strebepfeilern neu erstellt. In den Vierungsbogen, dessen östlicher Pfeiler abgebrochen wurde, kam eine Doppelarkade zu stehen, die einerseits die Zugänglichkeit des Chors vom Konvent aus gewährleisten musste, andererseits aber auch das wieder zur Kapelle gewordene Querschiff belichten sollte.

Auf der Südseite erfolgte ein Teilabbruch des Querschiffs. Neu erhielt es ein Pultdach, dessen First ungefähr auf der Höhe der ehemaligen Traufe lag. Die Apsis muss mit einer Art Kegeldach an das Pultdach angeschlossen haben. Die Mauer des gotischen Chors wurde unter Weiternutzung von Resten des Vierungsbogens mit Wandpfeilern hochgezogen. Über das Pultdach und die Apsis kamen drei Masswerkfenster zu liegen. Da der Vierungsbogen vermauert wurde, entstand eine eigentliche Südkapelle, die wohl nur vom südlichen Seitenschiff her zugänglich war.¹⁰⁴ WILD vermutet aufgrund einer zwischen den Strebepfeilern gelegenen Grabstelle mit wappengeschmückter Deckplatte eine neue Nutzung als Begräbniskapelle.¹⁰⁵

Da eine Erneuerung des Schiffs nicht (mehr) in Betracht gezogen worden ist, konnte die Giebelmauer des gotischen Chors über dem romanischen Triumphbogen hochgezogen werden. Der abrupte Höhenunterschied zwischen Chor und Langhaus wurde 1663 in Zusammenhang mit statischen Problemen durch eine vier Meter hohe, leichte Fachwerkwand, die auf der Mauerkrone des romanischen Mittelschiffs sitzt, und einen neuen, schwächer geneigten Dachstuhl gemildert.¹⁰⁶

Äusseres
(Abb. 227, 238, 239)

Das Resultat des Chorneubaus zwischen 1325 und 1336 und zwischen 1349 und 1357 war ein im Innern 27,3 m langer, 10 m breiter und 34 m hoher Chor. Zwölf Strebepfeiler und im Westen die Eck-

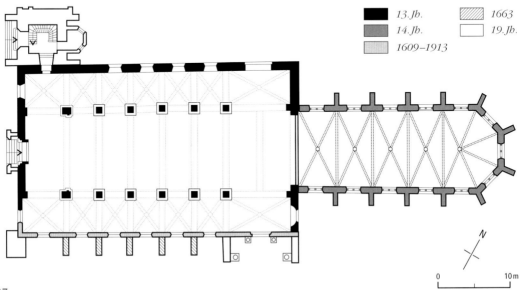

237
Predigerkirche. Bauphasenplan 1:500. Zeichnung Peter Albertin.

238
Predigerkirche. Bau 4. Gotischer Chor aus Südosten. Foto 1930. – Text S. 243–232.

quader der Giebelmauer gliederten die Fassaden. Freigestellt war ursprünglich allein das Altarhaus. Mit seinem Dreiachtel-Abschluss greift es gegen Osten über den romanischen Grundriss aus. Der eigentliche Chor war beidseitig verstellt, im Süden mit dem bis auf halbe Höhe abgebrochenen und im Norden durch das nach wie vor integral erhaltene Querschiff, das hier eine Befensterung verhinderte. Das Altarhaus besitzt noch immer die Masswerkfenster der ersten Bauetappe, die mit ihren 16 m lichter Höhe wohl analog zu Königsfelden mit Glasmalerei gedacht waren.

Das Dach, von dem einzelne Hölzer dendrochronologisch in den Winter 1324/25 datiert sind, besteht aus einer kreuzverstrebten Kehlbalkenkonstruktion, die auf zwei parallel geführten Schwellen aufliegt. Diese werden von den Vollbindern wie auch von den Sattelhölzern der Sparrendreiecke überkämmt. Die innere Schwelle wiederum übergreift die in unregelmässigen Abständen angebrachten, in die Mauerkrone eingelassenen Ankerbalken, die den Zug von Mauer und Dach zu übernehmen haben. Sekundär angebrachte Windrispen versteifen das Dach in der Längsrichtung. Ganz im Westen ist in das Dach die Substruktion für den Dachreiter eingelassen. Über den Dachbalken steht ein sechseckiger Sprengbock (dendrodatiert 1475). Diesem ist der rund 3,7 m über den First ragende Glockenstuhl aufgesetzt, der einen ungefähr 18 m hohen Spitzhelm trägt.[107]

Inneres
(Abb. 240, 241, 243–248)

Nach wie vor ist der Chor durch moderne Einbauten in mehrere Geschosse unterteilt, so dass die Raumwirkung nicht unmittelbar erlebt werden kann.

Da der gotische Langchor mit den romanischen Querschiffen rechnen musste, war seine Breite de-

238–241
Predigerkirche. Aufriss der Südfassade, 1:500, TAD 1938. Das Schiff wurde 1609 und 1663 (Aufstockung) verändert (aus Escher, KdmZH 1939). – Bau 4: Querschnitt durch den gotischen Chor mit dem romanischen Vierungsbogen gegen das Langschiff. 1:500 (aus: Escher, KdmZH 1939, nach TAD 1938). – Längsschnitt durch den gotischen Chor, unter Weglassung der Einbauten, und das ab 1609 barockisierte Langhaus. 1:500, TAD 1938 (aus Escher, KdmZH 1939). – Vgl. Grundriss, Abb. 237.

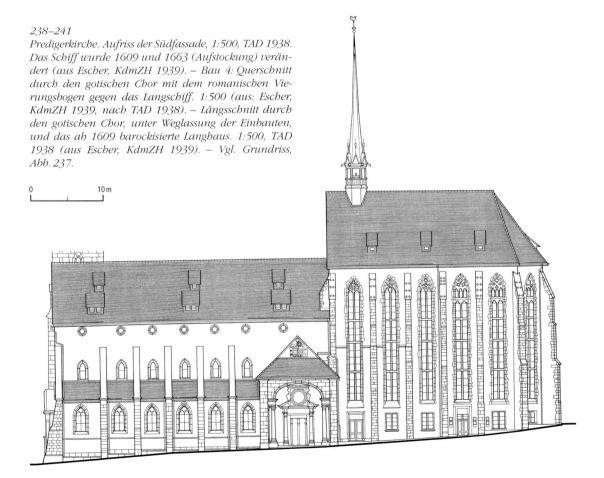

finiert, und die Übernahme der meisten romanischen Fundamente war nahe liegend.

Der Wandaufbau bestand bei einer Gesamthöhe von 22 m aus einer rund 6 m hohen, durchlaufenden Sockelzone. Sie war auf der Nordseite in den ersten beiden Jochen von Westen durch eine gotische Doppelarkade (lichte Höhe 6,4 m) unterbrochen, die sich, in den ehemaligen romanischen Vierungsbogen eingestellt, gegen das nördliche Querschiff öffnete. Vor dieser Sockelzone muss man sich das liturgische Mobiliar wie Chorgestühl, Zelebrantensitze und Hochaltar vorstellen. Wohl durch den westlichen Bogen war der Zugang vom Kreuzgang über das ehemalige Querschiff in den Chor gewährleistet.

In der Hochmauer öffneten sich ursprünglich zehn im Licht 16 m hohe Spitzbogenfenster. Auf der Nordseite, wo nach wie vor das romanische Querschiff an den Chor anschloss, fehlten bis 1871/1873

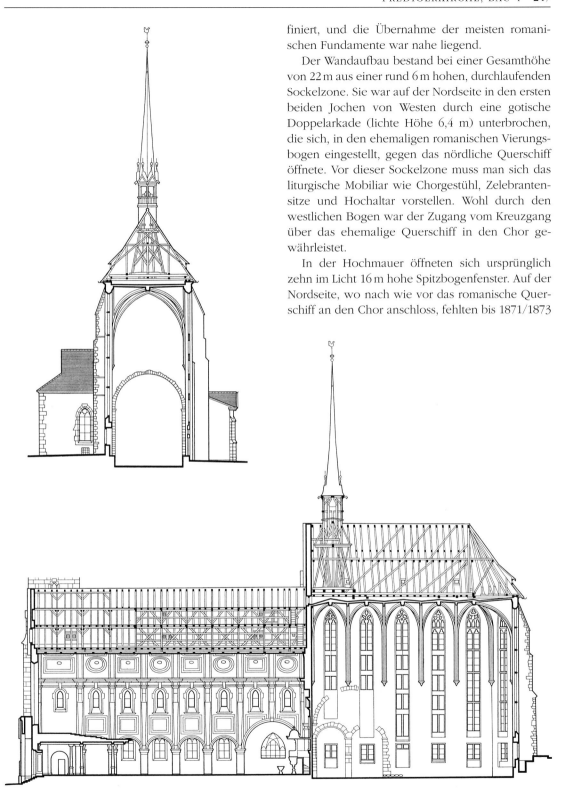

242
Predigerkirche. Bau 4: Blick von Norden auf den gotischen Chor, das nördliche Querschiff und den anschliessenden, um- und ausgebauten Ostflügel des ehemaligen Klosters. BD 1827 Hegi (Ausschnitt).

die drei westlichen Fenster.[108] 12 m über dem Boden respektive 6 m über der Sohlbank der Fenster sitzen die Spornkonsolen der 4 m langen Dienste. Diese enden 16 m über dem Gehniveau und trennen sich in Gurten und Kreuzrippen, die das 6 m hohe Gewölbe gliedern und optisch tragen.[109] Da die Wandgliederung mit den Diensten erst 12 m über dem Boden ansetzt, ist die eigentliche Jochbildung auf die 10 m hohe Gewölbezone und deren Durchdringung der Wand beschränkt.

Wesentlich für den Charakter des Inneren ist der Umstand, dass die Wand nicht zugunsten der Fenster auf ein Minimum, das heisst auf einen reinen Wand- und Stützpfeiler reduziert ist. Vielmehr behalten die Mauern ihre Autonomie, da sie nicht durch Vorlagen gegliedert oder ersetzt werden. Ebenso sind die Gewände der Fenster eins mit der Maueroberfläche und erscheinen so als in diese eingeschnitten. Als einziges Profil und Gliederungselement greifen die Gewölbedienste als schmale Grate zwischen den Fenstern nach unten. Durch dieses Stilmittel und durch die Fächerwirkung der Stichkappen erscheint das Gewölbe als ein mit den Mauern verzahnter Baldachin, in den die Spitzbogenfenster hineinstechen. Dieser Eindruck wird durch das Fehlen jeglicher horizontaler Gliederung der Dienste, Gurten oder Rippen, wie es etwa Kämpfer oder nur schon Schaftringe sind, unterstützt.[110]

Schlusssteine. (Abb. 243–248) Das Gewölbe gliedert sich in fünf Joche, deren Scheitel von farbig gefassten,[111] trommelförmigen Schlusssteinen geschmückt wird. Ein Fächergewölbe überdeckt den Dreiachtel-Chorabschluss, in dem ehemals der Hochaltar stand. Der Schnittpunkt der sechs Rippen wird durch einen Schlussstein geschmückt; das tellerförmige Rund zeigt über Wolken das Brustbild des segnenden Christus, der in der Linken ein aufgeschlagenes Buch mit den Buchstaben M[aria], I[esus] und unten A[lpha] und O[mega] präsentiert. Von einem Kreuznimbus hinterfangen, wird das Gesicht mit gewelltem Bart von gescheiteltem, schulterlangem, gerade geführtem Haupthaar mit Stirnfransen gerahmt. Der Schultermantel wird von einer rautenförmigen Fibel gehalten. Unter dem engen Ärmel der Rechten ragt die Manschette eines Untergewandes hervor.

In den folgenden Schlusssteinen: zentral eine Heckenrose, die gewirbelt von fünf Eichenblättern mit je einem Fruchtstand umgeben wird; ein Antlitz mit Kopf- und Kinntuch, das gewirbelt von sechs Efeublättern gerahmt wird; ein flächig gearbeitetes Relief mit zentraler Heckenrose und fünf stark stilisierten Eichenblättern; ein Antlitz, aus dessen Mund rankenartig Eichenblätter wachsen, so dass eine Art Blattmaske entsteht.

Die Trommeln der Schlusssteine sowie die Rippen in einer Länge von rund 70 cm sind ebenfalls ornamental mit Blattwerk und zusätzlich mit Tiergrotesken (Löwen, Drachen) gefasst, die in Blattwerk auslaufen. Am auffallendsten wohl am westlichsten Schlussstein die seitlichen Löwenrachen, denen Eichenzweige gerankt entwachsen. Gegen das Laienschiff eine «facies leonina», ein Löwengesicht, was wohl auf die Kraft und Stärke Gottes und der Kirche Bezug nimmt.[112]

243–247
Predigerkirche. Schlusssteine im Gewölbe des gotischen Chors. Christusbüste über Wolken mit Segensgestus und einem Buch. – Männliche Blattmaske. – Blick von Westen auf die Seitenansichten der Schlusssteine. – Text S. 248.

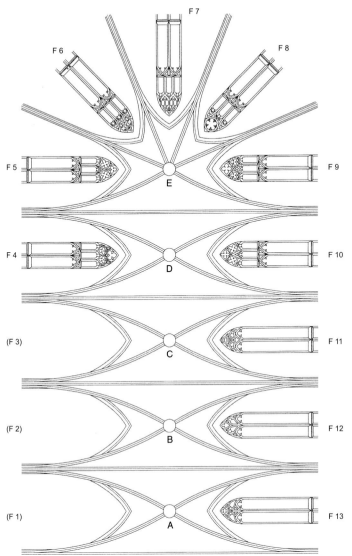

*248
Predigerkirche. Gewölbe und Masswerke des gotischen Chors. Die Fenster F 1, F 2 und F 3 (1871) sind Kopien der Fenster F 11, F 12 und F 13.
Schlusssteine von Westen nach Osten: – A Männliche Blattmaske (vgl. Abb. 244). – B Blattrosette mit zentraler Blüte. – C Weibliche Blattmaske. – D Blattrosette mit zentraler Blüte. – E Christusbüste (vgl. Abb. 243).
Abbildung und Legende aus Wild 1999. – Text S. 247–248.*

DIE MODERNISIERUNG UM 1500
(Abb. 249, 250)

Auf einer zweiten, jüngeren Putzschicht wurden im Langhaus Reste eines die Fensternischen und Decken begleitenden Scheibenfrieses entdeckt, an den zu Büscheln zusammengefasste schwarze Ranken angehängt sind. Nachzuweisen waren diese Malereien im nördlichen Seitenschiff im Dachraum über dem jüngeren Kreuzrippengewölbe.

Mit der dekorativen Malerei zusammen dürfte an der östlichen Stirnwand des nördlichen Seitenschiffs, also über dem rundbogigen Eingang zum nördlichen Querschiff, eine Kreuzigungsgruppe in querrechteckigem Format entstanden sein, die nur noch als Fragment erhalten ist.[113] Durch den Einbau des Gewölbes im Seitenschiff 1611/1614 und den Zugang zur Empore wurde das Gemälde, das ganz offensichtlich mit einem flach gedeckten Seitenschiff rechnete, beschädigt. Es blieb nur die obere Hälfte erhalten, so dass alle Heiligen, zusätzlich gestört durch den Gewölbeabdruck, nur als Halbfiguren erscheinen.[114]

Erkennbar sind heute – wenn auch schlecht erhalten – zentral der gekreuzigte Christus, dem die Brust und der linke Kreuzarm fehlen. Auf Maria zur

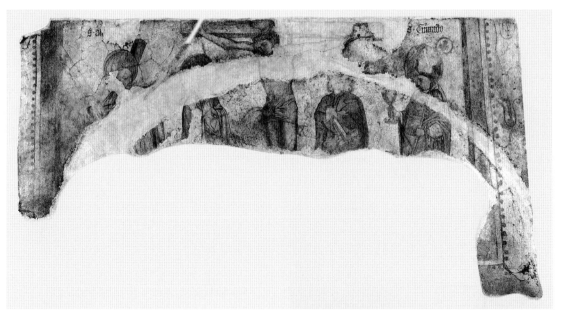

249–250
Predigerkirche. Wandmalerei, Kreuzigungsszene mit Bischof Konrad von Konstanz. Ehemals an der östlichen Stirnwand des nördlichen Seitenschiffs. Um 1500. – Nördliche Seitenschiffwand. Scheibenfriesmalerei mit angehängter Rankenmalerei, um 1500. – Text S. 250f.

Rechten folgt eine weitere Figur, die als Andreas angesprochen werden kann (Inschrift und Andreaskreuz), Johannes steht zur Linken; er hat die Hände gefaltet und trägt als Attribut das Evangelium (Buch). Neben ihm, in vollem Ornat und durch die Reste der Inschrift sowie das Kreuz zu identifizieren, Bischof Konrad von Konstanz (934 Bischof, †975, Heiligsprechung 1123). In der Linken hält er den Krummstab, in der Rechten einen Kelch.[115]

Das 1540 erstmals belegte und bei BD 1576 MURER am genauesten dargestellte axiale Rundbogenfenster der Westfassade (vgl. Abb. 225) möchten wir in seiner Entstehung um 1500, also zusammen mit der Ausstattung des Schiffs mit der Scheibenenfriesmalerei und den Rankenbündeln sehen. WILD kann sich einen Zusammenhang mit dem gotischen Chorbau vorstellen.[116] Ein Datierungselement ist der Rundbogen sowie das auf BD 1576 MURER «ungo-

tisch» dargestellte Masswerk, das mit Rundbogen und Kreis eher klassischen Formen (Renaissance) verpflichtet zu sein scheint. Zuvor wären sich drei Rundbogenfenster vorzustellen, wie sie der Befund an der Westwand nahe legt.

AUSSTATTUNG

NICHT ERHALTENE AUSSTATTUNG

Altäre

Nach GEROLD EDLIBACHS Chronik standen vor Aufhebung des Klosters in der Kirche dreizehn Altäre, die von zwölf Priestern bedient wurden.[117] Urkundlich bezeugt sind 1338 der Johannesaltar[118] und 1367 ein Dominikusaltar.[119] Ein Jakobsaltar ist erst 1504 nachzuweisen. Angenommen werden kann, dass vorerst eine 1469 gestiftete

Bruderschaft zur Nikolauskapelle an den Nikolausaltar in dieser Kapelle gebunden war, der als Nebenpatron Jakob kannte.[120] Die Patrone des Hochaltars sind unbekannt.

Orgel

1503 zahlte das städtische Seckelamt den «herren zun bredÿeren an ir orglen» 50 Pfund.[121] Bei der Lotterie des Freischiessens 1504 gingen Beiträge je für die grösste und kleinste Pfeife sowie für den Blasbalg an diese Orgel.[122] Ob dies lediglich Einlagen humoristischer Natur waren, ist unklar. Immerhin nahm auch der Orgelbauer HANS TÜGI von Basel mit seiner Familie am Volksfest und an der Lotterie teil.[123] Auch wenn er sich noch 1503 in Mantua aufhielt, ist er als möglicher Orgelbauer nicht auszuschliessen.[124] Zur vorreformatorischen Orgel gibt es keine weiteren Angaben. Sie könnte sich auf einer aufgrund der Pfeilerstellung im Westen anzunehmenden Empore befunden haben.

ERHALTENE AUSSTATTUNG

Glocken
(Abb. 251)

Im Dachreiter hängt die einzige Glocke des ehemaligen Predigerklosters: datiert 1451, kein Giessereizeichen, doch vermutlich PETER I. FÜSSLI zuzuschreiben. Auf dem Mantel in Relief zwei Figuren mit Nimbus und Buch. Die eine, gekleidet im Skapulier, mit Märtyrerpalme. Die andere in Kutte und mit Strick gegürtet. Inschrift: «+ O / rex / glorie / xpe / vem / nobis / cum / pace / M / CCCC / Li +».

Grabplatten
(Abb. 252)

Da die Funde vorreformatorischer Bestattungen sowohl die Mauergrube als auch die Fundamentreste der Westmauer von Bau 2 tangieren, sind sie nach diesem zu datieren. Spätere Baumassnahmen und die vielen nachreformatorischen Bestattungen haben die Situation für die Zeit vor der Reformation in Langhaus und Chor allerdings verunklärt.[125]

Grabplatte des Dominikaners Heinrich Von Ruchenstein (um 1270).[126] Der Ruchensteiner, Angehöriger eines Rapperswiler Ministerialengeschlechts, das 1229 erstmals auftrat, ist bis 1262 in den Schriftquellen bezeugt. Rechteckige, schlichte Grabplatte aus Sandstein, deren unterer Teil fehlt (74×114/130×9/17 cm). In der Mittelachse oben eine Blüte mit sieben Blättern. Darunter in gotischer Majuskel: «HIC EST SEPULT[US] / FR HEINR D[E] RV / HENSTEIN+». Bemerkenswert ist das Fehlen eines Datums und

251–252
Predigerkirche. Glocke des Dachreiters, datiert 1451, Giesser ist vermutlich Peter I. Füssli. Foto 2004. – Grabplatte des Dominikaners Heinrich von Ruchenstein, um 1270. – Text nebenan.

253
Erstes Siegel des Predigerkonvents, 1291. – Text S. 253.

SIEGEL

Konventssiegel
(Abb. 253)

Der Konvent führte ab 1291 ein Siegel. Christus, Maria krönend, beide sitzend. Wachsschüsselsiegel, Wachs rot übermalt. Bezeugt 1291–1468.[130]

Prioratssiegel

Erstes Siegel des Priors: Geistlicher in stehender Haltung, bekleidet mit Messgewand und Mitra, die beiden Arme in betender Haltung erhoben. Umschrift (transkribiert): «Sigillum prioris fratrum predicatorum de Turego». Bezeugt 1239–1241.[131] – *Zweites Siegel* des Priors: Kreuztragender Christus in linker Seitenansicht. Nur 1240 überliefert.[132] – *Drittes Siegel* des Priors: Das Siegelbild stellt wie beim zweiten Siegel des Priors den kreuztragenden Christus dar, nur erblickt man ihn diesmal in rechter Seitenansicht. Umschrift: «✝ S'PRIORIS FRM̄ PREDICATM̄ D'TVREGO». Bezeugt 1242–1246.[133] – *Viertes Siegel* des Priors: «✝ S'PRIORIS FRM̄ PREDICATM̄ D'TVREGO». Aus den Lenden eines schlafenden Mannes erwächst ein Baum, auf dessen Gipfel sich ein Vogel wiegt. Es ist eine Darstellung der Wurzel Jesse, des Stammbaumes Christi. Bezeugt ab 1247.[134] – *Fünftes Siegel* des Priors: «✝ S'PRIORIS . FRM . PREDICATOR D THUREGO». Es zeigt wie das zweite und das dritte den kreuztragenden Christus in linker Seitenansicht, aber von einem durch Spitzhut gekennzeichneten Juden (Symon von Cyrene?) gefolgt. Bezeugt 1268–1307.[135]

einer Randverzierung oder umlaufenden Schrift. Die Platte diente bis 1941 als Türsturz der Pforte zum Dachraum des gotischen Chors. Heute im Predigerchor, fünftes Obergeschoss, Südostwand der Empore.

Grabplatte eines unbekannten Adeligen. Erwogen wird ein Zusammenhang mit der oben erwähnten, um 1326 erloschenen Familie Ruchenstein (eher unwahrscheinlich) und eine Identifikation mit Ulrich von Aspermont, der am 28. Oktober 1363 in das Burgrecht von Zürich aufgenommen wurde.[127] Rechteckige, schlichte, inschriftenlose Sandsteinplatte, die in der oberen Hälfte lediglich mit einem zweigeteilten Schild versehen ist, spätes 14. Jahrhundert. Sie wurde 1972 anlässlich der Grabungen im Bereich des ehemaligen südlichen Querschiffs entdeckt. Heute: Kirche, Westwand, innen.

Grabplatte des Dominikaners Egno von Staufen (†1316). Gefunden im nachreformatorischen Keller der Konventgebäude, ursprünglich vor dem Hauptaltar der Kirche.[128] Umschrift in Majuskel «…[E]PIPHANIE. OBIIT. FRATER EGNO. DE STOFEN QVONDAM. PROVINCIALIS THEVTHONIE. ORDINIS. PREDICATOR.» Heute: Kirche, Nordwand, innen.

Im SLM. Aus der Predigerkirche dürfte eine bei Strassenumbauten an der Mühle- und Preiergasse gefundene Grabplatte mit gotischer Minuskelinschrift und Wappen stammen, die vom Tiefbauamt der Stadt Zürich 1911 dem Landesmuseum überwiesen wurde (SLM 12116).[129]

TYPOLOGISCHE EINORDNUNG DER PREDIGERKIRCHE
(Abb. 254)

«Die romanische Kirche der Prediger in Zürich scheint mit ihrem Querschiff als Unikum innerhalb der Bettelordensarchitektur dazustehen», stellt WILD für den von ihm in die Jahre nach 1230 datierten Bau fest.[136] SCHENKLUHN wiederum vermerkt für den deutschsprachigen Raum, dass in der ersten Bauzeit der Bettelorden «flach schliessende Chöre die Hauptrolle spielen», die als «rechteckige Chorkapelle oder lang gestrecktes Chorhaus» in Erscheinung treten. Als älteste bekannte Chorpartie dieser Art nennt er die kurz vor 1230 begonnene Dominikanerkirche Köln und hebt hervor, dass sich hier der Chor in das Mittelschiff hineinzieht, so dass die Seitenschiffe an ihrem Ostende zu einer Art flankierenden Kapellen werden. Gleich anschliessend nennt SCHENKLUHN die Predigerkirche Zürich, die ebenfalls «eine dergestalt dreiteilige Chorpartie hatte», und ordnet dem dreischiffigen Bautyp mit von Seitenkapellen gefasstem Binnenchor auch Konstanz zu.[137] Anzufügen

254
Predigerkirche. Blick von Nordwesten auf Langhaus und Chor nach Abbruch der Klosterbauten. Das nördliche Seitenschiff sowie die direkt über dessen Firstlinie stehenden, spitzbogigen Fenster gehören zum romanischen Baubestand. 1663 erfolgte am Langhaus eine Erneuerung des Dachs unter Anhebung der Trauf- und Firstlinie, die die Höhendifferenz zwischen gotischem Chor und Langhaus milderte.

ist, dass auch die Prämonstratenserkirche Rüti ZH oder etwa die Dominikanerkirchen in Erfurt oder in Regensburg – hier mit polygonalem Chorabschluss – den Binnenchor kannten.[138]

Diesem Bautyp mit der primären Funktion des «oratoriums» muss wohl auch die Zürcher Lösung zugeordnet werden: Ein erster grosser Kirchenbau der Prediger (Bau 2) könnte eine vermutlich bereits bestehende oder von den Predigern als ersten Bau erstellte Kapelle (Bau 1) als nördliche Seitenkapelle übernommen haben. Er dürfte ihr südlich des Chors ein Pendant zugeordnet haben, so dass nur das Altarhaus freigestellt war. Der Chor, der möglicherweise bis ins Schiff hineinreichte, kam als Binnenchor zwischen den Seitenkapellen zu liegen. Wenn die halbrunde Apsis der Südkapelle als adäquate Reaktion auf die nördlich liegende, bereits bestehende gesehen wird, fügt sich die Zürcher Predigerkirche ohne weiteres der Systematik früher Dominikanerkirchen ein. Nicht entschieden werden kann, ob dieser in die 1230er Jahre zu datierende Bau bis unter den First vollendet wurde. Postuliert wird er mit zweijochigem, gerade geschlossenem Chor, der von Seitenkapellen flankiert wurde. Diese waren von den Seitenschiffen aus erschlossen. Dem dreischiffigen Langhaus war im Westen wohl eine Art einjochiges Atrium unbekannten Aussehens vorgestellt.

Mit dem Wandel auch der Predigerniederlassungen vom Studien- zum Seelsorgezentrum wurden an die Klosterkirchen neue Anforderungen gestellt. Das vornehmlich den Brüdern vorbehaltene Oratorium erhielt eine Doppelfunktion. Zu vermuten ist eine räumliche Konzentration der Funktionen, was in der Konsequenz wohl zu einer strafferen architektonischen Konzeption führte. Atrium, Narthex, Schiff und Chor als additive Bauelemente – man denke zum Vergleich nur an St. Peter und Paul in Hirsau (spätes 11. Jahrhundert) – wurden abgelöst durch eine Laien- und eine Mönchskirche. Obwohl nicht nachgewiesen, muss irgendeine Form von Chorschranke angenommen werden. Durch das Ausbilden einer ausgeschiedenen Vierung wurden die Seitenkapellen zu Querschiffen umgebaut, die primär dem Klausurbereich vorbehalten gewesen sein dürften. Sie kompensierten den im Schiff verlorenen Raum, waren jedoch auch vom Laienschiff aus zugänglich. Auch mit dieser Lösung steht die Zürcher Predigerkirche nicht allein. Wiederum kann Hirsau genannt werden, aber vor allem auch S. Domenico in Bologna, das SCHENKLUHN an den Beginn einer durch die Dominikaner erfolgten «Rezeption von Zisterzienserarchitektur» setzt, die «strukturell das einfache und reduzierte ›bernhardinische Schema‹ umfasst».[139]

Die archäologischen Befunde und die Bauanalysen am aufgehenden romanischen Mauerwerk führen zur Rekonstruktion einer romanischen Basilika (Bau 3, um 1250–1260) mit gewölbter, ausgeschiedener Vierung. Das Sanktuarium besass einen geraden Ostabschluss, die Seitenschiffe halbrunde Apsiden. Ein kreuzförmiges Dach mit allseits gleicher Firsthöhe deckte den Bau.[140] Je sechs Rundbogen schieden das Mittel- von den beiden Seitenschiffen. Alle Schiffe besassen flache Holzdecken.[141] Der Obergaden war mit spitzbogigen, «gotischen» Fenstern bestückt. Über die weitere Befensterung sind wir im Ungewissen. Befunde am Bau lassen in der Westfassade über dem Portal drei wohl rundbogige Fenster vermuten, deren mittleres etwas grösser gewesen sein dürfte.[142] Das Altarhaus wird an seiner Ostwand wohl ebenfalls drei Fenster aufgewiesen haben.

Eine wesentliche Änderung erfuhr Bau 3 mit dem Neubau des gotischen Chors nach 1325. WILD kann nachweisen, dass in zwei Bauetappen gearbeitet wurde, da der ältere Baustil, der das Altarhaus umfasst und ohne Gewölbe auskommen musste, im Rippenprofil reicher und konziser ist und eine andere Einteilung der Masswerkfenster aufweist als der wohl erst nach 1349 begonnene und wohl vor 1357 vollendete Bau von Chorhaus und Gewölbe. Hier ging die Verarbeitung flüchtiger und mit einfacheren Profilen vonstatten.[143] Die Krisenzeit nach 1336 und die deutlich geschwächte Position der Prediger in Zürich führten zu einem Bruch im Baustil des Chors und besonders zum Belassen des Langhauses in seiner Form. Einzig der Bau eines Lettners unter Aufgabe des östlichen Pfeilerpaars ist als Eingriff anzunehmen, archäologisch jedoch nur mit Indizien nachzuweisen.[144]

Stilistisch nahe Verwandtschaft des Chors besteht sicherlich zur kurz zuvor erbauten Klosterkirche in Königsfelden, die auch mit ihren farbigen Glasfenstern eine Vorgabe für Zürich hätte sein können. Bezüglich der Schlusssteine ist die Schlosskapelle von Greifensee (stilistisch um 1350 datiert) als nahe verwandt zu nennen.[145] Für das Verhältnis Wand–Fenster sowie der Raumproportionen des Chors kann die Dominikanerkiche in Regensburg als Vergleich herangezogen werden.[146]

KONVENTBAUTEN UND KREUZGANG BIS ZUR REFORMATION

KONVENTANGEHÖRIGE UND FUNKTIONEN DER KONVENTBAUTEN
(Abb. 255)

Die erste Bezeichnung für die Konventbauten der Prediger lautete «Haus» («domus») – zweifellos ein Bild für die «vita communis». Es war das Zentrum, von dem aus die Mönche in einem weiteren Kreis als Wanderprediger wirkten. Die meiste Zeit verbrachten sie aber innerhalb des Klosters, wobei in der Regel das Studium und die Arbeit im Skriptorium bevorzugte Tätigkeiten waren.[147]

Zu den Voraussetzungen für die positive Entwicklung des jungen Konvents gehörte die bereits erwähnte Verbindung zu den Adelsfamilien der Ostschweiz und zum Stadtadel, in einer ähnlichen Art, wie wir es auch vom Dominikanerinnenkloster Oetenbach kennen.[148] Eine Zugehörigkeit der Konventsmitglieder selber zu diesem Milieu ist mindestens in Ansätzen zu erkennen.[149] Als Beispiel und zugleich als Ausnahmeerscheinung sei hier EBERHARD VON SAX genannt. Ursprünglich aus dem Konstanzer Predigerkloster stammend, gehörte der Sohn Ulrichs III., der die Rheintaler Linie der Freiherren von Sax begründete, 1309 dem Zürcher Konvent an.[150] Als Dichter ist EBERHARD im Codex Manesse mit einem Marienlied – seinem einzigen vollständig überlieferten Gedicht – vertreten;[151] er erscheint im Bild als älterer Mönch zusammen mit einem jüngeren Bruder mit Dominikanerkutte, Tonsur und Bart vor einem Marienaltar kniend.[152]

Seit den 1320er Jahren zeichnete sich auch in Zürich die Entwicklung ab, dass die Predigermönche privaten Besitz haben durften.[153] Gegen die Reformtendenzen, welche die Niederlassung wieder zum ursprünglichen Ideal der Armut zurückführen wollten, konnte sich der Konvent mit Unterstützung der Stadt erfolgreich wehren. Die «vita communis» löste sich schon im 15. Jahrhundert auf.

Die «Freiheit»

Aus der Reformationszeit stammt der Hinweis, dass sich in der Konventstube des Klosters verschiedene Leute aufhielten, «die in der Freiheit lagen», das heisst, denen hier Asyl gewährt wurde.[154] Es ist der einzige bekannte Hinweis auf diese Institution im Predigerkloster.

Studium, Bibliothek und Skriptorium
(Abb. 256, 257)

Da Seelsorge und Studium sich gegenseitig bedingten, stand Letzteres im Zentrum des Predigerlebens.[155] Ihre Grundausbildung erhielten die Lektoren des Ordens bis zur Mitte des 13. Jahrhunderts am Dominikanerkloster St-Jacques in Paris. 1248 wurde für die deutsche Provinz, welcher der Zürcher Konvent angehörte, ein Studium generale in Köln

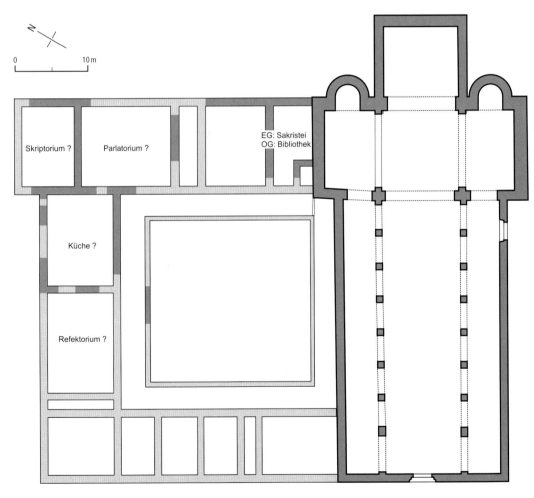

255
Predigerkloster. Grundriss der romanischen Predigerkirche (Bau 3) mit den wohl in mehreren Etappen entstandenen Konventsgebäuden, 1:500. Dunkelgrau: archäologisch erfasst. Hellgrau: hypothetisch aufgrund jüngeren Planmaterials ergänzt. Zeichnung Peter Albertin, nach Wild 1999. – Text S. 255ff.

eingerichtet. Eine von Albert Magnus vorangetriebene Reform des Studiums zielte darauf hin, dass die Prediger neben der theologischen auch eine umfassende geistes- und naturwissenschaftliche Ausbildung erhielten. Seit dem ausgehenden 13. Jahrhundert entstanden theologische Ausbildungsstätten innerhalb der einzelnen Provinzen, die vom Provinzialkapitel festgelegt wurden. 1294 wurde das Philosophiestudium von Colmar nach Zürich verlegt.[156]

Im Zürcher Predigerkloster wurde für die Verwahrung der grundlegenden Codices innerhalb der Klausur noch zu Lebzeiten des ersten bekannten Priors Hugo Ripelin eine Bibliothek errichtet. Sie wird im ersten Obergeschoss des Ostflügels der Konventgebäude, direkt an das nördliche Querschiff anschliessend, vermutet.[157] Von den für das «Hausstudium» im Zürcher Predigerkloster benutzten Büchern sind einige Codices überliefert.[158]

Die Herstellung der Bücher liegt noch im Dunkeln. Denkbar ist eine Anfertigung in einem der Frauenklöster, beispielsweise bei den Dominikanerinnen im Oetenbachkloster. Der Zürcher Predigerorden gehörte zu den Hauptauftraggebern der Floratoren und Buchmaler um 1300.[159]

Im Urkundenwesen war die eigene Schreibertätigkeit der Predigermönche unbestritten intensiv und professionell, lässt sich aber nicht an einem Skriptorium festmachen. Sie war sozusagen «mobil», vor allem in der Verbindung mit den Kyburgern, und konnte an verschiedenen Orten stattfinden.[160]

DER KREUZGANG
(Abb. 258–266)

Der ehemals nördlich an das Langhaus der Kirche anschliessende Kreuzgang umfasste bei einer Flügellänge von je rund 29 m einen ungefähr quadratischen Hof von rund 21 m Seitenlänge. Die Kreuzgangflügel wiesen unterschiedliche Breiten auf, was nicht zuletzt als Hinweis auf eine etappenweise Entstehung interpretiert werden könnte.

Für das ursprüngliche Bild wichtig ist WILDS Erkenntnis, dass der Kreuzgang an die Konventtrakte angeschoben gewesen sein dürfte und somit eine gewisse bauliche Unabhängigkeit vorlag.

PD 1879 Hochbaubureau überliefert uns einen massgetreuen Grundriss des Kreuzgangs, der zwischen Bestand und geplanter Ergänzung unterschei-

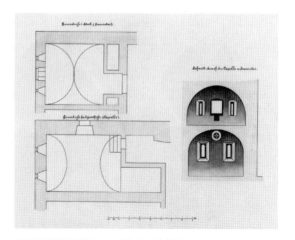

256–257
Predigerkloster. Grundriss und Schnitt, vermutlich durch die ehemalige Sakristei (EG) und die Bibliothek (OG), die direkt an das nördliche Querschiff anschlossen. Plan von 1879. – Psalmenhandschrift, um 1270, ZBZ, Ms. C 140, 18×12,6 cm, Pergament. (Kat. Manesse 1991, S. 251) – Text S. 256f.

det. Mit PD 1784 MÜLLER liegen zudem Bauaufnahmen vor, die das ehemalige Kloster – und mit ihm den teilweise verbauten Kreuzgang – noch in seiner Funktion als Amtshaus und «Spital» wiedergeben.

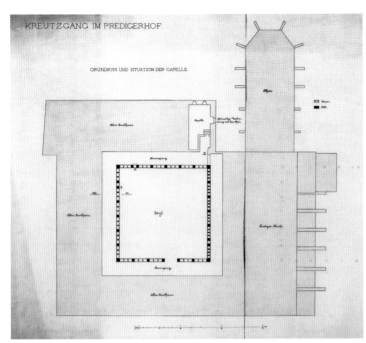

*258–259
Predigerkloster. – Situationsplan mit der Grundrissaufnahme des Kreuzgangs, PD 1879 Hochbaubureau (BAZ, J 18). – Text S. 257ff.
Blick aus dem Kreuzhof gegen den östlichen, nunmehr verbauten Konventflügel, in den der östliche Kreuzgangflügel integriert wurde. Die rechte Dreierarkade in originalem Bestand, die linke mit barocken Stützen anstelle der Doppelsäulen. Ganz links der ursprüngliche Ostzugang zum Kreuzhof (vgl. Abb. 263). Erhalten ist auch noch das nördliche Querschiff der Kirche, das sich zwischen den gotischen Chor und den Osttrakt des Konvents schiebt. J. C. Werdmüller 1871. – Text S. 259–261.*

Nach dem Brand von 1887 erfolgte im November 1892 der Abbruch des Nordflügels.[161] Im April 1895 wurden die letzten Reste des Südflügels niedergelegt. Teile davon wurden 1898 im Landesmuseum als Dreierarkade eingebaut.

SÜDFLÜGEL

PD 1879 Hochbaubureau zeigt im Massstab 1:100 den Grundriss des Kreuzgangs und unterscheidet in «neu» und «alt», wobei die Säulenstellungen im Ost-

260–261
Predigerkloster. Blick durch die nördlichste Arkade des Ost- auf den Westflügel des Kreuzgangs. BD 1877 Nieriker. Einzig bekannte Innenansicht des Kreuzgangs gegen Westen. – Westlichste Arkade des nördlichen Kreuzgangflügels. BD 1871 Nieriker. – Text S. 261.

und Westflügel als «neu» eingetragen sind. Archäologisch war dieser Teil des Kreuzgangs nach dem Abbruch der Zentralbibliothek 1990 kaum mehr zu fassen.[162] In BD 1576 Murer steht er schmal und zweigeschossig unter einem Pultdach mit dem nördlichen Seitenschiff.

Als Erstes kann festgestellt werden, dass der an die Nordfassade des Langhauses angeschobene Südflügel des Kreuzgangs mit der Innenseite seiner Arkaden in einer Flucht mit der nördlichen Fassade der Seitenkapelle von Bau 2 (Querschiff von Bau 3) lag. Seine lichte Breite entsprach somit dem Mass, mit dem das Querhaus über das Seitenschiff vorragte, nämlich rund 2,9 m. Mit diesen Massen ebenso wie mit seiner architektonischen Gestaltung unterschied sich der Südflügel grundsätzlich von den drei andern Flügeln.

PD 1879 Hochbaubureau überliefert als Arkaden vier Rundbogen über Doppelsäulen mit Kämpfern, die zwischen gemauerten Pfeilern (Abstand 2,9 m) – wie die Mittelschiffarkaden – mit bogenseitig profilierten Kämpfern standen. Bedeutend sind die vier Rundbogen (Radius 30 cm), da sie nur in diesem Kreuzgangflügel auftreten und die Vermutung zulassen, dass dieser als Erster und zusammen mit der Nordwand des Seitenschiffs um 1240 entstanden war.[163] Zwischen der ersten und zweiten Arkadenreihe von Westen bestand zwischen zwei Pfeilern ein Zugang zum Kreuzgarten.

OSTFLÜGEL

Vom östlichen, nach PD 1879 Hochbaubureau im Licht 3,1 m breiten Kreuzgang und von seinen Fundamenten waren 1990 keine archäologisch fassbaren Spuren mehr vorhanden. PD 1784 Müller gibt den Kreuzgang, der damals bereits teilweise verbaut war, nur rudimentär wieder. BD 1576 Murer zeigt ihn schematisiert und in den Konventstrakt integriert. Auskunft geben letztlich nur BD 1871 Werdmüller und PD 1879 Hochbaubureau, wobei hier eine Unregelmässigkeit auffällt: PD 1879 Hochbaubureau bezeichnet sämtliche Säulen der Kreuzgangarkaden als «neu» und gibt sie als kleine Rechtecke an. BD 1871 Werdmüller zeigt die zwei südlichen Arkadenreihen verbaut, danach folgt ein jüngerer Durchgang mit Korbbogen in Arkadenbreite, weiter eine Dreierarkade mit Spitzbogen und Doppel-

262–265
Predigerkloster. Aufriss der südlichen Kreuzgangarkaden, Bauaufnahme PD 1879 Hochbaubureau (BAZ, J 18b). – Bauaufnahme am östlichen Kreuzgangflügel. Zwischen erster und zweiter Arkadenreihe von Norden lag ein Portal gegen den Kreuzhof. PD 1879 Hochbaubureau (BAZ, J 18c). – Schnitt durch die zweite Arkade von Osten des nördlichen Kreuzgangflügels. Zu erkennen auf der Kreuzhofseite ein konsolenartiger Rest eines Kapitells mit Kämpfer, das mit einem Brunnenhaus in Zusammenhang stehen könnte. Für diese Hypothese spricht der Standort gegenüber der vermuteten Klosterküche (BAZ, J 18b). – Bauaufnahme der Innenseite des Portals zwischen der ersten und zweiten Arkadenreihe von Osten, das aus dem nördlichen Kreuzgangflügel in den Kreuzhof führte. PD 1879 Hochbaubureau (BAZ, J 18c). – Text S. 258–261.

säulen mit Kämpfern sowie ein Portal. Auffallend ist in diesem Teil die Koinzidenz von PD 1879 Hochbaubureau, BD 1871 WERDMÜLLER und BD 1877 WERDMÜLLER, die in den beiden letzten Arkadenreihen anstelle der Doppelsäulen barocke Hermenpfeiler darstellen. Eine weitere Besonderheit betrifft die in PD 1879 Hochbaubureau überlieferte und an den im Schweizerischen Landesmuseum eingebauten Resten des Predigerkreuzgangs erhaltene Konstruktionsweise der Spitzbogen: Sie verfügen nicht über einen Schlussstein. Die Spitze des Bogens bilden zwei Werkstücke, die sich im Scheitel mit einer senkrechten Fuge treffen; eine unkonventionelle Lösung, die auch am Kreuzgang des Dominikanerklosters Konstanz (gegründet 1236) und im Predigerkloster in Bern zu beobachten ist. Diese Konstruktionsweise hatte weitere konstruktive Eigenheiten zur Folge: Da die beiden Schlusssteine des Spitzbogens nicht in die darüberliegende Quaderlage eingriffen, ergaben sich links und rechts des Scheitels kleine Dreiecksteine, die sich mit ihrer Spitze über dem Bogenscheitel trafen.

266
Predigerkloster. Blick in den nördlichen Kreuzgangflügel. BD 1877 Werdmüller. – Text unten.

PD 1879 Hochbaubureau überliefert zwischen Arkade fünf und sechs von Süden ein Portal mit horizontalem Sturz und rahmendem Rundstabprofil, das auch durch PD 1784 MÜLLER belegt wird.

Archäologisch nachgewiesen und durch PD 1784 MÜLLER und 1820 BLUNTSCHLI für das Aufgehende belegt, war mit dem Bau des nördlichen Querschiffs am Übergang vom östlichen zum südlichen Kreuzgangflügel ein Engpass entstanden. Diesen dokumentiert PD 1879 Hochbaubureau, nach dem Abbruch des Querhauses, in einem bereits von den nachreformatorischen Einbauten befreiten Zustand. Aufschlussreich ist die Detailansicht auf diesem Plan, die zeigt, dass der südliche Kreuzgangflügel bis an das Querschiff reichte. Von dessen Nordwestecke führte offenbar ein Bogen zum südöstlichen Eckpfeiler des Kreuzgangs, so dass der Durchgang auf eine Breite von rund 2,5 m reduziert wurde. Der Bogen setzte an der Querschiffecke über einem profilierten Kämpfer an (Plättchen, Rundkehle, Plättchen, Halbrundstab, Spitzkehle), der über einem Eckprofil aus einem Halbrundstab stand. Stilistisch eine Form, die sicher ab 1240/1250 als möglich zu erachten ist.

NORDFLÜGEL

Archäologisch liess sich 1990 vom Kreuzgang nur noch ein rund 5 m langer Steg vom Fundament der Arkaden im Nordflügel fassen. Da der Nordtrakt des Konvents nach dem Osttrakt entstand,[164] muss auch der Bau des zugehörigen Kreuzgangflügels nach demjenigen im Osten erfolgt sein. Dessen Aussehen ist aus mehreren Bild- und Plandokumenten (BD 1877 WERDMÜLLER, PD 1879 Hochbaubureau sowie PD 1784 MÜLLER und PD 1820 BLUNTSCHLI) bekannt: Sechs Arkaden mit je drei Spitzbogen über Doppelsäulen mit Kämpfer und Kapitell schlossen den Gang gegen den Kreuzhof. Zwischen Arkade eins und zwei von Osten lag ein Portal, so dass die Nordostecke des Kreuzgangs mit zwei Portalen versehen war. PD 1879 Hochbaubureau zeigt zusätzlich einen Schnitt durch die zweite Arkade von Osten. Aus diesem und aus einer weiteren Detailansicht geht hervor, dass das Portal einen horizontalen Sturz mit vorgeblendetem Kleeblattbogen aufwies. Der Eckpfeiler zum Ostflügel war mit einem Rundstab, einem Würfelkapitell und ähnlich geformter Basis ausgezeichnet (BD 1877 WERDMÜLLER).

Im Gegensatz zum Ostflügel waren die Spitzbogen hier teilweise mit Schlusssteinen konstruiert.

WESTFLÜGEL

Über die Ausformung des Westflügels orientiert BD 1879 NIERIKER. Im Durchblick durch die Nordarkade des Ostflügels zeigt es eine zu Ost- und Nordflügel analoge dreiteilige Arkatur mit doppelter Säulenstellung und Spitzbogen ohne Masswerk. NIERIKER stimmt insofern mit BD 1877 WERDMÜLLER überein, das im Westen einen einzigen Spitzbogen sichtbar werden lässt.[165]

267
Predigerkloster. Blick von Nordosten auf das ehemalige Predigerkloster. Zu erkennen der gotische Chor, an den das nördliche Querschiff anschliesst. Frühneuzeitliche und barocke Um- und Ausbauten prägten das Aussehen der Konventbauten.

BAUGESCHICHTE DER KONVENTGEBÄUDE
(Abb. 225, 255, 267–269, 325)

Bauabfolge:[166] Die Südmauer des Nordtrakts stiess an den Osttrakt an und stand nicht im Verbund,[167] so dass der Ost- vor dem Nordtrakt entstanden sein dürfte. Dies stimmt überein mit der traditionellen Funktion des Ostflügels, der an die Kirche anschliessend die Sakristei und oft den Kapitelsaal sowie im Obergeschoss das Dormitorium barg. Es ist nahe liegend, dass diese für das Funktionieren der Klostergemeinschaft grundlegenden Räume als Erste erstellt wurden.

Der Nord- und der Westtrakt dürften etwas später errichtet worden sein. Die archäologischen Befunde machen wahrscheinlich, dass der Kreuzgang anfänglich nicht in die Klausurgebäude einbezogen war, sondern ausserhalb lag und mit einem Pultdach an diese anlehnte: Die Fundamente, auf denen die Arkadenbögen standen, waren deutlich schmaler und weniger tief in den Boden gebaut als die übrigen Mauern.[168] Das Volumen der Gebäudetrakte war daher zunächst kleiner und wurde in einer späteren Phase durch Einbezug des Raums über dem Kreuzgang vergrössert. Diesen Zustand zeigt BD 1576 MURER.

Ost- und Nordflügel der Konventgebäude waren wohl von Anfang mit zwei Vollgeschossen ausgestattet. Der Westflügel dürfte anfänglich nur über ein Erdgeschoss und ein niederes Obergeschoss verfügt haben, so dass sein First unter der Traufe des Langhauses an die Kirchen stiess; ein weiteres Geschoss wurde später aufgestockt. Der Zeitpunkt der Aufstockung des Westtrakts und die Überbauung des Kreuzgangs können nicht genau bestimmt werden. Die grossen Kreuzstockfenster im Obergeschoss des Nordtrakts[169] lassen nur schliessen, dass er kaum vor Ende des 15. Jahrhunderts anzusetzen ist.[170] Vielleicht hat man gleichzeitig einen grossen Saal errichtet, der dem 1462 in Zürich abgehaltenen Generalkapitel des Predigerordens hätte dienen können. Ob dieser Ausbau gleichzeitig mit der Aufstockung des Westtrakts erfolgte, ist nicht zu entscheiden. Zu einer weiteren Aufstockung der Konventbauten kam es sicher erst nach der Reformation, zwischen 1576 und 1784 (PD 1784 MÜLLER).

OSTTRAKT

Die archäologischen Untersuchungen von 1990 ergaben, dass der Osttrakt nachträglich, in zeitlich unbekanntem Abstand, an das nördliche Querschiff der romanischen Kirche angebaut wurde.[171] Aus seinen Fundamenten zu schliessen, entstand er aus einem Guss; die Aussen- und Binnenmauern wiesen die gleiche Mauerstärke von rund 1 m auf. Er stand gegen Norden um 3,5 m über die Flucht des Nordtrakts vor.[172]

Direkt an das ehemalige romanische Querhaus anschliessend lagen übereinander zwei tonnengewölbte Räume, die in die Frühzeit des Klosterbaus zurückreichten. Beide wiesen in der Ostwand zwei romanische Rundbogenfenster auf, welche bis zum Abbruch nach 1886 erhalten blieben.[173] Der untere, rund 25 m² grosse Raum war durch eine Tür mit der Kirche verbunden und diente wohl als Sakristei. Im oberen Raum wird die Klosterbibliothek vermutet. Einen vergleichbaren Komplex mit zwei übereinander liegenden tonnengewölbten Räumen im Ostflügel des Klosters kennen wir beispielsweise aus dem etwas jüngeren Dominikanerkloster von Basel.[174]

Der nördlich anschliessende, rund 8 × 10,6 m grosse Raum war wahrscheinlich der Kapitelsaal. Noch in PD 1784 MÜLLER («Knechten Stuben») weist er eine Mittelstütze und grosszügige Fenster in der Ostwand auf. Das Bodenniveau lag um einige Stufen tiefer als der Kreuzgang. Von der Ausstattung des Kapitelsaals ist nichts überliefert. Die übrigen Räume im Ostflügel sind nicht klar zu bestimmen. Möglicherweise lagen im Erdgeschoss noch das Parla-

268
Predigerkloster/Spitalamt. Der offenbar im 18. Jh. aufgestockte und umgebaute ehemalige Osttrakt der Konventbauten zeigt in der Bauaufnahme von 1820 an seinem Südende nach wie vor die romanischen Fenster, hinter denen im Erdgeschoss die Sakristei, im Obergeschoss die Klosterbibliothek vermutet werden (vgl. Abb. 256) (BAZ, J 13n). – Text oben.

*269
Predigerkloster/Spitalamt. Westtrakt der ehemaligen Konventbauten; nachreformatorisches Amtshaus des Spitalamtmanns. Noch in BD 1576 Murer (vgl. Abb. 225) ist der Westtrakt zwischen Kirche und Nordtrakt gesetzt. Die verschiedenen Fensterhöhen verweisen auf eine bewegte Baugeschichte. Zu vermuten ist eine reine Zweigeschossigkeit des Westtrakts, der wohl frühestens in der Spätzeit des Klosters um ein Geschoss erhöht worden ist. – Text unten.*

torium und das Skriptorium,[175] im Obergeschoss zumindest in der Frühzeit des Klosters das Dormitorium.[176]

NORDTRAKT

Hier waren nur noch geringe Reste erhalten.[177] Da die an den Kreuzgang grenzende Fassade gegen die Mauer des Osttrakts stiess, ist zu vermuten, dass der Nordtrakt etwas später als der Ostflügel errichtet wurde. Der östlichste Raum – der einzige noch im Grundriss ergrabene – wird in PD 1784 Müller als «Kuchi» bezeichnet. Hier dürfte sich bereits die klosterzeitliche Küche befunden haben, denn erstens entspricht dies einer häufig belegten Lage für Klosterküchen, und zweitens endete hier die klösterliche Wasserleitung. In logischer Folge schloss westlich daran wohl das Refektorium an. Noch im 18. Jahrhundert waren beide Räume analog genutzt. In PD 1784 Müller ist die Obere Stube dem Refektorium gleichzusetzen.

WESTTRAKT

Über einem Zwischengeschoss lag das Obergeschoss, in welchem sich möglicherweise im 15. und frühen 16. Jahrhundert die Wohnung des Priors befand. An diese allerdings nicht belegbare Nutzung schloss – in Analogie zur Situation in den Konventgebäuden des Fraumünsters und des Dominikanerinnenklosters Oetenbach – die nachreformatorische Belegung mit der Wohnung des Spitalverwalters an.[178]

WIRTSCHAFTSGEBÄUDE

Auf BD 1576 Murer steht parallel zum Nordflügel ein schmales, niedriges und lang gezogenes Gebäude, das durch einen schmalen, im Westen durch ein Rundbogenportal abgeschlossenen Hof vom Nordflügel getrennt war. Der Deutung als Ökonomiegebäude steht nichts entgegen.[179]

Die Tonrohr-Wasserleitung

Die bei den Grabungen 1990 gefasste Wasserleitung,[180] wohl eine der ersten Tonrohrleitungen Zürichs, entstand nach den archäologischen Befunden gleichzeitig mit der romanischen Klosterkirche im 13. Jahrhundert. Die eher kurze Leitung von 200 m bestand aus ineinander geschobenen, grau gebrannten Tonrohren, die in einen rötlichen, mit Ziegelmaterial angereicherten Mörtel verlegt waren. Sie führte vom Hang beim heutigen Sempersteig unter dem Graben und der Stadtmauer durch und verzweigte sich eingangs des Predigerplatzes. Ein Zweig führte in die Klosterküche und speiste wohl auch einen Brunnen im Kreuzgarten. Der andere leitete das Wasser zu einem Brunnen bei der Einmündung der Predigergasse und diente der Quartierbevölkerung. Da der Grundwasserspiegel hier nur wenig unter der Oberfläche lag, war die Wasserleitung keineswegs nötig und muss als eigentliches Prestigeobjekt des Klosters gesehen werden – zu einer Zeit, als sich nur Herrschaftssitze und reiche Abteien Wasserleitungen leisteten. Vielleicht spiegelt das Projekt aber auch das soziale Engagement der Prediger.

DIE PREDIGERKIRCHE NACH DER REFORMATION

1524	Aufhebung des Klosters und Profanisierung der Klosterkirche.
1541	Vermauern des Chorbogens. Einziehen von Zwischenböden im Chor zur Nutzung als Kornschütte.
Ab 1544	Die Spitalkapelle neu im Erdgeschoss des gotischen Chors.
Vor 1576	Abbruch des südlichen Seitenschiffs.
1607	Ratsbeschluss: Das als Trotte dienende Langhaus wird der Kirchgemeinde zu Predigern als Kirche zugewiesen.
1609–1614	Umbau der Predigerkirche zur protestantischen Pfarrkirche. Frühbarocke Stuckierung mit Kanzelwand.
1877	Brand der Konventgebäude.
1899/1900	Bau des Kirchturms.
1914–1917	Bau der Zentralbibliothek.
1990–1996	Neubau der Zentralbibliothek.

Konventbauten nach der Reformation siehe Heiliggeist-Spital, S. 301ff.

DER WEG ZUR REFORMIERTEN PFARRKIRCHE
(Abb. 271–273)

Nach der Aufhebung des Klosters wurde die Predigerkirche zusammen mit den Konventgebäuden und allen Einkünften dem benachbarten Spital übergeben.[181] Sie diente zunächst als Trotte mit Pressen (fünf davon sind archäologisch gefasst), für deren Einbau umfangreiche Eingriffe in den Boden notwendig waren.[182] Bis 1544 besuchten die Bewohner des Niederdorfs die Predigten in der ehemaligen Spitalkapelle, danach im Erdgeschoss des Chors der Predigerkirche. Dieser war 1541 vom Langhaus abgetrennt und durch Einziehen von Böden unterteilt worden.[183] Diese «neue» Kirche, auch als «Pfarrkirche zum Heiligen Geist» bezeichnet, blieb bis zum Abschluss des grossen Umbaus von 1609–1614 eine Filiale des Grossmünsters, wo weiterhin die Eheschliessungen und Taufen vollzogen wurden.[184]

Die baulichen Massnahmen von 1541 beinhalteten die Vermauerung des Chorbogens und den

270
Predigerkirche. Ansicht aus Süden mit gotischem Chor und dem 1663 erneuerten Dach des Schiffs mit höherer Traufe und flacherer Neigung. Bereits 1609ff. wurde das südliche Seitenschiff mit Strebepfeilern und -bogen neu erstellt. Das Südportal wurde nach Plänen von Johannes Ardüser ebenfalls ab 1609 neu erbaut. BD um 1700 Füssli. – Text S. 265ff.

271–272
Predigerkirche. 1965 ergrabene Fundamente der insgesamt sieben ehemaligen Weinpressen. Über den Streifenfundamenten stand die Presse, über dem Ringfundament die Spindel. – Text S. 267.

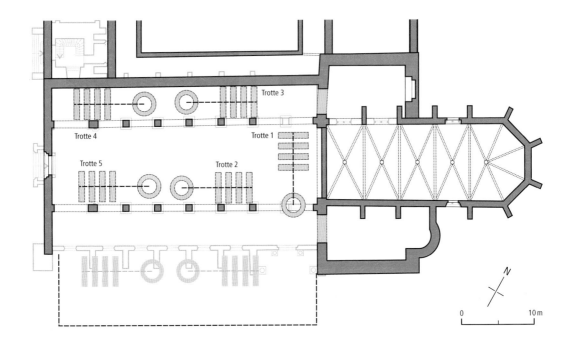

273
Grundriss der Predigerkirche als Trotte. Das südliche Seitenschiff wurde vor 1576 abgebrochen und an seiner Stelle ein hölzerner Schopf angebaut (vgl. auch PD 1576 Murer). Umzeichnung nach Wild 1999, S. 142. – Text S. 265–267.

Einzug von Holzböden im Chor. Maurermeister LORENZ BODMER zog die Mauer auf, die von HEINRICH RIETMANN endgültig geschlossen wurde. RIETMANN ebnete zudem den Boden im Chor und versah ihn mit einer Pflästerung. Zimmermeister HANS GEORG STADLER (1510–1565) wurde unter anderem für Arbeiten am «gstül zů den predigern» entschädigt.[185]

Das südliche Seitenschiff wurde – wohl wegen Baufälligkeit – in seiner ganzen Länge abgebrochen (vgl. Abb. 273). Es fällt auf, dass der Abbruch der romanischen Seitenschiffmauer exakt auf das gleiche Niveau erfolgte, wie es für die nach der Reformation im Schiff installierten Trotten galt,[186] was den Abbruch 1541 beziehungsweise vor 1576 wahrscheinlich macht. Als Ersatz diente eine Scheune, die auf BD 1576 MURER zu erkennen ist. Vermutlich war sie gegen das Mittelschiff der Kirche hin offen und barg zumindest eine oder zwei Trotten.[187]

Als gegen Ende des 16. Jahrhunderts die Reglementierung des gesamten öffentlichen und privaten Lebens zunahm – und damit eine wahre Mandatenflut produziert wurde –, fällte der Rat 1580 den Entscheid, dass jeder Bürger mindestens alle zwei Wochen die Sonntagspredigt besuchen sollte; dieser Druck und das Anwachsen der Bevölkerung gehören zu den Gründen, die zur 1609–1614 erfolgten Erneuerung der Predigerkirche als Gotteshaus führten.

Vor der Wiederinstandstellung der Kirche ab 1605/1607 müssen wir uns diesen Bau als romanische Pfeilerbasilika mit gotischem, gewölbtem Chor vorstellen, deren südliches Seitenschiff abgebrochen war. Das Langhaus diente als Trotte. Die Schiffe waren mit einer flachen Decke versehen.

Die Binneneinteilung entsprach der heutigen: Die je sechs quadratischen Pfeiler des Schiffs sind durch unprofilierte Rundbogen unter sich und durch solche mit grösserer Spannweite je mit der West- und Ostwand verbunden. Das östlichste Intervall ist doppelt so breit wie die mittleren, da hier mit dem Bau des Lettners eine Arkade aufgehoben worden ist. Die Pfeiler verfügen als Basis über abgeschrägte Plinthen, Kämpfergesimse sind nur an der Innenseite der Arkade vorhanden. BD 1576 MURER gibt den markanten Höhenunterschied von Chor und Mittelschiff ungefähr wieder. Im gotischen, vom Schiff durch eine Mauer getrennten Chor waren Zwischenböden eingezogen. Das Erdgeschoss diente als Spitalkapelle und war vom heutigen Predigerplatz aus zugänglich.

DER UMBAU DER PREDIGERKIRCHE 1609–1614
(Abb. 239, 274–278)

Bauherrschaft: Bürgermeister Conrad Grossmann, Heinrich Bräm beziehungsweise Johann Rudolf Rahn und Leonhard Holzhalb
Bauleitung: JOHANN HEINRICH HOLZHALB, ULRICH OERI
Werkmeister: JAKOB MEISTER
Maurer: RUDOLF CLOTTER
Zimmermann: HANS SCHWARTZENBACH
Stuckateur: ULRICH OERI, JAKOB HEGNER (Gipser)

DIE PLANUNG DES UMBAUS

Die Erörterungen darüber, dass und wie die weitgehende Profanisierung der Predigerkirche wieder rückgängig gemacht werden sollte, setzten im Rat 1605 ein. Die Argumentation, «wie dass von nöten unnd ein gar christenlich werch were, das die kilchen zůden Predigeren alhie widerumb zůgerüsten»,[188] beziehungsweise «wie die kilchen wiederumb zů anhörung deß göttlichen worts unnd zů dienung der heiligen sacramenten unnd jnfürung der Ehen [...] zů gerüstet werden möchte und khönde»,[189] gleicht derjenigen von 1539 beim Fraumünster, wo es ebenfalls darum ging, die Kirche wieder zu einem «cristenlichen tämpel nach unnserer religion» zu machen.[190] Bei diesem Vorgang hat hinter den Kulissen zweifellos der damalige Antistes Burkart Leemann (1531–1613), ein Wegbereiter Johann Jakob Breitingers, eine zentrale Rolle gespielt.

Am 9. Oktober 1605 wurde eine Kommission gebildet,[191] nachdem im Rat die oben zitierten Worte gefallen waren. Zuerst sollten die Trotten aus dem Kirchenraum entfernt, dann die «schwÿnstäl und mistgrůben», die sich da befänden, wo früher bestattet worden sei («da hievor ehrliche lüth begraben worden»), abgebrochen werden. Schliesslich sollten in dieser Kirche wie in den drei anderen [Pfarr-]Kirchen «die heiligen sacramenta wie jnn den anderen drÿgen kilchen geübt, unnd die ehen auch alda ÿngesegnet werdinn». Der Kommission gehörten neben den beiden Bürgermeistern Conrad Grossmann (1533–1609) und Heinrich Bräm († 1610) zehn weitere Personen an, darunter der Seckelmeister, der Spitalmeister, der damalige städtische Werkmeister und der später als «Werkmeister» bezeichnete ULRICH OERI. Dieser sass mit anderen Angehörigen der

274
Blick auf die Predigerkirche von Süden mit den Neubauten von 1609–1614 (Seitenschiff, Südportal) und 1663 (Strebepfeiler und -bogen, Erhöhung und neues Dach des Schiffs). Zu beachten die ehemals ausstuckierte Vorhalle des Südportals. Im Vordergrund rechts das Sigristenhaus. BD um 1700 Escher. – Text S. 267ff.

Kommission übrigens auch in der 1609 für den Neubau eines städtischen Kornhauses gebildeten Planungskommission.[192]

Nach zwei Jahren unterbreitete die personell inzwischen veränderte Kommission ihre Vorschläge anlässlich einer Versammlung im Spital. Sie brachte neu auch das Argument des Bevölkerungswachstums ins Spiel («wÿl von gottes gnaden die viele deß volcks an diesem ort, wie auch sonst allenthalben verhanden»).[193] Nach gemeinsamer Besichtigung der Kirche erfolgte der «Rathschlag»: Die Trotten sollten aus der Kirche entfernt und sechs davon anstelle der abzutragenden Schweineställe aufgestellt werden, danach solle die Kirche gesäubert werden. Die an die Kirche angebaute Scheune (BD 1576 Murer), die feuergefährlich und ohnehin zu klein war, und die ebendort liegenden Pferde- und Schweineställe sollten – die Zustimmung des Rats vorausgesetzt – ins Spitalareal in die Nähe der Bäckerei verlegt werden. Sobald die Kirche leer sei, solle wieder eine Besichtigung stattfinden und die Einrichtung beraten werden. Erwähnt werden die Fenster, die Eingänge, das Kirchengestühl und die Kanzel. Der Chor solle Teil der Kirche bleiben, da hier der Zugang zum Friedhof durchgehe. Zur Finanzierung wurde vorgeschlagen, dass die Hauptsache (Bruchsteine, Sand, Balken sowie Zimmermanns- und Maurerarbeiten) über die Rechnung des Obmannamts laufen solle. Für Fenster und Gestühl erwartete man private Stiftungen. Der Bau solle den beiden städtischen Werkmeistern unterstehen.

Auf der Grundlage dieser Vorschläge suchte der Rat das Bauvorhaben zu beschleunigen und veranlasste am 21. Januar 1607,[194] dass der Spitalmeister dem städtischen Werkmeister umgehend den Bau der neuen Scheune verdingen sowie die Scheune und Ställe bei der Kirche rasch abreissen lassen solle.

BAUABLAUF

Aufgrund der archäologischen Untersuchungen von 1965 im Langhaus konnte festgestellt werden, dass die heutige, 60 cm starke Südmauer des Seitenschiffs auf der älteren, 1 m dicken, romanischen Vorgängermauer ruht, die als Fundament dient. Offenbar ging es als Erstes um die volumetrische Wiederherstellung der Kirche. Zusammen mit der Seitenschiffwand wurde ein steinernes Kreuzrippengewölbe errichtet, so dass die räumliche Symmetrie wieder hergestellt war.[195] Datiert werden kann der Bau über das vierte Spitzbogenfenster von Westen, das am innern und äussern Schlussstein in einer Beschlagwerkplakette die Jahrzahl «1609» zeigt; aussen nachträglich ergänzt mit «1792», was wohl auf eine Renovation hinweist. Dass diese Signatur von der Gewölbekonstruktion gleichzeitig zum Teil verdeckt wird, kann nicht als Bauphase gewertet werden.[196] Einerseits belegen die Schriftquellen eine bereits 1605 einsetzende Planung, an der neben anderen der als Bildhauer und «Formenschneider» bekannte ULRICH OERI (1567–1637)[197] beteiligt war, andererseits ist bereits 1610 das Stuckieren der Kirche durch die datierte Signatur «[ULRI]CH ORI 1610» belegt.

In den Obmannamtsrechnungen selbst sind die Kosten für die neue Innenausstattung nicht zu fassen. Das Datum 1610 für den Stuck sowie die 1609 einsetzenden Belege legen jedoch nahe, dass die ersten Baumassnahmen spätestens 1608, wenn nicht schon 1607 in Angriff genommen worden sind. Die 1614 erfolgten Ausgaben von 40 Pfund für den Gipser (Stuckateur?) JAKOB HEGNER, um in «der kilchen zun Bredigeren wider zůverbeßeren als das wätter dahingschlagen», sowie die Bezahlung für Tischmacherarbeiten im Chor 1613 lassen annehmen, dass der Umbau der Kirche um 1612/13 vollendet war.[198] Sicher wissen wir, dass Chor und Kirche 1609 neu eingedeckt wurden. Die 20 Fuhren Sand und «28 ledinen unghouwen stein [...] da 22 ledinen zum kilchenbuw zum Predigeren gegeben» dürften mit dem Neubau des südlichen Seitenschiffs zu begründen sein. Die Auszahlung von 10 Pfund an ZACHARIAS REICHMANN, die dieser verdiente, «als man die trem abhin glaßen unnd vollends geschlißen», müssen in Zusammenhang mit dem Umbau des Dachstuhls über dem Schiff (Entfernen der Bundbalken) und dem Einbau der Tragkonstruktion für das stuckierte Tonnengewölbe stehen.[199]

Weitere Ausgaben sind 1611 für den Bau des «Schnäggen uff das Chor» belegt. Es handelt sich um einen Treppenturm, den Maurer RUDOLF CLOTTER in der Ostecke zwischen nördlichem Querschiff und Chor erstellt hatte (vgl. BD 1810 HEGI). Laut einem Nachtrag in der Obmannamtsrechnung von 1611 wurden an Meister HANS SCHWARTZENBACH, den Zimmermann, 127 Pfund 5 Schilling für den neuen Dachstuhl «zum Jngang der Kilchen» gezahlt.[200] Einen Kircheneingang mit einem eigentlichen Dachstuhl erhielt die Predigerkirche mit dem Südportal, das sich als neues Hauptportal der wieder instandgestellten Kirche gegen das Predigerquartier wendet. Die Ausgabe von 1611 deckt sich mit der am Südportal angebrachten Inschrift. Diese spiegelt und bestätigt den uns aus den Quellen bekannten Ablauf: Die Kirche, die sich nach der Reformation nur auf das Erdgeschoss des Chors beschränkte, wurde aufgrund des Bevölkerungswachstums vergrössert, in-

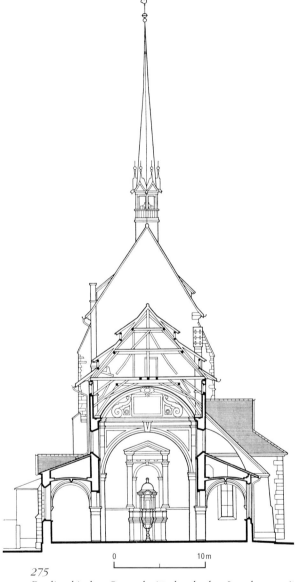

275
Predigerkirche. Querschnitt durch das Langhaus mit Blick auf die Kanzelwand (Kanzel heute entfernt), 1:400. Plan nach TAD 1938.

*276
Predigerkirche. Südliches Seitenschiff, viertes Spitzbogenfenster von Westen. Im Schlussstein von einer Beschlagplatte umrandet die Jahrzahl 1609, das Baudatum des südlichen Seitenschiffs. – Text S. 269.*

dem man das Langhaus als Kirchenraum wiederherstellte und zudem im Chor das erste Obergeschoss genutzt und im Schiff Emporen eingezogen wurden.

DIE KÜNSTLERISCHE AUSSTATTUNG DER REFORMIERTEN KIRCHE

Neben der rein volumetrischen Wiederherstellung des ehemaligen Kirchenraums durch den Neubau des südlichen Seitenschiffs erfolgten die weiteren baulichen Massnahmen in Abhängigkeit vom Ausstattungskonzept. Neben JOHANN HEINRICH HOLZHALB muss ULRICH OERI eine bisher wohl unterschätzte Rolle gespielt haben. Im Rahmen der Renovation von 1967 wurden drei Signaturen von OERI festgehalten. Eine findet sich an der oberen Rahmenmanschette der Schrifttafel an der Ostwand des Schiffs und lautet «VLRICH / ORI FECIT». Die beiden andern, ebenfalls gemalten, sind nicht mehr zu lokalisieren und befinden sich auf Balken (!), die vermutlich während der Restaurierung freigelegt wurden. Sie lauten «H/VORI» und «[ULRI]CH ORI 1610». Wir erhalten dadurch nicht nur eine Datierung, sondern auch einen Hinweis auf die leitende Person der Ausstuckierung.

Der Stuckateur ULRICH OERI

Über OERI ist wenig bekannt. Er wurde 1567 als Sohn von Anton Oeri, damals Amtmann zu Embrach und ab 1583 Bauherr der Stadt Zürich, geboren und hatte einen jüngeren Bruder, der ebenfalls Bildhauer gewesen sein muss.[201] 1603 ist er als Bildhauer erstmals zu fassen.[202] Beim Stück, für das er damals bezahlt wurde, handelt es sich wohl um eine mit «V.OERI FECIT» signierte Wappentafel für das Zürcher Rathaus (heute im SLM).[203] Sie orientiert uns über die Stilstufe, in der sich OERIS ornamentales Werk bewegte. Ohrmuschelwerk rahmt das Inschriftfeld, opulente, mit Blüten besetzte Akanthusranken umfassen den mit Lorbeer besetzten Stabrahmen. OERIS Repertoire als «Formenschneider» bewegte sich qualitativ und stilistisch ganz auf der Höhe der Zeit. Als Bildhauer begegnet er auch in Zusammenhang mit einem Trinkgefäss, das der Silberschmied DIETHELM HOLZHALB 1608 nach seinem Modell fertigte. Das Gefäss in Form des Löwen von San Marco ist Giovanni Battista Padovani gewidmet, der venezianischer Gesandter in Zürich war.[204] Hier zeigt sich OERI als versierter Bildhauer, der zum Beispiel die «facies leonina», das heldenhafte Löwenantlitz, adäquat umzusetzen verstand.

Über OERIS Position im zürcherischen Kunstgeschehen um 1600 fehlen weitere direkte Belege. Sein Einsitz in der Baukommission zeigt, dass er als versierter Fachmann geschätzt war, ebenso seine Erwähnung im «Gypseren-Verdingbrief» von 1606, den der Abt von Wettingen mit den Meistern ANTONIO und PIETRO CASTELLI sowie FRANCISCO MARTIAN (MARZIANO), alle von Lugano, abgeschlossen hatte. OERI, selber wohl nicht an der Ausstattung in Wettingen beteiligt,[205] tritt hier als Sachverständiger auf. Wenn wir uns vergegenwärtigen, dass

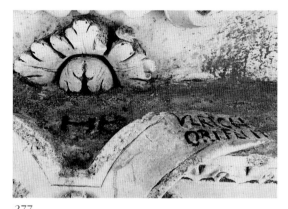

*277
Predigerkirche. Signatur des Stuckateurs Ulrich Oeri an der Ostwand des Mittelschiffs auf der Agraffe unterhalb der Inschriftkartusche mit dem Namen «Jahwe». Foto 1967. – Text nebenan.*

*278
Predigerkirche. Ansicht der Südfassade in einem Aquarell von Amalie Keller, 1822.*

nicht in situ gearbeitet wurde und nicht nur die Skulpturen, sondern auch der gesamte ornamentale und architektonische Schmuck als vorgefertigte, in Formen gegossene Werkstücke appliziert wurden, wundert es nicht, dass OERI – der sich im «Formenschneiden» nachweislich als qualifiziert zeigt – als Experte für den Vertrag und wohl auch am Bau beigezogen worden ist. Ob und in welchem Ausmass OERI seinerseits von den Luganeser Meistern profitierte, ist nicht mehr zu eruieren. Bereits ADOLF REINLE äusserte sich jedoch dahingehend, dass der Stuck der Predigerkirche an die CASTELLI erinnere und die Art des Gewölbes sogar an St. Michael in München, wo in den 1590er Jahren ein MICHELE CASTELLI aus Melide arbeitete.[206]

DAS ÄUSSERE NACH DEM UMBAU 1609–1614

Im Verlauf des 17. Jahrhunderts erhielt die Predigerkirche die Erscheinung, die wir weitgehend noch heute kennen. Nur die Nordseite erfuhr im ausgehenden 19. und im frühen 20. Jahrhundert mit dem Abbruch der ehemaligen Konventbauten, dem Bau des Westflankenturms und dem Um- und Neubau der Zentralbibliothek 1990–1996 grössere Veränderungen.

Der Neubau des Südportals und des südlichen Seitenschiffs (ab 1609) mit sechs Spitzbogenfenstern in nachgotischem Stil ging mit dem Abbruch des zu einer Kapelle reduzierten Restbestands des südlichen Querschiffs einher, so dass der Chor seit dem frühen 17. Jahrhundert gegen Süden frei steht.

Die Westfassade und mit ihr das ursprüngliche Hauptportal wandten sich gegen den Spitalbezirk, der sich hier nördlich der Brunngasse ausdehnte und durch eine Mauer mit Portal zwischen Südwestecke der Kirche und einem Nebengebäude des Spitals abgeschlossen war.

Das Südportal von 1611–1614
(Abb. 239, 279–281)

Am östlichen Ende des südlichen Seitenschiffs, und mit diesem um 1611–1614 entstanden, befindet sich das Südportal mit Vorzeichen.

Bereits REINLE hat den engen Zusammenhang von Portal und Innenraum einerseits und Portal und Städtebau andererseits festgestellt.[207] BD 1751 HERRLIBERGER zeigt das überbreite Ostjoch der Predigerkirche mit Kanzelwand. Axial vor dieser steht der Taufstein. Der nach Süden gewandte Blick fällt auf das gegen innen geöffnete Südportal, über dem ein Okulus mit Vierpass-Masswerk steht. HERRLIBERGER

*279
Zeitgenössische Taufe in der Predigerkirche. Zu sehen das überbreite Ostjoch des Langhauses, in dessen Zentrum der Taufstein stand. Axial dahinter die Kanzelwand. Im Hintergrund das geöffnete Südportal, das von 1611 bis zur Aufhebung des Spitals das Hauptportal der reformierten Kirche war. BD 1751 Herrliberger.*

ist derart genau, dass er den Blick nicht in die leicht schräg auf das Portal zulaufende Predigergasse schweifen, sondern auf die Hausecke des westlichen Kopfbaus der Gasse treffen lässt. Trotzdem spielt die Predigergasse und mit ihr der ganze, in PD 1788–1793 MÜLLER als Predigerkirchhof bezeichnete Vorplatz der Kirche eine zentrale Rolle bei der Definition des Aussenraums: Das Portal liegt in der Mittelachse der Südseite der Kirche und der gesamten West-Ost-Ausdehnung des Predigerplatzes und seiner Südflanke, der Brunngasse. Über diese gelangten die Predigtbesucher vom Niederdorf her zur Kirche, über Predigergasse diejenigen aus dem südlich gelegenen Predigerquartier und vom Neumarkt, und auch die Kirchgänger aus der barocken Vorstadt hatten seit den 1780er Jahren,[208] als die Stadtmauer gegen den Seilergraben durchbrochen wurde, direkten Zugang zur Kirche. Der heutige Predigerplatz bildete eine Art «Aufmarsch-Raum», das Portal mit Vorhalle den Auftakt zum Innenraum und zu den in diesem stattfindenden religiösen Handlungen. Deshalb musste am Portal das klassische Formenrepertoire zur Anwendung kommen: Seine Architektur bereitet auf den Innenraum vor. Während die gotischen und nachgotischen Formen die Proportionen der Fassade und den ganzen Bau als Kirche definieren, vermittelt das Südportal mit ehemals gewölbtem und stuckiertem Vorzeichen (BD um 1700/1 ESCHER, BD um 1700/2 ESCHER sowie BD um 1700 FÜSSLI) als Grenzbereich zwischen Innen und Aussen.

Baulich wurde das überbreite östliche Joch des südlichen Seitenschiffs mit einem Quergiebel überhöht, die Ostfassade, die seit dem Abbruch des Querhauses frei stand, mit einem Spitzbogenfenster (!) versehen und gegen Süden das repräsentative Portal eingefügt. Vor diesem steht schützend eine Vorhalle, ursprünglich mit tieferem First, so dass im Giebeldreieck des Portalbaus eine Sonnenuhr Platz fand (vgl. BD um 1700 ESCHER), seit 1899/1900 mit einem Pultdach. Der Vorhallenöffnung wurde über einer toskanischen Doppel-Säulenstellung, bestehend aus Säule und Halbsäule, ein Korbbogen eingefügt.

Das Portal selber steht in einem in Haustein ausgeführten Gewände, dessen Rahmen geohrt ist. Dem Gewände vorgestellt zwei toskanische Säulen mit Kämpfer, die einen Sprenggiebel tragen. Dieser durchstösst eine seitlich von je zwei aufsteigenden Voluten gesäumte Supraporte, die ein Rundfenster fasst und von einem Segmentgiebel überhöht wird.[209] Der Türsturz zwischen den Kämpfern birgt eine Inschrift:[210]

«QUOD FELIX FAUSTUMQ[UE] SIT / EX DECRETO / SENATUS POPULIQ[UE] TIGURINI / COSS.IO. RODOLPHO RHONIO ET LEONHARDO HOLZHALBIO. ECCLESIAE NUTRITIS / PATRIAE PATRIBUS / ISTHANC TIBI AEDEM CHRISTE OPT.MAX PIE DICATAM. / TUM IN-

STAURANDAM TUM AMPLIANDAM. SVMTV PUBL. CURAVIT / IO. HEINRICUS HOLZHALBIUS LABAROPHORUS ET ARCHIOECONOMUS / AN TEMPORIS VLT. MDCXI / AT TV CHRISTE INTUS NOS RELIGIONE FIDEQ[UE] INSTAURATO. TVI NOS AMPLIFICATO / TIMORE. VIVAE QUOSIM SACRI SPIRAMINIS AEDES».

(Was immer auch glücklich und günstig sei! Aufgrund des Beschlusses des Rats und der Bürger von Zürich / wurde unter den Bürgermeistern Johann Rudolf Rahn und Leonhard Holzhalb, Pfleger der Kirche und Väter des Vaterlandes Dir Christus dieses Gebäude hier mit grösster Frömmigkeit geweiht, darauf erneuert und erweitert [und] durch öffentliche Gelder finanziert. / Johann Heinrich Holzhalb. Werkmeister und oberster Pfleger am Ende des Jahrs 1611. / Nachdem Du Christus unter uns die Religion und den Glauben wiederhergestellt und nachdem Du unsere Gottesfurcht wieder vermehrt hast, weht wieder ein lebendiger Hauch in den Kirchen.)

Die Instrumentierung des Portals, zu der auch die ursprünglich stuckierte Vorhalle gehört, steht wohl in bewusstem Kontrast zur Südflanke der Kirche, die dem gotischen Formenrepertoire unterworfen ist. Das Portal ist der einzige Hinweis auf den Reichtum der innern Ausstattung. In diesem Sinne ist Portalarchitektur repräsentativer, in Zürich primär öffentlicher Bauten – man denke nur an das Rathaus – als Teil des Äussern in besonderem Masse immer auch durch den Reichtum der Innenarchitektur bestimmt, so dass sich geradezu eine rhetorische Figur ergibt, die dem «aptum internum» und dem «aptum externum» verpflichtet ist.

INNERES

Chor
(Abb. 279, 284)

Spätestens ab 1547 diente das Erdgeschoss des Chors nicht nur als Spitalkapelle, sondern auch als Begräbniskirche. Nach der Wiederinstandstellung der Predigerkirche ab 1607 dürfte die ehemalige Spitalkapelle als «Begräbnisgruft prominenter Zürcher Geschlechter» gedient haben.[211] Erschlossen

280–281
Predigerkirche. Das Südportal beherrscht den Predigerplatz und zeichnet sich durch sein architektonisches Instrumentar als Hauptportal aus. 1899/1900 erfolgte eine Renovation (neu ein Pultdach und eingestellte Säulen). Foto um 1940. Aufriss des Südportals von 1611. In eine Säulenstellung mit Gebälk ist das eigentliche Portal eingelassen. Über dem Gebälk steht ein Rundfenster, das den Sprenggiebel durchstösst und von einem Segmentgiebel überhöht wird. – 1:100, TAD 1938. – Text S. 271–273.

war die Grabkapelle über je einen Zugang in der Nord- und Südflanke des Chors sowie zwei Türen am Fuss der Trennwand zwischen Chor und Langhaus. In das überhohe Erdgeschoss des Chors wurde frühestens um 1610, spätestens aber vor 1664 ein Zwischenboden eingezogen, der in seinem östlichen Teil getreppt anstieg. Wahrscheinlich wurde mit der Etablierung der Grabkapelle im Erdgeschoss die Spitalkapelle in das Zwischengeschoss verdrängt. Dies würde die durch BD 1751 HERRLIBERGER belegte Öffnung der Kanzelädikula gegen den Chor erklären: Nach wie vor verfügte der Spital über einen eigenen Sakralraum im Chor. Neu wurde er über die Ädikula akustisch mit der Pfarrkirche verbunden. Dass die Empore im überlangen Ostjoch des nördlichen Seitenschiffs dem Spital vorbehalten war, widerspiegelt unter anderem ein 1754 revidiertes Verzeichnis der Kirchenstühle und deren Inhaber.[212] Während der Spitalmeister, sein Sohn, der Kellermeister und die Stubenmeister der Oberpfründner in der unteren Kirche sassen, waren ihre Frauen (bzw. im Fall des Spitalmeisters «in Ermangelung einer solchen [...] dißmahlen deßen Köchin»[213]), der Baumeister, der Kellermeister, der Kornmeister, die Brotmutter, der Brotvater auf der Empore – zuhinterst der «Schütti»-Knecht – platziert.

Die Obergeschosse des mit Holzböden unterteilten Chors dienten dem Spital weiterhin als Kornspeicher.[214]

Langhaus
(Abb. 282, 283, 285–288)

Das Langhaus wurde durch die Einwölbung der Schiffe und die durch Pilaster, Gurten und Gebälk dominierte Stuckierung monumentalisiert.

In den Seitenschiffen sind die Rippen der Kreuzgewölbe mit gotisierendem Profil in Stuck ausgeführt, die Kappen wie ihr dreieckiges Füllfeld mit Astragalen gesäumt.[215] Als Schlussstein dient eine Rosette. In den breit gespannten und bis unter den Lichtgaden ansteigenden Gewölben der östlichsten Joche eine flache Rosette beziehungsweise ein Engelsköpfchen. An der Wand und an den Pfeilergesimsen dienen verschieden geformte, birnförmige Konsolen zur Aufnahme der Rippen.

Die Nord- und die Südwand des Mittelschiffs nehmen in der Vertikale die Proportionen der romanischen Kirche auf. Die schlichten Pfeiler sind durch stark abgesetzte, durch Platten und Karniese profilierte und mit Kymatien verzierte Kämpfer ausgezeichnet. Über den Rundbogenarkaden, die sich für eine klassische Überformung mit Stuck geradezu anbieten, folgt die neu durch annähernd quadratische Stuckrahmen gegliederte Triforiumszone. Die Spitzbogenfenster des Obergadens erhalten rundbogige Gewände, die mit geohrtem Stuck gefasst sind und über einen überlangen, als Volute gestalteten Schlussstein bis in den Fries des Gebälks eingreifen.

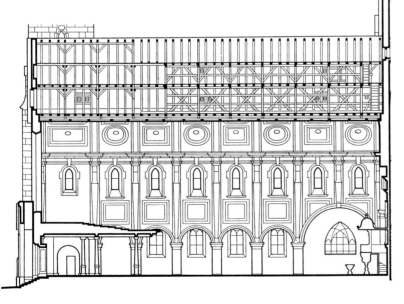

282–283
Predigerkirche. Stuckierung des Langhauses, 1609–1614. Längsschnitt, 1:400 (TAD 1938).
Rechte Seite, unten: Querschnitt durch das Langhaus mit der 1609–1614 erstellten Gewölbekonstruktion, 1:400. Wie weit dabei der Dachstuhl verändert oder gar neu aufgerichtet wurde, lässt sich nicht mehr belegen (TAD 1938). – Text S. 274–277.

Aus den Bogenzwickeln der Arkaden steigen schlichte Lisenen auf, denen ionisierende Hermenpilaster vorgeblendet sind. Diese zeigen auf dem Schaft gewundene Bänder und Fruchtgehänge, über denen jeweils ein vierflügliger Engelskopf (Seraph) steht.

Das im Fries mit Akanthusranken besetzte Gebälk ist über den Pilastern verkröpft und kragt mit seinem Geison vor, so dass das Tonnengewölbe, obwohl dessen Gurten den Rhythmus der Pilaster aufnehmen, als weitere Raumschicht dem Mittelschiff aufgesetzt scheint. Zwischen den Gewölbegurten sind jeweils in Dreiergruppen viereckige beziehungsweise runde Felder wechselständig angeordnet.

Ein Triumphbogen mit Eckpilastern, Zwickelfüllung und Scheitelkonsole umrahmt die gegen den Chor errichtete Trennmauer. Eine – ehemals gegen den Chor offene – Ädikula, die ursprünglich die Kanzel rahmte und auszeichnete, ziert heute sinnentleert die Wand. Im Giebelfeld darüber steht eine rechteckige Inschrifttafel, die durch die flankierenden Voluten dem Segmentbogen eingepasst wird. Auf der Tafel das Zitat von Mt 12,1: «Du sollst Gott dinen Herrn / lieben von gantzem dinem hertzen / und von gantzer diner seel und von / gantzem dinem gemüt und den / nächsten als dich selbs». Über der Schrifttafel eine Rollwerkkartusche mit dem Wort «Jahwe» in hebräischen Buchstaben.

284
Predigerkirche. Gotischer Chor nach dem Abbruch der hölzernen Böden und Einbauten. Foto 1917.

Die bekrönte Inschrift über dem Triumphbogen beinhaltet gewissermassen das Credo der reformierten Konfession, indem sie die direkte und unmittelbare Liebe zwischen Gott und Mensch neben der Nächstenliebe anspricht. Auf der Kanzel darunter erfolgte die Vermittlung dieses zentralen Anliegens in der Auslegung der Heiligen Schrift und ihrer Aktualisierung für das tägliche Leben. Der Taufstein, wo die Aufnahme des Einzelnen in die Kirche vollzogen wurde, trägt die Inschrift: «EGO BAPTIZO VOS AQVA: IPSE VOS BAPTIZABIT SPIRITV SANCTO ET IGNI. LUC. III» (Ich taufe euch mit Wasser: Er selbst wird euch mit dem heiligen Geist und Feuer taufen).

Ursprünglich, belegt durch BD 1751 HERRLIBERGER, stand der Taufstein axial vor der Kanzelwand und bildete mit ihr eine ikonografische Einheit. Heute steht er gegen Süden und mehr in das Schiff gerückt. Taufstein, Kanzel und Inschrifttafel bildeten ursprünglich eine Trias, in der sich ein «Organigramm» des religiösen Alltagslebens materialisierte. Als diese Anordnung in moderner Zeit aufgegeben wurde, verlor der Kirchenraum seinen ideellen und architektonischen Brennpunkt. Nur aus diesem heraus hatte verstanden werden können, dass die geflügelten Engelsköpfe an Pilastern und Gurten so-

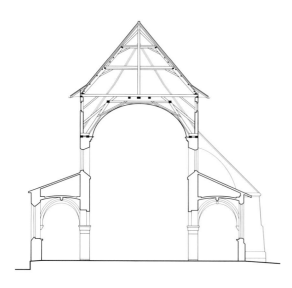

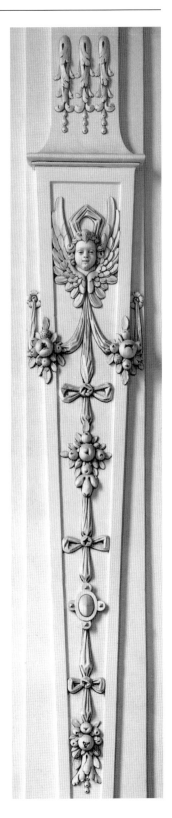

285–286
Predigerkirche. Aufriss des Mittelschiffs, 1:100 (TAD 1938). – Stuckierte Lisenen mit vorgelegten Hermenpilastern rhythmisieren den Wandaufbau des Langhauses. – Text S. 274–277.

wie in den Zwickeln des Triumphbogens mehr als rein religiös bestimmte Dekoration sind, sondern über das rein Dekorative hinaus die Heiligkeit der Kirche unterstrichen, ganz gemäss dem Helvetischen Bekenntnis von 1566 (vgl. S. 278). Dessen Wortlaut und auch des Zürcher Theologen RUDOLF HOSPINIANS Schrift «De Templis» von 1587/1603[216] sind massgebend für das Verständnis des Innenraums der Predigerkirche. HOSPINIAN stellte fest, dass die Kirche Braut Christi sei und ihre Tempel diese Braut zieren und gleichzeitig brauchbar für einen würdigen Gottesdienst sein müssen. Gotteshäuser sollten privaten Gebäuden bevorzugt werden und «mit Anstand schön und prächtig» sein, doch immer sollte man des Sprichworts «Allzu viel ist ungesund» eingedenk bleiben.[217] Die Barockisierung der Predigerkirche kann zweifellos als materieller Ausdruck der um 1600 geführten Diskussion über die Würde des Gottesdienstes und dem diesem zustehenden architektonischen Rahmen gelten.

DER UMBAU IM LICHT DER ZEITGENÖSSISCHEN KIRCHENBAUTHEORIE UND DER STILFRAGE

Trotz oder gerade wegen des stringent geplanten Bauablaufs ist der Umstand, dass das Seitenschiff in nachgotischem Stil ergänzt wurde und gleichsam im selben Atemzug eine Ausstuckierung des gesamten Langhauses die nachgotischen Formen überfasste, eine Diskussion wert.

HERMANN HIPP stellt in seiner seriellen Untersuchung zur Nachgotik abschliessend fest, dass der gotische Baustil im Sakralbau vor 1650 «nicht ein randliches Ereignis darstellt sondern ein beherrschendes Merkmal der Architektur ihrer Zeit» war. Wenn man dieser Stilform überhaupt eine programmatische Absicht zuordnen möchte, so wäre eine solche am ehesten mit dem Attribut «kirchlich» zu belegen. Das heisst, bis um 1650 war vor allem in den vom Barock noch nicht oder nur wenig berührten Gebieten der gotische Stil die nach wie vor übliche, akzeptierte und für ein Kirchengebäude adäquate Stilform. In der Folge werden die von der Kunstgeschichte geprägten Begriffe wie etwa «Jesuitengotik» oder «Echtergotik» relativiert, da sie auf der Fokussierung auf einen beschränkten geografischen Raum beruhen und «ohne weiteres in der oberdeutschen Nachgotik» quantitativ und qualitativ einzuordnen sind. Bezüglich der Konfessionen und

287
Predigerkirche. Umzeichnung des Stuckgewölbes über Mittel- und Seitenschiff, 1:100 (TAD 1938). – Text S. 274ff.

der nachgotischen Kirchen(neu)bauten stellt HIPP fest, dass die Häufigkeitskurve unabhängig von der konfessionellen Zugehörigkeit bis ins «erste beziehungsweise zweite Jahrzehnt des 17. Jahrhunderts» ansteigt, dann einen Rückgang erfährt, um gegen das Ende des 17. Jahrhunderts nochmals zuzulegen.[218] Aus diesen Erkenntnissen ergibt sich, dass der Neubau des südlichen Seitenschiffs in gotischem Stil sich völlig in die Sakralbautradition des ausgehenden 16. und frühen 17. Jahrhunderts einordnet.

Es stellt sich die Frage, warum spätestens 1610 die nachgotisch begonnene Renovation der Predigerkirche mit klassischen Formen in Stuck weitergeführt und sogar die jüngst errichteten Bauteile überformt wurden. Darüber hinaus wird am gotisch gehaltenen Äussern mit dem Südportal offenbar bewusst ein klassischer Akzent gesetzt. Die Frage interessiert umso mehr, als HIPP feststellt: «Mehr oder weniger moderne Kirchen spielen im reformierten Kirchenbau vor 1650 praktisch keine Rolle. Immerhin zeigen einige Ausnahmen, dass die modernen Kirchenbauformen in dieser Zeit für reformierte Kirchen keineswegs ausgeschlossen waren: Die mittelalterliche Zürcher Predigtkirche wird 1611–1614 im Innern in durchaus modernen Formen erneuert.» Neben den protestantischen Ausnahmen «spielt der moderne Kirchenbau zwischen 1550 und 1650 als fast ausschliesslich katholisch und auf das von Graubünden bis Schlesien und Mähren reichende Barock-Gebiet beschränkte eine bemerkenswert einseitige Rolle».[219] In diesem Kontext muss es doch wundern, dass gerade in Zürich, das sich als «protestantisches Jerusalem»[220] verstand, für die Innenarchitektur der ehemaligen Dominikanerkirche eine Stilform gewählt wurde, die auch und vor allem an katholischen Kirchen angewandt wurde.

Wenn wir der Frage nachgehen, müssen wir Folgendes feststellen: Wie schon oben erwähnt, kann keine programmatisch-konfessionsbezogene Architektursprache namhaft gemacht werden. Die Annahme, dass der protestantische, zwinglianische Kirchenraum ein rein funktionales Gebäude sei, mag für die Zeit kurz nach der Reformation gelten, ab 1566 steht dieser Auffassung das Zweite Helvetische Bekenntnis entgegen: «Die Stätten, an denen die Gläubigen zusammenkommen, sollen aber würdig [honestus] und der Kirchen Gottes in jeder Hinsicht angemessen [commodus] sein. Dafür sind geräumige Gebäude oder Kirchen zu wählen. [...] Wie wir aber glauben, dass Gott nicht wohne ‹in Tempeln von Händen gemacht›, so wissen wir doch aus Gottes Wort und aus den heiligen Gebräuchen, dass die Gott und seiner Anbetung [cultus] gewidmeten Stätten nicht gewöhnliche [prophanus], sondern heilige [sacer] Orte sind, und wer sich darin aufhält, soll sich ehrerbietig und geziemend benehmen, da er ja an heiligem [sacer] Orte ist, vor Gottes und seiner heiligen Engel Angesicht. [...] Alles aber geschehe in der Kirche anständig [decenter] und ordentlich, alles diene schliesslich der Erbauung.»[221]

Die Quintessenz des Bekenntnisses bezüglich der Kirchenarchitektur liegt darin, dass mit aller Klarheit festgestellt wird, dass der Gottesdienst in «heiligen, [...] durch den besonderen Gebrauch ausgezeichneten Gebäuden stattzufinden hat, die durchaus auch wohlgestaltet und ansehnlich [...] sein mögen, wenn auch ohne Übertreibung und ohne Luxus, jedenfalls aber dem Zweck des Gebäudes angemessen».[222] Als «loca sacra», als Sakralräume, standen die Gotteshäuser der Schweizer Reformierten zwischen den heiligen («sanctus») Kirchen der Katholischen und den «temples» der Hugenotten, die am profanen Versammlungsraum festhielten.[223] Es ist nur konsequent, wenn der heilige Ort, die Predigerkirche – wenn auch «decenter» (mit Anstand) – eine ausgezeichnete architektonische Form erhielt.

Wir haben festgestellt, dass gotische Formen im 17. Jahrhundert weder mit Stilverspätung, noch mit Anachronismus, noch mit Provinzialität zu tun haben. Ebenso ist klassisches Formenrepertoire, wenn auch selten, an reformierten Kirchengebäuden anzutreffen. Beide Stilformen sind offenbar nicht konfessionell besetzt, sondern dienen der Auszeichnung entweder der geweihten katholischen Kirche oder der protestantischen Kirche als heiligem Ort.[224]

Darüber hinaus lässt sich mühelos belegen, dass das Nebeneinander von klassischen Formen und Nachgotik nur bei der Vorstellung einer linearen Stilgeschichte als stossend erscheinen. Im 17. Jahrhundert selbst war ein Mit- und Nebeneinander dieser beiden Stilformen ohne Widerspruch, zumal beide dem gleichen höheren Prinzip, dem «decorum», zu dienen hatten. Als Beleg dient uns die von JOSEPH FURTTENBACH d. J. nach Vorlagen seines gleichnamigen Vaters 1649 herausgegebene Schrift «Kirchen Gebäw». Hier finden wir unter dem Titel «Der fünffte Äusser Aufzug» die perspektivische Ansicht einer Kirche, deren durch Pilaster und Gebälk gegliederte Fassaden mit «gotischen» Spitzbogenfenstern durchsetzt sind.[225]

288
Predigerkirche. Blick von der Westempore gegen die Kanzelwand, die den protestantischen Predigtraum vom gotischen Chor trennt. Foto 1885. Kanzel heute entfernt.

*289
Predigerkirche. Das 1663 erhöhte Langhaus von Südosten aus gesehen. BD vor 1875 Anonymus. – Text unten.*

DER UMBAU VON 1663
(Abb. 239, 289)

Die heutige Traufhöhe des Schiffs wurde 1663 mit dem Anheben des Dachs und einem neuen Dachstuhl erreicht. Auf die romanische Mauerkrone wurde eine mit Rundfenstern versehene Fachwerkwand gesetzt, die den neu erstellten Dachstuhl trägt. Bis 1663 dürfte der alte Dachstuhl seinen Dienst getan haben. Auf das Innere der Kirche hatte der Umbau von 1663 jedoch keine Auswirkungen.

Anlass für die Baumassnahmen gaben statische Probleme, die mit dem Einbau des Tonnengewölbes 1609–1613 entstanden waren. Der Dachstuhl, seit 1609 seiner Bundbalken beraubt, fing den Schub des Gewölbes nicht mehr zur Gänze auf, und die Mittelschiffwände begannen sich gegen aussen zu neigen. Während sich im Norden die Abweichungen bei Kreuzgang und Konventbauten in Grenzen hielten, kam es auf der Südseite offenbar zu einer baugefährdenden Neigung, die das Anbringen von massiven Strebepfeilern notwendig machte. Diese prägen – in leicht reduzierter Form – die Südfassade des Schiffs noch heute.[226] Das Material dazu stammt wahrscheinlich aus dem Richterswiler Steinbruch.[227]

Offenbar waren die statischen Probleme der Predigerkirche geradezu ein Dauerbrenner, klassifizierte sie doch JOHANN JAKOB BREITINGER 1765 als «ein ewiges Monumentum von der größten Unerfahrenheit in der Baukunst».[228]

BAUMASSNAHMEN ENDE 18. UND 19. JAHRHUNDERT

Obschon bereits 1770 hygienische Bedenken geäussert worden waren und ein entsprechendes Verbot ergangen war, fanden in in der Predigerkirche noch bis 1783 Bestattungen statt. Nach einer umfassenden Renovation im Jahr 1793 diente die Kirche 1799 als Lazarett,[229] danach fanden hier bis 1801 die katholischen Gottesdienste für die österreichischen Truppen statt. Nach der Abkoppelung des landwirtschaftlichen Gutsbetriebs des Spitals in den 1830er Jahren wurden die Kornschütten im Chor nicht mehr benutzt und der Raum vermietet.[230] Renovationen sind für die Jahre 1801 und 1869 belegt.[231]

EINBAU DER KANTONSBIBLIOTHEK 1871–1873 [232]

Nach der Verlegung der Universität aus dem Hinteramtsgebäude beim Augustinerkloster[233] im Jahr 1864 suchte man auch für die dort seit 1835 untergebrachte Kantons- und Universitätsbibliothek einen neuen Standort in der Nähe der Hochschule. Der bereits 1866 erwogene Bezug des Chors der Predigerkirche wurde nach entsprechenden Baumassnahmen 1871/72 realisiert und die neu geschaffenen Räume im Chor im Frühjahr 1873 bezogen.

*290
Predigerkirche. Westfassade 1871. Der Westeingang ist nach wie vor dem südlichen untergeordnet und öffnet sich auf das Spitalareal. BD 1871 Werdmüller. – Text unten.*

Die Holzböden im Chor blieben vorderhand bestehen. Nur gerade der unterste Zwischenboden, der als Empore zur Kirche diente, wurde ersetzt. Neu führte nur noch ein schmaler Korridor zur Kanzel und zur Empore im nördlichen Seitenschiff. Für die Belüftung und Belichtung der Magazine im Erdgeschoss wurden insgesamt acht Fenster in die Sockelzone des Chors gebrochen. Erschlossen wurde dieser durch drei neue Eingänge.

Im Zuge dieses Umbaus kam es 1871 auch zum Abbruch des nördlichen Querschiffs, das damals lediglich als «kleiner Anbau» tituliert wurde. In der Folge wurden die freigelegten Wandflächen des Chors mit neugotischen Lanzettfenstern und Masswerkkopien der Gegenseite versehen. Ein niedriger, zweigeschossiger Zwischenbau verband Kirche und Ostflügel des ehemaligen Klosters.

Insgesamt müssen die Baumassnahmen am Äussern des Chors, die nicht alle zwingend mit der neuen Nutzung als Bibliothek zusammenhängen, auch in dem Bestreben begründet sein, den Chor freizustellen und so einem zeitgenössischen Idealbild von «Gotik» zu genügen, das Fragen und Bedeutung der Baugeschichte einer schöpferischen Wiederherstellung unterordnete.

DIE NEUGOTISCHE WESTFASSADE VON 1877–1879[234]
(Abb. 290, 291)

Mit der Veränderung der Westfassade von 1877–1879 (Architekt FRIEDRICH WEHRLI nach Vorgaben von GUSTAV GULL) wurde die Kirche an das von ARNOLD BÜRKLI 1877–1879 im Stil und nach den städtebaulichen Präferenzen des Historismus geplante «Zähringerquartier» angepasst. Das seit dem ausgehenden 16. Jahrhundert kaum veränderte Westportal musste sich – wie der Chor – einer schöpferischen Überarbeitung der Westfassade unterordnen. Das Vorzeichen mit Giebeldach, das von zwei kleinen, schopfartigen Anbauten flankiert war, musste einer neugotischen Portalarchitektur aus Zement

*291
Predigerkirche. Neugotische Westfassade und Kirchturm. Foto um 1900. Mit Turm und Fassade fügt sich die Kirche ins Umfeld mit seinen im ausgehenden 19. Jh. entstandenen historistischen Blockrandbebauungen ein. – Text S. 281f.*

weichen.²³⁵ Ein Wimperg ragte neu bis in das hohe Westfenster hinauf und wurde links und rechts durch Fialen mit Kreuzblumen ausgezeichnet. Das Giebelfeld, das ehemals eine Sonnenuhr trug, erhielt eine Rosette mit schlichtem Vielpass-Masswerk.

DER KIRCHTURM VON 1899/1900

(Abb. 291, 292)

Seit dem 11. Mai 1897 gehörte das Langhaus der Predigerkirche der Kirchgemeinde, während der Chor nach wie vor Eigentum des Staates blieb. Mit dieser Güterausscheidung verlor die Kirchgemeinde das Recht, die Chorglocke wie bisher für kirchliche Zwecke zu benutzen, so dass nach einem Ersatz zu suchen war. Dass dies einen Turmneubau nach sich zog, erscheint fast übertrieben, wird aber vor dem Hintergrund der damals aktuellen Diskussion zum reformierten Kirchenbau einsichtig. 1889 hatte in Eisenach die deutsche evangelische Kirchen-Konferenz getagt. In der Revision des Regulativs von 1861 über den protestantischen Kirchenbau, das auch für die deutsche Schweiz Geltung beanspruchen darf, wurde unter Ziffer 6 festgehalten: «Ein Turm sollte nirgends fehlen, wenn die Mittel irgend ausreichen. […] Zu wünschen ist, dass der Turm bezw. die Türme in organischer Verbindung mit dem Kirchengebäude stehen.»²³⁶ Sowohl ein Gutachten von JOHANN RUDOLF RAHN²³⁷ wie auch ein solches des Basler Architekten PAUL REBER (1835–1908)²³⁸ folgen dieser Argumentation.

Mit dem Turmneubau wurde dieser Forderung auch insofern nachgelebt, als mit dem Einbau eines «Unterweisungszimmers» über dem nördlichen Seitenschiff der «organische» Anschluss an das Schiff gewährleistet wurde. Über einem Grundriss von 7 × 7 m erhebt sich der Turmschaft in einer Höhe von 43 m, während der Spitzhelm – eine Stahlkonstruktion – von den Wasserspeiern bis zur Helmspitze 40 m misst. Nach der zeitgenössischen Würdigung des Projekts ist die Architektur des Turms «dem Charakter der Kirche gemäss in einfachen gotischen Formen gehalten». Das Masswerk der Schalllöcher richtet sich nach demjenigen der gotischen Chorfenster. Mit den Erkerausbauten in den Wimpergen soll eine «lebhaftere Silhouette» erreicht werden. Unter den Schalllöchern in quadratischem Feld je ein Zifferblatt der Turmuhr. Stadtbaumeister GUSTAV GULL entwarf Ideenskizzen, nach denen Architekt FRIEDRICH WEHRLI die Ausführungspläne herstellte; er übernahm auch die Bauleitung.²³⁹

AUSSTATTUNG

Kanzel

Infolge der Güterausscheidung, die das Schiff der Kirchgemeinde zu Predigern und den Chor dem Staat als Eigentum zuwies, ging das Nutzungsrecht der Kirchgemeinde an einem Unterweisungszimmer im Chor und damit auch der bisherige Zugang zur Kanzel verloren. Diese wurde entfernt.²⁴⁰

Der Korb der barocken Kanzel bestand aus fünf Brüstungsfeldern, in die geohrte Füllungen mit Beschlagwerk eingelassen waren. Sie standen über rollwerkartigen Volutensockeln und waren von einer horizontalen Verdachung bekrönt, über der als giebliger Abschluss Voluten angebracht waren. ESCHER, KdmZH 1939 nennt einen

292
Predigerkirche. 1899/1900 erhielt die Predigerkirche einen Kirchturm (Architekten Gustav Gull / Friedrich Wehrli).
Die Konventgebäude wurden nach dem Brand von 1887 abgebrochen. Foto 1900. – Text S. 282.

Schalldeckel, der ähnlich verziert war und als Bekrönung eine steile Kuppel trug.

In der «Historischen Sammlung» des Archivs KG Predigern: zwölf Fragmente der Kanzel, Holzschnitzerei, lackiert.

Taufstein
(Abb. 293)

Kelchförmiger, stark überarbeiteter Taufstein aus Sandstein, ehemals mit nachträglich angebrachtem, schwarzem Stuckmarmor gefasst. Die Vertiefungen der Kuppa sind wechselweise mit Blattwerk gefüllt, mit stilisiertem Schuppenmuster belegt oder leer. Der Rand ist unter einem stark überarbeiteten Streifen mit einem Eierstab verziert. In einem Zungenfeld datiert 1613, darüber Steinmetzzeichen. Im Fries unter dem Eierstab in vertiefter, vergoldeter römischer Kapitalis der Spruch: «EGO BAPTIZO VOS AQVA: IPSE VOS BAPTIZABIT SPIRITV SANCTO ET IGNI. LUC. III».[241] Im Taufbecken alter, verzinkter Einsatz.[242]

Orgel
(Abb. 294)

Nachdem das Fraumünster 1853 als erste Stadtzürcher Kirche wieder eine Orgel erhalten hatte und das Grossmünster 1876 folgte, war es 1877 an der Predigerkirchgemeinde, sich der aktuellen Entwicklung des protestantischen, instrumental begleiteten Kirchengesangs anzuschliessen. Damals wurde die Westempore so erweitert, dass sie einer Orgel Platz bot. Das zweimanualige Werk baute FRIEDRICH GOLL nach Plänen der Gebrüder FRANZ und AUGUST MÜLLER, Wil SG.[243]

Die heutige dreimanualige Orgel von THEODOR KUHN AG, Männedorf, stammt aus den Jahren 1970/71 und steht auf einer zeitgleichen Orgelempore.[244]

Glocken
(Abb. 251)

Die 1451 gegossene Glocke des Dachreiters überdauerte die Reformation (vgl. S. 252). Auf dem Mantel die Reliefs von zwei Heiligen mit Nimbus, Buch und Märtyrerpalme. Inschrift «O rex gloriae Christe veni cum pace».

Das bestehende Geläut des Turms stammt aus der Werkstatt H. RÜETSCHI, Aarau. Der Aufzug der folgenden Glocken fand am 11. Oktober 1900 statt.[245]

1. (As) «Ehre sei Gott in der Höhe». – 2. (C) «Nun danket alle Gott». – 3. (Es) «Friede sei mit euch». – 4. (F) «Die Liebe höret nimmer auf». – 5. (As) «Wachet und betet».

Abendmahlsgerät

Zum Teil in der «Historischen Sammlung» des Archivs KG Predigern, zum Teil in Gebrauch: Vier Holzteller, zwölf Abendmahlsbecher aus Holz, gedrechselt. – 13 Zinnkannen. – 15 Abendmahlsbecher, versilberte Kannen.

Opferstöcke

In der «Historischen Sammlung» des Archivs KG Predigern: Opferstock aus Holz mit Eisenbeschlägen und Schlüssel. – Opferstock aus Eisen, mit Schlüssel.

Grabplatten aus der Zeit nach der Reformation

In der Predigerkirche liessen sich nach der Reformation zahlreiche Angehörige führender Familien – darunter auffallend viele Hirzel – bestatten, aber auch die Pfarrer der Predigerkirche, Kirchenpfleger und Spitalmeister.[246] Unter den Grabinschriften, die DAVID VON MOOS 1780 publizierte, findet sich auch diejenige für den Maler DIETRICH MEYER († 1658).[247] 1916 wurden 64 Grabsteine im Chor der Kirche gefunden.[248]

Westwand der Kirche, innen. Klassizistisches Epitaph für Johann Heinrich Von Orelli, Bürgermeister (1715–

293
Predigerkirche. Taufstein von 1613. – Text oben.

*294
Predigerkirche. Blick gegen Westen mit der 1877 erweiterten Empore und der Orgel. Foto 1892. – Text S. 284.*

1785), und seine Gattin (1723–1785). Deutsche Frakturschrift, darunter das Wappen (Monat und Tag des Ablebens nicht angegeben).[249]

Im SLM. Grabsteine (wohl aus dem Kirchenschiff): – 1. Frau Barbara Müller, Herrn Hans Jacob Scheuchzers Spitalmeisters und Kirchenpflegers eheliche Gattin, † 7. Febr. 1668 (185×107 cm). – 2. Frau Elisabeth Blaarer, Gattin des Junker Johann Rudolf von Wellenberg, † 23. Juli 1676 (196×106 cm). – 3. Herr Beat Högger, des Rats und Zunftmeister, † 1680 (154×106 cm). – 4. Herr Johann Jacob Scheuchzer, Stadtarzt, † 2. März 1688; auf dem gleichen Grabstein Widmung für die am 20. Febr. 1707 verstorbene Schwiegertochter Anna Magdalena Schinz (185×93 cm). – 5. Frau Judith Steiner, Gattin des Junkers Lieutnant Johann Heinrich Wellenberg von Wellenberg, † 7. Okt. 1689 (196×106 cm). – 6. Junker Leutnant Hans Heinrich Von Wellenberg, † 5. Jan. 1695, als Letzter seines Stamms (180×93 cm). – 7. Frau Ursula Lavater, Gattin des Stiftsschreibers Johann Ludwig Keller, † 21. Dez. 1703 (192×93 cm).

DER FRIEDHOF NACH DER REFORMATION

Nachdem 1541 ein Teil des Friedhofs dem Spital zugewiesen worden war (S. 294ff.), fanden Massnahmen auf dem «bredier kilchhof» im Vorfeld und während des Umbaus der Predigerkirche ab 1605 statt. Die über das städtische Bauamt laufenden Rechnungen zeigen, dass damals das grössere und das «andere» Kirchhoftor vom Schlosser beschlagen wurden[250] und dass man die Umfassungsmauer wahrscheinlich vollständig neu fundamentierte, wieder aufbaute und mit einem flachen Ziegeldach abdeckte.[251] Für die Torpfosten beider Tore bezahlte das Bauamt die «gmeinen meisteren steinmetzen» und ihre Gesellen, die Zahlungen für die Schreinerarbeit betrugen 22 Pfund.[252] 1847 wurde der Friedhof aufgelöst.[253]

DOKUMENTATION PREDIGERKLOSTER

Gedruckte Schriftquellen

Zahlreiche Nennungen des Konvents und einzelner Konventsangehöriger in den UBZ. Die im Druck erschienenen Chroniken gehen durchwegs auf die erste Niederlassung eines Bettelordens in der Stadt und auf die Rolle der Prediger während des Interdikts ein.

Ungedruckte Schriftquellen

StAZH. Die das Predigerkloster betreffenden Archivalien sind heute Teil des Archivs des Spitals. Entsprechend finden sich die Urkunden unter der Signatur StAZH, C II 18, die Bücher unter StAZH, H I (z.B. Kirchenörter: H I 214 und 215: Verzeichnisse der Kirchenörter 1754 und 1789) und die Akten unter StAZH, H II.
Nach der Reformation produzierte auch die städtische Verwaltung Schrifttum zu den Bauten des ehemaligen Klosters. So zeichnen sich die Baumassnahmen in Rechnungen des Bauamts und des Seckelamts ab (StAZH, F III 4 und StAZH, F III 32). Die Diskussion um Umbau und Ausführung 1609–1614 widerspiegelt sich in StAZH, E I 30, Fasz. 158.

ZBZ. In der ZBZ finden sich Spuren von Handschriften aus dem Predigerkloster: ZBZ, Ms. C 140: Psalmenhandschrift, um 1270. Vgl. Umfeld: KESSLER/SAUER 2002.

Archiv KG Predigern. Im Kirchgemeindearchiv Predigern liegen schwergewichtig Schriftquellen des 19. und 20. Jahrhunderts, teilweise reichen die Bestände aber bis ins 17. Jahrhundert zurück.
Bauten, Renovationen (19. Jahrhundert). II B 6b 1) a; II B 6b 1) e 1 und 2; II B 6.b. 7 i-l. – *Bestuhlung, Kirchenörter.* II A 1 a–c und 8 Kirchenörter, Akten (1682–1796); II B 6 b 5 Kirchenörter, Akten (1817). IV A 2–5 Urbarien der Kirchenörter (1731, 1793) sowie diverse undatierte Bestuhlungspläne ebd., Pläne V 2 Planschrank, Predigerkirche, Mappe 2: Kirchenörter, Bestuhlung. – *Orgel.* II B 6.b. 7 Orgel a) Orgelbau 1874–1880. – *Glocken.* II B 6 b. 3 Glocken. – *Turmuhr.* II B 6 b. 8). – *Friedhof.* II B.6 a. Friedhof (1801); a.4, 5 (1831–1842).

Grundlegende Literatur (Auswahl)

BLUNTSCHLI 1711, S. 183. – BLUNTSCHLI 1742, S. 324–327. – VOGEL 1841, S. 497f. – NÜSCHELER 1873, S. 447–450. – VÖGELIN/NÜSCHELER/VÖGELIN 1878, S. 428–440. – ESCHER, KdmZH 1939, S. 207. – HÜBSCHER 1957, S. 11–25. – WEHRLI-JOHNS 1980. – WEHRLI-JOHNS 1987. – GILOMEN 1995, S. 49–54. – DÖRNER 1996, S. 61–64, 324, 347–352. – WEHRLI-JOHNS 1999, S. 466–501. – WILD 1999 (mit einem ausführlichen Verzeichnis der Quellen und der älteren Literatur, S. 316–323). – Bettelorden, Bruderschaften und Beginen 2002. – WILD 2002. – WILD/JÄGGIN 2004.

Bibliothek, Skriptorium

BODMER 1976, S. 61–65. – RIEGER 1986 (1939), S. 167–186. – GERMANN 1989, S. 11. – GERMANN 1994, S. 155–157. – KESSLER/SAUER 2002. – WEHRLI-JOHNS 2002.

Architektur- und Baugeschichte

FURTTENBACH 1649. – ASA 1882, Nr. 2, April, S. 283f. (Verdingbrief Wettingen, CASTELLI/MARZIANO). – FIETZ 1917. – ESCHER/FIETZ 1919. – ESCHER, KdmZH 1939. – LARGIADÈR 1941 Grabplatte. – MEERSSEMAN 1946. – REINLE 1956. – GERMANN 1963. – FRIEDRICH/SCHÄFER/SENNHAUSER 1966. – JAKOB 1969. – MOREL 1972. – BZD 1975/76. – HIPP 1979. – REINLE 1987. – FREIVOGEL 1989. – RUOFF 1989. – SENNHAUSER 1990/1. – SENNHAUSER 1990/2. – JACOBSEN/SCHAEFER/SENNHAUSER 1991. – HOEGGER, KdmAG 1998. – SCHENKLUHN 2000. – UNTERMANN 2000. – MÜLLER 2001. – MÜLLER 2002. – DECŒUDRES 2003. – MORATH-FROMM 2003.

Bilddokumente

Undatiert Anonymus. Blick von Norden auf den Chor und den Ostflügel des Predigerklosters. Aquarell (ZBZ, Handschriftensammlung, Ms I 193, bei S. 28).
Um 1540 Anonymus. Zürich von Westen. Holzschnitt, koloriert, H. 9,5, B. 32 cm, um 1540 (Lit.: MATHIS 1979, S. 15f., Abb. S. 53, Nr. 1).
1545 Anonymus. Megalopolis, Zürich von Westen. Holzschnitt.
1547 STUMPF, JOHANNES (1500–1577). Zürich von Westen. Holzschnitt, H. 13, B. 16,5 cm (ZBZ, GrafSlg, aus: Johannes Stumpfs Schweizer Chronik. Lit: MATHIS 1979, Tf. 4, Kat.-Nr. 2).
1556 GESSNER, ANDREAS (1513–1559). Wandkalender mit Ostansicht von Zürich. Holzschnitt, zweifarbig, H. 11,5, B. 31,5 cm, 1556 (ZBZ, GrafSlg).
1576 MURER.
1576 SIMLER, JOSIAS (1530–1576). Zürich von Westen aus JOSIAS SIMMLERS «Regiment». Holzschnitt, H. 11,5, B. 14,5 cm. (ZBZ, GrafSlg. Lit: MATHIS 1979, Abb. S. 63, Nr. 12).
1588 MURER, CHRISTOPH (1558–1614) Contrafactur der Statt Zürich. Holzschnitt, H. 18, B. 38,5 cm (ZBZ, Graf Slg. Lit: MATHIS 1979, Tf. 11, Kat.-Nr. 18 A).
1638 MERIAN.
1646 MEYER, CONRAD (1618–1689): Frühling, Zürich von Norden. Neujahrsblatt der Burgerbibliothek 1646 (ZBZ, GrafSlg).
1686 ZIEGLER, ADRIAN (1620–1693). Zürich von Westen (ZBZ, GrafSlg. Lit: MATHIS 1979, S. 28, Abb. S. 93, Nr. 37).
1691 MEYER, JOHANNES d.J. (1655–1712). Der alte Spital beim Prediger. Feder, laviert, H. 12,5, B. 12,5 cm (KH, Z. Inv. A.B. 1406).
1691 MEYER, JOHANNES d.J. (1655–1712). Ansicht des Predigerplatzes von Westen. Feder, gehöht, sign. «Joh Meÿerf. 1691» (KH, XI 15; BAZ 8997).
1696 MORF, JOHANN KASPAR (1669–1706). Zürich von

Westen auf dem Regimentskalender von 1696 und 1717. Kupferstich, B. 40 cm, 1696 (ZBZ, GrafSlg. Lit: MATHIS 1979, S. 28f., Abb. S. 95, Nr. 38).

Um 1700 ESCHER.

Um 1700 FÜSSLI, MELCHIOR. Ansicht der Predigerkirche von Süden. Radierung, um 1700 (BAZ, Format I, Repro BAZ 21807).

1711 FÜSSLI, MELCHIOR. Ansicht der Predigerkirche von Süden. Kupferstich (in: BLUNTSCHLI 1711, S. 183). (BAZ, Format I, Repro BAZ 21807).

Um 1730 ULINGER, JOHANN CASPAR (1704–1768). «Prospect von dem Unteren Hirschen Graben zu Zürich». Undatiert. Feder, laviert, H.32,9, B. 52 cm (ZBZ, GrafSlg, STF XXI, 7).

Um 1738 ULINGER.

1751 HERRLIBERGER, DAVID. Blick in das Innere der Predigerkirche mit Kanzelwand und Taufstein, aus: Kurtze Beschreibung der gottesdienstlichen Gebräuche, Zürich 1751. Kupferstich (ZBZ, GrafSlg).

1822 KELLER, AMALIE. Westfassade der Predigerkirche. Aquarell (ZBZ, GrafSlg F 1 Predigerkirche I 7).

1827 HEGI, FRANZ (1774–1850). Die Predigerkirche in Zürich mit der alten Stadtmauer. Aquatinta, koloriert, H. 26, B. 21 cm, vor 1827 (ZBZ, GrafSlg, F1 Zürich Predigerkirche I, 4/PP A3).

1837 ARTER, JULIUS (1797–1839). Zürcherische Altertümer: «Chor der Predigerkirche» (BAZ. Lit: ARTER/VÖGELIN 1874, Tf.35).

1837 ARTER, JULIUS. Zürcherische Altertümer: «Kreuzgang. bey den Dominicanern» (BAZ. Lit: ARTER/VÖGELIN 1874, Tf.40).

1837 ARTER, JULIUS. Zürcherische Altertümer: «Predigerkirche» (BAZ. Lit: ARTER/VÖGELIN 1874, Tf.35).

1837 ARTER, JULIUS. Zürcherische Altertümer: «Schlußsteine» des Predigerchors (BAZ. Lit: ARTER/VÖGELIN 1874, Tf.37).

1837 ARTER, JULIUS. Zürcherische Altertümer: «Seitenhalle. Dominikaner-Kirche» (BAZ. Lit: ARTER/VÖGELIN 1874, Tf.38).

1837 ARTER, JULIUS. Zürcherische Altertümer: St. Nikolauscapelle (BAZ. Lit: ARTER/VÖGELIN 1874, Tf.39).

Um 1840 HEGI, FRANZ. Die Predigerkirche vom Künstlergut aus. Sepia, H.20,6, B. 16,4 cm, signiert «F. Hegi del.» (KH, M 14 Blatt 39).

1871 WERDMÜLLER, JOHANN CONRAD (1819–1892). Predigerkloster, Blick über den Kreuzgarten Richtung Südosten (ZBZ, GrafSlg).

1877 WERDMÜLLER, JOHANN CONRAD. Blick von Osten in den Nordflügel des Kreuzgangs. Tuschzeichnung (ZBZ, GrafSlg).

Vor 1875 Anonymus. Langhaus der Predigerkirche von Süden. Feder, laviert (ZBZ, GrafSlg, F 1 Zürcher Predigerquartier I 14).

1877 NIERIKER, J. Blick durch die nördlichste Arkade des Ostflügels des Predigerkreuzgangs auf den Westflügel des Konvents. Bleistift, signiert: «J. Nieriker Mai 1877» (ZBZ, GrafSlg. Predigerkreuzgang I 6).

Vor 1878 Anonymus. «Zürich vom Polytechnikum aus, Hirschengraben mit Messbuden (abgeschafft 1878)». Im Mittelgrund rechts das ehemalige Predigerkloster. Foto, H.13,8, B. 18 cm (ZBZ, GrafSlg, 1a ZH mit Üetliberg I, 20).

1879 NIERIKER, J. Blick aus dem Westende des Nordflügels des Predigerkreuzgangs gegen Südosten. Bleistift, signiert «J. Nieriker 28. Apr. 1879» (ZBZ, GrafSlg. Predigerkreuzgang I 5).

Plandokumente

1784 MÜLLER.

1820 BLUNTSCHLI.

1879 Hochbaubureau der Stadt Zürich. Konvolut von fünf Plänen: a) Kreuzgang im Predigerhof, b) Schnitt durch den Kreuzgangnordflügel, c) gotische Dreierarkade und Pforte im Nordflügel, d) gotische Dreierarkade mit Pforte im Ostflügel, e) romanische Viererarkade des Südflügels. Feder laviert, 1:100, 1879 (BAZ, Plan J 18).

DAS HEILIGGEIST-SPITAL

DAS SPITAL BIS ZUR REFORMATION

Vor 1200   Stiftung durch Herzog von Zähringen (?).
1204   Päpstliches Schutzprivileg.
Um 1260   Kapelle erwähnt.
1524   Reformation. Die Konventbauten des Predigerklosters werden zum Spital geschlagen.

LAGE
(Abb. 295)

Als Fremdenspital war das Heiliggeist-Spital auf die heutige Niederdorfstrasse als ehemalige Durchgangsstrasse ausgerichtet. Vor der Reformation belegte es einen Bereich, der heute etwa demjenigen zwischen Brunngasse, Zähringerplatz, Preyergasse und Hirschenplatz entspräche.

Nach der Reformation wurden dem Spital der ganze Komplex des Predigerklosters und die Gebäude des kleinen Konvents St. Verena an der Froschaugasse zugeschlagen, so dass sich das Spitalareal bis ins 19. Jahrhundert zwischen der heutigen Gräbligasse, der Niederdorfstrasse (bzw. dem Hirschenplatz) bis an die Häuserzeile am Seilergraben und den Predigerplatz ausdehnte. Nach dem Abbruch der Spitalgebäude entstand im Rahmen des Projekts «Zähringerdurchbruch» an deren Stelle eine gänzlich neue Quartierstruktur. An die Vorgeschichte des Quartiers erinnert nur noch der Name der Spitalgasse.

DAS SPITAL UND SEINE FUNKTIONEN

Spitäler, vom 4. Jahrhundert an im byzantinischen Reich als Fürsorgeinstitutionen bezeugt, existieren im Gebiet der Schweiz seit dem 8. Jahrhundert. Die meisten entstanden hier seit dem 12. und vor allem im 13. Jahrhundert. Ursprünglich rein kirchlichen Charakters, waren sie primär Einrichtungen für Bedürftige und Pilger («hospitale pauperum et peregrinorum»).[1] Arme, Alte, Obdachlose, Waisen, Krüppel, Bettler, mittellose Schwangere zur Zeit der Niederkunft und auch mittellose Kranke wurden kurzfristig aufgenommen und gepflegt. 1323 wurde die Aufnahme der Armen ein erstes Mal eingeschränkt (siehe unten). Für die so genannten «Irren» war schon in den alten Spitalgebäuden ein Verlies eingerichtet worden.[2] Im späten Mittelalter – im Fall des Zürcher Spitals im Verlauf des 15. Jahrhunderts – erhielten die Spitäler ausserdem die Funktion von Altersheimen.

Neben diesen Spitälern entstanden im Hochmittelalter Krankenanstalten im engeren Sinne, Sonderspitäler für Leprose, später für Pestkranke und Syphilitiker. Diese Entwicklung führte auch in Zürich[3] zur Entstehung einer «Spitallandschaft», zu der vor der Reformation neben dem Heiliggeist-Spital die beiden Siechenhäuser St. Moritz und St. Jakob,[4] das Sakramentshaus im Kratz[5] und die Elendenherberge an der Leuengasse gehörten.

Zum Predigerkloster bestand eine noch ungeklärte Verbindung. Sie äusserte sich etwa darin, dass das Kloster wahrscheinlich vorübergehend Kranke aufnahm (siehe unten), oder in einem 1504 zwischen dem Spitalkaplan und den Dominikanern beziehungsweise dem Grossmünster abgeschlossenen Vertrag über die Verteilung der bei Begräbnissen anfallenden Opfergaben.[6]

GRÜNDUNG

Die Gründung des Zürcher Heiliggeist-Spitals dürfte in die Jahre vor 1200 fallen, tritt schriftlich aber erst mit dem Schutzprivileg von Papst Innozenz III. vom 13. März 1204 in Erscheinung.[7] Als Gründer kommen Berthold IV. und Berthold V. von Zähringen in Betracht, die beide im letzten Viertel des 12. Jahrhunderts persönlich in Zürich anwesend waren.[8] Wie andere Spitalgründungen des 12. und 13. Jahrhunderts trug auch diese Stiftung Züge eines Seelgeräts («hospitale, quod [...] pro suo peccatorum remedio fabricavit»).[9]

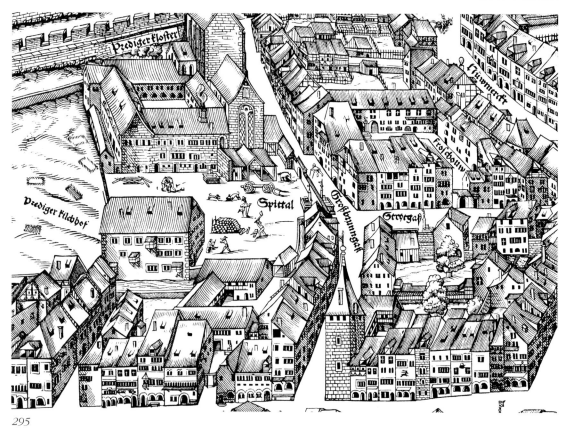

*295
Das vorreformatorische Spital lag südwestlich des Predigerklosters und westlich des Wolfbachs. Es war von der Niederdorfstrasse her erschlossen. Leicht links von der Bildmittelachse, vom unteren Bildrand leicht abgesetzt, ist ein Tor zu erkennen, über das man auf den Mushafenplatz gelangte, also in den äusseren Bereich des Spitals. Der Kern des vorreformatorischen Spitals lag wohl am Wolfbach und präsentierte sich am Vorabend der Reformation als gegen Süden geöffnete, U-förmige Baugruppe hinter der östlichen Häuserzeile der Niederdorfstrasse. Ausschnitt aus BD 1576 Murer. – Text S. 288.*

Das Spital war eine geistliche, bruderschaftlich organisierte Einrichtung, ein «locus pius»;[10] den erwähnten päpstlichen Schutz erbaten 1204 ein Prior und Brüder («prior et fratres»), die später unter der Bezeichnung «magister et fratres hospitalis pauperum» erscheinen.[11]

DAS HEILIGGEIST-SPITAL IM STÄDTISCHEN KONTEXT

Bis um 1300 waren die meisten Spitäler Klöstern, Orden oder dem höheren Klerus unterstellt, später war dies nur noch ausnahmsweise der Fall. Auf dem Konzil von Vienne 1324 erliess Papst Clemens V. ein Dekretale (»Quia contigit»), wonach Spitäler nicht mehr als Pfründen verliehen werden durften und die Leitung der Institution vorzugsweise an kommunale Behörden übertragen werden sollte, um das Stiftungsvermögen zu schützen.

In Zürich setzte diese Kommunalisierung früh ein. Schon 1253 erscheinen städtische «administratores» (Pfleger, auch «procuratores», «phlegerra»), deren Zahl zwischen einem und vieren schwankte. Sie verwalteten das Spitalvermögen.[12] Seit 1279 wird zudem ein von der Stadt ernannter Spitalmeister erwähnt,[13] der ursprünglich wohl für das Wohlergehen der Brüder im Spital zuständig war. Zur Zeit der Reformation war er dem Pfleger unterstellt.

Die Unterstützung des Spitals durch die Stadt äusserte sich 1302 in der Stiftung einer Pfrund für die Spitalkapelle, 1314 in der Bestimmung, dass bezahlte Bussen ans Spital gehen mussten.[14] Dadurch

296
Ehemaliges Predigerkloster und Spitalamt. Blick über den Predigerfriedhof auf den gotischen Chor. Zwischen diesem und dem Ostflügel des ehemaligen Klosters (rechts der Bildmitte) ist der steile Giebel des nördlichen Querschiffs sichtbar. BD Werdmüller 1871.

und durch das zunehmende Engagement von Bürgern war die Institution schon um die Wende zum 14. Jahrhundert zum bürgerlichen Pflegschaftsspital[15] geworden, unterstützt und sanktioniert von kaiserlichen und päpstlichen Privilegien. Es war Versorgungsanstalt und Wohltätigkeitsinstitut – der Aspekt der Krankenpflege figurierte erst an dritter Stelle.

Vertreten durch die Pfleger, trat das Spital, das aufgrund von Stiftungen und Verpfründungen im Besitz eines beachtlichen Vermögens war, als eigenständig handelnde Körperschaft auf. Nach dem Tod des Bürgermeisters Rudolf Brun 1360 erwarb es von dessen Familie die so genannte Äbtissinnenwiese zwischen Altstetten und Albisrieden, auf der der Kirchensatz von St. Peter (Kollatur und Zehnt-

rechte) lag.[16] 1378 wandten sich die Spitalpfleger an Papst Urban IV. mit der Bitte um die Inkorporation der Kirche. Sie klagten darüber, dass sie in ihren Einkünften durch «Tyrannen» und «Räuber» beeinträchtigt würden und wegen der Verluste nur noch 20 von 130 Armen und Elenden, die das Spital beherbergte, verköstigen könnten. Nach mühsamem Hin und Her fand die Inkorporation von St. Peter gegen den Widerstand des dortigen Pfarrers 1379 statt.[17] Bis zur Reformation fielen dem Spital die entsprechenden Einkünfte uneingeschränkt zu.

Schon früh scheint der Rat beim Entscheid, wer ins Spital aufgenommen wurde, interveniert zu haben. 1323 schränkte er in einer Übereinkunft mit den Bürgern die Zahl der Aufzunehmenden ein:

nur noch arme, kranke und sieche Menschen, die sich selber nicht mehr mit Almosenbetteln erhalten konnten, sollten eintreten dürfen. Diese Regel galt bis ins 16. Jahrhundert. In welchem Ausmass allerdings der Rat bis zur Einrichtung der so genannten «Gschau» nach der Reformation (siehe unten) selber die Einweisung der Kranken in das Spital oder in eine der anderen Institutionen vornahm, ist bislang nicht geklärt.

STIFTUNGEN AN DAS SPITAL

In der wechselvollen Geschichte der Fürsorge für Körper und Seele war das Mittelalter einerseits eine Zeit, in der sich «cura corporalis» und «cura animae» wie selbstverständlich berührten.[18] Andererseits begann sich das integrale Verständnis der Einheit von Körper und Seele mit der zunehmenden Professionalisierung der Medizin auch aufzulösen. Jahrzeitstiftungen waren sozusagen die Gefässe, in denen beides wieder zusammenkam. Sie dienten dem Seelenheil des Stifters und eines weiteren Personenkreises und enthielten gleichzeitig Bestimmungen zugunsten des Spitals, der Leprosorien St. Jakob und St. Moritz sowie für andere Dienste an Kranken, wie etwa für die Begleitung Sterbender. Auch in Zürich wurden diese Stiftungen, in denen der Stifter das persönliche Engagement für die Kranken an die Institution delegierte, zur tragenden Grundlage des Spitalbetriebs.[19] Die erste Reihe bekannter Stiftungen setzte um die Mitte des 13. Jahrhunderts ein – abgesehen natürlich von der Stiftung des Spitals selbst, das der Herzog von Zähringen für ihr Seelenheil errichtet hatte.[20] Rudolf Gebi und seine Frau vergaben 1253 zu ihrem und ihrer Verwandten Seelenheil eine Mühle mit zugehörigem Acker und Weinberg, die sie vom Grossmünster zu Erblehen besassen, den «Brüdern und erbarmungswürdigen Personen» des Spitals.[21] Unter den bis Ende des 13. Jahrhunderts auftretenden Stiftern figurieren die Grossmünster-Chorherren KONRAD VON MURE (1263)[22] und Rudolf Bürgler (1266),[23] der Zürcher Bürger Heinrich Sulzeli (1273),[24] Heinricus Sender (1274)[25], Burkhard der Löwe (1290)[26] und Hugo Maness und seine Frau.[27] Da sie neben dem Spital auch andere Institutionen bedachten, waren die Pfleger für den korrekten Vollzug der Stiftung verpflichtet.[28]

Die Mehrzahl der nach 1300 erfolgten Stiftungen ging von Bürgern der Stadt aus, auch von Frauen,[29] wobei der Umfang der Vergabungen nicht in jedem Fall von einem grossen Engagement der Stifter zeugt. Der veränderte Charakter des Spitals als Verpfründungsanstalt trug ab 1500 zum Rückgang der Stiftungen bei.

Die Spitalgemeinschaft

Vom 14. Jahrhundert an bis 1833 setzte sich die Gemeinschaft derer, die im Spital lebten, aus den Insassen auf der einen und dem Spitalmeister und seiner Ehefrau sowie deren Angestellten auf der anderen Seite zusammen.

Die Insassen

Die Insassen lassen sich bis zur Reformation grob in zwei Kategorien einteilen: Arme und Kranke, die sich selber nicht mehr mit Almosenbetteln erhalten konnten, und Pfründner, die ihre Aufnahme meist auf Lebzeiten mit einer Stiftung oder – seltener – mit einer Zahlung erkauften. Die Pfründner konnten mit den Spitalpflegern und Spitalmeistern bei Rechtshandlungen in Erscheinung treten. Sie brachten bei ihrem Eintritt meist einen Teil ihrer Fahrhabe mit.

Im Gegensatz zu den Pfründnern wurden die Dürftigen zwar unentgeltlich aufgenommen, der Nachweis der Bedürftigkeit musste aber gegeben sein und ein gewisses moralisches Niveau stets gehalten werden. 1384 erhielt das Spital das Recht, die im Spital Verstorbenen zu beerben. Das Ausmass dieses Anspruchs, der vor allem im Fall der wohlhabenden Pfründner interessant war, musste allerdings vor dem Eintritt eines Pfründners geregelt sein und wurde dann im Pfrundvertrag festgehalten.

Die Krankenpflege

Bevor 1513 ein «Spitalscherer» (Wundarzt) erwähnt wird, gibt es in den Quellen zum Spital keine Hinweise auf ärztliche Betreuung der Insassen. Um Krankheiten einzugrenzen, wurden Kranke in die «Siechstube» verlegt. Nach einem in der Chronistik überlieferten Brand 1501 sollen vorübergehend Epileptiker («morbo caduco praeventi») im Predigerkloster aufgenommen worden sein. Noch unbekannt ist, welchen Beitrag die Frauen des benachbarten Klosters St. Verena, die dem Predigerkloster angeschlossenen Beginen im Willig-Armen-Haus (Grimmenturm) oder die Begarden an der Brunngasse und im Niederdorf an die Krankenpflege leisteten.

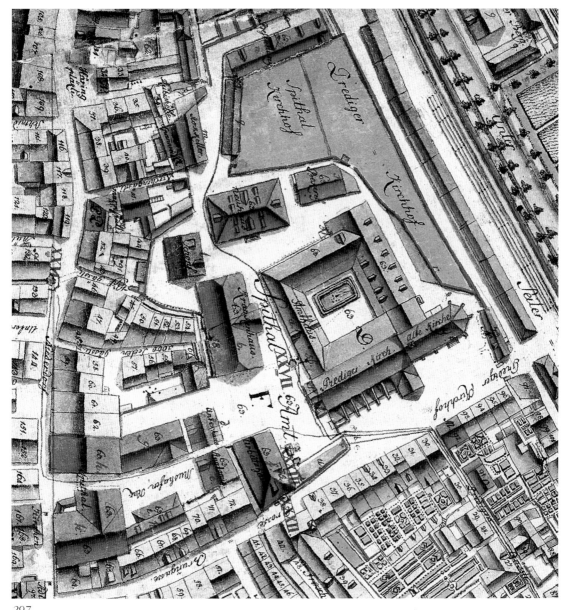

297
Ehemaliges Predigerkloster und Spitalamt. Die Spitalgebäude lagen nördlich und westlich L-förmig um das ehemalige Kloster. Südlich der Predigerkirche mit kleinteiligen Strukturen das ehemalige Beginenquartier, das gegen Südwesten durch den Winkelhakenbau des ehemaligen Klosters St. Verena (Froschau) abgeschlossen wird. Ausschnitt aus dem Stadtplan PD 1784–1793 Müller.

DIE SPITALBAUTEN

Genaue Lage und Gestalt des ersten Spitals («domus hospitalis»)[30] sind nicht bekannt.[31] Sicher befand es sich zwischen Wolfbach und Niederdorfstrasse, von der her es erschlossen war. Dies dürften bereits die Erwähnungen im Liber Ordinarius des Grossmünsters um 1260 nahe legen, sicher die Quellen seit dem 15. Jahrhundert über den Erwerb weiterer Liegenschaften an der Niederdorfstrasse. Mit den Liegenschaftskäufen – darunter «Lossers Haus» vor 1470 – wurde Raum für die zunehmende

Zahl von Pfründnern geschaffen.³² Die 1505 in den Seckelamtsrechnungen erscheinende hohe Summe von 2000 Pfund als städtischer Beitrag an ein Bauvorhaben im Spital kann nicht genauer verortet werden. Vielleicht handelt es sich um einen Neubau der alten Spitalgebäude.³³ Zwei Jahre später tritt in derselben Quelle ein eigener Baumeister auf, an den grössere Beträge ausgerichtet werden.³⁴ Auf einen Neubau um diese Zeit könnten jene Quellen hinweisen, die 1525 vom «alten» Spital sprechen.³⁵

BD 1576 MURER zeigt das Spitalareal mit dem Portal in der Mauer, die rechts an die Spitalkapelle, links an Lossers Haus anschloss, und weiter das «alte» Spital, zurückgesetzt und traufständig zur Niederdorfstrasse als Zentrum der Anlage. Auf der Rückseite, gegen den Wolfbach im Osten, befand sich ein Wirtschaftshof mit Ökonomiebauten.

SPITALKAPELLE

Zur Ausstattung eines Spitals als «locus pius» gehörte zumindest eine Altarstelle, wenn nicht sogar ein Altar in einer eigenen Kapelle.³⁶ Der um 1260 redigierte Liber Ordinarius des Grossmünsters erwähnt die Kapelle. Beim Eintrag zu ihrem Dedikationsfest, das am 30. Mai im Grossmünster begangen wurde («Dedicatio capelle hospitalis pauperum in Thurego»³⁷), könnte es sich vielleicht um einen Nachtrag handeln,³⁸ nicht aber bei der Erwähnung anlässlich der Prozession vom Grossmünster in die Spitalkapelle am 25. April im Rahmen der Bitttage nach Ostern («POST SEXTAM AD PROCESSIONEM. Que solet fieri ad capellam Hospitalis intra muros»³⁹). Nachdem dort eine Messe gelesen wurde, rief man bei der Rückkehr am Ausgang der Kapelle den hl. Felix an («AD EXITUM CAPELLE Sancte Felix ora pro nobis ad dominum»⁴⁰). Die Wendung «AD EXITUM CAPELLE» setzt zumindest einen eigenen Raum, wenn nicht einen eigenen Bau voraus. 1275 erwähnt ein vom Bischof von Trient ausgestellter Ablass die «capella Hospitalis intra muros» ebenfalls.⁴¹

1276 legierte der Chorherr Hugo Wolfleibsch dem Spital 5 Pfund, um Güter zur Ausstattung einer Priesterpfründe im Spital zu kaufen. Drei Jahre später liess sich das Spital die eigene Kaplanei päpstlich bewilligen.⁴² 1302 stiftete die Stadt («viri providi et honesti […] consules et universitas civium») 100 Mark zur Dotierung der Pfründe, deren Kollatur beim Grossmünster lag. Der Kaplan, den jeweils die Stadt präsentierte, musste täglich im Spital eine Messe lesen und daneben an den Chorgebeten im Grossmünster teilnehmen. Die Sakramente durfte er nur Schwachen und Kranken spenden; die Pfründner und die «familia hospitalis» wurden vom Grossmünster betreut.⁴³ Das Pfrundhaus lag bis ins 16. Jahrhundert an der Heyersgasse, danach gegenüber dem Spital (Niederdorfstrasse 9 / Rosengasse 10).⁴⁴

Da die Kapelle gemäss der städtischen Stiftung von 1302 primär jenen diente, die nicht in der Lage waren, die Messe in der Pfarrkirche zu besuchen, brauchte sie nicht besonders gross zu sein. Allerdings wurden darin bereits 1311/1315 auch Jahrzeitfeiern für Leute abgehalten, die nicht im Spital verstorben waren. Dies und der Umstand, dass im frühen 16. Jahrhundert nur die Totenmessen für die wohlhabenderen Pfründner in der Predigerkirche stattfanden,⁴⁵ kann dahin gehend gedeutet werden, dass die Kapelle ein eigenständiger Bau war und ihre Funktion mit der Zeit über diejenige einer Spitalkapelle hinausreichte.⁴⁶

Wie die Spitalkapelle im Gefüge des mittelalterlichen Spitalbezirks situiert war, lässt sich nicht mit endgültiger Sicherheit erschliessen, da sie erstmals auf BD 1576 MURER, bereits stark umgestaltet, erscheint. Nach MURER war sie geostet und lag südwestlich des ersten Spitals, mit ihrer schmalen Westfassade war sie von der Niederdorfstrasse zurückgesetzt (vgl. Abb. 295). Ob sie mit ihrem Ostabschluss je in direktem baulichem Zusammenhang mit dem Spital gestanden hat, ist nicht zu klären. Nach der Überlieferung des 19. Jahrhunderts war sie zweigeschossig und beim Abbruch 1877 noch in den Hauptmauern erhalten.⁴⁷ Als 1810 im unteren Geschoss die Kantonsapotheke eingerichtet wurde, kam «ein Freskogemälde zum Vorschein, welches unter einem gothischen Bogen zwei Heilige mit dem Nimbus und daneben eine weibliche Person ohne solchen vorstellte, grösstentheils aber verwischt war».⁴⁸ Bei derselben Gelegenheit entdeckte man auch «eine grosse Zahl Todtengebeine».⁴⁹

FRIEDHOF

Weitere eindeutige Hinweise auf die Lage des zur Kapelle gehörenden Friedhofs gibt es nicht; er dürfte zwischen der Niederdorfstrasse und den alten Spitalbauten zu suchen sein. 1504 wurde dem Spital ein Teil des Predigerfriedhofs eingeräumt. Im

298
Der wichtigste Brunnen des vorreformatorischen Spitals war der 1240 erstmals fassbare, als Röhrenbrunnen bezeichnete «Züblibrunnen». Murer zeigt ihn als Doppelbrunnen östlich des Wolfbachs längs der Mauer, die das Spitalareal von der Brunngasse trennt. Auf der Innenseite der Spitalbrunnen, aussen der öffentliche Brunnen. Murer zeigt beide mit Stud und Steintrog. Ausschnitt aus BD 1576 Murer. – Text unten.

gleichen Jahr wurde auch ein Tor in die Klostermauer gesetzt, damit die Verstorbenen auf dem kürzesten Weg zum Friedhof getragen werden konnten.[50]

WASSERVERSORGUNG
(Abb. 298)

Das Spital konnte wahrscheinlich von Anfang an das Brauchwasser dem Wolfbach entnehmen. Ob es daneben eine eigene Trinkwasserversorgung gab, ist für die Frühzeit unbekannt. Der nächstgelegene Brunnen war der 1240 erstmals und 1307 wiederum als Röhrenbrunnen bezeichnete «Züblibrunnen» an der Brunngasse.[51] Er war bis zur Reformation allgemein zugänglich und lag an der Mauer des Predigerareals.

Die Entsorgung des Abwassers erfolgte wahrscheinlich schon im 12. Jahrhundert durch Kanäle, durch die bei Bedarf das Wasser des Wolfbachs ge-

leitet wurde. Die günstige Wasserversorgung wird 1551 dafür ausschlaggebend sein, dass der Spitalbetrieb nicht ins schlechter versorgte Oetenbachkloster verlegt wurde.[52]

SPITALMÜHLE

1253 kam im Rahmen einer bereits erwähnten Jahrzeitstiftung eine Mühle ans Spital, die mit der ersten Mühle auf dem unteren Mühlesteg identifiziert wurde.[53] Es ist aber nicht auszuschliessen, dass sich diese Mühle am Ufer befand. Die Umschreibung der Stiftung von 1253 als Mühle mit Äckern und Rebbergen («molendinum dictum quondam Rufi cum agris et vinea sibi attinentibus»)[54] legt nahe, dass sich das zugehörige Land von der Mühle an erstreckte. Zudem wurde die Mühle auf dem unteren Mühlesteg im Hochwasser des Jahrs 1343 zerstört – 1344 erscheint nur die leere Mühlehofstatt als Erblehen der Kommende Hohenrain –, während in den Statutenbüchern des Grossmünsters von 1346 weiterhin eine Mühle des Grossmünsters aufgeführt wird. Hier musste der Müller mit dem besseren Rad das Getreide für die Chorherren mahlen, mit dem anderen dasjenige für das Spital. Ihr Standort wird bei der Landmühle angegeben («prope molendinum dictum lantmuli»).[55] Die Statutenbücher sahen vielleicht aufgrund der Überschwemmung von 1343 vor, dass die Mühle, sollte sie wegen Baufälligkeit, Feuersbrunst oder Überschwemmung zerstört werden («si vetustate, incendio seu inundacione aquarum vel quavis alia causa destruitur»), durch die Spitalpfleger auf Kosten des Spitals wieder aufgebaut werden müsse.[56]

MARSTALL IM SPITAL 1519

1519 richtete die Stadt im Spitalareal einen obrigkeitlichen Marstall für vier Pferde ein. Dies ist sicher ein Ausdruck davon, dass die Stadt zu diesem Zeitpunkt das Spital als eine Institution betrachtete, über die sie verfügen konnte.[57]

DIE REFORMATION

Die Reformation änderte nichts am selbständigen Status des Spitals. Durch die Zuweisung verschiedener Güterkomplexe und Ansprüche wurde es

SPITAL UND EHEMALIGES PREDIGERKLOSTER NACH DER REFORMATION

1524	Übergang der Gebäude des aufgehobenen Predigerklosters an das Spital.
1551–1553	Bau der «Neuen Sammlung» und Verkauf der Bauten von St. Verena.
Um 1580	Bau des «Prestenbergs» (Unterhaus).
Um 1660/1670	Aufstockung der Konventgebäude.
1732	Brand des Mushafengebäudes.
1734/1736	Bau des «Neuhauses».
1741	Bau der Anatomie.
1793/94	Neubau des Unterhauses.
1816	Bau des Irrenhauses.
1833	Umbau/Neubau des Unterhauses als Gebäranstalt.
Ab 1837	Verlegung von Abteilungen ausserhalb der Stadt.
1873	Verkauf des Spitalkomplexes (23 Gebäude) durch den Kanton an die Stadt.
1875	Beginn der Abbrucharbeiten.
1887	Brand des Westflügels der ehemaligen Konventbauten.
1895	Abtragung des Nordflügels der ehemaligen Konventbauten.
1914–1917	Bau der Zentralbibliothek.
1990–1996	Neubau der Zentralbibliothek.

299
Vorreformatorisches Spital. Spitalsiegel von 1293. – Text unten.

jedoch auf eine sichere materielle Basis gestellt, in deren Zentrum die Gebäude und der Grundbesitz des Predigerklosters sowie die Gebäude von St.Verena standen.[58]

SIEGEL
(Abb. 299)

Spitalsiegel. Ältestes erhaltenes Spitalsiegel von 1293. Stark beschädigt, ursprünglich rundes Siegel. Bild: eine auf einem Kreuz liegende Schwurhand (Konsekrationskreuz). Umschrift «...TALIS.I...» (HOSPITALIS SIGILLUM).[59] Das Siegel hat sich in fast unveränderter Form mal grösser, mal kleiner erhalten, wobei die Umschrift teilweise modifiziert wurde.

Dasselbe Siegel wird ebenfalls vom Pfleger des Spitals von 1293 bis 1752 verwendet. Umschrift: «† S ◊ OSPITALIS ◊ DE ◊ TVREGO».[60]

Ab 1835 ist ein Papiersiegel fassbar. Auf einem von Voluten und schlichten Fruchtgehängen gefassten Schild ein Doppelkreuz.[61]

DIE NEUE SPITALLANDSCHAFT
(Abb. 300, 301)

Nach der Reformation übernahm die Stadt von den aufgehobenen Klöstern die gesamte Armenfürsorge, finanzierte sie aus ehemaligem Klosterbesitz und richtete in den Klosterbauten die entsprechenden Ämter ein.[62] Für das Heiliggeist-Spital bedeutete dieser Moment den Abschluss des Kommunalisierungsprozesses und die Neupositionierung in einer reorganisierten und erweiterten Spitallandschaft.

Als neue Basis erhielt das Spital neben dem erwähnten Besitz des Predigerklosters und den Bauten von St. Verena den mobilen Besitz der ehemaligen St.-Barbara-Kapelle vor dem Oberdorftor[63] sowie die Scheune des (1539/40 abgetragenen) Klosters Selnau. Trotz dieses materiellen Zugewinns überstiegen die Ausgaben zunächst die Einnahmen. Bereits 1528 musste eine Spitalordnung aufgestellt werden, nach deren wichtigsten Punkten «unnütze» Aufenthalter im Spital weggewiesen, die Einkaufssumme für die Pfründner angehoben und unrentabler Besitz verpachtet oder abgestossen wurde.[64]

Die Gebäude des Predigerklosters wurden umgenutzt: Die Kirche wurde profanisiert und zunächst als Trotte eingerichtet, in der Erträge der Weinberge des Spitalamtes verarbeitet werden konnten, die ehemaligen Konventsgebäude («Oberhaus», «Amthaus») nahmen die Wohnung des Spitalmeisters, die Kammern von Angestellten und die Räume zahlungsfähiger Pfründner auf. Wie beim Fraumünster oder im Oetenbachkloster schloss man wohl möglichst an vorherige Nutzungen an. Das ehemalige Kloster St. Verena (zunächst als «Unterhaus» oder – im Anschluss an seine vorreformatorische Funktion – als «Sammlung» bezeichnet) diente bis 1551 als eigentliches Krankenhaus für Pflegebedürftige. Im ehemaligen Dominikanerinnenkloster Oetenbach richtete die Stadt ein Blatternhaus[65] und in der Scheune des Klosters Selnau ein «Pestilenz-Haus» ein.[66] Die Elendenherberge an der Leuengasse wurde aufgehoben, ihre Funktion als «Bruderhaus» übernahm das alte Spitalgebäude.[67] Die dortige Küche («die alte kůchi jm spital») nahm 1587 den «Mushafen» auf.

Als 1551 die «Sammlung» in den Räumen von St. Verena baufällig war, erwog man den Bau eines neuen «Spitals» nicht nur auf dem Areal des alten, sondern auch im Oetenbachkloster, und wägte die Vor- und Nachteile der beiden Standorte gegeneinander ab. Zugunsten eines Neubaus beim Predigerkloster sprach primär die Lage am Wolfbach.[68]

Die nach 1551 folgenden Neu- und Ausbauten standen stets unter dem Motto, dass sie «zu des Patienten Hail, und nit zum Pracht, oder eigen nutz» geschähen.[69] Gesucht wurden nicht nur Möglichkeiten, mehr Menschen aufzunehmen, Personen

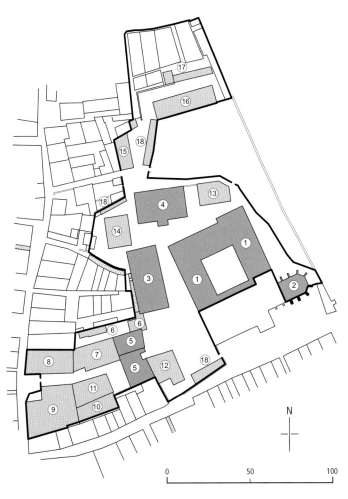

300
Schematische Umzeichnung des Spitalareals nach PD 1784 Müller. Umzeichnung Peter Albertin 2005. – 1 Amtshaus, Pfrundhaus (ehemaliger Predigerkonvent). – 2 Spitalkapelle im Predigerchor. – 3 «Sammlung» (neues Spital). – 4 Neuhaus. – 5 Unterhaus und Anatomie. – 6 Vorderer und Hinterer «Strauss». – 7 Trotte und Keller auf dem Mushafenplatz. – 8 Schütti und Keller beim «Strauss». – 9 Keller und Schütte, samt Bruder- und Wachtstube (Spitalkornschütte). Hier evtl. eine ehemalige Spitalkapelle. – 10 Schütte und Keller beim Mushafenplatz. – 11 Mushafen(platz). – 12 «Metzg» und Trotte (in PD 1784 Müller: Arbeitshaus). – 13 Bäckerei (Pfisterei). – 14 Wagenschopf. – 15 Keller und Schopf an der Kirchgasse. – 16 Stallungen. – 17 Brennerei und Kuttelküche. – 18 Holzbehälter.

Zu beachten ist, dass das Schiff der Predigerkirche bis 1609 als Trotte des Spitals diente, spätestens ab 1614 aber wieder als Kirche.

Grau: die als Spital, Pfrundhäuser und Verwaltungsgebäude dienenden Häuser. Hellgrau: die Wirtschaftsgebäude.

301
Blick aus Westen über das nördllich des ehemaligen Klosters gelegene Spitalareal. BD um 1740 Hagenbuch. Nummerierung vgl. Abb. 300. – Text S. 295ff.

mit ansteckenden Krankheiten in eigenen Räumen unterzubringen und sie nach Geschlecht zu trennen, sondern zunehmend auch – im Zug der Diskussion über Hygiene – der Gewinn von Raum und Luft.[70] 1793/94 erscheint zum ersten Mal bei der Planung zu einem Neubau des «Unterhauses» oder «Prestenbergs» das Argument, «die Gebäude des Spithals so viel möglich von den benachbarten Particular=Gebäuden [d.h. Privathäusern] zu entfernen».[71] Da es meist bei einem pragmatischen Vorgehen blieb, stand schliesslich im 19. Jahrhundert auf dem beachtlichen Spitalareal[72] ein Sammelsurium verschiedener Bauten. Dem Urteil sowohl fremder Besucher Zürichs als auch einheimischer Kritiker, wonach diese Bauten unansehnlich seien, während anderswo die Spitäler «als König= und Fürstliche Pallåst auf das kostlichste außgezieret weren», hielt HANS ESCHER 1689 ein Zitat entgegen, wonach man sich nicht verwundern dürfe, dass das Spital so schlecht aussehe. Es genüge, dass man die Armen als Arme unterhalte, und es sei nicht einzusehen, «daß man sie als Prinzen unterhalten und beherbergen müßte».[73]

Das erweiterte Spitalareal blieb auch nach der Reformation mit einer Mauer abgegrenzt, die es als eigenen Rechtsbezirk ausschied. Der Hauptzugang befand sich weiterhin an der Niederdorfstrasse. 1711 erhielt der Steinmetz RUDOLF WÄBER eine Zahlung von 41 Pfund für die Ausstattung eines Portals.[74]

Konzepte für die Krankenpflege

Aus den Anleitungen, welche HEINRICH BULLINGER (1504–1575) seinem Schwager, dem Spitalmeister Jörg Stadler (1510–1565), im Jahr 1558 zur Amtsführung gab, geht hervor, dass sich der Dienst an den Armen und Kranken auch nach der Reformation als Gottesdienst verstand.[75] Die Zuwendungen an das Spital standen teilweise noch in der Tradition frommer Stiftungen, teilweise entsprangen sie auch einem «moderneren» Gefühl der Mitverantwortung des einzelnen Bürgers für die Gesamtheit, «dem Wohlthunstriebe der hiesigen Bürgerschaft».[76] Auch die Vorstellungen von «Gesundheit» und «Krankheit» blieben zunächst die alten und beeinflussten weiterhin die Entscheidungen der «Gschau» (siehe unten).[77] Neu definiert wurden aber die Begriffe «Armut» und «Arbeit», was die unterstützungswürdigen Menschen auf Gebrechliche, Kranke und Alte beziehungsweise solche, die ihre Bedürftigkeit nicht selber verschuldet hatten, reduzierte. Wirklich neue Konzepte für eine Gesundheitspolitik entwickelten erst im 17./18. Jahrhundert die Vertreter der kameralis-

*302
Stammbaum der Zürcher Spitalpfleger von 1273 bis 1771. Öl auf Leinwand. Auftraggeber war 1676 der Spitalpfleger Johann Jakob Bodmer, Autor: «HVS». 1994 restauriert (SLM 2243; Wüthrich/Ruoss 1996, Nr. 235). – Text S. 282f.*

tischen Staatslehre und der medizinischen Wissenschaft.[78] Sie wirkten sich auf den Spitalbetrieb im Bau des Neuhauses (1733/1736) und der Anatomie (1741) aus.

Die «Gschau»

Anlässlich der «Gschau» wurde über die Aufnahme eines Patienten in das Spital entschieden. Neben der so genannten Sondersiechen- oder Kleinen «Gschau» für Lepröse und Syphilitiker, die vermutlich schon 1491 bestand,[79] gab es wohl seit 1551 die Grosse oder «Wundgschau». Das prüfende Gremium bestand aus Ärzten, Wundärzten, Mitgliedern des Rats, später auch der Spitalverwaltung und des Almosenamts. Die «Gschau» fand zuerst im Rathaus statt, ab 1580 im neu errichteten «Prestenberg» («Unterhaus»).[80] Seit 1683 übte die Wundgschau-Behörde gleichzeitig auch die Aufsicht über das medizinische Personal aus. Im ausgehenden 18. Jahrhundert befand sich die «Gschau=Stuben» im ersten Obergeschoss der «Sammlung».[81]

ORGANISATION

Verwaltungspersonal

(Abb. 302)

Die Aufsicht über das Spital nahmen drei vom Rat bestellte Pfleger (zwei Kleinräte und ein Grossrat) wahr, die sich monatlich einmal trafen. Ihnen unterstand der Spitalmeister,[82] der bis ins ausgehende 17. Jahrhundert sein Amt auf Lebzeiten ausübte und dem Kleinrat angehörte; später konnte er auch dem Grossrat angehören, und sein Amt war auf neun Jahre beschränkt.[83] Ab 1575 betrug sein Salär 100 Pfund, dazu kamen 20 Pfund für die Spitalmeisterin. Seit der Reformation wurden besondere Einsätze während Bauarbeiten, Epidemien etc. zusätzlich honoriert und machten das Amt zusammen mit anderen Vergünstigungen offenbar attraktiv.[84] Der Spitalmeister wohnte im Westflügel des ehemaligen Predigerklosters.

Die Arbeit des Spitalschreibers, dessen Amt ebenfalls bereits vor der Reformation belegt ist und zeitlich nicht beschränkt war, wuchs mit dem zunehmenden Spitalvermögen an.[85] Seine Schreibstube (1780: «Pfleger=oder Schreib=Stuben») lag ebenfalls im Westflügel.[86] Im Archiv in der «Sakristei» lagerte das umfangreiche Schriftgut zur Spitalverwaltung.[87] Aus der Feder des Spitalschreibers EBERHARD KESSELRING stammt eine der ersten Zusammenstellungen über die Geschichte des Spitals.[88]

1701 stellte JOHANN JACOB BODMER ein «Stam Bůch Der jenigen Ehren Geschlechteren so dem Spittal oder Gast Haus der Armen, loblicher Statt Zürich in der Pfleg= und Verwaltung vorgestanden […]» zusammen.[89] Aus ihm geht hervor, dass das Amt des Pflegers, zuerst nicht und dann nur bescheiden honoriert, als Ehrenamt galt und dass auch das gut dotierte Spitalmeisteramt begehrt war.[90] Dies zeigt auch BODMERS Stammbaum der Zürcher Pfleger von 1273–1676 (nachgeführt bis 1771),[91] der sich 1780 in der «Sacristey im Spithal» befand.[92] Spitalpfleger und die Spitalmeister liessen sich in der Regel in der Predigerkirche bestatten.

Mit dem Anwachsen des Grundbesitzes entwickelte sich der Wirtschaftsbetrieb des Spitals mit Mühle und Bäckerei, mit Metzg, Trotten und mehreren «Kornschütten», die zu ihrer Unterscheidung Namen des Sternkreises und der Jahreszeiten trugen.[93] Dem entsprach eine wachsende Zahl von Ämtern: Neben dem Baumeister, dem Kornmeister, dem Ober- und dem Untermüller sehen wir nun auch einen Ober- und den Unterpfister und weiterhin den Kellermeister.[94]

Ärzte, Pflegepersonal

Ans Spital waren beide Stadtärzte, der Mediziner («doctor», Stadtarzt) und der Chirurg (Stadtschnittarzt), verpflichtet. Daneben wirkte ein spitaleigener Wundarzt.[95] Der Stadtarzt behandelte nach 1551 die Kranken in der neu gebauten «Sammlung»,[96] wo er für Operationen den Stadtschnittarzt beizog. Von den Stadtärzten sei hier namentlich CONRAD GESSNER (1516–1565) erwähnt, der 1541 in Basel als Mediziner promovierte, zugleich aber ein anerkannter Gelehrter auf verschiedenen Gebieten, beispielsweise in Sprachwissenschaften, Pharmakologie, Zoologie und Botanik war. Gerade dafür kritisierte man GESSNER; man warf ihm vor, dass er ob seiner wissenschaftlichen Tätigkeit die Kranken vernachlässige. 1551 wurde deshalb die erste Pflichtordnung für den Spitalarzt erlassen.[97] Zum Pflegepersonal liegen fast nur jüngere Schriftquellen vor. 1736 gab es neun Krankenwärter, 18 Krankenwärterinnen und zwei «Thorenmütter» (für weibliche Geisteskranke).[98] Ein Raum, in dem der «Torenmeister» mit seinen (männlichen) Schützlingen untergebracht war, erscheint auf PD 1784 MÜLLER.

Seelsorge

Für geistlichen Zuspruch war zunächst der Diakon der Predigerkirche zuständig. Das als schwierig, mühsam und unangenehm beschriebene Amt («munus hoc difficile est laboriosum atque molestum»)[99] verlangte nicht nur einen geübten Prediger, sondern auch einen tüchtigen Menschen, der zudem gut auf Arme und Kranke eingehen konnte. Zu den bekannten Amtsinhabern gehörte Johann Jakob Wick (1522–1588), der die Aufgabe von 1552 bis 1557 offenbar sehr gewissenhaft wahrnahm und danach zum zweiten Archidiakon am Grossmünster gewählt wurde.[100]

Seit 1682 hatte das Spital einen eigenen Prediger, der die Insassen des Spitals wöchentlich besuchte, in der «Sammlung» predigte und auch befugt war, das Abendmahl auszuteilen.[101]

Insassen

Die neuen Konzepte von Armut, Arbeit und «Nutzlosigkeit» äusserten sich für das Spital erstmals in der bereits erwähnten Spitalordnung von 1528, die keine «unnützen» Insassen mehr tolerierte. Neben den Pfründnern gab es wie zuvor die Patienten im heutigen Sinne, deren heilbares oder – im Falle der so genannten «Hauskinder» – unheilbares körperliches oder psychisches Leiden an der «Gschau» festgestellt wurde.[102] Epileptiker, Depressive und Tobsüchtige brachte man im so genannten «Loch» beziehungsweise in «Lochkammern» unter, die zuerst in den alten Spitalbauten, dann aber in den verschiedenen Gebäuden lagen.[103] Menschen mit ansteckenden Krankheiten wurden weg- oder an gesonderte Institutionen (ins Pestilenzhaus im Selnau oder ins Blatternhaus im ehemaligen Oetenbachkloster) gewiesen.[104] Doch gerade in diesem Punkt blieben die medizinischen Erkenntnisse noch lange unzureichend, und das Spital nahm beispielsweise 1564 noch Pestkranke auf, Ruhrkranke bis in die Hungerjahre 1689/1691. 1706 sah ein Ratsbeschluss vor, Fremde mit ansteckenden Krankheiten bereits an der Grenze abzuweisen, während Bewohner der Zürcher Landschaft in ihre Heimatgemeinden zurückgeschickt wurden.

Grundsätzlich fanden Stadtbürger unentgeltliche Aufnahme. Landbewohner, die seit 1550 den Hauptanteil der eigentlichen Patienten bildeten, zahlten ein wöchentliches Tischgeld oder einen Zins von 6 bis 10 Pfund im Jahr. Pilger, Bettler und Durchreisende wurden nur verpflegt und maximal für eine Nacht beherbergt, nach der Aufgabe der Elendenherberge an der Leuengasse in den alten Spitalgebäuden – zuerst in der so genannten «Bruderstube», von 1639 bis 1651 vorübergehend im «Mushafen». In den erwähnten «Lochkammern» sassen gelegentlich auch Gefangene ein, wie überhaupt das Spital zur Verwahranstalt für sozial untragbare Personen wurde. Dies zeigt etwa das Beispiel des Tischmachers Windlich, der 1612 eingewiesen wurde, weil er sein Haus «zuschanden» und masslos und ununterbrochen – auch nachts – gebaut hatte.[105] Als Ort für Disziplinierungsmassnahmen wurde das Spital seit den Krisenjahren nach 1680 in Anspruch genommen, wenn es auch nie wirklich den Charakter eines Gefängnisses hatte. Immerhin stand im Spitalareal ein eigener Pranger mit Halskragen.[106] Um 1820 hielten sich 530 Personen im Spital auf; 120 waren Patienten nach dem damaligen Verständnis (Personen mit «vorübergehenden» Krankheiten), 340 unheilbare Arme («Hauskinder»), 40 «Kostgänger, meistens Gemüthskranke» und 30 Pfründner.[107]

REORGANISATIONEN DES SPITALBETRIEBS

Die Reform der Spitalverwaltung, insbesondere ihrer Ökonomie, war ein Dauerthema. Die anlässlich der verschiedenen «Reformationen» entstandenen Analysen (mit Lohntabellen, Inventaren[108], Plänen) ergeben zusammen ein buntes und realistisches Bild des Spitalbetriebs im 17. und 18. Jahrhundert und zeigen die Binnenstruktur der von der Institution belegten Häuser.

Als «grosse Remedur» wird die in den 1780er Jahren vorgenommene Reform bezeichnet.[109] Sie betraf neben der Verwaltung und Ökonomie des Gesamtbetriebs das Unterkunfts- und Verpflegungsproblem der Insassen. In ihrem Kontext entstand der von der Spitalpflege in Auftrag gegebene und am 6. September 1784 genehmigte 23-teilige Grundriss des Spitals, den der Ingenieur JOHANNES MÜLLER mit Unterstützung des Schanzenherrn [JOHANNES] FRIES verfertigte (PD 1784 MÜLLER).[110] Zur Bestandesaufnahme der «grossen Remedur» gehörten auch Tabellen, auf denen alle Jahreslöhne und damit die Hierarchie der «Unterbeamten» des Spitals erscheinen.[111] Daneben wurde Vergleichsmaterial über die Spitäler in Genf und Strassburg eingeholt.[112]

Wichtige Änderungen der «grossen Remedur» waren die Erweiterung der Spitalpflege, welche seit 1785 aus vier Kleinräten, acht Grossräten, einem Präsidenten und zwei Sekretären bestand,[113] das Herauslösen des Spitalmeisteramts aus dem Betrieb, indem der Spitalmeister nun einen fixen Lohn erhielt, sowie eine generelle Erhöhung der Besoldungen und das Erstellen neuer Statuten. Zudem wurde wahrscheinlich damals die auf dem Areal bestehende, auf verschiedene Werkstätten («Werkkammern», «Werkstube», «Webgaden») verteilte eigene «Fabrik» systematischer in die übrige protoindustrielle Landschaft eingebunden. Hier wurden die Spitalinsassen – damals auch im Sinne einer Therapie – beschäftigt; sie stellten in Lingerie, Weberei, Näherei und Schneiderei Bettzeug und Kleider für den Gebrauch des Spitals her.[114] Im Westflügel der ehemaligen Konventbauten lag auf der ersten Etage eine «Ferggstube» mit Pult, «Fergtisch», Schreibzeug, Ellstecken, Linealen, Waagschalen, Scheren, Gewichtssteinen, Sesseln und einem «wohl beschloßenen geltgehalter».[115]

Die aus der «grossen Remedur» hervorgegangenen baulichen Massnahmen betrafen zunächst die «Sammlung».[116] Mit dem Zeichnen der entsprechenden Pläne, die die Vorgaben des Spitalamtes umsetzen sollten, wurde neben dem spitalinternen Tischmacher auch der Maurer HANS CONRAD BLUNTSCHLI (1733–1812) beauftragt.[117] Ein mit «C. Bluntschli» signierter, nicht datierter Plansatz,[118] der in der Nachfolge von PD 1784 MÜLLER steht, könnte in diesem Kontext entstanden sein. Er zeigt in Ansätzen das Konzept einer weitergehenden Trennung der Spitalinsassen nach Krankheitsbild, Geschlecht und Alter.

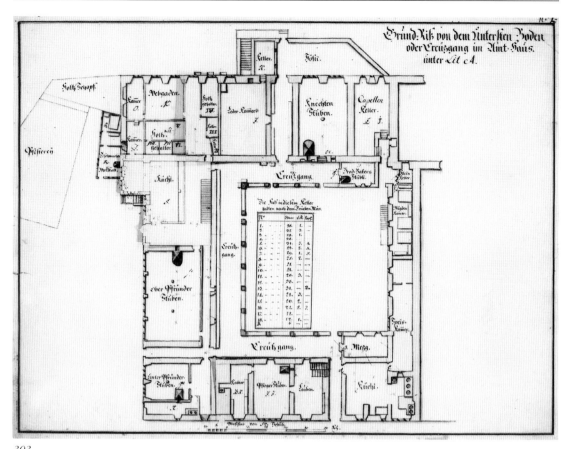

303
Spitalamthaus, ehemaliges Predigerkloster. Grundriss des Erdgeschosses mit Funktionsangabe der Räume 1784. BD 1784 Müller. – Text S. 301–305.

1793/94 fand der Neubau des Unterhauses statt, der ebenfalls nach Plänen von Hans Conrad Bluntschli erfolgte. Für den Bau wurde wahrscheinlich Material des 1790 abgebrochenen kleinen «Fortifikationswerks» beim Niederdorftor, das an die Spitalmühle stiess, eingesetzt.[119] Die bauliche Umsetzung der «grossen Remedur» sah der Buchhändler und Antiquar Johann Heinrich Erni (1777–1842) aber eigentlich erst im Bau des Irrenhauses 1816/17 vollendet.[120]

Eine weitere Phase der Reorganisation folgte von 1798 bis 1803.[121] Der 1798 abgefasste Traktat «über den Spital in Zürich» analysiert noch einmal Kapazität, Funktionen, Ökonomie, Pfründner, Patientenzahlen, Strukturen des «Patientenguts» und der internen Ämter. Er bietet damit eine letzte Momentaufnahme der Zustände, ehe das Spital 1803 in der Ausscheidung zwischen Stadt und Staat an den Letzteren kam und zur «Kantonalanstalt» wurde.[122]

DIE SPITALBAUTEN NACH DER REFORMATION

Zur Predigerkirche als Spitalamts-Trotte vgl. oben, S. 265–267.

DIE EHEMALIGEN KONVENTGEBÄUDE
(Abb. 303–305)

Der Übergang der Konventgebäude an das Spital brachte zunächst keine grösseren baulichen Veränderungen mit sich. Im «hinteren Amtshaus», dem Nord- und Ostflügel, waren Ober- und Unterpfründner sowie Hauskinder untergebracht.

Erste Baumassnahmen fanden 1551 während des Neubaus der «Sammlung» statt.[123] Sie betrafen wahrscheinlich die Einrichtung der Wohnung für den Spitalmeister und dessen Personal, das Sitzungszimmer der Spitalpflege und die Kanzlei des Spitalschreibers.

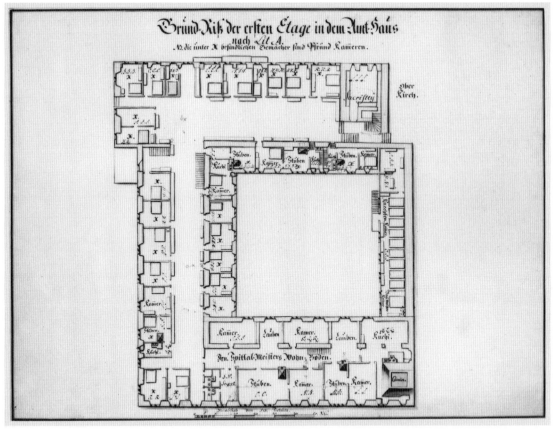

304
Spitalamthaus, ehemaliges Predigerkloster. Grundriss des 1. Obergeschosses mit Funktionsangabe der Räume 1784. BD 1784 Müller. – Text S. 301–305.

Wichtige Veränderungen erfolgten ab 1662 unter Spitalmeister Johann Jakob Scheuchzer (1660–1669)[124] im Zusammenhang mit den Sanierungsmassnahmen am Kirchenschiff. Das neue Kirchendach mit rund 2 m höherer Traufe erleichterte die Aufstockung des Westflügels und damit auch der übrigen zwei Konventflügel um ein Geschoss. Mit der Aufstockung konnte man auf den erhöhten Raumbedarf reagieren, der durch die wachsende Zahl von Pfründnern und Kranken entstand. Gleichzeitig wurde erwogen, «deß täglich durchgehenden gefahrlichen und mit allerhand erblichen kranckheiten vilmahlen übel ansteckenden lychtfertigen bättelgesinds» wegen, die «Bruderstube» auszugliedern.[125] Wahrscheinlich wurde damals das Bauvolumen und vielleicht auch die Binnenstruktur erreicht, wie sie uns BD 1691 MEYER und PD 1784 MÜLLER vermitteln und wie sie bis zum Abbruch im Wesentlichen erhalten blieben; einzig das Erdgeschoss wurde mit mehreren Türen durchsetzt, die teilweise die Stellen älterer Fenster einnahmen.

An der Nordfassade entsprach die Befensterung 1887 – durch Fotografien zu belegen – dem in PD 1784 MÜLLER festgehaltenen Bestand mit Dreierfenstern im Erdgeschoss. Auffallend waren hier im ersten Obergeschoss die grossen Kreuzstockfenster mit Steingewände, die wohl 1663 erstellt worden waren. Das dritte Obergeschoss lag in einer Ebene mit demjenigen des Westflügels und war mit identischen Doppelfenstern ausgestattet, was auf einen einheitlichen Ausbau schliessen lässt.

Der Ostflügel schliesslich war mit einem Halbwalmdach versehen und seine Fassade mit barocken Doppelfenstern gegliedert, die jedoch PD 1784 MÜLLER noch nicht zeigt. Das erste Dachgeschoss war ausgebaut und mit Lukarnen belichtet.

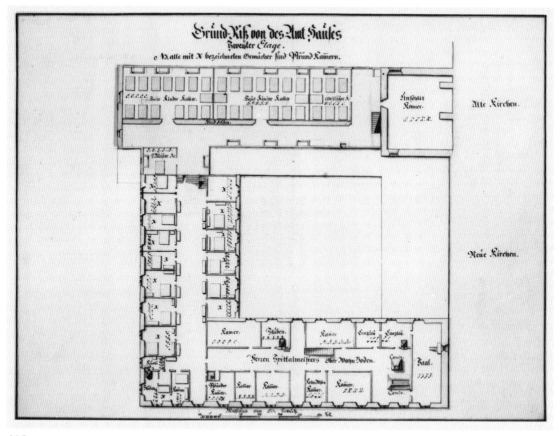

305
Spitalamthaus, ehemaliges Predigerkloster. Grundriss des 2. Obergeschosses mit Funktionsangabe der Räume 1784. BD 1784 Müller. – Text S. 301–305.

Die Raumfunktion nach PD 1784 Müller

Johannes Müllers 1784 entstandene Plan-Serie zum Spital[126] dürfte im Grossen und Ganzen eine Raumnutzung zeigen, die sich gegenüber den Anfängen des nachreformatorischen Spitals – bis auf die nachträglich aufgestockten Geschosse – nicht wesentlich verändert hat. Nach wie vor diente der Kreuzgang – bis auf den Südflügel – der horizontalen Erschliessung der Konventbauten.

Südflügel

(Abb. 303–305)

Der Westteil des südlichen Kreuzgangflügels, der im Schatten der Kirche und der Konventbauten lag, bot sich als «Speisekammer» an. Östlich anschliessend, in den vermauerten Kreuzgang gesetzt, lag die Mägdekammer mit drei breiten Betten, alle doppelt belegt, und drei Kästen. Über eine Aussentreppe war das in nachreformatorischer Zeit in Fachwerk erstellte erste Obergeschoss zu erreichen. Hier befanden sich neun Einzelbetten für die Knechte und fünf Truhen oder Kästen. Die Kammer des Spitalbaumeisters lag ganz am Westende des ehemaligen Kreuzgangflügels und war nur über diese Knechtenkammer zugänglich.

Westflügel

Im Erdgeschoss zeigt PD 1784 Müller in der Südwestecke eine Grossküche mit Schüttstein, Sechtofen und einem Herd mit fünf Kochstellen. Eine Durchreiche verband die Herdstelle mit der Speisekammer. Im Südende des Kreuzgangs war – direkt neben der Küche – eine «Metzg» eingebaut.

Durch einen Korridor, der in den Westflügel des Kreuzgangs führte, erreichte man mittels eines axialen Zugangs über die davorliegende «Laube» die durch einen Kachelofen beheizbare «Pfleger Stuben» (1742: Pfleger- oder Schreiberstube[127]), in der die Spitalpfleger ihre monatlichen Sitzungen abhielten. Am nördlichen Ende des Flügels lag eine «Kammer» mit Kästen sowie mit einem Abtritt in einer Einbaute.

Das erste Obergeschoss wird als «Herrn Spitalmeisters Wohn=Boden» bezeichnet. Es umfasste eine Küche, die über derjenigen des Erdgeschosses und zusätzlich über den Kreuzgang gebaut war, zwei Stuben mit Nebenkammern und am Nordende des Flügels einen Abtritt. Über dem Kreuzgang befanden sich zwei Kammern; sie waren durch «Lauben», also eine Art Vorplatz, unter sich und von der Küche geschieden.

Auf dem zweiten Obergeschoss, «Herren Spittalmeisters Ober Wohn Boden», lag über den Küchen ein schmaler Saal. In diesem führte eine kleine Treppe auf einen Podest, der über ein Kirchenfenster den Blick in den Westteil der Kirche erlaubte. Vor dem Saal war ein Freiraum mit den Kaminen der Küchen. Über dem Kreuzgang folgten sich von Süden nach Norden zwei miteinander verbundene Räume («Kanzlei»), eine Stube und eine grosse Kammer. Gegenüber eine Kammer, an die sich die kleine Kammer des Kellermeisters anschloss.

Zwei Aufzugserker im Dachgeschoss belegen die Nutzung der Dachböden zu Lagerzwecken.

Nordflügel
(Abb. 303–306)

Die Raumorganisation des Nordflügels entsprach 1784 wahrscheinlich teilweise noch den vorreformatorischen Nutzungen.[128] So war wohl der Standort der Küche übernommen und die Stube der Oberpfründner im ehemaligen Refektorium eingerichtet worden. Als geschützte und warme Erschliessung der Räume diente seit einem unbestimmten Zeitpunkt ein parallel zum Kreuzgang gesetzter schmaler Korridor.

Beide Obergeschosse waren wahrscheinlich seit der Aufstockung in den 1660er Jahren über dem Kreuzgang zweispännig. Den Mittelkorridor säumten Pfründnerzimmer verschiedener Grösse.

Im Westteil des ersten Obergeschosses lagen wie im Ostflügel kleine Wohneinheiten für vermögendere Pfründner, während das zweite Obergeschoss ausser einer Pfründnerwohnung am Kopf des Nordflügels ausschliesslich Kammern enthielt.

306
Spital. Oberpfründnerstube im Erdgeschoss Nordflügel des Spitals. Festliche Mahlzeit von Pfründnern und Patienten. Johann Fäsi-Gessner, um 1810. Privatbesitz. – Text unten.

Da das erste Geschoss des Ostflügels höher als dasjenige im Nordflügel war, musste im zweiten Obergeschoss eine kleine Treppe am Kopfende des Nordflügels den Niveauunterschied von rund 1 bis 1,2 m überwinden. Dadurch entstand ein kleines Verbindungssegment, das im Äussern mit einem eigenen Giebeldach in Erscheinung trat (vgl. Abb. 242, 296).

Ostflügel
(Abb. 227, 267, 268, 303–305)

Das Erdgeschoss dieses ältesten Konventflügels[129] diente in erster Linie der Unterbringung von Pfründnern und «Hauskindern», das heisst der aufgrund körperlicher oder geistiger Einschränkung stationären Bewohner. Daneben gab es das am Südende des Kreuzgangflügels eingebaute «Brotvaters Stübl[i]». Gegenüber dem Kreuzgang abgetieft schloss ausserdem an das nördliche Querschiff der Kirche der «Kapellenkeller» an, dem auf dem gleichen Niveau die «Knechtenstube» (der ehemalige Kapitelsaal?) folgte. Eine Stütze, die einen Unterzug trug, stand mitten im Raum, ein grosser Kachelofen, vom Kreuzgang aus beschickt, sorgte für Wärme. In der Ostwand waren zwei dreiteilige Fenster.

Ein Querkorridor führte vom Kreuzgang in einen vor «Kapellenkeller» und «Knechtenstube» gelegenen, ummauerten Hof. Während diese Raumstrukturen weitgehend dem mittelalterlichen Bau entsprachen, folgten die nördlich dieses Korridors gelegenen Räume der ursprünglichen Binneneinteilung, die archäologisch gefasst werden konnte, nicht mehr.[130] Durch eine axiale Tür vom Querkorridor her betrat man die «Lederkammer», deren Nordwand mit der Südwand des Westflügels fluchtete. In diesem nur mit einem Fenster versehenen, klimatisch günstigen Raum wurden Reitsättel, Rinderhäute und Kalbfelle aufbewahrt.[131] Der nördliche Kopfteil des Flügels war mit zwei grösseren Holzbehältern, zwei kleinen «Kellern», einfachen Speichereinbauten und dem gegen Osten befensterten «Webgaden» belegt.

Das erste Obergeschoss des Ostflügels war einspännig angelegt: An einen überbreiten Korridor auf der Kreuzgangseite reihten sich Pfründnerzimmer unterschiedlicher Grösse.

Ganz im Süden, direkt an das Querhaus der Kirche angelehnt, lag in mittelalterlicher Bausubstanz die ehemalige Sakristei des Klosters – westlich vom Treppenhaus begleitet, das auch den Zugang zur Kirche barg.

Über dem Kreuzgang waren drei Wohneinheiten mit Kammer, Küche und Stube angeordnet, von denen die dritte, nördlichste, mit Küche und Kammer L-förmig in den Nordflügel übergriff.

Das zweite Obergeschoss war Dachgeschoss. Ganz im Osten, den Nordteil des Querhauses und den Grundriss der Sakristei umfassend, war in massivem Gemäuer die «Unschlitt-Kammer», wo tierisches Fett lagerte. Anschliessend folgten eine Kammer mit sieben Betten und zwei «Hauskinder Kammern» mit 15 Betten.

DIE ALTEN SPITALGEBÄUDE
(Abb. 270, 307)

Im alten Spitalgebäude befand sich seit 1525 zunächst die «Bruderstube» als Ersatz für die Elendenherberge an der Leuengasse. 1587 wurde in der «alte[n] kůchi jm spital»[132] der «Mushafen» eingerichtet, wo Bedürftige täglich Mus, Brot und Suppe erhielten. Die Masse dafür wurden direkt vom Augus-

307
Spital. Um den Vorläufer des heutigen Zähringerplatzes gruppierte sich eine Mehrzahl der einzelnen Spitalgebäude. Im Vordergrund der Züblibrunnen, der nun im Gegensatz zu BD 1576 Murer ein frei stehender Laufbrunnen ist. BD um 1700 Escher (Zähringerplatz/Spital). – 1 «Metzg». – 2 Trotte. – 3 Anatomie. – 4 Unterhaus mit dem Durchgang gegen den Mushafenplatz und zum Niederdorf. – 5 Oberer «Strauss». – 6 «Sammlung». – 7 Schopf. – 8 Amtshaus, Westflügel des ehemaligen Predigerklosters. – 9 Predigerkirche, Westfassade. – Text S. 305f.

tinerkloster übertragen, wo sich der «Mushafen» von 1556 bis 1587 befand.[133] Im Dezember 1732 brannte das Mushafengebäude ab. Das Unglück forderte über 20 Menschenleben, weil die hölzerne Treppe von Anfang an in Brand geriet und die Fenster teilweise vergittert waren.[134] Ein bei dieser Gelegenheit entstandenes Bilddokument zeigt einen ersten, etwas summarischen Plan des Spitalkomplexes[135] (BD 1732 LOCHMANN).

Die Spitalkapelle

Von 1524/25 bis 1544 wurden in der alten Spitalkapelle für die Bewohner des Niederdorfquartiers Gottesdienste abgehalten.[136] Dann wurden diese in den Chor der Predigerkirche verlegt (S. 273f.).

DIE NEUE «SAMMLUNG» VON 1551–1553
(Abb. 308)

Infolge des Ansturms von Pflegebedürftigen in den Krisenjahren um 1550 wurden die Verhältnisse im ehemaligen Kloster St. Verena zu eng, zudem war das Gebäude baufällig. Die alte «Sammlung» wurde dem Buchdrucker CHRISTOPH FROSCHAUER I. verkauft und am Wolfbach, westlich gegenüber dem ehemaligen Predigerkloster, 1551–1553 die «neue Sammlung» errichtet.[137] Es handelte sich um ein eigentliches, modernes Spital für Patienten im engeren Sinn, das heisst für jene Personen, die von der Wundgschau für die Behandlung einer physischen oder auch psychischen Krankheit eingewiesen worden waren. Sie wurden in der Regel nach Geschlechtern getrennt untergebracht, manchmal aber auch nach Krankheitsbild (so z.B. Hautkranke in der «Grindstube», Epileptiker in der «Fallkammer», Tobsüchtige in der «Taub-Kammer» oder im «Loch»).[138] Der Bau des neuen Spitals auf einem gegen den Wolfbach abfallenden Bauplatz beschränkte sich aufs Wesentliche und Zweckmässige, verwies jedoch durch Massivbauweise, Mehrgeschossigkeit, den auf Sicht gearbeiteten Eckverband, die steinernen, profilierten Fenstergewände und das Viertelwalmdach, aber auch mit den vier versetzten Aborterkern (vgl. BD 1576 MURER) auf die potente Bauherrschaft. Wahrscheinlich trug er an seiner Südfassade von Anfang an das Zeichen mit dem Äskulapstab. Die «neue Sammlung» erhob sich laut Schriftquellen aus ihrer Bauzeit auf einem Grundriss von 121 auf 60 Schuh,[139] das heisst von ungefähr

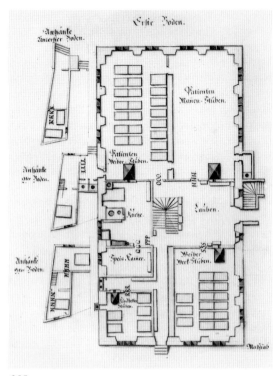

*308
«Sammlung». Grundriss des Erdgeschosses der 1551–1553 erbauten «Sammlung», Bestand 1784. Bemerkenswert, dass es eine «Kindbettstuben» mit fünf Betten gab. BD 1784 Müller. – Text nebenan.*

17 × 37 m, und war dreigeschossig: Das unterste Geschoss war 12 Schuh (3,65 m) hoch, die beiden anderen je 9 Schuh (2,73 m). Einen Blick ins Innere bietet 1742 HANS HEINRICH BLUNTSCHLI, der auch auf inzwischen veränderte Nutzungen verweist: «Jn dem Hauß der Samling genannt, ist die Weiber= und die Männer=Stuben, wol mit Beetheren angefüllet, da Kranke, auch alte Leuth verpfleget und suberlich gehalten werden: Jn welcher Stuben alle Sontag geprediget und zun Zeiten das Heil. Abendmahl zugedienet […] wird. Die Vordere Stuben genannt, darinn sich aufhalten arme presthaffte Leuth, als Krippel, Lahme, und die so Fallende Sucht haben […]. Es hat auch eine eigene Stube für prästhaffte Leuth, welche zu curiren ein eigner Wund=Arzt bestellet ist […] das Brunnen=Stüblein, da da vor diesem etwann verwirrte Bürger auch Gefangene aufbehalten worden, daher die Fenster mit Gitter verwahret (add. 1613 erbauet, ist dißmahlen die Kindbetter=Stuben). Unterschiedliche Kammern, da Verwirrte aufbehalten werden. Das Schneid=Stüb-

lein, für des Stadt=Arzten Patienten. Die Kindbether=Kammer, darinn so wol frömde als heimsche, auch malefizische Schwangere biß zu ihrer Niderkunfft und vollendeter Kindbeth gehalten werden (Dieses und vorstehendes ist dermahlen ein Gemach der Schneidstuben dienend). Das Stüblein einem jeweiligen Spital=Arzet, darinn er seine Instrument und Artzneyen behaltet.»[140] Die bauliche Umsetzung der «grossen Remedur» (S. 300) begann bei der «Sammlung»: 1784 wurde beschlossen, die «Weiber= und Männer=Stuben» – nun als «Patientenstuben» bezeichnet – zu renovieren. Auf dieses Projekt geht wahrscheinlich ein leider undatierter Plan von HANS CONRAD BLUNTSCHLI zurück.[141] Inwieweit die Pläne ausgeführt wurden, ist nicht bekannt. Die Neuerungen sollten mehr Komfort bringen – jeder Raum war beheizbar, und anstelle der alten «Anhänken» über dem Wolfbach wurden zwei Abortanbauten erstellt – sie spiegeln aber auch die Fortschritte in der Medizin (Operationssaal, Apotheke) und in der Ökonomie («Werkstuben») der Institution.

Das Raumprogramm der «Sammlung»
nach den Plänen von 1784
(Abb. 308–310)

In der Mittelachse erschloss quer zum First eine «Laube» mit integriertem Treppenhaus die Geschosse. Dadurch waren diese in einen Süd- und einen Nordtrakt aufgeteilt. Im Erdgeschoss wurde die beiden Trakte durch eine unter dem First gelegene massive Wand halbiert. Vier längsrechteckige Eckräume bildeten somit das Grundschema. Im Weiteren bestand der Innenausbau wohl aus Fachwerk- und Bohlenwänden, was Umbauten leicht ermöglichte.

Im *Erdgeschoss* war die Binnenstruktur, wie sie PD 1784 MÜLLER überliefert, wohl noch nahe der ursprünglichen Form. Die Lage der Küche gegen den Wolfbach und östlich anschliessend die «Laube» mit Treppenhaus und Hauseingang dürfte unverändert geblieben sein. Vom Eingang an der südlichen Giebelseite (BD 1576 MURER, BD um 1700 ESCHER)

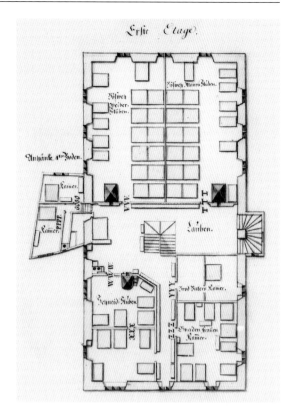

309–310
«Sammlung». Grundriss des 1. Obergeschosses der 1551–1553 erbauten «Sammlung», Bestand 1784. BD 1784 Müller. – Grundriss des 2. Obergeschosses der 1551–1553 erbauten «Sammlung», Bestand 1784. Hier waren unter anderem die «Werkkammern» untergebracht. BD 1784 Müller. – Text S. 307f.

führte ein Korridor zur «Laube» mit dem Treppenhaus; er erschloss auch die seitlich gelegenen Stuben. Neben Küche und Speisekammer lagen im Nordteil die «Patienten Weiber-Stuben» und nebenan die Stube für Männer (je ca. 10×20 m). Im Südteil war eine kleine «Kindbetten Stuben» (7×8 m) und – durch den Stichkorridor getrennt – die «Weiber Werk-Stuben», Teil der «Fabrik» (10×14 m), untergebracht.

Im *ersten Obergeschoss* war der Nordteil analog zum Erdgeschoss mit zwei nach Geschlechtern getrennten Krankensälen belegt, den «Böswëh-Stuben». In der Südwestecke befand sich die «Schneid-Stuben» mit Nebenzimmer, dem gegen Osten die «Gnaden Frauen Kammer» mit neun Betten für die Wöchnerinnen gegenüberlag.

Die nördlich anschliessende Kammer des «Brotvaters», ein zweiteiliger Einbau, der einen Teil der Treppenhaushalle in Anspruch nahm, befand sich wahrscheinlich seit 1732 (Brand des Mushafengebäudes, siehe oben) hier.

Das *zweite Obergeschoss* barg eine «Böswëh Stuben» für Frauen, die «Haus-Kinder-Kammer» sowie des «Toren-Meisters-Kammer». Hier lagen «Werkkammern» für Männer und Frauen, zwei Kammern für Pfründner, eine Küche, die Speisekammer und die «Brotvaterkammer».

1784 wurde beschlossen, die «Weiber= und Männer=Stuben» (als «Patientenstuben» bezeichnet) zu renovieren. Dem wohl damals entstandenen Plan[142] von Hans Conrad Bluntschli ist zu entnehmen, dass man offenbar bereit war, die Sammlung im Innern bis auf die Rohbausubstanz zurückzubauen, eine neue, regelmässige Befensterung anzubringen, einen leicht gegen Süden versetzten Treppenhausrisalit zu erstellen sowie den südlichen Eingang mit dem Stichkorridor aufzuheben. Im Erdgeschoss sollte der Küchenstandort bestehen bleiben, die Küche selbst war jedoch inklusive Umfassungsmauern neu zu errichten. Es entstand ein zentraler Vorplatz, von dem aus die vier grossen Eckräume, die nun reine Krankensäle waren, neu erschlossen werden sollten. Ausserdem war geplant, das Treppenhaus gegen Osten zur Hälfte in den neu zu erstellenden Risalit zu rücken. Dieser barg flankierende, schmale Räume. Sie sollten als Stübli und «Kucheli» für den Spitalarzt dienen – und zugleich für die Einfeuerung für den Kachelofen in der «Patienten-Weiber-Stuben» mit 16 Betten, die den südöstlichen Eckraum besetzte. Spiegelbildlich eine weitere Frauenstube im Südwesteckraum, die von der Küche her zu heizen war. Die leicht grösseren Eckräume gegen Norden (je 22 Betten) waren als «Patienten-Mannen-Stuben» vorgesehen. Die Kammer im Treppenhausrisalit war für den «Abwarth», den Krankenaufseher der Männerstube, bestimmt. Der nordöstliche Eckraum des ersten Obergeschosses war neu für die «Gschau» vorgesehen: Einem grossen Vorraum sollte ein kleinerer angegliedert werden, der mit einem Bett – wohl zur Untersuchung – ausgestattet werden sollte.

Der nordwestliche Eckraum zeigte die gleiche Binneneinteilung. Der grössere Raumteil sollte mit 15 Betten für Wöchnerinnen belegt werden, dem sich nördlich ein kleinerer mit zwei Betten anschloss.

Im südlichen Gebäudeteil sollte die chirurgische Abteilung mit der Schneidstube mit 16 Betten, der «Operationsstube» mit fünf Betten und einem abgetrennten Operationsraum in der Südostecke untergebracht werden. Getreppte Bänke weisen auf einen Lehrbetrieb hin. Im zweiten Obergeschoss war die «Grindstuben» für Leute mit Hautkrankheiten geplant, in der Südostecke im Treppenhausrisalit die Kammer für den Apotheker. Die übrigen drei Säle waren für die «Hauskinder» bestimmt.

PRESTENBERG ODER UNTERHAUS

Mit dem Bau des Prestenbergs oder Unterhauses im Jahr 1580 reagierte die Obrigkeit auf die seit den 1570er Hungerjahren angestiegene Zahl von Bedürftigen, die im Spital aufgenommen werden mussten.[143] Hier wurden vor allem arbeitsfähige Pfründner und daneben, in «Lochkammern», wie bisher Geisteskranke untergebracht; im Erdgeschoss in einem «sunderbar stübli» befand sich die «Gschau».[144] Die Gesamtkosten des Neubaus beliefen sich auf 2538 Pfund 17 Schilling 6 Heller.[145] Die jüngeren Pläne lassen vermuten, dass die Raumnutzung wohl bereits durch einen Umbau im 17. Jahrhundert verändert worden war. Doch vor allem die Errichtung der Anatomie 1741 hatte den Innenausbau des Prestenbergs tangiert, da beide Gebäude miteinander verbunden waren. Dieser Umstand war auch ein Thema bei der Planung des Um- beziehungsweise Neubaus von 1793/94[146] nach Plänen von [Hans] Conrad Bluntschli. Unter dessen Leitung wurde das Gebäude «zwar solid, gleich wohl aber ganz einfach und so wenig kostspielig als möglich» auf einem rechteckigen Grundriss (für den das Haus zum Strauss mit dem «Grindstübli» abgebrochen werden musste) neu aufgebaut.¹⁴⁷ Dabei wurde Material des Vorgängerbaus, zum Beispiel die Steinplatten in den «Lauben», wiederverwendet, die neuen Teile wurden so weit wie möglich vorgefertigt. Der Innenausbau war einfach: Neben den zweitverwendeten Steinen oder Platten waren die Böden aus Tannenriemen, die Wände wiesen Brusttäfer auf. Der Neubau enthielt Räume für «Melancholiker», «reconvalescierende» Patienten, Hauskinder und kranke Gefangene sowie im Erdgeschoss eine Schulstube für Spitalkinder.¹⁴⁸ Im Zusammenhang mit dem Bau wurden zur Lösung logistischer Probleme die Patienten im Voraus «qualifiziert» und eine Bestandesaufnahme des ganzen Betriebs gemacht. 1833 fand der grundlegende Umbau dieses Gebäudes zur modernen «Gebäranstalt» statt (siehe unten).

DIE ANATOMIE VON 1741

Der Bau eines «anatomischen Theaters» im Jahr 1741 geht auf die Initiative der Gesellschaft «zum Schwarzen Garten», dem zunftartigen Zusammenschluss der Chirurgen und Wundärzte, zurück. 1685/86 entstand hier auf Initiative des Stadtarztes Johannes von Muralt (1645–1733) das «Collegium anatomicum» (1685–1754/1816). Vorlesungen und Demonstrationen fanden zunächst in einem ehemaligen Holzschopf des Hauses zum Schwarzen Garten (Stüssihofstatt 9) statt.¹⁴⁹ Seit 1734 bemühte sich die «Chirurgische Meisterschaft zum Schwarzen Garten» um Mittel für Personal und Instrumente und um den Bau einer eigenen Anatomie, wobei sie der Rat unterstützte.¹⁵⁰ 1740/41 konnte die Anatomie auf dem Spitalgelände, südlich vom «Unterhaus», errichtet und im Januar 1742 eröffnet werden.¹⁵¹ Sie bestand aus einem grossen Vorlesungssaal, an dessen Wänden auf Gestellen eine Sammlung pathologischer Präparate aufgestellt war, einer kleinen Stube für die Vorsteher und einem Vorsaal, «wo die Zergliederung der Leichnamen selbst vorgenommen wurde».¹⁵² Der Betrieb und vor allem die Sektionen, stiessen von Anfang an auf heftigsten, für das Personal der Anatomie bisweilen bedrohlichen Widerstand. 1754 erklärte der Rat die Anatomie zur Staatsanstalt und legte seit 1756 mehrmals die Bedingungen für das «Zergliedern» fest. Seziert wurden Leichen von Verbrechern, Selbstmördern, unbekannten Personen und unentgeltlich aufgenommenen Spitalinsassen.¹⁵³ Das anatomische Theater, «das man schwerlich besser wünschen könnte», gehörte schliesslich zu den Sehenswürdigkeiten Zürichs. Von den Besuchern bestaunt wurden unter anderem das auf einem Pferdeskelett sitzende Skelett eines Menschen, ein zweiköpfiges Kalb und «ein ganzer, eingespritzter, ausgestopfter, selbst mit der Haut noch umkleideter Mensch, gerade wie er war, als er lebte».¹⁵⁴ 1782 entstand auf dem «Schwarzen Garten» in Ergänzung zur Anatomie das «Medicinisch-chirurgische Institut». Bei der Bemalung des Täfers im damals neu gestalteten Zimmer des Instituts könnte die Knochensammlung des langjährigen Präparators an der Anatomie, Johann Rudolf Burkhard (1721–1784), als Vorlage gedient haben.¹⁵⁵ Ein 1792 geplantes Projekt, einen zusätzlichen Hörsaal einzubauen, wurde nicht realisiert.¹⁵⁶

Prestenberg und Anatomie nach
den Plänen von 1784¹⁵⁷
(Abb. 311–316)

Ein Durchgang teilte den Prestenberg, der in seiner Gesamtausdehnung rund 20 × 30 m mass, im Erdgeschoss in einen nördlichen und einen südlichen Teil. In der Nordhälfte ein ebenerdiger Keller, in dem Fässer mit Trester lagen («Träschkeller»); ein überhoher Raum, parallel neben dem ebenfalls überhohen Durchgang, barg eine «Unschlit-Kammer». In der Südhälfte war das Erdgeschoss zur Gänze von der Anatomie mit ihren Nebenräumen belegt: In der Südwestecke, gegen Westen mit drei Doppelfenstern belichtet, lag das achteckige, mit drei Rängen versehene «theatrum anatomicum». Es war von Osten erschlossen, ein zweiter Zugang führte vom östlichen, unbelichteten Vorraum, der dieselbe Grösse hatte wie der Hörsaal und von MÜLLER als «Anatomie» bezeichnet wurde, direkt in die Arena, in der ein Schragen stand. Nördlich der Anatomie ein Vorraum und westlich von diesem eine weitere Kammer unbekannter Funktion mit Doppelfenster.

Das erste Obergeschoss erstreckte sich nur über dem Grundriss des «Träschkellers». Ein Treppenhaus, eine grosse Pfrundstube und eine «Hinter-Stuben» mit einer Nebenkammer belegten das Westdrittel der Etage. Im Nordteil des zweiten Obergeschosses fanden sich östlich die «Gschau-Stuben», gefolgt von der «Schneider-Kammer» und zwei «Ehe-Kammern», deren Doppelfenster sich gegen Westen auf den «Mushafenplatz» öffneten. Da die Anatomie als überhoher Raum offenbar auch das zweite Obergeschoss beanspruchte, reichte es hier nur gerade noch für

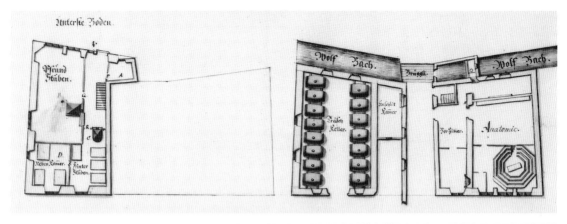

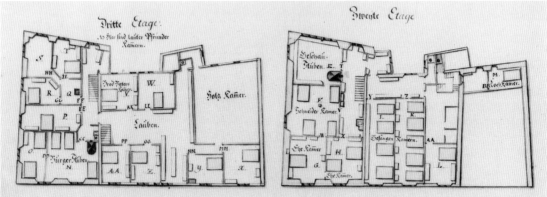

311–312
Unterhaus/Prestenberg. Durch das Erdgeschoss führte die Verbindung vom Amtshaus und von der «Sammlung» östlich des Wolfbachs zu den Spitalgebäuden, die westlich des Wasserlaufs, gegen die Niederdorfstrasse lagen. Der Bau der zwei Geschosse hohen Anatomie 1784 zog weit reichende Umbauten im ganzen Gebäude nach sich. Nördlich der Anatomie ein «Träschkeller» (Branntwein) und darüber im ersten Obergeschoss eine Pfrundstube mit Nebenkammer sowie die Hintere Stube. – Das zweite Obergeschoss barg eine «Gschaustuben», Ehekammern, eine Schneiderkammer sowie die Gefängniskammern, bis auf die «Gschau» alles unbeheizte Räume. Dem dritten Obergeschoss war die Pfründnerkammer vorbehalten sowie die «Brotvater-Kammer» und die Bürgerstube. – PD 1784 Müller. – Text S. 308–310.

die Lochkammer für «elende, unsinnige, verwirrte» Personen. Über dem erwähnten Durchgang waren die «Gefangene-Kammern» untergebracht. Im dritten Obergeschoss lagen die «Burger-Stuben», mehrere «Pfrundkammern», «Brod Vaters Kammer» und – über der Anatomie – eine grosse «Holz-Kammer». Im Dachgeschoss befanden sich Winden.[158]

NEUHAUS
(Abb. 313–317)

Nach dem Brand des Mushafengebäudes 1732 wurde im März 1734 der Bau des Neuhauses beschlossen. DAVID MORF (1700–1773) [«Mstr. Morff»], der ein Modell, Pläne und einen Kostenvoranschlag über 6817 Gulden 18 Schilling vorlegte, hatte offenbar auch die Bauleitung inne[159] und führte die Maurerarbeiten aus. Der Bau wurde durch wesentliche Beiträge aus dem Seckelamt unterstützt.[160] In die Planung des Neuhauses eingeschlossen war diejenige der 1741 errichteten Anatomie (siehe oben), ebenfalls ein «modernes» Projekt.[161]

Das Neuhaus wurde anstelle einer Scheune und eines Stalls im Norden des ehemaligen Klosterareals errichtet (BD undat. HAGENBUCH).[162] Der Kubus von drei mal sieben Achsen und drei Geschossen unter einem Giebeldach stand auf einem Grundriss von rund 18 × 30 m. Er entsprach wie seinerzeit der Neubau der «Sammlung» von 1551 einem «modernen» Spitalbau: Die Haupträume von rund 8 × 14 m

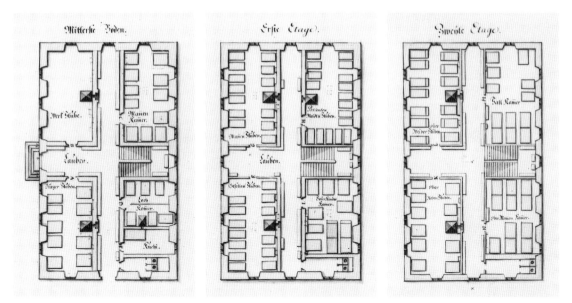

313–315
Neuhaus. Das von David Morf 1733/34 geplante und erstellte Neuhaus barg verschiedene Funktionen. Kreuzförmig angelegte Korridore ergaben einen einfachen, funktionalen Grundriss. – Im Erdgeschoss je die Bürger- und Werkstube, die «Mannenkammer» sowie Küche und Toilette und daneben eine «Lochkammer». – Das erste Obergeschoss war als reiner Schlaftrakt konzipiert: «Mannen-», «Besessenen-», «Hauskinder-» und «Patienten-Meidtli-Stuben» (Mädchenstube) belegten die Eckräume. – Das zweite Obergeschoss war wie das erste ein Schlaftrakt. Es barg eine Nebenstube (Raumreserve), die «obere Weiberstube», die «Fall Kammer» (Epilepsie) sowie die obere Männerkammer. Modern ist am Neuhaus das Einbinden der Toilette in den Grundriss (Nordostecke). – PD 1784 Müller. – Text S. 310–312.

waren hier so bemessen und in die Gebäudeecken platziert, dass ein kreuzförmiger Korridor ausgeschieden wurde. Dessen Längsarm war rund 3 m breit, der Querarm mit dem Treppenhaus im Norden rund 4 m. Das Hauptportal lag im Süden und öffnete sich gegen das Amtshaus. Über ihm war eine steinerne Supraporta angebracht mit dem Doppelkreuz des Spitalwappens und der Inschrift «RES SACRA MISER».[163] Der Entwurf dazu stammt wahrscheinlich von Tischmacher JOHANNES RHEINACHER.[164] (Abb. 316) Ein Nebeneingang im Osten führte auf den Hof vor der Bäckerei («Pfisterei»).

Mit seiner reichen und regelmässigen Befensterung und der grosszügigen Erschliessung entsprach der Bau den Forderungen nach Licht («Heitere») und Raum, wie sie auch anlässlich des Baus des neuen Waisenhauses 40 Jahre später laut wurden. Da dieses «Große Haubt Gebäu» etwa im Vergleich zu den Unterkünften in den alten Konventgebäuden eine

316
Neuhaus. Entwurf des Portals, wohl von Johannes Rheinacher, 1733/34 (StAZH, Plan E 455). – Text oben.

317
Brand des alten Mushafengebäudes 1732. Im Vordergrund ist zu erkennen, wie das Spitalareal gegen die Niederdorfstrasse mit einem Tor abgeschlossen war (vgl. Abb. 300, Nrn. 7–9 und 11). Der alte «Mushafen» stand quer gleich hinter der ersten, östlichen Häuserzeile der Niederdorfstrasse. BD 1732 Lochmann. – Text unten.

moderne Lösung war,[165] schlug BLUNTSCHLI in seinen Plänen nach 1784 hier keine Umbauten, sondern lediglich eine Neuanordnung der Betten im Hinblick auf eine dichtere Belegung vor.[166]

Das Neuhaus übernahm teilweise die Funktionen des 1732 abgebrannten Mushafengebäudes, bot aber auch mehr Platz für Kranke und Pfründner: Es gab nach Geschlechtern und Alter getrennte «Patienten=Stuben», zwei Kammern für die Leute aus der «Werk=Stube», Kammern für Pfründner und solche für «allerhand volck».[167]

Gemäss PD 1784 MÜLLER befanden sich im Erdgeschoss gegen Süden Werkstube und «Bürgerstube». Gegen Norden lag eine Kammer für Männer und im Nordostgeviert eine «Lochkammer», dahinter Küche und ein Abort, der mit seinen zwei Sitzen dem ganzen Geschoss dienen musste.[168]

Das erste Obergeschoss barg die «Mannen-Stuben» und die «Gesellen-Stuben» gegen Süden, gegen Norden die «Patienten-Meidtli-Stuben» sowie die «Hauskinder-Kammer». Im zweiten Obergeschoss lagen die «obere Weiber-Stuben» und die «obere Männer-Kammer», die «ober Neben-Stuben» und eine Kammer für Epileptiker («Fall-Kammer»).

DIE WIRTSCHAFTSGEBÄUDE

Das Zürcher Spital blieb auch nach der Reformation ein bedeutender Wirtschaftsbetrieb. Dessen Untersuchung und Darstellung – noch immer ein Desiderat – kann im vorliegenden Rahmen nicht geleistet werden. Da der Wirtschaftsbetrieb die Anlage der Institution bis ins 19. Jahrhundert hinein prägte, sollen hier einige der Bauten erwähnt werden.

Trotten

Nachdem die Predigerkirche wieder als Kirche diente, sollte 1610 zwischen Kirche und Wolfbach ein Trottenneubau errichtet werden, gegen den die Nachbarn Einspruch erhoben. 1659 ist von einem Neubau an dieser Stelle (?) die Rede.[169] Bei den 1671 belegten Auseinandersetzungen um einen Trottenbau am Predigerplatz dürfte es sich um einen Um- oder Neubau der Trotte gehandelt haben.[170] Über die gängigen Veduten (BD 1638 MERIAN, 1686 ZIEGLER, 1696 MORF oder 1715 VOGEL) erhalten wir keinen Aufschluss über eine mögliche Bauentwicklung. Sie belegen alle grosso modo einen ähnlichen Baubestand.

Trotte und Schütte auf dem Mushafenplatz
(Abb. 300, 318, 319)

BD um 1738 ULINGER belegt die durch Brand des alten Mushafengebäudes neu geschaffene Situation. Die Baulücke zwischen dem Prestenberg und der Kornschütte beim Haus zum Strauss ist bereits mit der «grossen Trotte» und einer Kornschütte («Keller und Schütte beim Strauss») überbaut.

Über deren Aussehen teilt PD 1784 MÜLLER mit, dass sie vier Pressen enthielt, von denen die eine mit ihrem Trottbaum bis in den Nebenkeller des Prestenbergs reichte. Ein direkter Zugang zum «Träschkeller» des Prestenbergs führte durch dessen nun als Binnentür dienendes Portal.

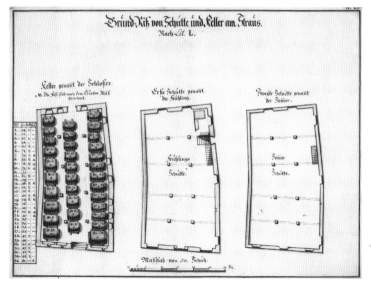
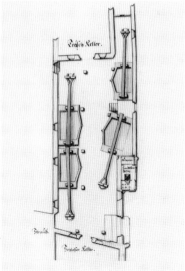
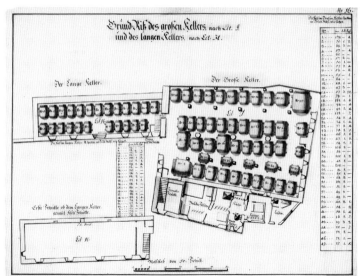

318–320
Spital, Wirtschaftsgebäude. Schütte und Keller am «Strauss» (Abb. 300, Nr. 8). Der Weinkeller im Erdgeschoss sowie die beiden Kornschütten belegen eindrücklich die Funktion des Spitals als obrigkeitlicher Wein- und Getreidelieferant. – Die Grosse Trotte lag westlich des Unterhauses gegen das Niederdorf (vgl. Abb. 300, Nr. 7). Sie barg vier Trotten und war mit dem «Träschkeller» des Unterhauses verbunden. – Die Spitalkornschütte barg im Erdgeschoss einen Weinkeller (vgl. Abb. 318). – Nördlich davon die Bruderstube mit Küche, Wachtlokal und Kammer. In diesem Anbau wird die ehemalige Spitalkapelle vermutet. – PD 1784 Müller. – Text S. 312–314.

Eine weitere kleinere Trotte stand direkt östlich der Anatomie und war mit der Metzgerei («Metzg») kombiniert.

Spitalkornschütte
(Abb. 300, 320)

Die «Spitalkornschütte» war südlich an die Spitalkapelle angebaut und stiess mit ihrer Südfassade an den Kopfbau der nördlichen Häuserzeile der Brunngasse.

Bereits vor 1554 war ein ehemals städtisches Kornhaus an der Niederdorfstrasse als Lagerhaus für Getreide des Spitals genutzt worden.[171] Aus einem Dokument über einen Baustreit 1287/88 geht hervor, dass sich dieses Kornhaus ursprünglich gegen die Niederdorfstrasse mit vier Bogen öffnete, die dann beim Umbau zur Spital-Kornschütte vermauert wurden. BD 1576 MURER zeigt das Gebäude traufständig zur Gasse stehend; über einem schwach befensterten Zwischengeschoss ist ein mit Reihenfenstern bestücktes Obergeschoss erkennbar, auf dem vielleicht Wohnräume lagen.

Die Gebäudeaufnahme von JOHANNES MÜLLER von 1784 gibt das Erdgeschoss als vierschiffige, lediglich durch die notwendigen Stützen geglieder-

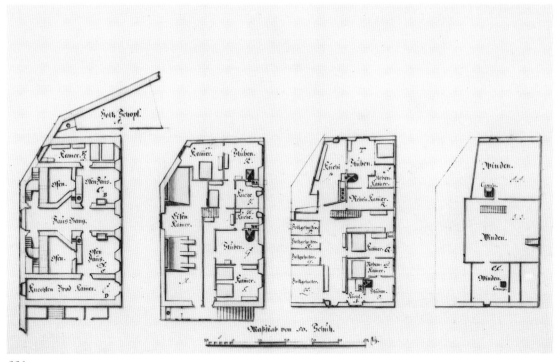

321
Spital, Wirtschaftsgebäude. Die Bäckerei (Pfisterei) des Spitals verfügte über zwei Grossöfen sowie über je zwei Räucherkammern. Diese «Grossbäckerei ist ebenso wie die «Metzg» Beleg für die Selbstversorgung des Spitals, das ähnlich einem Kloster möglichst autark zu funktionieren hatte. PD 1784 Müller. – Text unten.

te Halle wieder. Die Mittelachse war mit drei steinernen achteckigen Pfeilern versehen, geviertelt war der Raum dann durch je fünf hölzerne Stützen, die Wandvorlagen nicht miteingerechnet. Die Südmauer gibt MÜLLER als zum Nachbarhaus gehörig an – ein Hinweis auf eine mögliche Bauchronologie: Das Nachbarhaus war offenbar älter als das Schüttengebäude.

Beide Obergeschosse und das Dachgeschoss dienten als Kornschütten. Seit 1576 (BD 1576 MURER) war in einem hier nicht näher eruierbaren Umbau einerseits das Dach gedreht – das Gebäude stand nun giebelständig zur Gasse – und andererseits die Befensterung so eingerichtet worden, dass sie mehr der Belüftung als der Belichtung diente.

Tischmacherwerkstatt

Die Tischmacherwerkstatt befand sich in einem eingeschossigen Anbau vor der Giebelfassade des Ostflügels.

Bäckerei

PD 1784 MÜLLER zeigt die Bäckerei («Pfisterei») mit einem Grundriss von rund 13×21 m bei gekappter Nordostecke sowie zwei Backöfen mit Aussenmassen von rund 5×6 m als eigentliche Grossbäckerei; aus feuerpolizeilichen Gründen wurde sie als eigenes Gebäude errichtet. Erdgeschoss und erstes Obergeschoss waren massiv gemauert, das zweite Obergeschoss in Mischbauweise erstellt. Im Erdgeschoss standen, den Querkorridor flankierend, zwei Backöfen. Südlich vor diesen zwei Räume, die als «Ofenhaus» bezeichnet wurden. Im Süden schmal über die ganze Gebäudetiefe reichend die «Knechten-Brod-Kammer», im Osten eine mit zwei Betten bestückte Kammer. Am nördlichen Ende des Querkorridors zweigten symmetrisch zwei Treppenanlagen ab, die hinter die Backöfen führten. Gemäss PD 1784 MÜLLER waren die Backöfen zusätzlich je mit einer oder gar zwei Räucherkammern bestückt, die über diese Treppen erschlossen waren. Eine Räucherkammer muss direkt in die Ofenrückseite eingebaut gewesen sein (erste Treppe mit Podest), die andere im kaminhutförmigen Rauchabzug war über die weiterführende Treppe erreichbar. In den beiden Obergeschossen befanden sich Wohnräume, im zweiten zusätzlich ein «Holzgehalter».

«Metzg»

Der durch den Spitalpfleger gewählte Metzger unterstand dem Spitalmeister und war diesem zur genauen Rechnungsablage verpflichtet. Er hatte, ohne dabei eigene Interessen zu verfolgen, das Vieh einzukaufen, zu schlachten, Fleisch, Häute, Knochen und Unschlitt (Talg) genau auszuwägen und das Fleisch gerecht an Angestellte, Pfründner und Patienten zu verteilen. Ihm unterstellt waren Untermetzger und Kuttler,[172] welch Letzterer gemäss PD 1784 MÜLLER am nördlichen Ende des Areals in der «Brennereÿ und Kuttel Küche» tätig war. Die jüngeren Amtseide enthalten Details zum kostensparenden Vorgehen, aber auch die Verfügung, dass Maul, Kopf und Füsse der Tiere «Knechtenfleisch» waren, dass die Schlachtabfälle an die spitaleigenen Schweine verfüttert wurden und dass mit dem Gerber, der die Häute verarbeiten sollte, genau abgerechnet werden musste.[173]

Die «Metzg» ist als eigenes Gebäude in den Bildquellen lange nicht zu fassen. Weder von BD 1576 MURER noch von BD 1638 MERIAN und BD um 1738 ULINGER wird sie ausgewiesen. In PD 1784 MÜLLER wird sie als «Metzg und Trotte» aufgeführt, während sie in PD 1788–1793 MÜLLER zugunsten des Neubaus eines «Arbeitshauses» aufgehoben ist.

Ihr Standort befand sich am Wolfbach an der Grenze zur Grossen Brunngasse, gleich jenseits der Anatomie. Vermutlich diente die kleinräumige «Metzg» vorwiegend der Gewinnung von Häuten und Fellen und muss allenfalls in Beziehung zu dem ebenerdigen Raum im Ostflügel des ehemaligen Konvents gesehen werden, in dem diese Häute und Felle vor der Weiterbearbeitung aufbewahrt worden sind.

BAUMASSNAHMEN NACH 1803

1803 ging das Spital an den Kanton über. Auf dem Spitalareal entstanden anstelle der alten Bruderstube 1809/10 die Kantonsapotheke[174] und 1812 auf Antrag der Spitalpflege im Baumgarten des ehemaligen Predigerklosters das Irrenhaus. 1819 erschien aus Anlass der Reformationsfeier eine erste Geschichte des Spitals.[175]

Um 1828 zeichnete sich «Das große Krankenhaus» im Urteil eines Zürchers[176] «als Gebäude keineswegs aus. Es besteht bloß in einem sehr ausgedehnten Umfang von verschiedenen unter sich vereinigten Häusern, deren innere Eintheilung aber dem jedesmaligen Zwecke, zu welchem sie da sind, sehr angemessen ist.»

DAS «IRRENHAUS» VON 1813/1816
(Abb. 322, 323)

Der Bau nach Plänen von HANS KASPAR ESCHER[177] im ehemaligen Friedhofgelände (man stiess «auf Gebeine und Todtenschädel»[178]) war 1816 vollendet und im März 1817 bezugsbereit. Die Gesamtkosten beliefen sich auf etwa 40 000 Gulden.[179] Das gegen 30 m lange Gebäude richtete seine Hauptfassade gegen Süden und barg auf zwei Geschossen 21 nach Geschlechtern getrennte Zimmer für «Haus-

322
Spital, 19. Jh. Das «Irrenhaus» lag etwas nach Norden vom übrigen Spital abgesetzt im Bereich des ehemaligen Friedhofs. BD 1862 Thomann. – Text oben und S. 316.

*323
Spital, 19. Jh. Das 1816/17 nach Plänen von Hans Kaspar Escher erstellte «Irrenhaus» wurde von den Zeitgenossen als «bedeutendes Werk» gewürdigt. Im Erdgeschoss mit vergitterten Fenstern war es bis 1867 Wohnstatt der Gemütskranken und Irren. BD 1813 Escher (StAZH, Plan E 358). – Text S. 315 und unten.*

DAS SPITAL NACH 1830

Neue medizinische und sanitärtechnische Erkenntnisse, neue politische Verhältnisse, die Gründung der Universität, aber auch die zunehmende Bedeutung externer Krankenpflege gaben den Anstoss zur weiteren Entwicklung. Insbesondere führte der Lehrbetrieb an der Universität zu einer neuen Betrachtung und Einordnung des Spitals. Die noch immer bestehende Naturalwirtschaft wurde durch den Staat aufgelöst, die Spitalpflege abgeschafft, anstelle der am Spital wirkenden Ärzte übernahmen die Professoren die Leitung der einzelnen «Kliniken».[185] Obschon das Spital noch 1828 als zweckmässig beurteilt worden war, schien die Institution veraltet. Der erste Dekan der Mediziner, der Internist Johann Lukas Schönlein, dem nur 24 Betten zur Verfügung standen, war massgebend an der Planung eines neuen kantonalen Krankenhauses auf dem Areal des dem Spital gehörenden Schönauguts beteiligt. Wie oft, wenn man etwas aufgab, hielt man es noch einmal fest: In einer Reihe von Neujahrsblättern der Hilfsgesellschaft in Zürich erschien 1831–1833 die Geschichte des Spitals, der Elendenherberge und der Siechenhäuser.[186] Und der damalige Spitalverwalter Johann Fäsi-Gessner (1796–1870), dessen Erfahrungen übrigens noch in das Konzept des neuen Pfrundhauses St. Leonhard einflossen, hielt damals Szenen aus dem alten Spital in Zeichnungen fest.[187]

DIE GEBÄRANSTALT VON 1833
(Abb. 324)

Nach der Aufnahme des Fachs Geburtshilfe ins Unterrichtsprogramm der neu gegründeten Universität wurde 1833 das ehemalige Unterhaus zur neuen Gebäranstalt umgebaut. Der bisherige Leiter der Hebammenschule, Johann Conrad Spoendli (1796–1856), wurde ihr Leiter und gleichzeitig Extraordinarius für Geburtshilfe, die auch hier unterrichtet wurde. Steigende Studenten- und Geburtenzahlen führten zur Aufstockung der Bettenzahl,[188] und die Situation wurde rasch unzweckmässig und in hygienischer Hinsicht problematisch. Nach Ansicht der damaligen Mediziner führte der Mangel an Personal zu Kindbettfieber, insbesondere in den 1860er Jahren, als die Gebäranstalt teilweise geschlossen werden musste. 1875 wurde sie ganz aufgehoben und ins Schönaugut verlegt.[189]

kinder» und Patienten einerseits und «Kostgänger» andererseits, ferner zwei Arbeitszimmer sowie zwei Zimmer für je eine weibliche und eine männliche Aufsichtsperson («Abwart»).[180] Der Bau des Irrenhauses bedeutete das Ende des «Lochs» und entsprach nicht nur den Forderungen nach einer besseren Versorgung der Irren und Gemütskranken, sondern ermöglichte insbesondere deren Isolation von den übrigen Kranken.[181] Die hygienischen Verhältnisse galten als beispielhaft, und die Schaffung der Institution wurde von den Zeitgenossen als «bedeutendes Werk» gewürdigt.[182] Allerdings wurde das zu sparsam geplante Institut rasch zu klein, was bald wieder die Unterbringung von Kranken im Amthaus erforderte. Das Irrenhaus blieb bis 1867 in Betrieb. Dann transferierte man einen Teil der Insassen in das ehemalige Kloster Rheinau, 1870 die übrigen in den Neubau der Heil- und Pflegeanstalt Burghölzli.[183] 1878 wurde das Gebäude abgetragen.[184]

FRIEDHOF

1541 wurde dem Spital im Zusammenhang mit einem Pestzug ein Teil des Predigerkirchhofs zugewiesen.[190] Dieser Friedhof musste in der Folge mehrfach neu geordnet und erweitert werden.[191]

Wohl in der Folge der Gründung der Predigerpfarrei kam es zu einer Unterteilung des Friedhofs in einen westlichen Spital- und einen östlichen Predigerkirchhof, die untereinander durch eine Mauer getrennt waren. Zugänglich war der Gemeindefriedhof hinter der Bäckerei (vgl. PD 1788–1793 MÜLLER).

DIE AUFLÖSUNG DES SPITALS

Nach dem Bau des Kantonsspitals im Schönaugut – dem bedeutendsten Schweizer Krankenhausbau des 19. Jahrhunderts[192] – verliessen 1842 die meisten Patienten das alte Spital. Mit der Aufnahme der Psychiatrie ins Lehrangebot der Universität 1862/63 entstand die Idee des Baus einer psychiatrischen Klinik auf dem alten Spitalareal. 1869 wurde die «Irrenanstalt» Burghölzli ausserhalb der Stadt eröffnet.[193] 1875 entstand das Pfrundhaus St. Leonhard.

Damit verloren die letzten der alten Spitalgebäude ihre Funktion, und das alte Spital konnte «verwertet» werden.[194] Im Mai 1873 schrieb es die Domänenverwaltung zum Verkauf aus. Im Juni stimmte der Gemeinderat dem Ankauf durch die Stadt im Hinblick auf das geplante Spitalquartier zu.[195] Am 1. Juni 1875 ging das Areal für 729 000 Franken in städtischen Besitz über. Mit Ausnahme des Amthauses und der alten Gebäranstalt sollten alle Bauten abgetragen werden.[196] 1875 fielen die Anatomie, die Werkstattgebäude, 1876 Wagenschuppen, ein Teil

324
Spital, 19. Jh. Für spätestens 1784 belegt Johannes Müller in der «Sammlung» ein Kindbettzimmer, und 1833 erfolgte der Umbau des ehemaligen Unterhauses zur Gebäranstalt. Als Universitätsinstitut wurde diese wegen hygienischer Mängel 1875 ins Schönaugut verlegt. Foto 1932. – Text S. 316.

der Schüttegebäude, Pferdestall, Waschhaus, Spritzenhaus und Gartengebäude, 1877 die «Sammlung», das Neuhaus, die Bäckerei und die Kornschütte mit der ehemaligen Bruderstube.[197] 1878 folgte das letzte Schüttegebäude.[198] Das abgetragene Material, das von «grossem Werthe» war, wurde für Aufschüttungen der Quaianlagen vorgesehen.[199]

Am 25. Juni 1887 brannte der Westflügel der ehemaligen Konventbauten ab. In der Folge trug man 1895 auch diese Gebäude ab.[200] Die Gebäranstalt (das ehemalige Unterhaus) und das daran anstossende ehemalige Trottengebäude blieben bis in die 1930er Jahre stehen.[201]

325
Predigerkloster/Spitalamt. Blick auf die Brandruine von 1889. Zu sehen links der Nord-, rechts der Westtrakt des ehemaligen Klosters und Amthauses. – Text oben.

DIE ZENTRALBIBLIOTHEK VON 1914–1917
(Abb. 326–330)

Nach dem Abbruch der alten Spitalbauten, dem Brand im Amthaus und dem Abtragen der Brandruinen bot sich eine Neuüberbauung der gesamten Parzelle an. Diese erfolgte mit der Anlage der Zentralbibliothek 1914–1917.

Das Projekt einer Kantonsbibliothek, die Bewohnern der Landschaft und der Stadt offenstehen sollte, wurde in Zürich erst 1835 realisiert. Die Bibliothek vereinigte zunächst die Bestände des Chorherrenstifts, der 1833 gegründeten Universität und anderer jüngerer kantonaler Schulen. Sie belegte von 1839 bis 1851 Räume im ehemaligen Augustinerkloster (seit 1835 Sitz der Universität), seit 1855 in der ehemaligen Augustinerkirche.[202] Im März 1873 wurde sie in den Chor der Predigerkirche verlegt.

1896 wurde die Vereinigung mit der zweiten grossen Bibliothek der Stadt, der 1629 in Ergänzung zur Theologenbibliothek des Chorherrenstifts initiierten, ersten öffentlichen Bibliothek in der Wasserkirche,[203] angeregt und ab 1897 aufgrund einer Motion im Grossen Stadtrat als offizielles Anliegen verfolgt. Gleichzeitig wurde seit 1897 ein zentraler Zettelkatalog von 350 000 Titeln erarbeitet, der 1901 in der Stadtbibliothek bereitstand. Durch eine Spende von 200 000 Franken wurde das Anliegen schliesslich 1902 zum offenen Politikum.[204]

An der Trägerschaft der Bibliothek waren Stadt und Kanton Zürich massgebend beteiligt. Sie hatte die Form einer Stiftung, die mit der Genehmigung des Stiftungsvertrags und der Statuten durch den Stadt- und den Regierungsrat 1910 ins Leben gerufen wurde.[205] 1914 sicherte je eine Volksabstimmung in Stadt und Kanton die notwendigen Kredite. Die Stadt stellte den Amthausplatz und 425 000 Franken zur Verfügung, der Kanton den Predigerchor – der in die Planung einbezogen war – sowie 655 000 Franken.[206]

PLANUNGS- UND BAUGESCHICHTE[207]

1903 trat die Projektierung in die entscheidende Phase, da Erziehungsdirektor Albert Locher (1849–1914) die Verantwortlichen aller Bibliotheken zusammenrief und den Kantonsbaumeister HERMANN FIETZ (1869–1931) sowie Stadtbibliothekar HERMANN ESCHER (1857–1938) zu Vergleichsstudien nach Deutschland abordnete. Aufgrund der Studienreise entstanden erste Skizzen und Raumkonzepte für alle drei in Frage kommenden Standorte. 1906 fiel der Entscheid für den Standort Stockargut. ALFRED FRIEDRICH BLUNTSCHLI (1842–1930), Professor für Architektur an der Eidgenössischen Polytechnischen Hochschule (ETHZ), arbeitete Pläne für einen Bibliotheksbau aus; das Stockargut – in kantonalem Eigentum – war der Spitzhacke geweiht. Bald stellte jedoch die Expertenkommission für die Hochschulbauten Unverträglichkeit mit dem geplanten Universitätsgebäude fest. Ästhetische und städtebauliche Gründe wurden angeführt: Einerseits schob sich die lange Gebäudefront unmittelbar vor das Universitätsgebäude. Da dieses auf der Hangkante thronen sollte, nahm es eine beherrschende Position ein, die mit dem tiefer liegenden Bibliotheksbau nicht harmonieren konnte. Andererseits wurde BLUNTSCHLI – 1907! – die historistisch geprägte Formensprache als unzeitgemäss angelastet. Die Kritik bewirkte, dass Stadt- wie Regierungsrat den Standort Stockargut aufgaben und BLUNTSCHLIS Projekt damit obsolet wurde.

Der Standort bei der Predigerkirche – der damalige Amthausplatz – war von städtischer Seite schon früh favorisiert worden, da hier städtisches Land in die finanzielle Waagschale geworfen und so der städtische Kostenanteil entsprechend gesenkt werden konnte. Aus dem gleichen Grund brachte der Kanton den Predigerchor mit ins Spiel, mit dem ein bestehender Bau als Kostensenker eingebracht werden konnte. Dieser Faktor bestimmte die Gestalt des Bibliothekbaus entscheidend mit, indem eine Anbindung an den Predigerchor fast zwingend war.

Bauherrin war die Stiftung Zentralbibliothek Zürich, planender Architekt Kantonsbaumeister HERMANN FIETZ. EDWIN DUBS (1880–1938) leitete im Hochbauamt des Kantons die Ausführung der Detailpläne, während JOHANN MARKWALDER (geb. 1875) die Bauleitung übernahm.

Am 25. Januar 1915 begannen die Bauarbeiten, Anfang 1916 war der Rohbau und ein Jahr später der Innenausbau vollendet. Am 1. Mai 1917 konnte die Zentralbibliothek ihrer Bestimmung übergeben werden.[208]

Erstellt wurde 1915–1917 eine Bibliothek, die den damals modernen Ansprüchen vollumfänglich genügen sollte. Wesentlich waren zwei Anforderungen: kompakte Lagerung der Bücher und möglichst kurze Erschliessungswege, um Zeit zu sparen und die Kunden speditiv zu bedienen.

326
Zentralbibliothek. Hauptfassade mit Predigerkirche und dem Glockenturm von 1900. Aufriss, 1:500. Hermann Fietz, SBZ 1917, 7. Juli, S. 2.

*327
Zentralbibliothek. Blick von Westen auf den Verwaltungstrakt. – Text unten.*

Die Wege für die Benutzer durften diejenigen in die Magazine nicht berühren. Die wichtigen Benutzungs- und Verwaltungs-/Magazinräume sollten leicht erreichbar sein und auf einem Niveau liegen, so dass eine Erweiterung für das ganze Gebäude oder für nur eine der beiden Funktionseinheiten ohne grossen Aufwand zu bewerkstelligen wäre. Diese Voraussetzungen nannte FIETZ «die leitenden Gedanken bei der Gestaltung des Grundplans».[209]

Die räumliche Organisation der Zentralbibliothek verlangte nach FIETZ drei «Hauptteile», das heisst drei Baukuben, die je einer Funktion (Magazin, Verwaltung, Benutzer) zugeordnet waren.

BAUBESCHREIBUNG

Äusseres. Der Verwaltungstrakt liegt, mit Sandstein verkleidet und repräsentativ gestaltet, am Zähringerplatz, dem er seine siebenachsige Schaufassade zuwendet.

Das Tiefparterre (Raumhöhe 3,3 m) setzt sich als rustiziertes Sockelgeschoss von den drei Obergeschossen ab. Dem Sockel vorgestellt ist eine axiale Freitreppe, die das Hochparterre erschliesst. Dem dem Hauptportal angefügte Portikus trägt über einem Säulenpaar einen flachen Rundbogenaufbau, der dem ersten Obergeschoss als Terrasse dient. FIETZ brachte im Sockelgeschoss die Hauswartswohnung sowie die Buchbinderei unter.

Die drei Obergeschosse – ihre Raumhöhe von 4,6 m entspricht der doppelten Raumhöhe der Büchermagazine – werden durch die Ecklisenen sowie die das Portal flankierenden Lisenen zusammengefasst. Die Betonung der Mittelachse durch Freitreppe, Portal und Lisenen erhält zusätzliches Gewicht durch die dreiteilige Fensterform und den rundbogigen Dachaufbau, der ebenfalls das dreiteilige Fenster übernimmt. So entsteht die Achsenfolge 3–1–3. In den Achsen 1–3 und 4–7 ist das mit einteiligen Fenstern versehene Hochparterre durch ein horizontales Mauerband von den Obergeschossen abgesetzt. Diese wiederum kennen zweiteilige Fenster und werden in der Horizontale durch ornamentale, den Fenstern untergeordnete Wandelemente geschieden. Die dreiachsige Seitenfassade übernimmt die Wandgliederung der Seitenachsen der Hauptfassade.

Mit seinem geknickten Walmdach, der Natursteinfassade, der Fassadengliederung und den kleinteiligen Fenstern atmet der Bau den Geist des barocken Stadtpalais, während Rustikasockel und Freitreppe die Allusion an Rathausbauten wecken. Die Fassadengestaltung in ihrer modernistischen neubarocken Haltung steht letztlich in der Tradition des Historismus.

Inneres. Die einzelnen Räume reihen sich L-förmig der Nord- und Westfassade entlang, während Vestibüle und Treppenhaus in die schwach oder gar unbelichteten Bereiche verlegt wurden (Ost- beziehungsweise Südseite).

*328
Zentralbibliothek. Grundriss Erdgeschoss und Schnitt Nord–Süd, 1:500. Hermann Fietz, SBZ 1917, 14.Juli, S.14. – Text S.320f.*

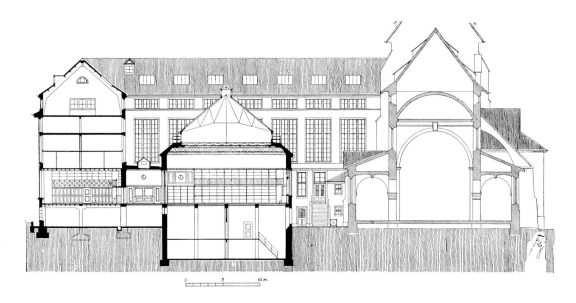

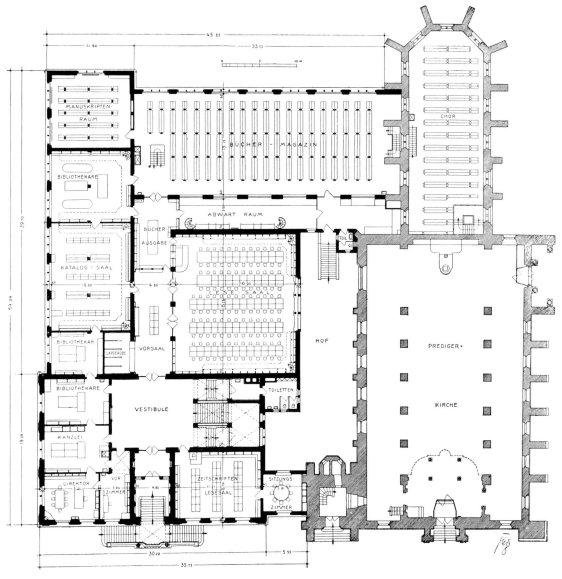

*329
Zentralbibliothek. Ostfassade. Die Zentralbibliothek von Hermann Fietz war bestrebt, mit neuem Formengut die Allusion an Kirche und Konventbauten aufrechtzuerhalten – eine Haltung, die vom 1990–1996 erstellten Neubau aufgegeben wurde. Heute steht der Predigerchor in völliger Ignoranz seiner Baugeschichte frei. Abbruch 1990.*

Im Hochparterre waren die reinen Verwaltungsfunktionen (Direktion, Kanzlei, Bibliothekare) sowie der der Tagesaktualität verpflichtete Zeitschriftenlesesaal untergebracht.

Das erste Obergeschoss beherbergt noch heute die Grafische und die Kartensammlung sowie die Handschriftenabteilung (bei Fietz Familienarchive), der ein «Vorweisungsraum» angegliedert ist. Das zweite Obergeschoss sollte ursprünglich in «Ausstellungssälen» die Schätze der Sammlung präsentieren. Im Dachgeschoss befand sich das Archiv für Handel und Industrie sowie ein «Photographen-Raum», darüber zwei weitere Dachgeschosse mit Magazinräumen.[210]

Der Lesesaal

Der Lesesaal war architektonisch wie funktional Dreh- und Angelpunkt der Bibliothek, ihr eigentliches Herzstück. Er lag «abseits von Lärm und Staub der Strasse im Zentrum der Bauanlage zwischen den neuen Gebäudeflügeln und der Predigerkirche».[211] Im Äussern trat er als Baukörper kaum in Erscheinung, was ihm zum Verhängnis wurde, denn er wurde 1990 für den Neubau geopfert.

Auf 290 m² Fläche bei 7,5 m Höhe waren hier 126 Arbeitsplätze eingerichtet. Eine Galerie umzog den Raum und war mit einer thematisch gegliederten Handbibliothek bestückt. Zum Lesesaal rechnete Fietz nördlich einen Vorsaal und die Bücherausgabe sowie im Osten einen korridorartigen «Abwartsraum». Gegenüber dem Lesesaal, im Nordflügel der Bibliothek, lag der Katalograum, ebenfalls über den Vorsaal erschlossen und beidseits von Arbeitsräumen der Bibliothekare flankiert. Ganz im Osten barg der Nordflügel einen speziellen Manuskripteraum. Die Belichtung des Lesesaals erfolgte über ein beheiztes Glasdach, das durch einen elektrisch betriebenen Vorhang beschattet werden konnte.

Ausstattung

Kapitelle, Schlussstein, Wappenfüllungen (Zürcherschild mit Schildhalterlöwe über dem Hauptportal) und Giebelfeld der Hauptfassade stammen von Arnold Hünerwadel (1877–1945). Hans Gisler (1889–1969) schuf die Skulpturen von Bodmer und Gessner über der Vorhalle des Hauptportals. Der plastische Schmuck im Innern, der sich auf die Haupträume (Treppenhaus, Vestibüle, Vorsaal und besonders Lesesäle) beschränkte, stammt von Bildhauer Carl Fischer (1888–1987).[212]

NEUBAUPROJEKTE

Bereits 1977 luden Stadt und Kanton Zürich zusammen mit der Stiftung Zentralbibliothek Zürich zu einem Projektwettbewerb für einen Bibliotheksneubau ein. Zu den Projektvorgaben gehörten unter anderem das Freistellen des Predigerchors und der Erhalt des Kopfbaus am Zähringerplatz. Da der Predigerchor weiterhin der Zentralbibliothek die-

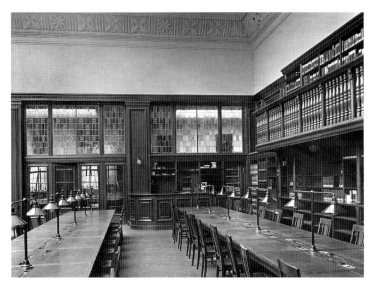

*330
Zentralbibliothek. Der Lesesaal war Dreh- und Angelpunkt der von Hermann Fietz konzipierten Zentralbibliothek. Abbruch 1990. – Text S. 322.*

nen sollte, musste im ersten Untergeschoss durch das Fundament des Chors ein Zugang erstellt werden. 1986 stimmten Stadt und Kanton dem Bauvorhaben in je einer Volksabstimmung zu und bewilligten die Kredite. Ein Rekurs verzögerte den Baubeginn bis 1990. Am 16. Juni 1994 fand die offizielle Eröffnung statt. Die Architekten ALEX und HEINZ EGGIMANN planten zwei zur Mühlegasse parallele Baukörper, zwischen denen, unter einem Glasdach, der neue Lesesaal liegt. Zusätzlich wurde ein Teil der östlich an der Chorgasse gelegenen Häuserzeile abgebrochen und dem Bibliotheksperimeter zugeschlagen.

DOKUMENTATION

Literatur (Auswahl)

ESCHER 1689/1692, S. 22–23 und 35–40. – BLUNTSCHLI 1742, S. 424–431. – WERDMÜLLER 1780, S. 125–127. – WIRZ 1793, S. 456–468. – Heil. Geistes=Hospital 1819. – VÖGELIN 1831. – VOGEL 1841, S. 564–570. – VOGEL 1845, S. 733–737. – VÖGELIN/NÜSCHELER/VÖGELIN 1878, S. 440–445. – HOFMANN 1922. – WEHRLI 1934. – Zürcher Spitalgeschichte 1 (MILT 1951, KLÄUI 1951, FIETZ 1951). – WYDER-LEEMANN 1952. – FIETZ 1966. – IMHOF 1977. – SCHADEK/SCHMID 1986. – MAURER 1989. – SEILER 1994. – DÖRNER 1996, S. 319–321. – GILOMEN-SCHENKEL 1999. – SCHMAUDER 2000. – Zürcher Spitalgeschichte 3 (MÖRGELI 2000). – FRANCINI 2001. – GILOMEN/GUEX/STUDER 2002, Teil 1 und 2. – HELBLING 2002 (Erbe). – HERRMANN 2004, S. 94–115.

Schriftquellen (Auswahl)

Gedruckte Schriftquellen

Zur frühen Geschichte des Spitals liegen ab 1204 bis 1336 zahlreiche Einträge in den UBZ 1–13 vor. Den Zugang zu den Quellen ab 1336/37 erschliessen die Bände der Urkundenregesten StAZH. Die chronikalische Überlieferung für die vorreformatorische Zeit berücksichtigt in der Regel nur die Umstände der Niederlassung.

Zur Auflösung des alten Spitals: Geschäftsberichte des Stadtrathes von Zürich an den Grossen Stadtrath 1873–1878. – RRR.

Ungedruckte Schriftquellen

StAZH. Das Spitalarchiv mit Schrifttum aus der Zeit vom 13. bis 19. Jahrhundert liegt im Staatsarchiv. Die Urkunden wurden zur Archivabteilung C (Urkunden) geschlagen (C II 18, 1245–1870), Bücher und Akten bilden die Archivabteilung H I beziehungsweise H II.

H I 1-206: Diverse Einkünfteverzeichnisse und Lehenbücher. Das Urbar H I 10 (1432–1435) liegt transkribiert vor durch Anne Guddal und Daniela Rosmus / Seminar Prof. R. Sablonier WS 1987/88. – H I 211: Haushaltsrodel (1678). – H I 214: Verzeichnis der Kirchenörter in der Predigerkirche (1754–1783). – H I 310–320: Konzeptbücher für die Ende des 18. Jahrhunderts begonnene und 1803 abgeschlossene Reorganisation des Spitalwesens (H I 316: Bauwesen). – H I 422: Spenden an das Spital (1603/1662–1834). – H I 424, S. 1–100: Pfleger vom Kleinen Rat (bis 1797); S. 119–149: Spitalmeister (bis 1847); S. 163–176: Spitalschreiber (bis 1834). – H I 428: 1–16 (1817–1831) Jahresberichte des Irrenhauses; 589: Konzept/Ordnung für das Irrenhaus (1816). – H II 1: Verwaltung und Organisation, darunter: Ordnung des Spitals 1528. – H II 5: Gschau (16. Jh.–1799). – H II 5: Anatomie. – H II 6–9: Insassen (1481–1800). – H II 20: Bausachen (ab 1542).

Zu Zahlungen aus Seckelamt und Bauamt siehe StAZH, F III 4 und F III 32 sowie StAZH, A 49.1, Nr. 76; 76 a, b.

Zu den nachreformatorischen Vergabungen: StAZH, B VI 313, Gmechts-Verzeichnußen ab anno 1557 an ann. 1564.

SAZ. – V.C. a.8. Protokoll der Stadtspitalkommission (1804–1837). – V.L. 77. Verzeichnis der Hauskinder, Kostgänger und Pfründer im alten Spital im Jahre 1843 und der Angemeldeten für 1844. – Assekuranzbücher G. St. 114 und 115 rot, 689 a–q.

ZBZ. Quellen mehrheitlich privater Herkunft zum Spital liegen heute in der ZBZ. Darunter: Ms A 124b: HEINRICH BULLINGER an seinen Schwager Jörg Stadler, Spitalmeister: Anleitungen zur Amtsführung (1558).

Ms. Car. XV 10m–o: Krankenjournal 1781–1783. – Ms. L 115, Nr. 39: Schulthess in der Limmatburg: Vorschläge zu Verbesserungen im Spital (1763), S. 672–674. – Ms. L 456: Stiftungen an div. Institutionen (1780/1790). – Ms. P 6033: Erhard Kesselring. Annales Hospitalis (1737). – Ms. R 327: Nachlass Arnold Nüscheler (Regesten zur Geschichte des Spitals und der Spanweid). – Ms. T 127 & a; Nr. 9–10: Rechnung des Spitals 1795–1806.

Bilddokumente

1576 MURER.
1638 MERIAN.
1692 MEYER, JOHANNES. «MEDICINA Die Heil Kunst»: (Neue) Sammlung und Klosteramtshaus.
Um 1700 ESCHER.
1711 FÜSSLI, JOHANN MELCHIOR. Spital, Predigerkirche von S, Kupferstich (in: BLUNTSCHLI 1711, S. 183).
1715 VOGEL, JOHANN HEINRICH (1671–1753; Zeichner), GESSNER JOHANN CONRAD (1679–1775; Stecher). «Delineation der Statt Zürich». Vedute, Zürich von Westen. Kupferstich (ZBZ, GrafSlg).
1732 LOCHMANN, JOHANNES. Brand des alten Mushafengebäudes. Nach J. M. FÜSSLI. (ZBZ 79583-C, BAZ Repro 29070).
1742 «Spithal-Amt». Predigerkirche von Süden. Feder aquarelliert (nach BD 1711 FÜSSLI) (ZBZ, Ms FA Escher v. L. Allg. 5.2–3, S. 333).

Undatiert HAGENBUCH, HANS ULRICH (1709–1768; Küfer). «Perspéctivische Vorstellung der oben aufen und neben dem Spitahlamts Garten ligenden Hisren von der abend seiten anzuschauen nach der natur gezeichnet und gemacht von Hs. Ulr. Hagenb. Küf.». Areal des Alten Spitals zwischen Gräbligasse und Predigerkirche (Privatbesitz, Abb. in WEBER 1993, S. 23).

Plandokumente

1734 Aussenansicht des Hauptportals zum Spital (StAZH, E 455).
1784 MÜLLER.
1788–1793 MÜLLER.
1792 BLUNTSCHLI, C. Spital. Anatomiegebäude. Vorderansicht und Seitenansicht. [C. Bluntschli] Ende 18. Jh. [1792] (StAZH, E 452).
1793 Spital. Vorderansicht, Seitenansicht, Grundriss des Reconvaleszentenhauses (Unterhaus). C. Bluntschli, um 1793 (StAZH, E 451).
1809 STADLER, HANS CONRAD. Spital. Plan zu einer Apotheke an Platz der Bruderstuben (StAZH, E 51).
1810 SPITTELER, CASPAR. Grundriss über bauliche Veränderungen am rechten Limmatufer zwischen oberem und unterem Mühlesteg. Signiert Caspar Spitteler (StAZH, E 233).
1820 BLUNTSCHLI.
1813 ESCHER, C. Ansicht und Grundriss des projektierten Irrenhauses im alten Spital beim Prediger (StAZH, E 358).
1813 ESCHER, C. Vorder- und Seitenansicht des projektierten Irrenhauses im alten Spital beim Prediger. Signiert Escher, C. (StAZH, E 239).
1832 wohl STADLER, HANS CONRAD (1788–1846; Maurermeister). Spital. Cantonal «Armen» Apotheke (StAZH, E 516).
19. Jh. Anonymus. Plan des alten Spitals und Umgebung. Druck, undatiert (StAZH, E 513).
19. Jh. Anonymus. Spital. Grundriss der Prediger-Kirchen, der dazu gehörenden Pfarr- und übrigen Gebäuden. Undatiert (StAZH, E 514).
Mitte 19. Jh. Anonymus. Grundriss und Schnitt des Magazins für dürres Obst im alten Spital. Papier, koloriert (StAZH, E 40).

DER KONVENT ST. VERENA
(Brunngasse 18, Froschaugasse 14, 16, 18)

DER KONVENT BIS ZUR REFORMATION

1260	Eine Frauengruppe unter einer Priorin lebt zusammen an der Brunngasse.
1261	Die Hofstatt und weiterer Besitz gehen als Lehen an die Frauen.
1309	Erwähnung der Kapelle.
1341	Bezeichnung als Kirche.
1371	Erwähnung des Patroziniums St. Verena.
1452	Neuweihe des Hochaltars.
Um 1500	Umbauten/Neubau (?)
1524	Reformation. Die Konventbauten gehen an das Spital.
1551	Verkauf der Gebäude an den Buchdrucker Christoph Froschauer d.Ä.

LAGE
(Abb. 331, 332)

Die Gebäude des Konvents lagen südlich von Predigerkloster und Brunngasse. Sie reichten im Süden bis an die Hinterhäuser und Gärten der Häuser am Neumarkt, im Südwesten an den Wolfbach, der heute kanalisiert unter der Liegenschaft hindurchfliesst. Im Nordosten dehnte sich ein Garten bis an die Predigergasse aus. Südlich der Anlage stand in der Nähe die Synagoge. Der Komplex von St. Verena war über eine Toranlage von der Froschaugasse her erschlossen. Noch heute ist zu erkennen, wie das Areal, auf dem die Frauen lebten, durch diese Situation beschränkt gewesen sein muss.[1]

ANFÄNGE DES KONVENTS

Die Anfänge der Niederlassung St. Verena sind im Beginenwesen zu sehen, jener Bewegung, in der sich Frauen seit dem frühen 13. Jahrhundert in kleinen oder grösseren Gemeinschaften zusammenschlossen, um in meist freiwilliger Armut nach mehr oder weniger strikten Regeln gemeinsam ein frommes Leben zu führen. In Zürich entstanden wahrscheinlich seit den 1230er Jahren sowohl in der Nachbarschaft des Predigerklosters als auch 1246 bei der Kirche St. Peter und um die Mitte des 13. Jahrhunderts beim Barfüsserkloster verschiedene Beginenhäuser, bei den Predigern und bei den Barfüssern eigentliche Beginenquartiere. Der Begriff Begine kommt allerdings in den entsprechenden Quellen nie vor. Das Quartier bei den Predigern, von diesen systematisch bis 1318 angelegt und ausgebaut, bestand aus 37 Häusern und dehnte sich zwischen dem heutigen Predigerplatz, der Chorgasse, der Froschaugasse und den Gärten der Neumarkthäuser aus.[2]

Die frühe Geschichte der Niederlassung an der Froschaugasse spiegelt sich in Urkunden aus den Jahren zwischen 1254 und 1262. Die erste erwähnt eine Schwester Adelheid aus Konstanz, die ein Haus an den Unteren Zäunen besass, nach der zweiten lebte sie 1259 dort mit einer anderen «conversa»,

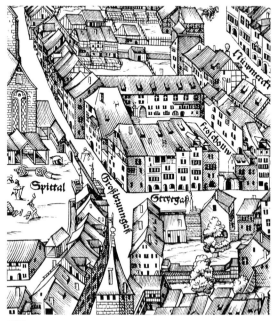

331
St. Verena. Ausschnitt aus BD 1576 Murer.

und das Haus, das beide gemeinsam besassen, ging damals zur Hälfte ans Kloster Engelberg. 1260 bezeichnet eine weitere Urkunde Adelheid von Konstanz als ehemalige Priorin der Schwestern. Der Konvent erscheint nun als eine feste Institution, die Grundstücke erwarb und geschenkt erhielt.[3] Die Urkunde, in welcher der Propst des Grossmünsterstifts den Schwestern 1262 die Hofstatt, die sie bewohnten, als zinsfreies Lehen und den kauf- oder geschenkweise erworbenen Besitz (z.B. in Winkel, Dänikon und Höngg) gegen einen jährlichen Zins verlieh, bestätigt endgültig die Existenz der Niederlassung an der heutigen Froschaugasse.[4] Das dortige, recht eingeschränkte Areal konnte in der Folge nur mühsam erweitert werden.[5]

STATUS UND BESITZ

St. Verena war einer der eher seltenen Fälle eines nicht inkorporierten Klosters, dem eine Priorin vorstand.[6] Die Frauen des Konvents, in der Mehrheit aus Handwerkerfamilien der Stadt stammend, gaben ein lebenslänglich bindendes Gelübde ab, lebten nach der Regel des hl. Augustin[7] und nahmen an Gottesdiensten und Jahrzeitgebeten teil.

Der Konvent verfügte wohl seit 1260 über Grundbesitz ausserhalb der Stadt, der teilweise Mitgift der eintretenden Frauen war («dur die liebi und gnade, so düselbe priorin und der convent gegen ir getan hant, das sü si hant z'einer swester in ir convent enpfangen»).[8] Doch er reichte offensichtlich als Lebensgrundlage nicht aus, denn die Frauen mussten selber zu ihrem Unterhalt beitragen. Ihre entsprechenden Tätigkeiten, vor allem die Betreuung von Sterbenden und Kranken, aber auch das Führen einer Schule schlossen eine Klausur aus. Die Frauen, die deshalb in der Art von Beginen lebten, verfügten jedoch im Unterschied zu jenen weiterhin teilweise über Privatvermögen.

Die Niederlassung wird 1266 erstmals als Konvent[9] und 1277 als dem Dominikanerorden zugehörig bezeichnet («ordinis fratrum predicatorum»).[10] Seit etwa 1250 hatten die benachbarten Dominikaner- oder Predigermönche die Seelsorge der Frauen übernommen, wenn auch mit Zurückhaltung.[11] 1341 erwähnt eine Urkunde den Bau einer Mauer, die die Niederlassung zumindest auf drei Seiten begrenzen sollte, und bezeichnet gleichzeitig die 1309 indirekt erwähnte Kapelle als «Kirche».[12] Ob die Bemühungen, mittels der Mauer einen eigentlichen Klosterbezirk auszuscheiden, «durch das sie besser schirm hettind»,[13] hier nur von den Frauen ausgingen oder ob sich hier auch ein Streben des Rats nach der letztlich nie erreichten Umwandlung des Konvents St. Verena in ein Kloster mit Klausur abzeichnet, ist nicht zu entscheiden. Die städtischen Quellen des 15. Jahrhunderts bezeichnen die Niederlassung durchwegs als «Kloster».[14] Wie bei den übrigen Klöstern und Stiften verstärkte der Rat im 14. und 15. Jahrhundert auch seine Kontrolle über St. Verena. Ein städtischer Pfleger wird in den Quellen allerdings erst 1489 fassbar.[15]

Die Güter des Konvents, die seit dem ausgehenden 14. Jahrhundert systematisch erfasst wurden, lagen in Affoltern am Albis, Bassersdorf, Birrwil, Bülach, Dällikon, Dänikon, Ehrendingen, Hedingen, Kloten, Lufingen, Neerach, Nürensdorf, Regensberg, Regensdorf, Rudolfstetten/Friedlisberg AG, Schöfflisdorf, Stadel, Steinmaur, Wangen ZH, Altstetten und Höngg. Wie überall waren die Einkünfte aus diesem grossen Einzugsgebiet im 14. und 15. Jahrhundert kriegs- und witterungsbedingten Schwankungen unterworfen; im sorgfältig geführten «Amtsbuch» des Konvents zeichnen sich auch die Folgen der Pestepidemien ab.[16] Vielleicht

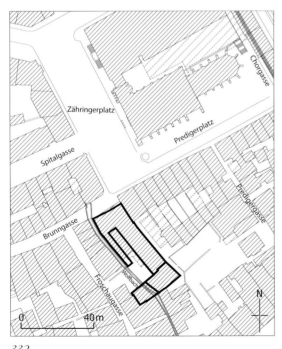

332
St. Verena. Lage des Beginenklosters im heutigen Stadtplan, 1:2000. Zeichnung Urs Jäggin.

333
St. Verena. Blick auf den Nordosttrakt von Südwesten. Foto 1951. – Text S. 328ff.

dank ihrer Herkunft aus dem Milieu der Handwerker, das diesen Schwankungen weniger ausgesetzt war, erscheinen die einzeln besteuerten Frauen von St. Verena in den Steuerbüchern von 1455 bis 1463 finanziell noch besser gestellt als die Frauen der übrigen geistlichen Institutionen der Stadt; 1467 war aber ihre Situation derjenigen der andern angeglichen. 1476 erwog der Konvent einen Neubau der als baufällig bezeichneten Gebäude und rechnete dabei mit Spenden.[17] Der Gedanke an ein Bauvorhaben lässt wahrscheinlich auf eine gewisse Entspannung der Finanzlage schliessen. 1487 konnte der Konvent in der Stadt zwei Mühlen auf dem oberen Mühlesteg kaufen.[18] Eine letzte Bestandesaufnahme der Güter im Jahr 1525, nach der Aufhebung des Klosters, zeigt den mittlerweile angewachsenen Besitz, zu dem nun auch Güter am rechten Zürichseeufer gehören. Vielleicht entspricht der bei dieser Gelegenheit erstmals erwähnte Posten einer Kornmeisterin dieser Zunahme von Einkünften.[19] Wein- und Getreideeingänge waren aber zu keiner Zeit so gross, dass auf dem Areal selber das Erstellen von entsprechenden Ökonomiebauten notwendig geworden wäre.

TÄTIGKEITEN DER KONVENTS-ANGEHÖRIGEN

Im Zentrum der Tätigkeiten lag die Betreuung von Kranken und Sterbenden. Ein bedeutender Reflex davon findet sich möglicherweise in einem 1477 datierten Gebetsbuch – eigentlich einem Stundenbuch –, das aus dem Konvent stammen könnte, weil es deutliche Bezüge zu Zürich, den Dominikanern und indirekt auf ein weibliches Zielpublikum enthält.[20] Das wahrscheinlich von Männerhand geschriebene Buch führt eine «lang vigil von den toten» auf, über 120 Seiten, die darauf hinweisen, dass die Schwestern für die Prediger den Totendienst übernommen haben könnten. Die nachreformatorische Funktion der Konventgebäude von 1524–1551 als Krankenhaus für Akutkranke und die Übernahme der Bezeichnung «[neue] Sammlung» für das 1551 auf dem Spitalareal neu gebaute Krankenhaus nahmen wahrscheinlich Bezug auf entsprechende Tätigkeiten der Frauen.[21]

Da alle, die zur Mithilfe im Gottesdienst, zum Singen der Psalmen und Gebete beigezogen wurden, zumindest lesen können mussten, wurde in St. Verena Unterricht erteilt. Da das hier Gebotene – Lesen, Schreiben, etwas Rechnen, aber kein Latein – durchaus einer Frau, die in einem Gewerbebetrieb mitwirkte, von Nutzen war, konnten auch Mädchen von ausserhalb am Unterricht teilnehmen. Eine Urkunde von 1413 zeigt, dass in St. Verena damals eine kleine Internatsschule bestanden haben muss.[22] 1455 wird eine, 1467 werden zwei Schulmeisterinnen erwähnt.[23]

BIBLIOTHEK

In der Reformation sind praktisch alle Spuren einer ehemaligen Bibliothek verschwunden. Ihrem Bestand wird eine Handschrift mit drei Heiligenviten zugewiesen, die heute im Kloster Einsiedeln liegt,[24] während die Zugehörigkeit des 1477 datierten Gebetsbuches – heute in der Burgerbibliothek in Bern – nicht vollständig gesichert ist.[25] Der Standort der Bibliothek innerhalb der Konventbauten ist unbekannt.

DIE KONVENTGEBÄUDE
(Abb. 331, 333, 334)

Die Konventgebäude ordneten sich, zusätzlich vom Lauf des Wolfbachs beeinflusst, wohl der bereits vorgefundenen Siedlungsstruktur und Topografie unter, so dass die Kapelle im hier als Südflügel bezeichneten Trakt nicht geostet war, sondern sich gegen Nordosten richtete. Ebenso zeigt der als Osttrakt bezeichnete Hauptflügel eine Ausrichtung Nordwest–Südost.

Alle Bildquellen und Pläne zu St. Verena stammen aus nachreformatorischer Zeit. Die Gebäude und ihre Funktion für das Kloster sind nur indirekt und hypothetisch zu erschliessen.[26] Zudem weicht BD 1576 MURER mit der frühesten Darstellung der «Froschow» – so die Bezeichnung für die Gebäude von St. Verena nach der Übernahme durch CHRISTOPH FROSCHAUER – von seiner sonst üblichen zuverlässigen Darstellungsweise ab. Vielleicht wollte MURER den Ort der Entstehung seiner Vedute – die Buchdruckerei FROSCHAUERS – vom Boden bis zum First darstellen. Dies könnte ihn bewogen haben, den Osttrakt des ehemaligen Klosters nach Nordosten wegzurücken, was zu einer missverständlichen Darstellung des südöstlichen und nordwestlichen Gebäudeanschlusses führte. Die Verbindung zwischen Ost- und Südtrakt entspricht deshalb nicht dem Bild, das beispielsweise der Baueingabeplan von 1882 (erstes Obergeschoss) bietet.

Über die Genese des Gebäudekomplexes ist wenig bekannt. 1965 konnte im Hof ein kleiner Keller archäologisch erfasst werden. Da seine Mauern unter den bestehenden Osttrakt laufen, müssen sie älter sein als dieser. Weitere Mauerfundamente und eine Pflästerung legen den Schluss nahe, dass Teile des Klosterhofs vor dem Bau des Osttrakts bereits überbaut waren. Diese Vorgängerbauten sind allerdings nicht zu datieren.[27] Mit dem 1309 erwähnten Haus («huse») der Schwestern, das an Heinrich Bilgeris Haus am Neumarkt stiess,[28] wird in der Schriftlichkeit erstmals ein Teil der baulichen Strukturen greifbar, die die Grundlage für den L-förmigen Baukomplex bildeten (BD 1576 MURER). Ob die in der Folge links und rechts der Hofstatt erworbenen Häuser im Zusammenhang mit Bauvorhaben standen, ist nicht zu klären. Wahrscheinlich entstand jedoch 1341 mit dem Bau einer Mauer eine Art Klosterbezirk. Wenn schliesslich 1403 in der «stupa conventus», der Konventstube, eine Urkunde ausgestellt wurde, so weist dies auf eine vollständige bauliche Infrastruktur hin; «klösterlich» war sie indes nach wie vor nicht.[29]

DER OSTFLÜGEL
DER KONVENTBAUTEN

Dieser setzte sich, wie die Baueingabe von 1882 belegt, aus zwei Bauteilen zusammen, von denen der eine in der Zeile der Brunngasse stand und aus zwei Häusern hervorging (Brunngasse 18, Untere Froschau). BD 1576 MURER zeigt – bei gemeinsamer Fassade – südöstlich ein viergeschossiges Haus unter Walmdach, dem nordwestlich unter angeschlepptem Dach ein zweites angefügt ist, das an den Wolfbach stösst (vgl. auch Baueingabeplan 1882).

An den nordöstlichen Hausteil von Brunngasse 18 schliesst gegen Südwesten ein Kubus über rektangulärem Grundriss von 25,4 × 10,4 m an, der jüngst in den Zeitraum zwischen 1467 und 1576 datiert wurde.[30] Obwohl dies nicht auszuschliessen ist, könnte BD 1576 MURER auch andere Schlüsse nahe legen. Es zeigt rechts der (über)grossen, bohlenbelegten Tordurchfahrt, die wohl die nordöstlich gelegenen Gärten erschloss, ein Erd- und ein erstes Obergeschoss, die mit Staffel-, Doppel und Reihenfenstern (mit Klebedach) versehen sind.

Die Staffelfenster des ersten Obergeschosses, die sich heute noch sowohl an der Südwest- wie der Nordostfront finden, sind im Innern mit Segmentbogen überspannt, die von je einer Fenstersäule (16./17. Jh. überarbeitet) gestützt werden. Der schlichte, übereck gekehlte Schaft steht auf einem hohen Postament über einem gestürzten Würfelkapitell. Er stützt mit dem Kapitell aus Karnies und Platte den als Konsole gestalteten Kämpfer, der ebenfalls über einem Karnies eine Platte trägt.

Das zweite Obergeschoss ist mit mächtigen Kreuzstockfenstern ausgestattet, die eine nachträgliche Aufstockung vermuten lassen. Wenn man in BD 1576 MURER den vertikalen Strich rechts des Tors dazu noch als Baunaht versteht sowie die Fenster über und links der Torduchfahrt als Doppelfenster von zwei niedrigen Obergeschossen interpretiert, liegt die Vermutung von mehreren Bauetappen nahe. Gestützt wird die Vermutung durch PD 1945 DUBOIS/ESCHENMOSER, das an dieser Stelle im Erd- und Obergeschoss eine mächtige Binnenmauer zeigt.

Dass das Neuaufrichten des Dachs, das den gesamten Ostflügel unter einen First brachte, gleichzeitig mit einer Aufstockung des Südteils erfolgte, ist nicht auszuschliessen. Bauaktivitäten könnten mit der 1476 festgestellten Baufälligkeit zusammengebracht werden. Ob aufgrund der damals erlangten Berechtigung, innerhalb eines Jahres Spenden für den Bau zu sammeln, genügend Geld für einen Neubau zusammenkam, ist nicht bekannt; weitere Bettelbriefe sind nicht überliefert. Wann welche Renovationen oder Neubauten einsetzten und in welchen Etappen sie erfolgten, ist daher letztlich unbekannt.

DER SÜDFLÜGEL DER KONVENTBAUTEN

Die spätgotische Balkendecke
(Abb. 335)

Ein materieller Beleg für Bauaktivitäten um 1500 bildet die im Schweizerischen Landesmuseum erhaltene spätgotische Bohlen-Balkendecke, die nachweislich aus dem Erdgeschoss des Südflügels stammt.[31] Die Balkenköpfe tragen Schulterbogen, denen eine Herzform mit überlanger Spitze aufgesetzt ist. Im Bogenfeld stehen als Flachrelief Spitzbogen mit stilisiertem Masswerk, das blau, grün oder rot hervorgehoben ist. Einzelne Balken tragen polychrome Mittelmedaillons mit Sonne, Mond, Sternen oder Blüten.

Die Masse der Decke betragen rund 9 × 11 m, die Raumhöhe ist im Baueingabeplan von 1904 mit 2,65 m angegeben. Der Raum befand sich im Erdgeschoss und öffnete sich zweiseitig mit dreiteiligen Staffelfenstern in Bogennischen.

Ähnliche Decken kommen in Zürich sicher seit der Mitte oder gar 1. Hälfte des 15. Jahrhunderts vor und werden bis ins frühe 16. Jahrhundert datiert. Sicher datiert – über Dendrochronologie oder Jahrzahl – sind folgende Decken: Haus Rindermarkt 7 (1486), Zimmer der Cäcilia von Helfenstein im Fraumünster (SLM, Jahrzahl 1489), Neumarkt 4

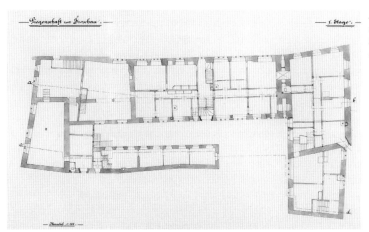

334
St. Verena. Grundriss des 1. Obergeschosses von Froschaugasse 18. Baueingabeplan von 1882. – Text S. 328ff.

335
St. Verena. Spätgotische Balkendecke um 1500 aus dem Erdgeschoss des Südflügels, seit 1912 im SLM. – Text S. 329f.

(1487 auf Fenstersäule), Wohnraum der Katharina von Zimmern im Fraumünster (SLM, Jahrzahl 1507).[32] Auch wenn die Decke von St. Verena schlichter ist und darum altertümlicher wirken mag, dürfte sie wie die oben genannten Reflex des seit ungefähr 1470 einsetzenden Neubau- und Renovationsschubs sein, wie er an städtischen und ländlichen Kloster- und Kirchenbauten allgemein festzustellen ist.

Die Kapelle

Seit wann St. Verena über eine eigene Kapelle verfügte, ist unbekannt. Die Dorsalnotiz auf einer Urkunde vom 24. April 1309, die das darin erwähnte «Haus» der Schwestern als «unsere capellen» bezeichnet, lässt keinen Schluss auf ein Baudatum um 1300 zu.[33] Der Umstand, dass das Dachwasser vom erwähnten Haus in den Garten des Heinrich Bilgeri am Neumarkt abgeleitet werden durfte, lässt lediglich darauf schliessen, dass es sich um den Südflügel des Konvents gehandelt haben muss. Die Urkunde schliesst übrigens auch die Verpflichtung ein, dass das Dach dieses Hauses nicht erhöht werden dürfe.

Dass 1341 in einer weiteren Urkunde eindeutig von der «Kirche» an dieser Stelle gesprochen wird,[34] legt nahe, dass zwischen 1309 und 1341 eine Kapelle in einer heute nicht mehr fassbaren Form entstanden ist. Die erwähnte Notiz könnte als nachträgliche Präzisierung den Neu- oder den Umbau zu einer Kapelle reflektieren. Das Patrozinium der Kapelle (St. Verena) wird erst 1371 genannt. 1385 schenkten zwei Konventsangehörige St. Verena zwei Rebberge, aus deren Ertrag eine wöchentliche Messe für ihr Seelenheil gelesen werden sollte.[35]

Die Kapelle nach den Bild- und Plandokumenten

Im Baueingabeplan von 1882 ist das «zum Rhombus verschobene Mauergeviert von rund 16,5 m Länge und 10,6 m Breite bei einer Mauerstärke von etwa einem Meter»[36] abzulesen. In BD 1576 MURER steht über einer breiten Schleppgaube ein kleiner, offener Dachreiter mit Glocke. 1987 wurde beim Umbau des westlich anstossenden, jüngeren Gebäudes im Erdgeschoss die ehemalige Westfassade des Südflügels untersucht. Erfasst wurde ein zugemauertes Portal mit Bogenansatz, «das ursprünglich einen Rund- oder Spitzbogen aufwies» und bei einer Höhe von über 3 m eine lichte Breite von 1,7 m hatte.[37] Zwischen der Klosteraufhebung 1524 und 1576 (BD 1576 MURER) ist entweder bei der Umnutzung zum Spitalgebäude oder bei der Übernahme durch FROSCHAUER in Zusammenhang mit dem Einzug zweier Geschosse über dem Bogenansatz ein horizontaler Sturz eingesetzt worden.

Die spärlichen Quellenbelege, Grundrissdimensionen, Dachreiter und Westportal lassen vermuten, dass die Kapelle das gesamte Volumen des rhomboiden Baus einnahm. Sie hätte den jeweils rund 20 Schwestern sowie einer unbekannten Anzahl Beginen aus den umliegenden Häusern als Gotteshaus gedient.[38]

Über die Zugänglichkeit der Kapelle direkt vom Südflügel aus bestehen keine Nachrichten. Der Baueingabeplan von 1882 zeigt zwar im ersten Obergeschoss eine kreuzgewölbte Verbindung, die den zwischen den Gebäuden liegenden (Eh-?)Graben überwindet und in den Ostteil der Kapelle führt. Ob er jedoch in Zusammenhang mit dem Einbau von zwei Geschossen in nachreformatorischer Zeit entstand oder älter ist und von den Zellen / dem Dormitorium im ersten Obergeschoss des Südflügels auf eine Nonnenempore führte, ist ungewiss.

Die Ausstattung der Kapelle

Die Ausstattung der Kapelle ist materiell nicht überliefert. Schriftlich belegt ist die Neuweihe des Hochaltars 1452. An erster Stelle war er der Hl. Dreifaltigkeit, daneben Maria, Johannes dem Täufer, allen Engeln, Paulus und Petrus und den übrigen Aposteln, Dominikus, Petrus Martyr, Thomas von Aquin, Agnes, Georg, Alexius, Ulrich, Verena, Pantaleon und Allen Heiligen gewidmet.[39] Für den Besuch wurde ein 40-tägiger Ablass zugesichert. Von vier weiteren Altären sind weder Anordnung noch Patrozinien bekannt.[40]

1504 bezahlte das städtische Seckelamt einen Beitrag von 10 Pfund «den frowen zu sant frenen an ir taffeln».[41] Mit diesem Eintrag wird eine Altartafel im Schweizerischen Landesmuseum in Verbindung gebracht.[42] Wahrscheinlich handelt es sich um die *Altartafel des Zürcher Veilchenmeisters* (Abb. 336).

Aussenseite. Vor felsiger Landschaft knien, die durch einen dürren Baum markierte Mittelachse flankierend, die hll. Katharina und Barbara. Seitlich hinter ihnen steht je ein Henker. Links aussen das in Flammen zerberstende Marterrad der Katharina, hinter ihr eine Felskuppe. Zwischen den Beinen des Henkers ein abgeschlagenes Haupt sowie ein Teil des gebrochenen Rades. Hinter Barbara der durch einen Graben abgesetzte und in eine Stadtmauer integrierte Turm mit Kelch und Hostie in der Toröffnung.

Innenseite. Von links nach rechts Maria Magdalena mit geöffneter Salbbüchse, Johannes Ev. mit Kelch und segnender Linker, Verena mit Doppelkamm in der erhobenen Rechten und zinner Glockenkanne in der Lin-

336
St. Verena. Zürcher Veilchenmeister, Altartafel, Aussenseite. Martyrium der hll. Katharina und Barbara, um 1505. (SLM 35849, 35850). Wüthrich/Ruoss 1996, Kat.-Nr. 59. – Text oben und S. 332.

337
St. Verena. Blick in den ehemaligen Klostergarten. Foto 1941. – Text nebenan.

ken. Die mit Goldnimben versehenen Heiligen stehen vor einer Fluss- und Waldlandschaft. Im Mittelgrund, von Johannes halb verdeckt, schleppt ein Bauer mit seinem Pferd einen Baumstamm über die Strasse.

Personell sind wir mit einer eindeutigen Dominikaner-Ikonografie konfrontiert. Johannes Ev. fungierte als «himmlischer Helfer» der Dominikanerinnen, Maria Magdalena ist – nach der Gottesmutter – die älteste Schutzheilige des Ordens. Die Namenspatronin des Klosters St. Verena – mit Weinkanne und Doppelkamm als Pflegerin der Kranken ausgezeichnet – ist schliesslich als Dritte auf der Innenseite vertreten. Auf der Aussenseite ist mit der hl. Katharina neben Johannes und Maria Magdalena eine weitere klassische Schutzheilige der Dominikaner präsent. Als Patronin der Wissenschaften darf sie im Zusammenhang mit der klostereigenen Schule von St. Verena gesehen werden, so wie die hl. Barbara – eine der Vierzehn Nothelfer – als Patronin des seligen Todes nicht nur den Klosterfrauen in ihrer letzten Stunde den Empfang des Heiligen Sakraments gewährleisten sollte, sondern auch auf deren Tätigkeit in Krankenpflege und Begleitung Sterbender Bezug nimmt.[43] Die beinahe massgeschneiderte Ikonografie macht es zusammen mit dem Eintrag in der Seckelamtsrechnung von 1504 sehr wahrscheinlich, dass die um 1500 datierte Altartafel St. Verena zuzuordnen ist.

SIEGEL[44]

Siegel der Priorin (1319). Spitzoval. Lamm Gottes mit Siegesfahne. Umschrift: «✝ ◊ S' PRIORISSE ◊ SOROR ◊ QVE ◊ DICVNTVR ◊ DE ◊ CONSTAN̄*».

Siegel des Konvents. Spitzoval. Auferstehender Christus mit Segensgestus und Siegesfahne aus der Gruft steigend. Unter der Gruft drei Rosen. Umschrift: «✝ * S' ◊ CONVENT̄ ◊ SOROR ◊ DC̄AR ◊ D' ◊ CONSTAN̄*».

FRIEDHOF

Auf einen Friedhof bei den Konventgebäuden gibt es Hinweise aus dem ausgehenden 15. Jahrhundert, als bereits ein ummauerter Immunitätsbezirk bestand.[45] Die Lage der Bestattungen konnte archäologisch bisher nicht gefasst werden.[46]

ÖKONOMIEGEBÄUDE UND GARTEN

St. Verena hatte keine oder nur kleine Ökonomiegebäude, da das Areal beengt war und die relativ geringen Wein- und Getreideeingänge besondere Wirtschaftsgebäude auch nicht nötig machten. Der Garten erstreckte sich gemäss BD 1576 MURER teilweise bis an die Predigergasse.

REFORMATION

Laut EDLIBACH bestand der Konvent 1524 aus 25 Frauen, die mit den übrigen Klosterfrauen der Stadt im Oetenbachkloster untergebracht wurden. Die Konventbauten wurden zum Spital geschlagen (siehe oben, Spital).

GESCHICHTE UND BAUGESCHICHTE NACH DER REFORMATION

DIE EHEMALIGEN KONVENTGEBÄUDE ALS TEIL DES SPITALS 1525–1551

1525 gingen die Bauten ans Spital, das hier ein Haus für Akutkranke einrichtete (S. 295).[47] Das Ausmass der entsprechenden baulichen Anpassungen konnte im Rahmen dieser Arbeit nicht eruiert werden. Wahrscheinlich nutzte man die vorhandene Infrastruktur sogar ohne grössere Eingriffe. Es konnte auch nicht geklärt werden, ob das auf dem südlichen Flügel der ehemaligen Konventbauten 1576 sichtbare Glockentürmchen auf die Funktion der Gebäude als Teil des Spitals zurückgeht. Sehen wir hier vielleicht das Glöcklein der 1525 abgetragenen Barbara-Kapelle vor dem Oberdorftor, deren Besitz ans Spital kam?[48]

338
St. Verena. Elisabeth Escher (?). Blick von Norden gegen den Neumarkt. Rechts am Bildrand der Nordosttrakt von St.Verena.

DER ÜBERGANG IN PRIVATBESITZ

1551 kam es zu einer Rochade: CHRISTOPH FROSCHAUER, der seit 1528 im Ostflügel des ehemaligen Barfüsserklosters seine Buchdruckerei betrieb, konnte die alten Konventgebäude von St. Verena erwerben. Die Patienten zogen vom Spital in die «neue Sammlung» am Wolfbach. Die frei gewordenen Räume im ehemaligen Barfüsserkloster belegte nun der Obmann Gemeiner Klöster, dessen Amtsräume sich zuvor im Grimmenturm befanden. Das ehemalige Barfüsserkloster wurde danach als Obmannamt bezeichnet.

Mit CHRISTOPH FROSCHAUER setzt in der Nutzungs- und Baugeschichte des ehemaligen St. Verenaklosters eine ganz neue Entwicklung ein, die unter anderem stark von den familiären und nachbarschaftlichen Beziehungen der Besitzer der «Froschau» geprägt wurde und deshalb eine gründlichere Darstellung im Kontext der anderen Profanbauten verdient.[49] Die «Froschau» wurde nach der relativ kurzen Zeit im Besitz der namengebenden FROSCHAUER (CHRISTOPH d. Ä., †1564, und sein Neffe CHRISTOPH d. J., †1585) über lange Strecken von Angehörigen aus dem Milieu der Textilindustriellen geprägt, so vor allem von den Escher (von den von ihnen veranlassten Baumassnahmen zeugen die Inschriften von 1611 und 1677) und den Pestalozzi, die in der näheren Umgebung weitere Liegenschaften besassen. Für die Dauer, während deren in der «Froschau» die erste Zürcher Blindenanstalt untergebracht war (1811–1819), greift die Nutzung der Gebäude noch einmal auf die philanthropische Tradition von St. Verena zurück. Heute befinden sich in den ehemaligen Konventbauten Wohnungen und Teile des Kinos «Frosch».

DOKUMENTATION

Literatur

NÜSCHELER 1873, S. 459. – VÖGELIN/NÜSCHELER/VÖGELIN 1878, S. 422–424. – BÄR 1903. – BÄR 1911. – ESCHER, KdmZH 1939, S. 277. – ESCHER, KdmZH 1949, S. 14. – WEHRLI-JOHNS 1980, S. 101–104. – ILLI 1992, S. 55. – DÖRNER 1996, S. 75, 309–317, 361. – HOHL 1999. – HELBLING 2002 (gotzhus). – WILD 2002 (St. Verena). – STÄHLI 2002.

Schriftquellen

Gedruckte Schriftquellen. BROGLI 1984.
Ungedruckte Schriftquellen. StAZH. Das Archiv des aufgehobenen Klosters kam 1525 ans Spital und liegt seit 1876 als Bestandteil von dessen Archiv im Staatsarchiv. – H I 161: Lehenprotokolle 1380er Jahre bis 1489. – H I 162: Lehenurbar 1446, 1450. – H I 163c: Rechnung der Sammlung an der Brunngasse 1525. – H II 2: Zum Zusammenschluss von Prediger, Spital und Sammlung.

Bilddokumente

1576 MURER. – 1638 MERIAN. – Um 1738 ULINGER.

Plandokumente

1788–1793 MÜLLER.
1945 DUBOIS/ESCHENMOSER. G. P. DUBOIS & J. ESCHENMOSER: Altstadtsanierung, Gebiet nordöstlich Froschaugasse, Grundrissaufnahme Erdgeschoss / Umbau Obergeschoss, 1:100, Feder. (BAZ G 241).

SYNAGOGE

(Froschaugasse 4)

Mitte 13. Jh.	Existenz einer jüdischen Bevölkerungsgruppe erwähnt.
1348	Untergang der ersten jüdischen Gemeinde.
1357	Eine «Judenschule» erwähnt.
1381	Erwerb eines neuen Friedhofs.
Um 1400	Erwerb der «Judenschule» durch Vertreter der jüdischen Gemeinde.
1423	Erwerb durch den Unterstadtschreiber.
1436	Endgültige Auflösung der jüdischen Gemeinde.

LAGE

(Abb. 339, 340)

Die älteste und bisher einzige bekannte Synagoge in der Zürcher Altstadt wird in einem Wohnhaus an der Froschaugasse vermutet, und zwar im Erdgeschoss des von der Gasse abgewandten Teils von Froschaugasse 4. Die «Judenschůl» befand sich in unmittelbarer Nähe des Frauenkonvents St. Verena im Prediger- und Beginenquartier. Die heutige Froschaugasse, an der und in deren näheren Umgebung sich die jüdische Bevölkerung konzentrierte, wurde noch weit in die Neuzeit hinein als «Judengasse» bezeichnet.

JUDEN IN ZÜRICH

Zeitpunkt und Umstände der Entstehung einer ersten jüdischen Gemeinde in Zürich sind unbekannt.[1] Erstes Zeugnis für die Anwesenheit von Juden liefert, allerdings indirekt, der um die Mitte des 13. Jahrhunderts entstandene erste Zürcher Richtebrief, der sowohl jüdischen als auch christlichen Geldverleihern verbot, als Pfänder Objekte aus einem Kirchenschatz oder Seidenprodukte entgegenzunehmen, und der den Juden das Schächten von Schafen und Rindern erlaubte. Die Neufassung des Richtebriefs von 1304 setzte zudem den Höchstzins für Darlehen fest.[2] Mit Einsetzen der Stadtbücher 1314 wurden Bestimmungen des Rats für die jüdische Bevölkerungsgruppe festgehalten; so wurde diese beispielsweise angewiesen, sich in der Karwoche von Mittwoch bis Samstag möglichst nicht in der Öffentlichkeit zu zeigen, und 1335 hielt der Rat fest, dass Juden eine Aufnahmegebühr von 10 Mark Silber, die etwa dem Wert eines Hauses entsprachen, zu entrichten hatten.[3] Für Zürich fehlen zwar Belege für eine frühere Entwicklung, doch geht auch hier der Sonderstatus der Juden einerseits auf ein kaiserliches Dekret von 1103 in der Folge des Ersten Kreuzzugs (1096) zurück, das Juden auf dieselbe Stufe wie Kleriker, Frauen und Händler stellte, andererseits auf eine Verordnung Friedrichs II. im Jahr 1236, die die Juden als kaiserliche Kam-

339
Synagoge. Ausschnitt aus BD 1576 Murer.

merknechte unter besonderen Schutz stellte. Dieser Schutz, zeitlich befristet, musste gegen Bezahlung – die Judensteuer – immer wieder erneuert werden. Städte konnten die Berechtigung, Juden aufzunehmen (Judenregal), erwerben. Wann dies für Zürich der Fall wurde, ist nicht bekannt. 1343 deutet sich mit einer in den Stadtbüchern aufgenommenen Verordnung, «das man die Juden schirmen sol», erstmals in den Quellen eine Gewaltbereitschaft innerhalb der Bevölkerung gegenüber Juden an.[4]

Die von Juden bewohnten Häuser konzentrierten sich im Gebiet zwischen Brunngasse, Neumarkt und Froschaugasse. Hier befand sich auch das Zentrum – eines von mehreren? – der ersten jüdischen Gemeinde, die im Pogrom von 1348 unterging.

DIE «SCHUL» AN DER JUDENGASSE
(Abb. 339–342)

Der Bau einer Synagoge oder eines Bethauses und der Unterhalt dieser Räume gehörten zu den wichtigsten Aufgaben einer jüdischen Gemeinde. Vorausgesetzt, die Mindestzahl von 10 Männern («Minyan») war anwesend, fanden täglich drei Gottesdienste statt, zu denen der «Schulklopfer» aufforderte; die Synagoge wurde aber auch zu anderen religiösen oder sozialen Zwecken benutzt. Der Bau einer Synagoge konnte von einer Minderheit der Gemeinde erzwungen werden. Wenn dies nicht erreicht wurde – und das scheint unter den in Zürich herrschenden Bedingungen der Fall gewesen zu sein –, kamen auch der Kauf oder die Miete eines Wohnhauses oder gar eines einzelnen Raums in einem Wohnhaus (Betsaal, Betstube) in Frage.[5]

Die Bezeichnung «Judenschule», der man für Zürich erstmals in den Steuerbüchern 1357 begegnet,[6] war im Mittelalter üblich: Sie konnte als Pars pro Toto die Synagoge bezeichnen, meinte aber ursprünglich den in der Synagoge selber oder in einem Nebenraum stattfindenden Studier-, Diskussions- und Lehrbetrieb zu den traditionellen Schriften. Eine Person aus dem Kreis der ersten Gemeinde wird in Rabbi Moses fassbar: Der Verfasser des «Zürcher Semak», eines Kommentars zum «Sefer Mizwot Katan» (kleines Buch der Gebote) des Rabbi Isaak ben Josef von Corbeil, war an der Brunngasse wohnhaft, wo möglicherweise eine Talmudschule existierte.[7]

Als Standort einer «Schul» wird aufgrund der entsprechenden kontinuierlichen Bezeichnung bis ins

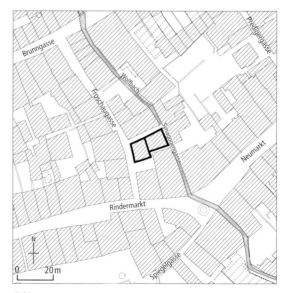

340
Synagoge. Lage im aktuellen Stadtplan, 1:2000. Zeichnung Urs Jäggin.

18. Jahrhundert ein Teil der Liegenschaft Froschaugasse 4 angenommen. Die Zürcher Synagoge trägt also keinerlei Merkmale eines eigens für den Gottesdienst errichteten Baus.[8] Spätere Quellen zur Geschichte des Hauses legen die Vermutung nahe, dass sich die Wohnräume im Vorderhaus befanden.

DIE ENDGÜLTIGE VERTREIBUNG DER JUDEN AUS ZÜRICH

Im September 1348 und im Februar 1349, während der beiden Pestjahre, wurden die meisten Mitglieder der Gemeinde hingerichtet,[9] darunter wohl auch die jüdische Geldverleiherin Minne, die 1359 als frühere Besitzerin und übrigens auch Bewohnerin der «Judenschule» erwähnt wird.[10] 1354 nahm der Rat wieder Juden in Zürich auf. 1357 findet sich in den Steuerbüchern der erste, oben erwähnte Hinweis auf die «Judenschule», deren Besitzverhältnisse nach 1348/49 neu geregelt worden waren.[11] Sie wird in den Steuerrödeln zwischen 1357 und 1366 als leer stehend («vacat») bezeichnet, von 1370 bis 1400 erscheint sie in christlichem Besitz. 1375 und 1385 erwarb ein gewisser Johann Klein, genannt Löibler, sukzessive alle Teile des Hauses, einen davon vermietete er an den Juden Smaria.[12] Smaria gehörte zu jenen Juden, die der Rat in den späten 1370er Jahren wieder aufgenommen hatte, wobei er

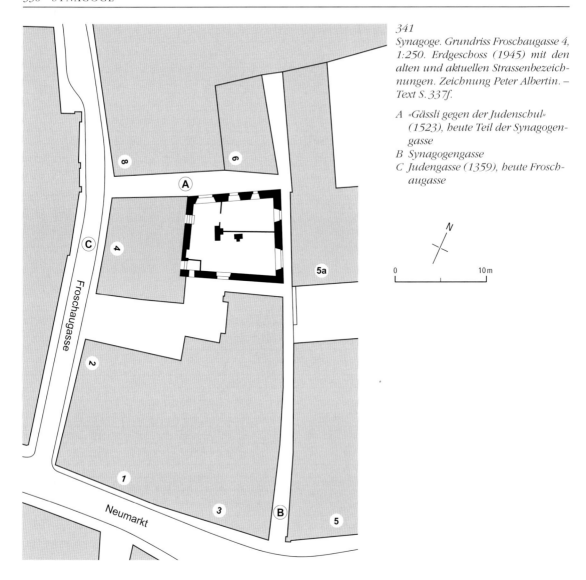

341
Synagoge. Grundriss Froschaugasse 4, 1:250. Erdgeschoss (1945) mit den alten und aktuellen Strassenbezeichnungen. Zeichnung Peter Albertin. – Text S. 337f.

A «Gässli gegen der Judenschul» (1523), heute Teil der Synagogengasse
B Synagogengasse
C Judengasse (1359), heute Froschaugasse

jeweils das Aufenthaltsrecht auf vier bis fünf Jahre befristete. Zu dieser Zeit betrug der Anteil der jüdischen Gemeinde mit etwa hundert Menschen knapp 2% der städtischen Gesamtbevölkerung; die Zahl blieb relativ stabil.[13] 1381 erwarben Mitglieder der Gemeinde ein neues Friedhofsareal, da das alte überschwemmt worden war (siehe unten). 1383 machte sich deutlich ein verstärkter Druck auf die ansässige jüdische Gemeinschaft bemerkbar. Die bisherige Gemeindeautonomie wurde eingeschränkt, und Juden wurde verboten, ihre Streitfälle vor einem jüdischen Gericht vorzubringen. Sie durften auch nicht mehr als eine Synagoge besuchen – eine Bestimmung, die vielleicht darauf hinweist, dass mehr als ein Bethaus existierte.[14] Seit 1397 hatten jüdische Passanten eine Gebühr von einem Gulden für jede in der Stadt verbrachte Nacht zu entrichten.[15] Trotz all dieser Einschränkungen erwarb Israel von Brugg, wahrscheinlich als Vertreter der jüdischen Gemeinde, um 1400 die Judenschule. 1423 mussten alle Juden Zürich verlassen, gleichzeitig übrigens wurden für die christlichen Geldverleiher deutlich günstigere Höchstzinse festgelegt: Beim damals erzwungenen Verkauf der Synagoge an den damaligen Unterstadtschreiber Johann Keller traten mit Jochenan, Selig und Israel, alle als Bürger der Stadt bezeichnet, drei Vertreter der jüdischen Gemeinde als Trägerschaft der Synagoge auf. Die Liegenschaft,

342
*Synagoge. Froschaugasse 4, Vorderhaus.
Foto 2002. – Text S. 337f.*

mit Haus, Hofstatt und Höfli umschrieben, wechselte für 140 Gulden die Hand.[16]

Bereits im folgenden Jahr wurden wieder vier jüdische Familien aufgenommen, die Felder der sozialen Begegnung mit der christlichen Mitbevölkerung jedoch umgehend drastisch eingeschränkt. 1436 ordnete der Rat dann die endgültige Vertreibung der Juden aus dem Zürcher Gebiet an.[17] Danach hielten sich nur noch vorübergehend vereinzelte Familien in Zürich auf, eine Gemeinde existierte nicht mehr.

Die Liegenschaft Froschaugasse 4 erlebte zahlreiche Handänderungen und erfuhr vor allem im Besitz der Familie Landolt im Verlauf des 18. Jahrhunderts prägende Umbauten, die schliesslich 1763 auch zu ihrer Umbenennung als «Burghof» führten.[18]

DIE BEFUNDE
(Abb. 342–344)

Die Annahme, dass sich die «Schul» im Gebäude Froschaugasse 4 befunden hatte, geht unter anderem auf dessen Bezeichnung als «Judenschůl» auch nach dem Untergang der jüdischen Gemeinde zurück.[19] Die Existenz einer Synagoge an der Froschaugasse und die Umstände des Untergangs der mittelalterlichen Gemeinde wurden bis und mit der 1711 erschienenen Ausgabe als eine der «Merckwürdigkeiten» der Stadt Zürich von HANS HEINRICH BLUNTSCHLI lediglich in Kurzform wiedergegeben. BLUNTSCHLI liess den «Verdacht, als hetten sie die brůnnen vergifftet», unkommentiert stehen.[20] Erst in den 1742 erschienenen «Memorabilia» bot er eine differenzierte Sicht. Die Zurückhaltung der Juden beim Genuss von Brunnenwasser nach dem Erdbeben von 1348, ein alter Aspekt der Vergiftungstheorie, wird hier der Tatsache zugeschrieben, dass viele Juden Ärzte und Naturkundige gewesen seien; auf das Haus an der Froschaugasse geht BLUNTSCHLI allerdings nicht weiter ein.[21] Diese differenziertere Sicht entspricht derjenigen, die sich auch im Werk des Theologen JOHANN CASPAR ULRICH (1705–1768, ab 1745 Pfarrer am Fraumünster) zeigt. ULRICH setzte sich als Erster intensiv mit Zürichs jüdischer Vergangenheit auseinander. Er überliefert, dass sich bis zum grossen Umbau und Teilabbruch des Hauses an dessen Fassade die Wandmalerei einer Judenschule erhalten hatte.[22] Spätere, noch 1750 sichtbare Wandmalereien mit den Emblemen der vier Weltmonarchien standen für ihn in keinem sichtbaren Zusammenhang mehr mit dieser Vorgeschichte; für ARNOLD NÜSCHELER, der ihm im Wesentlichen folgte, ausserdem ebenso wenig die «drei gewölbten Nischen in der Rückseite der Hofmauer».[23]

343
Synagoge. Froschaugasse 4. Reste eines Rankenfrieses aus dem 14.Jh. an der Nordwand des Hinterhauses. Foto 2002. – Text unten.

1967 legte FLORENCE GUGGENHEIM-GRÜNBERG den Versuch einer Rekonstruktion der Synagoge vor.[24] Ausgehend von einer Randbemerkung ULRICHS, lokalisierte sie sie im direkt neben dem Wolfbach liegenden Erdgeschoss des Hinterhauses Froschaugasse 4.[25] Aufgrund des ihr vorliegenden Planmaterials – vor allem eines Plans von 1910, der im südlichen Teil des Hinterhauses noch ein Kreuzgewölbe zeigte – und aufgrund des Vergleichs mit anderen Synagogen fand sie eine «verblüffende» Ähnlichkeit des Raums mit der Synagoge (der «Männerschul») von Worms.[26]

Diesen Vermutungen und Rekonstruktionsversuchen GUGGENHEIM-GRÜNBERGS stehen heute neue Erkenntnisse entgegen, zu denen die Archäologen im Rahmen eines Umbaus 2002 kamen.[27] Gerade die von GUGGENHEIM-GRÜNBERG angeführten Argumente – der tiefer gelegte Fussboden, die Lage des Zugangs, die Form der Fenster und das Kreuzgratgewölbe – erwiesen sich als Spuren jüngerer Baumassnahmen.[28] Auch der Keller des Vorderhauses, in dem die Autorin eine Mikwe (ein rituelles Tauchbad) vermutete, ist jüngeren Datums und stammt vermutlich vom Umbau von 1703–1705.

Die jüngsten archäologischen Untersuchungen zeigten, dass Teile der Nord- und Südwand vom mittelalterlichen Bau stammen und sogar noch Spuren der Raumausstattung des 14. und 15. Jahrhunderts tragen. An den Gewändesteinen eines Nordfensters erhielten sich Reste einer Wandmalerei, ein roter Rankenfries, der die Fensteröffnung umgab. Unterhalb der Decke verlief ein Fries mit Blattmotiven auf schwarzem Grund.[29] Da sich eine vergleichbare Ausstattung in Erdgeschosshöhe auf dem Gebiet der Stadt Zürich im Profanbau bisher nicht findet, liegt die Vermutung nahe, dass es sich hier tatsächlich um einen Raum mit sakraler und öffentlicher Funktion handelt. Zusammen mit dem 1996 freigelegten Festsaal, den ein jüdischer Hausbesitzer an der Brunngasse 8 um 1330 errichten und auf einem hohen Niveau mit Wandmalereien ausstatten liess,[30] wird so das Bild der mittelalterlichen jüdischen Gemeinde um eine bislang unbekannte Komponente erweitert und wird im Wortsinn durchaus auch bunter.

Der Befund an der Froschaugasse 4 entspricht der relativ kurzen und doch weitgehend von Diskriminierung geprägten Präsenz von Juden im mittelalterlichen Zürich. Es handelt sich um das typische Beispiel eines Betraums für eine kleine spätmittelalterliche Gemeinde, der in einem bereits bestehenden Gebäude eingerichtet wurde und keinerlei Merkmale eines eigens zum Zweck des Gottesdienstes errichteten Synagogenbaus trug.[31]

Die Frage nach dem Schicksal der kultischen Einrichtungsgegenstände des Betraums ist angesichts der Entwicklung der jüdischen Gemeinde im mit-

344
Synagoge. Froschaugasse 4, Hinterhaus, in dem der Betsaal lokalisiert wird. Foto 2002. – Text S. 335–338.

telalterlichen Zürich hinfällig. Weder die Lade zur Aufbewahrung der Tora im Osten noch das Podest zur Vorlesung der Tora in der Raummitte – beide gerade bei kleineren Beträumen aus Holz – haben Spuren hinterlassen, vom Mobiliar, vom Vorleserpult, von der Anlage für das ewige Licht, den Sitzgelegenheiten, der Torarolle ganz zu schweigen.

FRIEDHOF

Nach der Überschwemmung und Zerstörung eines ersten vor der Stadt am Wolfbach gelegenen Friedhofs erwarben Mitglieder der damaligen Gemeinde 1381 ein neues Areal vor dem Lindentor.[32] Der im Jahr darauf dort angelegte Friedhof, auf welchen die Bezeichnung «Judengässli» auf Planwerken des 18. Jahrhunderts noch hindeutet, liegt im Park der alten Kantonsschule (heute Pädagogische Hochschule Zürich, Rämistrasse 59), aufgrund der Aufschüttungen für die Anlage der Schanzen allerdings etwa 5,5 m unter der heutigen Oberfläche.[33] Diejenigen Mitglieder der Gemeinde, die nicht an die Kaufsumme beisteuerten, mussten für eine Bestattung bezahlen. Zwischen 1423 und 1436, in der letzten, bedrängten Phase des jüdischen Mittelalters in der Stadt, kam es zu Friedhofsschändungen.[34] 1484 war der Friedhof nur noch Wiese und wurde 1515 als christlicher Friedhof für die Toten von Hottingen, Fluntern und vom Zürichberg vorgesehen.[35] Nachdem die Stadt das Areal im 17. Jahrhundert erworben hatte, wurden die verbliebenen Grabsteine abgetragen und 24 davon in der Stadtmauer zwischen Augustinertor und Rennwegtor eingemauert.[36] JOHANN CASPAR ULRICH verdanken wir die Kenntnis einiger der eingemeisselten Inschriften.[37] Nachdem bei der Abtragung des Kuttelturms 1816 einige Grabsteine wieder zum Vorschein gekommen waren, wurden sie zur Befestigung des Fröschengrabens eingesetzt und mit diesem zusammen anlässlich der Anlage der Bahnhofstrasse in den 1860er Jahren verschüttet.[38]

DOKUMENTATION

Literatur

BLUNTSCHLI 1704, S. 116f. – BLUNTSCHLI 1711, S. 125f. – BLUNTSCHLI 1742, S. 224–226. – ULRICH 1768. – VÖGELIN 1829, S. 58–61. – VÖGELIN/NÜSCHELER/VÖGELIN 1878, S. 419–422, 601. – CHONE 1936. – KRAUTHEIMER 1927. – GUGGENHEIM-GRÜNBERG 1967. – Monumenta Judaica 1963, S. 101–104. – WILD/BÖHMER 1995/96. – MOTSCHI/HANSER/WILD 2002. – BRUNSCHWIG/HEINRICHS/HUSER 2005. – WILD/MATT 2005. – PAULUS [2007].

Hausdokumentationen BAZ. Dok. Froschaugasse 4 (Hausgeschichte und Quellenregesten). – PETER NIEDERHÄUSER. Froschaugasse 4 (Ass.-Nr. 424) «Judenschule» resp. «Burghof». Hausgeschichte. 2003 (Ms).

Bilddokumente

1576 MURER. – 1638 MERIAN. – Um 1738 ULINGER.

ANMERKUNGEN

DAS GROSSMÜNSTER
VOR DER REFORMATION

[1] ZBZ, Ms. J 80, fol. 39r–v; WIRZ 1912, Beilagen Nrn. 13, 14.
[2] BARRAUD WIENER / JEZLER, KdmZH 1999, S. 218–221, 265f.
[3] StAZH, C II 1, Nr. 1. Editionen: WYSS 1872, S. 67–88; UBZ 1, Nrn. 37, 139, 140, 189–193, 195, 197, 198–200, 204, 209, 212, 213, 219; STEINER 1998, S. 287–307 (im Folgenden benutzt).
[4] STEINER 1998. Zum neuartigen Charakter des Rotulus als Schriftstück vgl. S. 50; zur Datierung S. 52–66.
[5] STEINER 1998, S. 79.
[6] STEINER 1998. Zur älteren Diskussion ebd. S. 18–30, besonders S. 26ff.
[7] *Literatur (Auswahl):* EGLI 1899. – MORIN 1927. – POESCHEL 1933. – BLANKE 1937. – EGLOFF 1947. – MÜLLER 1971. – CHICOTEAU 1984. – ETTER/BAUR/HANSER/SCHNEIDER 1988. – STEINER 1998.
[8] MÜLLER 1971, S. 132–134; Edition ebd., S. 135–144. Er qualifiziert ihren Stil als «sehr einfach», das Latein als merowingisch und datiert das Ganze ins ausgehende 8. Jh., evtl. um 784; Edition nach ISO MÜLLER mit Übersetzung (SILVAN MANI) in: ETTER/BAUR/HANSER/SCHNEIDER 1988, S. 11–18; STEINER 1998, S. 236.
[9] MÜLLER 1971, S. 152–163. – Vgl. STEINER 1998, S. 236 mit Anm. 972.
[10] BRENNWALD, Schweizerchronik, Bd. 1, S. 74–81; ETTER/BAUR/HANSER/SCHNEIDER 1988, S. 33–38.
[11] BRENNWALD, Schweizerchronik, Bd. 1, S. 84–87.
[12] Nicht unbedingt als «Reflex», den STEINER 1998, S. 237 ablehnt.
[13] Statutenbücher 1346, S. 147–149.
[14] BRENNWALD, Schweizerchronik, Bd. 1, S. 88f. – Haus zum Loch: Römergasse 13 / Zwingliplatz 1.
[15] MOHLBERG 1943, S. 42f.; MOHLBERG 1946–47, S. 20; EGLOFF 1949, S. 15f.; GROSSMANN 1951; KLÄUI 1952, S. 369–405; EGLOFF 1954, S. 73–87; WICKER 1955, S. 10; FISCHER 1959, S. 172f. und 188–190; PEYER 1971, S. 71f.; SCHNEIDER 1988, S. 126; SCHNEIDER 1992, S. 6; SIEGWART 1995 (LOZ), S. 61. – Kritischer: HELFENSTEIN / SOMMER-RAMER 1977, S. 565f.; MAURER 1978, S. 61f.; STEINMANN 1980, S. 11–15; KAISER 1995, S. 159; GABATHULER 1998, S. 32, Anm. 33. Zu dieser Diskussion und ihren Hintergründen: STEINER 1998, S. 26–30. Mit der jüngsten Arbeit von MARIA WITTMER-BUTSCH und MARTIN GABATHULER (WITTMER-BUTSCH/GABATHULER 2004) ist die Debatte über den Rotulus wieder in Gang gekommen.
[16] STEINER 1998, S. 235–251; «KAROLI»: ebd., R 2, 41, S. 289.
[17] STEINER 1998, R–8, S. 287; dazu STEINER 1998, S. 235f. mit Anm. 972. Das Motiv auch R 17, 361/362, S. 304.
[18] STEINER 1998, S. 291 (R 4); hier knüpft auch die jüngste Arbeit zu der ersten Niederlassung anstelle des heutigen Grossmünsters an: LEUPPI 2006. Wir danken HEIDI LEUPPI für die Einsicht in ihr Manuskript.
[19] STEINER 1998, S. 238.
[20] STEINER 1998, S. 289 (R 3), S. 293 (R 7), S. 303 (R 16); vgl. UBZ 1, Nr. 190 (924–931), S. 81; UBZ 1, Nr. 219 (976 Jan. 2), S. 111 («ad capsam et altare»).
[21] STEINER 1998, S. 289, R 2, 41: «KAROLI» (siehe Anm. 16).
[22] BARRAUD WIENER / JEZLER, KdmZH 1999, S. 22f.
[23] MAURER 1978; STEINER 1998, S. 208–211; BARRAUD WIENER / JEZLER, KdmZH 1999, S. 23.
[24] STEINER 1998, S. 210f.; vgl. 213.
[25] Vgl. STEINER 1998; Kantonsgeschichte 1, 1995, S. 159.
[26] Statutenbücher 1346, S. 148f.
[27] Zur Entwicklung des Grossmünsterbesitzes bisher: GANZ 1925; zur Gerichtsbarkeit in den verschiedenen Gebieten: BAUHOFER 1943. – RUOFF 1965, S. 355; S. 357–361; HELFENSTEIN/SOMMER-RAMER 1977, S. 566. – Zu Schwamendingen: HOTZ 1865. – Zu Höngg: Kantonsgeschichte 1, 1995, S. 147, 159; SIBLER 2001. – Die Weihe der Kirche Schwamendingen im LOZ: §1226.
[28] Statutenbücher 1346, S. 148f.
[29] UBZ 3, Nr. 964 (1256 Mai 1), S. 50.
[30] UBZ 3, Nr. 964 (1256 Mai 1), S. 50.
[31] Statutenbücher 1346, S. 53–56.
[32] Statutenbücher 1346, S. 52f.
[33] Statutenbücher 1346, S. 60–66; VÖGELIN/NÜSCHELER/VÖGELIN 1878, S. 234f.
[34] UBZ 2, Nr. 871 (1253 Aug. 23), S. 332; Statutenbücher 1346, S. 66f.
[35] Statutenbücher 1346, S. 91f., 142 (Brevier 1260); ILLI 1992, S. 80–85, 95.
[36] Kantonsgeschichte 1, 1995, S. 230.
[37] RUOFF 1965, S. 355, 357–361; Statutenbücher 1346, S. 150–169.
[38] Zur Weibel- oder Weidhube: Statutenbücher 1346, S. 156.
[39] RUOFF 1965, S. 347–355; Statutenbücher 1346, S. 67, 155.
[40] Statutenbücher 1346, S. 67 «dolabrum et tigillus»; zu deren «Altertümlichkeit» und anzunehmenden hohen Alter: RUOFF 1965, S. 369.
[41] Statutenbücher 1346, S. 156; RUOFF 1965, S. 369.
[42] Statutenbücher 1346, S. 67.
[43] ZBZ, Ms. A 93, fol. 332ff.: BULLINGER, «Von der Reformation der propsty oder Kylchen zů dem grossen Münster zů Zürych» (1520–1559), S. 188: «Das halsysen des stifts, stund uff dem reyn an der strass gegen Winterthur ob der Kronen grad ob dem hus und gut, das man jetzt nempt das Schönengut.»
[44] Zunft Fluntern 1995, S. 14–15.
[45] Dies vermutete MEIER 1996, S. 326.
[46] WIESMANN 1937, S. 24; ESCHER, KdmZH 1939, S. 95; GUTSCHER 1983, S. 51–55.
[47] GUTSCHER 1983, S. 52.
[48] GUTSCHER 1983, S. 52f., Rekonstruktionsversuch Abb. 52.
[49] GUTSCHER 1983, S. 54, setzt die jüngere Schicht aufgrund eines Vergleichs der Farbskala in die Nähe der ottonischen Wandmalereien in Reichenau-Oberzell und schliesst daraus, dass die ältere Schicht karolingisch sein könnte. Fragmente zur Zeit in einer Vitrine auf der Empore ausgestellt.
[50] WIESMANN 1937, S. 28.
[51] SENNHAUSER 1990/1, S. 116, 117.
[52] WIESMANN 1937, S. 27, 28; GUTSCHER 1983, S. 54.
[53] Siehe Kapitel Grossmünster vor der Reformation, Anm. 457.
[54] GUTSCHER 1983, S. 56; MEIER 1996, S. 326.

55 Gutscher 1983, S. 54f.
56 Gutscher 1983, S. 55.
57 Müller 1971 (Geschichte), S. 34.
58 UBZ 1, Nr. 259 (1114 März 7), S. 143f.; UBZ 1, Nr. 280 (1130 Febr. 6), S. 167f.
59 Schneider 1971, S. 206.
60 Von Reinle 1990, S. 5, treffend als «aquäduktafftes Arkaden-Emporen-System» bezeichnet.
61 Gutscher 1983, S. 58–60.
62 UBZ 1, Nr. 250 (1107 Aug. 18), S. 139.
63 LOZ, § 1326.
64 UBZ 1, Nr. 251 (1107 Sept. 13), S. 139.
65 UBZ 1, Nr. 261 (1117 Mai 9), S. 145.
66 Wiesmann 1932; Wiesmann 1937, S. 34f.; Gutscher 1983, S. 60ff.
67 Gutscher 1983, Abb. 59; Wiesmann 1932. Vgl. schon die Feststellung von Rahn 1897, S. 44, aufgrund von Befunden im Innern.
68 Wiesmann 1937, S. 34.
69 Eine originale Verputzpartie hat sich im seit dem 2. Viertel des 12. Jh. geschützten Dachstock der Zwölfbotenkapelle an der ehemaligen Chorsüdwand erhalten; siehe Gutscher 1983, Abb. 62.
70 Wiesmann 1937, S. 35.
71 Gutscher 1983, S. 62.
72 Nach Raimann/Erni, KdmTG 2001, S. 239, Chor von Pfyn um 1350; anders Gutscher 1983, Anm. 210: 13. Jh.
73 Wiesmann 1937, S. 35.
74 Das Nordfenster wurde vielleicht höher gesetzt, da man auf dieser Seite bereits mit Anbauten rechnete.
75 So auch Hoffmann 1941, S. 201.
76 StAZH, G I 189, fol. 2v: «Mauritii et sociorum eius […] in cripta sive grotta vulgariter jn der krufft».
77 Nach Hertig 1958, S. 109, dienen diese Hohlräume der Entlastung des Architravs von der Last der Durchgangsgewölbe.
78 Reinle 1968, S. 372.
79 Siehe dazu vor allem Sennhauser 1990/1, S. 95–99, und die ältere Darstellung von Hertig 1958 (St. Leonhard: S. 34–36). Die sicher nach 1100 entstandenen Hallenkrypten, z.B. in Muralto, Schänis und Giornico, verzichten auf die Zweiteiligkeit. In Schänis markiert nur ein kleiner Mauereinsprung zwei Teile (Rahn 1912, S. 68 und Abb. 13; Hertig 1958, S. 69–72, Anderes, KdmSG 1970, S. 78ff. und Abb. 174).
80 Kautzsch 1927, S. 22f.; Kautzsch 1944, S. 53–55; Will 1965, S. 260; Maurer-Kuhn 1971, S. 48; Gutscher 1983, S. 76; Reinle 1990, S. 4. – Zur umstrittenen Datierung und Bauchronologie siehe Gutscher 1983, Anm. 251.
81 Meier 1996, S. 358.
82 Winterfeld 2000, S. 105 und Abb. 22.
83 Sennhauser 1990/1, S. 114.
84 Für die Hallenkrypta in der Churer Kathedrale wissen wir, dass sie in der 2. Hälfte des 12. Jh. von der Klerikergemeinschaft zur Matutin, dem nächtlichen Chorgebet, benutzt wurde. Siehe Poeschel, KdmGR 1948, S. 36; Horat 1988, S. 233.
85 Rosner 1991, S. 178. Die Speyrer Domkrypta mit acht Altären ist die Ausnahme. Auf Schweizer Gebiet verfügten auch die Hallenkrypten von Muri oder Amsoldingen nur über einen Altar.
86 Rosner 1991, S. 185ff. Im Gebiet der heutigen Schweiz z.B. die Gräber der Bischöfe Adalbero II. (Bauherr der Krypta) und Udalrich in der Krypta des Basler Münsters (dazu ebd., S. 137, mit Anm. 13).
87 Zum Charakter des Bruchsteinmauerwerks der ersten Bauphase siehe Gutscher 1983, S. 62–64.
88 Rahn 1898, S. 39; Wiesmann 1937, S. 36; Gutscher 1983, S. 64f.
89 Gutscher 1983, S. 65.
90 BZD 7/2, 1970–1974, S. 225.
91 BZD 7/2, 1970–1974, S. 225–227.
92 Rahn 1898, S. 40.
93 Rahn 1898, S. 40.
94 LOZ, § 30, 392, 522, 556, 711; Statutenbücher 1346, S. 146. An den beiden Diensten in den Ostecken des Chors, vor den beiden Trennpfeilern, sind auf gleicher Höhe schräge Scharten eingehauen. War hier vielleicht ein Querbalken zur Abstützung des Kreuzes eingeschoben?
95 Gutscher 1983, S. 64 und Anm. 227.
96 Gutscher 1983, S. 68: Der Fundamentzug der Apsis der Zwölfbotenkapelle steht nicht im Verband mit dem Chor.
97 Gutscher 1983, S. 65.
98 Wiesmann 1937, S. 28; Gutscher 1983, S. 65.
99 Gutscher 1983, S. 68ff.
100 Gutscher 1983, S. 70.
101 Gutscher 1983, S. 71.
102 Gutscher 1983, S. 75.
103 Gutscher 1983, S. 75, mit Verweis auf Wiesmann 1937, S. 42f.
104 Sennhauser 1990/1, S. 107. Zu St. Martin siehe auch: Ruoff 1969–1979, zu Wagenhausen: Raimann/Erni, KdmTG 2001, S. 449ff., zu Stein am Rhein: Frauenfelder, KdmSH 1958, S. 49ff. (frühes 12. Jh.); Meier 1996, S. 386f. (Ende 11. Jh.).
105 Gutscher 1983, S. 75.
106 Gutscher 1983, S. 81, datiert diesen Zeitpunkt «um 1140».
107 Siehe Gutscher 1983, S. 83.
108 Detaillierte Beschreibung bei Wiesmann 1937, S. 49.
109 Gutscher 1983, S. 85.
110 Gutscher 1983, S. 85.
111 Gutscher 1983, S. 85.
112 So Gutscher 1983, S. 85. Vgl. Kapitel Grossmünster vor der Reformation, Anm. 740f.
113 Dass das Emporengeschoss ursprünglich höher projektiert war, hat schon Rahn 1898, S. 68f., festgestellt.
114 Gutscher 1983, S. 85 und Abb. 90.
115 Gutscher 1983, S. 86.
116 Gutscher 1983, S. 86.
117 Gutscher 1983, Kat.-Nrn. 69, 70.
118 Gutscher 1983, S. 85.
119 Vgl. auch Meier 1996, S. 354, der aber darauf verweist, dass St-Etienne, im Unterschied zu dem im Grossmünster vorgesehenen Hallenquerschnitt, über einen basilikalen Aufriss verfügt.
120 Gutscher 1983, S. 86ff. Vgl. dazu auch Sennhauser 1990/1, S. 108.
121 Sennhauser 1990/1, S. 108.
122 Sennhauser 1990/1, S. 108.
123 Gabathuler 1998.
124 Gutscher 1983, S. 89.
125 Gutscher 1983, S. 92 und Abb. 93, 94.
126 Gutscher 1983, S. 94.
127 Gutscher 1983, S. 94. Vgl. Reinle 1990, S. 6.
128 Reinle 1990, S. 6.
129 Gutscher 1983, S. 94.
130 Gutscher 1983, S. 95 und Anm. 308.
131 Wild 1999, S. 91–93; Abegg / Barraud Wiener, KdmZH 2002, S. 42f.
132 Gutscher 1983, S. 94, 97.
133 Gutscher 1983, S. 99.
134 Gutscher 1983, Abb. 76 und S. 99.
135 Gutscher 1983, S. 99, 128.
136 Gutscher 1983, S. 101f.
137 Gutscher 1983, S. 102, nach Wiesmann 1932, S. 5f.
138 Gutscher 1983, S. 104, 128.
139 Gutscher 1983, S. 104.
140 LOZ, § 625, 1272, 1364, 1451.
141 Gutscher 1983, S. 71–75, 78.

142 HOMBURGER 1928, S. 11; WIESMANN 1937, S. 46–48; GUTSCHER 1983, S. 74f.
143 WIESMANN 1937, S. 48.
144 HOFFMANN 1942, S. 277.
145 GUTSCHER 1983, S. 79, Abb. S. 78.
146 GUTSCHER 1983, S. 78 (für Sigolsheim); FORSTER 2002, S. 97; KAUTZSCH 1927, S. 51f.; KAUTZSCH 1944, S. 269 (Sigolsheim) und S. 279 (Guebwiller).
147 GUTSCHER 1983, S. 122f.
148 WIESMANN 1937, S. 52.
149 KELLER 1844, S. 109; Artikel «David», in: RDK, Bd. 3, Stuttgart 1954, Sp. 1083–1121, hier Sp. 1098.
150 Diese selten anzutreffende Hockhaltung nehmen auch drei Löwen in der Kapitellzone des mittleren Westportals von San Michele in Pavia ein; siehe PERONI 1967, fig. 82, 83.
151 Die hier angeführten Portale sind abgebildet in: MEIER / SCHWINN SCHÜRMANN 2002.
152 KELLER 1844, S. 109. Zum Portal der Klosterkirche von Petershausen siehe HAEFELI 1983. Noch LINDNER 1899, S. 67, konnte «die Spuren von acht Nimben mühsam erkennen».
153 WIESMANN 1937, S. 50ff.
154 Vgl. auch HOMBURGER 1928, S. 15.
155 GUTSCHER 1983, S. 75, 78; HOMBURGER 1928, S. 10f.
156 GUTSCHER 1983, S. 120, vergleicht sie mit einem Kapitell aus Sta. Maria del Popolo in Pavia (Museo Civico) und mit einem Kapitell in der Krypta von San Michele (ebd., Abb. 138). Anders HOMBURGER 1928, S. 11, der Ähnlichkeiten mit Kapitellen in Serrabone (westliche Unterkirche und Bogenstellung aussen) im Roussillon postuliert.
157 ILLI 1992, S. 48, mit Verweis auf GUTSCHER 1983, S. 27.
158 LOZ, §71, 502, 503: «hostium ecclesie», bisweilen mit dem Zusatz «quod respicit Aquaticam capellam»/«versus Aquaticam».
159 LOZ, §71.
160 LOZ, §502, 503. Zur Palmprozession siehe BARRAUD WIENER/JEZLER 1995, S. 137ff. Anders LIPSMEYER 1988, S. 142f., die völlig unbegründet «hostium» auf das Nordportal bezieht, was unlogisch ist, auch aufgrund der sehr konsequent verwendeten Terminologie im LOZ.
161 Himmelfahrtsvigil: LOZ, §677; Kanonikerbegräbnisse: Statutenbücher 1346, S. 93.
162 LOZ, §1272.
163 LOZ, §1451.
164 LOZ, §1364.
165 LOZ, §665, 673.
166 VÖGELIN 1841 (Geschichte); KELLER 1841 (Architektur); VÖGELIN 1841 (Kreuzgang). Hier: VÖGELIN 1841 (Geschichte).
167 KELLER 1844.
168 LINDNER 1899.
169 HOMBURGER 1928.
170 Vgl. auch die diesbezügliche Kritik von ESCHER, KdmZH 1939, S. 133f.
171 ESCHER, KdmZH 1939, S. 133f.
172 MAURER-KUHN 1971.
173 GUTSCHER 1983.
174 Das Spiralmotiv an einem Kämpferfragment aus dem vorromanischen Kirchenbau (1. Hälfte 11. Jh.), heute im Historischen Museum St. Gallen, und ein ähnliches, verschollenes (?) Fragment. Das verschlungene, ein- oder mehrsträhnige Wellenband am Fragment eines romanischen Kämpferkapitells (frühes 12. Jh.). Vgl. RAHN 1912, Abb. 22–24; ANDERES, KdmSG 1970, S. 175f., Abb. 173, und S. 184, Abb. 178.
175 RAHN 1912, Abb. 5; HOMBURGER 1928, S. 2 und Taf. 3, Abb. 2; ANDERES, KdmSG 1970, S. 184, Abb. 180.
176 MAURER-KUHN 1971, S. 48–50; GUTSCHER 1983, Kat.-Nrn. 15–18.
177 Die von MAURER-KUHN 1971, S. 50f., und von GUTSCHER 1983, S. 117, postulierte stilistische Verwandtschaft mit den Kapitellen aus dem vorromanischen Bau (1. Hälfte 11. Jh.) der Damenstiftskirche Schänis, die in der 1910–1912 rekonstruierten Krypta des romanischen Baus (frühes 12. Jh.) eingebaut sind, scheint uns nicht überzeugend. Zu Schänis siehe RAHN 1912, Abb. 15; MAURER-KUHN 1971, S. 13f., 48; ANDERES, KdmSG 1970, S. 174f.; Abb. 170, 171.
178 Die assoziative stilistische und motivische Verwandtschaft mit mozarabischer Bauornamentik in HOMBURGER 1928, S. 18, Anm. 3, ist von der Hand zu weisen.
179 HOMBURGER 1928, S. 2f.; MAURER-KUHN 1971, S. 53ff.
180 GUTSCHER 1983, S. 117.
181 HOMBURGER 1928, S. 4ff.; WIESMANN 1937, S. 43f.; MAURER-KUHN 1971, S. 76ff.; MEIER 1996, S. 359.
182 PERONI 1975, Kat.-Nr. 297; vgl. auch Kat.-Nr. 287 (beides 12. Jh.). Vgl. WIESMANN 1937, S. 44; GUTSCHER 1983, S. 117. Anders HOMBURGER 1928, S. 9, der die Ähnlichkeit stark relativiert.
183 HOMBURGER 1928, S. 4 und Taf. 3, Abb. 6; PERONI 1967, fig. 57.
184 PERONI 1967, fig. 92 und fig. LXVI.
185 GUTSCHER 1983, S. 120. Er unterteilt diese Werkgruppe nochmals in eine Gruppe um das «Guido-Relief» und eine um das «Stifterrelief».
186 Im Artikel «Alexander der Grosse», in: RDK, Bd. 1, 1937, Sp. 332–344, hier Sp. 340, wird sie sogar als solche interpretiert.
187 Helme mit Nasenband waren vom 9. bis 12. Jh. üblich, die mandelförmige Schildform im 11./12. Jh. Die Kegelhelme haben die modische, nach vorn gebogene Form, die typisch für das ganze 12. Jh. wurde. Vgl. DITMAR-TRAUTH 1999, S. 17.
188 REINLE 1968, S. 443f.
189 VÖGELIN/NÜSCHELER/VÖGELIN 1878, S. 291f.
190 VÖGELIN/NÜSCHELER/VÖGELIN 1878, S. 292. Vgl. auch LINDNER 1899, S. 76f., der die Inschrift mit dem Bildhauer in Verbindung brachte, sie aber irrtümlich mit einem gleichnamigen Steinmetznamen (?) am Chor der viel jüngeren Collégiale de Neuchâtel gleichsetzte.
191 MAURER-KUHN 1971, S. 109.
192 MAURER-KUHN 1971, S. 109.
193 So MEIER 1996, S. 360.
194 Bei GARNIER 1989 finden sich keine überzeugenden Beispiele.
195 VÖGELIN 1841 (Geschichte), S. 10.
196 LINDNER 1899, S. 73.
197 MAURER-KUHN 1971, S. 109.
198 RAMER 1973, Nr. 208.
199 GUTSCHER 1983, S. 124.
200 Nach REINLE 1968, S. 444: «primitive Repliken von schon Vorhandenem».
201 Siehe dazu GUTSCHER 1983, S. 125.
202 GUTSCHER 1983, S. 125.
203 GUTSCHER 1983, S. 126.
204 REINLE 1994, S. 66.
205 Zum Beispiel HOFFMANN 1941, S. 156; MAURER-KUHN 1971, S. 264; GUTSCHER 1983, S. 127, 234.
206 REINLE 1994.
207 REINLE 1994, S. 64.
208 REINLE 1994, S. 69.
209 GUTSCHER 1983, S. 126f.
210 REINLE 1968, S. 458–462; REINLE 1969 (der grundlegende Aufsatz dazu); GUTSCHER 1983, S. 132f.; REINLE 1990; REINLE 1992; CLAUSSEN 1994, S. 568f.
211 REINLE 1969, mit Verweis auf ein petrografisches Gutachten: F. DE QUERVAIN / K. ZEHNDER: Der Reiter am Grossmünster. Bericht über die Probenahme 1979 und erste Untersuchungsergebnisse. Typoskript Zürich, Oktober 1980 (KDP, Dok. Grossmünster).

212 Vgl. dazu REINLE 1969, S. 29ff.
213 SCHWINEKÖPER 1984, S. 366–368.
214 REINLE 1968, S. 460.
215 REINLE 1969, S. 29; REINLE 1990, S. 8f.
216 PEYER 1971, S. 186; SCHMID 1990, S. 71.
217 OTTO VON FREISING, Gesta Frederici, S. 24f., Z. 24f.
218 REINLE 1990, S. 11.
219 Hier nach VÖGELIN/NÜSCHELER/VÖGELIN 1878, S. 287.
220 WYSS 1861; KÖTZSCHE 1967, S. 202ff.; GUTSCHER 1983, S. 133; REINLE 1969, S. 40f. Zuletzt: SAURMA-JELTSCH 2004.
221 Nach HOFFMANN 1942, S. 268, wurde anlässlich einer Restaurierung 1914 ein Gipsabguss der Originalfigur hergestellt und dem SLM im Hinblick auf die Anfertigung einer späteren Kopie übergeben.
222 REINLE 1984, S. 292.
223 REINLE 1984, S. 292; GUTSCHER 1983, S. 133; KÖTZSCHE 1967, S. 203, nach HOFFMANN 1941, S. 181, 183.
224 «Anno domini MCCCCLXXXX [war] dieser turn von Kaiser Karlis bild hinuff gemuret und der helm gemacht». Hier nach Abschrift bei VÖGELIN/NÜSCHELER/VÖGELIN 1878, S. 281.
225 So auch HOFFMANN 1941, S. 183, und KÖTZSCHE 1967, S. 204 (beide noch in der Annahme, die Türme seien erst im 13. Jh. ausgebaut worden); GUTSCHER 1983, S. 133; REINLE 1984, S. 292. Nach Beobachtungen GUTSCHERS (gemäss mündlicher Mitteilung) wurde die Figurennische, soweit sich dies am mehrfach ausgebesserten Mauerwerk noch erkennen lässt, zu unbekanntem Zeitpunkt sekundär eingehauen.
226 GUTSCHER 1983, S. 133; REINLE 1990, S. 6. – Zum Siegelbild siehe SEIDENBERG 1988, S. 70ff. und Abb. S. 71/7 und 8. – Zur Tradition des Karlsbildes in Zürich: SAURMA-JELTSCH 2004, S. 32–36.
227 WALDHEIM, Pilgerfahrt 1474, S. 80. Text auch wiedergegeben in: KÖTZSCHE 1967, S. 202.
228 Am ausführlichsten dazu REINLE 1990, S. 5f.
229 REINLE 1990, S. 6.
230 Als Beispiele frontaler Pferde des 12./13. Jh., alle mit Reitern, nennt REINLE 1990, S. 6: die Monatsdarstellung Mai im rechten Westportal von Chartres, den reitenden König Wamba aus der Ägidiuslegende am Südquerhausportal und den reitenden hl. Tiburtius (?) am Altarziborium von Santa Cecilia in Rom von ARNOLFO DI CAMBIO (1293), die Monatsdarstellung des Juli im Baptisterium in Parma. Frontal wiedergegeben ohne Reiter sind z.B. die beiden Pferde, in einer Reihe mit zwei Löwen, einem Stier, einem Greifen, vor den Statuensockeln über den Westportalen des Doms von Siena, von GIOVANNI PISANO, um 1290.
231 So REINLE 1990, S. 6.
232 HAHNLOSER 1972, Taf. 46; Kommentar: S. 142.
233 ZBZ, Ms. C 8b; hier als LOZ zitiert. LEUPPI 1995. – Zu den Libri ordinarii, die die römische Liturgie nördlich der Alpen «integrieren»: vgl. HÄNGGI 1993, S. 199f.
234 DIETRICH W.H. SCHWARZ, Einleitung zu Statutenbücher 1346, S. XXXIV–XL. – Zum Text vgl. schon SCHWARZ 1948.
235 Vgl. die Beiträge in: LEUPPI 1995; die Exequien nach dem LOZ und den Statutenbüchern untersuchte ILLI 1992, S. 78–96.
236 Statutenbücher 1346, S. 44.
237 Statutenbücher 1346, S. 43–52: «De iuribus et oneribus et redditibus sacriste ecclesie Thuricensis».
238 Vgl. dazu. BARRAUD WIENER / JEZLER 1995. – Zu den Prozessionen finden sich selbstverständlich auch viele Informationen in den Statutenbüchern von 1346. Die Pfingstmittwochprozession figuriert noch nicht im LOZ.
239 BARRAUD WIENER / JEZLER 1995, S. 137–151.
240 LOZ, §498–500.
241 LOZ, §505–508.
242 LOZ, §502.
243 LOZ, §661–684. BARRAUD WIENER / JEZLER 1995, S. 152–154.
244 LOZ, §665.
245 LOZ, §670.
246 LOZ, §671–673.
247 BARRAUD WIENER / JEZLER 1995, S. 134–137.
248 LOZ, §1364.
249 LOZ, §680.
250 LOZ, §1466.
251 LOZ, §680.
252 Z.B. LOZ, §625.
253 ABEGG 1997, S. 9.
254 Hierin ist GUTSCHER 1983, S. 138, entschieden zu widersprechen, der der Krypta eine «sekundäre Rolle im liturgischen Leben des Münsters» zuspricht.
255 LOZ, §68, 174, 1062, 1240, 1351.
256 LOZ, §1400, 22. September: «In II vespera Mathei».
257 LOZ, §1326, 18. August.
258 LOZ, §797, 1326, 1400.
259 LOZ, §680.
260 GUTSCHER 1983, z.B. S. 74, 75, 129, 134.
261 So GUTSCHER 1983, S. 129, 134, 138.
262 Zur topografischen Bezeichnung «in medio ecclesiae» in Beschreibungen früh- und hochmittelalterlicher Kirchenbauten siehe OSWALD 1969.
263 LOZ, §70.
264 LOZ, §71.
265 LOZ, §503.
266 Statutenbücher 1346, S. 142f. Zu Totenliturgie und Begräbnisritualen im Grossmünster siehe auch ILLI 1992, S. 78–96.
267 Statutenbücher 1346, S. 142.
268 Statutenbücher 1346, S. 91f.; ILLI 1992, S. 81.
269 Statutenbücher 1346, S. 88, vgl. auch S. 33.
270 Statutenbücher 1346, S. 97f.
271 LOZ, §550–561. Vgl. HÄNGGI 1995, S. 87.
272 «Herrenkreuz», weil es, wie unten beschrieben, einen Kruzifixus trug.
273 Ähnlich im Rheinauer Liber Ordinarius, um 1120 (HÄNGGI 1957, S. 130): «…ad ipsam crucem pervenientes de imagine crucifixi pedes deosculantur». Als «imago» wird im mittelalterlichen Sprachgebrauch ein plastisches Bildwerk bezeichnet. Unter der «imago crucifixi» muss hier wie im Rheinauer Ordinar eine mit dem Kreuz verbundene Figur des Gekreuzigten verstanden werden. Wohl deshalb wird dieses Kreuz weiter oben als «crux dominica» bezeichnet. Zur Definition des Begriffs «imago crucifixi» in diesem Zusammenhang siehe TAUBERT/TAUBERT 1969, S. 102–107.
274 Es handelt sich auf jeden Fall um ein anderes Kreuz als dasjenige der Adoratio; weiter unten wird es als «kleines Kreuz» bezeichnet. Zur Feier der Adoratio und Depositio mit zwei verschiedenen Kreuzen bzw. Figuren siehe TRIPPS 2000, S. 147.
275 LOZ, §560: «in archam, que intra testudinem retro altare martyrum candido velo circumpendente posita sepulchrum dominicum representat».
276 TRIPPS 2000, S. 143f.
277 LOZ, §576–581. Vgl. HÄNGGI 1995, S. 88.
278 Zum Begriff «testudo» vgl. die Ausführungen in diesem Kapitel, Anm. 706.
279 LOZ, S. 260, Anm. 581. Zu den verschiedenen Typen der lateinischen Osterfeier aufgrund der Textgeschichte siehe HELMUT DE BOOR 1967; zusammengestellt für die Diözese Konstanz in: JEZLER 1985, S. 119f. Zum Jüngerlauf siehe auch FLEMMING 1971, S. 8–11.
280 UBZ 2, Nr. 840 (1252 Juli 4), S. 301.
281 UBZ 2, Nr. 840 (1252 Juli 4), S. 300–302. In den Statutenbüchern 1346, S. 16ff.
282 WEHRLI-JOHNS 1980. – Zum Meliorat vgl. ILLI 2003, S. 262.
283 LARGIADÈR 1936, S. 71.
284 BARRAUD WIENER / JEZLER, KdmZH 1999, S. 209. – Zum As-

285 pekt des Verhältnisses von Stiften zu Städten im Spätmittelalter: SCHMUGGE 1985.
285 Der Karlskult in Zürich wurde ohne ersichtliche Unterstützung oder Begleitung durch das Reich getragen: PETERSOHN 1992.
286 SCHWARZ 1948, S. 434–437; LOZ, Proprium des Hochfestes von Karl dem Grossen, S. 492f.
287 SEIDENBERG 1988, S. 70f.
288 SEIDENBERG 1988, S. 74.
289 UBZ 3, Nr. 958 (1256 März 14/15), S. 43.
290 UBZ 3, Nr. 1255 (1264 April 26), S. 335.
291 SEIDENBERG 1988, S. 73.
292 UBZ 4, Nr. 1553 (1274 Mai 18), S. 262.
293 BARRAUD WIENER / JEZLER, KdmZH 1999, S. 218.
294 BARRAUD WIENER / JEZLER, KdmZH 1999, S. 216–218.
295 RUOFF 1936 (Quellen zur Familiengeschichte); ILLI 1992, S. 86–96.
296 Eine Bestandesaufnahme der Epitaphien durch das Stift fand im Jahr 1497 statt, das Resultat ist allerdings nicht überliefert (StAZH, G II 1 [1497]: «Item von Epitaphia ab zů schreiben und zů ordnen […]»). 1653 hielt JOHANNES FINSLER unter den Zürcher Inschriften auch die Grab- und Erinnerungsschriften im Grossmünster fest: ZBZ, Ms. J 258 «Inscriptiones urbis Tigurinae collectae a Johanne Fislero pro Bibliotheca Civica Tigurinorum MDXLIII»; 1695 datiert ZBZ, Ms. Escher v.L. 76.202 «Turregum sepultum retectum d.i. Allerhand Grab=und Auffschrifften durch das gantze Zürich gebiet zusammen getragen von Jkr. Johann Conrad Escher zum steinernen Ergel»; VON MOOS 1778 listet die bestehenden Epitaphien ab 1400 auf, da viele schon «von den alles zernagenden Zähnen der Zeit […] zuermalmet worden». Er basiert teilweise auf dem älteren Inventar von ESCHER. Vgl. NÜSCHELER 1873, S. 362ff.; VÖGELIN/NÜSCHELER/VÖGELIN 1878, S. 312–314, 324.
297 Statutenbücher 1346, S. 143 («Brevier Konrads von Mure»). – Zu den Bestattungen der Chorherren vgl. ILLI 1992, S. 80–85.
298 LOZ, § 1452–1466.
299 ILLI 1992, S. 49.
300 StAZH, C II 1, Nr. 602 (1439 Febr. 23). – Inschrift: «ANNO. DOMINI.MCCCC° XLIX° SEXTO.DIE.DECEMBRIS.O.DNS. JOHANNES.ST·RI.CAN.HUJ̄'.ECCLĪE.HIC. SEPULTUS». Hier nach NÜSCHELER 1873, S. 363.
301 HOFFMANN 1941, S. 221 mit Todesdatum 1466. Anders HELFENSTEIN/SOMMER-RAMER 1977, S. 588f.
302 ILLI 1992, S. 48.
303 UBZ 13, Nr. 2876a (1306), S. 130f.; vgl. StAZH, W I, Nr. 447 (1499 Mai 21). Der Rat entschied, dass die Erben von Konrad Schwend die üblichen Zahlungen für eine Grablege an die Kirchenfabrik des Grossmünsters zu leisten hatten. – Unter den sog. Chorleichen (eher selten abgehaltene und teure Totenfeiern im Chor, die nicht die Anwesenheit des Leichnams bedingen) im Grossmünster sind zwischen 1470 und 1515 zwölf Angehörige dieser Familie verzeichnet. MORF 1969, S. 22f. Vgl. DIENER 1901, S. 28.
304 UBZ 8, Nr. 2824 (1306 Febr. 25), S. 104f. Vgl. SABLONIER 1979, S. 161, 225. Der Akt fand vor der Wasserkirche im Beisein von Rüdiger Schwend statt.
305 UBZ 9, Nr. 3149 (1312 Febr. 26), S. 14–16; vgl. auch UBZ 9, Nr. 3148 (1312 Febr. 12), S. 12–14.
306 ILLI 1992, S. 49.
307 Hier nach VÖGELIN/NÜSCHELER/VÖGELIN 1878, S. 313. Sein Hinweis auf Fabrikrechnungen 1476 (StAZH, G II 1 [1476]) führt ins Leere.
308 VÖGELIN/NÜSCHELER/VÖGELIN 1878, S. 323f.
309 UBZ 7, Nr. 2508 (1299 Juni 20), S. 102; UBZ 7, Nr. 2522 (1299 Okt.), S. 116. Vgl. auch UBZ 7, Nr. 2506 (1299 Mai), S. 100; UBZ 11, Nr. 4413 (1332 Sept. 1), S. 369f.; UBZ 11, Nr. 4494 (1333 Jan. 30), S. 385 (Vidimus des Bischofs von Konstanz).
310 UBZ 11, Nr. 4413 (1332 Sept. 1), S. 369.
311 SCHWARZ 1948, S. 434–437.
312 Z.B.: UBZ 8, Nr. 2752 (1304 Juni 27), S. 13.
313 ILLI 2003, S. 125.
314 GUTSCHER 1983, S. 150.
315 GUTSCHER 1983, S. 150.
316 StAZH, C II 1, Nr. 381 (1377 Febr. 26). Vgl. GUTSCHER 1983, S. 151.
317 StAZH, G II 1 (1480), fol. 1a (sic), 3r, 6r. Vgl. HOFFMANN 1941, S. 227. Möglicherweise ist auch die Notiz ebd., S. 118, darauf zu beziehen? Vgl. StAZH, G II 1 (1496), Exposita: «Item vi die lienen an die langen stegen».
318 StAZH, G II 1 (1511/12, «Exposita […]»; vgl. ESCHER, ASA 31, 1929, S. 141: «Item daz grüst uff zerichten und von einer lennen ze machen an die lang kilchstegen iii lb.».
319 StAZH, G II 2 (1515, «vß gåben ann geld»): «M. Steffan dem steinmetz zuo underziechen die langen eichinen sül ünserss kilchhofs by ünser frowen kapel mit gfierten quadren ii lb. v ß», in der lat. Version: «…subducendis quercinis columnis cimiterii quadratis lapidibus…». ESCHER, ASA 1929, S. 232.
320 StAZH, G II 1 (1468, «alia exposita», «Das gotzhuß ze dekken»); ESCHER, ASA 30, 1928, S. 59f.
321 StAZH, G II 1 (1482), fol.1; ESCHER, ASA 30, 1928, S. 120.
322 StAZH, G II 1 (1489 «Uß gen»); vgl. StAZH, G II 1(1497/98, «Diß ist was her Peter Grebel bumeister uß geben hat»): «Item dem Funken von dem fenster jn dem chor 12 lb».
323 VÖGELIN/NÜSCHELER/VÖGELIN 1878, S. 304. – StAZH, G II 1 (1498, «Exposita»); ESCHER, ASA 30, 1928, S. 187: 15 Tagwerke, den «gloggen stuol uff den chor ze machen». Zu RECHBERGER z.B. StAZH, F III 32 (1510).
324 EDLIBACH, Chronik Ende 15. Jh., S. 199; HOFFMANN 1942, S. 185–193; GUTSCHER 1983, S. 151–156.
325 Stadtbücher 3, S. 233 (1488).
326 BARRAUD WIENER / JEZLER, KdmZH 1999, S. 210; 218–224.
327 Vgl. StAZH, G I 15.2 (Grossmünster: Turmbau 1485–1492).
328 StAZH, G II 1 (1482), S. 4; ESCHER, ASA 29, 1927, S. 245; GUTSCHER 1983, S. 153.
329 StAZH, B II 22, S. 31; ESCHER, ASA 29, 1927, S. 246.
330 StAZH, G I 15. 2 («Register des buws an den tûrnen…»); G I 183, S. 65. – ILLI 2003, S. 125f.
331 StAZH, G I 183, S. 65.
332 StAZH, G I 15.2 («Register des Buws an den tûrnen…»), fol. 2f. fol. 5r–v.
333 StAZH, B II 13 (1488), S. 7.
334 StAZH, B II 13 (1488), S. 28.
335 EDLIBACH, Chronik Ende 15. Jh., S. 199.
336 StAZH, G.I.15, p. 14; ZBZ, Ms. A 92, fol. 93v. Vgl. JOHANN JAKOB BREITINGER: Abhandlung über die Unterhaltung der Gebäude am Grossen Münster in Zürich, 1/5/.
337 StAZH, B VI 308, bei fol. 245 eingeheftet: Exemplar eines Vertrags zwischen PALÝ TRATZ von Waldshut und Bürgermeister und Rat von Zürich betreffend «helmdeckens uff dem thurn des gotzhuß zů der brobstÿ Zürich». Das Blei soll in Zürich selber gegossen und vor der Verwendung durch Verordnete begutachtet werden. Pro Zentner Blei zahlt die Stadt 1 gl; StAZH, B II 18, S. 41 (1490 Aug. 30): «Es ist erkennt Meister Päls der turnen halb abzustellen und inn die nit zů tecken laßßen, sunder der meister Walther Sager von Bremgarten zu verdingen und den nůwen helm disen winter mit schindeln zu beslachen.»
338 EDLIBACH, Chronik Ende 15. Jh., S. 200; StAZH, B II 16, S. 36 (Dezember 1489) («um ein werchmeister»); StAZH, B II 17, S. 10, 117 (1490). GUEX 1986, S. 11. Es erscheinen: HANS MEISS, der andere städtische Bauprojekte leitete, WIEDERKEHR, M. Růdolf Cůnntz.
339 Abschrift einer Bleitafel mit Text: «Anno domini MCCCCL-XXXX ward dieser turn von Kaiser Karlis bild hinuff gemuret

339 und der helm gemacht [...] Der statt buwmeister des werchs ist Johannes Heidenrich [...] Architecturæ Georius præfuit hic Heggenzer illustris ingenuus sanguine heros» bei VÖGELIN/NÜSCHELER/VÖGELIN 1878, S. 281. Im SLM: Zinnrolle mit Datum 1491 (AG, O.N. 58).

340 StAZH, B II 20, S. 50, 88, 93; B II 21, S. 73: Im Frühjahr 1492 wurde abgemacht, dass von den ausstehenden 500 gl 200 gl sofort zu bezahlen waren, 200 gl in einem Jahr, der Rest in zwei Jahren; vgl. noch: StAZH, B II 22, S. 31, 86.

341 StAZH, A 49.1, Nr. 2 («Stäffan Rützenstorff steinmetz [...] statt werchmeister», 1492). REINERS 1955, S. 56, 59.

342 StAZH, G I 2 (1515, «uß gåben an geld»).

343 MGH Necrol. I, S. 552 («Rietzenstarffer»); damit dürfte die Frage, die GUEX 1986, S. 238, Anm. 161 und 164 stellt, ob derselbe RÜTZENSTORFF noch 1534 in Zürich als Werkmeister tätig war, beantwortet sein.

344 Abb. der originalen Brüstung: HOFFMANN 1941, Taf. LXI, 4.

345 GUTSCHER 1983, S. 154.

346 StAZH, Pläne R 1406 (vermutlich DAVID VOGEL) und R 1423 (Ausführungsprojekt, vermutlich von JOHANN CASPAR VÖGELI).

347 Siehe die Argumente bei GUTSCHER 1983, S. 154.

348 ESCHER, ASA 29, 1927, S. 248. Nach GUTSCHER 1983, S. 155: Materialkosten 18 916 lb.

349 StAZH, G I 15. 4 (Akten über die Grossmünsterthürme), Kopie eines lateinischen Schreibens des Propsts Felix Frÿ (betr. 1488–1510).

350 StAZH, G I 15. 4 (Akten über die Grossmünsterthürme), undat. Schreiben (1519?).

351 StAZH, G II 1 (1502. 1503), «Usgěben». ESCHER, ASA 30, 1928, S. 250f. Vgl. GUTSCHER 1983, S. 156f.

352 StAZH, G II 1 (1502. 1503), «Usgěben»: «Um helmstangen knopf, hat kupfers xxv pfund hanen darüff zuo richten, und nüwen schwantz v pfund schwer daran zuo machen».

353 StAZH, G II 1 (1502. 1503), «Usgěben», ESCHER, ASA 30, 1928, S. 250: «Umb holz laden, balkennagel und arbeyt giesshütten zuo machen...»; ebd.: «Item gießladen mit gstuol tekel und anderm wärkzüg darzuo gehoerig, ouch wärktisch und richtschyt zuo machen...»; S. 251: «Giesshütten zuo schlyßen viii ß».

354 StAZH, G II 1 (1503) und (1505), ESCHER, ASA 30, 1928, S. 253f.

355 BZD 7.2, 1970–1974, S. 225.

356 NÜSCHELER 1873, S. 347–358; VÖGELIN/NÜSCHELER/VÖGELIN 1878, S. 292f., 294f. (Mauritiusaltar), 303f. (Hochaltar); MEYER 1986, S. 547–555; LEUPPI 1995, S. 42–44.

357 EDLIBACH, Aufzeichnungen 1520–1526, S. 71 (Kap. 56).

358 UBZ 1, Nr. 251 (1107), S. 139. GUTSCHER 1983, S. 138, verweist dazu auf die Parallelen Muri und Beromünster.

359 MÜLLER 1971 (Geschichte), S. 26. – Vgl. ZUFFEREY 1988, S. 196–198.

360 UBZ 13, Nr. 2876a (1306); 1328 erscheint im Testament Schwends ein Legat an den Altar: UBZ 11, Nr. 4143 (1328 Mai 16), S. 111. – StAZH, G I 189/I, fol. 121v kennt 1504 keine «dotatz, aber sunst allt brieff 1340».

361 STAZ, G I 96, 241v; StAZH, G I 1, Nr. 11, 1442.

362 Statutenbücher 1346, S. 51.

363 Vgl. oben, Anm. 303.

364 WIESMANN 1937, S. 32.

365 LOZ, §73. Dass der Schrein, nach GUTSCHER 1983, S. 145, auf dem Altar stand, ist nicht überliefert.

366 StAZH, G II 2 (1514), fol. 11v–13r; ESCHER, ASA 31, 1929, S. 227f.

367 ESCHER, ASA 1929, S. 232.

368 Das von HOFFMANN 1941, S. 208, angeführte Indiz reicht dafür nicht aus.

369 ROSNER 1991, S. 192.

370 LOZ, §68, 73, 175, 680, 780, 1062, 1240, 1326, 1400.

371 LOZ, §73.

372 StAZH, G I 189/I, fol. 121v.

373 StAZH, G I 189/I, fol. 125v. «Ein grünen messacher / ein schwartzen sametin messacher / Jten ein schwartz blümeten sameten / Jten ein schwartz tamastenen / Jtem 1 roten schameloten / Jtem ein grün loden gemengt durenander / item 1 brunen von lüntschem tüch / Item ein fast alten den nieman me brucht von geweben materi / Zů disen messachern vii alben mitt ir zůgehörden / Item ein kelch ist alt / Item iii furalter / 1 zweheln / und gemalte linin bildner / Jtem i messbůch / ii corporal / iii kertzenstök / ii messkentli / Ein käspli jn der sarcasti».

374 UBZ 1, Nr. 293 (nach LEUPPI 1995, S. 43, nicht 1149, sondern nach 1177 zu datieren), S. 179; UBZ 1, Nr. 374 (1212), S. 256 (hier auch Ausstellungsort der Urkunde; UBZ 2, Nr. 840 (1252 Juli 4); UBZ, Statutenbücher 1346, S. 81–86.

375 LEUPPI 1995, S. 43; der Eintrag in LOZ, §1371, lautet: «Dedicatio ecclesie Turicensis prepositure».

376 Belege aus dem ersten Teil des Rotulus (dat. «im Verlauf des 10. Jh.s») nennen einen einzigen Altar, der Felix und Regula gewidmet ist. UBZ 1, Nr. 190 (undat., 924–931), S. 81: «Notitia contentionis inter clericos et Adilhelmum de Hoinge marcha de Meginhardo avo suo at Anzone suo patre et ipis clerici contra illum cum iuramento hanc confortaverunt et in altare et capsa sanctorum Felicis et Regule»; UBZ 1, Nr. 193 (ca. 930), S. 85: «ad altare sanctorum martyrum Felicis et Regulae»; UBZ 1, Nr. 195 (931?), S. 87: «ad altare sanctorum»; UBZ 1, Nr. 198, S. 90; UBZ 1, Nr. 204 (ca. 955), S. 96; UBZ 1, Nr. 212 (968 Febr. 19 und Juni 25), S. 102: «ad ipsum altare», S. 103: «ad altare sanctorum martyrum»; UBZ 1, Nr. 213, S. 104.

377 Hier nach GUTSCHER 1983, S. 135.

378 JOHANNES STUMPF: «Gemeiner loblicher Eydgnoschafft stetten [...]» 1547, fol. 153v.

379 Stadtbücher 2, S. 327f.

380 StAZH, A 45.1 (Nr. 23).

381 Dies geht aus der Anweisung in LOZ, §30, hervor, dass der Diakon an bestimmten Festtagen hinter dem Hochaltar seine Kasel wieder anziehen solle. So auch Statutenbücher 1346, S. 146. Vgl. LOZ, §188: Während der Weihnachtsmesse fand ein Wechselgesang zwischen dem Priester und den Wochenministri («ministris coebdomadariis» [sic]) hinter dem Hochaltar und am Pulpitum in der Mitte des Chors statt.

382 ILLI 1992, S. 84, 88.

383 UBZ 3, Nr. 1088 (1259/1260), S. 185; Statutenbücher 1346, S. 28.

384 LOZ, §1262. – Zu 940: Passio S. Placidi (ca. 1200) in: MÜLLER 1952, S. 172: «Deinde sanctorum Placidi et Sigiberti corpora de Turegio, ubi propter barbaros asportata fuerant, reportavit [...]»; MÜLLER 1942, S. 14ff., 63; MÜLLER 1952, S. 161–180, 257–278; SCHWARZ 1958/1993, S. 117; MÜLLER 1971 (Geschichte), S. 20.

385 LOZ, §1294. Zur Weihe der ersten Trauben vgl. FRANZ 1909, Bd. 1, S. 361–376 (besonders S. 370–374).

386 LOZ, §1489; GUTSCHER 1983, S. 135 (siehe Stiftsschatz, Kreuze).

387 StAZH, G II 2 (1521/22).

388 UBZ 11, Nr. 4438 (1333 Febr. 23), S. 389: «Item duo capita sanctorum martirum Felicis et Regule argentea cum sertis de lapidis preciosis».

389 ESCHER, ASA 30, 1928, S. 59, 60. Nach ESCHER, ASA 30, 1928, S. 60, Anm. 1, kommen zwei Goldschmiede mit diesem Namen in Frage: KONRAD ASPER († vor 1488) und HANS ASPER († vor 1483).

390 StAZH, G II 1 (1480), ESCHER, ASA 30, 1928, S. 119.

391 StAZH, G II 1 (1503), ESCHER, ASA 30, 1928, S. 253: «Patronen brustbilden fuess zuo vergülden viii lb. v ß».

392 StAZH, G I 1, Nr. 75, fol. 5r: «Item ein gestickte fronalter tafel daran stat die figur Melchisedech kost VIC lib», ESCHER, ASA 32, 1930, S. 60.

393 StAZH, G I 1, Nr. 75, fol. 6.
394 LOZ, §581, 588; StAZH, G II 1 (1513), ESCHER, ASA 1929, S. 144.
395 In: HOFFMANN 1941, S. 197; ESCHER, ASA 1930, S. 137. StAZH, G I 1, Nr. 75, fol. 5v.
396 BULLINGER, Reformationsgeschichte 1, S. 367.
397 UBZ 3, Nr. 1088 (1259/1260), S. 186; UBZ 9, Nr. 3149 (1312 Febr. 26), S. 15 «in dextero latere chori».
398 StAZH, G II 2 (1517), ESCHER, ASA 1929, S. 296: «Item ji nüw serch ze machen in chor über die ii altar S. Martini et mariae viii lb.»
399 ILLI 1992, S. 84, 88.
400 UBZ 1, Nr. 251 (1107 Sept. 13).
401 LOZ, §1377, §1384.
402 LOZ, §29; Statutenbücher 1346, S. 81.
403 LOZ, §179.
404 Statutenbücher 1346, S. 93.
405 LOZ, §677.
406 Statutenbücher 1346, S. 143. Vgl. ILLI 1992, S. 84, 88.
407 UBZ 9, Nr. 3149 (1312 Febr. 26), S. 14–17.
408 HOFFMANN 1941, S. 200, nach Verzeichnis Stiftsschatz von 1523 und HEINRICH BULLINGER, «Von den Tiguriner und der Statt Zürych Sachen VI Bücher […]», 2. Teil (1400–1516) ZBZ Ms. Car. C 44, S. 817ff.: «unser frouwen höltzin bild vergüllt».
409 LOZ, §1317 («cum archa sancte Marie»).
410 HEINRICH BULLINGER, «Von den Tiguriner und der Statt Zürych Sachen VI Bücher […]», 2. Teil (1400–1516) ZBZ Ms. Car. C 44, S. 817f. Vgl. ESCHER, ASA 32, 1930, S. 133, Anm. 8.
411 ZBZ, Ms. Z V 710, «Kurtzer Innhalt der fürnembsten Reliquien […], so […] zu Zürich in unnser Lieben Frauen gstift unnd zu Bern in Sant Vincentii gestift vor dem Abfall waren…», Fotokopien von S. 53–60 der Handschrift Cgm 1224 der Bayrischen Staatsbibliothek in München.
412 StAZH, G I 189/I, fol. 104v.
413 StAZH, G I 189/I, fol. 107: «i silberinn vergülten kelch und i buchsen dar zů / ii corporal jn einer kölnschen zwehelen / ein brun schameloten- 1 blaw schameloten- i rot wullin messachel mitt jr zůgehörd / ein schwarz wullin messacher mitt eim wyssen krütz / ein sidin messachel mitt vergülten spangen / vii altar zwehelen, v füraltar gůt und bös, iiii rodel und die gült, ii bermenten und ii papirn I / Ein käspli in der sacrastij».
414 UBZ 1, Nr. 262 (1117 Mai 9).
415 UBZ 3, Nr. 1088 (1259), S. 186; UBZ 13, Nr. 2682a (1303–1306), S. 123.
416 LOZ, §1183.
417 LOZ, §1424.
418 UBZ 7, Nr. 2681 (1303 Jan. 16), S. 280–285: «ad honorem gloriosorum Felicis et Regulem martirum ac sanctorum Galli, Martini aliorumque confessorum». UBZ 13, Nr. 2682a (1303 Jan. – 1306).
419 Statutenbücher 1346, S. 32.
420 StAZH, G I 189/I, fol. 100v.
421 StAZH, G I 189/I, fol. 103v: «Ein silberin übergülten kelch / ii sekli darzů / v corporal / ii bermenten messbůcher / gehallt jnen der sigrist / iii zwehelen bös und gůt / iii altar tůcher / iii bös und gůt füraltar / Ein grün siden- 1 guldin [unnnserten] [sic] - 1 blawer burseten - 1 schwartzen draps [?]».
422 UBZ 1, Nr. 290 (1146 Juni 22), S. 176.
423 UBZ 3, Nr. 1088, S. 186, Z. 5. Vgl. auch: Statutenbücher 1346, S. 34 mit Anm. 1.
424 LEUPPI 1995, S. 43. LOZ, §772: Am ersten Sonntag nach der Pfingstoktav werden beim Hinuntersteigen vom Chor ins Kirchenschiff, von den Chorstufen aus, der Margarethen- und der Karlsaltar mit Weihwasser besprengt. Vgl. UBZ 9, Nr. 3149 (1312 Febr. 26), S. 15.

425 UBZ 3, Nr. 1088 (Nachtrag 1260), S. 185f.
426 Siehe dazu ILLI 1992, S. 84, 88.
427 LOZ, §1269–1274.
428 LOZ, §1271.
429 UBZ 9, Nr. 3524 (1318 Febr. 3), S. 363–366; UBZ 13, Nr. 3524a (1318–1323), S. 162f.
430 G I 189/I, fol. 108v.
431 G I 189/I, fol. 110v: «Ein silberin übergulten kelch / Ein blaw tamasten messacher mit eim crutz mitt lőublinen gstikt / Ein wyß linwatin messacher / ein roten schamloten / ein täglich sidin messacher / ein gůt bermetten messbůch / ii corporal jn eim tucklj [sic] / ein käspli jn der sacrastij und eins uff dem altar / und i corporal mitt eim sack / iiii messkentli vnd ein hostien tuckli [sic] / presentz rodel und zinß rodel im hůß».
432 UBZ 13, Nr. 483b (1233 Sept. 27).
433 LOZ, §1049ff.
434 UBZ 3, Nr. 1088 (1259 Dez. / 1260 Jan.), S. 186.
435 LOZ, §1022.
436 UBZ 10, Nr. 3931 (1325 Jan. 12), S. 293 (Besitz eines Wäldchens); UBZ 13, Nr. 3932a (1325 Jan. 22), S. 178 (Weihe); UBZ 10, Nr. 4002 (1325 Nov. 14), S. 355f.; UBZ 11, Nr. 4013 (1326 Febr. 6), S. 5f.; UBZ 13 (1326 Juli 11), S. 183; UBZ 11, Nr. 4037 (1326 Juli 11), S. 23–25.
437 LOZ, §242, 1002.
438 VÖGELIN/NÜSCHELER/VÖGELIN 1878, S. 278f.
439 MÜLLER 1776, Bd. 1, 2. Teil.
440 MÜLLER 1776, Bd. 1, 2. Teil.
441 ZWINGLI, Werke IV, S. 95f. Den Hinweis auf diese interessante und unseres Wissens zuvor unbekannte Stelle entnehmen wir KELLER 2001, S. 163.
442 StAZH, G I 189/I, fol. 98r.
443 StAZH, G I 189/II, fol. 32r: «1 silberin übergülten kelch und paten ii kelchsekli v corporal ii bermenten messbuch hat der sigrist jn sim käspli / iii zwehelen bös und gut iii altar tůcher iii bös und gůt füraltar…».
444 StAZH, G I 189/I, fol. 134: Urkunden um 1504 nur noch in Kopie vorhanden.
445 UBZ 11, Nr. 4651 (1335 Juni 23), S. 523; GUTSCHER 1983, S. 143.
446 StAZH, C II 1, Nr. 310 (1349 Mai 5).
447 GUTSCHER 1983, S. 136.
448 StAZH, G I 189/I: fol. 34r ff. Pfrundhaus zum Schwarzen Stern, Neustadt. Ornamenta: fol. 37v. Dort keine Unterlagen mehr zur Stiftung und Dotierung verzeichnet.
449 ZBZ, Ms. C 10b, fol. 108 (hier nach GUTSCHER 1983, S. 143).
450 StAZH, G I 189/I, fol. 30v: «capellanij pfründ sant Sebastian so nebend unsern Helgen altar so die Hoppen gstifft habend»; VÖGELIN/NÜSCHELER/VÖGELIN 1978, S. 292.
451 ZBZ, Ms. C 10d, 68r (Jahrzeitbücher des Grossmünsters. Das grosse Jahrzeitbuch 1338/39).
452 StAZH, C II 1, Nr. 708 (1476 Sept. 29).
453 Zum Datum: StAZH, G I 189/I, fol. 30v.
454 Vollständig: StAZH, G I 189/I, fol. 32v: «ein schöni allmerien jn der kilchen vor dem helgen grab (stadt jetz jn der schůly und ghört der fabric)».
455 Die Benennung war im 13. Jh. nicht einheitlich, im LOZ erscheint er unter allen drei Patronen. Vgl. LEUPPI 1995, S. 42.
456 Die Lokalisierung ergibt sich aus der Stiftung des Nikolausaltars 1335 (UBZ 11, Nr. 4651). «An der mur»: StAZH, G I 189/I, fol. 75v.
457 UBZ 1, Nr. 245; UBZ 11, Nr. 4651; WIESMANN 1937, S. 25; GUTSCHER 1983, S. 56.
458 UBZ 5, Nr. 1902 (1284 Juli 8), S. 235–237. – Vgl. Vermerk in StAZH, G I 189/I, fol. 70r.
459 MEYER 1992, S. 551, nach NÜSCHELER 1873, S. 348.
460 StAZH, G I 189/I, fol. 70r: «caplanii sancti Blasii und Pancratij» (1504).

461 LOZ, § 1224.
462 LOZ, § 1466.
463 StAZH, G I 189/I, fol. 70r.
464 StAZH, G I 189/I, fol. 75v: «ein roten luntschen messachel… / ein möschin kertzenstok mitt drij rören / ein kelch was zerbrochen […] / […] ein schwartz luntsch messgwand […] / ein zwibekklin in einem güldenen trukhlin / ein blawen messachel mitt alb umher [?] roten arcissin stössen und schilten […] / und ein wiss arcißß messgwand mitt siner zůgehörd mit ein roten und grünen siden crůtz […] item ein gantz rot sidin messgwand hat ein chorher der pfrůnd gen im kåspli ijn der sacrastij und jn der mur bij dem altar».
465 UBZ 11, Nr. 4290 (1330 Juni 14), S. 225; UBZ 11, Nr. 4386 (1331 Juli 16), S. 294.
466 UBZ 11, Nr. 4290 (1330 Juni 14), S. 225f.
467 UBZ 11, Nr. 4386 (1331 Juli 16), S. 294f.
468 UBZ 11, Nr. 4431 (1332 Febr. 1), S. 333.
469 Statutenbücher 1346, S. 93.
470 EDLIBACH, Chronik Ende 15. Jh., S. 273.
471 StAZH, G I 189, fol. 42r.
472 StAZH, G I 189, fol. 45r: «her Hans Fritz hat bÿ und zů dem alter nüt […] funden denn ii alben und ettlich messacher».
473 UBZ 6, Nr. 2288 (1294 Juli 14), S. 252f.
474 UBZ 9, Nr. 3222 (1313 Juli 5), S. 97: Berchtold von Vriburg «unser burger» vergabt dem Altar «daz gottes und dez heiligen cruces dienst da gemeret werde» einen Weingarten in Meilen. Vgl. UBZ 9, Nr. 3365 (1315 Juni 26), S. 219f.: Übereinkunft zwischen Propstei und Söhnen des Stifters; UBZ 9, Nr. 3367 (1315 Juni 26), S. 219f.; UBZ 13, Nr. 3366b (Verzeichnis der Stiftungen 1315–1323), S. 155f.
475 LOZ, § 1171 (ein späterer Zusatz; vgl. LOZ, S. 44, Anm. 17).
476 GUTSCHER 1983, Anm. 459 und S. 146.
477 HOFFMANN 1941, S. 215.
478 StAZH, G II 2 (1514); ESCHER, ASA 31, 1929, S. 230.
479 StAZH, G I 189/I, fol. 90v.; UBZ 13, Nr. 3366b, S. 156: «domus in Nova civitate sita in secundo vico».
480 StAZH, G I 189/I, fol. 93r: «Ein kelch / ein bermentin messbůch, und ein bermenten sperial [Special?] / Item v stuck messgwand / Item IIII furaltar / Item iii altar zwehelen / iiii corporal / ii möschin kertzenstök / Jtem i alte kisten gehört jn das hus / Ewin kåspli jn der sacrastyij, und bý dem altar».
481 LOZ, §1512. Vgl. LEUPPI 1995, S. 44.
482 UBZ 5, Nr. 1902 (1284 Juli 8), S. 237.
483 LOZ, § 1512 (Duplex festum); vgl. ebd. S. 433, Anm. 1.
484 UBZ 6, Nr. 2029 (1288 Juli 6), S. 18f.
485 UBZ 13, Nr. 2506b (1299 Mai), S. 115f.; UBZ 7, Nr. 2522 (1299 Okt.), S. 117.
486 UBZ 7, Nr. 2677 (1303 Jan. 7), S. 272–276.
487 GUTSCHER 1983, S. 138, 146 und Anm. 459.
488 HOFFMANN 1941, S. 215.
489 StAZH, G II 1 (1500); ESCHER, ASA 30, 1928, S. 190: «Mer: tefelwerk und S. Kathrynen capell zuo bessern und malen iii lb v ß». Nach ESCHER, Anm. ebd., wurde der Raum nachträglich gegen den Mittelraum vermauert. – StAZH, G I 1 (1501); ESCHER, ASA 30, 1928, S. 250: «Fenster uff gwelb under S. Kathranen capell mit ysen zuo vermachen».
490 StAZH, G II 2 (1514); ESCHER, ASA 31, 1929, S. 230: «Item Rudolff Lindiner gen iii lb von viii tagwen zuo tecken und grund machen uff Sant Katrinen gwelb»; «Aber Růdolff Lindiner gen xxx ß von iiii tagen ztecken uff dem gwelb dess heiligen crützs».
491 GUTSCHER 1983, Anm. 459.
492 StAZH, G I 189/I, fol. 81r.
493 StAZH, G I 189/I, fol. 85v.
494 UBZ 10, Nr. 3599 (1319 Mai 11), S. 12–16; UBZ 10, Nr. 3603 (1319 Juni 1), S. 19f.; UBZ 10, Nr. 3660 (1320 Mai 5), S. 72–75; UBZ 10, Nr. 3677 (1320 Juni 28), S. 87f.; UBZ 10, Nr. 3703 (1321 Febr. 27), S. 109. Vgl. Eintrag StAZH, G I 189/I, fol. 76vf.: «Caplanij sacrosancti corporis XRI uff dem gwelb» mit den Hinweisen auf die 1319 erwähnten Güter.
495 StAZH, G I 189/I, fol. 77r.
496 StAZH, G I 189/I, fol. 80r: «Ein hübschen silberin kelch und baten übergult» / 9 Messgewänder / «iii füralter / vii zwehelln gůt und bös / iii corporal / ii möschin kertzenstok / ii messkentli / i leder uff dem altar / i kåspli jn der sacrastij / und eins uff dem gwelb».
497 ZBZ, Ms. 10 d, fol. 8r–v: «Ex ord di Jo Störin» (Jahrzeitbücher des Grossmünsters. Das grosse Jahrzeitbuch 1338/39).
498 StAZH, C II 1, Nr. 328 (1359 Juni 14), Hugo Thya stiftet eine ewige Pfründe für den Altar «supra testitudines in dextro latere in ecclesie predicte videlicet in arcu proximo sito seu ante altare sancte crucis». MEYER 1992, S. 554.
499 StAZH, C II 1, Nr. 331 (1360 Aug. 31).
500 StAZH, G I 189/I, fol. 94v.
501 StAZH, G I 189/I, fol. 97r.
502 LOZ, § 16, 61, 63, 69, 178, 284, 522, 526, 532, 549, 565; Statutenbücher 1346, S. 33, 45, 50, 288.
503 UBZ 3, Nr. 1088 (Statuten 1259/60), S. 185; Statutenbücher 1346, S. 33.
504 Statutenbücher 1346, S. 288.
505 StAZH, C II 12, Nr. 343 (1426 Sept. 20).
506 LOZ, § 190, 518, 568; Statutenbücher 1346, S. 30, 50, 100.
507 SCHWEIZER 1894 (Staatsarchiv), S. 8f. und Anm. 3 und 6 mit abweichenden Daten.
508 StAZH, G II 1 (1502. 1503): ESCHER, ASA 30, 1928, S. 252f.
509 HOFFMANN 1942, S. 273. Nach GUTSCHER 1995, S. 16, sollen sich noch einige originale Fliesen an Ort befinden. Von Auge sind sie allerdings nicht von den Kopien zu unterscheiden.
510 VÖGELIN/NÜSCHELER/VÖGELIN 1878, S. 152; SCHWARZ 1951/1993.
511 ESCHER, KdmZH 1939, S. 148, Anm. 1 und S. 163.
512 So mit guten Gründen SCHWARZ 1951/1993.
513 SCHWARZ 1951/1993.
514 StAZH, C II 1, Nr. 263, ed.: UBZ 11, Nr. 4498 (1333 Febr. 25), S. 388–393.
515 StAZH, G I 1, Nr. 75, fol. 1r–5r: «Inventarium in sacrastia maiori pro domino custode confectum […]» (Verzeichnis, 1523); ESCHER, ASA 32, 1930, S. 57–63; StAZH, G I 1, Nr. 75, fol. 5v–7v: Inventar 1525, ESCHER, ASA 32, 1930, S. 134–140, Inventar S. 138–140.
516 ZBZ, Ms. A 93, fol. 332ff. Vgl. GERMANN 1984.
517 UBZ 11, Nr. 4498 (1333 Febr. 25), S. 389.
518 UBZ 11, Nr. 4498 (1333 Febr. 25), S. 389.
519 UBZ 11, Nr. 4498 (1333 Febr. 25), S. 389.
520 StAZH, C II 1, Nr. 263 (1333 Febr. 25); UBZ 11, Nr. 4498 (1333 Febr. 25), S. 389.
521 ESCHER, ASA 32, 1930, S. 134.
522 1525 zusätzlich noch «ii lindine saerchli stuondet im chor unser frowen und Placidj» (ESCHER, ASA 32, 1930, S. 140).
523 UBZ 11, Nr. 4498 (1333 Febr. 25), S. 388.
524 UBZ 11, Nr. 4498 (1333 Febr. 25), S. 389.
525 ZBZ, Ms. A 93, fol. 332.
526 RAHN 1878; VÖGELIN/NÜSCHELER/VÖGELIN 1878; GERMANN 1984, S. 103.
527 RAHN 1878; GERMANN 1984, S. 103.
528 Hier nach RAHN 1878, S. 827.
529 GUTSCHER 1983, S. 64.
530 WIESMANN 1937, S. 23.
531 WIESMANN 1937, S. 23f.; GUTSCHER 1983, S. 64.
532 Datierung nach LOZ, S. 244, Anm. 518: Da die entsprechende Stelle im LOZ nicht von der Anlegerhand stammt, ist die etwas frühere Datierung (vor 1250) von GUTSCHER 1983, S. 149, zu korrigieren.
533 GUTSCHER 1982, S. 150, im Vergleich mit einem Schlussstein

534 GUTSCHER 1983, S. 150f.: Verwandtschaft mit Fenster in der Chorsüdwand von St. Johann in Schaffhausen (vor 1436). Ein sicherer Terminus ante quem ist eine Inschrift an der Fensterlaibung von 1482.
535 NÜSCHELER 1873, S. 355f.; GUTSCHER 1983, Anm. 439.
536 LOZ, §69.
537 UBZ 7, Nr. 2668 (1302 Nov. 28), S. 265f.; UBZ 8, Nr. 2754 (1304 Juli 13).
538 UBZ 8, Nr. 3024 (1310 Febr. 12), S. 291.
539 WIESMANN 1932, S. 12–14. Vgl. GUTSCHER 1983, S. 142f.
540 KNOEPFLI 1961, S. 112; GUTSCHER 1983, S. 142.
541 ESCHER, KdmZH 1939, S. 144; vgl. GUTSCHER 1983, S. 142.
542 Atelier ANDREAS FRANZ: Grossmünster Zürich. Untersuchungsbericht und Konservierungskonzept zu den Wandmalereien im Grossmünster, Arbeiten 1993–1997 (1997) (KDP, Dok. Grossmünster, Schachtel Krypta: Literatur/Berichte I), S. 15.
543 HOFFMANN 1941, S. 221–225. Vgl. auch NÜSCHELER 1873, S. 362–365.
544 Vgl. auch RAMER 1973, Nr. 174.
545 Nach GUTSCHER 1983, S. 137, möglicherweise Kenotaphe als Nischengräber, Grabaltäre über Kenotaphen oder Sepulchren.
546 LOZ, §40, 50. Vgl. LEUPPI 1995, S. 42.
547 Hier nach LEUPPI 1995, S. 42, Anm. 6: ZBZ, Ms. C 6b, fol. 7v; Ms. C 6, fol. 39v, Ms. C 10d, fol. 26, Ms. C10e, fol. 38; StiSG, Ms. 528, S. 7. Vgl. GUTSCHER 1983, S. 56.
548 LOZ, §553.
549 UBZ 8, Nr. 3136 (1311 Dez. 17), S. 387: «…ac altari in honore dictorum sanctorum martirum in ecclesia nostra aput eorum tumbas…»; UBZ 13, Nr. 3136b (1311 Dez. 17 bis 1316 Juli 14), S. 140.
550 Statutenbücher 1346, S. 98.
551 WÜTHRICH/RUOSS 1996, Kat.-Nr. 44, mit vollständiger Literatur.
552 Siehe zu diesem Aspekt JEZLER 1990.
553 StAZH, G I 1, Nr. 75 («Inventarium in sacrastia maiori pro domino custode confectum […]»), fol. 7r: «Item die vergülte Tafel des grabs darinn waz Zürich gemalet».
554 VÖGELIN/NÜSCHELER/VÖGELIN 1878, S. 299.
555 Z.B. ESCHER, KdmZH 1939, S. 16; WÜTHRICH/RUOSS 1996, S. 40.
556 WÜTHRICH/RUOSS 1996, S. 40.
557 VÖGELIN/NÜSCHELER/VÖGELIN 1878, S. 299, Anm. 7.
558 VÖGELIN/NÜSCHELER/VÖGELIN 1878, S. 299.
559 JEZLER 1990, S. 300ff.
560 ASA 29, 1927, S. 176; ASA 30, 1928, S. 185, 186, 189, 191, 249, 251, 252, 253. Vgl. auch GUTSCHER 1983, Anm. 497. Zu ININGER: KUHN 1933; zu seiner Tätigkeit im Fraumünster ABEGG / BARRAUD WIENER, KdmZH 2002, S. 105.
561 EDLIBACH, Chronik Ende 15. Jh., S. 270: «die begreptnis beder helgen […], die da erst nüwklich in kurtzen jarren von fil fromer lütten mit vergülten costlichen tafflen und sidinen tücher Jrre särch verdeckt ob den grebren».
562 KELLER 1982, S. 169–171.
563 GUTSCHER 1983, S. 141.
564 GUTSCHER 1983, S. 141; EMIL D. BOSSARD, Neues zu «Der Stadt Zürich Conterfey», in: ZAK 39 (1982), S. 147–162.
565 Vgl. auch die Vermutungen von WÜTHRICH/RUOSS 1996, S. 43.
566 Die Annahme von GUTSCHER 1983, S. 137, er sei auf dem Altar gestanden, lässt sich nicht belegen.
567 EDLIBACH, Chronik Ende 15. Jh., S. 272: vgl. oben, Anm. 561; EDLIBACH, Aufzeichnungen 1520–1526, S. 59.
568 LOZ, §73; GUTSCHER 1983, S. 136–138, 149.
569 Z.B. LOZ, §73.
570 StAZH, G II 1 (1501, «Uff Pfingstmitwuchen krützgangs halb heyltums saerk zuo handeln x ß»); ESCHER, ASA 30, 1928, S. 249.
571 StAZH, G II 1 (1480): ESCHER, ASA 30, 1928, S. 118.
572 EDLIBACH, Aufzeichnungen 1520–1526, S. 59, Z. 10–11.
573 StAZH, C I Urkunden Stadt und Land, Nr. 193 (1413 Juni 15); QZWG I, S. 356f.; Nr. 635; ESCHER, ASA 29, 1927, S. 243; HOFFMANN 1941, S. 202.
574 BARRAUD WIENER / JEZLER, KdmZH 1999, S. 265.
575 Dazu ausführlich GUTSCHER 1983, S. 43–50.
576 LOZ, §1317; der Marienschrein nach LEUPPI, ebd., Anm. 1, im Schatzverzeichnis von 1333 nicht aufgeführt, jedoch in den späteren.
577 UBZ 5, Nr. 1813 (1281 Nov. 26), S. 152 (Erbverzicht von Konrads Sohn); Bestätigung: UBZ 5, Nr. 1844 (1282 Juli 11), S. 180–183.
578 StAZH, G II 1 (1468, «alia exposita»); ESCHER, ASA 30, 1928, S. 60; StAZH, G II 1 (1475, «Exposita»); ESCHER, ASA 30, 1928, S. 62: «Item iiii lb dem schmid uff dorf von der totten gloggen, der primgloggen und der gloggen uff der capell ze hencken»; StAZH, G II 1 (1477/78); ESCHER, ASA 30, 1928, S. 64: «Item i ß umm einen riemen zu der glogen in capella […]; StAZH, G II 1 (1482), S. 3; S. 4f: Ausgaben für XXVIII lb III hlr unter dem Titel: «Usgeben ûlrich Hütten von deß hûß wegen uff unser frowen capell»; ESCHER, ASA 30, 1928, S. 120. Vgl. auch WIESMANN 1933, S. 92. Gutschers Schluss (GUTSCHER 1983, S. 46 und Anm. 143), die Marienkapelle habe keinen eigenen Dachreiter mit Glocke gehabt, beruht auf einer falschen Übersetzung der von ihm angegebenen Quelle.
579 Vgl. die detaillierten Argumente dazu und zum Folgenden in: GUTSCHER 1983, S. 46. Vor ihm vermutete dies bereits WIESMANN 1933, S. 92.
580 GUTSCHER 1983, S. 50.
581 GUTSCHER 1979, Anm. 3, nennt als Parallelen für die Quertonnen den oberen Umgang der Aachener Pfalzkapelle sowie St-Philibert in Tournus.
582 HUGELSHOFER 1928, S. 11; GUTSCHER 1979; SAURMA-JELTSCH 1988, S. 344–346; MICHLER 1992, S. 206, 48.
583 Nach VÖGELIN 1853, S. 3, waren «in den Gewölben Blumenwerk, an den Bogen Brustbilder von Päpsten, Bischöfen u.a.» gemalt.
584 Letztere erstmals publiziert und diskutiert in: GUTSCHER 1979.
585 GUTSCHER 1979, S. 176; SAURMA-JELTSCH 1988, S. 344ff.; MICHLER 1992, S. 206.
586 So auch GUTSCHER 1979, S. 174ff.
587 ABEGG / BARRAUD WIENER, KdmZH 2002, S. 54–57.
588 UBZ 5, Nr. 1813 (1281 Nov. 26), S. 152 (Erbverzicht von Konrads Sohn); Bestätigung: UBZ 5, Nr. 1844 (1282 Juli 11), S. 180–183.
589 UBZ 5, Nr. 1896 (1284 April 28), S. 229–231.
590 UBZ 8, Nr. 2681 (1303 Jan. 16), S. 281; StAZH, G I 189, fol. 12r.
591 Hier nach NÜSCHELER 1873, S. 354f. StAZH, G I 189, fol. 52r.
592 StAZ, Siegelkatalog, Lieferung 5, Tafel V, Nr. 79).
593 StAZH, G I 189, fol. 127r–v.
594 StAZH, G I 189, fol. 52r.
595 StAZH, G I 189, fol. 132r.
596 StAZH, G I 189, fol. 55r.
597 UBZ 11, Nr. 4669 (1335 Okt. 14).
598 NÜSCHELER 1873, S. 358.
599 VÖGELIN 1853, S. 3.
600 ZBZ, Ms. Car. C 56, fol. 132r: «sepultus in cappella beatissime virginis site iuxta ambitum ecclesie Th[uricensis]. Et inibi lapide sursum eleganter elevato ad altaris sinistrum maiorem».
601 KELLER 1844, S. 112f.
602 Hier nach GUTSCHER 1983, S. 46.

603 LOZ, §680, 1404, 1451, 1466. Nächste Erwähnung: UBZ 4, Nr. 1465 (1271 April 29), S. 170: «capella, qui dicitur sancti Michaelis, in atrio ecclesie». Als «atrium» wird der auf dem Areal des heutigen Zwingliplatzes gelegene Friedhof bezeichnet.
604 LOZ, §1404.
605 UBZ 5, Nr. 1920 (1285 März 13), S. 260. Der Verkauf eines Gutes durch die Äbtissin des Klosters Selnau ans Grossmünster wird «ante capellam sancti Michaelis iuxta preposituram» gefertigt.
606 NÜSCHELER 1873, S. 353f.
607 UBZ 9, Nr. 3215 (27.4.1313); ebd., Nr. 3219 (20.5.1313).
608 Siehe BARRAUD WIENER / JEZLER, KdmZH 1999, S. 129.
609 StAZH, G I 189, fol. 2r: «Sanctorum Jacobi et Jodoci jntras ambitum jn capella rotunda».
610 StAZH, C II 1, Nr. 483: «…in ambitu eiusdem ecclesie nostre Thuricensis cappelam unam […] construxerit noviter ac funaverit»; StAZH, G I 1 [mit Bleistift: 18]: «ein Cappel unnd altar darjnnen jnn der Ere unßer Lieben Frouwen Maria der ewigen Jungfrouwen ouch deß heiligen Apostels und Zwölfbotten S Jacobs und sant Joßen deß heiligen bichtigers sampt ein grebdnus bÿ und um gedachter cappel jnerthalb unßers krützgangs». Vgl. ARNOLD 1933; VÖGELIN/NÜSCHELER/VÖGELIN 1878, S. 314f. Zur Stifterfamilie siehe ILLI 1992, S. 49.
611 Zu Heinrich Göldli: KIRCHGÄSSNER 1975.
612 StAZH, G I 189, fol. 2r: «Sanctorum Jacobi et Jodoci jntras ambitum jn capella rotunda».
613 Zit. in: ARNOLD 1933, S. 248.
614 WERDMÜLLER 1780, S. 240.
615 BZD 3, 1962/63, S. 134 und Beilagen 14, 15.
616 BZD 3, 1962/63, Beilagen 14, 15.
617 ARNOLD 1933, S. 249.
618 StAZH, G I 189, fol. 69: «ein guten silberin kelch übergülten mitt einem crützli uff dem fuß, ein gut bermentin messbůch, ii corporal mit ii sidin trůklin, ein wissen damastin, ein alten roten samatin, ein schwartzen tůchin, ein sidin alten mit blůmen messacher mitt zůgehörd, iiii fůralt gůt und böss, ii tůcher ji der fasten, eins fůralt, das ander für die tafelen, ii messkenli, i hostien bůchs […] ein käspli hat der caplan jn der sacrastij».
619 ESCHER, KdmZH 1939, S. 140–145.
620 StAZH, G II 7 (1611), S. 19.
621 RAHN 1897, besonders S. 44ff.; RAHN 1898, S. 120ff.
622 HUGELSHOFER 1928, S. 15; HOFFMANN 1941, S. 198f.
623 StAZH, G II 1 (1476), ESCHER, ASA 30, 1928, S. 63: «Item ii ß (pro funibus) ad picturam magorum». Vgl. HOFFMANN 1941, S. 198.
624 HOFFMANN 1941, S. 198.
625 HOFFMANN 1941, S. 198.
626 HOFFMANN 1941, S. 198: 14. Jh.; MICHLER 1992, S. 205 (um 1300).
627 RAMER 1973, Nr. 190.
628 HUGELSHOFER 1928, S. 15 (um 1400); HOFFMANN 1941, S. 199 (1. Drittel 15. Jh.); MICHLER 1992, S. 205 (um 1430).
629 HOFFMANN 1941, S. 199.
630 Passio, VII, in: ETTER/BAUR/HANSER/SCHNEIDER 1988, S. 16. Vgl. SCHWARZ 1948/1993, S. 77.
631 Vgl. die Zusammenstellung der bekannten Beispiele dieses Bildtypus in: RAMER 1973, Nrn. 182–191 (alle Zürich und Zürcher Herrschaftsgebiet). Zu St. Arbogast siehe ALBERT KNOEPFLI in: DRACK/KELLER/KNOEPFLI 1984, S. 12ff.
632 RAHN 1897, S. 46f.; RAHN 1898, S. 123; HOFFMANN 1941, S. 200. RAHN sah im oberen Teil der Wand noch mehr Spuren.
633 1516 wird ein durch Hagel beschädigtes «chorfenster ob dem jüngsten gricht» ersetzt: ESCHER, ASA 1929, S. 292.
634 MICHLER 1992, S. 206.
635 So HOFFMANN 1941, S. 204f.
636 StAZH, G II 1 (1476), ESCHER, ASA 30, 1928, S. 63: «Item 1 lb. ii ß dem Tormann das ander gemält im Kor ze sübren…». Meister THORMANN, Maler, ab 1467 in Zürich tätig. (SKL, Bd. 3, S. 306). StAZH, G II 1 (1489), ESCHER, ASA 30, 1928, S. 182: «Item i lb×ß von den gemelden im chor ze wüschen dem Zeiner». Vgl. LEHMANN 1926, S. 13.
637 StAZH, G II 1 (1505), ESCHER, ASA 30, 1928, S. 254: «Im chor Gmäld zuo sübern, zuo rüsten und schlyssen umm holtz und arbeyt vii lb. vi h.»
638 RAHN 1897, S. 46. Vgl. ESCHER, KdmZH 1939, S. 142.
639 StAZH, Zeichnungsbücher AGZ, Mittelalter I, fol. 3–7 (fol. 3 signiert und datiert 1841).
640 EAD, Protokolle von JOSEF ZEMP sub dato 25. Juli 1913, 29. Juli 1913, 5. August 1913, 31. Oktober 1913 (Auszüge KDP, Dokumentation Grossmünster, Zürich).
641 HOFFMANN 1941, S. 208f.
642 StAZH, G I 1, Nr. 11 (1442).
643 HUGELSHOFER 1928, S. 28–30; HOFFMANN 1941, S. 208–211; RAMER 1973, Nrn. 52, 59, 67, 78, 185.
644 HOFFMANN 1941, S. 211. MICHLER 1992, S. 206, hält es für möglich, dass nur noch die Vorzeichnungen erhalten sind.
645 HUGELSHOFER 1928, S. 29, mit Vermutung eines Meisters aus dem Konstanzer Umkreis. Nach HOFFMANN 1941, S. 210, GUTSCHER 1983, S. 145, und MICHLER 1992, S. 206, sind sie HANS LEU d.Ä. zuzuschreiben, um 1500.
646 RAHMER 1973, S. 6.
647 Dies nach einer zweiten, anonymen Version der Legende, deren älteste Textfassungen ins 7. und 8. Jh. zurückgehen, im Unterschied zur Version des Bischofs Eucherius von Lyon aus der 1. Hälfte des 5. Jh., nach der die Legion nicht das Götzenopfer, sondern die Bekämpfung von Christen verweigerte. Vgl. dazu zuletzt JEAN-MICHEL ROESSLI. Le martyre de la Légion Thébaine: culte et diffusion de l'Antiquité tardive au Moyen Age, in: K+A 2003.3, S. 6–15.
648 HOFFMANN 1941, S. 208. Datierung nach GUTSCHER 1983, S. 145.
649 Zu den technischen Befunden siehe Atelier ANDREAS FRANZ: Grossmünster Zürich. Wandmalerei «Madonna mit Kind». Restaurierungsbericht, 30. November 1993 (KDP, Dok. Grossmünster).
650 HUGELSHOFER 1928, S. 10.
651 RAHN 1898, S. 120; HOFFMANN 1941, S. 212f.; KNOEPFLI 1961, S. 112 (gegen 1300).
652 RAHN 1897, S. 45; RAHN 1898, S. 121, fig. 18.
653 Vgl. Atelier ANDREAS FRANZ: Grossmünster Zürich. Dokumentation zur Notsicherung und Grundlage zum Pflegewerk, Heiliger Bischof, Bericht 1997 (KDP, Dok. Grossmünster), S. 3.
654 HOFFMANN 1941, S. 212.
655 Hier nach HOFFMANN 1941, S. 218–220, nach der Veröffentlichung durch JOHANN RUDOLF RAHN, in: Schweizerisches Archiv für Heraldik 1898, S. 1ff. und 41ff. Zum Beispiel: Wappen Rordorf, Thya (?), Röist, Schultheiss vom Schopf, Stüssi.
656 HOFFMANN 1941, S. 218.
657 HOFFMANN 1941, S. 215f.
658 So HOFFMANN 1941, S. 215.
659 ESCHER, KdmZH 1939, S. 141f., deutet die Figur mit Fragezeichen als Engel, das Tier als Teufel!
660 HOFFMANN 1941, S. 216.
661 ESCHER, KdmZH 1939, S. 141; KNOEPFLI 1961, S. 112. So auch ROLAND BÖHMER nach mündlicher Mitteilung.
662 EDLIBACH, Chronik Ende 15. Jh., S. 272: «der touff stein, der da anne allen zwiffel vil hundert jaren [was], daß niemen wol verdencken mocht. Der stůnd bin der sul die dz gwelb vnd den altar corpri Criste treitt da hinden der mitte der kilchen»; vgl. EDLIBACH, Aufzeichnungen 1520–1526, S. 58. Vgl. auch UBZ 10, Nr. 3660 (1320 Mai 5) und Nr. 3703 (1321 Febr. 27) zur Stiftung des Fronleichnamsaltars.

663 LOZ, § 591, 596, 604, 605, 610, 614.
664 Nach HOFFMANN 1941, S. 213.
665 HOFFMANN 1941, S. 213.
666 ESCHER, KdmZH 1939, S. 147; HOFFMANN 1941, S. 213f.; GUTSCHER 1995, S. 16.
667 StAZH, G II 1 (1507, «Schmid und schlosser lon»), ESCHER, ASA 1929, S. 301; StAZH, G II 2 (1521), «1521 usgen 1522» [sic]: «m. Ludwig Dischmacher vom dekel über dem Döf»; ESCHER, ASA 1929, S. 72, 301.
668 RAMER 1973, Nr. 47; WIESMANN 1937, S. 77. Das Fragment ist zur Zeit im Kreuzgang ausgestellt.
669 Aus dem SLM widersprüchliche Massangaben: Grösseres Fragment: ca. 54 cm hoch, B. max. 33, Dicke 11 cm; kleineres Fragment: vermutlich B. 15, H. 13 und Dicke 8,5 cm. Es existiert weder eine Hausgeschichte noch eine Dokumentation zum Bau und zum Abbruch der Liegenschaft an der Krautgartengasse.
670 Abgebildet in: HOFFMANN 1941, Taf. LVIII, Abb. 5, ebd. erwähnt S. 189.
671 WÜTHRICH/RUOSS 1996, Kat.-Nr. 85, mit Provenienz Grossmünster, ohne Nachweis.
672 Hier nach WÜTHRICH/RUOSS 1996, S. 64.
673 Stadtbücher 2, S. 327f.
674 StAZH, G II 1 (1512): «von der trucken by dem sacramentshüsli hin uss ze richten» (ESCHER, ASA 31, 1929, S. 142).
675 GUTSCHER 1983, S. 139.
676 UBZ 1, Nr. 293 (undat., nach LEUPPI 1995, S. 43, nicht zu 1149, sondern nach 1177 zu datieren), S. 179: «tres lampades […] una retro maius altare, II^a in medio choro, III^a in medio ecclesie».
677 GUTSCHER 1983, S. 134.
678 Diverse Stellen im LOZ. Vgl. GUTSCHER 1983, S. 134.
679 Lesungen «in cancellis»: z.B: LOZ, § 30, 63, 72, 200, 209 u.a.; LOZ, § 284: «in pulpitum cancellorum».
680 LOZ, § 30; Statutenbücher 1346, S. 146.
681 LOZ, § 569.
682 Nach den Statutenbüchern 1346, S. 100, 106, sassen offenbar in der unteren Reihe («stalla isuperiora») unter anderem die Leviten und die Kapläne, in den «stalla inferiora» die Kanoniker.
683 LOZ, § 68, 188, 551, Vgl. GUTSCHER 1999, Anm. 418 und S. 135.
684 LOZ, § 68, 133.
685 Statutenbücher 1346, S. 40: «in medio chori inter pulpita scolarium». Ebd., S. 50: «pulpita chori».
686 Schatzverzeichnis von 1525: ESCHER, ASA 32, 1930, S. 142.
687 LOZ, § 1489. WYSS, Chronik 1519–1530, S. 42: «und fieng man an [am 20. Juni 1524] ob dem fronbogen das gros crüz und alle bild ab den altären ze thuon».
688 Statutenbücher 1346, S. 32, 195.
689 StAZH, G II 1 (1476). ESCHER, ASA 30, 1928, S. 63: «Item vi ß dem Lüschgen umm die ysin stang ad lampidem circa yminen beatae virginis».
690 StAZH, G II 1 (1489), ESCHER, ASA 30, 1928, S. 183: «Item ii lb. xiii ß von der kron beatae Mariae und ii hend und das buch ze howen und anzelimen».
691 ESCHER, ASA 32, 1930, S. 133. Vgl. HEINRICH BULLINGER, «Von den Tigurineren und der Statt Zürych Sachen VI Bücher […]», 2. Teil (1400–1516) ZBZ Ms. Car. C 44, S. 817ff.: «unser frouwen höltzin bild vergüllt». Vgl. HOFFMANN 1941, S. 200.
692 ESCHER, ASA 32, 1930, S. 140.
693 Vgl. Statutenbücher 1346, S. 32, wo in den Bestimmungen über die Kerzen diejenige vor dem Marienaltar unmittelbar auf die beiden vor dem Verkündigungsbild erwähnt wird.
694 Statutenbücher 1346, S. 51: «Item lampas pendens in cancellis ante ymaginem crucifixi…».
695 LOZ, § 392, 419.
696 ESCHER, ASA 30, 1928, S. 63, 117, 188.
697 StAZH, G II 1 (1476), (1480), fol. 1a, (1482), fol. 1: «Item dedi meister Thormann dem maler xxxviß von dem hungertůch wider umb zereformieren», (1499); ESCHER, ASA 30, 1928, S. 120.
698 LOZ, § 522: «candelabrum positum in choro sub medio arcus sancti Florini». Vgl. auch LOZ, § 523, 526, 546, 562.
699 ESCHER, ASA 30, 1928, S. 63, 115, 181, 185, 186, 251; ESCHER, ASA 31, 1929, S. 143.
700 GUTSCHER 1983, S. 139, gibt an: ESCHER, ASA 30 (1928), S. 63, 115.
701 Vgl. BD, JOHANNES MEYER. Choralkonzert im Chor des Grossmünsters. Blick gegen Osten. 1710 (in: GUTSCHER 1983, Abb. 27): Uhr mit zwei Zifferblättern an der Nordecke zwischen Altarhaus und Chor.
702 StAZH, G II 2 (1497/98, «Dis ist was her Peter Grebel bumeister uß geben hat»); ESCHER, ASA 30, 1928, S. 186.
703 GUTSCHER 1983, S. 135f.
704 LOZ, § 560. Ähnlich wird auch das Heiliggrab über dem Michaelsaltar auf der Westwerkempore im Liber Ordinarius der Essener Stiftskirche (zwischen 1370 und 1393) beschrieben; vgl. dazu BÄRSCH 1998, S. 176.
705 Vgl. dazu JEZLER 1985, mit Erwähnung des Zürcher Ostergrabs auf S. 100.
706 So JEZLER 1985, S. 100. Möglicherweise hat man sich im Grossmünster, dem wichtigsten Stift in der Diözese Konstanz, zumindest an den Ausmassen des damals noch bestehenden ottonischen Heiliggrabes in der Mauritiuskapelle orientiert. Dort bestand das Tegurium aber vermutlich aus einer mit Goldschmiedewerk verkleideten Holzkonstruktion. Anders FLEMMING 1971, S. 19: Er setzt «testudo» mit dem Altarbaldachin gleich, der durch Umhängen mit Tüchern zu einer Art Zelt umgeformt wurde.
707 So auch TAUBERT 1974, S. 56.
708 Vgl. dazu JEZLER 1982, S. 31ff.; REINLE 1988, S. 230ff.
709 TRIPPS 2000, S. 143f.
710 UBZ 6, Nr. 2137 (1291 April 20): «ymaginem crucifixi in sepulchro dominico». Zum Begriff «imago crucifixi» siehe oben, Anm. 273. Vgl. auch JEZLER 1985, Anm. 80.
711 Statutenbücher 1346, S. 31.
712 Statutenbücher 1346, S. 31f., 195.
713 Die folgenden Rechnungsposten sind bislang ohne zwingenden Grund auf die Erneuerung der Anlage des Mauritiusschreins in der Krypta bezogen worden. Einzig ESCHER, KdmZH 1939, S. 106, scheint sie auch auf das Ostergrab zu beziehen, jedoch ohne Kommentar. Unseres Erachtens beziehen sich nur die ersten Rechnungsposten auf den als «sarch» bezeichneten Schrein in der Krypta, während mit «grab», unterschieden nach «alt» und «neu», zweifelsohne stets das Ostergrab gemeint ist.
714 StAZH, G II 2 (1514), fol. 11v–13r; StAZH, G II 2 (1515) «uß geben an müntz»; ESCHER, ASA 31, 1929, S. 233 238 passim; StAZH, G II 2 (1516), «ußgeben»); ESCHER, ASA 31, 1929, S. 293f. passim. Vgl. auch GUTSCHER 1983, S. 140f.
715 StAZH, G II 2 (1514, fol. 11v–13r); ESCHER, ASA 31, 1929, S. 229. «Verstechen» für Verputzen bzw. mit Mörtel vertünchen nach SI, Bd. 10, Sp. 1267, mit diesem Beispiel.
716 StAZH, G II 2 (1515) «uß geben an müntz», ESCHER, ASA 31, 1929, S. 234. «fecken» bedeutet nach SI, Bd. 1, Sp. 729, den paarweise vorhandenen Teil von Gebäuden (z.B. Fensterflügel, Torflügel) und könnte sich deshalb auch auf die Dachseiten (paarweise Giebel- und Längsseiten) beziehen. «Fecken» bezeichnet jedenfalls ein brett- oder scheibenartiges Teil, lässt sich folglich schwerlich, wie HOFFMANN 1941, S. 204, und GUTSCHER 1983, S. 140, meinen, auf die Eckpfosten beziehen. Oder bezeichnet der Begriff herunterklappbare Dachschrägen oder eine zweiflügelige Tür an der Vorderseite als Sichtverbindung zur Grabfigur wie z.B. beim Heiliggrab in Wienhausen?

717 StAZH, G II 2 (1515) «uß geben an müntz»; StAZH, G II 2 (1516, «Usgeben» und 1516 A, fol. 5v).
718 Vorschlag von GUTSCHER 1983, S. 140.
719 So auch GUTSCHER 1983, S. 141.
720 EDLIBACH, Chronik Ende 15. Jh., S. 272.
721 StAZH, G II 2 (1523, «usgeben allerleÿ»), ESCHER, ASA 1929, S. 305: «Item iiii ß dem Oesterricher das grab bin apostolis uf zelösen».
722 UBZ 11, Nr. 4651 (1335).
723 Vgl. die spätmittelalterliche Tafelmalerei in St. Peter, dort aber mit dem Altar Unser Lieben Frau Ablöse verbunden; ABEGG / BARRAUD WIENER, KdmZH 2002, S. 148.
724 ESCHER, ASA 1929, S. 235. Tischmacher CONRAD OESTENRICHER.
725 EDLIBACH, Chronik Ende 15. Jh., S. 272.
726 Vgl. HOFFMANN 1941, S. 214.
727 StAZH, B VI 305, fol. 189r (freundlicher Hinweis von Christian Sieber, Zürich).
728 RAHN 1898, S. 124. Vgl. GUTSCHER 1983, S. 146.
729 Das Folgende nach JAKOB 1971, S. 18–27. Vgl. auch HOFFMANN 1941, S. 217.
730 Vgl. die Rekonstruktionszeichnung in GUTSCHER 1983, Abb. 174.
731 StAZH, G II 1 (1507, «Von dem Orgel Buw»); JAKOB 1969, S. 14–16; JAKOB 1971, S. 19–21.
732 GUTSCHER 1983, S. 147.
733 Zu seinen Werken zählten u.a. die Orgeln in der Dominikanerkirche und in St. Peter in Basel, im Konstanzer und im Mainzer Dom und im Berner Münster; siehe JAKOB 1971, S. 20.
734 StAZH, G II 1 (1507, «Von dem Orgel Buw»).
735 StAZH, G II 1 (1507, «Von dem Orgel Buw …Dischmachren»). Zu HANS ININGER vgl. KUHN 1933.
736 JAKOB 1969, S. 16, Z 30.
737 StAZH, G II 1 (1511/12, «Exposita»). Vgl. ebd. (1514), fol. 13 «clavier uff die orgell».
738 StAZH, G I 21; JAKOB 1971, S. 22; JAKOB 1969, S. 18.
739 StAZH, G II 2 (1516): ESCHER, ASA 1929, S. 293). Vgl. HOFFMANN 1941, S. 217.
740 UBZ 1, Nr. 294 und 295, S. 179–181 (beide Stiftungen sind im Rotulus eingetragen und werden um 1150 datiert).
741 LOZ, §17 (eine kleine Glocke, die beim Tod eines Kanonikers läutet), §71, 73 (zwei grössere Glocken), §166 (zwei grössere Glocken), §184, 397 (vier Glocken), §398, 521, 534, 572, 1357 (zwei grössere Glocken, die grösste Glocke), §1361 (die grösste Glocke).
742 LOZ, §534, 572.
743 ZBZ, Ms. L 487, Collectanea Tigurina Ex collectione Joannis Leu, S. 571 ›Jnscriptionen der glocken‹: No IV «Die feür und todten glogg»; ZBZ, Ms. P 6313 Glockenbuch SALOMON VÖGELIN, S. 13; VÖGELIN/NÜSCHELER/VÖGELIN 1878, S. 284.
744 ZBZ, Ms. L 487, Collectanea Tigurina Ex collectione Joannis Leu, S. 571 ›Jnscriptionen der glocken‹: No IV «Die feür und todten glogg»; ZBZ, Ms. P 6313 Glockenbuch SALOMON VÖGELIN, S. 13; VÖGELIN/NÜSCHELER/VÖGELIN 1878, S. 284.
745 Vgl. HEINRICH BULLINGERS Bericht «Vom Gloggenlütten A.D. 1539»: ZBZ, Ms. A 124b, fol. 70v (Abschrift).
746 Zürcher Richtebrief IV, S. 222. Stadtbücher 1, S. 133 (1340); Stadtbücher 3, S. 245f. (1509). Zu den verschiedenen Funktionen der Glocken und den historischen Begründungen vgl. HEINRICH BULLINGERS Bericht «Vom Gloggenlütten A.D. 1539»: ZBZ, Ms. A 124b, fol. 70v (Abschrift).
747 Stadtbücher 1, S. 36 (1324), S. 39 (1322).
748 Statutenbuch 1346, S. 44f.
749 Vgl. auch Zürcher Richtebrief IV, S. 210.
750 Statutenbuch 1346, S. 91, 142.
751 ZBZ, Ms. L 487, Collectanea Tigurina Ex collectione Joannis Leu, S. 571 ›Jnscriptionen der glocken‹.
752 ZBZ, Ms. P 6313, Glockenbuch SALOMON VÖGELIN, S. 11: («klingt auf C») (Durchmesser 6' 2$^{1}/_{2}$").
753 ESCHER, KdmZH 1939, S. 151; HOFFMANN 1941, S. 184; RAMER 1973, Nr. 183.
754 ZBZ, Ms. P 6313, Glockenbuch SALOMON VÖGELIN, S. 11; VÖGELIN/NÜSCHELER/VÖGELIN 1878, S. 284.
755 ZBZ, Ms. P 6313, Glockenbuch SALOMON VÖGELIN, S. 12; VÖGELIN/NÜSCHELER/VÖGELIN 1878, S. 284.
756 ZBZ, Ms. P 6313 Glockenbuch SALOMON VÖGELIN, S. 12.
757 ZBZ, Ms. L 487, Collectanea Tigurina Ex collectione Joannis Leu, S. 572: «die alt war von Glanzenberg».
758 ZBZ, Ms. P 6313, Glockenbuch SALOMON VÖGELIN, S. 12.
759 LOZ, §502, 503. Zur Palmprozession siehe BARRAUD WIENER / JEZLER 1995, S. 137ff.
760 StAZH, G II 1 (1499) «umb iiii reder zu dem esel»; ESCHER, ASA 30, 1928, S. 188, 189.
761 StAZH, G II 2 (1515) «uß geben an müntz»; ESCHER, ASA 1929, S. 235.
762 StAZH, G II 2 (1515) «uß geben an müntz»; ESCHER, ASA 1929, S. 236, 238.
763 StAZH, G II 2 (1515) «uß geben an müntz»; ESCHER, ASA 1929, S. 295.
764 StAZH, G II 1 (1489), ESCHER, ASA 30, 1928, S. 183: «Item xiiii ß um ketinen und ring ad salvatorem ascensionis». Zum Thema siehe KRAUSE 1987 (zu Zürich: Anm. 85, S. 300); WEBER 1987. Zu den plastischen Bildern des Himmelfahrtschristus siehe auch TRIPPS 2000, S. 150–154. Als «ymago ascensionis domini» bezeichnet im Breviarius des Meissner Doms von 1520 (KRAUSE 1987, S. 285), nach KRAUSE 1987, S. 312, obschon die treffendste, eine nur selten überlieferte Bezeichnung.
765 Siehe TRIPPS 2000, S. 150ff.
766 StAZH, G II 1 (1497/98), S. 4; ESCHER, ASA 30, 1928, S. 186.
767 StAZH, G II 1 (1499, «ußgen…von des buws wegen»): «umb ein seil zů der uffart»; ESCHER, ASA 30, 1928, S. 189.
768 StAZH, G II 1 (1500,«Usgäben»); ESCHER, ASA 30, 1928, S. 191: «Item ufersterntnus bilds bhalt und anders in sacristyen und chor zuo machen und bessern iii lb. ii ß.
769 StAZH, G II 1 (1507, «Von dem Orgel buw» [!], «Schmid und schlosser lon»), ESCHER, ASA 31, 1929, S. 72: «Item v ß umb ein malen schloss aber vi ß von dem salvator zuo bewaren». StAZH, G II 1 (1509, «Schmiden»), ESCHER, ASA 31, 1929, S. 75: «Item i lb. umb i stangen ad salvatorem hinder dem fronaltar…». Schatzverzeichnis von 1523 (ESCHER, ASA 32, 1930, S. 63): «Item ii gmalte lini tuecher gehoerend pasce uff den altar mit dem salvator». Nach KRAUSE 1987, Anm. 135, S. 313, könnte es sich auch, da mit eisernen Stangen befestigt, um ein grosses steinernes Bildwerk handeln.
770 Vgl. z.B. REINLE 1988, S. 237; TRIPPS 2000, S. 125.
771 StAZH, G II 2 (1515), ESCHER, ASA 31, 1929, S. 238: «Item super imaginem salvatoris recondti in sepulchro». Zur Bezeichnung für Figuren zum Gebrauch in der Himmelfahrt als «imago salvatoris» siehe KRAUSE 1987, S. 311, mit zahlreichen Referenzen.
772 So REINLE 1988, S. 238. Vgl. auch KRAUSE 1987, S. 288, am Beispiel des Breviers des Meissner Doms von 1520: Hier war sicher die für die Depositio Crucis gebrauchte «ymago crucifixi», die gemäss dem Text mit beweglichen Armen ausgestattet war, ein anderes Bildwerk. Vgl. auch die erhaltenen Auffahrtsfiguren, die meistens Bilder des Auferstandenen waren. Siehe die Beispiele bei KRAUSE 1987, hier auch S. 332.
773 REINLE 1988, S. 238, 240.
774 ESCHER, ASA 30, 1928, S. 184.
775 StAZH, G II 1 (1513): ESCHER, ASA 31, 1929, S. 143.
776 Kantonsgeschichte 1, 1995, S. 439. Zur Entstehung und Funktion der Bildform siehe TRIPPS 2000, S. 69ff.
777 REINLE 1988, S. 40ff. Zur Holzkanzel in Königsfelden: S. 42 und Abb. 13.

778 StAZH, G II 2 (1516 A), fol. 3; ESCHER, ASA 31, 1929, S. 292: «ein tafel ann die cantzlen stant daran ünser helgen» und ebd.: «Item die ze hencken und haggen darzø». Vgl. GUTSCHER 1983, S. 140, Anm. 488.
779 UBZ, Siegelkatalog, Lieferung 1, Tafel V, Nr. 37.
780 UBZ, Siegelkatalog, Lieferung 2, Tafel VI, Nrn. 47, 48, 49.
781 UBZ, Siegelkatalog, Lieferung 3, Tafel V, Nr. 40. Vgl. SAURMA-JELTSCH 2004, S. 32.
782 UBZ, Siegelkatalog, Lieferung 3, Tafel V, Nr. 41.
783 Vgl. z.B. UBZ, Siegelkatalog, Lieferung 4, Tafel V, Nr. 38, nicht bei Propst Heinrich Von Klingenberg 1271–1274, ebd. Nr 37.
784 UBZ, Siegelkatalog, Lieferung 1, Tafel V, Nr. 38.
785 UBZ, Siegelkatalog, Lieferung 1, S. 13 zu Tafel V, Nr. 36.
786 UBZ, Siegelkatalog, Lieferung 1, Tafel V, Nr. 36.
787 UBZ, Siegelkatalog, Lieferung 1, Tafel V, Nr. 39; CLAUDE LAPAIRE, La collection des sceaux, Zürich 1959, S. 14f., Nr. 13.
788 Vgl. UBZ, Siegelkatalog: Thesaurar, Lieferung 3, Nr. 57–63 (1252–1264); Kantor, Lieferung 6, Nr. 53 (1293); Scholastikus, Lieferung 7, Nr. 55, Nr. 60.
789 Vgl. UBZ, Siegelkatalog, Lieferung 4, Nr. 53 (Biber), Nr. 55 (Goldstein), Nr. 58 (Schafli); Lieferung 6, Nr. 54 (Wisso), Nr. 57 (Johannes Maness 1288).
790 Vgl. z.B. UBZ, Siegelkatalog, Lieferung 6, Nr. 54, Lieferung 7, Nr. 66.
791 Kantonsgeschichte 1, 1995, S. 152.
792 ILLI 1992, S. 46–48.
793 BZD 1985/86, S. 137f.
794 LOZ, §1451–1461, 1466, Allerseelenprozession, vgl. LEUPPI 1995, S. 496 (Plan 2). – Die übrigen Nennungen des Friedhofs im LOZ: §10; §71 Dominica I adventus Domini, In summis festis; §502: Alternativprogramm zur Palmprozession auf den Lindenhof; §714 (Pfingsten).
795 Vgl. ILLI 1992, S. 49.
796 Plan des Friedhofs bei ILLI 1992, S. 45 (Abb. 28).
797 UBZ 1, Nr. 297, S. 182.
798 UBZ 3, Nr. 988 (1256), S. 73; UBZ 5, Nr. 1831 (1282 April 23), S. 170; UBZ 7, Nr. 2694 (1303 Febr. 25), S. 294f.
799 StAZH, G I 1 (1468) und passim.
800 StAZH, G II 1 (1501): ESCHER, ASA 30, 1928, S. 248: «…crützgangs yngang by sant cristofeln…». Vgl. ILLI 1992, S. 42, 48.
801 BAUHOFER 1943, S. 12ff.
802 JEZLER/JEZLER/GÖTTLER 1984, S. 84.
803 StAZH, G II 1 (1489): ESCHER, ASA 30, 1928, S. 183; wieder erwähnt 1499 (ESCHER, ASA 30, 1928, S. 188).
804 ESCHER, ASA 30, 1928, S. 189.
805 StAZH, G II 1 (1482): ESCHER, ASA 30, 1928, S. 122: «Item geben dem Keyser xviii h. alss er behangt den öllberg».
806 Zu dieser Bildgattung siehe DIETER MUNK, Die Ölbergdarstellung in der Monumentalplastik Süddeutschlands, Tübingen 1968, jedoch ohne Berücksichtigung der Schweiz; REINLE 1988, S. 219–222; ILLI 1992, S. 48. Auch die Fraumünsterabtei besass im Spätmittelalter einen Ölberg, dessen Standort und Gestalt jedoch unbekannt sind. Siehe dazu ABEGG / BARRAUD WIENER, KdmZH 2002, S. 73.
807 StAZH, C I 20, Nr. 105 (1507 April 3).
808 StAZH, G II 1 (1474); Glückshafenrodel 1504: S. 261.32; VÖGELIN/NÜSCHELER/VÖGELIN 1878, S. 325. – Vgl. ILLI 1992, S. 48.
809 Zum «Sonderfall»: BÄCHTOLD 1982, S. 113.
810 ZWINGLIS Entwicklung ab 1519 im Überblick: SCHÄRLI 1984.
811 BULLINGER, Reformationsgeschichte 2, S. 296.
812 ZWINGLI, Werke I, S. 442–471. Zur 1. Disputation vgl. die Literatur bei SCHÄRLI 1984, S. 46, Anm. 94. Zur Disputation S. 34ff.
813 EGLI 1910, S. 95–97.
814 ZWINGLI, Werke II, S. 814f.
815 ALTENDORF 1984.
816 EDLIBACH, Aufzeichnungen 1520–1526, S. 57, Anm. 197.

817 EGLI 1879, Nr. 552. WYSS, Chronik 1519–1530, S. 42.
818 EDLIBACH, Aufzeichnungen 1520–1526, S. 57; EDLIBACH, Chronik Ende 15. Jh., S. 272.
819 EDLIBACH, Aufzeichnungen 1520–1526, S. 59; EDLIBACH, Chronik Ende 15. Jh., S. 272.
820 EDLIBACH, Aufzeichnungen 1520–1526, S. 59 (den 11 000-Jungfrauen-Altar als St.-Ursula-Altar bezeichnend). Nach WYSS, Chronik 1519–1530, S. 56, wurden sechs Altäre im Grossmünster abgebrochen.
821 Ratsentscheid vom 14. Mai 1526: EDLIBACH, Aufzeichnungen 1520–1526, S. 71; EDLIBACH, Chronik Ende 15. Jh., S. 279.
822 GERMANN 1963, S. 19.
823 EDLIBACH, Aufzeichnungen 1520–1526, S. 63–66; EDLIBACH, Chronik Ende 15. Jh., S. 275f.
824 StAZH, G I 1, Nr. 75, fol. 3r.
825 StAZH, G I 1, Nr. 75, fol. 3v–4r.
826 StAZH, G I 1, Nr. 75, fol. 4r–v, vgl. auch fol. 5r.
827 StAZH, G I 1, Nr. 75, fol. 1r.
828 StAZH, G I 1, Nr. 75, fol. 7v.
829 StAZH, G I 1, Nr. 75, fol. 8r.
830 StAZH, G I 1, Nr. 86 (1545, BULLINGER), S. 20–23.
831 UBZ 3, Nr. 1088 (1259 Dez. 12 und 1260 Jan. 26), S. 184.
832 UBZ 1, Nr. 294: «Pauperibus etiam singulis his tribus diebus duos solidos ordinavi, quibus panes emantur, et eis in claustro sub testimonio fratrum distribuantur».
833 Vgl. die detaillierten Ausführungen in: HOFFMANN 1938, S. 109ff.
834 VÖGELIN 1841, S. 32.
835 MAURER-KUHN 1971, S. 192. Zum Fraumünsterkreuzgang siehe ABEGG / BARRAUD WIENER, KdmZH 2002, S. 83ff.
836 Zur Rivalität zwischen dem Grossmünster und der Abtei, die zuweilen in der Liturgie der Propstei, im Reliquienkult und in Baumassnahmen beider Institutionen deutlich fassbar wird, siehe hier, S. 39, 83, 88; des Weiteren das Kapitel zum Fraumünster in: ABEGG / BARRAUD WIENER, KdmZH 2002, passim; jüngst HOLLADAY 2004, mit teilweise etwas zu einseitig auf diesen Aspekt zugespitzten Argumenten.
837 MAURER-KUHN 1971, S. 192–200; HOFFMANN 1938, S. 114–132.
838 Nach HOFFMANN 1938, S. 101, die Säulchen der Tabernakel an den Eckpfeilern und an den Zugängen zum Hof.
839 Zit. in: FREI 1941, S. 170f.
840 HOFFMANN 1938, S. 130.
841 Original im SLM, Dep. Nr. 2353.4; vgl. HOFFMANN 1938, S. 131, Taf. XXIV, Abb. 7.
842 In Jb. SLM 1897, S. 65, sind unter den Ankäufen «sechs romanische Steinskulpturen aus dem Kreuzgange vom Grossmünster in Zürich» verzeichnet.
843 Der Hund ist keine Kopie, sondern eine Neuschöpfung anstelle eines abgebrochenen Tierprotoms.
844 Nach BAGZ 55, 1926/27, S. 11; Jb. SLM 1927, S. 26.
845 HOFFMANN 1938, S. 116.
846 MICHEL 1979.
847 Zu möglichen Deutungen siehe MICHEL 1979, S. 130f.
848 HOFFMANN 1938, S. 111: «Trinckgelt den Mureren und knechten als si den grossen bären uss dem Krüzgang gethon und uff den Kilchhoff welt».
849 Zu möglichen Deutungen MICHEL 1979, S. 142.
850 MAURER-KUHN 1971, S. 193; MICHEL 1979, S. 115f.
851 HOFFMANN 1938, S. 118; REINLE 1968, S. 444f.
852 Eine ähnliche, eindeutig profane Szene mit Akrobat und Fiedler, deren Künsten zwei Zuschauer beiwohnen, findet sich in der Archivolte des Portals von St-Nicholas in Civray. Siehe CAMILLE 1995, S. 58, Abb. 31.
853 Als männliche Sirene gedeutet von MICHEL 1979, S. 118f.
854 Vgl. die Literaturangaben in MICHEL 1979, S. 120f.
855 Vgl. MICHEL 1979, S. 121.
856 YARZA LUACES / BOTO VARELA 2003, S. 56.

857 Michel 1979, S. 123.
858 Klein 1997, S. 219.
859 Klein 1997, S. 219: Burchard von Bellevaux: Apologia de barbis.
860 Klein 1997, S. 222. Vgl. Consuetudines: Kirchenportal zum Kreuzgang war Ort der Busse und der Züchtigung.
861 Hier nach Krautheimer 1987.
862 Meier 1996, S. 215.
863 Michel 1979, S. 125f.
864 Siehe z.B. die Bleistiftzeichnung in: StAZH, Zeichnungsbücher der AGZ, Mittelalter II, S. 97.
865 Gerstenberg 1966, S. 163–165; Reinle 1984, S. 117; Hamann-Mac Lean 1987, S. 433f., Abb. 104.
866 Kat. Ornamenta Ecclesiae 1985, Bd. 1, Kat.-Nr. B 54.
867 Claussen 1992, S. 25f.; Yarza Luaces / Boto Varela 2003, S. 52. Die Signatur in Form eines leoninischen Hexameters lautet: «HEC EST ARNALLI SCULPTORIS FORMA CATELLI / QUI CLAUSTRUM TALE CONSTRUXIT PERPETUALE». Zusammenstellung weiterer romanischer Bildhauer- und Steinmetzendarstellungen in: Legner 1985.
868 Vgl. Abegg / Barraud Wiener, KdmZH 2002, S. 86ff. Der Vergleich der Bogenanfänger stützt sich auf die vor dem Abbruch 1898 gefertigten Umzeichnungen (Rahn/Zeller-Werdmüller 1901, S. 63), die wenigen erhaltenen Originale sind sehr stark abgewittert.
869 Reinle 1994.
870 Hoffmann 1938, S. 134–140.
871 Hoffmann 1938, S. 138.
872 Gutscher 1983, S. 45; anders S. 19: um 1170/1180.
873 StAZH, G II 1 (1469): Escher, ASA 30, 1928, S. 61: «Anno domini 1469 de mense Julii ist das tach uff dem gotzhus gantz uffgehebt und widergedekt und gebeßert och der Crüczgang einsteils mit flachem tach».
874 Escher, ASA 31, 1929, S. 69.
875 Escher, ASA 31, 1929, S. 75.
876 Leuppi 1995 (LOZ). Vgl. Abegg 1997.
877 LOZ, §571, 712.
878 LOZ, §585: «extra ecclesiam, videlicet in ambitu». Vgl. Abegg 1997, S. 13. Zu diesem Brauch siehe Franz 1909, Bd. 1, S. 575–603.
879 LOZ, §19. Vgl. Illi 1992, S. 85; Illi 1997, S. 47.
880 Statutenbücher 1346, S. 72.
881 LOZ, §19.
882 Illi 1997, S. 47.
883 UBZ 3, Nr. 1093, S. 192. StAZH, C II 18, Nr. 647 (1417 April 14). StAZH, C II 12, Nr. 344 (1426 Okt. 6); Nr. 345 (1426 Okt. 17); Nr. 347 (1426 Nov. 2); Nr. 350 (1426 Nov. 9); Nr. 339 (1426 Nov. 15). StAZH, C II 7, Nr. 130 (1430 Sept. 9). Siehe dazu Stromer 1997.
884 Stromer 1997, S. 36–38.
885 Hier nach Vögelin/Nüscheler/Vögelin 1878, S. 314: belegt für 15. Jh.
886 Vögelin/Nüscheler/Vögelin 1878, S. 314.
887 Statutenbücher 1346, Eintrag aus dem mittleren 15. Jh. S. 301.
888 Wiesmann 1933, S. 90. Hoffmann 1938, S. 133.
889 Wiesmann 1933, S. 91. Hoffmann 1938, S. 133. Vgl. auch Escher, KdmZH 1939, S. 152.
890 BZD 3, 1962/63, S. 131.
891 So schon Gutscher 1983, S. 22.
892 UBZ 2, Nr. 536, S. 36f.; vgl. dazu UBZ 1, Nr. 439 (1227 Nov. 8), S. 318f. Auf das Grossmünster bezogen u.a. von Escher, ASA 29, 1927, S. 188; Gutscher 1983, S. 58 und Anm. 200.
893 Dies geht z.B. aus den Kapitelstatuten von 1259/60 hervor: UBZ 3, Nr. 1088, S. 183f. (1259 Dez. 12 und 1260 Jan. 26).
894 UBZ 3, Nr. 1088, 1259 Dez. 12, 1260 Jan. 26, S. 185: «Item licet in ecclesia nostra ex institutione et oriatione Karoli imperatoris sanctissimi et ecclesie nostre fundatoris sint XXIIII canonici, sed usque ad presens tantummodo decem curtes habeantur, que apud nos chlostirhove vulgariter appelantur, nos tamen ad commodum et honorem ecclesie nostre provide statuimus, ut due curtes de una per quandam sectionem et una curtem de duabus per quandam unionem numquam deinceps fiant aliqua ratione, nisi aliud de communi consensu capituli racionabiliter ordinetur.»
895 Zum Beispiel Statutenbücher 1346, S. 56, 71, 109.
896 Vögelin 1853, S. 1.
897 Vögelin 1841, S. 30; Vögelin 1853, S. 1.
898 UBZ 2, Nr. 586 (1243 Aug. 18), S. 92.
899 UBZ 3, Nr. 1088 (1259 Dez. 12 und 1260 Jan. 26), S. 185.
900 Vögelin/Nüscheler/Vögelin 1878, S. 318; Wiesmann 1933, S. 94.
901 LOZ, §539.
902 Vögelin/Nüscheler/Vögelin 1878, S. 318.
903 UBZ 3, Nr. 1088 (1259 Dez. 12 und 1260 Jan. 26), S. 184f.; StAZH, G I 1, Nr. 34 (Verordnung über Chorherrenstube und Kartenspiel durch den Rat 1485); Escher, ASA 31, 1929, S. 143.
904 Vögelin 1853, S. 8ff.; Vögelin/Nüscheler/Vögelin 1878, S. 318–320; Hemmerlin: Passionale Bl. 5, bei Reber, S. 156. Nach Vögelin/Nüscheler/Vögelin 1878, S. 318, ein Raum im Erdgeschoss.
905 StAZH, G I 1, Nr. 34 (Verordnung über Chorherrenstube und Kartenspiel durch den Rat 1485).
906 UBZ 3, Nr. 1088 (1259 Dez. 12 und 1260 Jan. 26), S. 185.
907 Vögelin 1853, S. 7; Nüscheler 1873, S. 439: «auf der südöstlichen Seite gegen die Kirchgasse». Vgl. auch: StAZH, G II 4 (1556); StAZH, G II 5 (1561) ohne Lokalisierung.
908 Germann 1994, S. 18.
909 Möller 1983, S. 141. Beispiel einer Stiftung «in memoriam mei et anime mee remedium»: UBZ 5, 1865 (1283 Febr. 3), S. 205f. Germann 1994, S. 25.
910 UBZ 11, Nr. 4498 (1333 Febr. 25), S. 388–393. Schwarz 1958.
911 UBZ 3, Nr. 1088 (1259 Dez. 12 und 1260 Jan. 26), S. 186. Barth 1984, S. 309; Kantonsgeschichte 1, 1995, S. 231f.
912 Statutenbücher 1346, S. 42. Ob die Ausleihe auf den Bezirk innerhalb der Mauern der Stiftsgebäude oder der Stadt beschränkt war, ist nicht zu entscheiden. Zur Frage vgl. Möller 1983, S. 137f.
913 UBZ 11, Nr. 4498, S. 389.
914 Germann 1994, S. 96ff.
915 Vögelin 1853, S. 5–7; Germann 1994, S. 19, 25–27, 117.
916 StAZH, G I 1, Nr. 75, fol. 8r–v; Germann 1984, S. 103f.; Germann 1994, S. 106f. Zu Zwinglis Rolle vgl.: Schindler 1992, S. 346f.
917 Germann 1984, S. 106.
918 ZBZ, Ms. A 93, fol. 334r; Germann 1984, S. 104f. «Sophisterey» und «scholastery» stehen nach Germann für mittelalterliche Theologie, Katechetik, Kirchenrecht und Literatur, «Fabelbücher» wohl für Heiligenlegenden, Geschichte und weltliche Literatur.
919 Edlibach, Aufzeichnungen 1520–1526, S. 65.
920 StAZH, G I 1, Nr. 75, fol. 8v «Diß sind die namen der permentinen chorbücher». Darunter figuriert auch der alte «Ludermarkt», hier mit dem Zusatz «Legenden von heiligen»).
921 Germann 1994, S. 106f.
922 ZBZ, Ms. Car. XII 5, fol. 72v «Bibliotheca publica» (aufgeklebt).
923 Rieger 1986, S. 116–166.
924 Rieger 1986, S. 116.
925 Rieger 1986, S. 117, 125.
926 e-HLS, Artikel «Konrad von Mure» (Christian Folini). Liber Ordinarius (LOZ): ZBZ, Ms. C 8b.
927 ZBZ, Ms. C 10a (Statutenbuch) und ZBZ, Ms. Rh.15 (Weltchronik). Vgl. Michael Kotrba, in: Cattani/Weber 1989, S. 22–25, 148f.

928 So Gutscher 1983, S. 20.
929 UBZ 1, Nr. 322, S. 201; UBZ 2, Nr. 506 (1237: «C. von Mure scolasticus Thuricensis»).
930 Ernst 1879, S. 9–11.
931 UBZ 4, Nr. 1476, S. 188 (1271 Dez. 22); Vögelin/Nüscheler/Vögelin 1878, S. 260.
932 UBZ 4, Nr. 1594, S. 303. Das Urteil im Streit zwischen den beiden Institutionen sprach der damalige Propst des Grossmünsters.
933 Statutenbücher 1346, S. 39f. Brunner 1899.
934 UBZ 11, Nr. 4614 (1335 Jan. 30), S. 492. Vgl. Wendehorst 1986, S. 20.
935 Nach Vögelin/Nüscheler/Vögelin 1878, S. 321.
936 Ernst 1879, S. 25 und 70.
937 StAZH, G II 1 (1474–1476).

DAS GROSSMÜNSTER NACH DER REFORMATION

1 Zwingli, Werke IV, S. 15f.; Germann 1963, S. 17f.
2 Zwingli, Werke IV, S. 680–694: «Ordnung der Christenlichenn Kilchen zů Zürich. Kinder zetouffen. Die Ehe ze bestäten. Die Predig anzefahen und zů enden, Gedächtnus der abgestorbnen. Das Nachtmal Christi zů begon. Getruckt zů Zürich durch Christoffel Froschouer».
3 Zwingli, Werke IV, S. 15ff. und 671–717; hier nach Germann, KdmAG 1967, S. 18.
4 Ernst 1879, S. 56; Germann, KdmAG 1967, S. 20. Zwingli, Werke IV, S. 701.
5 Zwingli, Werke IV, S. 666f.
6 Wyss, Chronik 1519–1530, S. 70, vom 5. bis 7. September; nach Bullinger am 8. Juli. Vgl. Germann, KdmAG 1967, S. 21.
7 Wyss, Chronik 1519–1530, S. 70, mit Datum St. Verenentag, 1. Sept.
8 Wyss, Chronik 1519–1530, S. 70; Bullinger, Reformationsgeschichte 1, S. 368. Vgl. Gutscher/Senn 1984, S. 109.
9 Wyss, Chronik 1519–1530, S. 71.
10 Zwingli, Werke IV, S. 74.
11 Zwingli, Werke IV, S. 15f.; Germann, KdmAG 1967, S. 22.
12 Zwingli, Werke IV, S. 17; Germann, KdmAG 1967, S. 18.
13 Hier nach Germann 1963, S. 18f.
14 Heute: StAZH, C I, Urkunden Stadt und Land; Schweizer 1894 (Staatsarchiv), S. 35.
15 Schweizer 1894 (Staatsarchiv), S. 34.
16 Largiadèr 1937; Schwarz 1951/1993.
17 StAZH, F III 4 (1534), S. 17.
18 StAZH, F III 4 (1535), S. 59.
19 StAZH, F III 4 (1538), S. 9.
20 StAZH, F III 4 (1538), S. 5, 10, 12; vgl. auch StAZH, F III 4 (1547), S. 8: ein «sprachhus» (Toilette).
21 ZBZ, Ms. F 21, fol. 140–145; Abb. des brennenden Turms und der Löscharbeiten: fol. 142v–143r. Vgl. Heinrich Bullinger an Tobias Egli in Chur: StAZH, E II 342, 664 (Teildruck / zusammenfassende Übersetzung: Traugott Schiess, Bullingers Korrespondenz mit den Graubündnern, 3. Teil, Basel 1906, S. 337f., Nr. 303; Bullinger, Diarium, S. 113; Johannes Haller, Eidgenössische Chronik, Buch XXXVIII, Cap. XVIII, fol. 70–73v.
22 Bullinger, Diarium, S. 113f.; die Rechnungen des städtischen Bauamts (StAZH, F III 4) führen entsprechende Posten bis 1576. Als Letztes werden acht neue Feuereimer aufgeführt; In den Seckelamtsrechnungen (StAZH, F III 32) erscheinen Einträge 1572/73. – ZBZ, Ms. A 26: Johannes Haller, Eidgenössische Chronik, Buch XXXVIII, Cap. XVIII, fol. 70–73v. – Im SLM: Zwei Kupfertafeln von 1573 (AG, O.N. 60).
23 ZBZ, Ms. A 26: Johannes Haller, Eidgenössische Chronik, Buch XXXVIII, Cap. XVII, fol. 73v–74v. Grundlegend zu den 1570er Jahren: Sigg 1971; zum Blick der Kirche: Bächtold 1982, S. 255ff.
24 StAZH, F III 4 (1580/81), fol. 149r; StAZH, F III 4 (1580/81), fol. 67v, 75v, 81v, 94v, 149r; Keller 1841 (Architektur), S. 24; Vogel 1845, S. 265.
25 ZBZ, F 29 a 2, fol. 185 (nach November 1581).
26 StAZH, G II 7, S. 19 (1612 Aug. 25).
27 Hier nach Rahn 1897, S. 20.
28 Die hier von Gutscher 1983, S. 163, angegebenen Belege konnten wegen falscher oder veränderter Signaturen leider nicht überprüft werden. Wir stützen uns auf StAZH, G I 6, Akten ab 10. Jan. 1646, insbesondere: «Kurze Relation von dem KirchenBaw zum Grossen Münster Anno 1646» (Johann Wirz).
29 Rahn 1898, S. 116; Hoffmann 1942, S. 243. Noch bei Gutscher 1983, S. 163, erwähnt; heute jedoch keine Spur mehr davon zu sehen.
30 Gutscher 1983, S. 163.
31 Barraud Wiener / Jezler, KdmZH 1999, S. 107f.
32 StAZH, F III 4 (1652/53), fol. 79r, 86r–v. – ZBZ, Ms. J 182, Nr. 21 und 22, fol. 11–60.
33 StAZH, F III 4 (1653/54), S. 65r–v, 84r, 85v, 86r, 87r–v, 89r. Im SLM: Drei Kupfertafeln von 1652 (AG, O.N. 61); fünf Zinnplatten von 1654 (AG, O.N. 62), Zinntafeln (AG, O.N. 69, 70).
34 StAZH, F III 4 (1705–1707), passim. Im SLM: Inschrift auf Papier, 1705; fünf Kupferplatten, 1706 (AG, O.N. 65, 66).
35 StAZH, F III 4 (1715/16), S. 209f. Vgl. StAZH, C III 4 (78) (1725/26).
36 Monatliche Nachrichten einicher Merkwürdigkeiten in Zürich gesammlet und herausgegeben, Augstmonat, MDCCLXIII, S. 90.
37 Monatliche Nachrichten einicher Merkwürdigkeiten in Zürich gesammlet und herausgegeben, Augstmonat, MDCCLXIII, S. 91.
38 ZBZ, Ms. L 429, Nr. 1.b, S. 15–17: Verhör wegen Schmähungen aus Anlass des Brandes des Grossmünsterturms. Frauenfeld, Dezember 1763. – Vgl. ZBZ, Ms. J 269, Nr. 4, fol. 59ff.: Untersuchung gegen den Wirt Jacob Weerli aus Wäldi TG.
39 ZBZ, Ms. Nachlässe von Johann Jakob Bodmer und Johann Jakob Breitinger, Nr. 58: Klagen um den abgebrannten Helm des Grossmünsters (1763).
40 Hoffmann 1933, S. 12ff.; Hoffmann 1942, S. 253ff.; Gutscher 1983, S. 169–173.
41 Ediert in: Rahn 1873. Vgl. auch Largiadèr 1932, S. 10.
42 Heyer 1967, S. 19; z.B. Escher, KdmZH 1939, S. 109.
43 StAZH, Pläne R 1413, 1417, 1418 (signiert und undatiert). Zu Pisonis Projekt für das Waisenhaus siehe Abegg / Barraud Wiener, KdmZH 2002, S. 259f. Pisonis Projekt auch erwähnt in der Schrift von Johann Jakob Breitinger: Rahn 1873, S. 7.
44 Siehe dazu Heyer 1967, S. 139f.; Meyer 1973, S. 18, 20; Gutscher 1983, S. 169.
45 Vgl. Meyer 1973, S. 20.
46 Hier nach Gutscher 1983, S. 169. Die von Gutscher angegebene Akte StAZH, A 49/6, Nr. 64e existiert so nicht (mehr?).
47 So laut Gutscher 1983, S. 169, allerdings im Widerspruch zu weiter unten.
48 Gubler 1974, S. 282.
49 Meyer 1973, S. 17, mit Hinweis auf: Paul Schweizer: Archivalischer Bericht betr. die Unterhaltspflicht des Staates am Kirchengebäude Grossmünster, um 1890. Manuskript im StAZH.
50 Zum Beispiel: Maler Weber «8 lb p[er] das Modell vom Münsterturm anzustreichen»: StAZH, F III 4 (1765/66), S. 181.
51 StAZH, F III 32 (1765/66), 14. Januar 1766; StAZH, G I 43, S. 132–134; Gutscher 1983, S. 169; Killer 1998, S. 188.
52 StAZH, G I 43, S. 132–134 (1766 März 10).
53 Ediert in: Rahn 1873.
54 StAZH, A 49. 6, Nr. 64h.

55 StAZH, B II 932 (1766 April 21), S. 123f.
56 StAZH, A 49.6 (zu 1769 März 21 geordnet): Die Mauern des Glockenturms seien (auf einer Seite) innen nur mit kleinen Steinen aufgemauert und aussen herum «vertäfelt», die Mitte mit «liederlichem Zeug» ausgemauert.
57 StAZH, F III 4 (1769/70), S. 207: Zahlung an Maler WÜEST: «24 lb 6 ß für 7 Model z. Münster Thurn zu mahlen». Die Vermutung von HOFFMANN 1942, S. 254, dass sich darunter auch Modelle von DAVID VOGEL befanden, entbehrt jeder Grundlage.
58 StAZH, B II 950 (1770 Juli 9), S. 24f.
59 StAZH, B II 944 (1769 Mai 2), S. 151f.
60 StAZH, B II 950 (1770 Juli 9), S. 24f.
61 StAZH, G I 43, S. 132–134.
62 So GUTSCHER 1983, S. 170, dem wir auch die folgenden Daten entnehmen.
63 Ausführlich in GUTSCHER 1983, S. 173–175.
64 StAZH, G I 15, «Berathschlagung wegen der drei hohen Gewölbern in der Kirche zum Gr. Münster» (JOHANN JAKOB BREITINGER). Die Konstruktion ist beschrieben in: RAHN 1898, S. 116.
65 Hier nach HOFFMANN 1942, S. 252, nach Angaben in der detaillierten «Rechnung um die Kosten [...] durch Johann Jacob Breitinger, 1769...».
66 StAZH, G I 43, S. 134.
67 GUTSCHER 1983, S. 173, 174.
68 StAZH, G I 15, S. 13–139.
69 RAHN 1897, S. 26f., und VOGEL 1845, S. 265.
70 Der entsprechende Verweis von GUTSCHER 1983, führt ins Leere, vgl. stattdessen: StAZH, G I 15 «Extracte aus den Rechen-Raths-Protocollen». Zu den Schäden: StAZH, F I 38 (1778 März 17).
71 Hier nach HOFFMANN 1942, S. 255.
72 Hier nach GUTSCHER 1999, S. 170, ohne Nachweis.
73 StAZH, Pläne R 1403, 1404. DAVID VOGEL wurde 1782 für Risse, Modelle und schriftlichen Projekte zum Bau der Grossmünstertürme entschädigt: StAZH, F I 39 (1782 März 9), S. 13; StAZH, F III 4 (1782/83), «Besondere Rechnung», S. 52f.; StAZH, G I 15 «Extracte aus den Rechen-Raths-Protocollen [...], (1782 März 9). Vgl. HOFFMANN 1933, S. 12f.; HOFFMANN 1942, S. 254.
74 StAZH, F I 38 (1780 Aug. 29), S. 14; vgl. StAZH, G I 15 «Extracte aus den Rechen-Raths-Protocollen [...]».
75 StAZH, B II 992, S. 73 (1781 März 12).
76 StAZH, F III 4 (1781/82), Besondere Rechnung «Grossmünster, Karl», S. 55f.
77 HOFFMANN 1942, S. 256; nach GUTSCHER 1983, S. 172: StAZH, F III 4 (1782/83), S. 53f. sowie zahlreiche Einträge in F III 4 (1783–1786).
78 StAZH, B II 1000, S. 20.
79 StAZH, B II 1000, S. 70; zu einem Reisebericht 1784: ULRICH 1983, S. 12; StAZH, F III 4 (1785/86): Aufrichtetrunk 29.Okt. 1785, Schlussarbeiten 16. Sept. 1786; StAZH, G I 15 (Rechnung des Kupferschmieds WIRZ von 1787 Juni): Laut dieser Rechnung dauerten die Kupferschmiedearbeiten vom März 1783 bis Dez. 1786. Vgl. StAZH, C III 4, Nr. 271 (1798).
80 Kupferplatten und Turmspitze werden in der «Sammlung» auf den Emporen aufbewahrt. BAGZ 59, 1934/35, S. 16 (Fotos SLM, Neg.-Nrn. 31387, 31364, 31339). In der Vitrine auf der Südempore ausgestellt.
81 MEYER 1973, S. 16.
82 StAZH, A 49.6 (1787 März 27).
83 StAZH, F III 41789/90) «Besondere Rechnung [...]», S. 48.
84 StAZH, F III 4 (1788–1791), jeweils «Besondere Rechnung [...]». Vgl. HOFFMANN 1942, S. 259.
85 StAZH, F III 4 (1789/90) «Besondere Rechnung [...]», S. 48.
86 Siehe Archiv KG Grossmünster, II. B. 5.03 Grossmünster 1802ff. (Bauliches 1802–1935); II. B. 5.03 Grossmünster 1802ff. (Pläne Renovation 1913–1914).
87 HOFFMANN 1942, S. 260.
88 VOGEL 1841, S. 230. Vgl. Archiv KG Grossmünster, II. B. 5.003 (Bauliches 1802–1935).
89 StAZH, V II 101 a) Karlsturm 1833–1882.
90 HOFFMANN 1942, S. 260.
91 VOGEL 1853, S. 525; ESCHER, KdmZH 1939, S. 110; HOFFMANN 1942, S. 261f., mit Hinweis auf die entsprechenden Quellen.
92 Hier nach HOFFMANN 1942, S. 261.
93 Neujahrsblatt der Stadtbibliothek 1887 (Lebensabriss von A. Salomon Vögelin [Schluss], S. 68). Der Artikel erschien in: Der Beobachter aus der östlichen Schweiz, Nr. 28, 5. März 1841.
94 HAUSER 1976, Kat.-Nr. 51 (S. 286).
95 SAZ, VII. 144.1.5 Verzeichnis ausgeführter Akkorde 1841–1872: Nr. 10 («Herstellung des Hauptportales»).
96 HOFFMANN 1942, S. 261; ebd. abgebildet Taf. LXXVIII.1, Taf. III, Taf. XIV/2.
97 KELLER 1844, S. 109.
98 JOHANN RUDOLF RAHN, in: ASA 9, 1907, S. 174.
99 Hier nach HOFFMANN 1942, S. 262.
100 In den Eingangsbüchern des SLM werden sie als «romanisch» eingestuft!
101 StAZH, V II 101 c) Kirche 1837–1914 (1848 April 10): Anfrage der Stiftspflege an das städtische Baudepartement; ebd. (undat., 1848 Mai/Juni): Vorschriften und Accordbedingungen für «Treppenanlage auf die Emporkirche»; ebd. (1848 Juni 16): Kostenvoranschläge, Eingaben, von Zimmermeister HEINRICH ARTER, N. (?) KOCH und C. A. HUBER, Kostenberechnung von Baumeister J. LOCHER; ebd. (1848 Sept. 4, Dez. 8). – Vgl. VOGEL 1853, S. 526; RAHN 1897, S. 30; HOFFMANN 1942, S. 261.
102 StAZH, V II 101 c) Kirche 1837–1914 (1848 Sept. 4; 1848 Dez. 8, Bericht, gezeichnet von Staatsbauinspektor STADLER). Gleichzeitig führte HUBER kleinere Instandstellungsarbeiten am Portal aus, das vom Kirchhof in den Kreuzgang führte: StAZH, V II 101 c) Kirche 1837–1914 (1849 Mai 30).
103 HOFFMANN 1942, S. 262f.
104 StAZH, V II 101 c) Kirche 1837–1914 (1851 Mai 10); ebd. (1851 Mai 16): Regierungsratsbeschluss über die Räumung des Chors. Die (neue) Kanzel sei an einem Pfeiler anzubringen. Vgl. HAUSER 2001, S. 80.
105 BURCKHARDT 1839, S. 219: «... Der Eindruck des Innern wird ganz zernichtet durch die Emporen vorn und hinten, durch ein massives Stuhlwerk, und durch Verrammelung des Chores, welche letztere noch dazu ziemlich entbehrlich wäre. Bei dem regen Leben, das sich in Zürich nach allen Richtungen der Kunst entwickelt, wird vielleicht auch diesem merkwürdigen Gebäude sein ursprünglicher Charakter wieder gegeben werden, wobei man freilich das jetzige kleine Local im Chore opfern müsste...»; zu VÖGELIN vgl. oben, Grossmünster nach der Reformation, Anm. 93.
106 StAZH, V II 101 c) Kirche 1837–1914, «Beschluss betreffend die Räumung des Chors in der Grossmünsterkirche» (1851 Mai 22).
107 Wie oben, Grossmünster nach der Reformation, Anm. 106.
108 Archiv KG Grossmünster, V.1.1.
109 RAHN 1897, S. 33.
110 ESCHER 1870, S. 337. RAHN 1897, S. 33.
111 HOFFMANN 1941, S. 213. Vgl. die bei der Entdeckung 1853 gefertigte Zeichnung des Taufsteins mit Massangaben: StAZH, Zeichnungsbücher AGZ, Mittelalter II, fol. 110, Kommentar: «Der jetzige Taufstein in der Grossmünsterkirche stammt, wie die Inschrift besagt, aus dem Jahr 1598. Beim Wegheben dieses Steines im April 1853, als die neue Treppe zum Chor aufgestellt wurde, kam ein älterer Taufstein zum Vorschein. Die-

112 HAUSER 1976, Kat.-Nr. 126. Archiv KG Grossmünster: V.1.1. Insgesamt acht signierte Pläne von FERDINAND STADLER.
113 StAZH, V II 101 a) Karlsturm 1833–1882 (1851 Nov. 28). Nach ESCHER 1870, S. 336: irrtümlich Glockenturm.
114 Dies und das Folgende nach HOFFMANN 1942, S. 264.
115 StAZH, V II 101 c) Kirche 1837–1914, Diverse Akten 1870. Vgl. RAHN 1897, S. 33.
116 Zum Projekt 1866: StAZH, V II 101 c) Kirche 1837–1914, Regierungsratsbeschluss (1866 Juli 24), mit Beilage eines Expertenberichts von JOHANN JAKOB RÖTTINGER (dat. 9. März 1865) und eines Kostenvoranschlags. Eingaben von den Glasmalern JOHANN JAKOB RÖTTINGER und KARL WEHRLI (1866 Nov. 24 bzw. Nov. 26). Zur Ausführung GUTSCHER 1983, S. 177, mit Verweis auf Entwurf Archiv HBA und Aufnahmepläne TAD (GUTSCHER 1983, Taf. V).
117 StAZH, V II 101 c) Kirche 1837–1914, Regierungsratsbeschluss zur Gestaltung der Aufstellung einer Orgel (1876 Febr. 10), mit Verweis auf Pläne.
118 StAZH, VV 1.2. Protokoll des Baudepartements 1890–1894; WIESMANN 1932, S. 14; HOFFMANN 1942, S. 266f.
119 RAHN 1897, S. 33.
120 RAHN 1897, S. 40.
121 StAZH, V II 150 (Regierungsratsbeschluss vom 19. Februar 1897, hier: Regierungsratsbeschluss 6. Mai 1897).
122 StAZH, V II 150 (Regierungsratsbeschluss 6. Mai 1897).
123 Diese z.T. bis heute gültigen Beobachtungen sind publiziert in: RAHN 1898. Vgl. auch RAHN 1897, S. 41ff.
124 RAHN 1897, S. 42.
125 RAHN 1897, S. 33.
126 JOHANN RUDOLF RAHN, in: ASA 9, 1907, S. 144; WIESMANN 1932, S. 14; GUTSCHER 1983, S. 178f.
127 RAHN 1897, S. 40.
128 StAZH, V II 150 (Regierungsratsbeschluss, 18. Okt. 1906).
129 StAZH, V II 150 (Regierungsratsbeschluss, 17. Jan. 1907).
130 JOHANN RUDOLF RAHN, in: ASA 9, 1907, S. 174.
131 GUTSCHER 1983, Anm. 735.
132 Diese Kopien sind bei der Gesamtrestaurierung 1931–1941 entfernt worden. Sie befinden sich, zusammen mit ihren Gipsabgüssen, im Lapidarium unter der Zwölfbotenkapelle.
133 WALTER DRACK: «Das Nordportal des Grossmünsters erneut restauriert», Typskript ZH (KDP, Dok. Grossmünster).
134 HOFFMANN 1942, S. 267f. Die nach den Eingangsbüchern des SLM (bezüglich Datierung und Herkunft der Stücke mit vielen Fehlangaben!) von LUCAS WÜTHRICH erstellte Liste von zwölf Originalteilen vom Nordportal (GUTSCHER 1983, Anm. 737) ist nicht verlässlich; sie enthält mindestens drei Stücke, die aus dem Kreuzgang stammen.
135 WIESMANN 1932, S. 14; ESCHER, KdmZH 1939, S. 111; hier nach HOFFMANN 1942, S. 268.
136 Regierungsratsprotokoll 10. April 1913 (Beschluss der Kostenübernahme durch den Kanton); Sitzungsprotokolle der Baukommission, 11. Juli 1913 bis 11. August 1914 (EAD). Die Kommission bestand aus den Herren HERMANN ESCHER, HERMANN FIETZ, R. FINSLER, GUSTAV GULL, MAX GUYER, R. KIESLING, J. SYZ, WEHRLI UND JOSEF ZEMP. Siehe auch HOFFMANN 1942, S. 268–271; GUTSCHER 1983, S. 179–181.
137 MÜLLER 2001, S. 85. Entwürfe im Planarchiv des HBA.
138 Schreiben der Kirchenpflege Grossmünster an den Regierungsrat, 17. März 1913, zit. in: Protokoll des Regierungsrates, 10. April 1913.
139 HOFFMANN 1942, S. 268.
140 Herstellung der Krypta und Öffnung der Zugänge nach ESCHER, KdmZH 1939, S. 110, irrtümlich 1897.
141 Hier nach GUTSCHER 1983, S. 179.
142 Vgl. u.a. Sitzungsprotokoll der Baukommission, 25.7.1913 (EAD).
143 ESCHER, KdmZH 1939, S. 111.
144 Leitung: Kantonales Hochbauamt. Siehe dazu WIESMANN 1933, S. 7f.; BAGZ 57, 1930/31, S. 15f.; BAGZ 58, 1932/33, S. 15f.; BAGZ 59, 1934/35, S. 15–17; ASA 38, 1936, S. 75, 158; ASA 39, 1937, S. 342; PETER 1939/40; ZAK 2, 1940, S. 166; BAGZ 62, 1940/41, S. 12f.; ZAK 4, 1942, S. 60; HOFFMANN 1942, S. 271–277. Vgl. auch die Artikel über die Renovationsarbeiten in: NZZ 1932, Nrn. 630, 1042, 1525, 2096, und 1933, Nr. 1713. «Grossmünster Zürich. Renovation der Nordostfassade 1940–1941. Baubeschrieb» und «Grossmünster Zürich. Renovation der Nordostfassade 1940–1941. Photographien» (zwei gebundene Typskripte, EAD). Zusammenfassend MÜLLER 2001, S. 102–106. Wir danken THOMAS MÜLLER, KDP, für die Einsicht in die von ihm für die vorstehende Publikation zusammengetragenen Akten.
145 StAZH, V II 172 (Regierungsratsbeschluss 24. Dezember 1930).
146 StAZH, V II 175: «Grossmünster, Renovationsarbeiten». Bericht an den Regierungsrat von Kantonsbaumeister Hans Wiesmann, 22. März 1933.
147 Regierungsratsbeschluss 12. April 1934. Maurerarbeiten: Baufirma BRYNER, Zürich. Steinmetzarbeiten: Schweizerische Steinarbeitergenossenschaft und G. ARNET, Zürich.
148 «Grossmünster Zürich. Renovation der Nordostfassade 1940–1941. Baubeschrieb» (Typskript, EAD), S. 11ff.
149 Angaben von Malermeister OTTO SCHAERER, September 1935 und 1936; hier nach KASK & MERMOD Architekten: Grossmünster Zürich. Aussenrestaurierung der Türme. Schlussbericht Restaurierung 1989–90, Dezember 1994 (Typskript KDP, Dok. Grossmünster), S. 24f. – Eine der alten Helmspitzen befindet sich auf der Südempore.
150 Zunächst wurde eine Aufstellung im Hof des Obmannamtsgebäudes erwogen: Regierungsratsprotokoll, 10. Januar 1935.
151 Regierungsratsbeschluss 13. Juni 1935, aufgrund einer Eingabe des Zwinglivereins vom 11. Mai 1935.
152 Regierungsratsbeschluss 27. Januar 1938.
153 BLSK, Bd. 1, S. 63.
154 BZD 7/2, 1970–1974, S. 225–227.
155 WALTER DRACK: Das Nordportal des Grossmünsters erneut restauriert. Typskript, undat., sowie: «Grossmünster. Teilrestaurierungen». Bericht über die Sanierungen 1978–1981, undat. (KDP, Dok. Grossmünster); BZD 10/1 1979–1982 Kanton, S. 154; Schweizer Baublatt 7, 1981/Renovation Nr. 37, S. 34–36; GUTSCHER 1983, S. 186f.
156 GUTSCHER 1983.
157 F. DE QUERVAIN / K. ZEHNDER: Der Reiter am Grossmünster. Bericht über die Probenahme 1979 und erste Untersuchungsergebnisse. Typskript Zürich, Oktober 1980 (KDP, Dok. Grossmünster).
158 KASK & MERMOD Architekten: Grossmünster Zürich. Aussenrestaurierung der Türme. Schlussbericht Restaurierung 1989–90, Typskript Zürich, Dezember 1994 (KDP, Dok. Grossmünster); BZD 12, 1987–1990 Kanton, S. 387–393 (THOMAS MÜLLER).
159 GUTSCHER/SENN 1984, S. 113.
160 GERMANN 1963, S. 21.
161 ABEGG / BARRAUD WIENER, KdmZH 2002, S. 153, 165.
162 Vgl. auch GERMANN 1963, S. 22.
163 GUTSCHER/SENN 1984, S. 114 und Abb. 6.
164 Archiv KG Grossmünster: V.1.1.
165 Archiv KG Grossmünster: V.1.1. Ausführungsprojekt: Feder, laviert, Aufrisse und Grundriss, datiert 1862. Vgl. HAUSER 1976, Kat.-Nr. 126 (S. 297); HOFFMANN 1942, S. 264.
166 Vgl. ABEGG / BARRAUD WIENER, KdmZH 2002, S. 114 und 170.
167 JAKOB 1971, S. 191–193. Vgl. auch GUTSCHER 1983, S. 177f. Archiv KG Grossmünster, II B.5.06.7 (Orgel von 1874–1876).

168 Vgl. Pläne BREITINGERS für Orgelprospekt und bauliche Veränderungen der Empore: Archiv KG Grossmünster: V.1.1. (datiert 1873, sechs Blätter). Akten: ebd., II.B.5.06.7 (1874–1876).
169 Das Folgende nach HOFFMANN 1942, S. 240f., ohne Nachweis.
170 StAZH, G II 7 (1611/12), S. 18.
171 Hier nach HOFFMANN 1942, S. 247: 1702 fertigte Steinmetz DAVID DIETSCHI «einen marmelsteinen fuss zum tauffstein»; vgl. StAZH, G II 7 (1611/12), S. 19: Schloss und Schlüssel zum Taufstein.
172 HOFFMANN 1942, S. 263; GUTSCHER 1983, S. 177.
173 So GUTSCHER 1983, S. 177.
174 So schon HOFFMANN 1942, S. 263. Die ebd. postulierte Verwandtschaft von Petrus und Paulus mit DÜRERS Aposteltafeln können wir jedoch nicht nachvollziehen.
175 StAZH, V II 1 (Protokoll der Baudirektion des Kantons Zürich, 24. Februar 1930).
176 HAUSER 1976, Kat.-Nr. 126; HOFFMANN 1942, S. 264; GUTSCHER 1983, S. 177. Entwurf («Skizze zu einer Kanzel ganz in Eichenholz in die Grossmünsterkirche», Bleistift aquarelliert) sowie Detailstudien in Feder: Archiv KG Grossmünster, V.1.1.
177 HOFFMANN 1942, S. 269.
178 HOFFMANN 1942, S. 269f.
179 GUTSCHER 1983, S. 180.
180 GUTSCHER 1983, S. 179.
181 HOFFMANN 1942, S. 271; GUTSCHER 1983, S. 183–186 (mit Angabe der Schriftquellen).
182 GUTSCHER 1983, Abb. 205, 206.
183 StAZH, V II 1 (Protokoll der Baudirektion des Kantons Zürich, 24. Februar 1930).
184 HOFFMANN 1942, S. 276.
185 ZIMMERMANN 1939; OEHNINGER 2004.
186 HOFFMANN 1950; HOFFMANN 1952; GRÜNENFELDER 1979; REBSAMEN 1989, S. 78f.
187 Archiv KG Grossmünster, II B.5.06.7 (1959–1960).
188 ZBZ, Ms. L 487, Collectanea Tigurina Ex collectione Joannis Leu, S. 571. VÖGELIN/NÜSCHELER/VÖGELIN 1878, S. 284f.
189 StAZH, G II 7 (1604) «Glockengiessung».
190 HOFFMANN 1942, S. 281f.; NÜSCHELER 1889.
191 Archiv KG Grossmünster, II B.5.06.6 (Vertrag vom 15. April 1889).
192 Archiv KG Grossmünster, II B.5.06.6 (ab 1798); HOFFMANN 1942, S. 282; vgl. FS Glockenweihe 1889.
193 Hier nach ILLI 1992, S. 126f.
194 ILLI 1992, S. 127f.
195 ILLI 1992, S. 129.
196 ILLI 1992, S. 133f.; vgl. S. 171f.
197 Beispiele: StAZH, G II 4 (1553); G II 7 (1598, 1611).
198 StAZH, G II 7 (1598).
199 StAZH, G II 1, Fabrikrechnungen passim.
200 «Grundriß des Kirch hoffs bey dem Großenmünster wie er diß mahlen ist» (LAVATER, HANS JACOB, 1705 [BAZ O 1039, ZBZ, KtSgl 4 N 422]). Vgl. ILLI 1992, S. 146.
201 ILLI 1992, S. 144f.
202 ILLI 1992, S. 144f.
203 ERNI 1820, S. 20. BAZ, Pläne G 17 (1812).
204 ILLI 1992, S. 131.
205 ZÜRCHER 1960, S. 76–80; RUOFF 1978, S. 421–438; SI 2, Sp. 504f. ILLI 1992, S. 131.
206 StAZH, G II 4 (1544), fol. 5v.
207 StAZH, G II 9, Nr. 135 (1660/61), fol. 9b–10b: Vorbereitungen für den «vorhabenden bauw der corherren Stuben».
208 ZBZ, Ms. L 802 (JOHANNES LEU, Collectanea Tigurina), S. 1048–1057: «Verzeichnuß der Stubenhitzen unnd Gutt Jahren, so uff der Chorherren gefallen am newen Jahrs Tag 1698». – SCHWARZ 1987, S. 10.
209 SCHWARZ 1987.
210 SCHWARZ 1987, S. 11.
211 ZBZ, Ms. R 134–149; 152–168.
212 ERNE 1988, S. 65–71.
213 ERNE 1988, S. 154.
214 GERMANN 1994, S. 108f.
215 GERMANN 1994, S. 109f.
216 GERMANN 1994, S. 111–130.
217 ZBZ, Ms. Car. XII 4, «Conradj Pellicanj Bibliotheca Tigurina maior». Zu Pelikans Haltung: GERMANN 1984, S. 107.
218 ZBZ, Ms. Car. XII 4, S. 53 (die Hinweise auf den Standort sind jeweils durchgestrichen).
219 ZBZ, Ms. Car. XII 4, S. 87, 95. Vgl. GERMANN 1994, S. 116–127.
220 ZBZ, Ms. Car. XII 5, fol 76r.
221 ZBZ, Ms. L 487, S. 601.
222 Reise 1828, S. 82.
223 ERNI 1820, S. 325.
224 Vgl. GAGLIARDI/FORRER 1982, Sp. 1603ff.
225 ZBZ, Ms. Arch. St, Akten 1629. ERNE 1988, S. 71; BARRAUD WIENER / JEZLER, KdmZH 1999, S. 229–231.
226 Mit der Eröffnung «Prophezei» wurde 1525 das Programm realisiert: Kat. Schola Tigurina 1999, S. 8, 18–21.
227 EGLI 1879, Nr. 426.
228 ERNST 1879, S. 56.
229 ERNST 1879, S. 70.
230 BULLINGER, Reformationsgeschichte, S. 291. ERNST 1879, S. 93; Kat. Schola Tigurina 1999, S. 22. Schulordnung von 1559 «in der Schule oder in dem Lectorium»: WIRZ 1793, S. 258.
231 ERNST 1879, S. 103.
232 StAZH, E II 476, fol. 18r (1662); vgl. StAZH, E II 466, S. 3 (1603).
233 Beispiele in: StAZH, E II 458 (ab 1560, passim).
234 Beispiel: ZBZ, Ms. L 487, S. 553: «Inscriptio secunda classis schola carolina», darunter: «TIMOR DOMINI INITIUM SAPIENTIAE». – ZBZ, Ms. B 5: Schriftstücke betreffend Lateinschule am Fraumünster und am Grossmünster, 1669.
235 1560/61 fand die Trennung der Einzugsbereiche der beiden Schulen statt: ULRICH 1879, S. 103.
236 ULRICH 1879, S. 99–102.
237 VÖGELIN/NÜSCHELER/VÖGELIN 1878, S. 321. – Zur Lage der Oberen Schule vgl. ZBZ, Ms. L 487, S. 602.
238 VÖGELIN/NÜSCHELER/VÖGELIN 1878, S. 321; der zugehörige Plan StAZH, E I 17, 1, ediert bei ERNST 1879, S. 144f.
239 StAZH, G II 9, Nr. 135 (1660/61), fol. 9b–10b: wie oben, Grossmünster nach der Reformation, Anm. 208. – Vgl. BLUNTSCHLI 1742, S. 94 («Das jetzige schöne Gebäu»).
240 1542 nach RUDIO 1896, S. 9.
241 StAZH, G II 4 (1548). Ebd. eine Entschädigung an GESSNER für das Bemalen des Skeletts.
242 KRONBICHLER 1983, S. 12–14. Vgl. zu diesem Thema: GUGERLI 1988, S. 76–95 und passim.
243 GUGERLI 1988, S. 41.
244 GUGERLI 1988, S. 63f.
245 StAZH, G II 4 (1549).
246 Z.B. StAZH, G II 4 (1546): Der Glaser CARL VON AEGERI verglast einerseits das Lectorium, andererseits die Schule.
247 StAZH, G II 4 (1546). Der Ersatz zerbrochener Scheiben erscheint jedes Jahr. Vgl. auch StAZH, G II 4 (1549).
248 BARRAUD WIENER / JEZLER 1995, S. 229; RÜTSCHE 1997, S. 65.
249 Vgl. ZBZ, Ms. L 487, S. 565–569.
250 StAZH, F III 4 (1676/77), S. 137.
251 StAZH, F III 4 (1676/77), S. 133.
252 StAZH, F III 4 (1676/77), S. 133, 137.
253 VOGEL 1841, S. 624.
254 Das Folgende nach VOGEL 1841, S. 90; VOGEL 1853, S. 267f.
255 StAZH, VII 101 c) Kirche 1837–1914 (1837 Juni 14).
256 KRONBICHLER 1983, S. 24.
257 SAZ, V.L. 20. Ankauf des Chorherrengebäudes, Akten und Rechnungen 1845–1855.

258 KRONBICHLER 1983, S. 25f.
259 ZBZ, Ms. W 309: Verträge 1850 zwischen dem Verein zum Umbau des ehemaligen Chorherrengebäudes einer- und dem Finanzrathe anderseits, Verträge der Baukommission mit dem Baumeister, den verschiedenen Handwerkern. Vertrag zwischen der Direction der öffentlichen Arbeiten des Cantons Zürich und dem Verein für die Schulhausbaute beim Grossmünster anderseits betreffend die Gestattung verschiedener Bauveränderung am Grossmünstergebäude (17.7.1851). Zur Architektur siehe VONESCH 1981, S. 114–126; CARL 1963, S. 14f., Kat.-Nr. 16.
260 SAZ, V. H.a.35, «Protocoll über den Umbau des Chorherrengebäudes 1844–1855» («Protokoll des Vereins von Freunden verbesserter Schulanstalten in der Stadt Zürich vom 12. April 1844 bis 1855»), S. 29 (5. April 1845). Vgl. VOGEL 1853, S. 548f.
261 SAZ, V. H.c. Nr. 38: WEGMANN, Bericht über den Bau (Nov. 1846) BAZ, L 5a, 5g-k: Situationsplan und Grundrisse aller Geschosse, sign. und dat. Nov. 1846.
262 SAZ, V. H.c. 38: WEGMANN, Bericht über den Bau, Nov. 1846.
263 VONESCH 1981: Diskussion der Entwürfe S. 117f.
264 SAZ, V. H.c. 38.
265 SAZ, V. H.a. 36 «Protocoll der Baucommission…», S. 20 (8. Dez. 1849). Vgl. StAZH, Protokoll AGZ, 29. Dezember 1849.
266 StAZH, G II 7 (1587, 1611, 1614).
267 StAZH, G II 5 (1507); HOFFMANN 1938, S. 99f.
268 StAZH, G II 4 (1541), S. 41; G II 4 (1541/42, «Partis extraordinarie ratio»).
269 StAZH, G II 5 (1558).
270 StAZH, G II 5 (1561), 7r–9v, 16v.
271 Vgl. LAVATER [1559], S. 116.
272 VON MOOS 1778, S. 48f., 72.
273 LAVATER [1559], S. 116; Gwalter nach ILLI 1992, S. 175, Anm. 86. ILLI 1992, S. 117.
274 ZBZ, Ms. FA Escher von der Linth 67.202, S. 31.
275 VÖGELIN/NÜSCHELER/VÖGELIN 1878, S. 315; ILLI 1992, S. 130.
276 BZD 3, 1962/63, S. 131.
277 VOGEL 1841, S. 90.
278 Zeitschrift über das gesammte Bauwesen (Hg. CARL FRIEDRICH VON EHRENBERG), Bd. 1, Heft 1, Zürich 1836, S. 19.
279 StAZH, Protokolle der AGZ, 1832–1844 (Bd. 1), S. 42.
280 StAZH, Protokolle der AGZ, 1832–1844 (Bd. 1), S. 56 (28. Mai 1837).
281 StAZH, Archiv AGZ, Briefe von Privaten 1 (1836–1840), Nr. 21 (Architekt und Ingenieur EISENLOHR, Karlsruhe, 5. Dez. 1839), Nr. 59, 60 (Baurat G. MOLLER, Darmstadt Dez. 1840). Vgl. VÖGELIN 1841, Anm. 30.
282 VÖGELIN 1841.
283 Siehe dazu auch ABEGG 2004
284 KH, O 16, fol. 30 unten, 61, 62, 81, 82, 83, 90 und StAZH, Zeichnungsbücher AGZ, Mittelalter II, fols. 85–97.
285 VÖGELIN 1841, S. 34.
286 Siehe oben, Grossmünster nach der Reformation, Anm. 261.
287 StAZH, V II 101 c) Kirche 1837–1914 (1850 Jan. 30).
288 Die im Folgenden zitierten Flugschriften sind in einem Sammelband in der Zentralbibliothek Zürich unter der Signatur LK 187 vereinigt.
289 «Die freistehende Grossmünsterkirche. Bericht und Einladung an die Bewohner Zürichs», Zürich, 11. März 1850.
290 SALOMON VÖGELIN: «Schreiben an das Comite der Chorherren-Baute. Als Manuscript für Freunde», Zürich, 26. März 1850.
291 «Auch ein Wort an die Bewohner Zürichs über die Freistellung der Grossmünsterkirche», Zürich, 22. April 1850.
292 VOGEL 1853, S. 525.
293 Bei der Sondiergrabung 1962/63 konnte festgestellt werden, dass tatsächlich sämtliche Grundmauern neu errichtet und die alten Fundamente restlos entfernt worden waren; siehe BZD 1962/63, S. 131f.

294 SAZ, V.H.a.36, «Protocoll der Baucommission», S. 47 (26. April 1851).
295 SAZ, V.H.a.36, «Protocoll der Baucommission», S. 48.
296 «Protokoll über den Umbau des Chorherren-Gebäudes», S. 170. Vgl. FREI 1941, S. 178.
297 VÖGELIN 1841, S. 32.
298 SAZ, V. G.c.62.:31 Schulhaus Grossmünster, Umbauten 1908–1915, Auszug aus dem Protokoll des Stadtrates von Zürich, 1. Oktober 1913.
299 SAZ, V.G.c.62.:31 Schulhaus Grossmünster, Umbauten 1908–1915, Hochbauinspektorat der Stadt Zürich: «Umbauten & Renovation des Schulhauses Grossmünster, Zürich 1», S. 4; Auszug aus: Protokoll des Stadtrates von Zürich, 1. Okt. 1913.
300 SAZ, V.G.c.62.:31 Schulhaus Grossmünster, Umbauten 1908–1915, Hochbauinspektorat der Stadt Zürich. Kosten-Voranschlag über die Aussenrenovation der sämtlichen Fassaden im Schulhaus Grossmünster», 22. September 1913 (Akten, Kostenvoranschläge, Pläne und Bauabrechnungen).
301 SAZ, V.G.c.62. 31 Schulhaus Grossmünster, Umbauten 1908–1915, «Preiseingabe über die Bildhauerarbeiten zur Renovation der Hoffassaden des Grossmünsterschulhauses von Bildhauer W. Schwerzmann». Eingereicht am 20. Dez. 1913, genehmigt vom Hochbauinspektorat der Stadt Zürich am 7. Jan. 1914 (Akten, Kostenvoranschläge, Pläne und Bauabrechnungen). – Vgl. FREI 1941, Anm. 74.
302 BAGZ 55, 1926/27, S. 11. Vgl. FREI-KUNDERT, K. 1927, der die Stücke irrtümlicherweise für romanische Originale hält; revidiert in: FREI 1941, S. 156.
303 BZD 3, 1962/63, S. 130–137.
304 BZD 3, 1962/63, S. 136.
305 KNOEPFLI 1972, S. 79f.
306 SAZ, V.H.a.36, «Protocoll der Baucommission», S. 198; KELLER 2001.
307 Inv.-Nr. 8370. H. 87 cm. Vgl. dazu Tugium 16, 2000, S. 55, und KELLER 2001.
308 SAZ, V.G.c. 62.: 31 Schulhaus Grossmünster, Umbauten 1908–1915, Stadt Zürich. Auszug aus dem Protokolle des Stadtrats, 31. Dezember 1912. Vgl. auch die Akten in SAZ, V.G.c.31, Schachtel 220.
309 SAZ, V.G.c. 62.: 31 Schulhaus Grossmünster, Umbauten 1908–1915, Stadt Zürich. Auszug aus dem Protokoll des Stadtrats, 31. Dezember 1912.
310 KELLER 2001, S. 163; Stadtratsprotokoll 1972 (3. März). – Fotos BAZ, Rötelstrasse bei 40.

DAS BARFÜSSERKLOSTER

1 Vgl. GILOMEN 1995 in seiner Liste S. 51, Text S. 54.
2 WILD 2002 (Barfüsserkloster), S. 60.
3 FISCHER 1978, S. 27f.; e-HLS, Artikel «Franziskusorden» (CHRISTIAN SCHWEIZER). – PAUL ZAHNER OFM: Ein Leben nach dem Evangelium. In: Bettelorden, Bruderschaften und Beginen 2002, S. 39–43.
4 EUGSTER 2002, S. 45f.
5 BONER 1978, S. 131. Der Barfüssermönch Johannes von Winterthur (um 1300 – um 1348) beschrieb das Verbleiben der Barfüsser in Zürich während des Interdikts. JOHANNES VON WINTERTHUR, S. 9. Die urkundliche Überlieferung setzt mit einer undat. Urkunde um 1250 ein: UBZ 2, Nr. 796, S. 265.
6 HELFENSTEIN 1978; DEGLER-SPENGLER 1978, S. 42–47.
7 BONER 1978, S. 131f.; REINLE, KdmLU 1953, S. 221.
8 VÖGELIN/NÜSCHELER/VÖGELIN 1878, S. 356.
9 RIPPMANN 1987, S. 272. – Zur Ausdehnung bis zum Neumarkttor vgl. ZBZ, KartSgl. S.Z.3.739/3 (1777); vgl. Luzern: BONER 1978, Abb. S. 134 und 138. Vgl. FISCHER 1978, S. 21.

10 Gilomen 1995, S. 45.
11 UBZ 2, Nr. 822 (1251 vor Sept. 24), S. 285; UBZ 2, Nr. 860 (1253 Mai 3), S. 321f.; Eugster 2002, S. 48.
12 Corpus Inscriptionum IV, S. 141.
13 Vgl. Glauser/Hegglin 1989, S. 51f. für Luzern.
14 Urkundenbuch der Abtei St. Gallen Teil III, S. 368f.; UBZ 13, Nr. 3041a (1310 Mai 1).
15 Beispiel: UBZ 4, Nr. 1516 (1273 Febr. 28), S. 231.
16 Vgl. UBZ 2, Nr. 796 (undatiert um 1250 / ? 1247), S. 264–266. Zur vergleichbaren, «normalen» Grösse anderer Konvente: Glauser/Hegglin 1989, S. 38.
17 Johannes von Winterthur, S. 9. Vögelin/Nüscheler/Vögelin 1878, S. 356.
18 UBZ 4, Nr. 1321 (1266 Juni 16); Eugster 2002, S. 48, 50.
19 Glauser/Hegglin 1989, S. 52.
20 Johannes von Winterthur, S. 120.
21 Eugster 2002, S. 48f.
22 Beispiele: Stadtbücher 1, Nr. 405 (1367 Juni 8), S. 202; StAZH, B VI 304, fol. 104r ([1400] März 2); Stadtbücher 2, Nr. 151, S. 123f. (1419 Okt. 12): «so ist unser gemeind berüfet und ouch kommen zů den barfüssen in den crützgang»; Stadtbücher 2, Nr. 237, S. 200 (1424 Sept. 11); Stadtbücher 2, Nr. 238 (1425 Juli 20), S. 202.
23 Vögelin 1829, S. 48; Vögelin/Nüscheler/Vögelin 1878, S. 362; Escher, KdmZH 1939, S. 246; Eugster 2002, S. 48.
24 Escher 1692, S. 31.
25 StAZH, C II 8, Nr. 166 (1380 April 16).
26 StAZH, C II 8, Nr. 222 (1400 Febr. 23).
27 UBZ 4, Nr. 1327 (1266 Aug. 1), S. 39f.
28 Bluntschli 1742, S. 42.
29 StAZH, C II 10, Nr. 198 (1416 Mai 2).
30 StAZH, F IIa 290, fol. 14 (Abschrift 1516).
31 StAZH, C V 3, Schachtel 15r (1450 April 15); Vögelin 1829, S. 49; Vögelin/Nüscheler/Vögelin 1878, S. 362.
32 Von Moos 1779, S. 184f.
33 Luzern: Kottmann 1989, S. 291.
34 UBZ 4, Nr. 1516 (1273 Febr. 28), S. 230f.
35 Beispiel: StAZH, C II 8, Nr. 214 (a) (1396 Sept. 15).
36 StAZH, B VI 308, fol. 87rf.
37 Stadtbücher 3, S. 229, Nr. 147 (1480 Aug. 21).
38 Eugster 2002, S. 55.
39 Vgl. Gilomen 1992, besonders S. 138.
40 StAZH, F IIa 290, fol. 62f., gedruckt: ZSK 1923, S. 66f. Schuhmachergesellen in der Barfüsserkirche in Luzern: Glauser/Hegglin 1989, S. 81.
41 Hier nach Amacher 2002, S. 269.
42 Dörner 1996, S. 254.
43 Egli 1879, Nr. 620, S. 275.
44 Vögelin/Nüscheler/Vögelin 1878, S. 358; Henggeler 1947, S. 2; dazu Dörner 1996, S. 256; betreffend Luzern: Glauser/Hegglin 1989, S. 80.
45 Egli 1879, Nr. 620, S. 275.
46 Eugster 2002, S. 50f.
47 Wehrli-Johns 1980, S. 125–132; Eugster 2002, S. 52–54. Nach Wild (Barfüsserkloster) 2002, S. 59, soll eine Deutung des Gassennamens Untere bzw. Obere Zäune als Zaun, der das aufs Kloster bezogene Frauenquartier eingeschlossen hätte, möglich sein. Zu den Häusern: Sommer-Ramer 1995, S. 767f., 771.
48 Sommer-Ramer 1995, S. 767f.
49 Hier nach Helfenstein 1978, S. 301. Vgl. Degler-Spengler 1978, S. 47.
50 Egli 1879, Nr. 355, S. 128.
51 Bullinger, Reformationsgeschichte 1, S. 228f.; Edlibach, Chronik, Ende 15. Jh., Anhang, S. 272; StAZH, B VI 249, S. 144, 187b; Wyss, Chronik 1519–1530, S. 56–58. Helfenstein 1978, S. 301f.

52 Egli 1879, Nr. 599 und 605 (Ulrich Trinkler, Konrad Gull).
53 Edlibach, Aufzeichnungen 1520–1526, S. 71f.
54 Bullinger, Reformationsgeschichte 1, S. 368; September 1526: Wyss, Chronik 1519–1530, S. 70f.
55 Wild/Windler 2004, S. 3.
56 Die auf BD 1576 Murer wiedergegebene Hallenform geht auf einen Umbau nach der Reformation zurück, als die Seitenschiffe erhöht und mit dem Mittelschiff unter ein gemeinsames Dach gebracht wurden.
57 Vögelin/Nüscheler/Vögelin 1878, S. 358.
58 Wild/Windler 2004, S. 6: Möglicherweise sind darin Reste romanischer Chorfenster enthalten.
59 Hier nach Wild 2002 (Barfüsserkloster), Anm. 16 (S. 311) mit einem Hinweis, der allerdings ins Leere führt. – Vgl. auch die rekonstruierende beziehungsweise historisierende Ansicht von Franz Hegi (Abb. z.B. in: Wild 2002 [Barfüsserkloster], S. 61).
60 Anders Wild 2002 (Barfüsserkloster), S. 62f., der die Obergadenfenster als Spitzbogen sieht und in Verbindung mit Rundbogennischen im Innern eine Analogie zur Predigerkirche postuliert.
61 Sommer-Ramer 1995, S. 768ff.
62 StAZH, F IIa 290, fol. 14 (Abschrift 1516). Vgl. StAZH, F IIa 290, Teil 3, fol. 9v–10r (Jahrzeitstiftung mit Seelmessen in der Regulakapelle von 1439 Febr. 26). Wir danken Christian Sieber, Zürich, für diesen Hinweis.
63 1496 bekannte Altbürgermeister Heinrich Röist (Bürgermeister vor 1492–1501), von den Barfüssern «ir hüssli und garten dahinder, an irem closter und mynem huß gegen Grymmenthurm über in der meren stat Zürich gelegen» erworben zu haben. Im Register des Bands ist die Liegenschaft verzeichnet als: «Garten und huß, so hinden stosset an die regel cappell»: StAZH, F II a 290, fol. 1. und Register.
64 Wild 2002 (Barfüsserkloster), S. 62; Wild 1999, S. 98.
65 So auch Vögelin/Nüscheler/Vögelin 1878, S. 358. Vögelin sah in den Kellern und in den Räumen unter Parterre und Bühne noch die Basen der übrigen Pfeiler, die nach seinem Urteil «auf das Genaueste mit Hegis Zeichnung übereinstimmen».
66 Wild 2002 (Barfüsserkloster), S. 58.
67 Wild 2002 (Barfüsserkloster), S. 63.
68 Wild 1999, S. 97ff.; Wild 2002 (Barfüsserkloster), S. 64. Vgl. Oberst 1927, S. 77: bald nach der Mitte des 13. Jh.
69 Wild 1999, S. 98; Schenkluhn 2000, S. 107.
70 So Wild 2002 (Barfüsserkloster), S. 60f.
71 StAZH, F III 23 (1553), «Verbuwen am kor und käller zun barfůssen»: «dem Muggler um ic obertach zur sakerstig brucht», «Hans Drazen von 2 dagen hat er am dächle so über stägen uff dem blaz gat dekt, und ob dem tach ob der sakerstig von eim dag 5 ß und zässen», «Bartle Käuffeler von 2 dagen hat er die wand uff der sakerstig gägen dem ussern garten gmacht und die kornschütte gar ferlistet». StAZH, F III 23 (1555), «am sacrasty käller [hinderm chor]».
72 Nüscheler 1873, S. 455. Der von ihm angegebene Nachweis zu einem 1517 abgebrochenen Altar war nicht aufzufinden.
73 Edlibach, Aufzeichnungen, S. 72.
74 StAZH, C II 8, Nr. 177 (1385 Mai 5) «am Bank vor dem St. Petersaltar zuoberst am Altargitter».
75 Wyss, Chronik 1519–1530, S. 85f.
76 StAZH, C II 8, Nr. 177 (1385 Mai 5).
77 StAZH, C II 10, Nr. 149 (1394 Mai 31).
78 Hier nach Vögelin/Nüscheler/Vögelin 1878, S. 362.
79 Vögelin/Nüscheler/Vögelin 1878, S. 362.
80 Heinrich Zeller-Werdmüller in: ASA, N.F. 4 (1902/03), S. 294–297; Escher, KdmZH 1939, S. 251f.; Kat. Manesse 1991, Nr. 54, mit älterer Literatur; Corpus Inscriptionum IV, 1997, S. 140f.

81 Jakob 1969, S. 24,2 bzw. S. 27,24.
82 Jakob 1969, S. 28,2–3.
83 UBZ, Siegelkatalog, 2. Lieferung, Tafel VI, Nr. 53.
84 UBZ, Siegelkatalog, 6. Lieferung, Nr. 46 (1298).
85 Vgl. Meier 2004, S. 22–34.
86 StAZH, F IIa 290, fol. Bv; Vogel 1845, S. 52, spricht von Massnahmen am Kreuzgang.
87 StAZH, A 63 (1528 Aug. 24), hier nach Leemann-van Elck 1940, S. 192: «ouch das stubli und keller darunder, mit siner zůgehördt, wie das her Enoch Metzger, wylant conventher, ingehebt hatt».
88 Anders Vögelin/Nüscheler/Vögelin 1878, S. 366. Zur Küche des Augustinerklosters vgl. Abegg / Barraud Wiener, KdmZH 2002, S. 190.
89 StAZH, V II 7.1 (Brief von Ferdinand Stadler, 1820 März 8). Vgl. auch PD 1788–1793 Müller, Kommentar.
90 StAZH, A 63 (1528 Aug. 24), hier nach Leemann-van Elck 1940, S. 192.
91 Vögelin/Nüscheler/Vögelin 1878, S. 366.
92 Wild/Windler 2004, S. 4.
93 Wild 2002 (Barfüsserkloster), Anm. 11 (S. 311).
94 Vögelin/Nüscheler/Vögelin 1878, S. 366.
95 Zwei gleiche Fensterpaare sind auf PD 1788–1793 Müller auch auf der Seite zum Hirschengraben zu sehen. Siehe StAZH, Pläne D 1791, 1811 (1921).
96 Vögelin/Nüscheler/Vögelin 1878, S. 366. – Wahrscheinlich die «convent-stüblen» von 1528: StAZH, A 63 (1528 Aug. 24), hier nach Leemann-van Elck 1940, S. 192.
97 Vogel 1845, S. 52.
98 StAZH, Pläne D 1503, 1504, 1701.
99 So Wild 2002 (Barfüsserkloster), S. 60f.
100 Wir danken Dölf Wild, Zürich, für diesen Hinweis.
101 Wild/Windler 2004, S. 3.
102 BZD 9.1, 1977/78, S. 283–287. Walter Drack: Bericht über die archäologischen Befunde und die Restaurierung der Arkaden. Typoskript KDP, Dokumentation Barfüsserkloster. Die Auswertung des vom 13. bis ins 19.Jh. streuenden Fundmaterials steht noch aus. Wichtigstes Fundstück ist das Fragment einer Tonstatuette einer Maria mit Kind (H. ca. 8 cm), 14. Jh. Abb. ebd., S. 287.
103 UBZ 3, Nr. 1048 (1259 Jan. 3), S. 133.
104 Vögelin/Nüscheler/Vögelin 1878, S. 363, vgl. auch S. 365.
105 StAZH, Plan D 532.
106 Stadtratsprotokoll 1838, S. 219f. (April 11); Stadtratsprotokoll 1838, S. 708f. (Dez. 8). Vgl. Vögelin/Nüscheler/Vögelin 1878, S. 364.
107 BZD 1, 1958/59, S. 85.
108 BZD 1, 1958/59, S. 85.
109 BZD 2, 1960/61, S. 110.
110 BZD 9.1, 1977/78, S. 287; Walter Drack: Bericht über die archäologischen Befunde und die Restaurierung der Arkaden, Typoskript KDP, Dokumentation Barfüsserkloster.
111 BZD 1, 1958/59, S. 85.
112 KH, O 45, Bl. 23–25.
113 BZD 9.1, 1977/78, S. 286. Vgl. die Aufnahmepläne von 1980: steingerechte Aufnahme der Arkaden und Grundriss der Anlage (StAZH, D 2329–2331).
114 ASA 26, 1893, S. 295; danach Escher, KdmZH 1939, S. 241, Anm. 4.
115 Vögelin/Nüscheler/Vögelin 1878, und Escher, KdmZH 1939, äussern sich nicht zu den Jahreszahlen, Escher auch nicht zur Datierung.
116 Wild 2002 (Barfüsserkloster), S. 66f.
117 Die von Wild 2002, ebd., postulierte Übereinstimmung von zwei der drei Typen von Steinmetzzeichen an den Arkaden des Barfüsser-Kreuzgangs mit zweien am gotischen Predigerchor überzeugt hingegen nicht ganz.

118 Rahn 1876, S. 509. Vgl. auch Vögelin/Nüscheler/Vögelin 1878, S. 364.
119 Oberst 1927, S. 77, 80.
120 Helfenstein 1978, S. 303f.; Eugster 2002, S. 46, sieht nicht einmal «in Ansätzen» eine Bibliothek.
121 StAZH, A 63 (1528 Aug. 24), hier nach Leemann-van Elck 1940, S. 192.
122 ZBZ, Ms. Car C 114d, Car C 167, Car C 169f.
123 Eugster 2002, S. 45f.
124 Schweizer 1884 (Urkundenabteilungen), S. 29.
125 Illi 1992, S. 51; Wild/Windler 2004, S. 3.
126 StAZH, C II 10, Urk. Obmannamt, Nr. 284.
127 StAZH, B III 117a, fol. liii r–lv r.
128 StAZH, C II Nr. 651 (1417 Sept. 14).
129 StAZH, A 63 (1528 Aug. 24), hier nach Leemann-van Elck 1940, S. 192.
130 Escher, KdmZH 1939, S. 252.
131 Wild 2002 (Barfüsserkloster), S. 61.
132 Wild 2002 (Barfüsserkloster), S. 61.
133 Egli 1879, Nr. 811 (1525 Aug. 24).
134 Helbling 2002 (Erbe), S. 301.
135 Egli 1879, Nr. 880 (Dez. 9), S. 413.
136 StAZH, F III 15. Helfenstein 1978, S. 307f.
137 Leemann-van Elck 1940, S. 73f.
138 StAZH, A 63 (1528 Aug. 24), hier nach Leemann-van Elck 1940, S. 192.
139 Leemann-van Elck 1940, S. 92.
140 Kantonsgeschichte 2, 1996, S. 256f.
141 StAZH, B II 87, S. 38.
142 Vischer 1991, Kat.-Nr. C 72, S. 51f.
143 Barraud Wiener / Jezler, KdmZH 1999, S. 191f.
144 StAZH, B VI 256, fol. 41r; Leemann-van Elck 1940, S. 130.
145 Leemann-van Elck 1940, S. 130. Vgl. Abegg / Barraud Wiener / Grunder / Stäheli, KdmZH 2007, S. 428–430.
146 StAZH, F III 23 (1533), fol. 25r–v; StAZH, F III 23 (1534), fol. 31v–34r; StAZH, F III 23 (1535), fol. 47–49r; StAZH, F III 23 (1536), unpaginiert. Vgl. Schweizer 1884 (Urkundenabteilungen), S. 24.
147 Sigg 1971, S. 99, 124–128; Kantonsgeschichte 2, 1996, S. 23.
148 Kantonsgeschichte 2, 1996, S. 60.
149 StAZH, F III 4 (1535), S. 60.
150 StAZH, F III 4 (1545), S. 127.
151 StAZH, F III 23 (1550), «ferbuwen».
152 StAZH, F III 23 (1552), «von ein thürgriecht und thüren in die gersten kappel da fornen zů machen», «Heinrich Bodmer von j dag hat er an der gersten kappel gwerchet», «Hans Nozen als er die ligerig vom spital in die gersten kappel fůrt im herbst», «Niklaus ůlrich dem tischmacher von der thür zunn Barfůsen an der gersten kappel».
153 StAZH, F III 23 (1554), «Verbuwen»: Zimmermann Bartlime Käuffeler richtete die «Korn- und Haberschüttenen» auf dem Kreuzgang ein; vgl. StAZH, F III 23 (1555): «in der nůwen fassenschütti da man uff den crützgang gaat». StAZH, F III 4 (1553), S. 41–45.
154 So Vogel 1841, S. 389. Vogel 1845 (Obmannamt), S. 13, 14.
155 StAZH, F III 23 (1554), «Zůn Barfůßen ans Amptmans Bhußung und sunst verbuwen».
156 StAZH, F III 23 (1555), «was costens über das badstübli zemachen gangen ist».
157 StAZH, F III 23 (1555), «jm Closter».
158 StAZH, F III 4 (1553), S. 31.
159 StAZH, F III 23 (1710), «Ußgeben verbauen im Kloster».
160 Vogel 1845 (Obmannamt), S. 16. Vgl. drei kolorierte Gebäudeansichten als Projektvarianten mit Giebel-, Walm- und Mansarddach, 1793 (BAZ J 132–132b. Johannes Fehr. Von den drei Ansichten ist nur noch eine im Original vorhanden); ZBZ, Ms. Lind. Nachlass Felix Ulrich Lindinner (†1854) Nr. 53.1

(Bauliches): Umbau des Obmannamts 1794, Tusch- und Federzeichnung mit aufgeklebter Variante. «Obmann Amt Ansicht gegen Morgen. Brouillard Copie», «Ansicht des gebäudes wenn die Hölzernen Wände weggenohmen und ein Walmen Dach auf die Mauren gesezt wird».

161 EGLI 1879, Nr. 851 (1525 Nov. 1), S. 400.
162 StAZH, A 63 (1528 Aug. 24), hier nach LEEMANN-VAN ELCK 1940, S. 192.
163 StAZH, F III 23 (1553), «Verbuwen am kor und käller zun barfůssen»: «bartle käuffeler von 2 dagen hat er die wand uff der sakerstig gägen dem ussern garten gmacht und die kornschütte gar ferlistet».
164 BAZ, Dok. Untere Zäune 1.
165 StAZH, F III 23 (1555), «was der wäg vom thor Znüwmerkt untz nebet den allten krutgarten costet».
166 VOGEL 1845 (Obmannamt), S. 15f.; StAZH, Plan B 437 (1786).
167 StAZH, F III 4 (1529), S. 96.
168 StAZH, F III 4 (1530), S. 97: «umb 2 malnaschloss an die getter zů dem barfüsser am kilchhof». – Malnaschloss = Marrenschloss; SI 9, Spalte 736.
169 VÖGELIN/NÜSCHELER/VÖGELIN 1878, S. 367; MEINTEL 1921, S. 78–83; ESCHER, KdmZH 1939, S. 72f.
170 Hier nach SUTER 1981, S. 141.
171 StAZH, F III 4 (1583/84), fol. 73r: «ein frannsen neptunus zů dem brunnen bý denn barfüsseren»; StAZH, F III 4 (1586/87), S. 209, allerdings ohne Bezeichnung; kann aber aufgrund des eingemeisselten Monogramms zugeordnet werden (siehe unten). Vgl. auch ESCHER, KdmZH 1939, S. 72.
172 StAZH, F III 4 (1620/21), S. 92: «m. Bartlome, dem bildhouwer, von dem bild uff dem brunnen binn barfüsseren, an den glidern zůergäntzen»; ebd., S. 179: «80 lb gab ich m. Hans Ůlrich Haldenstein dem maaler von der brunnenstud sampt dem bild darůff wie ouch das brunnenbett an dem brunnen vor dem barfüsser kloster, allendings mit ölfarben zemaalen und etwas daran zůvergülden».
173 StAZH, F III 4 (1746/47), S. 168.
174 Hier nach ESCHER, KdmZH 1939, S. 72, Anm. 2. Vgl. auch: StAZH, F III 4 (1748/49), S. 169: Zahlung von 134 lb 4 ß an «meister Anthoni Däniker für postemenrter und mund stuk zu den brünnen an der Augustiner Gaß und Hinter Zeühnen zu verarbeiten, deßgleichen das bild auf letserem zu verbeßern».
175 NUSSBAUMER o. J., S. 77–81.
176 VOGEL 1845, S. 857. ABEGG / BARRAUD WIENER, KdmZH 2003, S. 38.
177 StAZH, V II 11, Faszikel 1, Akten ab März 1806. Siehe auch StAZH, V II 7, fasz 1, Obmannamt (Lokal der Zentralverwaltung) (1806). Vgl. VOGEL 1845, S. 857. ERNI 1820, S. 18.
178 VOGEL 1845, S. 857.
179 HOFFMANN 1933, S. 21f.; ESCHER, KdmZH 1939, S. 249f.; REINLE 1956, S. 386; CARL 1974, S. 12f.; GUBLER 1982.
180 ESCHER, KdmZH 1939, S. 249.
181 Der Entwurf ESCHERS zeigt kannelierte Schäfte, alle Bilddokumente hingegen glatte.
182 BARRAUD WIENER / JEZLER, KdmZH 1999, S. 356ff.
183 FÜSSLI 1842, S. 77.
184 CARL 1974, S. 12.
185 ZBZ, Ms. W 63, pag. 59a: «bal- und concertsaal».
186 Vgl. Bauaufnahmen um 1860 (BAZ, J 136, 136a).
187 StAZH, V II 49.4 (1833 Jan. 21, Febr. 22, März 2).
188 INSA 10, S. 347; HAUSER 1976, Kat.-Nr. 176 (S. 309). PD: Projekte SCHAUFELBERGER (BAZ, J 137–137d), STADLER (BAZ, J 138–138a), ZEUGHEER (BAZ, J 139–139f und ZEU 67).
189 INSA 10, S. 419.
190 Vgl. ZBZ, Ms. 63, pag. 59a.
191 StAZH, VV I, 2.4., S. 87; VOGEL 1841, S. 389; VOGEL 1845 (Obmannamt), S. 18.
192 StAZH, V II 7, Faszikel 1, Obmannamt (Lokal der Zentralverwaltung) (1820 April 4): zwei neue Zimmer. StAZH, VV I, 2.4., S. 403. Vgl. VOGEL 1841, S. 389.
193 VOGEL 1845 (Obmannamt), S. 19.
194 VOGEL 1841, S. 389; VOGEL 1845 (Obmannamt), S. 18f. Anders ESCHER, KdmZH 1939, S. 250. Dass der Bau nur eine neue Fassade erhielt (INSA 10, S. 347), ist nicht richtig.
195 Vgl. StAZH, Plan D 1447, mit Darstellung des «gegenwärtigen» Zustands mit noch nicht umgebautem Nordwestflügel.
196 StAZH, Plan D 1367, signiert STADLER, Datierung 1833 nachträglich. Vgl. HOFFMANN 1933, S. 29, Taf. VII/5.
197 BAZ, J 132–132b: drei Projektvarianten von JOHANNES FEHR. Ansichten vom Hirschengraben her (siehe oben, Kapitel Barfüsserkloster, Anm. 160).
198 Vgl. StAZH; Plan D 1447 (nachträglich datiert 1833), wo der Grundriss der «Rez-de-Chaussée» im «gegenwärtigen» Zustand im rechten Flügel die Befensterung des ursprünglichen 1. Obergeschosses zeigt.
199 VOGEL 1845 (Obmannamt), S. 21. StAZH; Plan D 41 (Situationsplan von JOHANN CASPAR VÖGELI, 1832). Vgl. HAUSER 2001, S. 59–61.
200 BARRAUD WIENER / JEZLER, KdmZH 1999, S. 332.
201 HBA, Denkmalpflege, Dossier Zürich, Kreis 1, rechts der Limmat. Hirschengraben 13/15, Abriss der Baugeschichte [P. MÜLLER].
202 VOGEL 1845 (Obmannamt), S. 26. Vgl. StAZH, Pläne D 1358, 1359.
203 RRR 1833, S. 38; VOGEL 1841, S. 390; VOGEL 1845 (Obmannamt), S. 22. Der seit der Klosterzeit bestehende brückenartige Zugang über dem Wolfbach ist auf StAZH, Plan D 1469 (vor 1833) noch zu sehen.
204 StAZH, VV II 4.1., S. 11–21. Die Nummerierung entspricht StAZH, Plan D 1469.
205 VOGEL 1845 (Obmannamt), S. 12.
206 StAZH, V II 7, Faszikel 3, Baurechnungen (Bauconti und Calculationen), 1805–1839: «Über eine Heizeinrichtung von erwärmter Luft, nämlich 14 Zimmer in dem Obmann=Amt= Gebäude in Zürich damit zu erwärmen», verfasst von STEPHAN KÖLLIKER, Steinmetz (1833 Juni 19); vgl. ebd. (1839 Dez. 27). Siehe auch VOGEL 1845 (Obmannamt), S. 21. StAZH, Pläne D 1838, 1839.
207 RRR 1834, S. 42; VOGEL 1845 (Obmannamt), S. 21f.
208 VOGEL 1841, S. 390. VOGEL 1845 (Obmannamt), S. 22.
209 RRR 1836, S. 44. StAZH, Plan D 1309 («Plan der neuen Anlage im Obmannamt», 1836).
210 RRR 1838, S. 43 «Im Hinblick auf die vorgesehene Erhöhung des Hauptgebäudes»; RRR 1839, S. 45: Im Bezug auf das Hauptgebäude wurde der Bau eines dritten Stockwerks beschlossen, verakkordiert für 16 540 gl und bis Herbst unter Dach gebracht. RRR 1840, S. 59.
211 RRR 1838, S. 43; VOGEL 1841, S. 391; VOGEL 1845 (Obmannamt), S. 24f.
212 StAZH, Pläne D 1390, 1434. Vgl. HAUSER 1976, Kat.-Nr. 16 (S. 281). Weitere Pläne siehe StAZH, Planverzeichnis. VOGEL 1845 (Obmannamt), S. 25, nennt als Baumeister Zimmermeister BRUNNER.
213 HAUSER 2001, S. 58.
214 Vgl. z.B: StAZH, Pläne D 1429, 1666.
215 HAUSER 2001, S. 58, nach RRR 1840, S. 59.
216 RRR 1837, S. 46; StAZH, V II 7, Faszikel 2, Neues Gerichtsgebäude im Obmannamt (hinterer Flügel), 1837–1839. Vgl. StAZH, VII 11, Faszikel 4, Bauten, Reparaturen, Lokales im Allgem., 1837, 1875–1912: Verträge und Akten 1837, 1844, 1852, 1870.
217 VOGEL 1841, S. 390; VOGEL 1845 (Obmannamt), S. 23. Situation vor dem Umbau: StAZH, Plan D 1488, 1503, 1504 (Kreuzgang noch intakt, 1833). Projektiert für breiteres Gebäude: StAZH, Pläne D 1500, 1501 (beide nach Verzeichnis dat. 1833).

218 Hauser 1976, Kat.-Nr. 16 (S. 281). Zwischenbericht des Architekten: StAZH, V II 7, Faszikel 1, Obmannamt (Lokal der Zentralverwaltung): «Rapport» (1838 Juni 29) und ebd., Rapporte vom 29. Nov. 1838 und 2. Dez. 1838.
219 Vgl. Ferdinand Stadlers Beschreibung des Treppenhauses. StAZH, V II 7, Faszikel 1, Obmannamt (Lokal der Zentralverwaltung): Entwurf einer «Baubeschreibung», undatiert, und Schreiben wegen Holzlieferungen (1838, 3. und 9. Nov., 7. Dez.). Dazu: StAZH, Pläne D 1752, 1753.
220 Laut RRR 1837, S. 46, waren Ende 1837 der Sitzungssaal mit Bogenfenstern, drei Audienz-, das Ausstands- und das Kanzleizimmer für das Kriminalgericht fertig. Zu den Interieurs vgl. Ferdinand Stadlers Pläne: StAZH, Pläne D 1628, 1632.
221 StAZH, Pläne D 1519–1522, 1665, 1720.
222 StAZH, V II 7, Faszikel 1 (9. April 1839); Vogel 1845 (Obmannamt), S. 24.
223 Vogel 1853, S. 289.
224 Das Folgende nach Escher 1870, S. 349.
225 Vgl. INSA 10, S. 347.
226 Escher 1870, S. 350.
227 Hauser 2001, S. 140f. StAZH, Pläne D 1484, 1485, 1670, 1751.
228 RRR 1880, S. 30, zit. in: Hauser 2001, S. 141. Entwurf für die Dekoration: StAZH, Plan D 1751.
229 StAZH, V II 8, Faszikel 7, Türmchen und Uhr (1864: «Mittelbau des Obmannamtes»); vgl. SAZ, I.B.10:43.
230 INSA 10, S. 347; Hauser 2001, S. 126f.; BAZ, Baueingabepläne 1873 (Grundrisse, Aufrisse, Schnitte). Pläne: siehe Dokumentation, S. 227; StAZH, V II 11, Faszikel 2, Verhandlungen, Projekte, Beschlüsse betr. Abtretung und Umbau des Casinos für den Staat (Obergericht), 1872–1874; ebd., Faszikel 3, Umbau des Casinos als kantonales Gerichtsgebäude (Voranschläge, Devis, Rechnungen, Verfügungen, Correspondenzen etc.).
231 Hauser 2001, S. 126.
232 Hauser 2001, S. 127: Die Struktur eines gleichsam einen Querbau durchstossenden, höheren Längsbaus – im schweizerischen Frühhistorismus eher ungewöhnlich – orientiert sich am 1865–1869 nach Plänen von Gottfried Semper errichteten Stadthaus in Winterthur, jedoch an dessen mit Pilastern gegliederten Rückseite.
233 Zur Inneneinrichtung siehe StAZH, V II 11, Faszikel 3, Umbauten des Casinos als kantonales Gerichtsgebäude (Voranschläge, Devis, Rechnungen, Verfügungen, Correspondenzen etc.), 1874; ebd., Faszikel 4, Bauten, Reparaturen, Lokales im Allg., 1837–1875–1912. Zum Schwurgerichtssaal: StAZH, V II 11, Faszikel 5, Schwurgerichtssaal (Einrichtung), 1875–1914.
234 StAZH, V II 9/3, Faszikel 1, Obmannamt, Neubauprojekte, Projektwettbewerb 1898/99, Akten 1895–1899; INSA 10, S. 347; Hauser 2001, S. 141f.
235 Regierungsratsbeschluss nach dem «Vorschlag der Direktion der öffentl. Arbeiten vom 3. Mai 1899».
236 StAZH, V II 9/3, Faszikel 2, Obmannamt, Neubauprojekte, Projekte von 1910/11, Akten 1907–1911; ebd., Faszikel 3, Akten 1912–1914; INSA 10, S. 347.
237 StAZH, V II 9/3, Faszikel 4, Obmannamt, Neubauprojekte, Projektwettbewerb 1918/19, Akten 1916–1919; INSA 10, S. 347. Weitere Projekte hatten u.a. die Gebrüder Pfister und Hermann Herter eingereicht.
238 Hier nach BAGZ 60, 1936/37, S. 14f.
239 StAZH, Plan D 2255.
240 Vgl. Escher, KdmZH 1949, S. 321.
241 StAZH, V II 9/3, Faszikel 5, Obmannamt, Neubauprojekte, Projektierung 1943–1945 und Projekt für einen Schulhausneubau auf dem Obmannamtsareal als Ersatz für das Wolfbachschulhaus, Akten 1944–1946.
242 StAZH, F III 4 (1537): «232 lb 10 ß Gab ich Jacoben Haffner umb allerleÿ, so er zun barfüssen in der kilchen gemacht hat, es sÿe die vennster vergetteret thor unnd thuren gehenckt und anders»; StAZH, F III 23 (1537), «jmm keller jnn barfüsen ferbuwen»; StAZH, F III 4 (1538), S. 8, 55; StAZH, F III 4 (1539), S. 11; StAZH, F III 4 (1540), S. 36.
243 StAZH, F III 23 (1553), «Verbuwen am kor und kåller zun barfüssen» (hier zahlreiche Einträge); StAZH, F III 4 (1553), S. 41–45.
244 StAZH, F III 23 (1553), «Verbuwen am kor und kåller zun barfüssen»: «Hans Drazen von 2 dagen hat er am dåchle so über stägen uff dem blaz gat dekt».
245 StAZH, F III 23 (1554), Zufahrt wurde gekoffert und gepflästert.
246 StAZH, F III 23 (1537, 1553), «jmm keller jnn barfüsen ferbuwen», «Verbuwen am kor und kæller zun barfüssen»; StAZH, F III 4 (1540): «in nüwen keller».
247 StAZH, F III 23 (1552): «von ein thürgricht und thüren in die gersten kappel da fornen zů machen [...] Heinrich Bodmer von j dag hat er an der gersten kappel gwerchet [...] Niklauis Ůlrich dem tischmacher von der thür zunn Barfůsen an der gersten kappel zů machen».
248 StAZH, F III 23 (1701), «Ußgeben verbauwen im Kloster».
249 Beschädigungen an der Mauer beim Eingang hintere Zäune durch kehrende Wagen; StAZH, F III 23 (1691), «Ußgeben verbuwen in dem Ambt». Hinweis auf neue Unterkellerungen: StAZH, F III 23 (1701), «Ußgeben verbauwen im Kloster»; Passierrecht ab 1714 aktenkundig: StAZH, V II 7, Faszikel 5 (zitiert in Akte 1827 Juli 28: Quellen ab 1714). – Vogel 1845 (Obmannamt), S. 15, Vögelin/Nüscheler/Vögelin 1878, S. 357, Anm. 4.
250 StAZH, V II 7, Faszikel 1, Obmannamt (Lokal der Zentralverwaltung), 1804–1839.
251 StAZH, F III 23 (1553), «Verbuwen am kor und kåller zun barfüssen».
252 Bezeichnung «Sakristeÿ=keller» 1686: StAZH, V II 7, Faszikel 5 (zitiert in Akte 1827 Juli 28). Abgetragen: StAZH, F III 23 (1701), «Ußgeben verbauwen im Kloster».
253 StAZH, V II 7, Faszikel 1, Obmannamt (Lokal der Zentralverwaltung), 1804–1839 (1806 Mai).
254 Brunschweiler 1989.
255 Bircher 1986, S. 294f.
256 Behrens 1998, S. 232; Barth 2001, S. 6–19.
257 Das Gebäude wurde 1656 auf einer nur durch einen Damm zugänglichen Insel neben dem Spitzbollwerk errichtet und diente ursprünglich der Aufbewahrung der beiden 1656 erstellten Kriegsschiffe: Vögelin/Nüscheler/Vögelin 1878, S. 559; Grunder, KdmZH IV, S. 118–121.
258 SAZ, V II.12.A.3.1.1. (1825 Febr.).
259 Barth 2001, S. 23.
260 SAZ, VII.12.A.1.1. Protocoll der provisorischen Theater Commission, S. 1; Barth 2001, S. 31f., zur Zusammensetzung der Kommission.
261 SAZ, VII.12.A.1.1. Protocoll der provisorischen Theater Commission, S. 8; 14f.; Barth 2001, S. 34f.
262 Barth 2001, S. 38f.
263 Lehmann 1995, S. 10 (Zitat aus dem Republikaner 1834).
264 Barth 2001, S. 43f.
265 Barth 2001, S. 47.
266 SAZ, VII.12.A.1.1., S. 23, 25 (1833 Jan. 7). Vgl. Vogel 1841, S. 634.
267 SAZ, VII.12.A.1.1., S. 29 (1833 Jan. 7).
268 SAZ, VII.12.A.1.1., S. 48f. Das leider nicht erhaltene Holzmodell gelangte an die schweizerische Kunstausstellung, die 1833 in Zürich stattfand; siehe Wyss 1976, S. 136.
269 SAZ, VII.12.A.1.1., S. 71 (Einträge 6. Sept. und 6.–20. Sept.). Gemeint sind wahrscheinlich die alten, bereits nach der Reformation durch die Erhöhung der Seitenschiffe zu Binnenwänden gewordenen Obergadenwände, die nun, analog zu den klosterzeitlichen Langhausarkaden im Erdgeschoss, durch Pfeiler ersetzt wurden.

270 WYSS 1976, S. 165. Am 3. Dezember hatte PFYFFER einen mündlichen Bericht abgegeben.
271 VOGEL 1841, S. 634; VOGEL 1853, S. 650. MÜLLER 1911, S. 18; WYSS 1977, S. 136–138. Modell und Entwurf sind nicht erhalten.
272 Nach PFENNINGER 1981, S. 14: 50 165,5 gl.
273 Stadtratsprotokoll 1834, S. 138f. (25. Jan.); S. 669f. (8. Nov.).
274 VÖGELIN/NÜSCHELER/VÖGELIN 1878, S. 358; MÜLLER 1911, S. 18.
275 Vgl. hierzu WYSS 1976, S. 132–134, und die Monografien zu PFYFFERS Theaterbauten.
276 VÖGELIN/NÜSCHELER/VÖGELIN 1878, S. 358. – Zum Modell des Dreiviertelkreises: MEYER, JOCHEN 1998, S. 82–91.
277 Siehe z.B. Bestuhlungsplan im Adressbuch der Stadt Zürich 1885, vor S. 105.
278 MÜLLER 1911, S. 18f., wohl nach zeitgenössischen Zeitungsberichten. Vgl. WILHELM HUBER: Entwurf für den Dekor der Galerien im Aktientheater. Aquarell (SAZ, Theaterarchiv; Repro BAZ).
279 MÜLLER 1911, S. 19.
280 e-HLS, Artikel «Charlotte Birch-Pfeiffer» (MAYA WIDMER). Die in Stuttgart geborene Birch-Pfeiffer startete als 13-Jährige eine glanzvolle Karriere als Schauspielerin, die sie an alle grossen europäischen Bühnen führte und die sie nach ihrer Zürcher Zeit wieder aufnahm. Ausserdem hinterliess sie ein Œuvre von über hundert Dramen und Opernlibretti, die präzis den Zeitgeschmack trafen und mit grossem Erfolg aufgeführt wurden. Vgl. dazu: STUMP et al. 1994, S. 41f. – Vgl. KORD 1992, zum Schaffen BIRCH-PFEIFFERS S. 70–76, 144–148, 168–172; zum Werk S. 335–341.
281 Vgl. dazu CHARLOTTE BIRCH-PFEIFFER: Einige Worte an das kunstliebende Publikum Zürichs über den Standpunkt des hiesigen Theaters, Zürich 1841, sowie RICHARD WAGNER: Ein Theater in Zürich, Zürich 1851, S. 11, der von der «Oberhofdichterin» Charlotte «Birchpfeiffer» spricht.
282 HÜRLIMANN 1980, S. 11f. PFENNINGER 1981, S. 11f.
283 Insbesondere, wenn die Sängerin Antoinette Vial auftrat, die vom Februar 1838 bis Ende April 1839 am Actientheater wirkte: SCHMID 1988, S. 127f.
284 Hier nach INSA 10, S. 347.
285 FRIES 1933, S. 19f.
286 Vgl. die Sammlungen BAZ und ZBZ, GrafSgl. Zürich C 1, Altes Theater I 7–12, passim.

DAS PREDIGERKLOSTER

1 Zum Ordensgründer und zum Orden: MÜLLER 2002.
2 Die Diskussion über Dominikanerniederlassungen in den Städten erhielt durch LE GOFF 1970 neue Impulse. Zur Forschung vgl. GILOMEN 1995, S. 49–54; WEHRLI-JOHNS 2002, S. 314, Anm. 20.
3 Hier nach LE GOFF 1970, S. 929f.
4 UBZ 13, Nr. 451b (1229–1230), S. 30; UBZ 13, Nr. 481a (1233 April 25), S. 32. VÖGELIN/NÜSCHELER/VÖGELIN 1878, S. 428; WEHRLI-JOHNS 2002, S. 107–109.
5 WILD 2002, S. 94.
6 Zum Zürcher Kreis und zu seinen Veränderungen: HÜBSCHER 1957, S. 17–25.
7 HÜBSCHER 1955. Karte in: WEHRLI-JOHNS 2002, S. 114.
8 UBZ 13, Nr. 481a (1233 April 25), S. 32; BRENNWALD, Schweizerchronik, Bd. 1, S. 94. Zur Geschichte der Niederlassung und zur Diskussion über die «receptio»: HÜBSCHER 1957, S. 11–17; WEHRLI-JOHNS 1980, S. 7–27; WEHRLI-JOHNS 1999, S. 466f.
9 BRENNWALD, Schweizerchronik, Bd. 1, S. 94.
10 Vgl. die vergleichbare Entwicklung der «Niederlassungsreihe» des Dominikanerinnenklosters Oetenbach: ABEGG / BARRAUD WIENER, KdmZH 2002, S. 213f.
11 Eine Zusammenfassung der Diskussion bietet GILOMEN 1995, S. 45f.
12 Allgemein: GILOMEN 1995; zu Zürich: WILD 1999, S. 29f.
13 UBZ 1, Nr. 466 (1231 Mai 14), S. 344; UBZ 1, Nr. 468 (1231 Juli 14), S. 345f.; S. 343, Anm. 7.
14 Es handelt sich um die erste Privaturkunde, die der Rat besiegelte: UBZ 1, Nr. 478 (1232), S. 354f. Die Bezeichnung «institor» (Kaufmann) ist gemäss UBZ 1, S. 354, Anm. 1, Berufsbezeichnung. Ob der Verkaufsakt auf der Predigerhofstatt oder auf dem neu erworbenen Land stattgefunden hat, lässt sich nicht entscheiden.
15 Anders später bei den Frauen des Dominikanerinnenklosters Oetenbach: ABEGG / BARRAUD WIENER, KdmZH 2002, S. 214f.
16 UBZ 11, Nr. 4395 und 4396 (1331 Aug. 20 und 26), S. 302–305. Vgl. WILD 1999, S. 244.
17 BRENNWALD, Schweizerchronik, Bd. 1, S. 94.
18 WYSS, Chronik 1519–1530, S. 55.
19 BODMER 1976, S. 61–65, besonders S. 62. Zu BRENNWALDS zeitgenössisch bedingten Darstellungen historischer Sachverhalte vgl. auch die Bemerkung von HÜRLIMANN 2003, S. 166.
20 Vgl. die Liste der Bettelordenkonvente, die einerseits eine vorhandene Kapelle übernehmen konnten und sich andererseits in der unmittelbaren Nachbarschaft zu einem Spital niederliessen, in: RIPPMANN 1987, S. 18.
21 WEHRLI-JOHNS 1980, S. 78–80.
22 UBZ 2, Nr. 853 (1252), S. 312f.
23 Vgl. WILD 1999, S. 26f.
24 Vgl. WILD 1999, S. 31f.
25 UBZ 1, Nr. 466 (1231 Mai 14), S. 344; UBZ 1, Nr. 468 (1231 Juli 14), S. 345f.; S. 343, Anm. 7.
26 BRENNWALD, Schweizerchronik, Bd. 1, S. 94, schloss zweifellos aus dieser Urkunde auf die Weihe des Friedhofs im Jahr 1231.
27 WEHRLI-JOHNS 1980, S. 75; WEHRLI-JOHNS 2002, S. 108f.
28 WEHRLI-JOHNS 2002, S. 107f.
29 LOZ, §9.
30 BARRAUD WIENER / JEZLER 1995, S. 136.
31 UBZ 4, Nr. 1387 (1268 Aug. / 1269), S. 100–102.
32 UBZ 4, Nr. 1413 (1269 Juni 22), S. 123. Vgl. HOHL 1999, S. 1055.
33 WEHRLI-JOHNS 1980, S. 28f.
34 WEHRLI-JOHNS 1980, S. 37.
35 UBZ 7, Nr. 2545 (1300 Febr. 18), S. 144 (nur Regest); WEHRLI-JOHNS 2002, S. 107f. WEHRLI-JOHNS 1980, S. 28f.
36 UBZ 4, Nr. 1441 (1270 Sept. 7), S. 148; UBZ 4, Nr. 1462 (1271 März 7), S. 167.
37 Zürcher Richtebrief, S. 210, 233; StAZH, F III 32 (1396), fol. 5v. – Vgl. WEHRLI-JOHNS 1980, S. 86f.
38 WEHRLI-JOHNS 1980, S. 83f.
39 WEHRLI-JOHNS 1980, S. 104–137; WILD 1999, S. 30; BLESS-GRABHER 2002 (Beginen), S. 257f.
40 Jahrzeiten 1300–1400: WEHRLI-JOHNS 1980, S. 212.
41 ABEGG / BARRAUD WIENER, KdmZH 2002, S. 212, 215–217. WEHRLI-JOHNS 1980, S. 115.
42 WEHRLI-JOHNS 1980, S. 66; UBZ 5, Nr. 1722, S. 67 «conventui fratrum predicatorum decem marcas, apud quos michi locum eligo sepulture».
43 JOHANNES VON WINTERTHUR, S. 176, erzählt, dass im Konvent nur zwei Personen zurückblieben. WEHRLI-JOHNS 1980, S. 81; WEHRLI-JOHNS 1999, S. 470; WILD 1999, S. 122f. WILD 2002, S. 96.
44 WEHRLI-JOHNS 1980, S. 91.
45 WEHRLI-JOHNS 1980, S. 216.
46 WEHRLI-JOHNS 1980, S. 218–220.
47 WEHRLI-JOHNS 1980, S. 221f.
48 Vgl. hierzu: WEHRLI-JOHNS 1980, S. 179–182.
49 WEHRLI-JOHNS 1980, S. 88, 183.

50 Wehrli-Johns 1980, S. 183–185.
51 StAZH, B VI 201, fol. 98r; zu den Umständen der Versammlung: Girardet 1994, S. 184. Wir danken Giorgio Girardet für diesen Hinweis.
52 Wehrli-Johns 1980, S. 145f.; Amacher 2002, S. 275f.
53 Egli 1879, Nr. 620 (1525 Jan.), S. 275.
54 StAZH, C II 10, Nr. 303 (1469 Mai 25). In Vögelin/Nüscheler/Vögelin 1878, S. 434, Anm. 3 irrtümlich Nr. 393.
55 Wehrli-Johns 1980, S. 146f.; Amacher 2002, S. 276.
56 Hegi 1942, S. 425, Zeile 65.
57 Egli 1879, Nr. 620 (1525 Jan.), S. 275.
58 Wehrli-Johns 1980, S. 94–132; Wehrli-Johns 2002, S. 115.
59 Wehrli-Johns 2002, S. 116.
60 Wehrli-Johns 1980, S. 104–137; Wild 1999, S. 30; Bless-Grabher 2002 (Beginen), S. 257f.
61 Vgl. Kapitel St. Verena, S. 325ff.
62 Ausführlich zur Lokalisierung: Illi 1984, S. 36.
63 Wehrli-Johns 1980, S. 223–225.
64 Bullinger, Reformationsgeschichte 1, S. 228f.; Edlibach, Chronik Ende 15. Jh., Anhang, S. 272; StAZH, B VI 249, S. 144, 187b; Wyss, Chronik 1519–1530, S. 56–58; Egli 1879, Nr. 619, S. 273.
65 Wild 1999.
66 Vgl. Wild 1999.
67 Sennhauser 2004, S. 290.
68 Vgl. Wild 1999, S. 36ff., 213. Forschungsgeschichte, S. 42ff. St. Niklaus – eine Stiftskirche des 12. Jh.s? S. 175: Interpretation der Befunde. Vgl. die Rezension: Untermann 2000.
69 Fundament-Unterkante Nordquerschiff auf Kote 411,95 bis 412,25 m ü. M. Romanisches Altarhaus 412,70. Einzig die Westfassade ist ähnlich tief fundiert, was hier aber auf den unsicheren Baugrund zurückzuführen ist.
70 Vgl. Wild 1999, S. 47, Abb. 33, steingerechter Grundriss 1:100, S. 217, Abb. 237, steingerechter Grundriss Ost- und Nordflügel der Konventbauten, S. 214, Abb. 267.
71 Wild 1999, S. 60, Legende zu Abb. 50. Diese zeigt die Position des Vierungspfeilers falsch, indem er nicht über dem genannten Fundament, sondern weiter westlich gezeichnet ist.
72 Jüngst: Schenkluhn 2000. Descœudres 2003. Vgl. schon Wehrli-Johns 1980, S. 28.
73 Vgl. Wild 1999.
74 Vgl. auch Wild 1999, Abb. 50, S. 60, wo das Fundament von Bau 1 unter dasjenige des Chors greift, was nur möglich ist, wenn die Kapelle vor dem Chor erstellt wurde.
75 Zu Planänderungen, z.B. dem Verlagern der Schiffswestwand um ein halbes Joch nach Westen, vgl. Wild 1999, S. 72ff.
76 Vgl. Wild 1999, S. 47, 68. Das Argument, dass die Steinmetzzeichen des Sockels eine Gleichzeitigkeit des gesamten Baus inkl. Kreuzgang belegen, ist so nicht schlüssig. Auf der Nordseite des Altarhauses weist der Sockel fünf V-förmige Steinmetzzeichen auf, die an der im SLM eingebauten Partie des ehemaligen Kreuzgangs zweimal in analogen Werkstücken auftreten. Einzig sicher ausscheiden lassen sich die Werkstücke, die die Spitze der Bogen bildeten, indem diese sich durch ihre Form als Ersatz des Schlusssteins auszeichnen. Auffallend ist, dass gerade die genannten Steine des Ostflügels ein Z aufweisen, wie es an der Kirche nirgends zu beobachten ist. Das V, das auch am Sockel des Altarhauses auftritt, steht auf Steinen, die ebenso vom älteren Ostflügel wie vom jüngeren Nord- oder Westflügel stammen können. Die Steinmetzzeichen Raute und Kreuz wiederum, die in der Kirche vermehrt vorkommen, stehen nur auf den Bogenanfängern über den Säulen, die wiederum von allen drei genannten Flügeln stammen können. Als Konsequenz könnte ebenso stringent gefolgert werden, dass die Zeichen Z und V vom älteren Ostflügel stammen, der dann zusammen mit dem Altarhaus entstanden wäre.

77 Vgl. dazu: Schenkluhn 2000, S. 118.
78 Wild 1999, S. 72ff., besonders S. 77.
79 Wild 1999, S. 73. Die Mauer stand im Verband mit den Seitenschiffwänden.
80 Zu berücksichtigen ist, dass das Schiff sich gegen Westen leicht trapezoid verengt, die Masse also nicht an jeder Stelle genau stimmen.
81 Archäologischer Befund und PD 1576 Murer.
82 Verputz und Wandmalerei werden erst ausgeführt, wenn ein Dach besteht.
83 Hohl 1999, S. 1055.
84 Vgl. Wild 1999, S. 74, 133–135.
85 Wild 1999, S. 74, vermutet die Malereien in einem atriumartig gedeckten Vorhof («Paradies»), dessen Wände Memorialinschriften verstorbener Brüder trugen.
86 Deshalb ignorieren vorreformatorische Grablegen die beiden Westmauern von Bau 2. Vgl. Wild 1999, S. 132f.
87 Vgl. Wild 1999, S. 139, Abb. 155.
88 Die 1965 erstellten Schnitte im Bereich der südlichen Arkaden vom zweiten Pfeiler von Osten bis zum ersten Pfeiler von Westen zeigten offenbar keinen Nachweis einer älteren Pfeilerstellung. Dieser Befund ist zu relativieren, denn das Fundament des Pfeilers 1 im Osten ist wegen des nachreformatorischen Standorts einer Trotte verloren. Pfeiler 2 entspricht dem heutigen Standort. Bei Pfeiler 3 zeigt der Grundriss (Wild 1999, S. 73, P 17) eine überlange Steinlage, die sehr wohl Teile des älteren Pfeilerfundaments enthalten haben könnte; der Schnitt zeigt diesen Befund nicht. Der vierte Pfeiler stünde etwas gegen Westen gerückt zwischen den heutigen Pfeilern (Wild 1999, S. 73, P 18/19). Hier fehlt die Möglichkeit eines Nachweises, da eine 70 bis 80 cm starke jüngere Verfüllung diesen vermutlich verhinderte.
89 Das Fundament des südlichen Wandpfeilers von Bauphase 3 überfängt ein älteres Wandpfeilerfundament, das noch mit der Wandflucht von Bau 2 rechnet (vgl. dazu Wild 1999, S. 75, Abb. 73).
90 Den archäologischen Beleg für Abbruch und Neubau mit einer Vierung bildet u.a. der Umstand, dass das Fundament der Südwand von Altarhaus und Chorjoch in einem Zug in die Grube gemauert worden ist, so dass darauf eine durchgehende Mauer gestanden haben muss. Für den Bau der Vierung wurde dann das Fundament als sog. «Spannfundament» des Vierungsbogens genutzt.
91 Zu den Steinmetzzeichen vgl. Wild 1999, S. 92.
92 Wild 1999, S. 77ff. Wild gibt der «fliessenden Planung» beim Bau der Predigerkirche den Vorzug, schliesst Bau 1 aus und will Bau 2 nur als Konzept gelten lassen.
93 Vgl. Wild 1999, S. 84f.
94 Vgl. Wehrli-Johns 1980, S. 28f.
95 Wehrli-Johns 1980, S. 28–30. Meersseman 1946, S. 164f.
96 Wild 1999, S. 84, 86, 133. Wild steckt den Zeitrahmen für das Auftreten von Quadermalerei weiter (u.a. Dominikanerkirche schon vor ca. 1260).
97 Wild 1999, S. 133f., Anm. 283.
98 Wild 1999, S. 105f.
99 Wild 1999, S. 106–110.
100 Wild 1999, S. 106, 117.
101 Wild 1999, S. 122f.
102 Wild 1999, S. 106, 108. Auf der Nordseite liegt die Naht genau in der Spitze des Schildbogens von Wandfeld 3 von Westen. Dies war möglich, weil hier das Querschiff bestehen blieb und kein Fenster vorgesehen war. Auf der Südseite liegt die Naht östlich des Masswerkfensters, das dann erst in Bauetappe 2 ausgeführt wurde.
103 Wild 1999, S. 122.
104 In der Apsis ein Befund, der einen nachreformatorisch erstellten Zugang vermuten lässt. In der Südwand eine Nische,

die auch als mögliche Tür angesprochen wird; B. max. 1 m. Vgl. WILD 1999, S. 66ff.
105 WILD 1999, S. 126f. Inschriftlose Grabplatte, auf die der gotische Mörtelboden, der an die Strebepfeiler anbördelt, Bezug nimmt. Schlichter Wappenschild mit horizontalem Balken. Vgl. BZD 1975/76, S. 232.
106 Vgl. WILD 1999, S. 88, 150, Abb. 178a/b.
107 Ausführlich zur Dachkonstruktion: WILD 1999, S. 119f. Der Dachreiter wurde angeblich 1594 und 1629 ersetzt. Dendrochronologische Untersuchungen am Dachreiterstuhl ergaben das Datum 1475. Die gleiche Dachkonstruktion findet sich in der Klosterkirche Kappel am Albis, vgl. SENNHAUSER 1990/2, S. 88, 90.
108 Vgl. WILD 1999, S. 117, Planabb. 120.
109 Zu den Profilen von Rippen, Gurten und Schildbogen vgl. WILD 1999, S. 106f., besonders Abb. 112 (Profile).
110 Zu den unterschiedlichen Rippenprofilen und Fensterformen der ersten und zweiten Bauetappe vgl. WILD 1999, S. 106ff.
111 ESCHER, KdmZH 1939, S. 231, Anm. 1, hält fest, dass die farbige Fassung 1917 aufgrund der erhaltenen Reste ausgebessert wurde. – Christus: blauer Grund mit rotem, goldgesäumtem Rand. Rock weiss, Mantel, Haare, Bart vergoldet. Antlitz und Hände Inkarnat, Wolken weiss mit goldenem Rand, Nimbus weiss mit rotem, goldgesäumtem Kreuz. – Rose in Gold und Grau umgeben von vergoldeten Eichenblättern auf rotem Grund. – Auf blauem Grund vergoldeter Efeu um Gesicht in Inkarnat. – Auf rotem Grund grau getönte Rose mit vergoldetem Eichenlaub. – Auf blauem Grund Maske mit Inkarnat und vergoldetem Eichenlaub.
112 LAUREATUS 1681, S. 613.
113 Heute befindet sich die Malerei im Westen an der nördlichen Seitenschiffwand.
114 Vgl. WILD 1999, S. 82f.
115 Vgl. WILD 1999, S. 134.
116 WILD 1999, S. 86.
117 EDLIBACH, Aufzeichnungen 1520–1526, S. 72.
118 StAZH, C II 11, Nr. 312 (1338 Mai 28).
119 StAZH, C II 10, Nr. 130 (1367 Mai 21); WEHRLI-JOHNS 1980, S. 39f.
120 StAZH, C II 10, Nr. 303, nennt den Jakobsaltar nicht. Die Stiftung der Bruderschaft zur Nikolauskapelle wird im Namen der Dreifaltigkeit, Marias, des Apostels Jakob und des hl. Nikolaus vollzogen. Anders: WEHRLI-JOHNS 1980, S. 40; AMACHER 2002, S. 275f., der sich auf die gleiche Quelle bezieht. Der Glückshafenrodel 1504 nennt die «brüderschaft by sant Jacobs altar zun Bredigernn von Zürich» (vgl. Glückshafenrodel 1504, S. 425, Zeile 65).
121 StAZH, F III 32 (1503), S. 24f.
122 Glückshafenrodel 1504, S. 83, Zeile 170.
123 Glückshafenrodel 1504, S. 76, 235, 269 (Meister HANS THÜGI, Orgelmacher von Basel), 528, 540.
124 JAKOB 1969, S. 36.
125 WILD 1999, S. 132f. Grabung 1965.
126 BAZ Plan J 133p. LARGIADÈR 1941 Grabplatte.
127 BZD, 1980, S. 232. WILD 1999, S. 126. StAZH, Bürgerbuch X 172/1, Nr. 4838 (neuzeitliche Abschrift). Freundliche Mitteilung Peter Niederhäuser.
128 Zur Platte erstmals: ILLI 1991, S. 51; vgl. WILD 2002, S. 220f. sowie Plan Abb. 274 (Nr. 144); WILD/JÄGGIN 2004, S. 34.
129 ESCHER, KdmZH 1939, S. 239f.
130 UBZ, Siegelkatalog, S. 99, Lieferung VI, Tafel VI, Nr. 44.
131 UBZ, Siegelkatalog, Lieferung 1, Tafel VI, Nr. 41.
132 UBZ, Siegelkatalog, Lieferung 1, Tafel VI, Nr. 42.
133 UBZ, Siegelkatalog, Lieferung 1, Tafel V, Nr. 50.
134 UBZ, Siegelkatalog, S. 28, Lieferung I, Tafel V, Nr. 51.
135 UBZ, Siegelkatalog, S. 58, Lieferung IV, Tafel V, Nr. 40. – Lit.: Kat. Manesse 1991, S. 210, Nr. 52n.
136 WILD 1999, S. 179.
137 SCHENKLUHN 2000, S. 105f.
138 SCHENKLUHN 2000, S. 110f.
139 SCHENKLUHN 2000, S. 52.
140 WILD 1999, S. 46ff.
141 WILD 1999, S. 52, 58.
142 WILD 1999, S. 86.
143 Vgl. WEHRLI-JOHNS 1980, S. 83. 1349: Rückkehr der Prediger nach Zürich nach dem Interdikt. 1357: Provinzialkapitel.
144 WILD 1999, S. 130f.
145 WILD 1999, S. 121.
146 Baubeginn vor 1246, Einwölbung evtl. erst 1260/1270.
147 WEHRLI-JOHNS 2002, S.
148 WEHRLI-JOHNS 1980, S. 96–99; ABEGG / BARRAUD WIENER, KdmZH 2002, S. 212; WEHRLI-JOHNS 2002, S. 115.
149 WEHRLI-JOHNS 1980, S. 47–55, 231–261; WEHRLI-JOHNS 1999, S. 484–501: Liste der Prioren und Lektoren.
150 WEHRLI-JOHNS 1980, S. 244.
151 BRINKER (Dichter und Texte), in: Kat. Manesse, S. 119–121.
152 Universitätsbibliothek Heidelberg, CM fol. 48f. (Abb. in Kat. Manesse, S. 118).
153 WEHRLI-JOHNS 1980, S. 214f.
154 EGLI 1879, Nr. 257 (1522 Juni 26), S. 88f.
155 WEHRLI-JOHNS 2002, S. 107–119; vgl. auch SENNER 2002.
156 WEHRLI-JOHNS 2002, S. 112.
157 WEHRLI-JOHNS 2002, S. 108.
158 WEHRLI-JOHNS 1980, S. 480–484; WEHRLI-JOHNS 2002, S. 112; GERMANN 1989, S. 11; GERMANN 1994, S. 155–157; Kat. Manesse, S. 46–48, S. 251, Nr. 111; KESSLER/SAUER 2002, S. 136.
159 KESSLER/SAUER 2002.
160 Untersuchung der Schreibertätigkeit der Prediger zwischen 1231 und 1280 durch RIEGER 1986, S. 167–186. Das Manuskript (Habilitationsschrift) entstand 1939, RIEGER fiel 1945, kurz vor Kriegsende.
161 ESCHER, KdmZH 1939, S. 238.
162 WILD 1999, S. 224.
163 Vgl. auch: WEHRLI-JOHNS 1980, S. 42.
164 WILD 1999, S. 223ff.
165 In BD WERDMÜLLER 1877 irritiert einzig, dass der Spitzbogen nicht satt auf dem Kämpfer aufliegt, sondern dieser gegenüber dem Bogen vorspringt.
166 Vgl. WILD 1999, S. 239.
167 WILD 1999, S. 220. Der Anschluss der Nordmauer war gestört und nicht mehr zu fassen.
168 WILD 2002, S. 100.
169 WILD 2002, S. 100.
170 Vgl. WILD 1999, S. 240; WILD 2002, S. 100.
171 WILD 1999, S. 213ff. Auffallend ist, dass das nördliche Querschiff mit seinem 1,6 m starken Mauerwerk mit dem Fundament bis auf die Kote 411,95 m ü.M. reichte, während die an diese Ecke anstossende 1,1 m breite Ostfassade der rund 40 m langen Konventgebäude nur auf die Kote 413,28 m ü.M. reichte, was eine Differenz von über 1,3 m (!) ergibt. Es wird deutlich, dass hier der Ostflügel des Klosters an die romanische Kirche angebaut wurde.
172 Die Vorkragung stimmt im Mass genau überein mit derjenigen des romanischen Querschiffs über die Nordfassade. Ob dies Zufall oder planerisches Kalkül ist, lässt sich nicht entscheiden. Vgl. dazu WILD 1999, S. 239.
173 WILD 1999, S. 214f., 234f.
174 WILD 1999, S. 235. Vgl. MAURER, KdmBS 1966, S. 282–285.
175 WILD 1999, S. 218.
176 WILD 1999, S. 235ff. StAZH, H II 20 (1662): Bezeichnung «Dormenter» in einem Gutachten über Zustand der Konventgebäude vor der geplanten Erhöhung.
177 Zu den archäologischen Befunden siehe WILD 1999, S. 220–224.

178 ABEGG / BARRAUD WIENER, KdmZH 2002, S. 121f., 244.
179 WILD 1999, S. 239.
180 Das Folgende nach WILD 1999, S. 244–269. WILD 2002, S. 99f.
181 WEHRLI-JOHNS 1980, S. 227.
182 Vgl. WILD 1999, S. 136–141. Zwei weitere Pressen befanden sich wahrscheinlich in der an die Kirche angebauten Scheune.
183 StAZH, F III 4 (1541), S. 80, 1541 Juli 31, S. 83, 1541 Apr. 15.
184 Siehe den Eintrag im Tauf- und Ehebuch des Grossmünsters SAZ, VIII.C.3 1601–1622, im September 1614.
185 StAZH, F III 4 (1541), S. 80, 1541 Juli 31, S. 83, 1541 Apr. 15.
186 WILD 1999, S. 142.
187 Vgl. WILD 1999, S. 137f. So könnte das bisher unerklärte Fundament zwischen dem ersten und zweiten Pfeiler im Westen zu einer Trotte gehört haben, deren Spindel in der Scheune stand.
188 StAZH, E I 30, Faszikel 158, Nr. 19 (1605).
189 StAZH, E I 30, Faszikel 158, Nr. 20.2 (1607 Jan. 6).
190 ABEGG / BARRAUD WIENER, KdmZH 2002, S. 110f.
191 StAZH, E I 30, Faszikel 158, Nr. 19: 1605 Bildung einer Kommission: «Verordnete Herren zuum Rathschlag der Kilchen zun Predigeren».
192 StAZH, B III 127k, S. 26 (1709 Nov. 23).
193 StAZH, E I 30, Faszikel 158, Nr. 20.2 (1607 Jan. 6).
194 StAZH, E I 30, Faszikel 158, Nr. 21 (1607 Jan. 21).
195 Vgl. WILD 1999, S. 142f.
196 WILD 1999, S. 143. Er vermutet je eine Bauphase zwischen dem Errichten der Mauer, dem Bau des Gewölbes und der Stuckierung, die er ab 1610 datiert.
197 StAZH, F III 4 (1602/1603), S. 167, 1602: «38 lb 8 ß m. Ůlrichen Öri von einer form ůwer mÿner gne herren schilt und wappen in holtz zeschnÿden zů dem großen ofen in die burgerstuben, luth zedels». Vgl. dazu: BARRAUD WIENER / JEZLER, KdmZH 1999, S. 343.
198 StAZH, F III 23 (1613, 1614).
199 StAZH, F III 23 (1609). Trem: Liegende Tragbalken, vgl. etwa «Tremkeller» im Gegensatz zum gewölbten Keller. Trem könnte die Bundbalken des Dachstuhls meinen, an der die Holzdecke des Mittelschiffs befestigt war. Für die Tonne wurden sie abgesägt und «hinabgelassen». Weiter: «Jacob Meier dem Tecker 40 Tage lang Arbeit, um Chor und Kirche zů den Predigeren zů decken», und nochmals 66 Taglöhne, als er und sein Knecht «das chor zu den predigeren allerdingen entect unnd die pfÿler mit schindlen nüw bschlagen».
200 StAZH, F III 23 (1611) «Verbuwen im closter zu den Barfüeßeren und sonst allenthalben / Ußgeben von allerleÿ an gellt».
201 HBLS 5, 1929, S. 335. 1615: Oberster Ratsdiener, 1628: Augustiner Amtmann.
202 StAZH, F III 4 (1602/03), S. 167. Vgl. BARRAUD WIENER / JEZLER, KdmZH 1999, S. 342.
203 SLM AG 8988. Vgl. BARRAUD WIENER / JEZLER, KdmZH 1999, S. 342.
204 GRUBER/RAPP 1977, S. 172, Nr. 255.
205 HOEGGER, KdmAG 1998, S. 80, im Gegensatz etwa zu THIEME/BECKER 1992, Bd. 23/24, S. 192, der OERI als Stuckateur sehen will.
206 REINLE 1956, S. 340.
207 REINLE 1994, S. 134f.
208 Vgl.: Anonymus, «VERZEICHNUSS Der Besitzer, von dem im Seilergraben vom Kronen= bis Niederdorff Thor neuerbauten Magazinen und Schöpfen», undatiert, um 1780–1793, Feder, aquarelliert, H. 37,9, B. 53,1 cm, ZBZ, KartSlg, Ms. S Z 3. 755/3: Hier ein eigentliches Tor in der Mauer.
209 Zur Genese des Portals vgl. REINLE 1994, S. 136.
210 Die Inschrift zeigt orthographische Fehler: «SVMIV» statt «SVMTV», «RELLIGIONE» statt «RELIGIONE». In der Kopie bei BLUNTSCHLI 1742, S. 327, fehlen die fünf letzten Worte. Deutsche Übersetzung. VOGEL 1845, S. 636f.; VON MOOS 1780, S. 140, ebenfalls ohne die letzten fünf Worte.
211 WILD 1999, S. 152. Bei der Ausräumung des Chors 1917/18 stiess man auf 64 in den Boden eingelassene Grabplatten, deren älteste Inschrift ins Jahr 1664 datiert.
212 StAZH, H I 214, «Verzeichnis über die stühl und Kirchen örther in der Kirch zum H. geist, welche dm Spithal zůgehörig und den jenigen Persohnen so die in dem von der Empohr= und Untern Kirche verfertigten Grund-Riss bezeichnete örther im Besitz habent.» (Revidiert Anno 1754), S. 4–41. Vgl. KG Archiv Predigern, II A 1 a–c und 8 Kirchenörter, Akten (1682–1796); ebd., II B 6 b 5 Kirchenörter, Akten (1817); ebd., IV A 2–5 Urbarien der Kirchenörter (1731, 1793) sowie diverse undatierte Bestuhlungspläne ebd., Pläne V 2 Planschrank, Predigerkirche, Mappe 2: Kirchenörter, Bestuhlung.
213 StAZH, H I 214, S. 5.
214 WILD 1999, S. 152ff.
215 Südliches Seitenschiff: Gemauertes Gewölbe mit Sandsteinrippen, die mit Stuck überzogen sind. Nördliches Seitenschiff: stuckierte Holzkonstruktion. Mittelschiff: Holzkonstruktion mit Stuck überzogen.
216 GERMANN 1963, S. 13f.
217 Zit. nach: GERMANN 1963, S. 13f., mit dem lateinischen Text.
218 HIPP 1979, S. 320ff., 408, 432.
219 HIPP 1979, S. 323.
220 ZBZ, Ms. J 318, Predigt zum Baubeginn an den Schanzen, 1642.
221 Zit. nach: GERMANN 1963, S. 13, der in Anm. 9 den originalen lateinischen Wortlaut wiedergibt. Vgl. auch HIPP 1973, S. 442, ebenfalls mit dem lateinischen Wortlaut.
222 HIPP 1973, S. 442.
223 GERMANN 1963, S. 13.
224 Vgl. dazu GERMANN 1963, S. 43ff.
225 Vgl. GERMANN 1963, S. 49f., und FURTTENBACH 1649.
226 Vgl. WILD 1999, 150ff. Die Strebepfeiler heute rund 0,5 m weniger tief.
227 StAZH, F III 4 (1662/63), S. 165.
228 JOHANN JAKOB BREITINGER, Rettung eines mittelalterlichen Bauwerks [1765], in: RAHN 1873, S. 11; bei WEHRLI 1943, S. 119.
229 BEHRENS 1998, S. 109.
230 Vgl. WILD 1999, S. 156f.
231 Archiv KG Predigern II B 6b 1) a: Bau, Renovationen.
232 Nach WILD 1999, S. 157–163.
233 ABEGG / BARRAUD WIENER, KdmZH 2002, S. 196.
234 WILD 1999, S. 163f.
235 ESCHER, KdmZH 1939, S. 208.
236 SBZ 1898, Bd. XXXII, Nr. 1, S. 8.
237 Archiv KG Predigern, II B 6b 1) e 1.
238 Archiv KG Predigern, II B 6b 1) e 2.
239 SBZ 1898, Bd. XXXII, Nr. 1, S. 102–104.
240 SBZ 1898, Bd. XXXII, Nr. 1, S. 103.
241 ESCHER, KdmZH 1939, S. 226, kennt den Taufstein als «aus schwarz getöntem Stuckmarmor». Wohl ein barocker Überzug, der nach 1939 entfernt worden ist.
242 Wohl gleichzusetzen mit der Angabe im Archiv KG Predigern: Taufbecken, verzinkt (Einsatz zum Taufstein).
243 Archiv KG Predigern, II B 6.b. 7 Orgel a) Orgelbau 1874–1880. Vgl. Entwurf zum Orgelprospekt 1878 Sept. der Gebr. FRANZ und AUGUST MÜLLER, Wyl.
244 Archiv KG Predigern, II B 6.b. 7 i–l.
245 Archiv KG Predigern, II B 6 b. 3 Glocken: Zur Erinnerung an die Feier der Einweihung des neuen Turmes und Geläutes […] 1900, S. 19.
246 Zu den nachreformatorischen Bestattungen vgl. allgemein NIGGLI-HÜRLIMANN 1958/59; Pfarrer, Beispiele: VON MOOS 1780, S. 17, 18, 26; Kirchenpfleger und Spitalmeister, Beispiele: S. 27f., 31, 51f.

247 Von Moos 1780, S. 38.
248 Aufnahme der Inschriften durch J. Markwalder, A. Rüeger für das Kantonale Hochbauamt 1916. Liste bei Escher, KdmZH 1939, S. 232–236.
249 Escher, KdmZH 1939, S. 238.
250 StAZH, F III 4 (1605/06), S. 111.
251 StAZH, F III 4 (1605/06), S. 147.
252 StAZH, F III 4 (1605/06), S. 147, 152.
253 Archiv KG Predigern II B 6 a., a. 1 und a. 2 (1801, 1846ff). SAZ, VIII.C.41–43 (ab 1649).

DAS HEILIGGEIST-SPITAL

1 Liste der Spitalgründungen: Gilomen-Schenkel 1999. Zu der allgemeinen Entwicklung: Seiler 1994; Gilomen-Schenkel 1996, S. 289–303; zu den Schwerpunkten der jüngeren Diskussion: Gilomen-Schenkel 1996; Gilomen/Guex/Studer 2002, Teil 1.
2 Vgl. Schär 1985, S. 105f.
3 Maurer 1989, S. 129.
4 Barraud Wiener / Jezler, KdmZH 1999, S. 44–56.
5 Abegg / Barraud Wiener, KdmZH 2003, S. 127.
6 Hier nach Vögelin/Nüscheler/Vögelin 1878, S. 443.
7 UBZ 1, Nr. 359 (1204 Mai 13), S. 240. Nach Hermann 2004, S. 96, waren zeitliche Abstände zwischen Gründung und Unterschutzstellung von mehreren Dezennien möglich.
8 UBZ 1, Nr. 329 (1177 Juli 2); UBZ 1, Nr. 339 (1185 April 10); UBZ 1, Nr. 343 (1187 Aug. 29); UBZ 1, Nr. 358 (1200) mit Anm. 1, S. 240; Vögelin/Nüscheler/Vögelin 1878, S. 240; Hermann 2004, S. 96. – Zur Gründung vgl. den Kupferstich im XXXI. Neujahrsblatt herausgegeben von der Hülfsgesellschaft in Zürich auf das Jahr 1831.
9 UBZ 1, Nr. 359 (1204 Mai 13), S. 240; vgl. Seiler 1994.
10 Beispiel: UBZ 4, Nr. 1561, S. 270.
11 Gilomen-Schenkel 1999, S. 27f.; Vergleich mit Luzern: Hermann 2004, S. 97. Schadek/Schmid 1986, S.460; Abb. der Urkunde ebd., S. 292.
12 UBZ 2, Nr. 871 (1253 Aug. 23), S. 332f.
13 Wyder-Leemann 1952, S. 31–33; S. 35–64.
14 Zürcher Stadtbücher I, S. 6, Nr. 10.
15 Brändli 1990, S.45.
16 StAZH, C II 18, Nr. 385 (1360 Dez. 31).
17 StAZH, C II 18, Nr. 385 (1360 Dez. 31).
18 Seiler 1994.
19 Seiler 1994, S. 121.
20 UBZ 1, Nr. 359 (1204 Mai 13), S. 240.
21 UBZ 2, Nr. 871 (1253 Aug. 23), S. 332.
22 UBZ 3, Nr. 1220 (1263 Mai 18), S. 304.
23 UBZ 4, Nr. 1316 (1266 April 28), S. 30.
24 UBZ 4, Nr. 1509 (1273 Jan. 6), S. 222f. Die Urkunde nennt die «procuratores» des Spitals.
25 UBZ 4, Nr. 1561 (1274 Juni 20), S. 270f.
26 UBZ 6, Nr. 2093 (1290 März 23), S. 74f. (die deutsch abgefasste Urkunde erwähnt Pfleger).
27 UBZ 6, Nr. 2238 (1293 April 4), S. 200.
28 Vgl. obige Beispiele sowie: UBZ 9, Nr. 3169 (1312 Aug. 14), S. 41.
29 Beispiele: UBZ 9, Nr. 3450, S. 292f.; UBZ 9, Nr. 3239, S. 112; UBZ 9, Nr. 3466, S. 9f.; UBZ 10, Nr. 3596, S. 5f.; UBZ 10, Nr. 3644, S. 54; UBZ 10, Nr. 3850, S. 231; UBZ 10, Nr. 3756, S. 156–159. UBZ 11, Nr. 441, S. 315; – Urkundenregesten StAZH 1987, Nr. 292, S. 66; Nr. 573, S. 125; Nr. 1184, S. 245; Nr. 1216, S. 251; – StAZH, C II 8, Nr. 93; StAZH, C II 18, Nr. 233 (1335 Dez. 13); StAZH, C II 18, Nr. 419 (1367); – Gagliardi 1911, S. 107–108, Nr. 94.

30 UBZ 2, Nr. 871 (1253 Aug. 23), S. 332; UBZ 3, Nr. 1088 (1259/60), S.184. Vgl. auch UBZ 4, Nr. 1509 (1270 Jan. 6), S. 222; UBZ 4; Nr. 1561 (1274 Juni 20), S. 271; UBZ 4, Nr. 1633 (1276 Juni 4), S. 339.
31 Hermann 2004, S. 102.
32 LOZ, §730, 1155, 1157. Zum Erwerb benachbarter Liegenschaften im 15. Jh. an der Niederdorfstrasse: Hermann 2004, S. 102 mit Anm. 28.
33 StAZH, F III 32 (1505), S. 22: 1400 lb «dem spital an buw»; S. 24: 600 lb «dem spittal an buw».
34 StAZH, F III 32 (1507), S. 77: 68 lb «gab ich dem bumeister im Spittal von des bumeisters wegen»; 57 lb 10 ß «gen dem bumeister im Spittal uff fronvasten wienacht von des bumeisters wegen».
35 Hier nach Vögelin/Nüscheler/Vögelin 1878, S. 440.
36 Seiler 1994, S. 119.
37 LOZ, §730.
38 Leuppi 1995, S. 286, Anm. «marg.»
39 LOZ, §1155.
40 LOZ, §1157.
41 UBZ 12, Nr. 1607a (1275 Juli 6).
42 UBZ 4, Nr. 1633 (1276 Juni 4), S. 339; UBZ 5, Nr. 1733 (1279 Mai 23), S. 78. Leuppi 1995, S. 56. Nicht haltbar demnach die Darstellung bei Hermann 2004, S. 112, wonach 1275 noch keine Kapelle existiert hätte.
43 UBZ 7, Nr. 2667 (1302 Nov. 28), S. 261–264; Werdmüller 1780, S. 358, stellt den Beitrag der Stadt Zürich mit den Gütern der [1271] abgetragenen Kapelle auf dem Lindenhof in Zusammenhang.
44 StAZH, F IIc 104, fol. 16r. «Dÿe caplannÿ jm spital hett eÿnn nuw hus am spital vor dem hus über zů dem Adler, das ist einns teÿls uss dem gůt erbuwenn das mann uss Ůrich Kůblers hus an der Heyergassen gelösat hat, das hÿe vor der pfründ gsin ist».
45 Milt 1951, S. 27.
46 Hermann 2004, S. 112.
47 Hermann 2004, S. 112; Vögelin/Nüscheler/Vögelin 1878, S. 443.
48 Vögelin/Nüscheler/Vögelin 1878, S. 443; Hermann 2004, S. 113. – StAZH, Plan E 515: «Plan zu einer Apotheke am Platz der Bruderstuben im Spital».
49 Vögelin/Nüscheler/Vögelin 1878, S. 443.
50 Vögelin/Nüscheler/Vögelin 1878, S. 443; Hermann 2004, S. 114f.
51 Suter 1981, S. 13.
52 StAZH, H II 20 (1551 April 29).
53 UBZ 2, Nr. 871 (1253 Aug. 23), S. 332f. Vögelin/Nüscheler/Vögelin 1878, S. 463f.; Barraud Wiener / Jezler, KdmZH 1999, S. 186.
54 UBZ 2, Nr. 871 (1253 Aug. 23), S. 332.
55 Statutenbücher 1346, S. 66f.; S. 169. Vgl. Grossmünster vor der Reformation, S. 39.
56 Zur Spitalmühle vgl. StAZH, H I 153 (1543–1740).
57 Wyder-Leemann 1952, S. 7.
58 Wyder-Leemann 1952, S. 8–12.
59 UBZ 6, Nr. 2238, S. 200.
60 Vgl. Wyder-Leemann 1952, S. 51f. UBZ, Siegel, S. 101, 6. Lieferung, Tafel VI, Nr. 52. Besser erhalten: S. 165, 9. Lieferung, Tafel VI, Nr. 61. Milt 1951, bei S. 64.
61 Milt 1951, bei S. 64. StAZH, C II 18, Nr. 251. (1341); vgl. Nr. 252–256.
62 Imhof 1977; Hermann 2004, S. 103; Mörgeli 2000, S. 30–32. Vgl. Abegg / Barraud Wiener, KdmZH 2002, S. 206f.; 242–246; vgl. die Beiträge in: Gilomen/Guex/Studer 2002, Teil 1 und 2.
63 Hier nach Vögelin/Nüscheler/Vögelin 1878, S. 247.
64 Helbling 2002 (Erbe), S. 297.

65 VÖGELIN/NÜSCHELER/VÖGELIN 1878, S. 654; ABEGG / BARRAUD WIENER, KdmZH 2002, S. 242.
66 BULLINGER, Reformationsgeschichte 2, S. 23. Vgl. Abb. 15 bei MÖRGELI 2000, S. 45.
67 ZBZ, Ms. A 70, S. 242: 1525: «Item uff samstag nach hilarÿ im 25 ward dz predÿger closter zů einem spital geordnet und der alt spital zů einer ellenden herberg».
68 StAZH, H II 20 (1551 April 29).
69 StAZH, H II 20 (undat., 18. Jh.).
70 Beispiel: StAZH, H II 20 (1751 Nov.).
71 StAZH, H I 281, S. 18 (1792 Juli 11).
72 «Der Spital begreiffet sich in einen grossen bezirk»: ESCHER 1692, S. 35.
73 ESCHER 1692, S. 36.
74 StAZH, F III 23 (1711), «Ußgeben verbauen im Kloster».
75 Miscellanea Tigurina III. Außgabe, Zürich 1722, S. 54–60; Abschrift in: ZBZ, Ms. A 124b, fol. 76r–81r.
76 ERNI 1820, S. 329; vgl. ZBZ, Ms. J 141 Stiftungen bis 1760: HANS WILPERT ZOLLER: Nachrichten und Notizen über Vergabungen am Spital, Waisenhaus, Almosenamt, St. Peter, Collegium Alumnorum, etc.; MÖRGELI 2000, S. 32.
77 SCHWARTZ 1973, S. 41f. Hier nach BRÄNDLI 1990, S. 32. FRANCINI 2001 spricht von einem «Potenziamento» der bestehenden Institutionen.
78 BRÄNDLI 1990, S. 30.
79 WEHRLI 1934, S. 82–85.
80 «Grund Riß von dem Unter=Haus, Zweyte Etage» (1784); WEHRLI 1934, S. 76–82; MILT 1951, S. 36; MÖRGELI 2000, S. 33. Texte zur «Gschau»: BAUMGARTNER 1997.
81 BAZ, J 13, 24b «Kranken=Haus. Erstes Etage».
82 Zu einem persönlichen Zeugnis vgl. HEINRICH BULLINGER 1558 an seinen Schwager Jörg Stadler, Spitalmeister: siehe Kapitel Heiliggeist-Spital, Anm. 75.
83 ESCHER 1692, S. 36f.; MILT 1951, S. 18ff.; WYDER-LEEMANN 1952, S. 103–108.; Liste der Spitalmeister 1526–1786 ebd., S. 105.
84 ESCHER 1692, S. 36f.; MILT 1951, S. 39; WYDER-LEEMANN 1952, S. 103–108.; Liste der Spitalmeister 1526–1786 ebd., S. 105.
85 WYDER-LEEMANN 1952, S. 108.
86 StAZH, H II 2 («Eid und Ordnungen etc., Personelles»). WERDMÜLLER 1780, S. 425.
87 StAZH, H II 3 (Gutachten über das locale und die innere Einrichtung des Archivs).
88 ZBZ, Ms. P 6033 (Annales Hospitalis 1737).
89 StAZH, H I 424, S. 1–100: Pfleger vom Kleinen Rat (bis 1797); S. 119–149: Spitalmeister (bis 1847); S. 163–176: Spitalschreiber (bis 1834).
90 MÖRGELI 2000, S 34.
91 WÜTHRICH/RUOSS 1996, Nr. 235: Stammbaum der Zürcher Spitalpfleger von 1273 bis 1771. Öl auf Leinwand. Auftraggeber: Spitalpfleger 1676 JOHANN JAKOB BODMER, Autor: HVS, 1994 restauriert (SLM 2243). Kantonsgeschichte 2, 1996, S. 367, MÖRGELI 2000, Abb. 10, S. 40.
92 WERDMÜLLER 1780, S. 425.
93 BAZ, J 12: «Grund=Riß der Schütten über dem langen Keller», «Grund=Riß von Schütte und Keller am Straus».
94 StAZH, H II 2 («Eid und Ordnungen etc., Personelles»). Vgl. die vollständige Liste bei WYDER-LEEMANN 1952, S. 109.
95 ESCHER 1689, S. 38.
96 MILT 1951, S. 31; WYDER-LEEMANN 1952, S. 82 und S. 119; MÖRGELI 2000, S. 33f.
97 MÖRGELI 2000, S. 33.
98 MÖRGELI 2000, S. 34.
99 Hier nach SENN 1974, S. 22.
100 SENN 1974, S. 21–24.
101 Hier nach WERDMÜLLER 1780, S. 426f.
102 MILT 1951, S. 35f.; WYDER-LEEMANN 1952, S.124f.; S.129f. Vgl. die Gleichsetzung von Hauskindern mit unheilbaren Armen bei ERNI 1820, S. 333.
103 EGLI 1879, Nr. 1486 (Sept. 1528). Entsprechend zahlte das Seckelamt an die Unterhaltsarbeiten: StAZH, F III 32 (1539), S. 28; HERMANN 2004, S. 108. Zur Depression 1500–1800: vgl. SCHÄR 1985, S. 11ff., 90–125.
104 LEEMANN-WYDER 1952, S. 125f.
105 StAZH, A 49.1, Nr. 76; 76 a, b.
106 MÖRGELI 2000, S. 38.
107 ERNI 1820, S. 333.
108 Zahlreiche Beispiele in: StAZH, H II 1 (z.B. Reformation 1696), S. 23; ZBZ, Ms. L 115, Nr. 39 (Schulthess in der Limmatburg: Vorschläge zu Verbesserungen im Spital); StAZH, H I 21, ein Hausratsrodel von 1678, bietet Einblick in alle Bauten und Räume des Spitals mit ihrer Ausstattung: Besteck (Alltags- und Silberbesteck), Geschirr, Lederwaren, Tische, Stühle, Betten und sogar Bücher.
109 WERDMÜLLER 1780, S. 126; vgl. StAZH, H II 1.
110 Plan BAZ, J 12, 12b–12aa. StAZH, H I 239, S. 304f. MÜLLER erhielt statt der geforderten 81 Pfund 100 Pfund, FRIES ebenfalls.
111 StAZH, H II 2 «Tabelle des jährlichen Einkommens […]» (1785).
112 StAZH, H II 1 (1784).
113 WERDMÜLLER 1780, S. 127.
114 WERDMÜLLER 1780, S. 127; StAZH, H I 315, fol. 1. H II 2, «Fabric-Oordnung» mit Hinweisen auf die Verteilung in verschiedenen Gebäudeteilen. Vgl.: XXXI. Neujahrsblatt der Hülfsgesellschaft in Zürich auf das Jahr 1831 (S. VÖGELIN), S. 13; MILT 1951, S. 51.
115 StAZH, H II 2, Nr. 22 (undat., 1785?). Zur «Fabrik» siehe auch StAZH, H I 562, S. 42. Die «Ferggstube» ist auf den Plänen der 1780er Jahre nicht als solche gekennzeichnet.
116 StAZH, H II 20 (1784 Okt. 25).
117 StAZH, H I 239, S. 294: Auftrag für einen Riss je an spitalinternen Tischmacher als auch an den Maurer HANS KONRAD BLUNTSCHLI; vgl. Einträge S. 308f., 316; StAZH, H II 20 (1784 Okt. 25). Mehrere mit «C. Bluntschli» signierte, undatierte Blätter könnten diesen Rissen entsprechen: BAZ, J 13–13p (auf dem Umschlag datiert «nach 1784, vor 1816», auf den einzelnen Blättern irrig «1820»). BLUNTSCHLI signierte auch: StAZH, Plan E 451, «Vorderansicht, Seitenansicht, Grundriss des Reconvaleszentenhauses», ca. 1793.
118 BAZ, J 13–13p (auf dem Umschlag datiert «nach 1784, vor 1816», auf den einzelnen Blättern irrig «1820»); der Plansatz könnte 1792/93 entstanden sein.
119 StAZH, B III 117d, «Authentischer Bericht über Entstehung […]», S. 27.
120 ERNI 1820, S. 328.
121 StAZH, H I 310–320: Konzeptbücher für die Ende des 18. Jh. begonnene und 1803 abgeschlossene Reorganisation des Spitalwesens. General=Direction des Spithals: StAZH, H I 310; Fabric: StAZH, H I 315; Bauwesen: StAZH, H I 316.
122 StAZH, K II 40b; BEHRENS 1998, S. 122f., 129, 174, 178–180; MILT 1951, S. 52.
123 StAZH, A 61.1 (nach Nr. 9, vor Nr. 10), «ußgen was der Buw im Spital costet hat» (1551).
124 VÖGELIN/NÜSCHELER/VÖGELIN 1878, S. 436.
125 StAZH, H II 20 (1662) mit Einblicken in die Räume des West- und Ostflügels); StAZH, F III 4 (1662/63), S. 165.
126 BAZ, J 12, 12b–12aa.
127 BLUNTSCHLI 1742, S. 425.
128 Vgl. WILD 1999, S. 220–224.
129 Vgl. WILD 1999, S. 212ff.
130 Vgl. WILD 1999, S. 212ff.
131 StAZH, H I 239, passim.
132 StAZH, H II 20 (Zettel mit Massen der «můß häfen zůn Augustinern», 1585).

133 Zum «Mushafen» im Augustinerkloster nach 1556 vgl. ABEGG / BARRAUD WIENER, KdmZH 2002, S. 207.
134 BLUNTSCHLI 1742, S. 430 (22 Personen). MÖRGELI 2000, S. 46 (24 Personen).
135 BD 1732 LOCHMANN: MÖRGELI 2000, S. 46, Abb. 17; HERMANN 2004 (Bildband), S. 49, Abb. Nr. 50.
136 DÜNKI 1995, S. 37.
137 StAZH, H II 20 (1551 April 29, 1552 Juni 6, 1553 Sept. 6); StAZH, A 61.1 (nach Nr. 9, vor Nr. 10: unpaginiert, «ußgen was der Buw im Spital costet hat […] 1551». Zu FROSCHAUER siehe Kapitel Barfüsserkloster, S. 212.
138 Hier nach MÖRGELI 2000, S. 36f.
139 StAZH, A 61.1 (zwischen Nr. 9 und Nr. 10 abgelegt).
140 BLUNTSCHLI 1742, S. 426. Das gleiche Raumprogramm resümiert WERDMÜLLER 1780, S. 426.
141 BAZ, J 13, siehe oben, Anm. 117.
142 BAZ, J 13, vgl. oben, Anm. 117.
143 StAZH, H II 20 («in der Rächnung vom 1580 jar verrechnet»). VÖGELIN/NÜSCHELER/VÖGELIN 1878, S. 442, mit Hinweis auf Neujahrsblatt der Stadtbibliothek 1692.
144 StAZH, H II 20 (1580), «Ußgäbenn thischmacheren an tagwen…».
145 StAZH, H II 20 (1580), «Summa Summarum […]».
146 StAZH, H I 281, S. 18 (1792 Juli 11): die Anatomie bei den Bauarbeiten nicht beschädigen.
147 StAZH, H I 281, S. 18–20, 28 (Zitat). Vgl. den einfachen Innenausbau: S. 59 (1794 Febr. 1). Auch zum Folgenden.
148 StAZH, Plan E 451 Spital. Vorderansicht, Seitenansicht, Grundriss des Reconvaleszentenhauses, ca. 1793, signiert «C. Bluntschli»; StAZ, Plan E 452 Spital. Anatomiegebäude. Vorderansicht und Seitenansicht. Ohne Datum, ohne Autor. – MÖRGELI 2000, S. 49.
149 VÖGELIN 1831, S. 13; BUCHER 1945; GUYER 1980, S. 6; ERNE 1988, S. 72–74.
150 Hier nach GUYER 1980, S. 9.
151 Die über das Bauamt laufende Rechnung weist 1740/41 einen Gesamtbetrag von 1600 Pfund aus: StAZH, F III 4 (1740/41), S. 49, 164, 174; StAZH, F III 4 (1742/43), S. 19, StAZH, F III 4 (1744/45), S. 158; vgl. BLUNTSCHLI 1742, S. 426.
152 Hier nach LEISIBACH 1982, S. 80.
153 StAZH, B II 892, S. 63f.; StAZH, H I 328, S. 1013–1018, 1027f.; StAZH, H I 330, S. 1141f.; vgl. GUYER 1980, S. 11–15; S. 17; LEISIBACH 1982, S. 81; MÖRGELI 2000, S. 47–49.
154 ULRICH 1983, S. 10f.
155 ZBZ, Ms. Z XIII 9–11. Siehe ABEGG / BARRAUD WIENER / GRUNDER / STÄHELI, KdmZH 2007.
156 StAZH, H I 281, S. 18, 30; StAZH, Plan E 452, «Anatomie Gebäude im Spithal», Vorderansicht, Seitenansicht dürfte 1792 von C. BLUNTSCHLI gezeichnet worden sein.
157 BAZ, J 12 «Grund Riß von dem Unter=Haus und der Anatomie»; «Grund Riß von dem Unter=Haus». Vgl. WERDMÜLLER 1780, S. 426.
158 BAZ, J 12 (Nr. 12): «Grund=Riß der Winden über dem Unter Haus».
159 StAZH, H II 20 («Rechnung der Bauw-Cösten, so über das große Gebäuw jm Spithahl Anno 1734.35. und 1736 ergangen»). Kosten von 6817 gl 18 ß ebd. (1734 Februar).
160 StAZH, F III 32 (1734/35), fol. 148; StAZH, F III 32 (1735/36), fol. 148; StAZH, H II 20 (Rechnungen für Maler- und Glaserarbeit 1734–1736).
161 StAZH, H II 20 (1734 April 28).
162 BD undat. HAGENBUCH. Vgl. WEBER 1993, S. 23.
163 StAZH, Plan E 455 Aussenansicht des Hauptportals zum Spital, Feder aquarelliert [JOHANNES RHEINACHER?], 1734.
164 StAZH, H II 20 (Akkord mit RHEINACHER vom 30 Nov. 1734).
165 StAZH, H II 20 (1733 Dez. 22). Vgl. ABEGG / BARRAUD WIENER, KdmZH 2002, S. 258–276.
166 BAZ, J 13, vgl. oben, Anm. 117.
167 BLUNTSCHLI 1742, S. 431; PD MÜLLER 1784 teilweise mit abweichenden Funktionen: BAZ, J 12 «Grund=Riß des Neu Hauses» (2). Vgl. Veränderter Zustand 1820: BAZ, J 13, C. BLUNTSCHLI: «Neü=Haus, Plain pied, Erstes Etage»; Neü=Haus, Zweites Etage, Untere Winden». Vgl. Kapitel Heiliggeist-Spital, Anm. 117.
168 Den in den Grundriss integrierten Abort treffen wir – als moderne Lösung – u.a. in den Bürgerhäusern der barocken Vorstädte.
169 StAZH, H II 20 (1610, 1659).
170 StAZH, H II 20 (1671).
171 Das Folgende nach VÖGELIN/NÜSCHELER/VÖGELIN 1878, S. 444.
172 StAZH, H II 2, Nr. 7, undatiert, 16. Jh. «Nachbeschriben deß Spittalvaders Ambtlüt söllend schweeren», Nr. 17 «Deß kutlers Eydt»; StAZH, H I 562, S. 41 (1796); StAZH, H I 314, S. 24–29 (1804).
173 Einblicke in die Wirtschaft des Metzgers (Ankauf, Futterverbrauch, Schlachtung, Ertrag, Fleischverbrauch) bieten StAZH, H I 211, Haushaltsrodel des Spitals (1678) und StAZH, H II 2, Nr. 47 (?) (1796).
174 StAZH, Plan E 515, «Plan zu einer Apotheke am Plaz der bruderstuben im Spital. Stadler, A 1809» (HERMANN 2004 / Bildband, S. 54, Abb. 59).
175 Heil. Geistes=Hospital 1819.
176 Reise 1828, S. 67.
177 StAZH, Plan E 358, Ansicht und Grundrisse des Irrenhauses, signiert: «C. Escher im Felsenhof 1813» (Feder aquarelliert); E 359 [Irrenhaus]. Ansicht und Grundrisse. Ohne Datum, ohne Signatur (Feder aquarelliert). THOMANN, JOHANNES, Lithograf (1806–um 1870): Ansicht des alten Irrenhauses von Osten. Lithografie 1862.
178 ERNI 1820, S. 22.
179 StAZH, H I 428 (1–16) (1817–1831): Jahresberichte des Irrenhauses. Nach ERNI 1820, S. 23, war der Bau erst 1817 beendet. Vgl. XXXI. Neujahrsblatt der Hülfsgesellschaft in Zürich auf das Jahr 1831, S. 14.
180 StAZH, H I 569 (Irrenhaus 1816), S. 55; später offenbar mit Baderäumen. Vgl. FIETZ 1951, S. 191; MÖRGELI 2000, S. 53f.
181 HOFMANN 1922, S. 26ff., S. 35ff.
182 Reise 1828, S. 67.
183 ERNI 1820, S. 329.
184 Assekuranzbücher G. St. 689d.
185 MÖRGELI 2000, S. 54.
186 VÖGELIN 1831; SCHULTHESS 1832; DENZLER 1833. Vgl. auch 144. Neujahrsblatt der Hülfsgesellschaft in Zürich auf das Jahr 1944 (HESS 1944).
187 MÖRGELI 2000, S. 55f., und Abb. 22, S. 53. Vgl. HERZOG/ WALSER 2002. – Vgl. SAZ, V J c.2.P. Nr. 9 (1839 Okt. 29).
188 Vgl. BAZ, J 15b.
189 ANDERES 1951, S. 281–289; MÖRGELI 2000, S. 57. Pläne: BAZ, J 15, 15a–c (1875).
190 StAZH, H II 23 (Begräbnisstätten) 1541.
191 StAZH, F III 4 (1611/12), S. 130–133, 179; StAZH, H II 23 (Begräbnisstätten) (1737, 1749).
192 e-HLS, Artikel «Spital», 19./20. Jh.
193 HOFMANN 1922, S. 57ff.
194 RRR 1869, S. 52, 78, 81, 89, 91, 95.
195 Geschäftsbericht des Stadtrathes von Zürich an den Grossen Stadtrath betreffend das Jahr 1873, S. 7.
196 Geschäftsbericht des Stadtrathes von Zürich an den Grossen Stadtrath betreffend das Jahr 1875, S. 18f.
197 Geschäftsbericht des Stadtrathes von Zürich über das Jahr 1877, S. 17; Assekuranzbücher G. St. 114 und 115 rot, 689 a, h, i, k, l, m, o, p, q.
198 Assekuranzbücher G. St. 689 b.

199 Geschäftsbericht des Stadtrathes von Zürich über das Jahr 1878, S. 19f.
200 Assekuranzbücher G. St. 689 g.
201 Gemäss Assekuranzbücher G. St. 689 c, d 1935, gemäss Fotodokumentation BAZ: 1933.
202 ABEGG / BARRAUD WIENER, KdmZH 2002, S. 208f.
203 BARRAUD WIENER / JEZLER, KdmZH 1999, S. 228f.
204 MÜLLER 2001, S. 61: Der Spender war Gustav Adolf Tobler (1850–1923), Professor für Schwachstromtechnik am Eidgenössischen Polytechnikum (ETHZ).
205 MÜLLER 2001, S. 62, ESCHER/FIETZ 1919, S. 45–48 und Anhang II: Stiftungsvertrag und Statuten.
206 SBZ 1917, Bd. LXIX, S. 207.
207 Nach: MÜLLER 2001, ESCHER/FIETZ 1919 und FIETZ 1917.
208 SBZ 1917, Bd. LXIX, S. 207.
209 FIETZ 1917, S. 1. Ebenso stellt er bereits 1917 fest, dass die verfügbare Baufläche für das zu befriedigende Raumbedürfnis verhältnismässig beschränkt war, so dass eine weitgehende Ausnutzung derselben sich nicht vermeiden liess – ein Umstand, der auch für den Neubau von 1990 gelten musste.
210 FIETZ bezeichnet das erste Dach- als drittes Obergeschoss.
211 FIETZ 1917, S. 2.
212 MÜLLER 2001, S. 64, Bildlegende.

DER KONVENT ST. VERENA

1 HOHL 1999, S. 1056.
2 SOMMER-RAMER 1995, S. 766; BLESS-GRABHER 2002, S. 256–260.
3 UBZ 2, Nr. 801 (undat. 1251–1254), S. 269; UBZ 3, Nr. 1048 (1259 Jan. 4), S. 132f.; UBZ 3, Nr. 1100 (1260 April 28), S. 198; UBZ 3, Nr. 1104 (1260 Mai 26), S. 202f. Vgl. HOHL 1999, S. 1055f. HELBLING 2002 (gotzhus), S. 215f.
4 UBZ 3, Nr. 1171 (1262), S. 263f.; HOHL 1999, S. 1056.
5 HOHL 1999, S. 1056.
6 Vgl. hierzu und zum Folgenden: HELBLING 2002 (gotzhus).
7 STÄHLI 2002, S. 238.
8 Beispiel: UBZ 7, Nr. 2635 (1302 Febr. 22), S. 229.
9 UBZ 4, Nr. 1340 (1266 Dez. 21), S. 51.
10 UBZ 5, Nr. 1660 (1277 März 28), S. 16.
11 SOMMER-RAMER 1995, S. 766.
12 StAZH, C II 18, Nr. 258 (1341 Dez. 20).
13 StAZH, C II 18, Nr. 258 (1341 Dez. 20). HOHL 1999, S. 1056. Vgl. auch HELBLING 2002 (gotzhus), S. 218.
14 HOHL 1999, S. 1058.
15 HELBLING 2002 (gotzhus), S. 221f.
16 StAZH, H I 161 (ab 1389) und H I 162 (1446–1450). Inventar spätmittelalterlicher Wirtschafts- und Verwaltungsquellen, Nr 57, Nr. 291 und Nr. 292. Das Amtsbuch ediert: BROGLI 1984.
17 NÜSCHELER 1873, S. 459. HOHL 1999, S. 1060.
18 StAZH, B II 7, S. 37 (1485), «Aber uff der gannt bliben unnsers burgers Hanns Usterers müllers beyd mülinen am obern mülisteg gelegen. Mit aller zůgehürd und zu kaufen geben der ersammen geistlichen frowen pryorin zů sannt Verenen umb ii mütt kernen x fl vervallen zins actum vii hornung anno lxxxvto». StAZH, B II 12, S. 11 (1487).
19 StAZH, H I 163c (1525). Inventar spätmittelalterlicher Wirtschafts- und Verwaltungsquellen, Nr. 293.
20 Burgerbibliothek Bern, Cod. A 90; STÄHLI 2002.
21 HELBLING 2002 (gotzhus), S. 226.
22 StAZH, C II 18, Nr. 622 (1413 Sept. 4).
23 HELBLING 2002 (gotzhus), S. 225f.
24 HELBLING 2002 (gotzhus), S. 226.
25 Wie oben, Anm. 20.
26 Vgl. WILD 2002, S. 229.
27 Vgl. WILD 2002, S. 232.
28 StAZH, C II 18, Nr. 120 (1309 April 24).
29 StAZH, C II 18, Nr. 588 (1403 Juli 13). HOHL 1999, S. 1058.
30 WILD 2002, S. 231f.
31 WILD 2002, S. 234 und Abb. 5.
32 WILD 2002, S. 234f.
33 StAZH, C II 18, Nr. 120 (1309 April 24) (UBZ 8, S. 238f. Nr. 2969): «daz sie [die Schwestern] ir tachtröf abe dem huse, daz hinden an sinene garten ist gelegen, richten súln». WILD 2002, S. 235.
34 StAZH, C II 18, Nr. 258 (1341 Dez. 20).
35 HELBLING 2002 (gotzhus), S. 217, 222.
36 WILD 2002, S. 235.
37 WILD 2002, S. 235f.
38 HELBLING 2002 (gotzhus), S. 222.
39 HOHL 1999, S. 1057; HELBLING 2002 (gotzhus), S. 222.
40 NÜSCHELER 1873, S. 459.
41 StAZH, F III 32 (1504). HOHL 1999, S. 1057; HELBLING 2002 (gotzhus), S. 224 mit Abb. S. 214 (Vorderseite der Altartafel) und 223 (Rückseite).
42 Erstmals HELBLING 2002 (gotzhus). Altartafel: Zürcher Veilchenmeister, zwischen 1500 und 1515 in Zürich tätig. Öl auf Holz, um 1505, 1917 zweigeteilt und parkettiert, unterer Rand weitgehend neu gemalt, möglicherweise beschnitten (SLM 35849, 35850).
43 Vgl. BRAUN 1943, Sp. 117.
44 StAZH, C II 18, Nr. 177 (1319). Siegelabbildungen, Lieferung 10, Tafel V, Nr. 53 und 54. NÜSCHELER 1873, S. 459; HOHL 1999.
45 ILLI 1992, S. 55; HOHL 1999, S. 1057.
46 WILD 2002 (St. Verena), S. 229.
47 StAZH, H I 187 Zinsausgaben des Spitals, hier noch unter Einschluss von St. Verena (16./17. Jh.); HELBLING 2002 (gotzhus), S. 226.
48 EDLIBACH, Chronik Ende 15. Jh., S. 274.
49 Vgl. ABEGG / BARRAUD WIENER / GRUNDER / STÄHELI, Kdm ZH 2007.

SYNAGOGE

1 BRUNSCHWIG/HEINRICHS/HUSER 2005, S. 34f.
2 Zürcher Richtebrief, S. 263f. (104–109), vgl. auch S. 264 (110).
3 Zur rechtlichen Stellung der Juden in Zürich: BRUNSCHWIG/HEINRICHS/HUSER 2005, S. 34–39.
4 BRUNSCHWIG/HEINRICHS/HUSER 2005, S. 41.
5 Monumenta Judaica 1963, S. 101.
6 Steuerbücher 1, S. 14.
7 BRUNSCHWIG/HEINRICHS/HUSER 2005, S. 48–50. Zu Rabbi Moses vgl. schon VÖGELIN/NÜSCHELER/VÖGELIN 1878, S. 420.
8 Wir danken SIMON PAULUS, Marburg, für seine Hilfe bei der Einordnung des Zürcher Baus und für die Einsicht in seine Dissertation über «Die Architektur der aschkenasischen Synagoge im Mittelalter» (erscheint voraussichtlich 2007), die eine umfassende Dokumentation, Untersuchung und Einordnung mittelalterlicher Synagogen in den Kontext romanischer und gotischer Sakral- und Profanarchitektur leistet.
9 BRUNSCHWIG/HEINRICHS/HUSER 2005, S. 44–48.
10 PETER NIEDERHÄUSER, Dok. Froschaugasse 4 (Ass.-Nr. 424) «Judenschule» resp. «Burghof». Hausgeschichte. Mai 2003 (Ms.).
11 Zur Besitzergeschichte vgl. BAZ, Dok. Froschaugasse 4 (Quellenregesten) und PETER NIEDERHÄUSER, Dok. Froschaugasse 4 (Ass.-Nr. 424) «Judenschule» resp. «Burghof». Hausgeschichte. Mai 2003 (Ms).
12 BRUNSCHWIG/HEINRICHS/HUSER 2005, S. 80f.
13 BRUNSCHWIG/HEINRICHS/HUSER 2005, S. 58.
14 Zu einem möglichen Standort eines weiteren Bethauses an

der Marktgasse 4 siehe ABEGG / BARRAUD WIENER / GRUNDER / STÄHELI, KdmZH 2007, S. 123.
[15] BRUNSCHWIG/HEINRICHS/HUSER 2005, S. 59f.
[16] StAZH, W I, Nr. 2575 (1423 Okt. 21); vgl. BAZ, Dok. Froschaugasse 4 (Quellenregesten).
[17] Germania Judaica III/2, S. 1736f.; BRUNSCHWIG/HEINRICHS/ HUSER 2005, S. 98f.
[18] VÖGELIN/NÜSCHELER/VÖGELIN 1878, S. 417; ABEGG / BARRAUD WIENER / GRUNDER / STÄHELI, KdmZH 2007, S. 421–424.
[19] Beispiele: StAZH, A 29.1 (1584); BLUNTSCHLI 1711, S. 125.
[20] BLUNTSCHLI 1704, S. 116f.; BLUNTSCHLI 1711, S. 125f.
[21] BLUNTSCHLI 1742, S. 225f.
[22] Hier nach GUGGENHEIM-GRÜNBERG 1967, S. 41.
[23] ULRICH 1768, S. 32; VÖGELIN/NÜSCHELER/VÖGELIN 1878, S. 418.
[24] GUGGENHEIM-GRÜNBERG 1967, S. 39–57.
[25] GUGGENHEIM-GRÜNBERG 1967, S. 41.
[26] GUGGENHEIM-GRÜNBERG 1967, S. 45ff., Zitat S. 45.
[27] MOTSCHI/HANSER/WILD 2002.
[28] MOTSCHI/HANSER/WILD 2002.
[29] MOTSCHI/HANSER/WILD 2002.
[30] WILD/BÖHMER 1995/96.
[31] Vgl. oben, Anm. 8.
[32] StAZH, C I, Nr. 292 (1381); Stadtbücher I, S. 269, Nr. 72 (1382 Mai 27); BRUNSCHWIG/HEINRICHS/HUSER 2005, S. 65f.
[33] WILD/MATT 2005, S. 18.
[34] BRUNSCHWIG/HEINRICHS/HUSER 2005, S. 66.
[35] VÖGELIN/NÜSCHELER/VÖGELIN 1878, S. 421.
[36] HOTTINGER 1665, S. 166.
[37] ULRICH 1778, S. 39–44.
[38] VÖGELIN/NÜSCHELER/VÖGELIN 1878, S. 421f., 601.

ANHANG

VERZEICHNIS DER ABKÜRZUNGEN

GEDRUCKTE QUELLEN, LITERATUR, ALLGEMEINE ABKÜRZUNGEN

ABEGG 1997
> REGINE ABEGG. Funktionen des Kreuzgangs im Mittelalter. Liturgie und Alltag. In: K+A, Jahrgang 48, Heft 2 1997, S. 6–24.

ABEGG 2004
> REGINE ABEGG. Erfolg und Misserfolg des «reproduzierten Mittelalters»: Der romanische Kreuzgang des Zürcher Grossmünsters. In: FS für Peter Cornelius Claussen zum 60. Geburtstag. Zürich 2004.

ABEGG / BARRAUD WIENER, KdmZH 2002
> REGINE ABEGG, CHRISTINE BARRAUD WIENER. Die Kunstdenkmäler des Kantons Zürich, Neue Ausgabe II.I. Die Stadt Zürich II.I. Altstadt links der Limmat. Sakralbauten. Bern 2002 (KdS 99).

ABEGG / BARRAUD WIENER, KdmZH 2003
> REGINE ABEGG, CHRISTINE BARRAUD WIENER. Die Kunstdenkmäler des Kantons Zürich, Neue Ausgabe II.II. Stadt Zürich II.II. Altstadt links der Limmat. Profanbauten. Bern 2003 (KdS 102).

ABEGG / BARRAUD WIENER / GRUNDER / STÄHELI, KdmZH 2007
> REGINE ABEGG, CHRISTINE BARRAUD WIENER, KARL GRUNDER, CORNELIA STÄHELI. Die Kunstdenkmäler des Kantons Zürich, Neue Ausgabe III.II. Stadt Zürich III.II. Altstadt rechts der Limmat. Profanbauten. Bern 2007 (KdS 111).

AGZ
> Antiquarische Gesellschaft Zürich.

ALTENDORF 1984
> HANS-DIETRICH ALTENDORF. Zwinglis Stellung zum Bild und die Tradition christlicher Bildfeindschaft. In: ALTENDORF/JEZLER 1984, S. 11–18.

ALTENDORF/JEZLER 1984
> Bilderstreit. Kulturwandel in Zwinglis Reformation. Hg. von HANS-DIETRICH ALTENDORF und PETER JEZLER, Zürich 1984.

ALTHOFF 1986/1990
> GERD ALTHOFF. Die Zähringer – Herzöge ohne Herzogtum. In: Die Zähringer. 3 Bde., hg. von HANS SCHADEK / KARL SCHMID (Veröffentlichungen zur Zähringer-Ausstellung: Freiburg i. Br.). Sigmaringen 1986/1990. S. 82–94.

AMACHER 2002
> URS AMACHER. Die Bruderschaften bei den Zürcher Bettelordensklöstern. In: Bettelorden, Bruderschaften und Beginen 2002, S. 265–277.

ANDERES 1951
> E. ANDERES. Geschichte der kantonalen Frauenklinik, in: Zürcher Spitalgeschichte Band II, Zürich 1951, S. 259–279.

ANDERES, KdmSG 1970
> BERNHARD ANDERES. Die Kunstdenkmäler des Kantons St. Gallen V. Der Bezirk Gaster. Basel 1970 (KdS 59).

APPENZELLER 1906
> HEINRICH APPENZELLER. Der Kupferstecher Franz Hegi von Zürich, 1774–1850; sein Leben und seine Werke. Beschreibendes Verzeichnis seiner sämtlichen Kupferstiche. Zürich 1906.

Archiv KG Grossmünster
> Archiv der Kirchgemeinde Grossmünster, Zürich.

Archiv KG Predigern
> Archiv der Kirchgemeinde Predigern, Zürich.

ARNOLD 1933
> ADALRICH ARNOLD O.S.B. Die ehemalige Göldlinkapelle beim Grossmünster in Zürich. In: Revue d'Histoire ecclésiastique, 1933, S. 241–254.

ARTER 1837
> JULIUS ARTER. Sammlung Zürcher'scher Alttertümer nach Ueberresten in Baukunst und Frescomalerei, gezeichnet und herausgegeben von J. ARTER. Zürich 1837.

ASA
> Anzeiger für Schweizerische Geschichte und Altertumskunde 1855–1899; 1899–1939: Neue Folge, ab 1939: ZAK.

Assekuranzbücher
> Bücher der Brandassekuranz für die Grosse Stadt.

B. Breite.

BÄCHTOLD 1982
> HANS ULRICH BÄCHTOLD. Heinrich Bullinger vor dem Rat. Zur Gestaltung und Verwaltung des Zürcher Staatswesens in den Jahren 1531 bis 1575, Diss. phil. I Zürich. In: Zürcher Beiträge zur Reformationsgeschichte 12. Bern/Frankfurt 1982.

BÄRSCH 1998
> JÜRGEN BÄRSCH. Raum und Bewegung im mittelalterlichen Gottesdienst. Anmerkungen zur Prozessionsliturgie in der Essener Stiftskirche nach dem Zeugnis des Liber Ordinarius vom Ende des 14. Jahrhunderts. In: FRANZ KOHLSCHEIN und PETER WÜNSCHE (Hg.). Heiliger Raum: Architektur, Kunst und Liturgie in mittelalterlichen Kathedralen und Stiftskirchen. Liturgiewissenschaftliche Quellen und Forschungen Band 82. Münster 1998, S. 163–186.

BAGZ
> Berichte der Antiquarischen Gesellschaft Zürich.

BARRAUD WIENER / JEZLER 1995
> CHRISTINE BARRAUD WIENER, PETER JEZLER. Liturgie, Stadttopographie und Herrschaft nach den Prozessionen des Zürcher Liber Ordinarius. In: LEUPPI 1995, S. 127–156.

BARRAUD WIENER / JEZLER, KdmZH 1999
> CHRISTINE BARRAUD WIENER, PETER JEZLER. Die Kunstdenkmäler des Kantons Zürich, Neue Ausgabe I. Die Stadt Zürich I. Stadt vor der Mauer, mittelalterliche Befestigung und Limmatraum. Basel 1999 (KdS 94).

BARTH 2001
> CHRISTOPH BARTH. Das Aktientheater in Zürich von 1833–1843. Erste Gehversuche, erste Krankheiten einer «stehenden Bühne». Lizentiatsarbeit der Philosophischen Fakultät I der Universität Zürich 2001.

BARTH 1984
> ROBERT BARTH. Bibliotheken an theologischen Ausbildungsstätten in Zürich. In: Zwingliana, Bd. XVI, Heft 4, 1984/2, S. 308–314.

BAUHOFER 1943
> ARTHUR BAUHOFER. Die Gerichtsorganisation des Grossmünsterstiftes und das Gericht vor Sankt Christoffel. In: ZTB 1943, S. 10–25.

Baumgartner 1997
: Bernhard Paul Baumgartner. Texte zur Zürcher Wundgschau von 1534 bis 1654. Zürich 1997 (Zürcher Medizingeschichtliche Abhandlungen, Nr. 274).

BAZ
: Baugeschichtliches Archiv der Stadt Zürich.

BD
: Bilddokument.

Behrens 1998
: Nicola Behrens. Zürich in der Helvetik. Von den Anfängen der lokalen Verwaltung. Zürich 1998 (MAGZ, Bd. 65).

Bettelorden, Bruderschaften und Beginen 2002
: Barbara Helbling, Magdalen Bless-Grabher, Ines Buhofer. Bettelorden, Bruderschaften und Beginen in Zürich. Stadtkultur und Seelenheil im Mittelater. Zürich 2002.

Birch-Pfeiffer 1841
: Charlotte Birch-Pfeiffer. Einige Worte an das kunstliebende Publikum Zürichs über den Standpunkt des hiesigen Theaters. Zürich 1841.

Bircher 1986
: Martin Bircher. «Gegen der teutschen Dicht- und Reymkunst sehr verliebt». Das literarische Zürich im Frühbarock. In: Das Reich und die Eidgenossenschaft 1580–1650. Kulturelle Wechselwirkungen im konfessionellen Zeitalter. Hg. von Ulrich Im Hof, Suzanne Stehelin (7. Kolloquium der schweizerischen Geisteswissenschaftlichen Gesellschaft). Freiburg i.Ü. 1986. S. 293–317.

Bless-Grabher 2002
: Magdalen Bless-Grabher. Die Beginen in Zürich. In: Bettelorden, Bruderschaften und Beginen 2002, S. 251–263.

Bluntschli 1704
: Hans Heinrich Bluntschli. Merckwürdigkeiten der Statt Zürich und dero Landschafft. Zürich 1704.

Bluntschli 1711
: Hans Heinrich Bluntschli. Merckwürdigkeiten der Statt Zürich und dero Landschafft. Zürich 1711.

Bluntschli 1742
: Hans Heinrich Bluntschli. Memorabilia Tigurina oder Merkwürdigkeiten der Stadt und Landschaft Zürich, Dritte vermehrte Auflage, Zürich 1742.

BLSK
: Biografisches Lexikon der Schweizer Kunst. Unter Einschluss des Fürstentums Liechtenstein. Hg. Schweizerisches Institut für Kunstwissenschaft, Zürich/Lausanne. 2 Bde. Zürich 1998.

Bodmer 1976
: Jean-Pierre Bodmer. Chroniken und Chronisten im Spätmittelalter (Monographien zur Schweizer Geschichte 10). Bern 1976.

Bodmer/Germann 1985
: Jean-Pierre Bodmer, Martin Germann. Kantonsbibliothek Zürich 1835–1915. Zwischen Bibliothek des Chorherrenstifts Grossmünster und Zentralbibliothek (Ausstellungskatalog: Zentralbibliothek Zürich, 12.11.1985 bis 10.1.1986). Zürich 1985.

Boner 1978
: Georg Boner. Zur Gründung des Luzerner Franziskanerklosters. In: Luzern 1178–1978. Beiträge zur Geschichte der Stadt. Luzern 1978. S. 131–150.

Boor de 1967
: Helmut de Boor. Die Textgeschichte der lateinischen Osterfeiern. Tübingen 1967 (Hermea. Germanistische Forschungen NF 22).

Brändli 1990
: Sebastian Brändli. «Die Retter der leidenden Menschheit». Sozialgeschichte der Chirurgen und Ärzte auf der Zürcher Landschaft (1700–1850). Zürich 1990.

Braun 1943
: Joseph Braun SJ. Tracht und Attribute der Heiligen in der Deutschen Kunst. Stuttgart 1943.

Brennwald, Schweizerchronik
: Heinrich Brennwalds Schweizerchronik. Hg. von Rudolf Luginbühl. 2. Bde. Basel 1908/1910 (QSG, NF Abt. 1, Chron. 1 und 2).

Brogli 1984
: Alexander Brogli. Das St. Verena Amtsbuch («Lehenbůch der Sammlung»). Zürich 1984.

Brunschweiler 1989
: Thomas Brunschweiler. Johann Jakob Breitingers Bedenken von Comoedien oder Spilen: Die Theaterfeindlichkeit im Alten Zürich. Zürich 1989.

Brunschwig/Heinrichs/Huser 2005
: Annette Brunschwig, Ruth Heinrichs, Karin Huser [Hg. von Ulrich Bär und Monique Siegel]: Geschichte der Juden im Kanton Zürich. Von den Anfängen bis in die heutige Zeit. Zürich 2005.

Bucher 1945
: Otto Bucher. Die Anfänge der wissenschaftlichen Anatomie in Zürich. In: Gesnerus 2/3, Zürich 1945, S. 131–141.

Büchner 1965
: Georg Büchner. Werke und Briefe. Dramen, Prosa, Briefe, Dokumente. München 1965.

Bullinger, Diarium
: Heinrich Bullinger. Heinrich Bullingers Diarium (Annales vitae) der Jahre 1504–1574. Basel 1904 (Quellen zur Schweizerischen Reformationsgeschichte. Hg. vom Zwingliverein in Zürich unter der Leitung von Professor Emil Egli).

Bullinger, Reformationsgeschichte
: Heinrich Bullinger. Reformationsgeschichte. Nach den Autographen hg. von J.J. Hottinger und H.H. Vögeli auf Veranstaltung der vaterländisch-historischen Gesellschaft in Zürich, Frauenfeld 1838–1840. 4. Bd., 1913: Registerband. (Nachdruck 1984).

Burckhardt 1839
: Jacob Burckhardt. Bemerkungen über schweizerische Cathedralen (2. Teil): Das Grossmünster in Zürich. In: Zeitschrift über das gesammte Bauwesen (Hg. C.F. von Ehrenberg), Bd. 3, 1839, S. 214–219.

BZD
: Bericht der Zürcher Denkmalpflege 1958/59ff.; ab 9/2, 1974–1979 hier nur noch Stadt Zürich.

Camille 1995
: Michael Camille. Image on the Edge. The Margins of Medieval Art. London 1995.

Carl 1963
: Bruno Carl. Klassizismus 1770–1860. Zürich 1963 (Architektur der Schweiz, Bd. 1).

Carl 1974
: Bruno Carl. Zürcher Baukunst des Klassizismus. In: Gotthard Jedlicka. Eine Gedenkschrift (Hg. Eduard Hüttinger, Hans A. Lüthy). Zürich 1974. S. 7–18.

Cattani/Weber 1989
: Alfred Cattani, Bruno Weber (Hg.). Zentralbibliothek Zürich. Schatzkammer der Überlieferung. Zürich 1989.

Chicoteau 1984
: Marcel Chicoteau. The Journey to Martyrdom of Saints Felix and Regula circa 300 A.D. A Study of Sources and Significance. Brisbane 1984.

Chone 1936
: Heymann Chone. Zur Geschichte der Juden in Zürich im 15. Jahrhundert. In: Zeitschrift für die Geschichte der Juden in Deutschland, Nr. 6, 1936 b, S. 3–16.

Claussen 1992
: Peter Cornelius Claussen. Nachrichten von den Antipoden

oder der mittelalterliche Künstler über sich selbst. In: Der Künstler über sich in seinem Werk. Hg. MATTHIAS WINNER. Weinheim 1992. S. 19–54.

CLAUSSEN 1994
PETER CORNELIUS CLAUSSEN. Kompensation und Innovation. Zur Denkmalproblematik im 13. Jahrhundert am Beispiel der Reitermonumente in Magdeburg und Bamberg. In: Studien zur Geschichte der europäischen Skulptur im 12./13. Jahrhundert. Hg. von HERBERT BECK und KERSTIN HENGEVOSS-DÜRKOP, Frankfurt a.M. 1994. S. 565–586.

Corpus Inscriptionum IV, 1997
[CARL PFAFF Hg]. Corpus Inscriptionum medii aevi Helvetiae: die frühchristlichen und mittelalterlichen Inschriften der Schweiz, Bd. IV: Die Inschriften der Kantone Luzern, Unterwalden, Uri, Schwyz, Zug, Zürich, Schaffhausen, Thurgau, St. Gallen und des Fürstentums Liechtenstein bis 1300, mit Nachträgen zu den Bänden I–III, bearb. von WILFRIED KETTLER und PHILIPP KALBERMATTEN. Freiburg 1997.

DECŒUDRES 2003
GEORGES DECŒUDRES. Choranlagen von Bettelordenskirchen, Tradition und Innovation. In: ANNA MORAHT-FROMM (Hg.). Kunst und Liturgie, Choranlagen des Spätmittelalters – ihre Architektur, Ausstattung und Nutzung. Ostfildern 2003. S. 11–30.

DEGLER-SPENGLER 1978
BRIGITTE DEGLER-SPENGLER. Oberdeutsche (Strassburger) Minoritenprovinz 1246/64–1939. In: Der Franziskusorden. (HS, Abt. V, Bd. 1). Bern 1978. S. 42–97.

DENZLER 1833
HANS CASPAR DENZLER. Siechenhäuser im Mittelalter (XXXIII. Neujahrsblatt, hg. von der Hülfsgesellschaft in Zürich auf das Jahr 1833). Zürich 1833.

DIENER 1901
ERNST DIENER. Die Zürcher Familie Schwend 1250–1536 (Neujahrsblatt, hg. von der Stadtbibliothek Zürich auf das Jahr 1901). Zürich 1901.

DITMAR-TRAUTH 1999
GÖSTA DITMAR-TRAUTH. Rüstung, Gewand, Sachkultur des deutschen Hochmittelalters. Wald-Michelbach 1999.

DÖRNER 1996
GERALD DÖRNER. Kirche, Klerus und kirchliches Leben in Zürich von der Brunschen Revolution (1336) bis zur Reformation (1523) (Studien zur Literatur- und Kulturgeschichte 10). Würzburg 1996.

DRACK/KELLER/KNOEPFLI 1984
WALTER DRACK, KARL KELLER, ALBERT KNOEPFLI. Die reformierte Kirche St. Arbogast in Oberwinterthur. Bern 1984 (Schweizerische Kunstführer GSK, Nr. 354).

DÜNKI 1995
ROBERT DÜNKI. Pfarrbücher, Bürgerbücher und Genealogische Verzeichnisse im Stadtarchiv Zürich. Zürich 1995.

EAD
Eidgenössisches Archiv für Denkmalpflege, Bern.

EDLIBACH, Aufzeichnungen 1520–1526
«Da beschaechend vil grosser endrungen». Gerold Edlibachs Aufzeichnungen über die Zürcher Reformation 1520–1526. Hg. und kommentiert von PETER JEZLER. In: ALTENDORF/JEZLER 1984. S. 41–74.

EDLIBACH, Chronik Ende 15. Jh.
GEROLD EDLIBACH. Chronik. Hg. von JOHANN MARTIN USTERI. In: MAGZ 4, Zürich 1847.

EGLI 1879
EMIL EGLI (Hg.). Actensammlung zur Geschichte der Zürcher Reformation in den Jahren 1519–1533. Zürich 1879.

EGLI 1899
EMIL EGLI. Felix und Regula. In: Reallexikon für protestantische Theologie und Kirche, Bd. 6. Leipzig 1899. S. 30.

EGLI 1910
EMIL EGLI. Schweizerische Reformationsgeschichte, Bd. 1. Hg. von GEORG FINSLER. Zürich 1910.

EGLOFF 1949
EUGEN EGLOFF. Der Standort des Monasteriums Ludwigs des Deutschen in Zürich. Kritik der bisher geltenden Auffassung. Zürich 1949.

EGLOFF 1954
EUGEN EGLOFF. Ein grosses Jubiläum: Zürich vor 1100 Jahren. In: Diaspora-Kalender, 1954, S. 73–87.

ERNE 1988
EMIL ERNE. Geschichte der schweizerischen Sozietäten: lexikalische Darstellung der Reformgesellschaften des 18. Jahrhunderts in der Schweiz. Zürich 1988.

ERNI 1820
JOHANN HEINRICH ERNI. Memorabilia Tigurina. Neue Chronik oder fortgesetzte Merkwürdigkeiten der Stadt und Landschaft Zürich. Zürich 1820.

ERNST 1879
ULRICH ERNST. Geschichte des Zürcherischen Schulwesens bis gegen das Ende des 16. Jahrhunderts. Winterthur 1879.

ESCHER 1870
GEROLD VON ESCHER. Memorabilia Tigurina oder Chronik der Denkwürdigkeiten des Kantons Zürich 1850–1860. Zürich 1870.

ESCHER 1692
HANS ERHARD ESCHER. Beschreibung des Zürich Sees: wie auch von Erbauung/Zunemmen/Stand und Wesen loblicher Statt Zürich. Zürich 1692.

ESCHER, ASA [jeweils mit Bd.-Nrn.]
KONRAD ESCHER. Rechnungen und Akten zur Baugeschichte und Ausstattung des Grossmünsters in Zürich: in: ASA, N.F. 29–32, 1927–1930, Bd. 29: S. 176–191, 243–257; – Bd. 30: S. 56–64, 124–132, 181–191, 248–254; – Bd. 31: S. 69–76, 140–144, 227–238, 292–306; – Bd. 32: S. 57–63, 133-142, 200.

ESCHER, KdmZH 1939
KONRAD ESCHER. Die Kunstdenkmäler des Kantons Zürich IV. Die Stadt Zürich, 1. Teil. Basel 1939 (KdS 10).

ESCHER, KdmZH 1949
KONRAD ESCHER. Die Kunstdenkmäler des Kantons Zürich V. Die Stadt Zürich, 2. Teil. Basel 1949 (KdS 22).

ESCHER/FIETZ 1919
HERMANN ESCHER, HERMANN FIETZ. Entstehungsgeschichte und Baubeschreibung der Zentralbliothek Zürich. Zürich 1919.

ETHZ
Eigenössische Technische Hochschule Zürich

ETTER/BAUR/HANSER/SCHNEIDER 1988
HANSUELI F. ETTER, URS BAUR, JÜRG HANSER, JÜRG E. SCHNEIDER (Hg.). Die Zürcher Stadtheiligen Felix und Regula. Legenden, Reliquien, Geschichte und ihre Botschaft im Licht moderner Forschung. Zürich 1988.

EUGSTER 2002
ERWIN EUGSTER. Geschichte des Barfüsserklosters. In: Bettelorden, Bruderschaften und Beginen 2002, S. 45–55.

e-HLS
Historisches Lexikon der Schweiz. www.hls-dhs-dss.ch.

FIETZ 1917
HERMANN FIETZ. Der Neubau der Zentralbibliothek in Zürich. In: Schweizerische Bauzeitung 1917, Bd. LXX, S. 1f., Tafeln 1–4; S. 14f., Tafeln 5–6.

FIETZ 1951
HERMANN FIETZ. Baugeschichte des Zürcher Spitals. In: Zürcher Spitalgeschichte 1, S. 187–219.

FIETZ 1966
HERMANN FIETZ. Wandlungen des Spitalbildes. In: Sonderdruck aus: Das Krankenhaus in unserer Zeit, Dezember 1966.

Fischer 1959
: Eugen Fischer. Das Monasterium der heiligen Märtyrer Felix und Regula in Zürich. In: ZSK 53, 1959, S. 161–190.

Fischer 1978
: Rainald Fischer. Der Franziskanerorden (Einleitung). In: Der Franziskusorden (HS, Abteilung V, Bd. 1). Bern 1978. S. 27–41.

Flemming 1971
: Willi Flemming. Die Gestaltung der liturgischen Osterfeier in Deutschland, Mainz/Wiesbaden 1971 (Abhandlungen der geistes- und sozialwissenschaftlichen Klasse 1971, Nr. 11).

Forster 2002
: Christian Forster. Die Galluspforte und die Portale im Sundgau. In: Die Schwelle zum Paradies. Die Galluspforte des Basler Münsters. Hg. von Hans-Rudolf Meier und Dorothea Schwinn Schürmann. Basel 2002. S. 94–103.

Franz 1909
: Adolph Franz. Die kirchlichen Benediktionen im Mittelalter. 2 Bde. Freiburg i.Br. 1909.

Frauenfelder, KdmSH 1958
: Reinhard Frauenfelder. Die Kunstdenkmäler des Kantons Schaffhausen II. Bezirk Stein am Rhein. Basel 1958 (KdS 39).

Frei 1941
: Karl Frei. Der Umbau des Grossmünster-Kreuzganges. In: ZTB, 1941, S. 156–181.

Frei-Kundert 1927
: Karl Frei-Kundert. Skulpturen aus dem Grossmünster-Kreuzgang in Zürich. In: Jahresbericht des Schweizerischen Landesmuseums, 1927, S. 46–52.

Freivogel 1989
: Thomas Freivogel. Der Stuckzyklus von Antonio Castelli im Schloss Spiez – Versuch einer Deutung, in ZAK 1989, S. 23–29.

Friedrich/Schäfer/Sennhauser 1966
: Oswald Friedrich, Leo Schaefer, Rudolf Sennhauser. Vorromanische Kirchenbauten, Bd. III/1. Katalog der Denkmäler bis zum Ausgang der Ottonen (Zentralinstitut für Kunstgeschichte, München, Hg.). München 1966

Fries 1933
: Willy Fries. Architekt Wilhelm Waser, Zürich, 1811–1866. Zürich/Leipzig 1933.

FS Festschrift.

FS Glockenweihe 1889
: Festschrift zur Erinnerung an die Glockenweihe im Grossmünster in Zürich 18. August 1889. Zürich 1889.

Fuchs 2001
: Andreas Fuchs. Die Bildtafeln der Zürcher Stadtschnittärzte Meyer mit Erörterung der Chirurgie im Zürcher Spital zwischen 1705 und 1833. Zürich 2001.

Furttenbach 1649
: Joseph Furttenbach. Kirchen Gebäw. In was Form und gestalt nach gerecht: erfordernder Mensur, der Länge, Braitte und Höhe ein Mittel grosses wolgeproportionirtes und beständiges Kirchengebäwlin […] / durch Joseph Furttenbach. Gedruckt zu Augspurg: bey Johann Schultes, 1649.

Füssli 1842
: Wilhelm Füssli. Zürich und die wichtigsten Städte am Rhein mit Bezug auf alte und neue Werke der Architektur, Skulptur und Malerei, Bd. 1 (Zürich und die oberrheinischen Städte Basel, Freiburg, Strassburg, Carlsruhe und Mannheim). Zürich/Winterthur 1842.

Gabathuler 1998
: Martin Gabathuler. Die Kanoniker am Grossmünster und Fraumünster in Zürich. Eine Prosopographie von den Anfängen bis 1316. Bern 1998.

Gagliardi 1911
: Ernst Gagliardi (Hg.). Dokumente zur Geschichte des Bürgermeisters Hans Waldmann, Bd. 1. Hans Waldmann und die Eidgenossenschaft des 15. Jahrhunderts. Akten bis zum Auflauf von 1489 (exklusive). In: QSG, NF II. Abteilung: Akten. Bd. 1, Basel 1911.

Gagliardi/Forrer 1982
: Ernst Gagliardi, Ludwig Forrer. Katalog der Handschriften der Zentralbibliothek II: Neuere Handschriften seit 1500 [ältere schweizergeschichtliche inbegriffen]. Einleitung und Register von Jean-Pierre Bodmer. Zürich 1982.

Ganz 1925
: Werner Ganz. Beiträge zur Wirtschaftsgeschichte des Grossmünsterstiftes in Zürich. Diss. Universität Zürich. Zürich 1925.

Garnier 1989
: François Garnier. Le langage de l'image au Moyen Âge II. Grammaire des gestes. Paris 1989.

Germania Judaica III/2
: Arye Maimon, Mordechai Breuer, Yacov Guggenheim (Hg.). Germania Judaica, Bd. III/2 1350–1519. Tübingen 1995.

Germann 1963
: Georg Germann. Der protestantische Kirchenbau in der Schweiz. Von der Reformation bis zur Romantik. Zürich 1963.

Germann 1984
: Martin Germann. Der Untergang der mittelalterlichen Bibliotheken Zürichs: der Büchersturm von 1525. In: Altendorf/Jezler 1984, S. 103–107.

Germann 1989
: Martin Germann. Die karolingische Bibel aus Tours. In: Schatzkammer der Überlieferung 1989, S. 11–13.

Germann 1994
: Martin Germann. Die reformierte Stiftsbibliothek am Großmünster in Zürich im 16. Jahrhundert und die Anfänge der neuzeitlichen Bibliographie. Rekonstruktion des Buchbestandes und seiner Herkunft, der Bücheraufstellung und des Bibliotheksraumes. Mit Edition des Inventars von 1532/1551 von Conrad Pelikan. Wiesbaden 1994 (Beiträge zum Buch- und Bibliothekswesen. 34. Hg. von Max Pauer).

Germann, KdmAG 1967
: Georg Germann. Die Kunstdenkmäler des Kantons Aargau V. Der Bezirk Muri. Basel 1967 (KdS 55).

Gerstenberg 1966
: Kurt Gerstenberg. Die deutschen Baumeisterbildnisse des Mittelalters. Berlin 1966.

Gilomen 1992
: Hans-Jörg Gilomen. Das Motiv der bäuerlichen Verschuldung in den Bauernunruhen an der Wende zur Neuzeit. In: Festschrift Frantisek Graus. Sigmaringen 1992.

Gilomen 1995
: Hans-Jörg Gilomen. Stadtmauern und Bettelorden. In: Stadt- und Landmauern, Bd. 1: Beiträge zum Stand der Forschung (Veröffentlichungen des Instituts für Denkmalpflege an der ETH Zürich 15.1). Zürich 1995. S. 45ff.

Gilomen-Schenkel 1996
: Elsanne Gilomen-Schenkel. Die Spitäler und Spitalorden in der Schweiz (12./13.–15. Jh.). Ein Forschungsbericht. In: Die Antoniter, die Chorherren vom Heiligen Grab in Jerusalem und die Hospitaliter vom Heiligen Geist in der Schweiz (HS, Abt. IV, Bd. 4). Frankfurt 1996. S. 19–34.

Gilomen-Schenkel 1999
: Elsanne Gilomen-Schenkel. Mittelalterliche Spitäler und Leprosorien in der Schweiz. In: Stadt- und Landmauern, Bd. 3, Abgrenzungen-Ausgrenzungen in der Stadt und um die Stadt (Veröffentlichungen des Instituts für Denkmalpflege an der ETH Zürich 15.3). Zürich 1999. S. 117–124.

Gilomen/Guex/Studer 2002
: Hans-Jörg Gilomen, Sébastien Guex, Brigitte Studer (Hg.). Von der Barmherzigkeit zur Sozialversicherung. Umbrüche und Kontinuitäten vom Spätmittelalter bis zum 20. Jahrhundert. 2002 (Schweizerische Gesellschaft für Wirtschafts- und Sozialgeschichte, Bd. 18, 18. Jahrgang).

GIRARDET 1994
> GIORGIO VITTORIO GIRARDET. Der gebändigte Ysengrind oder wie die Zürcher Metzgerzunft zu einem Ehrenzeichen kam. Lizentiatsarbeit der Philosophischen Fakultät I der Universität Zürich, 1994.

gl Gulden.

GLAUSER/HEGGLIN 1989
> FRITZ GLAUSER, CLEMENS HEGGLIN (Hg.). Kloster und Pfarrei zu Franziskanern in Luzern. In: Luzerner Historische Veröffentlichungen 24/1 und 2, 1989.

Glückshafenrodel 1504
> FRIEDRICH HEGI (Hg.). Der Glückshafenrodel des Freischiessens zu Zürich 1504, Text 1. Bd. Zürich 1942.

GrafSlg
> Grafische Sammlung.

GROSSMANN 1951
> HERMANN GROSSMANN. Die Entstehung der beiden Münster; kritische Besprechung des Buches von Eugen Egloff: «Der Standort des Monasteriums Ludwigs des Deutschen in Zürich». In: Gemeindeblatt Fraumünster. Winterthur 1951.

GRÜNENFELDER 1979
> JOSEF GRÜNENFELDER. Die Bibeltür am Grossmünster in Zürich von Otto Münch. Zürich 1979.

GUBLER 1982
> HANS MARTIN GUBLER. «Architektur ohne Auftraggeber» – Zu den Idealprojekten Hans Caspar Eschers (1775–1859). Ms. Antrittsvorlesung Frühling 1982.

GUBLER 1984
> HANS MARTIN GUBLER. «Reformierter» Kirchenbau? Skizze zur Entwicklung des nachreformatorischen zürcherischen Landkirchenbaus zwischen 1580 und 1630. In: ALTENDORF/JEZLER 1984. S. 141–148.

GUEX 1986
> FRANÇOIS GUEX. Bruchstein, Kalk und Subventionen. Das Zürcher Baumeisterbuch als Quelle zum Bauwesen des 16. Jahrhunderts. Zürich 1986 (MAGZ 53).

GUGERLI 1988
> DAVID GUGERLI. Zwischen Pfrund und Predigt. Die protestantische Pfarrfamilie auf der Zürcher Landschaft im ausgehenden 18. Jahrhundert. Zürich 1988.

GUGGENHEIM-GRÜNBERG 1967
> FLORENCE GUGGENHEIM-GRÜNBERG. Judenschicksale im alten Zürich aus Urkunden des 14. und 15. Jahrhunderts (S. 5–38). Die mittelalterliche Synagoge. Versuch einer Rekonstruktion (S. 39–57). In: Beiträge zur Geschichte und Volkskunde der Juden in der Schweiz, Heft 8. Zürich 1967.

GUTSCHER 1979
> DANIEL GUTSCHER. Die Wandmalereien der Marienkapelle im ehemaligen Chorherrengebäude am Zürcher Grossmünster. Ein verlorener Freskenzyklus der Manesse-Zeit. In: UKdm 30, 1979, S. 164–179.

GUTSCHER 1983
> DANIEL GUTSCHER. Das Grossmünster in Zürich. Eine baugeschichtliche Monographie. Bern 1983 (Beiträge zur Kunstgeschichte der Schweiz).

GUTSCHER 1983 (Kunstführer)
> DANIEL GUTSCHER. Grossmünster Zürich. Bern 1983 / 2. Aufl. 1995 (Schweizerische Kunstführer GSK, Nr. 326).

GUTSCHER, Kat.-Nr.
> Katalognummer in GUTSCHER 1983, S. 206–241.

GUTSCHER/SENN 1984
> DANIEL GUTSCHER, MATTHIAS SENN. Zwinglis Kanzel im Zürcher Grossmünster – Reformation und künstlerischer Neubeginn. In: ALTENDORF/JEZLER 1984, S. 109–116 (gleichzeitig erschienen in: UKdm 35, 1984, Heft 3, S. 310–318).

GUYER 1980–1983
> ERNST VIKTOR GUYER. Von der Gesellschaft zum Schwarzen Garten zum Anatomischen Institut der Universität Zürich. Zürich 1980–1983.

H. Höhe.

HAEFELI 1983
> ZUZANA HAEFELI. Das romanische Portal der Klosterkirche von Petershausen bei Konstanz und die Kleinkunst. In: ZAK 1983, S. 103–108.

HÄNGGI 1957
> ANTON HÄNGGI. Der Rheinauer Liber ordinarius (Zürich Rh 80, Anfang 12. Jh.). Freiburg im Üchtland. 1957 (Spicilegium Friburgense 1).

HÄNGGI 1993
> ANTON HÄNGGI. Edition liturgischer Quellen. Spicilegium Friburgense – Spicilegii Friburgenses Subsidia. In: Des Livres pour Dieu / Schrift und Gebet (Liturgica Friburgensia). 1993. S. 197–201.

HÄNGGI 1995
> ANTON HÄNGGI. Die Messliturgie nach dem Zürcher Liber Ordinarius. In: LEUPPI 1995, S. 75–103.

HAHNLOSER 1972
> HANS R. HAHNLOSER. Villard de Honnecourt. Kritische Gesamtausgabe des Bauhüttenbuches ms. fr 19093 der Pariser Nationalbibliothek. 2. revidierte und erweiterte Auflage. Graz 1972.

HAMANN-MAC LEAN 1987
> RICHARD HAMANN-MAC LEAN. Künstlerlaunen im Mittelalter. In: FRIEDRICH MÖBIUS, ERNST SCHUBERT (Hg.). Skulptur des Mittelalters. Funktion und Gestalt. Weimar 1987. S. 385–452.

HAUSER 1976
> ANDREAS HAUSER. Ferdinand Stadler (1813–1879). Ein Beitrag zur Geschichte des Historismus in der Schweiz. Zürich 1976.

HAUSER 2001
> ANDREAS HAUSER. Das öffentliche Bauwesen in Zürich. Erster Teil: Das kantonale Bauwesen 1798–1895. Zürich/Egg 2001 (Kleine Schriften zur Zürcher Denkmalpflege 4).

HBA
> Hochbauamt des Kantons Zürich.

HBLS
> Historisch Biographisches Lexikon der Schweiz. 7 Bde. und Supplement. Neuenburg 1921–1934.

Heil. Geistes=Hospital 1819.
> Heil. Geistes=Hospital in Zürich. Eine Darstellung auf die Saekular-Feyer der Glaubens=Verbesserung 1819, mit einem Titelkupfer von FRANZ HEGI.

HELBLING 2002 (Erbe)
> BARBARA HELBLING. Das Erbe der Klöster. In: Bettelorden, Bruderschaften und Beginen 2002, S. 293–305.

HELBLING 2002 (Gotzhus)
> BARBARA HELBLING. Das Gotzhus Sant Vrenen. In: Bettelorden, Bruderschaften und Beginen 2002, S. 215–227.

HELFENSTEIN/SOMMER-RAMER 1977
> ULRICH HELFENSTEIN, CECILE SOMMER-RAMER. Grossmünster Zürich. In: Die weltlichen Kollegiatsstifte der deutsch- und französischsprachigen Schweiz (HS, Abt. II, Bd. 2). Bern 1977.

HELFENSTEIN 1978
> ULRICH HELFENSTEIN. Barfüsserkloster Zürich. In: Die Franziskaner, die Klarissen und die regulierten Franziskanerinnen in der Schweiz (HS, Abt. V, Bd. 1). Bern 1978. S. 300–308.

HENGGELER 1947
> RUDOLF HENGGELER. Die Barfüsser in Zürich. In: Diaspora-Kalender. Jahrgang 47. Zürich 1947.

HENGGELER 1950
> RUDOLF HENGGELER. Schwesternhäuser im alten Zürich. In: Diaspora-Kalender. Jahrgang 50. Zürich 1950, S. 32–39.

HENGGELER 1951
> RUDOLF HENGGELER. Die Bruderschaften im alten Zürich. In: Diaspora-Kalender. Jahrgang 51. 1951. S. 61–65.

HERMANN 2004
> CLAUDIA HERMANN. Das Luzerner Armenspital. Eine Architekturgeschichte mittelalterlicher und frühneuzeitlicher Spitalbauten im eidgenössischen und europäischen Vergleich (Luzerner Historische Veröffentlichungen, Bd. 39, 1 [Textband] und 2 [Bildband]), Basel 2004.

HERTIG 1958
> LOUIS HERTIG. Entwicklungsgeschichte der Krypta in der Schweiz. Studien zur Baugeschichte des frühen und hohen Mittelalters. Diss. Zürich 1958.

HERZOG/WALSER 2002
> RUDOLF HERZOG, HANS WALSER. Johann Konrad Fäsi-Gessner (1796–1870): Unbekannte Zeichnungen aus dem alten Zürcher Spital. Zürich 2002.

HESS 1944
> GUSTAV HESS. Mittelalterliche wohltätige Anstalten nach der Schilderung früherer Neujahrsblätter. In: Neujahrsblatt der Hülfsgesellschaft in Zürich. Zürich 1944.

HEYER 1967
> HANS-RUDOLF HEYER. Gaetano Matteo Pisoni. Bern 1967 (Basler Studien zur Kunstgeschichte N.F. Bd. 8).

Hg./hg.
> Herausgeber/Herausgeberin/herausgegeben.

HIPP 1979
> HERMANN HIPP. Studien zur «Nachgotik» des 16. und 17. Jahrhunderts in Deutschland, Böhmen, Österreich und der Schweiz. Diss., 3 Bde. Tübingen 1979.

hlr Haller/Heller.

HOEGGER 1971
> PETER HOEGGER. Matthias Vogel und die Querkirchenidee. In: UKdm 22, 1971, S. 15–31.

HOEGGER, KdmAG 1998
> PETER HOEGGER. Die Kunstdenkmäler des Kantons Aargau VIII. Der Bezirk Baden III. Das ehemalige Zisterzienserkloster Marisstella in Wettingen. Basel 1998 (KdS 92).

HOFFMANN 1933
> HANS HOFFMANN. Die klassizistische Baukunst in Zürich. (MAGZ 31.2) Zürich 1933.

HOFFMANN 1938
> HANS HOFFMANN. Das Grossmünster in Zürich II. Der Kreuzgang (MAGZ), Zürich 1938.

HOFFMANN 1941
> HANS HOFFMANN. Das Grossmünster in Zürich III. Die Baugeschichte bis zur Reformation (Fortsetzung). Die vorreformatorische Ausstattung. Zürich 1941 (MAGZ).

HOFFMANN 1942
> HANS HOFFMANN. Das Grossmünster in Zürich IV. Die Baugeschichte des Grossmünsters seit der Reformation. Zürich 1942 (MAGZ).

HOFFMANN 1950
> HANS HOFFMANN. Otto Münchs Bibeltüre am Grossmünster in Zürich. In: SBZ 68, Nr. 51, 1950, S. 709–711.

HOFMANN 1922
> MORIZ HOFMANN. Die Irrenfürsorge im alten Spital und Irrenhaus Zürichs im 19. Jahrhundert bis zur Eröffnung der Heilanstalt Burghölzli Universität Zürich 1922.

HOHL 1999
> AGNES HOHL. Zürich, St. Verena. In: Die Orden mit Augustinerregel. Die Dominikaner und Dominikanerinnen in der Schweiz (HS, Abt. IV, Bd. 5, 2. Teil). Basel 1999. S. 1054–1067.

HOLLADAY 2004
> JOAN A. HOLLADAY. The Competition for Saints in Medieval Zurich. In: Gesta XLIII/1, 2004, S. 41–59.

HOMBURGER 1928
> OTTO HOMBURGER. Studien über die romanische Plastik und Bauornamentik am Grossmünster zu Zürich. In: Oberrheinische Kunst. 3, 1928, S. 1–18.

HORAT 1988
> HEINZ HORAT. Sakrale Bauten. Disentis 1988 (Ars Helvetica, Bd. 3).

HOTTINGER 1664
> JOHANN HEINRICH HOTTINGER. Schola Tigurinorum Carolina: Id est Demonstratio Historica; ostendens Illust. & Perantiquae Reipub.Tigurinae Scholam, à Carolo Magno deducendam […]. Zürich 1664.

HOTTINGER 1665
> JOHANN HEINRICH HOTTINGER. Speculum Helvetico-Tigurinum. Zürich 1665.

HOTZ 1865
> HEINRICH HOTZ. Zur Geschichte des Grossmünsterstifts Zürich und der Mark Schwamendingen, vornehmlich der Stiftswaldung und des Stiftsrietes daselbst vom IX–XIX Jahrhundert, Nach den Originalacten dargestellt von Dr. J(oh.) H(ch.) Hotz, Staatsarchivar. Zürich 1865.

HS Helvetia Sacra. Begründet von RUDOLF HENGGELER, weitergeführt von ALBERT BRUCKNER. Hg. vom Kuratorium der Helvetia Sacra [Verschiedene Erscheinungsorte]. 1961ff.

HÜBSCHER 1955
> BRUNO HÜBSCHER. Die Kreishäuser der Zürcher Predigerklosters. In: ZTB, NF 75. Jahrgang, 1955, S. 35–53.

HÜBSCHER 1957
> BRUNO HÜBSCHER. Die Gründung des Zürcher Pedigerklosters und sein Kreisgebiet. In: ZTB, NF 77. Jahrgang, 1957, S. 11–25.

HÜRLIMANN 1980
> MARTIN HÜRLIMANN. Vom Stadttheater zum Opernhaus. Zürcher Theatergeschichten, Zürich und Stuttgart 1980.

HÜRLIMANN 2003
> KATJA HÜRLIMANN. Zürich. In: Die Augustiner-Eremiten, die Augustinerinnen, die Annunziatinnen und die Visitandinnen in der Schweiz (HS, Abt. IV, Bd. 6). Basel 2003, S. 163–182.

HUGELSHOFER 1928
> WALTER HUGELSHOFER. Die Zürcher Malerei bis zum Ausgang der Spätgotik. Erster Teil. Zürich 1928 (MAGZ).

ILLI 1987
> MARTIN ILLI. Von der Schîssgruob zur modernen Stadtentwässerung. Hg. von der Stadtentwässerung Zürich, Abteilung des Bauamtes I. Unter Verwendung eines unveröffentlichen Manuskriptes von HANSRUEDI STEINER. Zürich 1987.

ILLI 1992
> MARTIN ILLI. Wohin die Toten gingen. Begräbnis und Kirchhof in der vorindustriellen Stadt. Zürich 1992.

ILLI 1993
> MARTIN ILLI. 150 Jahre Privatfriedhof Hohe Promenade Zürich 1843–1993. Zürich 1993.

ILLI 1997
> MARTIN ILLI. Der Kreuzgang als Bestattungsort. In: K+A, 1997, Heft 2, S. 47–55.

ILLI 2003
> MARTIN ILLI. Die Constaffel in Zürich. Von Bürgermeister Rudolf Brun bis ins 20. Jahrhundert. Zürich 2003.

IMHOF 1977
> ARTHUR E. IMHOF. Die Funktion des Krankenhauses in der Stadt des 18. Jahrhunderts. In: Zeitschrift für Stadtgeschichte, Stadtsoziologie und Denkmalpflege 4, 1977, S. 215–242.

INSA
> Inventar der neueren Schweizer Architektur 1850–1920. Hg. von der Gesellschaft für Schweizerische Kunstgeschichte. 10 Bde. und Registerband. Bern/Zürich 1982–2004.

INSA 10, 1992
> ANDREAS HAUSER, HANSPETER REBSAMEN, CHRISTINE KAMM-KYBURZ u.a. Winterthur, Zürich, Zug. Zürich 1992 (INSA 10).

Inv.
> Inventar.

JAKOB 1969
: FRIEDRICH JAKOB. Der Orgelbau im Kanton Zürich. Von seinen Anfängen bis zur Mitte des 19. Jahrhunderts. Teil II: Quellenband. Bern/Stuttgart 1969 (Publikation der Schweizerischen Musikforschenden Gesellschaft, Serie II, Vol. 18.II).

JAKOB 1971
: FRIEDRICH JAKOB. Der Orgelbau im Kanton Zürich. Von seinen Anfängen bis zur Mitte des 19. Jahrhunderts. Teil I: Textband (Publikation der Schweizerischen Musikforschenden Gesellschaft, Serie II, Vol. 18.I). Bern/Stuttgart 1971.

JACOBSEN/SCHAEFER/SENNHAUSER 1991
: WERNER JACOBSEN, LEO SCHAEFER, RUDOLF SENNHAUSER. Vorromanische Kirchenbauten, Bd. III/2, Nachträge zu: Katalog der Denkmäler bis zum Ausgang der Ottonen (Zentralinstitut für Kunstgeschichte, München, Hg.), München 1991.

Jb.
: Jahrbuch.

JEZLER 1982
: PETER JEZLER. Ostergrab und Depositionsbild. Lizentiatsarbeit der Philosophischen Faultät I der Universität Zürich. Zürich 1982.

JEZLER 1985
: PETER JEZLER. Gab es in Konstanz ein ottonisches Osterspiel? Die Mauritius-Rotunde und ihre kultische Funktion als ‹Sepulchrum Domini›. In: REINLE/SCHMUGGE/STOTZ 1985, S. 91–128.

JEZLER 1990
: PETER JEZLER. Die Desakralisierung der Zürcher Stadtheiligen Felix, Regula und Exuperantius in der Reformation. In: PETER DINZELBACHER und DIETER R. BAUER (Hg.). Heiligenverehrung in Geschichte und Gegenwart. Ostfildern 1990, S. 296–319.

JEZLER/JEZLER/GÖTTLER 1984
: PETER JEZLER, ELKE JEZLER, CHRISTINE GÖTTLER. Warum ein Bilderstreit? Der Kampf gegen die «Götzen» in Zürich als Beispiel. In: ALTENDORF/JEZLER 1984, S. 83–102.

JOHANNES VON WINTERTHUR
: Johannis Vitodurani Chronicon. Die Chronik des Minoriten Johannes von Winterthur. Nach der Urschrift herausgegeben durch GEORG VON WYSS. Zürich 1856 (Archiv für schweizerische Geschichte 11).

KAISER 1995
: REINHOLD KAISER. Vom Früh- zum Hochmittelalter. In: Kantonsgeschichte 1, S. 130–171.

Kantonsgeschichte 1
: Geschichte des Kantons Zürich. Bd. 1: Frühzeit bis Spätmittelalter. Zürich 1995.

Kantonsgeschichte 2
: Geschichte des Kantons Zürich. Bd. 2: Frühe Neuzeit. 16. bis 18. Jahrhundert. Zürich 1996.

KartSlg
: Kartensammlung.

Kat.
: Katalog.

Kat. Manesse 1991
: CLAUDIA BRINKER, DIONE FLÜHLER-KREIS (Hg.). Die Manessische Liederhandschrift in Zürich (Ausstellungskatalog, Schweizerisches Landesmuseum). Zürich 1991.

Kat. Ornamenta Ecclesiae 1985
: ANTON LEGNER (Hg.). Ornamenta Ecclesiae. Kunst und Künstler der Romanik, 3 Bde. (Ausstellungskatalog, Josef Haubrich-Kunsthalle). Köln 1985.

Kat. Schola Tigurina 1999
: Hg. Institut für schweizerische Reformationsgeschichte, Zürich. Schola Tigurina. Die Zürcher Hohe Schule und ihre Gelehrten um 1550. Zürich / Freiburg i.Br. 1999.

KAUTZSCH 1927
: RUDOLF KAUTZSCH. Romanische Kirchen im Elsass. Ein Beitrag zur Geschichte der oberrheinischen Baukunst im 12. Jahrhundert. Freiburg i.Br. 1927.

KAUTZSCH 1944
: RUDOLF KAUTZSCH. Der romanische Kirchenbau im Elsass. Freiburg i.Br. 1944.

Kdm
: Kunstdenkmäler [jeweils mit Kantonsbezeichnung].

KDP
: Kantonale Denkmalpflege Zürich.

KdS
: Die Kunstdenkmäler der Schweiz. Hg. von der Gesellschaft für Schweizerische Kunstgeschichte. Basel/Bern 1927ff.

KELLER 1841
: FERDINAND KELLER. Das Grossmünster in Zürich, II. Architektur (MAGZ). Zürich 1841.

KELLER 1844
: FERDINAND KELLER. Nachträgliche Bemerkungen über die Bauart des Grossmünsters in Zürich. Zürich 1844 (MAGZ). S. 105–114.

KELLER 1982
: RENATE KELLER, CLAUDE BREIDENBACH, DANIÈLE GROS, GENEVIÈVE TEOH. «Der Stadt Zürich Conterfey». Maltechnische Untersuchung und Restaurierung. In: ZAK, 1982, S. 163–180.

KELLER 2001
: ROLF KELLER. Die Statue Karls des Grossen von Ludwig Keiser. In: Tugium 17, 2001, S. 163–164.

KEMPE/MAISSEN 2002
: MICHAEL KEMPE, THOMAS MAISSEN. Die Collegia der insulaner, vertraulichen und Wohlgesinnten in Zürich 1679–1709. Die ersten deutschsprachigen Aufklärungsgesellschaften zwischen Naturwissenschaft, Bibelkritik, Geschichte und Politik. Zürich 2002.

KESSLER/SAUER 2002
: CORDULA M. KESSLER, CHRISTINE SAUER. Zur Buchmalerei im Umfeld des Zürcher Dominikanerklosters. In: Bettelorden, Bruderschaften und Beginen 2002, S. 133–150.

KH
: Kunsthaus Zürich.

KIRCHGÄSSNER 1975
: BERNHARD KIRCHGÄSSNER. Heinrich Göldin. Ein Beitrag zur sozialen Mobilität der oberdeutschen Geldaristokratie an der Wende vom 14. zum 15. Jahrhundert. In: Aus Stadt- und Wirtschaftsgeschichte Süddeutschlands, FS für Erich Maschke zum 75. Geburtstag (Veröffentlichungen der Kommission für Geschichte und Landeskunde in Baden-Württemberg, Reihe B, Forschungen, Bd. 85). Stuttgart 1975. S. 97–109.

KLÄUI 1952
: PAUL KLÄUI. Zur Frage des Zürcher Monasteriums. In: Schweizerische Zeitschrift für Geschichte 2, 1952, S. 369–405.

KLEIN 1997
: PETER K. KLEIN. Lasterdarstellung und Busspraxis am Kreuzgangportal von Silos. Zu dem Bartzieher-Kapitell der Puerta de las Vírgenes. In: Radical Art History. Internationale Anthologie. Subject: O.K. Werckmeister. (Hg.) Wolfgang Kersten. Zürich 1997. S. 212–224.

KNOEPFLI 1961
: ALBERT KNOEPFLI. Kunstgeschichte des Bodenseeraumes, Bd. 1: Von der Karolingerzeit bis zur Mitte des 14. Jahrhunderts. Konstanz/Lindau/Stuttgart 1961.

KNOEPFLI 1972
: ALBERT KNOEPFLI. Schweizerische Denkmalpflege. Geschichte und Doktrinen. Zürich 1972 (Beiträge zur Geschichte der Kunstwissenschaft in der Schweiz 1).

KÖTZSCHE 1967
: DIETRICH KÖTZSCHE. Darstellungen Karls des Grossen in der lokalen Verehrung des Mittelalters. In: Karl der Grosse. Das Nachleben. Köln/Aachen 1967.

KORD 1992
: SUSANNE KORD. Ein Blick hinter die Kulissen: deutschspra-

chige Dramatikerinnen im 18. und 19. Jahrhundert. Stuttgart 1992.

KOTTMANN 1989
ANTON KOTTMANN. Die Friedhöfe bei den Franziskanern. In: GLAUSER/HEGGLIN 1989, S. 291–294.

KRAUSE 1987
HANS-JOACHIM KRAUSE. «Imago ascensionis» und «Himmelloch». Zum «Bild»-Gebrauch in der spätmittelalterlichen Liturgie. In: FRIEDRICH MÖBIUS, ERNST SCHUBERT (Hg.). Skulptur des Mittelalters, Funktion und Gestalt. Weimar 1987, S. 280–353.

KRAUTHEIMER 1927
RICHARD KRAUTHEIMER. Mittelalterliche Synagogen. Berlin 1927.

KRAUTHEIMER 1987
RICHARD KRAUTHEIMER. Rom. Schicksal einer Stadt 312–1308. München 1987.

KRONBICHLER 1983
WALTER KRONBICHLER [hg. von der Erziehungsdirektion des Kantons Zürich]. Die Zürcherischen Kantonsschulen 1833–1983. FS zur 150-Jahr-Feier der staatlichen Mittelschulen des Kantons Zürich. Zürich 1983.

KUHN 1933
G. KUHN. Hans Ininger von Landshut. Ein zürcherischer Kunsthandwerker des 15./16. Jahrhunderts. In: ASA, N.F. 35, 1933, S. 77.

K+A
Kunst und Architektur in der Schweiz. Hg. von der Gesellschaft für Schweizerische Kunstgeschichte. Bern 1994ff. [Vorher: UKdm].

L. Länge.

LARGIADÈR 1932
ANTON LARGIADÈR. Hundert Jahre Antiquarische Gesellschaft in Zürich. Zürich 1932.

LARGIADÈR 1936
ANTON LARGIADÈR. Bürgermeister Rudolf Brun und die Zürcher Revolution von 1336. Zürich 1936 (MAGZ 31, Heft 5).

LARGIADÈR 1937
ANTON LARGIADÈR. Das Staatsarchiv Zürich 1837–1937. Zürich 1937.

LARGIADÈR 1941/1
ANTON LARGIADÈR. Die Entwicklung des Zürcher Siegels. In: ZTB 67, 1941, S. 1–47.

LARGIADÈR 1941/2
ANTON LARGIADÈR. Die Grabplatte des Zürcher Dominikaners Heinrich Von Ruchenstein (-von Galgenen) um 1270. In: ZAK 1941, Bd. 3, Heft 4, S. 245–247.

LAUREATUS 1681
HIERONIMUS LAUREATUS. Silva allegoriarum totius sacrae scripturae. Barcelona 1570, Köln 1681, Reprint München 1971.

LAVATER [1559]
LUDWIG LAVATER. De ritibus et Institutis Ecclesiae Tigurinae [1559]. Erneut hg. und erweitert von JOHANN BAPTIST OTT (1702). Übersetzt und erläutert von GOTTFRIED ALBERT KELLER. Zürich 1987.

lb Pfund.

LE GOFF 1970
JACQUES LE GOFF. Enquête du Centre de Recherches Historiques. Ordres mendiants et urbanisation dans la France médiévale. In: Annales ESC 25, 1970, S. 924–946.

LEEMANN-VAN ELCK 1940
PAUL LEEMANN-VAN ELCK. Die Offizin Froschauer. Zürichs berühmte Druckerei im 16. Jahrhundert. In: MAGZ 33 / Heft 2. Zürich 1940.

LEGNER 1985
ANTON LEGNER. Illustres manus. In: Kat. Ornamenta Ecclesiae 1985, S. 187–230.

LEHMANN 1926
HANS LEHMANN. Lukas Zeiner und die spätgotische Glasmalerei in Zürich. Zürich 1926 (MAGZ).

LEHMANN 1995
MARTIN LEHMANN. Der Leiermann und sein Pflegekind: Zur Bedeutung des Zürcher Aktientheaters (1834–1890). In: Die Fermate, Nr. 175, Zürich 1995, S. 8–33.

LEISIBACH 1982
MORITZ LEISIBACH. Das Medizinisch-chirurgische Institut in Zürich 1782–1833. Vorläufer der Medizinischen Fakultät der Universität Zürich. Zürich 1982 (Schriften zur Zürcher Universitäts- und Gelehrtengeschichte 4).

LEUPPI 1995
HEIDI LEUPPI (hg. unter Mitarbeit von CH. BARRAUD WIENER, TH. EGLOFF, A. HÄNGGI, P. JEZLER, P. LADNER, S. SIEGWART, P. WITTWER). Liber Ordinarius des Konrad von Mure. Die Gottesdienstordnung in Zürich, Zentralbibliothek Ms C 8b. In: Spicilegium Friburgense, Bd. 36, Freiburg i.Ü. 1995.

LEUPPI 2006
HEIDI LEUPPI, Die Anfänge des Grossmünsters. – Ein Versuch. In: ZTB 2006, S. 395–416.

LINDNER 1899
ARTHUR LINDNER. Das Portal und zwei Kapitell-Reliefs des Grossmünsters zu Zürich. In: ARTHUR LINDNER. Die Basler Galluspforte und andere romanische Bildwerke der Schweiz (Studien zur deutschen Kunstgeschichte 17). Strassburg 1899. S. 64–81.

LIPSMEYER 1988
ELIZABETH LIPSMEYER. The Liber Ordinarius by Konrad von Mure and Palm Sunday Observance in Thirteenth-century Zürich. In: Manuscripta 32, 1988, S. 139–145.

LOZ
Liber Ordinarius des Grossmünsters von Zürich (ZBZ, Ms. C 8b).

MAGZ
Mitteilungen der Antiquarischen Gesellschaft in Zürich.

MARCHAL 1977
GUY MARCHAL. Die Dom- und Kollegiatstifte der Schweiz (HS, Abt. II, Teil 2). Bern 1977.

MATHIS 1979
WALTER MATHIS. Zürich – Stadt zwischen Mittelalter und Neuzeit. Gedruckte Gesamtansichten und Pläne 1540–1875. Zürich 1979.

MAURER 1978
HELMUT MAURER. Der Herzog von Schwaben. Grundlagen, Wirkungen und Wesen seiner Herrschaft in ottonischer, salischer und staufischer Zeit. Sigmaringen 1978.

MAURER 1989
HELMUT MAURER. Konstanz im Mittelalter I: Von den Anfängen bis zum Konzil. Konstanz 1989.

MAURER, KdmBS 1966
FRANÇOIS MAURER. Die Kunstdenkmäler des Kantons Basel-Stadt V. Die Kirchen, Klöster und Kapellen. Dritter Teil: St. Peter bis Ulrichskirche. Basel 1966 (KdS 52).

MAURER-KUHN 1971
FRANÇOIS MAURER-KUHN. Romanische Kapitellplastik in der Schweiz. Basel 1971 (Basler Studien zur Kunstgeschichte. Neue Folge, Bd. XI).

MEERSSEMAN 1946
MEERSSEMAN, G(ILLES M.). L'architecture dominicaine au XIIIe siècle. Archivum Fratrum Praedicatorum 16, 1946.

MEIER 1996
HANS-RUDOLF MEIER. Romanische Schweiz. Würzburg 1996.

MEIER 2004
GABI MEIER. Vom Franziskanerkloster in Zürich zum heutigen Obergericht: Die baugeschichtliche Entwicklung anhand archäologischer und kunsthistorischer Quellen. Lizentiatsar-

beit der Philosophischen Fakultät I der Universität Zürich 2004.
MEIER / SCHWINN SCHÜRMANN 2002
HANS-RUDOLF MEIER, DOROTHEA SCHWINN SCHÜRMANN (Hg.). Die Schwelle zum Paradies. Die Galluspforte des Basler Münsters. Basel 2002.
MEINTEL 1921
PAUL MEINTEL. Zürcher Brunnen. Zürich 1921.
MEISTER 1818
HENRI MEISTER. Voyage de Zurich à Zurich par un vieil habitant de cette ville. Zurich 1818 (Neuauflage 1961).
MEYER 1973
ANDRÉ MEYER. Neugotik und Neuromanik in der Schweiz. Die Kirchenarchitektur des 19. Jahrhunderts. Zürich 1973.
MEYER 1986
ANDREAS MEYER. Zürich und Rom. Ordentliche Kollatur und päpstliche Provisionen am Frau- und Grossmünster 1316–1523. In: Bibliothek des Deutschen Historischen Instituts in Rom. Bd. 64. Tübingen 1986.
MEYER 1992
ANDREAS MEYER. Der deutsche Pfründenmarkt im Spätmittelalter. In: Quellen und Forschungen aus italienischen Archiven und Bibliotheken 71, Rom 1992, S. 266–279.
MEYER 1998
JOCHEN MEYER. Theaterbautheorien zwischen Kunst und Wissenschaft. Zürich/Berlin 1998.
MICHEL 1979
PAUL MICHEL. Tiere als Symbol und Ornament. Möglichkeiten und Grenzen der ikonographischen Deutung, gezeigt am Beispiel des Zürcher Grossmünsterkreuzgangs. Wiesbaden 1979.
MICHLER 1992
JÜRGEN MICHLER. Gotische Wandmalerei am Bodensee. Friedrichshafen 1992.
MILT 1951
BERNHARD MILT. Geschichte des Zürcher Spitals. In: Zürcher Spitalgeschichte 1, S. 1–138.
MÖLLER 1983
BERND MÖLLER. Die Anfänge kommunaler Bibliotheken in Deutschland. In: Studien zum städtischen Bildungswesen des späten Mittelalters und der frühen Neuzeit. Bericht über Kolloquien der Kommission zur Erforschung der Kultur des Spätmittelalters 1978 bis 1981 (Abhandlungen der Akademie der Wissenschaften in Göttingen). Göttingen 1983, S. 136–151.
MÖRGELI 2000
CHRISTOPH MÖRGELI. Kurze Geschichte des Zürcher Spitals. In: Zürcher Spitalgeschichte 3, S. 25–76.
MOHLBERG 1943
LEO CUNIBERT MOHLBERG. Das Zürcher Psalterium (Car C 161 Nr. 324) und das dartin enthaltene sogenannte Schatzverzeichnis des Grossmünsters, mit vorläufigen Bemerkungen zur ältesten Kirchengeschichte Zürichs. In: ZAK 5, 1943, S. 31–52.
MOHLBERG 1946–47
LEO CUNIBERT MOHLBERG. Rand- und andere Glossen zum ältesten Schriftwesen in Zürich bis etwa 1300. In: Scriptorium 1, 1946–47, S. 17–32.
Monumenta Judaica 1963
Monumenta Judaica. Handbuch. 200 Jahre Geschichte und Kultur der Juden am Rhein. Ausstellung im kölnischen Stadtmuseum, 15. Oktober 1963 – 15. März 1864. Köln 1963.
VON MOOS 1778–1779
DAVID VON MOOS. Thuricum Sepultum et tantum non ignoratum indagatum atque retectum, das ist Sammlung alter und neuer Grabschriften, welche in der Stifts-Kirche zum grossen Münster, Kirche zum Frau Münster, zu St. Peter […] noch leserlich vorgefunden werden […]. 3 Bde. Zürich 1778–1779.

MORATH-FROMM 2003
ANNA MORATH-FROMM (Hg.). Kunst und Liturgie. Choranlagen des Spätmittelalters. Ihre Architektur, Ausstattung und Nutzung. Ostfildern 2003.
MOREL 1972
ANDREAS F. A. MOREL. Zur Geschichte der Stuckdekoration in der Schweiz. In: ZAK 1972, S. 176–197.
MORF 1969
HANS MORF. Zunftverfassung und Obrigkeit in Zürich von Waldmann bis Zwingli. In: MAGZ 45, Zürich 1969.
MORIN 1927
GERMAIN MORIN. Die Zürcher Heiligen Felix und Regula und ihre afrikanischen Namensvettern von Abitinae. In: Festgabe des Zwingli-Vereins zum 70. Geburtstag seines Präsidenten Hermann Escher, Zürich 1927, S. 6–9.
MOTSCHI/HANSER/WILD 2002
ANDREAS MOTSCHI, JÜRG HANSER, DÖLF WILD. Auf den Spuren der Mittelalterlichen Synagoge von Zürich. Archäologische Untersuchungen im Haus Froschaugasse 4. Zürich 2002.
Ms.
Manuskript.
MÜLLER 1776
JOHANNES MÜLLER. Merckwürdige Überbleibsel von Alterthümeren an versiedenen Orthen der Eydgonsschaft nach Originalien gezeichnet und in Kupfer herausgegeben, 6. Teil. Zürich 1776.
MÜLLER 1911
EUGEN MÜLLER. Eine Glanzzeit des Zürcher Stadttheaters: Charlotte Birch-Pfeiffer 1837–1843. Zürich 1911.
MÜLLER 1942
ISO MÜLLER. Disentiser Klostergeschichte, Bd. 1. Einsiedeln 1942.
MÜLLER 1952
ISO MÜLLER. Die Passio S. Placidi. In: ZSK 46, 1952, S. 161–180; 257–278.
MÜLLER 1971
ISO MÜLLER. Die frühkarolingische Passio der Zürcher Heiligen. In: ZSK 65, 1971, S. 132–187.
MÜLLER 2001
THOMAS MÜLLER. Das öffentliche Bauwesen in Zürich. Zweiter Teil: Das kantonale Bauamt 1896–1958. Zürich/Egg 2001 (Kleine Schriften zur Zürcher Denkmalpflege 5).
MÜLLER 2002
FRANZ MÜLLER. «Heiligtümer des Mitleidens». In: Bettelorden, Bruderschaften und Beginen 2002, S. 87–90.
MUNK 1968
DIETER MUNK. Die Ölberdarstellung in der Monumentalplastik Süddeutschlands. Tübingen 1968.
N. F.
Neue Folge.
NIGGLI-HÜRLIMANN 1958/59
BERTHA NIGGLI-HÜRLIMANN. Die Gräber alter Zürcher in der Predigerkirche. Bulletin der schweizerischen Gesellschaft für Anthropologie und Ethnologie, 35. Jahrgang 1958/59, S. 38–92.
Njbl.
Neujahrsblatt.
NÜSCHELER 1873
ARNOLD NÜSCHELER. Gotteshäuser der Schweiz, 3. Heft, Bisthum Constanz. Zweite Abtheilung. Archidiaconat Zürichgau. Zürich 1873.
NÜSCHELER 1889
ARNOLD NÜSCHELER. Geschichte der Alten Glocken im Grossmünster. In: FS Glockenweihe 1889, Zürich 1889, S. 3–25.
NUSSBAUMER o. J.
FRITZ NUSSBAUMER. Quellenverzeichnis zur Zürcher Brunnengeschichte, undatiertes Ms. (StAZH, Da 17).

NZZ
: Neue Zürcher Zeitung. Zürich 1780ff.

OBERST 1927
: JOHANNES OBERST. Die mittelalterliche Architektur der Dominikaner und Franziskaner in der Schweiz. Zürich/Leipzig 1927.

OEHNINGER 2004
: ROBERT HEINRICH OEHNINGER. Das Zwingliportal am Grossmünster in Zürich. 3., aktualisierte Auflage. Zürich 2004.

OSWALD 1969
: FRIEDRICH OSWALD. In medio Ecclesiae. In: Frühmittelalterliche Studien 3, 1969, S. 311–326.

PAULUS [2007]
: SIMON PAULUS. Die Architektur der aschkenasischen Synagoge im Mittelalter. [Voraussichtlich 2007].

PD
: Plandokument.

PERONI 1967
: ADRIANO PERONI. San Michele di Pavia. Mailand 1967.

PETER 1939/40
: HEINRICH PETER. Die Instandstellung der Türme und des Nordportals des Grossmünsters. In: Jahrbuch vom Zürichsee, 1939/40, S. 38–45.

PETERSOHN 1994
: JÜRGEN PETERSOHN. Kaisertum und Kultakt in der Stauferzeit. In: Politik und Heiligenverehrung im Hochmittelalter (Vorträge und Forschungen, hg. vom Konstanzer Arbeitskreis für mittelalterliche Geschichte 42). Sigmaringen 1994. S. 101–146.

PEYER 1971
: HANS CONRAD PEYER. Zürich im frühen und hohen Mittelalter. In: Zürich von der Urzeit zum Mittelalter. Zürich 1971. S. 165–227.

PFENNINGER 1981
: FRIEDEMANN ARTHUR PFENNINGER. Zürich und sein Theater auf dem Weg zur Belle Epoque (165. Njbl. der Allgemeinen Musikgesellschaft Zürich auf das Jahr 1981). Zürich 1981.

POESCHEL 1933
: ERWIN POESCHEL. Sind Felix und Regula Zürcher Heilige? In: NZZ 2217 und 2225, 1933, neu: Bündnerisches Monatsblatt 12, 1945, S. 309–317.

POESCHEL, KdmGR 1948
: ERWIN POESCHEL. Die Kunstdenkmäler des Kantons Graubünden VII. Chur und der Kreis der fünf Dörfer. Basel 1948 (KdS 20).

QSG
: Quellen zu Schweizer Geschichte. Hg. von der Allgemeinen Geschichtsforschenden Gesellschaft der Schweiz. Basel 1870ff.

RAHN 1873
: JOHANN RUDOLF RAHN. Eine Erinnerung aus der Geschichte des Grossmünsters in Zürich. Zum Gedächtnis an Johann Jakob Breitinger, † 14. Dezember 1776. Der allgemeinen geschichtsforschenden Gesellschaft der Schweiz gewidmet bei ihrer Jahresversammlung in Zürich am 19. August 1873. Zürich 1873.

RAHN 1876
: JOHANN RUDOLF RAHN. Geschichte der bildenden Künste in der Schweiz. Zürich 1876.

RAHN 1878
: JOHANN RUDOLF RAHN. Ein wiedergefundenes Kleinod des Grossmünsters in Zürich: Karls des Kahlen Gebetbuch in der Königlichen Schatzkammer in München. In: ASA 11, 1878, S. 807–831.

RAHN 1897
: JOHANN RUDOLF RAHN. Das Grossmünster in Zürich. Zur Erinnerung an die im Sommer 1897 vorgenommenen Wiederherstellungsarbeiten. Zürich 1897.

RAHN 1898
: JOHANN RUDOLF RAHN. Beobachtungen über die Bauart und die Ausstattung des Grossmünsters in Zürich. In: ASA 31, 1898, S. 38–46, 68–79, 114–125.

RAHN 1898 (Heraldik)
: JOHANN RUDOLF RAHN. Heraldisches aus dem Grossmünster in Zürich. In: Schweizerisches Archiv für Heraldik, 1898, S. 1ff., 41ff.

RAHN 1912
: JOHANN RUDOLF RAHN. Die Stiftskirche von Schänis. In: ASA, N.F. 14, 1912, S. 59–80.

RAIMANN/ERNI, KdmTG 2001
: ALFONS RAIMANN, PETER ERNI. Die Kunstdenkmäler des Kantons Thurgau IV. Der Bezirk Steckborn. Bern 2001 (KdS 98).

RAMER 1973
: CÉCILE RAMER. Felix, Regula und Exuperantius. Ikonographie der Stifts- und Stadtheiligen Zürichs. Zürich 1973 (MAGZ).

RDK
: Reallexikon zur Deutschen Kunstgeschichte. Begonnen von OTTO SCHMIDT, hg. vom Zentralinstitut für Kunstgeschichte München. Stuttgart 1937ff.

REBSAMEN 1989
: HANSPETER REBSAMEN. Bauplastik in Zürich 1890–1990. Zürich/Stäfa 1989.

REINERS 1955
: HERIBERT REINERS. Das Münster Unserer Lieben Frau zu Konstanz. Konstanz 1955.

REINLE 1956
: ADOLF REINLE. Kunstgeschichte der Schweiz, Bd. 3: Die Kunst der Renaissance, des Barock und des Klassizismus. Frauenfeld 1956.

REINLE 1968
: ADOLF REINLE. Kunstgeschichte der Schweiz, Bd. 1. Frauenfeld 1968.

REINLE 1969
: ADOLF REINLE. Der Reiter am Zürcher Grossmünster. In: ZAK 1969, S. 21–46.

REINLE 1984
: ADOLF REINLE. Das stellvertretende Bildnis. Plastiken und Gemälde von der Antike bis ins 19. Jahrhundert. Zürich/München 1984.

REINLE 1987
: ADOLF REINLE. Die mittelalterliche Predigerkirche. Kunstgeschichtliche Beschreibung und Analyse. In: Arbeitsgruppe Predigerchor (Hg.). Zürcher Predigerchor. Vergangenheit – Gegenwart – Zukunft. Zürich 1987.

REINLE 1988
: ADOLF REINLE. Die Ausstattung deutscher Kirchen im Mittelalter. Darmstadt 1988.

REINLE 1990
: ADOLF REINLE. Der romanische Reiter am Zürcher Grossmünster. In: Die Zähringer. Schweizer Vorträge und neue Forschungen. Hg. von KARL SCHMID (Veröffentlichungen zur Zähringerausstellung III). Sigmaringen 1990. S. 3–14.

REINLE 1992
: ADOLF REINLE. Der romanische Reiter am Zürcher Grossmünster. In: UKdm 43, 1992, S. 148–151.

REINLE 1994
: ADOLF REINLE. Eine Samsonfigur als Schlussstein im Zürcher Grossmünster. In: Georges-Bloch-Jahrbuch des Kunstgeschichtlichen Seminars der Universität Zürich, 1994, S. 55–69.

REINLE, KdmLU 1953
: ADOLF REINLE. Die Kunstdenkmäler des Kantons Luzern II. Die Stadt Luzern, I. Teil. Basel 1953 (KdS 30).

REINLE/SCHMUGGE/STOTZ 1985
: Variorum Munera Florum. Latinität als prägende Kraft. FS für Hans F. Haefele zu seinem sechzigsten Geburtstag, hg. von

Adolf Reinle, Ludwig Schmugge und Peter Stotz. Sigmaringen 1985.

Reise 1828
Reise eines ælteren Zürchers durch Zuerich. Aus dem Französischen und mit Anmerkungen begleitet von einem jüngeren Nicht=Zuercher. Zürich 1828.

Rieger 1986
Ernst Rieger [Aus dem Nachlass herausgegeben und für den Druck überarbeitet von Reinhard Härtel]. Das Urkundenwesen der Grafen von Kiburg und Habsburg. Mit besonderer Betonung der innerschweizerischen, Zürcher und thurgauischen Landschaften, 2 Teilbände. In: Archiv für Diplomatik. Beiheft 5 / I und II. Köln und Wien 1986.

Ringholz 1896
Odilo Ringholz; Wallfahrtsgeschichte Unserer Lieben Frau von Einsiedeln. Ein Beitrag zur Culturgeschichte. Freiburg i.B. 1896.

Rippmann 1987
Dorothee Rippmann [Hg. vom Schweizerischen Burgenverein]. Basel Barfüsserkirche. Grabungen 1975–1977. Ein Beitrag zur Archäologie und Geschichte der mittelalterlichen Stadt. Einleitung und Teil I–IV. Olten/Freiburg i.Br. 1987 (Schweizer Beiträge zur Kulturgeschichte und Archäologie des Mittelalters, Bd. 13).

Rosner 1991
Ulrich Rosner. Die ottonische Krypta. In: Veröffentlichungen der Abteilung Architektur des Kunsthistorischen Instituts der Universität Köln 40, herausgegeben von Günther Binding. Köln 1991.

RRR
Rechenschaftsbericht des Regierungsrats.

Rudio 1896
Ferdinand Rudio. FS der naturforschenden Gesellschaft in Zürich, 1746–1896. Zürich 1896.

Rütsche 1997
Claudia Rütsche. Die Kunstkammer in der Zürcher Wasserkirche. Öffentliche Sammeltätigkeit einer gelehrten Bürgerschaft im 17. und 18. Jahrhundert aus museumsgeschichtlicher Sicht. Bern 1997.

Ruoff 1989
Ulrich Ruoff. Die archäologischen Untersuchungen in der Predigerkirche. In: BZD 9, Teil 3, 1969, Zürich 1989, S. 23–29.

Ruoff 1965
Wilhelm Heinrich Ruoff. Die Hohe Gerichtsbarkeit des Grossmünsterstiftes Zürich und seine Weibelhube in Fluntern. In: FS Karl Siegfried Bader, Zürich 1965, S. 343–372.

Ruoff 1969–1979
Ulrich Ruoff. Das Klösterli St. Martin auf dem Zürichberg. In: BZD 1969–1979, S. 30–33.

Ruoff 1978
Wilhelm Heinrich Ruoff. Die Gätteri als Form des Kirchenprangers. In: FS Hermann Baltl zum 60. Geburtstag, Innsbruck 1978, S. 421–438.

Ruoff 1936
Wilhelm Heinrich Ruoff. Quellen zur zürcherischen Familiengeschichte. In: Zürcher Monats=Chronik, Zürich 1936, S. 21–27; 68–73.

Sablonier 1979
Roger Sablonier. Adel im Wandel. Eine Untersuchung zur sozialen Situation des ostschweizerischen Adels um 1300. In: Veröffentlichungen des Max-Planck-Instituts für Geschichte 66. Göttingen 1979.

Saurma-Jeltsch 1988
Lieselotte Saurma-Jeltsch. Das stilistische Umfeld der Miniaturen. In: Codex Manesse, hg. von Elmar Mittler und Wilfried Werner (Ausstellungskatalog: Heidelberg, Universität), Heidelberg 1988, S. 302–349.

Saurma-Jeltsch 2004
Lieselotte E. Saurma-Jeltsch. Karl der Grosse als Sinnbild des weisen und zornigen Richters. In: ZAK 61, 2004, S. 31–43.

SAZ
Stadtarchiv Zürich.

SBZ
Schweizerische Bauzeitung. Zürich 1883–1978.

Schadek/Schmid 1986
Hans Schadek, Karl Schmid (Hg.). Die Zähringer. Anstoss und Wirkung, Veröffentlichungen zur Zähringer-Ausstellung II. Sigmaringen 1986.

Schär 1985
Markus Schär. Seelennöte der Untertanen. Selbstmord, Melancholie und Religion im Alten Zürich 1500–1800. Zürich 1985.

Schärli 1984
Thomas Schärli. Wer ist Christi Kilch? Die sin Wort hört. Zürich im Übergang von der spätmittalterlichen Universalkirche zur frühneuzeitlichen Staatskirche. In: Zwinglis Zürich 1484–1531. Zürich 1984.

Schenkluhn 2000
Wolfgang Schenkluhn. Architektur der Bettelorden. Die Baukunst der Dominikaner und Franziskaner in Europa. Darmstadt 2000.

Schindler 1992
Alfred Schindler. Die Klagschrift des Chorherrn Hofmann gegen Zwingli. In: Reformiertes Erbe. FS für Gottfried W. Locher, Zürich 1992, S. 325–359.

Schmid 1988
Walter P. Schmid. Der junge Alfred Escher. Sein Herkommen und seine Welt. Zürich 1988 (MAGZ, Bd. 55).

Schmid 1990
Karl Schmid. Die Zähringer. Schweizer Vorträge und neue Forschungen von Karl Schmid. Sigmaringen 1990.

Schmugge 1985
Ludwig Schmugge. Stadt und Kirche im Spätmittelalter am Beispiel der Schweiz. In: Reinle/Schmugge/Stotz 1985, S. 273–299.

Schneider 1992
Jürg Schneider. Zürich. In: Stadtluft, Hirsebrei und Bettelmönch. Hg. vom Landesdenkmalamt Baden-Würtemberg und der Stadt Zürich (Katalog zur gleichnamigen Ausstellung: Zürich/Stuttgart). Zürich 1992. S. 68–91.

Schulthess 1832
Heinrich Schulthess. Elendenherbergen im Mittelalter. Zürich 1832 (XXXII. Neujahrsblatt, hg. von der Hulfsgesellschaft in Zürich auf das Jahr 1832).

Schwartz 1973
Friedrich-Wilhelm Schwartz. Idee und Konzeption der frühen territorial-staatlichen Gesundheitspflege in Deutschland («Medizinische Polizei») in der ärztlichen und staatswissenschaftlichen Fachliteratur des 16.–18. Jahrhunderts. Frankfurt 1973.

Schwarz 1948
Dietrich W. H. Schwarz. Liturgiegeschichtliches und Ikonographisches aus dem alten Zürich. In: Miscellanea liturgica in honorem L. Cuniberti Mohlberg, Bd. 1 (Bibliotheca «Ephemerides liturgicae» 22). Roma 1948. S. 429–442.

Schwarz 1951/1993
Dietrich W. H. Schwarz. Zwei gotische Archivschränke aus Zürich. In: FS zur Feier des zweihundertjährigen Bestandes des Haus-, Hof- und Staatsarchivs. Wien 1951. S. 514–517 (neu in: MAGZ 60, Ex Fontibus hauriunus, 1993, S. 81–89).

Schwarz 1958
Dietrich W. H. Schwarz. Das Schatzverzeichnis des Grossmünsters in Zürich von 1333. Archivalia et historica, 1958 (FS für Anton Largiadèr). S. 191–201.

Schwarz 1987
   Dietrich W.H. Schwarz. Eine Gesellschaft. 150 Jahre Gelehrte Gesellschaft in Zürich 1837–1987. Zürich 1987 (150. Neujahrsblatt der Gelehrten Gesellschaft in Zürich zum Besten der Waisenhäuser).
Schweizer 1884 (Saatarchiv)
   Paul Schweizer. Geschichte des Zürcher Staatsarchives. Zürich 1894 (Neujahrsblatt auf das Jahr 1894 zum Besten des Waisenhauses in Zürich von einer Gesellschaft herausgegeben).
Schweizer 1884 (Urkundenabteilungen)
   Paul Schweizer. Übersicht über die Urkundenabteilungen des Zürcher Staatsarchivs (Ms. StAZH, Katalog 421, Abschrift 1956 von Hans Sigg). 1884.
Schwineköper 1984
   Berent Schwineköper. Motivationen und Vorbilder für die Errichtung der Magdeburger Reitersäule. Ein Beitrag zur Geschichte des Reiterbildes im hohen Mittelalter. In: Institutionen, Kultur und Gesellschaft im Mittelalter. FS für Josef Fleckenstein zu seinem 65. Geburtstag, hg. von Lutz Fenske, Werner Rösener und Thomas Zotzt, Sigmaringen 1984, S. 343–392.
Seidenberg 1988
   Margot Seidenberg. Sigillum Sanctorum Felicis et Regule. Die Stadtheiligen als Siegelmotiv. In: Die Zürcher Stadtheiligen Felix und Regula, Legenden, Reliquien, Geschichte und ihre Botschaft im Licht moderner Forschung, hg. von Hansueli F. Etter, Urs Bauer, Jürg Hanser, Jürg E. Schneider. Zürich 1988. S. 63–78.
Seiler 1994
   Roger Seiler. Mittelalterliche Medizin und Probleme der Jenseitsvorsorge. In: Himmel, Hölle, Fegefeuer. Das Jenseits im Mittelalter, hg. von Peter Jezler (Ausstellungskatalog: Zürich, SLM / Köln, Schnütgen-Museum). Zürich 1994.
Senn 1974
   Matthias Senn. Johann Jakob Wick (1522–1588) und seine Sammlung von Nachrichten zur Zeitgeschichte. Zürich 1974 (MAGZ 46, Heft 2).
Senner 2002
   Walter Senner OP. Zur Spiritualität des Dominikanerordens im Mittelalter. In: Bettelorden, Bruderschaften und Beginen 2002, S. 121–131.
Sennhauser 1990/1
   Hans Rudolf Sennhauser. St. Ursen – St. Stephan – St. Peter. Die frühen Kirchen von Solothurn im Mittelalter. Beiträge zur Kenntnis des frühen Kirchenbaus in der Schweiz. In: Solothurn. Beiträge zur Entwicklung der Stadt im Mittelalter. Veröffentlichungen des Instituts für Denkmalpflege der ETH Zürich, Bd. 9. Zürich 1990. S. 83–219.
Sennhauser 1990/2
   Hans Rudolf Sennhauser. Das Kloster Kappel im Mittelalter. In: Zisterzienserbauten in der Schweiz, Bd. 2, Männerklöster (Veröffentlichungen des Instituts für Denkmalpflege der ETH Zürich, Bd. 10.2. Zürich 1990. S. 85–126.
Sennhauser 1994
   Hans Rudolf Sennhauser. Schriftliche Nachrichten zum Baubetrieb süddeutscher und nordschweizerischer Klöster im frühen und hohen Mittelalter. In: Bamberger Beiträge zur Archäologie des Mittelalters und der Neuzeit 1. Darmstadt 2004. S. 283–295.
Sibler 2001
   Georg Sibler. Meierhof des Grossmünsters in Höngg. Geschichte eines Hauses, seiner Bewohner und ihrer Bedeutung im Dorfleben. Höngg 2001 (Mitteilung der Ortsgeschichtlichen Kommission des Verschönerungsvereins Höngg, Nr. 43).
SI Schweizerisches Idiotikon. Wörterbuch der schweizerdeutschen Sprache. Frauenfeld 1881ff.

Siegwart 1995
   Josef Siegwart. Das Verhältnis der Zürcher Chorherren des Grossmünsters zur monastischen Lebensweise und zur Mönchsliturgie. In: Leuppi 1995, S. 59–73.
Sigg 1971
   Otto Sigg. Die Entwicklung des Finanzwesens und der Verwaltung Zürichs im ausgehenden 16. und im 17. Jahrhundert. Bern/Frankfurt 1971.
SKL
   Schweizerisches Künstlerlexikon. Hg. vom Schweizerischen Kunstverein, redigiert von Carl Brun et al. 4 Bde. Frauenfeld 1905–1917.
SLM
   Schweizerisches Landesmuseum, Zürich.
Sommer-Ramer 1995
   Cécile Sommer-Ramer. Die Beginen und Begarden in der Schweiz: Zürich (Stadt) (HS, Abt. IX, Bd. 2). Basel und Frankfurt a.M. 1995. S. 766–797.
Spillmann 1962/I
   Kurt Spillmann. Zwingli und die Zürcher Schulverhältnisse. In: Zwingliana, Bd. XI, Heft 7, 1962/I. S. 427–448.
Stadtbücher 1–3
   [Heinrich Zeller-Werdmüller, Hans Nabholz, Hg.]. Die Zürcher Stadtbücher des 14. und 15. Jahrhunderts. 3 Bde. Leipzig 1899–1906.
Stähli 2002
   Marlis Stähli. Gebete, Psalmen und Gesundheitsregeln – «St. Frene» in Handschriften der Burgerbibliothek Bern und der Zentralbibliothek Zürich. In: Bettelorden, Bruderschaften und Beginen 2002, S. 237–247.
Statutenbücher 1346
   Dietrich W. H. Schwarz. Die Statutenbücher der Propstei St. Felix und Regula (Grossmünster) zu Zürich. Zürich 1952.
StAZH
   Staatsarchiv des Kantons Zürich.
Steiner 1998
   Hannes Steiner. Alte Rotuli neu aufgerollt. Quellenkritische und landesgeschichtliche Untersuchungen zum spätkarolingischen und ottonischen Zürich. Freiburg/München 1998 (Forschungen zur Oberrheinischen Landesgeschichte, Bd. 42).
Steinmann 1980
   Judith Steinmann. Die Benediktinerinnenabtei zum Fraumünster und ihr Verhältnis zur Stadt Zürich 853–1524. In: Studien und Mitteilungen zur Geschichte des Benediktinerordens und seiner Zweige 23. St. Ottilien 1980.
Stromer 1997
   Markus Stromer. «actum in ambitu monasterii nostri». Kreuzgänge als Orte von Rechtshandlungen. In: KtA 48, 1997, Heft 2.
Stump et al. 1994
   Doris Stump et al. Deutschsprachige Schriftstellerinnen in der Schweiz 1700–1945: eine Bibliografie. Zürich 1994.
Stumpf 1548
   Johannes Stumpf. Schweizer- und Reformationschronik, hg. von Ernst Gagliardi, Hans Müller, Fritz Büsser. In: QSG I. Abteilung: Chroniken. Bd. V. I. Teil, Basel 1952. / II. Teil, Basel 1955.
Suter 1981
   Elisabeth Suter. Wasser und Brunnen im alten Zürich. Zur Geschichte der Wasserversorgung der Stadt vom Mittelalter bis ins 19. Jahrhundert. Herausgegeben von der Wasserversorgung Zürich, Abteilung der industriellen Betriebe. Zürich 1981.
ß Schilling.
TAD
   Technischer Arbeitsdienst.

TAUBERT 1974
: GESINE TAUBERT. Spätmittelalterliche Kreuzabnahmespiele in Wels, Wien und Tirol. In: Jahrbuch des oberösterreichischen Musealvereines 119, 1974, S. 53–89.

TAUBERT/TAUBERT 1969
: GESINE TAUBERT, JOHANNES TAUBERT. Mittelalterliche Kruzifixe mit schwenkbaren Armen. Ein Beitrag zur Verwendung von Bildwerken in der Liturgie. In: Zeitschrift des deutschen Vereins für Kunstwissenschaft, 1969, S. 79–121.

THIEME/BECKER 1992
: Allgemeines Lexikon der bildenden Künste von der Antike bis zur Gegenwart. Hg. von ULRICH THIEME und FELIX BECKER. 37 Bde. Leipzig 1907–1950. Reprint 1992.

TRIPPS 2000
: JOHANNES TRIPPS. Das handelnde Bildwerk in der Gotik. Forschungen zu den Bedeutungsschichten und der Funktion des Kirchengebäudes und seiner Ausstattung in der Hoch- und Spätgotik. Berlin, 2. Aufl. 2000.

UBZ
: Urkundenbuch der Stadt und Landschaft Zürich. Zürich 1888–1957.

UKdm
: Unsere Kunstdenkmäler. Mitteilungsblatt für die Mitglieder der Gesellschaft für Schweizerische Kunstgeschichte. Bern 1950–1993 (1994ff.: K+A).

ULRICH 1778
: JOHANN CASPAR ULRICH. Sammlung jüdischer Geschichten, welche sich mit diesem Volk in dem XIII. und folgenden Jahrhunderten bis auf MDCCLXII in der Schweiz von Zeit zu Zeit zugetragen. Zürich 1778.

ULRICH 1967
: CONRAD ULRICH (Hg.). Zürich um 1770. Johann Balthasar Bullingers Stadtansichten. Zürich 1967.

ULRICH 1983
: CONRAD ULRICH. Reisebericht aus dem Jahr 1784, verfasst von Emanuel Linder, Ph. L. In: ZTB 104 1983, S. 1–13.

UNTERMANN 2000
: MATTHIAS UNTERMANN. Rezension WILD 1999. In: K+A, Heft 3, 2000, S. 72.

Urkundenregesten StAZH
: Urkundenregesten des Staatsarchivs des Kantons Zürich. Zürich 1987ff.

VISCHER 1991
: MANFRED VISCHER. Bibliographie der Zürcher Druckschriften des 15. und 16. Jahrhunderts erarbeitet in der Zentralbibliothek Zürich. Baden-Baden 1991 (Bibliotheca Bibliographica Aureliana CXXIV).

VÖGELIN 1829
: SALOMON VÖGELIN. Das alte Zürich. Historisch-topographisch dargestellt oder eine Wanderung durch dasselbe im Jahre 1504. Zürich 1829.

VÖGELIN 1831
: SALOMON VÖGELIN. Krankenhäuser im alten Zürich. Zürich 1831 (XXXI. Neujahrsblatt herausgegeben von der Hulfsgesellschaft in Zurich auf das Jahr 1831).

VÖGELIN 1841 (Geschichte)
: SALOMON VÖGELIN. Der Grossmünster in Zürich. Geschichte. Zürich 1841 (MAGZ).

VÖGELIN 1841 (Kreuzgang)
: SALOMON VÖGELIN. Der Kreuzgang beim Grossmünster in Zürich. Zürich 1841 (MAGZ).

VÖGELIN 1853
: SALOMON VÖGELIN. Geschichte des ehemaligen Chorherrengebäudes (Neujahrsblatt, hg. von der Stadtbibliothek in Zürich). Zürich 1853.

VÖGELIN 1883
: FRIEDRICH SALOMON VÖGELIN. Die Glasgemälde aus der Stiftspropstei, von der Chorherrenstube und aus dem Pfarrhaus zum Grossmünster. Zürich 1883 (Neujahrsblatt, hg. von der Stadtbibliothek Zürich).

VÖGELIN/NÜSCHELER/VÖGELIN 1878
: SALOMON VÖGELIN, ARNOLD NÜSCHELER, SALOMON F. VÖGELIN. Das alte Zürich. Historisch und antiquarisch dargestellt. Erster Band, 2. Ausgabe. Zürich 1878.

VOGEL 1841
: FRIEDRICH VOGEL. Memorabilia Tigurina oder Chronik der Denkwürdigkeiten der Stadt und Landschaft Zürich [1820–1840]. Zürich 1841.

VOGEL 1845
: FRIEDRICH VOGEL. Die alten Chroniken oder Denkwürdigkeiten der Stadt und Landschaft Zürich von den ältesten Zeiten bis 1820 neu bearbeitet. Zürich 1845.

VOGEL 1845 (Obmannamt)
: FRIEDRICH VOGEL. Das Obmannamt in Zürich und dessen Schicksale. Zürich 1845.

VOGEL 1853
: FRIEDRICH VOGEL. Memorabilia Tigurina oder Chronik der Denkwürdigkeiten der Stadt und Landschaft Zürich 1840 bis 1850. Zürich 1853.

VOGELSANGER 1994
: PETER VOGELSANGER. Zürich und sein Fraumünster. Eine elfhundertjährige Geschichte (853–1956). Zürich 1994.

VONESCH 1981
: GIAN-WILLI VONESCH. Der Architekt Gustav Albert Wegmann (1812–1858). [Zürich 1981].

WAGNER [1851]
: RICHARD WAGNER. Ein Theater in Zürich. Zürich [1851].

WALDHEIM, Pilgerfahrt 1474
: Die Pilgerfahrt des Hans von Waldheim im Jahre 1474. Hg. von FRIEDRICH EMIL WELTI. Bern 1925.

WEBER 1993
: BRUNO WEBER. Herrlibergers Topograph. Das zeichnerische Werk des Küfers Hans Conrad Nötzli (1709–1751). Zürich 1993.

WEBER 1987
: HANS RUEDI WEBER. Die Umsetzung der Himmelfahrt Christi in die zeichenhafte Liturgie (Europäische Hochschulschriften, Reihe 28, Bd. 76). Bern 1987.

WEHRLI 1934
: G. A. WEHRLI. Die Krankenanstalten und die öffentlich angestellten Ärzte und Wundärzte im alten Zürich. Zürich 1934 (MAGZ 31, Heft 3).

WEHRLI 1943
: MAX WEHRLI (Hg.). Das geistige Zürich im 18. Jahrhundert. Zürich 1943.

WEHRLI-JOHNS 1980
: MARTINA WEHRLI-JOHNS. Geschichte des Zürcher Predigerklosters (1230–1524). Mendikantentum zwischen Kirche, Adel, Stadt. Zürich 1980.

WEHRLI-JOHNS 1999
: MARTINA WEHRLI-JOHNS. Die Dominikaner und Dominikanerinnen in der Schweiz Zürich (Helvetia Sacra, Abteilung IV: Die Orden mit Augustinerregel. Bd. 5, 1. Teil). Basel 1999. S. 466–501.

WEHRLI-JOHNS 2002
: MARTINA WEHRLI-JOHNS. Studium und Seelsorge im Predigerkloster. In: Bettelorden, Bruderschaften und Beginen 2002, S. 107–119.

WENDEHORST 1986
: ALFRED WENDEHORST. Wer konnte im Mittelalter lesen und schreiben? In: Schulen und Studium im sozialen Wandel des hohen und späten Mittelalters (Vorträge und Forschungen, hg. vom Konstanzer Arbeitskreis für mittelalterliche Geschichte 30). Sigmaringen 1986. S. 8–33.

Werdmüller 1780
    Anthonius Werdmüller. Memorabilia Tigurina oder Merkwürdigkeiten der Stadt und Landschaft Zürich. Zürich 1780.
Wicker 1955
    Hedwig Wicker. Beiträge zur Geschichte der Zürcher Pfarreien im früheren Mittelalter. Diss. Universität Zürich 1955.
Wiesmann 1932
    Hans Wiesmann. Der Chor des Grossmünsters in Zürich (Bauwesen und Denkmalpflege des Kantons Zürich 2). Zürich 1932.
Wiesmann 1933
    Hans Wiesmann. Die Baugeschichte des Chorherren-Stiftsgebäudes in Zürich. In: Zürcher Monatschronik 5, 1933, S. 89–97.
Wiesmann 1937
    Hans Wiesmann. Das Grossmünster in Zürich I. Die romanische Kirche. Zürich 1937 (MAGZ).
Wild 1999
    Dölf Wild. Das Predigerkloster in Zürich. Ein Beitrag zur Architektur der Bettelorden im 13. Jahrhundert. Zürich 1999 (Monographien der Kantonsarchäologie Zürich 32).
Wild 2002 (Barfüsserkloster)
    Dölf Wild. Zur Baugeschichte des Zürcher Barfüsserklosters. In: Bettelorden, Bruderschaften und Beginen 2002, S. 57–68.
Wild 2002 (Predigerkloster)
    Dölf Wild. Zur Baugeschichte des Zürcher Predigerkonvents. In: Bettelorden, Bruderschaften und Beginen 2002, S. 91–105.
Wild 2002 (St. Verena)
    Dölf Wild. Zur Baugeschichte von St. Verena. In: Bettelorden, Bruderschaften und Beginen 2002, S. 229–236.
Wild/Böhmer 1995/96
    Dölf Wild, Roland Böhmer. Die spätmittelalterlichen Wandmalereien im Haus «Zum Brunnenhof» in Zürich und ihre jüdischen Auftraggeber. In: BZD, Zürich 1995/96.
Wild/Jäggin 2004
    Dölf Wild, Urs Jäggin. Die Predigerkirche in Zürich. Bern 2004 (Schweizerische Kunstführer GSK, Nr. 759).
Wild/Matt 2005
    Dölf Wild, Christoph Philipp Matt. Zeugnisse jüdischen Lebens aus den mittelalterlichen Städten Zürich und Basel. In: K+A 2005, Heft 2, S. 14–20.
Wild/Windler 2004
    Dölf Wild, Renata Windler. Gesamtplanung Obergericht des Kantons Zürich. Stellungnahme der Archäologie. Zürich 2004 (Broschüre, BAZ).
Will 1965
    Robert Will. Alsace romane. Paris 1965.
Winterfeld 2000
    Dethard von Winterfeld. Die Kaiserdome Speyer, Mainz, Worms und ihr romanisches Umland. Regensburg 2000.
Wittmer-Butsch/Gabathuler 2004
    Maria Wittmer-Butsch, Martin Gabathuler. Karl der Grosse und Zürich – Zur Gründungsphase des «Grossmünsters». In: Päpste, Pilger, Pönitentiarie. FS für Ludwig Schmugge zum 65. Geburtstag. Hg. von Andreas Meyer et al. Tübingen 2004, S. 211–224.
Wirz 1793
    Johann Jacob Wirz. Historische Darstellung der Urkundlichen Verordnungen welche Die Geschichte des Kirchen= und Schulwesens in Zürich, wie auch die moralische und einiger Maßen die physische Wolfart unsers Volks betreffen. Von der Reformation an, bis auf gegenwärtige Zeiten zusammengetragen. Erster Theil. Zürich 1793.
Wüthrich/Ruoss 1996
    Lucas Wüthrich, Mylène Ruoss. Katalog der Gemälde. Schweizerisches Landesmuseum Zürich (unter Mitarbeit von Klaus Deuchler). Zürich/Bern 1996.
Wyder-Leemann 1952
    Elisabeth Wyder-Leemann. Rechtsgeschichte des alten Spitals in Zürich, seiner Organisation und Entwicklung. Dissertation der Rechts- und Staatswissenschaftlichen Fakultät der Universität Zürich. Zürich 1952.
Wyss 1861
    Georg von Wyss. Kaiser Karl's des Grossen Bild am Münster Zürich. Zürich 1861 (Neujahrsblatt herausgegeben von der Stadtbibliothek in Zürich auf das Jahr 1861).
Wyss 1976
    Beat Wyss. Louis Pfyffer von Wyher. Architekt. 1783–1845. Luzern 1976.
Wyss, Chronik 1519–1530
    Die Chronik des Bernhard Wyss 1519–1530. Hg. von G. Finsler. Basel 1901 (QSG 1).
Yarza Luaces / Boto Varela 2003
    Joaquín Yarza Luaces, Gerardo Boto Varela (Hg.). Claustros románicos hispanos. León 2003.
ZAK
    Zeitschrift für Schweizerische Archäologie und Kunstgeschichte. Zürich/Basel 1939ff., Zürich 1969ff. [vorher: ASA].
ZBZ
    Zentralbibliothek Zürich.
Zimmermann 1939
    A. Zimmermann. Die Bronze-Türe am Südwestportal des Grossmünsters in Zürich. Zürich 1939 (139. Neujahrsblatt der Hülfsgesellschaft in Zürich).
ZSK
    Zeitschrift für Schweizerische Kirchengeschichte. Stans / Freiburg i.Ü. 1907ff.
ZTB
    Zürcher Taschenbuch. Zürich 1858ff.
Zürcher 1960
    Meret Zürcher. Die Behandlung jugendlicher Delinquenten im alten Zürich (1400–1798). Diss. Universität Zürich. Winterthur 1960.
Zürcher Richtebrief
    Friedrich Ott. Der Richtebrief der Burger von Zürich. In: Archiv für Schweizerische Geschichte 5, 1847, S. 149–291.
Zürcher Spitalgeschichte 1
    Zürcher Regierungsrat (Hg.). Zürcher Spitalgeschichte, Bd. 1. Zürich 1951.
Zürcher Spitalgeschichte 3
    Zürcher Regierungsrat (Hg.). Zürcher Spitalgeschichte, Bd. 3. Zürich 2000.
Zufferey 1988
    Maurice Zufferey. Die Abtei Saint-Maurice d'Agaune im Hochmittelalter (830–1258). Göttingen 1988 (Veröffentlichungen des Max-Planck-Instituts für Geschichte 88).
Zunft Fluntern 1995
    Zunft Fluntern (Hg.). Fluntern. Vom Weinbauerndorf zum Stadtquartier am Zürichberg. Zürich 1995.
Zwingli, Werke II
    Emil Egli, Georg Finsler (Hg.). Huldreich Zwinglis sämtliche Werke. Einzig vollständige Ausgabe der Werke Zwinglis unter Mitwirkung des Zwingli-Vereins Zürich. Bd. II, Werk 1523. Corpus Reformatorum Vol. LXXXIX. Zürich 1908/1982.
Zwingli, Werke III
    Emil Egli, Georg Finsler, Walther Köhler (Hg.). Huldreich Zwinglis sämtliche Werke. Einzig vollständige Ausgabe der Werke Zwinglis unter Mitwirkung des Zwingli-Vereins Zürich. Bd. III, Werke 1524 – März 1525. Corpus Reformatorum Vol. XC. Zürich 1914/1982.
Zwingli, Werke IV
    Emil Egli, Georg Finsler, Walther Köhler, Oskar

Farner (Hg.). Huldreich Zwinglis sämtliche Werke. Einzig vollständige Ausgabe der Werke Zwinglis unter Mitwirkung des Zwingli-Vereins Zürich. Bd. IV, April 1525 – März 1526. Corpus Reformatorum Vol. XCI, Zürich 1927/1982.

HÄUFIG ZITIERTE BILD- UND PLANDOKUMENTE

1497/1502 Leu
Hans Leu d.Ä. Stadtpanorama. Tempera auf Holz (SLM, AG 7.1–3 [linkes Ufer]; 8.1–2 [rechtes Ufer]; in: Wüthrich/Ruoss 1996, Kat.-Nrn. 44, 45).

Um 1566 Übermalung Leu
Übermalung der Heiligen auf BD 1497/1502 Leu.

1576 Murer
Jos Murer (Zeichner), Ludwig Fryg (Stecher) Zürich von Westen. Holzschnitt (ZBZ, KartSlg; in: Mathis 1979, Taf. 9, Kat.-Nr. 13d).

1638 Merian
Matthäus Merian d.Ä. (1593–1650). Zürich von Westen aus der «Topographia Helvetiae» von 1654. Kupferstich, H. 26,5, B. 35 cm (Erstpublikation in Ludwig Grottfrieds «Neuwe Archontologia», publiziert 1638; Lit: Mathis 1979, S. 24, Abb. S. 81, Nr. 28).

Um 1686 Ziegler
Adrian Ziegler. Zürich von Westen. Kupferstich (ZBZ, Graf-Slg, Steinfels II, 18; in: Mathis 1979, S. 28, Taf. 23, Kat.-Nr. 37).

Um 1738 Ulinger
Johann Caspar Ulinger (1704–1768). Planvedute der Stadt Zürich von Westen. Bleistift, Feder, Aquarell (ZBZ GraphSlg, Inv. 448).

Um 1700 Escher
Gerold Escher (1665–1738). Regimentsbuch. Feder, laviert, um 1700 (Kantonsbibliothek Aarau, Ms. Muri 33).

Um 1770 Bullinger
Johann Balthasar Bullinger (1713–1793). Panorama des rechten Limmatufers «Von der Meisen zů Zürich […] gegen die Gross Münster Kirch», um 1770. Radierung (Lit.: Ulrich 1967).

1784 Müller
Johannes Müller (1733–1816). Konvolut von Grundrissaufnahmen aller Spitalgebäude inkl. einer Situation. Feder (BAZ, J 12).

1788–1793 Müller
Johannes Müller (1733–1816). «Grund=Riss der Stadt Zürich mit Innbegriff dess um die Stadt und derselben Vestungs=Werke liegenden Stadt=Banns […]» (BAZ, IX C 16-16t).

1820 Bluntschli
Johann Kaspar Bluntschli. Konvolut von Grundrissen aller Spitalgebäude, geplante Umbauten, inkl. einer Situation. Erstellt in Analogie zu den Planaufnahmen 1784 Müller. Feder, 1820 (BAZ, J 13).

1859–1867 Katasterplan
H. Schleich, B. Gyger u.a. Katasterplan der Stadt Zürich. 1:200 (Vermessungsamt der Stadt Zürich).

REGISTER

Das Register beinhaltet Ortsbezeichnungen, Künstler und Handwerker, alle für die Gebäude relevanten Amtspersonen sowie ausgewählte Sachbezeichnungen.

Aachen 37, 99
Abraham 97, 103
Äskulapstab 306
Affengruppe 136
Affoltern am Albis 326
Aktientheater 22
Albisforst 18
Albisrieden 39, 88, 290
Alcuin 176
Allerheiligen 84
Allerseelen 84
Almosenamt 298
Altstetten 290, 326
Anatomie 295
Andlau, Damenstift 47
Antelami, Benedetto, Bildhauer 79
Apostel – Andreas 84, 151 – Jakobus 113 – Jakobus d.Ä. 97 – Johannes 87, 102, 111, 114, 121, 122, 251 – Paulus 168, 331 – Petrus 87, 114, 168, 331
Armenfürsorge 295
Arter, Julius 31, 32, 110
Aschermittwoch 84
Asper, Hans, Goldschmied 345 – Hans, Maler 107, 184 – Konrad, Goldschmied, 97, 345
Aspermont, Ulrich von 253
Augustiner 199
Augustinerchorherren auf dem Zürichberg siehe St. Martin, Chorherrenstift
Augustinerkirche 22, 27, 202, 318
Augustinerkloster 20, 204, 280, 306, 318

Baar, Pfarrkirche 123
Backöfen 314
Baden 197
Bäckerstrasse, Gräberfeld 18
Bänninger, Otto Charles, Bildhauer 165
Baracken 199
Barfüsserkirche 17, 24, 192, 196, 199, 200, 202, 221–224 – Actientheater 222 – Altar Unserer Lieben Frau Ablöse 202 – Altäre 202 – Chorgestühl 202 – Hochaltar 202 – Kirchengestühl 202 – Kornschütte 212 – Orgel 203 – Petrusaltar 202 – Sakristei 200, 202, 221 – Theater 200 – Wandmalereien 202
Barfüsserkloster 20, 22, 27, 29, 192, 194–200, 203, 210, 212, 214, 235, 325, 333 – Archiv 209 – Bestattungen 197 – Bibliothek 209 – Bruderschaften 198 – Brunnen 213, 214 – Casino 214, 218 – Friedhof 210 – Garten 210 – Gericht 214 – Grossratsgebäude 216 – Kanzlei 214, 215 – Kapitelsaal 200, 207 – Konventgebäude 210 – Konventhaus 204 – Kreuzgang 206 – Liebfrauenkapelle 22 – Obergericht 216, 218 – Obmannamt 212 – Quertrakt 206 – Reformation 199 – Regulakapelle 192, 198, 200 – Siegel 203 – Sommerrefektorium 204, 213 – Stiftungen 197 – Wasserversorgung 210 – Winterrefektorium 206
Bartzieher 137
Basel 92, 194, 299 – Barfüsser 194 – Bischof von 194 – Dominikanerkirche 239 – Dominikanerkloster 263 – Heinrichsmünster 56 – Münster 42, 56, 83 – Münster, Galluspforte 61, 62 – Prediger 233 – St. Alban 44 – St. Leonhard 47
Bassersdorf 326
Bathseba 170
Batt, Tischmacher 213
Bauamt 157, 180, 212, 213, 221, 285
Baur, Alfred, Maler 106
Beauvais, St-Etienne 57
Beginen 22, 199, 200, 228, 234, 291, 325, 326, 330, 334
Beginenquartier 325
Berchtold von Lunkhofen 112
Berthold IV. von Zähringen 81, 288
Berthold V. von Zähringen 288
Bern 92
Bethaus 335
Betraum 338
Betsaal 335
Betstube 335
Bettelordensarchitektur 237
Biber, Rudolf, Ritter 99
Bibliothek 24, 27, 28, 32, 33, 99, 129, 131, 144, 174–177, 190, 204, 209, 210, 221, 228, 256, 257, 263, 271, 280, 281, 318, 322, 328
Bibliotheksgesellschaft 22
Bildersturm 22
Bilgeri I. von Hohenlandenberg 122
Bingiser 213 – Balthasar, Steinmetz 213
Birch-Pfeiffer, Charlotte 224, 225
Birrwil 326
Bischof – Friedrich von Wettin 138 – Gebhard III. von Konstanz 45, 95, 97 – Haito 42 – Hartmann von Augsburg 97 – Hermann I. von Konstanz 98 – Herzelo von Havelberg 106 – Konrad von Konstanz 251 – Ulrich von Chur 100 – von Basel 44 – von Konstanz 87, 88, 100, 123 – von Trient 293
Blatternhaus 300
Blaurer 170
Blindenanstalt 333
Bluntschli 29, 312, 318 – Alfred Friedrich, Architekt 220, 318 – Hans Conrad 307, 308, 369 – Hans Conrad, Maurer 300, 301 – Hans Heinrich 29, 306, 337 – Heinrich 197
Bodmer 322 – Johann Jakob 299 – Lorenz, Maurermeister 267
Bologna, S. Domenico 255
Bregenz 194
Breitinger 153, 186 – Bauherr 154 – Johann Jakob 30, 31, 35, 151, 168, 186, 222, 267, 280, 344, 354
Bremgarten 92, 93
Brennwald 196 – Heinrich 26, 37, 118, 228, 230
Brun 90 – Heinrich 89 – Rudolf, Bürgermeister 27, 290
Bruno von Bettenheim, Erzbischof von Trier 45, 98
Bryner, Baumeister 162, 164
Bülach 326
Bullinger, Heinrich 98, 103, 129, 130, 142, 144, 147, 165, 176, 196, 202, 297
Burckhardt, Jakob 160
Burgdorf BE, Stadtkirche 166
Burghölzli 316 – Klinik 317
Bürkli, Arnold 228, 281 – Karl Georg 222

Caen, St-Etienne 56
Capo di Ponte, San Ciro in Cemmo 61
Casino 207, 218
Castelli, Antonio 270 – Michele 271 – Pietro 270
Central 228, 232
Chorgasse 233
Christus 27, 83, 87, 97, 105–107, 110, 112, 114, 118, 121, 122–126, 168, 170, 172, 248, 250, 253, 273, 332
Chur 100 – Bischof von 194 – Kathedrale 341
Churwalden, Prämonstratenserkirche 56
Clemens V., Papst 289
Clotter, Rudolf, Maurer 269
Collegium Anatomicum 309
Colmar 257
Comander 170
Como, Sant'Abbondio 66
Constaffel 93, 129

Dällikon 326
Däniker, Anton, Steinmetzmeister 213
Dänikon 326
David 61, 62
Disentis, Kloster 43, 95
Dolden, Anna von 113
Dominikus von Caleruega 228
Dornauszieher 135, 137, 138
Dubs, Edwin, Architekt 318
Dürer, Albrecht 168

Echtergotik 277
Edlibach, Gerold 31, 95, 100, 107, 108, 124, 202, 203, 251, 332
Effinger von Wildegg 185
Eggimann, Alex, Architekt 323 – Heinz, Architekt 323
Egli, Hans, Tischmacher 168
Ehrenberg, Carl von, Architekt 185
Ehrendingen 326
Ehrler, Hans, Bildhauer 188
Eichstätt, Bischof von 194
Eidgenössische Polytechnische Hochschule 318
Einsiedeln, Abt von 93 – Kloster 39, 95, 328
Eisenach, Regulativ 282
Elne 66
Elsass 139
Emmaus 170
Engelberg, Kloster 326
Engelhard, Heinrich 129
Erfurt 124 – Dominikanerkirche 254
Erni, Johann Heinrich 30, 31, 301
Escher 90, 333 – Alfred 225 – Gottfried, Ritter 27, 197, 202 – Hans 297 – Hans Erhard 29, 196 – Hans Kaspar, Architekt 214, 219, 315 – Hans Konrad 190 – Heinrich 197 – Hermann 318 – Johann Conrad 344 – Johannes 197 – Konrad 33, 66 – Peter 112

Fällanden 39
Farner, Oskar 170
Fehr, Johannes 157 – Johannes, Schanzenherr 214
Felder, Peter, Werkmeister 95
Felix-und-Regula-Platz 35
Fietz, Hermann, Kantonsbaumeister 162, 164, 169, 318, 320
Fischer, Carl, Bildhauer 169, 322
Fissler, Friedrich Wilhelm, Stadtbaumeister 220
Flandern, Beginen 199 – Graf von 194
Florinuskreuz 123
Fluntern 40
Frankfurt a.M., Dominikanerkirche 239
Franz von Assisi 193

Franziskaner 194
Frauenseelsorge 198, 234
Fraumünster 18, 20, 22–25, 27, 28, 30, 33, 35–39, 46, 58, 64, 81, 83–85, 88, 93, 98, 100, 107, 112, 117, 124, 127, 132, 139, 140, 145, 147, 153, 154, 168, 172, 178, 200, 202, 231, 264, 267, 284, 296, 329, 337 – Äbtissin 18, 22, 25, 64, 89, 92, 98, 100, 108, 229, 231
Freiburg i.Ü. 92
Fremdenspital 18
Friedhof, jüdischer 27, 339
Friedrich Barbarossa, Kaiser 81
Friedrich, Bischof von Wettin 138
Friedrich I., Kaiser 80, 81
Friedrich II., Kaiser 231, 334
Fries, Johannes, Schanzenherr 300
Froschauer, Christoph 146, 204, 209, 210, 212, 213, 306, 325, 328, 330, 333 – Christoph d.Ä. 333 – Christoph d. J. 333 – Druckerei 212
Froschauquartier 22
Fürst, Steinhauer 159
Fürstenberg-Stammheim 117
Füssli 125 – Johann Melchior, Maler 29, 213, 217 – Moritz, Giesser 172 – Peter I., Giesser 252 – Peter, Giesser 125
Furttenbach, Joseph d.J. 278

Gebäranstalt 295, 309, 316, 317
Gebhard III., Bischof von Konstanz 45, 95, 97
Geburtshilfe 316
Geissturm 150
Genf, Spital 300
Geschworenengericht 218
Gessner 322 – Conrad, Stadtarzt 299
Giacometti, Augusto, Maler 164, 168, 169
Gisler, Hans, Bildhauer 322
Glanzenberg 203
Glockenkanne 331
Gloggnerin, Anna 197
Göldli, 90 113 – Hans Caspar, Pfarrer 113 – Heinrich 113, 349 – Heinrich, Bankier 90 – Heinrich, Bürgermeister 113 – Heinrich, Ritter 27 – Jakob 113 – Lazarus 113 – Paulus 113
Golgatha 123
Goll, Friedrich, Orgelbauer 284
Gräberfeld, alemannisches 18, 25, 37, 127 – frühmittelalterliches 18
Graf siehe Flandern, Walram, Werner
Graubünden 278
Gregor IX., Papst 197, 229, 231
Greifensee, Schlosskapelle 255
Grimmenturm 112 – Beginen im Grimmenturm 200
Grinauer Feldzug 88
Grossmünster 18, 20, 22–27, 29–32, 35–39, 43, 47, 49, 56, 58, 62, 64–66, 74, 81, 83–85, 87–91, 93, 95, 97–99, 106, 107, 112, 114, 116, 121–125, 127–130, 137, 139, 140, 142, 144–147, 149, 151, 167–169, 172, 173, 175, 176, 178, 182, 183, 196, 197, 199, 202, 231, 239, 265, 284, 288, 291–294, 299, 340, 344
Abendmahlstisch 167, 169
Altäre 95, 97, 98, 100 – 11 000-Jungfrauen-Altar 100, 129 – Altar der hll. Jakobus und Jodokus 113 – Altar der hll. Pankratius, Blasius, Stephan 99 – Apostelaltar 105, 106 – Blasius-und-Pankratius-Altar 99, 120 – Dorothea-Altar 112 – Dreikönigsaltar 91, 95, 102 – Felix-und-Regula-Altar 106, 108 – Fronaltar 129 – Fronleichnamsaltar 91, 95, 102 – Gallusaltar 98, 123 – Heiligkreuzaltar 100 – Hochaltar 87, 95, 97, 98, 102, 103, 106, 117, 118, 122, 123, 126, 144, 231 – Johannesaltar 100 – Johannes-Evangelista-Altar 112 – Karlsaltar 47, 84, 87, 95, 99 – Katharinenaltar 95, 100 – Kreuzaltar 100, 102 – Magdalenenaltar 87, 98, 99 –

Fortsetzung Grossmünster, Altäre
    Margaretenaltar 98, 99 – Maria-Magdalena-Altar 47, 56, 95, 99, 100 – Marienaltar 45, 87, 90, 95, 97, 98, 112, 123, 129, 145 – Martin-und-Gallusaltar 95, 97, 98 – Martinsaltar 98 – Mauritiusaltar 45, 48, 95, 117, 118 – Märtyreraltar 87, 106–108, 118, 123 – Michaelsaltar 113 – Nikolausaltar 99, 124 – Pankratiusaltar 99, 102 – Sebastian-und-Margaretha-Altar 99 – St.-Blasius-Altar 129 – Stephan-und-Blasius-Altar 99
Altarhaus 44, 46, 49, 58, 67, 95, 114, 122, 159, 164
Beinhäuser 128, 173
Bibeltür 170
Bibliothek 144, 176
Bronzetüren 170
Brunnen 189
Chor 44, 46, 49, 50, 51, 58, 67, 114, 123, 149, 160, 164, 165
Chorbrüstungen 169
Chorfenster 50, 92, 146, 168, 169
Chorgestühl 123, 169
Chorherren 29, 37, 39, 43, 64, 83, 84, 85, 87, 89–91, 93, 97, 100, 106, 112, 125, 127, 129, 130, 140, 142–146, 174, 177, 179, 291, 294
Chorherrengebäude 29, 32, 35, 146, 178, 180, 185, 186, 191
Chorherrenpfründe 130
Chorherrenstube 124, 142, 143, 174–176, 178–180
Chorschranken 121, 123
Dachreiter 94, 165
Dachstuhl 149
Doppelturmfront 52
Dormitorium 143
Emporen 51, 52, 57, 77, 91, 100, 120, 124, 149
Exuperantius 24, 26, 37, 88, 89, 103, 106, 114, 118, 125, 127
Felix und Regula 24–27, 35–39, 43, 65, 74, 84, 87–89, 91, 95, 104, 106, 108, 118, 126, 127, 129
Friedhof, 20, 35, 43, 60, 64, 83–85, 104, 127, 128, 132, 140, 172, 173, 184
Glocken 124, 125, 170
Grabkirche 89
Heiliggrab 87, 106, 116, 121, 123–126, 129
Heraldische Malereien 120
Kanzel 126, 168
Kanzellettner 22, 146, 147, 154, 159, 160, 161, 166–168, 199, 202
Kapellen – Göldli-Kapelle 113, 185 – Jakobskapelle 90, 113 – Katharinenkapelle 100 – Marienkapelle 35, 43, 90, 95, 98, 108, 109, 110, 113, 135, 180 – Michaelskapelle 35, 43, 64, 95, 108, 109, 112, 113, 131, 144, 159, 176, 178, 179, 180 – Zwölfbotenkapelle 42, 44, 49, 50, 63, 66, 68, 69, 71, 83–85, 87, 89, 90, 95, 99, 100, 102, 104, 106, 114, 116, 118, 121, 123, 129, 147, 154, 160, 164, 165, 169, 341
Kapitelsaal 60, 131, 142
Kaplan/Kapläne 89, 93, 95, 99, 106, 112, 129, 143, 145
Kaplanei 35, 113
Karlsfigur 94
Karlskult 88
Karlsturm 58, 94, 124, 148, 150, 153, 155, 157, 161, 165, 166 – Observatorium 157
Kehlhof 40
Kirche des Stadtadels 87
Kornhaus 39
Kornkammern 145
Kreuzgang 60, 64, 77, 83–85, 89, 90, 95, 99, 102, 109, 110, 113, 114, 122, 125, 128, 131–133, 135–142, 160, 178, 182, 183, 185–189
Krypta 26, 44–51, 66–68, 81, 84, 85, 89, 90, 95, 98, 99, 108, 114, 116, 118, 119, 121, 161, 162, 164, 165
Kultanlage der hll. Felix und Regula 106
Langhaus 50, 51, 52, 98, 119, 124, 165

Leutpriester 43, 87, 88, 93, 98, 100, 125, 129
Leutpriesterhaus 128
Liturgie 83, 140
Märtyrergrab 84, 85, 95, 99, 124
Meierhof 91
Mühle 39
Nordportal 60, 159, 162
Nordturm 57, 93
Obergaden 58
Orgel 124, 168, 170
Osterliturgie 85
Ostkrypta 117
Palmesel 125
Pfrundhaus 95, 98–100, 102, 112, 113, 293
Portale 60, 64, 154, 164
Probstei 39, 43, 88, 94, 144, 145
Propst 36, 39, 44, 64, 83, 85, 89, 90–93, 95, 98, 99 – Heinrich 99 – Kraft von Toggenburg 99, 145
Prozessionen 83, 84
Refektorium 142
Reformation 129, 146
Reiter 79, 80, 81, 166
Romanischer Bau 43, 44
Sakramentshäuschen 122
Sakristei 102, 103, 105, 129, 147
Schenkhof 39, 145
Schule 27, 88, 130, 145, 146, 174, 176–179
Schulhaus 131, 160, 180, 182, 186, 187, 189
Seitenschiff 51
Siegel 126
Sigrist 125
Skriptorium 144
Stift 18, 20, 24–26, 33, 37, 56, 93, 125, 174, 176, 177, 179, 180, 190, 231, 318, 326
Stiftsgebäude 131, 141, 174, 180
Stiftsräumlichkeiten 142
Stiftsschatz 103, 129
Südportal 63 – Südportal, Emmausgruppe 170
Südturm 93
Taufbecken 121
Taufstein 168
Trotte 39
Türme 20, 30, 91, 92, 148, 150, 151, 153, 165, 166
Vorromanischer Bau 40
Wandmalereien 105, 110, 114
Westbau 51
Westfassade 82
Zwinglitür 170
Grubenmann, Hans Ulrich, Zimmermeister 153, 154
Guebwiller, St. Leodegar 57, 61
Gull, Gustav, Stadtbaumeister 164, 169, 220, 281, 282
Gut, Jean, Fotograf 33
Gwalter, Rudolf 184
Gyger, Caspar, Goldschmied 150 – Hans Conrad 150
Gygi, Walter, Bildhauer 164

Habsburg 194 – Rudolf von 196, 202
Haggenmüller, Johannes, Polier 155
Haito, Bischof 42
Haller 170 – Stiftsverwalter 178 – Wolfgang 176
Hartmann, Bischof von Augsburg 97
Haus zum Loch 37
Hedingen 326
Heggenzi, Georg, Bauherr 93
Hegi, Franz 31, 32, 61, 65, 82, 110–112, 135, 138, 159, 161, 162, 185, 187–189
Hegner, Jakob, Gipser 267, 269

Heidenreich, Johannes, Bauherr 93
Heilbronn 113
Heilige – Agnes 331 – Alexius 331 – Andreas 84, 251 – Anna 99 – Antonius 124 – Apollinaris 99 – Barbara 331, 332 – Blasius 99, 120 – Christophorus 119, 128 – Dominikus 331 – Drei Könige 102, 110, 114 – Dreifaltigkeit 331 – Exuperantius 88 – Felix 84, 114, 118, 121, 293 – Felix und Regula 35–39, 43, 65, 74, 84, 87–89, 91, 95, 104, 106, 108, 118, 122, 126, 127, 129 – Felix, Regula und Exuperantius 103, 106, 118, 125 – Fides 84 – Florinus 84, 97, 123 – Gallus 98, 103, 121 – Georg 331 – Jakob d.Ä. 234 – Jakobus 113 – Jodokus 113 – Johannes 331, 332 – Johannes der Täufer 102, 168, 331 – Josef 114 – Katharina 331, 332 – Laurentius 99 – Margareta 99 – Maria 97, 99, 102, 114, 119, 121–123, 125, 170, 198, 248, 250, 253, 331 – Maria Magdalena 98, 331, 332 – Martha 99 – Mauritius 43, 84, 95, 118, 119 – Nikolaus 103, 110, 120 – Oswald 102 – Othmar 103 – Pankratius 99 – Pantaleon 331 – Petrus Martyr 331 – Placidus 37, 84, 97, 103 – Regula 84, 114, 118 – Sebastian 99 – Sigisbert 84, 97 – Simeon 103 – Stephanus 84, 99 – Ulrich 331 – Ursula 100 – Verena 331 – Veronika 114 – Vierzehn Nothelfer 332
Heiliggrab 123
Heiligkreuztal 112
Heinrich V., Kaiser 43, 44
Heinrich VII., König 194
Henkersdienste 40
Hermann I., Bischof von Konstanz 98
Herrliberg, Felix von, Schmied 213
Herrliberger, David 271
Herrschaftstopografie 17, 18, 22, 24, 27, 29
Herzelo, Bischof von Havelberg 106
Herzöge von Schwaben 18, 39, 43
Hilfsgesellschaft 316
Hinteramt 210, 216, 280
Hintermann, Paul 170
Hipp, Hermann 277
Hirsau, St. Peter und Paul 254, 255
Hirschengraben 192
Hirt, Rudolf, Dachdecker 213
Hochadel 87
Höngg 39, 91, 326
Hof, Hans am , Kirchenschneider 125
Holzhalb, Diethelm 270 – Hans 149 – Johann Heinrich, Werkmeister 270, 273 – Leonhard, Bürgermeister 267, 273
Honorius III., Papst 193, 228
Homberg, Caecilia von 27
Homburg 194
Hornbläser 82, 83
Hospinian, Rudolf, 277
Hottinger, 128 – Johann Heinrich 28
Huber, Wilhelm, Maler 224
Hünerwadel, Arnold, Bildhauer 322 – Otto, Bildhauer 189
Hundemeute 37
Hygiene 297

Ininger siehe Irniger
Inkenberg, Pantaleon von 197
Innozenz III., Papst 288
Irniger, Hans, Tischmacher 107, 124
Irrenhaus 295, 315, 316

Jäger, Ludwig, Glasmaler 169
Jagdtreiber 83
Jakobus d.Ä., Apostel 97, 234
Jerusalem 27, 64
Jesuitengotik 277
Joab 72, 73

Johannes, Apostel 87, 102, 111, 114, 121, 122, 251
Jud, Leo 129
Judas 73
Juden, Vertreibung, 335
Judenschule 334, 335
Judensteuer 335
Jüngstes Gericht 114, 121

Käuffeler, Bartholomäus, Zimmermeister 149, 213
Kantonsapotheke 293, 315
Kantonsbibliothek 280
Kantonsschule 180, 185
Kantonsspital 317
Kapelle – St. Anna 20 – St. Barbara 20 – St. Johannes und Paul 20, 84 – St. Stephan 84
Kappeler, Otto, Bildhauer 164, 169, 189
Kappeler & Söhne 164
Karl der Grosse 18, 24–26, 31, 37–39, 40, 43, 74, 81, 82, 84, 87, 88, 91, 103, 127, 144, 165, 170, 189 – Sitzstatue 81
Karlsaltar 95, 99
Karlskult 23
Karlsreliquien 88
Katalonien 66, 139
Keiser, Ludwig, Bildhauer 189
Keller, Ferdinand 63, 65, 112, 159, 202 – Gottfried 17 – Heinrich 172 – Johann Ludwig, Stiftsschreiber 285 – Johann, Unterstadtschreiber 336
Kellner, Georg, Maler 168
Kindbettfieber 316
Kirchenlandschaft 24, siehe auch Sakraltopografie
Kirchenmodell 99
Kirchgasse 35, 99, 100, 102, 112, 113, 142, 143, 145, 160, 173, 174, 180, 182, 192
Kirchheim 189
Kloster, St. Martin am Zürichberg 231 – Töss 234
Kloten 326
Knochensammlung 309
Köln 37, 256 – Dominikanerkirche 253
Königsfelden, Klosterkirche 111, 126, 243, 246, 255
Kommende Hohenrain 294
Konrad, Bischof von Konstanz 251
Konrad von Zähringen 81
Konstanz 92, 93 – Adelheid von 325, 326 – Barfüsser 194 – Bischof von 194 – Diözese 93, 343, 350 – Dominikanerkloster 260 – Domkapitel 93 – Lambert-Bau 42 – Münster 51, 56 – Petershausen 63 – Predigerkirche 239, 253 – Predigerkloster 255
Krankenhaus 296, 315
Krankenhausbau 317
Krankenpflege 297
Krautgarten 213
Kreuzerhöhung 84, 85
Krieg von Bellikon, Rudolf 122
Kriminalgericht 218
Künstlergasse 40
Kugler, Franz 186
Kuhn, Johann Nepomuk, Orgelbauer 168
Kunz, Rudolf, Werkmeister 92
Kyburg, Grafen von 88
Kyburger 18, 20, 36, 194, 257

La Maigrauge 123 – Zisterzieneserkloster 123
Landmühle 294
Lausanne, Barfüsser 194
Lavater, Ludwig 147, 176, 184 – Ursula 285
Leemann, Burkart, Antistes 267
Leichnam 309
Lenzburg 197

Lenzburger 18, 80, 81
Leu, Hans 89, 94 – Hans d.Ä 106, 107, 118, 124 – Hans d.J. 31, 120, 122, 124, 126 – Johann Jakob 174, 176 – Johannes 125
Leuengasse 305 – Elendenherberge 296
Lichtenthal 123
Limmat 18, 20, 22, 24, 25, 33, 35, 37, 39, 43, 81, 83, 84, 88, 107, 145, 174, 203, 234
Limmatquai 35, 39, 128, 223
Lindau, Barfüsser 194
Lindenhof 17, 18, 20, 27, 28, 40, 83, 231, 232
Lindentor 27, 192, 339
Locarno, Barfüsser 194
Locher, Baumeister 182
Lombardei 58, 69
Lothar III., König 43
Lucius Aelius Urbicus 28
Ludwig der Bayer 233
Ludwig der Deutsche 18, 25, 38
Ludwig von Öttingen, Graf 184
Lütgsch, Schlosser 124
Lufingen 326
Lugano, Barfüsser 194
Luzern, Barfüsser 197 – Franziskanerkloster 20, 194, 196 – Rathaus 162

Madella, Heinrich 89
Madonna siehe Heilige, Maria
Mähren 278
Magdeburg, Dom 138
Mainz, Dom, Ostportale 61
Maler, Heinrich 90
Manesse 203, 255 – Adelheid 90, 98 – Anna 202 – Heinrich 90, 91, 98 – Heinrich II. 89 – Heinrich, Propst 127 – Otto, Propst 126, 231 – Rüdiger 98, 100 – Rüdiger, Chorherr 105 – Ulrich 100
Marignano 122
Marktgasse 83, 84
Markwalder, Hans, Bildhauer 189 – Johann 318
Martian/Marziano, Francisco 270
Martini, Heinrich 90
Masswerkfenster 93, 104, 105, 108, 243, 244, 246, 255
Maur 39
Maursmünster 51
Maximian, Kaiser 118
Meilen 39, 113
Meiss 112 – Hans, Werkmeister 344 – Heinrich, Bürgermeister 90 – Jakob 128 – Johannes, Baumeister 92
Meister, Jakob, Werkmeister 267
Melchisedek 97, 103
Melide 271
Merz, Riwin, Kantor 100
Metzler & Söhne, Orgelbauer 170
Meyer, Dietrich, Maler 284
Montfort 194
Moos, David von 184, 197, 284
Morf, David, Baumeister 310 – Johann Caspar, Stecher 29
Mühlesteg 234 – unterer 294
Müller 39, 234, 294, 299 – August 284 – Franz 284 – Franz und August, Orgelbauer 367 – Johann Jakob, Staatsbauinspektor 218 – Johannes 28, 99, 107 – Johannes, Ingenieur 300, 313 – Paul, Zimmermann 213
Mülner 195
Münch, Otto, Bildhauer 81, 82, 146, 164, 165, 170
München, St. Michael 271
Münstergasse 83, 84
Münzstätte 22
Muralto, San Vittore 66, 68

Mure, Konrad von 144 – Konrad von, Chorherr 291 – Konrad von, Kantor 83, 90, 109, 112, 144, 145, 231
Muri, Kloster 56
Mushafengebäude 295
Muttergottes siehe Heilige, Maria

Neerach 326
Neftenbach 28
Neptun 213
Neuenkirch LU, Zisterzienserkloster 20
Neuhaus 295
Neumarkt 192
Neustadt 99, 100, 102, 112
Niederdorfstrasse 84
Nikopoia 119
Nithart, Matthäus, Propst 95
Noli me tangere 110
Nordkatalonien 66
Nürensdorf 326
Nüscheler, Arnold 33, 337 – Felix, Chorherr 107
Nussbaumer, Jost, Steinmetz 213

Obere Zäune 192, 199
Obergericht 207, 216–219, siehe auch Barfüsserkloster, Obergericht
Oberkogler, Georg Christoph Friedrich, Stecher 31
Oberwinterthur, St. Arbogast 46, 114
Obmannamt 22, 210, 212, 213, 215, 216, 219–221, 268, 269, 333
Obmannamtsgasse 192
Observatorium 157
Oekolampad 170
Ölberg 83
Oeri, Anton, 270 – Jakob 116 – Ulrich, Stuckateur 267, 269, 270, 271
Oetenbach-Bollwerk 202
Oetenbachkloster 20, 22, 27, 29, 30, 107, 210, 229, 232–235, 255, 257, 264, 294, 296, 332 – Blatternhaus 296, 300
Orelli, Johann Heinrich von, Bürgermeister 284
Ostergrabtruhe 87, 123
Osterspiel 85
Ott, Hermann, Färber 125
Otto von Freising 25, 37

Palmesel 125
Papiermühle 212
Papst 87, 206, 231, 233, siehe auch Clemens V., Gregor IX., Honorius III., Innozenz III., Urban IV.
Paulus, Apostel 168, 331
Paris, Dominikanerkloster St-Jacques 256
Parma 79 – Dom 56
Pavia 69 – San Giovanni in Borgo 69 – San Michele 58, 64, 70, 71 – San Pietro in Ciel d'Oro 71
Pelikan, Conrad 176, 184
Pest 317
Peter, Heinrich, Kantonsbaumeister 164
Petrus, Apostel 87, 114, 168, 331
Pfalz 17, 18, 27, 39
Pferdeskelett 309
Pfleghard & Haefeli, Architekten 220
Pfrundhaus St. Leonhard 316, 317
Pfyffer von Wyher, Ludwig, Architekt 223, 224
Pfyn, St. Bartholomäus 46
Pisoni 151, 153 – Gaetano Matteo 30, 151, 157
Pogrom 27, 335
Prediger, Seelsorge 232
Predigerchor, Kornschütte 265
Predigergasse 233

Predigerkirche 20, 22–24, 27, 29, 30, 33, 58, 147, 154, 167, 200, 202, 209, 213, 228, 233, 234–237, 240, 255, 265, 267, 271, 278, 280, 299, 306, 318, 322 – Abendmahlsgerät 284 – Altarhaus 237, 238, 254, 255 – Atrium 229, 254 – Ausstattung 251 – Barockisierung 277 – Binnenchor 254 – Chor 237, 273, 280 – Dominikusaltar 251 – Glocken 252, 284 – Grabplatten 252, 284 – Jakobsaltar 251 – Johannesaltar 251 – Kanzel 282 – Langchor 237, 238, 243, 244, 246 – Langhaus 274 – Modernisierung 250 – Narthex 237–241, 254 – Nikolausaltar 252 – Nikolauskapelle 230, 252 – Opferstöcke 284 – Oratorium 236, 237 – Orgel 252, 284 – Pfarrkirche 265 – Querhaus 237, 240, 241, 242, 244, 259, 261, 263, 272, 305 – Sakristei 263 – Seitenkapellen 237 – Siegel 253 – Steinmetzzeichen 242 – Südportal 271 – Taufstein 284 – Triumphbogen 275 – Trotte 268, 312 – Turm 282 – Typologie 253 – Vierung 235, 240–242, 255 – Wandmalerei 238, 239, 243 – Westfassade 281
Predigerkirchhof 272
Predigerkloster 20, 22, 32, 33, 194, 210, 228, 229, 231–235, 252, 255–257, 288, 291, 295, 296, 299, 306, 315, 325 – Baugeschichte 262 – Bibliothek 256, 263 – Bruderschaften 234 – Dormitorium 262, 264 – Frauenseelsorge 234 – Friedhof 235, 285, 315 – Kapitelsaal 262, 263 – Kreuzgang 255, 257 – Küche 264 – Parlatorium 263 – Refektorium 264 – Sakristei 262 – Skriptorium 256, 264 – Wasserversorgung 264 – Wirtschaftsgebäude 264
Predigerpfarrei 317
Predigerplatz 228
Predigerquartier 234
Prêles BE 197
Prestenberg siehe Spital, Unterhaus
Propheten 63
Psychiatrie 317
Purtschert, Franz, Bildhauer 188

Quaglio, Dominik, Architekt 224

Rahab 170
Rahn 49, 114, 116, 119, 161, 162 – Johann Rudolf 33, 103, 114, 120, 159, 161, 162, 209, 267, 282 – Johann Rudolf, Bürgermeister 273
Rathaus 17, 18, 20, 22, 40, 88, 129, 215–217, 270, 273, 298
Reber, Paul, Architekt 282
Rechberger, Conrad, Kannengiesser 92
Rechtsgeschäfte 140
Reformation 17, 18, 20, 22, 24, 27, 30, 31, 35, 37, 47, 87, 90, 91, 95, 97, 99, 106, 114, 116, 120–124, 143–146, 161, 164, 166–168, 170, 172–174, 176, 177, 179, 184, 196, 199, 200, 202, 204, 207, 210, 212, 213, 221, 228, 233–235, 252, 255, 263, 265, 267, 269, 278, 284, 285, 288–291, 294, 295, 297, 299, 301, 312, 325, 328, 332
Regensberg 203, 326 – Lütold VI. von 203 – Ulrich I. von 194 – Ulrich von 197, 202
Regensburg, Dominikanerkirche 239, 254, 255 – Schottenportal 61
Regensdorf 326
Regli, Josef 162
Reichenau 111, 194, 340
Reichmann, Zacharias, Zimmermann 269
Reichsfürstin 18
Reichsvogtei 24, 39
Reimann, H., Architekt 221
Reinhard, Bernhard 106
Rheinacher, Johannes, Tischmacher 311
Rheinau, Kloster 122
Rietmann, Heinrich, Maurer 267
Ripelin, Hugo, Prior 229
Ripoll 66
Röist 91, 349

Röttinger, Johann Jakob, Glasmaler 168
Rordorf 91, 349
Roussillon 66
Ruchenstein, Heinrich von, Dominikaner 253
Rudolf II. von Homberg 44
Rudolfstetten/Friedlisberg AG 326
Rüetschi AG, Aarau 170
Rüfers 39
Rüschlikon 39
Rüti ZH, Prämonstratenserkirche 56, 254
Rützenstorfer, Stefan, Werkmeister 92, 93, 345
Rufach, Münster 83
Ruth 170
Rytz, Baschi, Tischmacher 213

Säckingen, Damenstift St. Fridolin 56
Sager, Walter 93
Sakrallandschaft 18, 22, siehe auch Sakraltopografie und Kirchenlandschaft
Sakraltopografie 17, 18, 22, 24, 83
Sant Cugat del Vallés 139
Santa Maria del Popolo 64
Sax, Eberhard von 255 – Ulrich III. von 255
Schänis SG, Stiftskirche 66, 67, 68
Schaffhausen, Allerheiligen 56 – St. Johann 166, 167
Schaufelberger, Leonhard II., Architekt 215
Schenker, Gebrüder 164
Scheuchzer, Johann Jakob 28
Schinz, Anna Magdalena 285 – Johann Heinrich 28
Schlesien 278
Schmid von Goldenberg 185
Schmidt, Christian 116
Schöfflisdorf 326
Schön, Friedrich 197
Schönaugut 316, 317
Schönenwerd, Stiftskirche 56
Schönlein, Johann Lukas 316
Schulthess, Emil 208
Schwamendingen 39
Schwanthaler, Michael, Bildhauer 189
Schwartzenbach, Hans, Zimmermeister 267, 269
Schweineställe 268
Schwend 27, 90, 95, 117, 345 – Berchtold 90 – Jakob 90 – Konrad 344 – Rüdiger 95, 344 – Rüdiger, Chorherr 90
Schwerzmann, Johann Jakob, Bildhauer 188
Sebach, Theodor Dietrich, Organist 124
Seckelamt 97, 198, 252, 293, 310, 331, 332
Seder, Anton Johann Nepomuk, Maler 218
Selbstmörder 309
Selnaukloster 20, 295 – Pestilenzhaus 296
Semper, Gottfried, Architekt 219
Sennhauser, Hans Rudolf 236
Siechenhaus St. Jakob 18, 20, 288. 291
Siechenhaus St. Moritz 20, 288, 291
Sigolsheim 62 – Pfarrkirche 61
Sihlbühl 20
Solothurn, St. Ursus 47, 56
Sozialstruktur 22
Spann-Tollmann, Michael, Maler 218
Speyer, Dom 47, 51 – Dom, Krypta 47
Spillmann, Heinrich, Zimmermeister 218
Spital 18, 20, 26, 29, 32, 39, 212, 228, 233, 235, 257, 265, 268, 271, 274, 280, 285, 288, 289, 290, 291, 293–300, 306, 308, 316, 317, 327, 330, 332, 333 – Anatomie 298, 308, 309 – Ärzte 299 – Bäckerei 299, 314 – Baumeister 299 – Brotvater 304 – Bruderstube 305 – Elendenherberge 305 – Fabrik 300 – Friedhof

Fortsetzung Spital
293, 317 – Funktionen 288 – Gebäude 292, 301, 305 – Gründung 288 – Gschau 298 – Hauskinder 304 – Hauskinderkammer 305 – Insassen 291, 299 – Irrenhaus 315 – Kanzlei 304 – Kaplanei 293 – Kindbettstube 306 – Knechtstube 304 – Kommunalisierung 289, 295 – Kornmeister 299 – Kornschütte 299, 313 – Krankenpflege 291 – Krankenwärter 299 – Küche 303 – Lederkammer 305 – Mägdekammer 303 – Männerstube 306 – Marstall 294 – Metzg 299, 303, 315 – Mühle 294, 299 – Müller 299 – Mushafen 296, 305, 306, 310 – Neuhaus 298, 310 – Organisation 298, 300 – Pestilenzhaus 300 – Pfister 299 – Pfründner 293, 296, 299 – Pfründnerwohnung 304 – Pfründnerzimmer 304, 305 – Pfrundstube 304 – Pranger 300 – Prestenberg siehe Unterhaus – Priesterpfründe 293 – Raumfunktionen 303 – Reformation 294, 295 – Sammlung 306, 307 – Schneidstube 308 – Seelsorge 299 – Siechstube 291 – Siegel 295 – Speisekammer 303 – Stiftungen 291, 294 – Tischmacher 300 – Tischmacherwerkstatt 314 – Totenmesse 293 – Trotte 299, 312 – Unterhaus 295, 298, 308, 309 – Verwaltungspersonal 298 – Wasserversorgung 294 – Webgaden 305 – Weiberstube 306 – Willig-Armen-Haus 291 – Wirtschaftsbetriebe 299 – Wirtschaftsgebäude 312 – Wundarzt 299
Spitalamt 296
Spitalareal 293, 297, 315
Spitalarzt 299, 308
Spitalbaumeister 303
Spitalbetrieb 22
Spitalbezirk 293
Spitalgebäude 317
Spitalkapelle 265, 267, 273, 274, 289, 293, 306, 313
Spitalkellermeister 274, 299, 304
Spitalkirche siehe Predigerkirche
Spitalmeister 267, 268, 274, 284, 285, 289, 291, 296, 297, 298, 299, 300, 301, 315, 369 – Scheuchzer Johann Jakob 302 – Wohnung 304
Spitalmühle 301
Spitalordnung 295, 299
Spitalpfleger 290, 291, 294, 298, 299, 304, 315
Spitalquartier 228, 317
Spitalschreiber 299, 301, 323 – Eberhard Kesselring 299
Spitalvermögen 289
Spitalverwalter 264, 316
Spitalverwaltung 298, 299, 300
St. Annagasse 18
St. Gallen 93
St. Leonhard 39
St. Leonhardskapelle 20, 84, 317
St. Martin, Chorherrenstift 18, 51, 90
St. Peter, 17, 18, 20, 22, 26, 27, 30, 58, 83, 84, 93, 154, 167, 168, 172, 202, 290, 325
St. Stephan 18, 20, 84
St. Verena-Kloster 20, 22, 212, 228, 234, 291, 295, 296, 306, 325, 326, 327, 328, 330, 332, 333, 334 – Bibliothek 328 – Friedhof 332 – Glocke 330 – Hochaltar 331 – Internat 328 – Kapelle 328, 330 – Konventbauten 328, 329 – Konventgebäude 328, 332 – Konvetbauten 329 – Kornmeisterin 327 – Krankenfürsorge 327 – Ökonomiegebäude 332 – Siegel 332
St-Maurice VS 25
St-Ursanne 62
Staatsarchiv 33, 147, 148, 218
Stadel 326
Stadelhofen 39
Stadler, August 159, 182 – August Conrad 159 – Conrad, Zimmermeister 223 – Ferdinand 159, 167, 168, 356, 362 – Ferdinand, Architekt 161, 210, 215–218 – Hans Conrad, Architekt 210, 216, 217 – Hans Georg, Zimmermeister 267 – Jörg, Spitalmeister 297 – Willi, Bildhauer 188, 189

Stadtadel 26, 233, 255
Stadtarzt 285, 299
Stadtbaumeister 129
Stadtbefestigung 20, 192 – barocke 22
Stadtbibliothek 318
Stadtentwicklung 17, 22
Stadtherrin 18
Stadtmauer 192, 228
Stadtschnittarzt 299
Stein am Rhein, St. Georgen 51, 56
Steinmaur ZH 326 – Pfarrkirche 167
Stockargut 318
Störi, Johannes 90
Strassburg 194 – Barfüsser 194 – Hugo Ripelin, Prior 229 – Münster 56 – Prediger 233 – Spital 300 – St. Thomasstift 231
Strehlgasse 83
Stucki siehe Tügi, Hans, Orgelbauer
Studer, Peter, Maler 124
Stüssi 349
Stumpf, Johannes 212
Stundenbuch 327
Susenberg 40
Synagoge 20, 24, 27, 33, 325, 334, 335, 336, 337, 338 – Schule 335

Talmudschule 335
Taverne 40, 143
Teufen AR 153
Theaterbrand 208, 209
Thebäische Legion 118
Theodor Kuhn AG 284
Thomas von Aquin 331
Thormann, Maler 116, 123
Thya 91, 349 – Hugo 102
Töchterschule 180
Toiletten 136
Toulouse, La Daurade 139
Tratz, Paul 93
Trester 309
Trinkstube 143
Tub, Johannes, Bildhauer 213
Tügi, Hans, Orgelbauer 124, 252
Tyrannen 290

Ulrich, Johann Caspar 337, 339
Ulrich, Bischof von Chur 100
Ulrich I. von Regensberg 27
Universität 316, 318
Universitätsbibliothek 280
Untere Brücke 83
Untere Zäune 192, 199
Urban IV., Papst 290
Uri 18
Uster, Caspar, Maurermeister 217

Vadian 170
Vallesia, Peter de, Arzt 99
Venezianischen Zeughaus 22
Verbrecher 309
Verkündigungsgruppe 98
Villard de Honnecourt 83
Villmergerkrieg 22
Vögeli, Johann Caspar, Zimmermeister 154, 155, 157
Vögelin 31, 106, 111, 133, 142, 145, 186, 188, 206, 207 – Anton Salomon 32, 133, 186 – Friedrich Salomon 32, 33, 72 – Salomon 31, 32, 110, 125, 159, 160, 175, 185
Vogel, David 153, 157 – Heinrich, Maurermeister 154

Wäber, Rudolf, Steinmetz 297
Wagenhausen, Klosterkirche 51
Waisenhaus, 29 311
Waldheim, Hans von 82
Waldmann, Hans 27
Waldshut 93
Wallisellen 39
Walram, Graf von Luxemburg 194
Wanderseelsorge 231, 239
Wangen ZH 326
Waser, Wilhelm, Architekt 225
Wasserkirche 18, 20, 22, 24–29, 32, 35–37, 43, 64, 84, 85, 88, 89, 91, 93, 95, 107, 112, 128, 176, 177, 180, 234, 318 – Bauplastik 24 – Bibliothek 22, 28, 33
Wegmann, Gustav Albert, Architekt 32, 50, 108–110, 131, 141–143, 146, 180, 182, 189
Wehrli, Friedrich, Architekt 281, 282
Weinplatz 18, 83
Wenge, Franz Xaver, Kupferschmied 157
Werdenberg 194
Werdmüller, Johannes 155
Werner, Graf von Lenzburg-Baden 18
Wernher II., Graf von Homberg 27
Wettingen, Zisterzienserkloster 20, 35, 93, 270
Wettingerhäuser 128
Wick, Johann Jakob 166
Widerkehr, Zimmermeister 92, 93
Widmer, Johannes, Stiftsschreiber 103
Wienhausen 123, 350
Wiesmann, Hans, Kantonsbaumeister 40, 42, 164, 170
Winterthur 233 – Heiligenberg 231 – Johannes von 196 – Stadtkirche 46 – Technikum 218
Wipkingen 39
Wirz, Caspar, Kupferschmied 157 – Schlosser 168

Wolfbach 206, 214, 217, 218, 228, 231, 293, 294, 306, 315, 325, 328
Wolfgang, Bildschnitzer 124
Wolfleibsch, Hugo von, Chorherr 293
Wollerau 113
Würgler, Steinmetz 168 – Ulrich, Steinmetz 168
Wundarzt 291
Wundgschau 306

Yrant, Konrad 229

Zähringen 291 – Berthold IV. von 81, 288 – Berthold V. von 288, – Konrad von 81
Zähringer 18, 81, 288
Zähringerplatz 228
Zähringerquartier 281
Zeiner, 94 – Hans 92 – Hans, Schlosser 124 – Lux, Glasmaler, 92, 97 – Maler 116 – Peter 92
Zeller, Konrad 170
Zeller-Werdmüller, Heinrich 33
Zemp, Josef 349
Zentralbibliothek 33, 210, 228, 235, 259, 265, 271, 295, 318, 320 – Musikabteilung 33 – Stiftung 318
Zeugheer, Leonhard, Architekt 215
Zimmermann, Goldschmied 157
Zofingen, Stiftskirche 56
Zuchthaus 29
Züblibrunnen 294
Zünfte 93, 129
Zürcher Veilchenmeister 331
Zürichhorn 20
Zurzach, Stiftskirche 56
Zweiköpfiges Kalb 309
Zwingli, Ulrich, 99, 106, 124, 129, 144, 146, 147, 166, 170, 172, 176, 177, 199, 225, 235

ABBILDUNGSNACHWEIS

Archiv der Kirchgemeinde Grossmünster: Abb. 165.
Baugeschichtliches Archiv der Stadt Zürich: Abb. 11, 18, 21, 23, 24, 25, 26, 30, 31, 32, 33, 34, 36, 37, 38, 39, 40, 41, 42, 43, 44, 45, 46, 47, 48, 49, 50, 51, 52, 53, 54, 55, 56, 57, 58, 59, 60, 61, 62, 63, 64, 65, 66, 67, 68, 69, 70, 71, 72, 73, 74, 75, 76, 77, 78, 79, 80, 81, 82, 83, 86, 87, 88, 90, 92, 94, 95, 96, 97, 98, 99, 107, 109, 110, 112, 113, 114, 118, 123, 125, 126, 127, 128, 129, 131, 132, 133, 134, 135, 136, 137, 138, 139, 141, 142, 144, 145, 149, 152, 156, 157, 158, 159, 160, 162, 163, 164, 167, 168, 170, 174, 175, 184, 186, 187, 188, 189, 190, 198, 199, 200, 201, 205, 206, 211, 217, 218, 224, 227, 228, 232, 233, 235, 238, 243, 244, 246, 247, 249, 250, 251, 252, 254, 256, 258, 262, 263, 264, 265, 267, 268, 269, 271, 272, 276, 277, 280, 284, 286, 288, 291, 292, 294, 303, 304, 305, 308, 309, 310, 311, 312, 313, 314, 315, 318, 319, 320, 321, 324, 325, 327, 329, 330, 333, 334, 337, 342, 343, 344.
Eidgenössische Technische Hochschule Zürich: Abb. 181, 182, 183.
Kunstdenkmälerinventarisation des Kantons Zürich: Abb. 1, 3, 4, 10, 12, 13, 89, 91, 105, 130, 150, 169, 192, 193, 194, 196, 212, 225, 226, 229 (Grundlage WILD 2000), 230 (Grundlage WILD 1999), 231 (Grundlage WILD 1999), 234 (Grundlage WILD 1999), 236 (Grundlage WILD 1999), 237, 255 (Grundlage WILD 1999), 273 (Grundlage WILD 1999), 293, 295, 297, 298, 300, 301 (ZBZ), 307 (ZBZ), 331, 332, 339, 340, 341.
Kunsthaus Zürich: Abb. 102, 103, 161, 173, 209, 210, 213.

Repros aus Publikationen: ESCHER, KdmZH 1939: Abb. 238, 239, 240, 275, 281, 282, 283, 285, 287. – GUTSCHER 1983: Abb. 14, 15, 19, 22, 27, 28, 29, 35, 100, 108. – OEHNINGER 2004: Abb. 171. – SBZ: Abb. 326, 328. – UBZ: Abb. 16, 17, 84, 93, 106, 119, 120, 121, 122, 203, 253, 299. – WILD 1999: Abb. 248.
Privatbesitz: Abb. 306.
Schweizerisches Landesmuseum, Fotothek: Abb. 6, 104, 116, 117, 140, 302, 335, 336.
Stadtarchiv Zürich: Abb. 223.
Staatsarchiv des Kantons Aargau: Abb. 195, 204, 274.
Staatsarchiv des Kantons Zürich: Abb. 20, 85, 101, 111, 115, 151, 153, 154, 155, 179, 197, 208, 215, 216, 222, 316, 323.
Zentralbibliothek Zürich: Abb. 2, 5, 7, 8, 9, 124, 143, 144, 145, 146, 148, 149, 152, 162, 166, 172, 176, 177, 178, 180, 185, 191, 202, 207, 214, 219, 220, 221, 242, 257, 259, 260, 261, 266, 270, 278, 279, 289, 290, 296, 317, 322, 338.

Vorsatzkarte

Gesellschaft für Schweizerische Kunstgeschichte GSK, Bern.

Einbandprägung

Die geprägte Einbandvignette gibt in freier Umzeichung das sechste, seit 1347 verwendete Siegel der Stadt Zürich wieder.

DIE AUTORINNEN, DER AUTOR

Dr. phil. Regine Abegg
Studium der Kunstgeschichte, der Spanischen
Literatur und der Kirchengeschichte an
den Universitäten Zürich, Madrid und Salamanca.
Publikationen zur mittelalterlichen Architektur
und Skulptur in Spanien und in der Schweiz.
1997–2005 Autorin der Kunstdenkmäler
der Zürcher Altstadt.

Dr. phil. Christine Barraud Wiener
Studium der Geschichte und der Philosophie
an der Universität Bern und an der Sorbonne
in Paris. Untersuchungen und Publikationen
zu Themen der Orts- und Regionalgeschichte
in Frankfurt, Luzern, Bern und Zürich.
Seit 1989 Autorin der Kunstdenkmäler der
Zürcher Altstadt.

Dr. phil. Karl Grunder
Studium der Kunstgeschichte, der Geschichte
und der Deutschen Literatur an der Universität
Zürich. Assistent am Kunstgeschichtlichen
Institut der Universität Zürich. Untersuchungen
und Publikationen zu barocker Architektur,
Malerei und Skulptur. Seit 1991 Kunstdenkmäler-
inventarisator des Kantons Zürich.